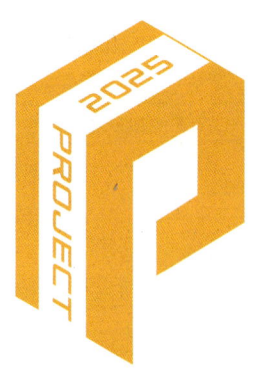

한국어교육능력
검정시험
30일 안에 다잡기

시대에듀

2025 시대에듀 한국어교육능력검정시험 30일 안에 다잡기

Always with you

사람의 인연은 길에서 우연하게 만나거나 함께 살아가는 것만을 의미하지는 않습니다.
책을 펴내는 출판사와 그 책을 읽는 독자의 만남도 소중한 인연입니다.
시대에듀는 항상 독자의 마음을 헤아리기 위해 노력하고 있습니다. 늘 독자와 함께하겠습니다.

자격증 · 공무원 · 금융/보험 · 면허증 · 언어/외국어 · 검정고시/독학사 · 기업체/취업
이 시대의 모든 합격! 시대에듀에서 합격하세요!
www.youtube.com ➔ 시대에듀 ➔ 구독

PREFACE

이 책은 한국어교육능력검정시험을 준비하는 수험생들을 위해 마련된 책입니다.

저희는 교원 양성 과정 수업을 진행하면서 한국어교육능력검정시험을 준비하는 많은 수험생이 시험 전 정리를 위한 대비서를 필요로 한다는 사실을 알게 되었습니다. 그런 분들께 조금이라도 도움이 되기를 바라며 이 책을 펴내게 되었습니다.

현재 많은 학교 또는 기관에서 교원 양성 과정이 진행되고 있지만 실제로 시험을 준비하는 분들은 시간적인 한계로 교원 양성 과정 이수와 시험 준비를 동시에 하지 못하는 경우가 많습니다. 이에 저희는 교원 양성 과정에서 배운 것을 떠올리면서 쉽게 복습할 수 있는 책의 필요성을 느끼게 되었습니다. 이 책은 핵심 내용을 정리한 일종의 보충 교재입니다. 실제로 양성 과정을 마치고 나면 그 다음 학습은 수험생 개인의 노력과 의지에 달려 있습니다.

또한 시험 대비의 목적이 아니더라도 한국어 교육에 관심이 있는 분들에게 한국어 교육이란 무엇인지, 한국어교원이 되기 위해서는 어떤 것을 공부하고 대비하여야 하는지, 한국어교원이 기본적으로 갖춰야 할 지식은 무엇인지 이 책을 보고 간략하게나마 판단할 수 있도록 하자는 것이 집필의 의도였습니다. 많은 부분을 담으려다 보니 미흡한 점도 있고, 한 권의 대비서로 출간하여야 한다는 현실적인 문제 때문에 다소 간소화되거나 미약하게 다루어진 부분이 있습니다. 더불어 기존의 보편적 원리와 지식을 소개하는 데에서 그친 부분도 있습니다. 그러나 적어도 한국어 교육에서 다루는 기본적인 교과를 훑어보고 핵심적인 내용을 간단하게라도 살펴보는 것에 충실했다는 점에서 한국어교육능력검정시험 또는 한국어 교육에 관심이 있는 분들에게 일종의 가이드가 되는 책을 만들겠다는 처음의 의도는 어느 정도 충족되었다고 생각합니다.

모쪼록 이 책이 한국어교원의 길을 준비하시는 분들과 한국어 교육을 공부하고 있는 분들께 도움이 되었으면 합니다.

편저자 김훈, 이수정 씀

한국어교육능력검정시험 안내 INFORMATION

❖ 개요
한국어교육능력검정시험(TOTKA)은 「국어기본법」 제19조에 근거하여 재외동포나 외국인을 대상으로 한국어를 가르치고자 하는 자에게 자격을 부여하기 위하여 문화체육관광부장관이 실시한다.

❖ 취득 방법
재외동포나 외국인을 대상으로 한국어를 가르치고자 하는 자가 한국어교원 양성 과정을 먼저 이수하고, 동 시험에 합격하면 소정의 심사를 거쳐 한국어교원 자격 3급을 부여한다.

❖ 활용 정보
한국어교원 자격증 취득자는 국내외 대학 및 부설 기관, 외국어로서의 한국어 수업이 개설된 국내외 초·중·고등학교, 외국어로서의 한국어를 가르치는 국내외 정부 기관, 다문화가족지원센터, 외국인근로자지원센터, 사회통합프로그램 운영 기관 등에 취업할 수 있다. 또한 해외 진출 기업체, 국내외 일반 사설 학원 등에도 진출할 수 있다. 최근에는 국립국어원이 한국어 교사들을 외국으로 파견하여 한국어 전문가 교육을 진행하고 있으며 일본, 중국 등지에서 외국어로서의 한국어 교육이 활발히 진행되고 있어 해외취업의 기회도 점차 확대되고 있다.

❖ 응시 자격
응시 자격에는 제한이 없다. 연령, 학력, 경력, 성별, 지역 등에 제한을 두지 않는다. 단, 한국어교원 자격 3급을 취득하고자 하는 경우에는 한국어교원 양성 과정을 이수하고 동 시험에 합격해야 한다.

❖ 외국 국적자의 자격 취득
- 외국 국적자도 학위 과정이나 양성 과정 등을 통해 내국인과 동일한 방법으로 한국어교원 자격증을 취득할 수 있다.
- 단, 학위 과정(전공/복수전공 또는 부전공)으로 2급 또는 3급 자격을 취득하기 위해서는 한국어능력시험(TOPIK) 6급 성적증명서*가 필요하다.
  * 한국어능력시험(TOPIK) 6급 유효기간: 2년 이내

❖ 관련 부처 및 시행 기관

- 문화체육관광부(국어정책과)
- 한국산업인력공단 ⋯▸ 한국어교육능력검정시험 시행
- 국립국어원(한국어진흥과) ⋯▸ 교원 자격 심사 및 자격증 발급

❖ 영역별 필수 이수 학점 및 이수 시간

영역	과목		학사 학위 취득자		석·박사 학위 취득자 2급	양성 과정 이수자
			전공(복수전공) 2급	부전공 3급		
한국어학	국어학개론 한국어 문법론 한국어 의미론 한국사	한국어 음운론 한국어 어휘론 한국어 화용론 한국어 어문 규범 등	6학점	3학점	3~4학점	30시간
일반언어학 및 응용언어학	응용언어학 대조언어학 외국어 습득론	언어학개론 사회언어학 심리언어학 등	6학점	3학점		12시간
외국어로서의 한국어 교육론	한국어 교육개론 한국어 평가론 한국어 표현 교육론 (말하기, 쓰기) 한국어 발음 교육론 한국어 어휘 교육론 한국 문화 교육론 한국어 교육 정책론	한국어 교육과정론 언어교수이론 한국어 이해 교육론 (듣기, 읽기) 한국어 문법 교육론 한국어 교재론 한국어 한자 교육론 한국어 번역론 등	24학점	9학점	9~10학점	46시간
한국 문화	한국민속학 한국의 전통 문화 전통문화현장실습 현대한국사회	한국의 현대 문화 한국문학개론 한국현대문화비평 한국문학의 이해 등	6학점	3학점	2~3학점	12시간
한국어교육실습	강의 참관 강의 실습 등	모의 수업	3학점	3학점	2~3학점	20시간
합계			45학점	21학점	18학점	120시간

한국어교육능력검정시험 안내 INFORMATION

❖ 합격률 및 합격자 통계

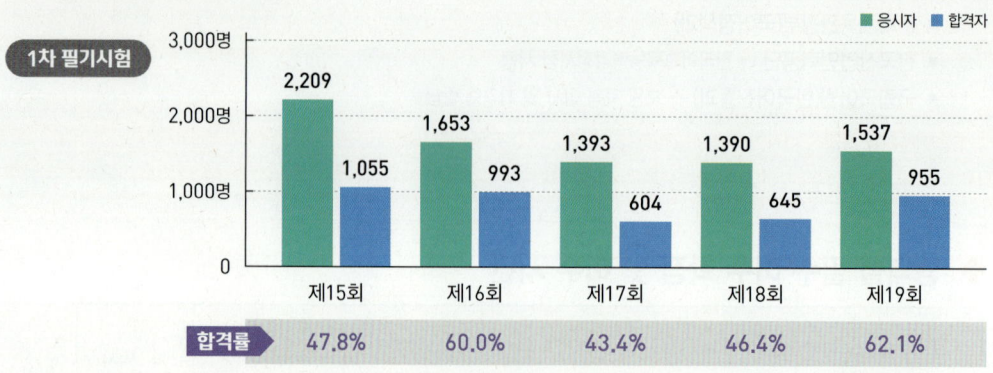

1차 필기시험

	제15회	제16회	제17회	제18회	제19회
응시자	2,209	1,653	1,393	1,390	1,537
합격자	1,055	993	604	645	955
합격률	47.8%	60.0%	43.4%	46.4%	62.1%

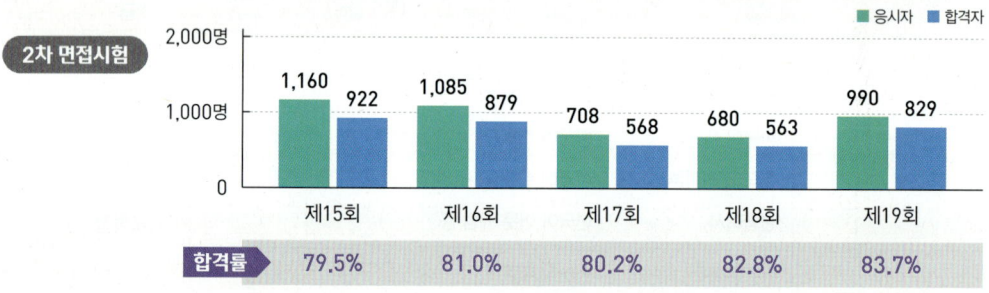

2차 면접시험

	제15회	제16회	제17회	제18회	제19회
응시자	1,160	1,085	708	680	990
합격자	922	879	568	563	829
합격률	79.5%	81.0%	80.2%	82.8%	83.7%

❖ 시험 구성

❶ 1차 필기시험

교시	영역	입실 완료 시간	시험 시간	배점 및 문항 수	유형
1교시	한국어학	09:00	09:30~11:10 (100분)	90점, 60문항	4지 선다형
	일반언어학 및 응용언어학			30점, 20문항	
휴식 시간 11:10~12:00(50분)					
2교시	한국 문화	12:00	12:30~15:00 (150분)	30점, 20문항	4지 선다형
	외국어로서의 한국어 교육론			150점, 93문항	4지 선다형, 주관식(1문항)

❷ 2차 면접시험

시간	1인당 10분 내외
평가 항목	1. 전문 지식의 응용 능력 2. 한국어 능력 3. 교사의 적성 및 교직관 4. 인격 및 소양

❖ 합격 기준

종류	합격자
1차 필기시험	각 영역의 40퍼센트 이상, 전 영역 총점(300점)의 60퍼센트(180점) 이상 득점한 자를 합격자로 결정한다.
2차 면접시험	면접관별 점수의 합계를 100점 만점으로 환산하여 60점 이상 득점한 자를 합격자로 결정한다.

※ 면제 대상자: 필기시험에 합격한 자는 합격한 해의 다음 회 시험에 한하여 필기시험을 면제합니다.
※ 시험 관련 정보는 변경될 수 있으므로 Q-net 한국어교육능력검정시험 홈페이지(q-net.or.kr/site/koreanedu)를 참고하시기 바랍니다.

❖ 한국어교원 자격 심사 신청 절차 흐름도

자격 심사 종류

학위 취득자	양성 과정 이수자	경력 요건자
'외국어로서의 한국어 교육' 전공(복수전공), 부전공 등으로 졸업	120시간 양성 과정 이수 후 한국어교육능력검정시험 합격	승급 대상자 및 시행령 시행 이전 한국어 교육 경력 800시간 이상 대상자 (경력 관련 요건 참조)

↓

국립국어원 한국어교원 홈페이지에서 한국어교원 자격 심사 신청(온라인 접수)

↓

제출 서류 발송

❶ 심사신청서(직접 출력) ❷ 성적증명서 ❸ 졸업(학위)증명서 ❹ 한국어능력시험(TOPIK) 6급 성적증명서*(2년 이내) ＊ 외국 국적자에 한함	❶ 심사신청서(직접 출력) ❷ 이수증명서 ❸ 한국어교육능력검정시험 합격확인서(필기, 면접)	❶ 심사신청서(직접 출력) ❷ 경력증명서

↓

한국어교원 자격 심사

↓

합격자 발표

↓

한국어교원 자격증 발송

※ 교원 자격과 관련된 정보는 변경될 수 있으므로 국립국어원 한국어교원 홈페이지(kteacher.korean.go.kr)를 참고하시기 바랍니다.

한국어교육능력검정시험 안내 INFORMATION

❖ 한국어교원 자격 등급 과정

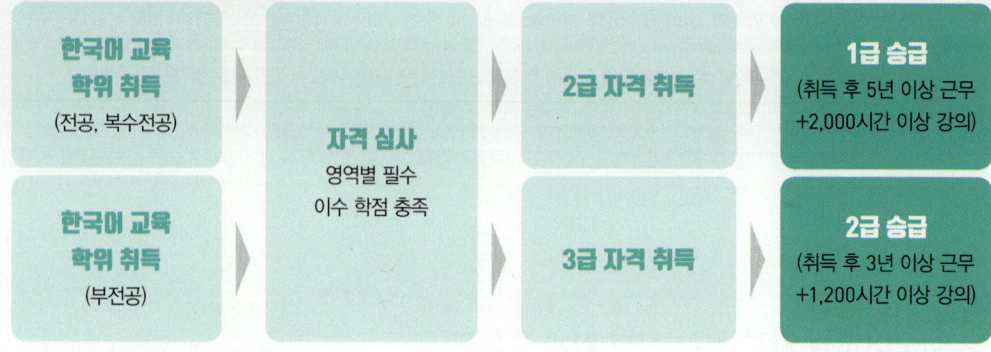

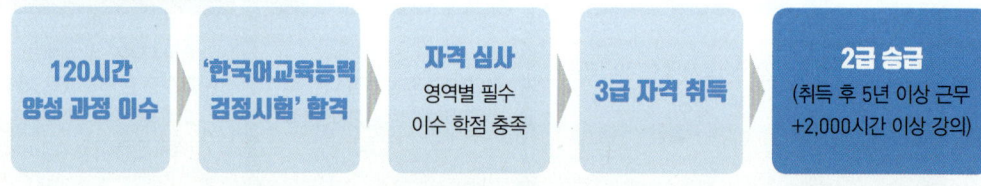

※ 강의 기간 1년은 한 해 100시간 이상 또는 15주 이상 강의를 기준으로 합니다.

❖ 한국어교원 자격 제도와 관련된 기관

국립국어원 한국어교원 홈페이지 kteacher.korean.go.kr
- 한국어교원 자격 제도에 대한 설명 및 심사 신청에 관한 안내를 볼 수 있다.
- 기관 심사를 받은 교육 기관 목록을 확인할 수 있다.
- 한국어교원 자격 제도와 관련하여 궁금한 사항을 질의할 수 있다.

세종학당재단 홈페이지 sejonghakdang.org
- 세종학당 한국어교원 양성, 교육 및 파견 지원에 관한 내용을 볼 수 있다.
- 한국어 학습과 관련된 자료를 볼 수 있다.

Q-net 한국어교육능력검정시험 홈페이지 q-net.or.kr/site/koreanedu
- 한국어교육능력검정시험에 관한 안내 및 시험 일정을 확인할 수 있다.
- 한국어교육능력검정시험 기출문제를 확인할 수 있다.

한국어 교육 기관 대표자 협의회 홈페이지 klic.or.kr
- 한국어 교육 기관의 교육 시스템을 공유하고, 교육 정책 및 현안을 논의할 수 있다.

시대에듀 합격프로젝트 이모저모

❖ 다음은 한국어교육능력검정시험에 대해 자주 하는 질문들입니다.

Q 한국어교육능력검정시험에 합격한 이후에 양성 과정을 이수해도 되나요?

A 안 됩니다. 「국어기본법 시행령」 제13조에 따라 한국어교육능력검정시험 1차 필기시험일 이전에 한국어교원 양성 과정을 이수해야 합니다. 한국어교육능력검정시험 합격 이후에 한국어교원 양성 과정을 이수한다고 하더라도 심사 시엔 불합격됨을 유의하시기 바랍니다.

Q 양성 과정 이수 후 한국어교육능력검정시험에 합격하면 한국어교원 자격증이 자동으로 발급되나요?

A 아닙니다. 시험에 합격하신 후 국립국어원에 한국어교원 자격 심사 신청을 해야 합니다. 자격 심사에서는 신청자들이 양성 과정을 통해 '한국어교원 자격 취득에 필요한 영역별 필수 이수 시간'을 이수했는지 여부를 판단하게 됩니다. 이러한 과정을 거친 후 심사에 합격한 분들에게 자격증을 발급해 드립니다.

Q 양성 과정 이수 후 한국어교육능력검정시험에 합격하여 자격증을 취득했는데도 자격증에 '무시험 검정'이라고 기재되어 있습니다. 무슨 의미입니까?

A 한국어교원 자격 심사는 신청자들이 제출한 서류를 토대로 심사가 이루어지므로 심사 단계에서는 시험이 없습니다. 따라서 한국어교원 자격증에 '무시험 검정'이라고 기재됩니다.

Q 양성 과정 수료 후 2년 안에 한국어교육능력검정시험에 합격해야 하나요?

A 아닙니다. 양성 과정 수료 후 한국어교육능력검정시험에 합격 기간은 따로 제한을 두고 있지 않으므로 양성 과정 수료 후 언제든지 시험에 합격하면 됩니다. 단, 오랜 시일이 지난 후 한국어교육능력검정시험에 합격하신 경우, 양성 과정을 수료한 기관에서 '[별지 제2호 서식] 한국어교원 양성 과정 이수증명서'를 발급받지 못하신다면 자격증을 취득하실 수 없으므로, 이수증명서 발급 가능 여부를 확인하신 후 시험에 응시해 주시기 바랍니다.

Q 심사 신청 후 합격자 발표까지는 얼마나 걸리나요?

A 심사 접수 기간은 보통 열흘이며, 접수 후 약 4~5주 후에 한국어교원 자격심사위원회가 열립니다. 그리고 심사위원회가 열린 후 약 1~2주 후에 합격자 발표를 합니다. 따라서 심사 신청 마감일로부터 합격자 발표까지 약 한 달 반에서 두 달의 기간이 소요됩니다.

Q 초·중등 정교사 자격증 소지자도 별도의 한국어교원 자격 심사를 거쳐야 하나요?

A 네, 그렇습니다. 초등학교 정교사, 중등학교 정교사 자격증 소지자라고 하더라도 국어기본법령에서 정하고 있는 과정(학위 및 비학위 과정)을 거쳐서 한국어교원 자격증을 취득해야 합니다.

이 책의 구성과 특징 STRUCTURES

1 핵심 이론

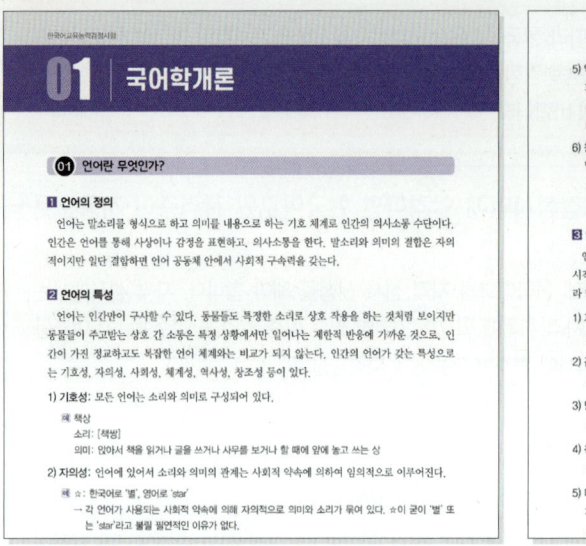

한국어와 한국어 교육의 기본을 탄탄하게 다질 수 있도록 영역별로 핵심 이론을 수록하였습니다. 이는 1차 필기시험을 넘어 2차 면접시험을 준비할 때도 참고할 수 있습니다.

2 실전 문제

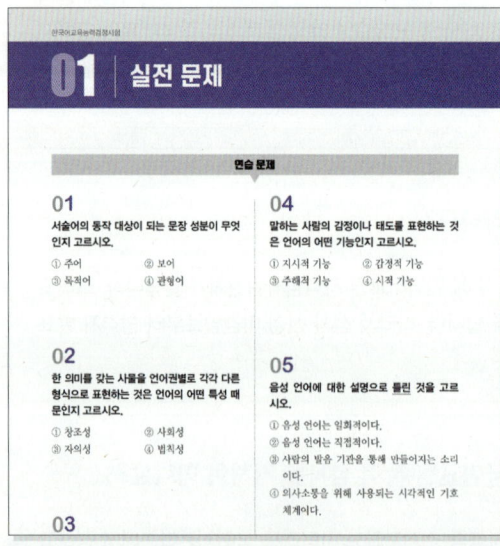
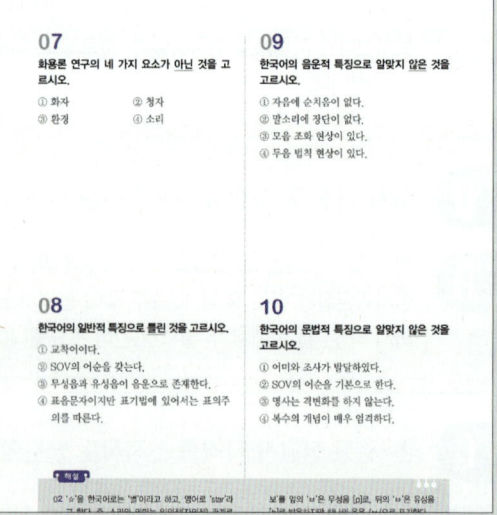

기본 학습부터 실전 적용까지, 최신 출제 경향을 완벽하게 파악하여 다양한 난이도의 문제를 연습할 수 있게 수록하였습니다. 문제를 풀어 보며 자신의 실력을 다질 수 있습니다.

3 기출문제

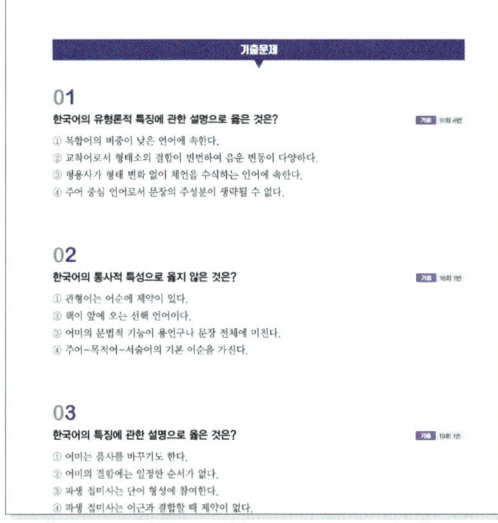
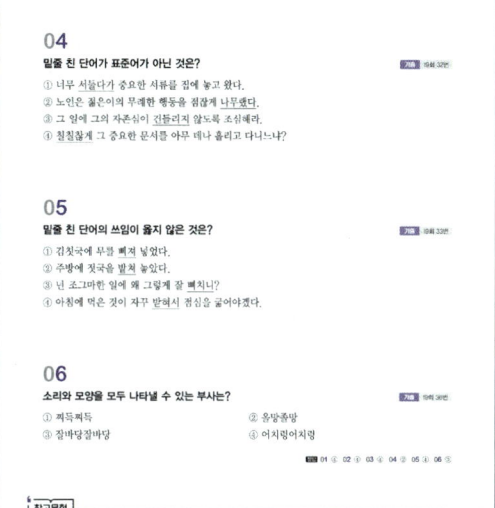

실제 시험에 출제되었던 기출문제를 영역별로 나누어 수록하였습니다. 출제 경향을 한눈에 파악하여 공부할 수 있습니다.

4 TOP-Point

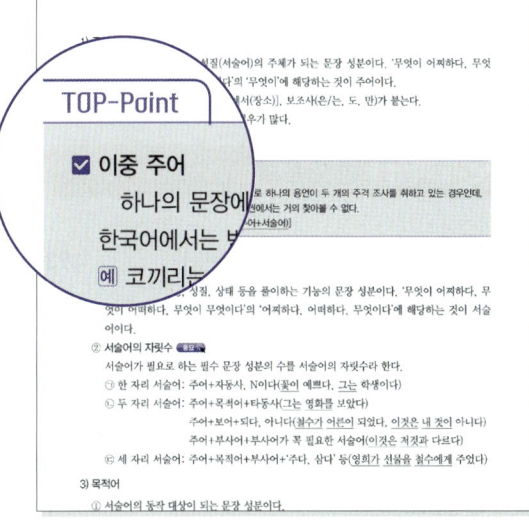
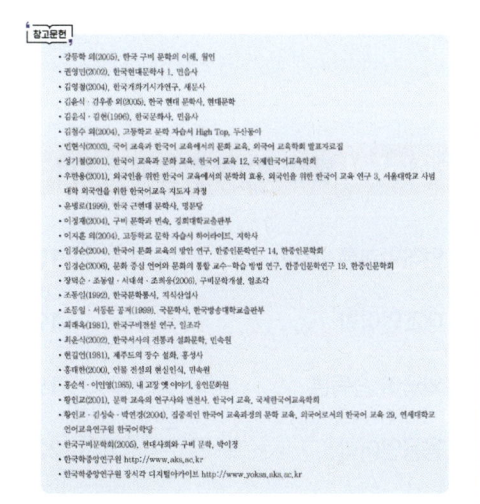

알아두기만 해도 실력이 향상되는 심화 내용을 담았습니다. 조금 더 깊이 있게 공부해 볼까요?

이 책의 차례 CONTENTS

첫째 마당 | 한국어학

- 01 국어학개론   3
- 02 한국어 음운론   21
- 03 한국어 문법론   36
- 04 한국어 어휘론   68
- 05 한국어 의미론   79
- 06 한국어 화용론   94
- 07 한국어사   105
- 08 한국어 어문 규범   119

셋째 마당 | 외국어로서의 한국어 교육론

- 01 한국어 교육학개론   249
- 02 한국어 교육과정론   272
- 03 한국어 평가론   290
- 04 언어교수이론   320
- 05 한국어 표현 교육론(말하기, 쓰기)   338
- 06 한국어 이해 교육론(듣기, 읽기)   368
- 07 한국어 발음 교육론   388
- 08 한국어 문법 교육론   403
- 09 한국어 어휘 교육론   425
- 10 한국어 교재론   442
- 11 한국 문화 교육론   456
- 12 교안 작성법과 실제   471

둘째 마당 | 일반언어학 및 응용언어학

- 01 언어학개론   155
- 02 대조언어학   179
- 03 외국어 습득론   196
- 04 응용언어학   222
- 05 사회언어학   232

넷째 마당 | 한국 문화

- 01 한국의 전통 문화와 민속 문화   493
- 02 한국의 현대 사회와 문화   511
- 03 한국문학개론   527

첫째 마당

한국어학

01 국어학개론
02 한국어 음운론
03 한국어 문법론
04 한국어 어휘론
05 한국어 의미론
06 한국어 화용론
07 한국어사
08 한국어 어문 규범

한국어학

한국어학은 공부할 것이 많고, 어렵고 복잡하다고 생각하기 쉬운 영역이지만, 실제 시험의 난이도는 고등학교 교과과정을 약간 상회하는 정도입니다. 물론 수험자들이 한국어 또는 국어를 전공하지 않았다면 음운론, 문법론, 의미론 같은 순수언어학의 개념을 다시 익혀야 하기 때문에 어렵게 느껴질 수 있습니다. 하지만 한국어학 영역에서는 기본 개념 이상의 지식을 요구하지는 않습니다. 완전히 낯선 내용이 아니라 중·고등학교 국어 교과과정에서 배웠던 내용이기 때문입니다. 한국어학은 국어학의 기본 용어를 분명히 숙지하는 것이 기본이며, 이러한 기본 개념을 바탕으로 기초 지식을 확인하는 문제가 많습니다. 어쩌면 한국어학은 출제 예상이 가능한 문제가 많은 영역이기도 합니다. 하지만 기초가 다져져 있지 않으면 문제 자체를 이해하기 어려울 수 있습니다. 따라서 무엇보다 기본 용어와 개념을 확실히 숙지하고 암기하는 것이 가장 중요합니다. 특히 한국어 어문 규범의 경우는 같은 문제라도 공부한 사람에게는 아주 쉬운 문제가 될 수 있지만 공부하지 않은 사람에게는 매우 혼란스러운 문제가 될 수 있으니 충분한 시간을 들여 준비하시기 바랍니다.

01 국어학개론

01 언어란 무엇인가?

1 언어의 정의

언어는 말소리를 형식으로 하고 의미를 내용으로 하는 기호 체계로 인간의 의사소통 수단이다. 인간은 언어를 통해 사상이나 감정을 표현하고, 의사소통을 한다. 말소리와 의미의 결합은 자의적이지만 일단 결합하면 언어 공동체 안에서 사회적 구속력을 갖는다.

2 언어의 특성

언어는 인간만이 구사할 수 있다. 동물들도 특정한 소리로 상호 작용을 하는 것처럼 보이지만 동물들이 주고받는 상호 간 소통은 특정 상황에서만 일어나는 제한적 반응에 가까운 것으로, 인간이 가진 정교하고도 복잡한 언어 체계와는 비교가 되지 않는다. 인간의 언어가 갖는 특성으로는 기호성, 자의성, 사회성, 체계성, 역사성, 창조성 등이 있다.

1) **기호성**: 모든 언어는 소리와 의미로 구성되어 있다.

   예 책상
   소리: [책쌍]
   의미: 앉아서 책을 읽거나 글을 쓰거나 사무를 보거나 할 때에 앞에 놓고 쓰는 상

2) **자의성**: 언어에 있어서 소리와 의미의 관계는 사회적 약속에 의하여 임의적으로 이루어진다.

   예 ☆: 한국어로 '별', 영어로 'star'
   → 각 언어가 사용되는 사회적 약속에 의해 자의적으로 의미와 소리가 묶여 있다. ☆이 굳이 '별' 또는 'star'라고 불릴 필연적인 이유가 없다.

3) **사회성**: 언어는 관습적이며 사회적 약속에 의해 구속을 받는다.

   예 ☆: 한국 사회에서 나 혼자 이것을 '달'이라고 명명하기로 하면 더 이상 다른 사람과 의사소통이 안 된다. 사회적 약속에 어긋나기 때문이다.

4) **체계성**: 일정한 원리에 따라서 낱낱의 부분이 짜임새 있게 조직되어 통일된 전체를 이루는 것을 말한다. 언어는 분석적이고 체계적이다. 언어는 형태소, 단어, 어절, 문장 등의 일정한 구조와 체계를 지니고 있다.

   예 나는 학교에 갔다.
   형태소: 나/는/학교/에/가/았/다.   단어: 나/는/학교/에/갔다.
   어절: 나는/학교에/갔다.   문장: 나는 학교에 갔다.

5) **역사성**: 언어는 불변하는 것이 아니다. 시간의 경과에 따라 새로 생기기도 하고 변하거나 사멸되기도 한다.

> 예1 '천(千)'의 옛말은 '즈믄'이다.
> 예2 '엄친아', '깜놀' 등 과거에는 쓰지 않던 새로운 신조어들이 나타난다.

6) **창조성**: 언어는 정해져 있는 말을 외워서 하는 것이 아니라 전에 들어 보지 못한 무한히 많은 말을 만들어서 사용할 수 있다.

> 예 핑크색 코끼리가 강아지와 놀고 있다.
> → '핑크색 코끼리'는 이전에 들어 보지 않은 말이지만 창조적으로 만들어 사용할 수 있다.

3 언어의 기능

인간은 언어를 통해 서로의 생각과 감정을 주고받는다. 의사소통을 위한 언어의 기능으로는 지시적·감정적·명령적·친교적·미적 기능 등이 있다. 언어의 기능은 발화 상황이나 맥락에 따라 달라질 수 있다.

1) **지시적 기능**: 청자에게 내용이나 정보를 전달한다.

> 예 "내일 날씨가 춥대."

2) **감정적(정서적) 기능**: 화자의 감정 상태나 태도를 표현한다.

> 예 "그게 진짜야? 어처구니가 없네!"

3) **명령적 기능**: 청자에게 어떤 행동을 하게 하거나 태도를 보이게 한다.

> 예 "창문 좀 열어줄래?"

4) **친교적 기능**: 청자와의 사회적 관계를 허용하거나 확인하고, 그 관계를 원활히 유지한다.

> 예 "잘 지내시지요?"

5) **미적(시적) 기능**: 말을 하거나 글을 쓸 때 청자가 그것을 감상할 수 있도록 내용을 더 아름답게 표현한다.

> 예 "오늘 밤에도 별이 바람에 스치운다."

4 언어의 종류

언어는 전달 매체에 따라 음성 언어와 문자 언어로 분류할 수 있다. 음성 언어는 발음 기관을 통해 구현되는 소리로 된 언어로, 의사소통을 위해 사용되는 청각적인 기호 체계이다. 음성 언어는 대체로 화자와 청자가 같은 시간과 공간 안에 있을 때 사용되기 때문에 일시적이고 순간적이며 직접적이라는 특징이 있다. 또 상황이나 사용되는 맥락에 영향을 받는다.

문자 언어는 문자를 매체로 한 언어이므로 음성 언어와는 달리 시공간의 제약을 비교적 적게 받으며, 사용되는 맥락에 대한 의존도도 상대적으로 낮다. 음성 언어가 청각적인 기호 체계라면 문자 언어는 시각적인 기호 체계이다. 그렇기 때문에 맞춤법 등 표기법이 존재하며 음성 언어에 비해 격식적이며 더 다듬어진 형태를 갖는다.

5 언어의 의미

1) 언어는 말소리와 의미로 이루어져 있다.
   ① 말소리: 언어의 형식. 귀에 들리는 물리적·구체적인 현상
   ② 의미: 언어의 내용. 말소리를 들을 때 머릿속에서 떠오르는 추상적인 내용

2) 의미의 종류 `중요`
   ① 중심적 의미와 주변적 의미
      ㉠ 중심적 의미: 한 단어가 여러 가지의 의미로 쓰일 때, 그 가운데에서 가장 기본적이고 핵심적인 의미
      ㉡ 주변적 의미: 중심적 의미를 제외한 여러 가지의 다른 의미
   ② 외연적 의미와 내포적 의미
      ㉠ 외연적 의미(개념적 의미, 사전적 의미): 어떤 낱말이 지니고 있는 가장 기본적인 의미
      ㉡ 내포적 의미(함축적 의미): 연상이나 관습 등에 의해 형성되는 의미
   ③ 사회적 의미와 정서적 의미
      ㉠ 사회적 의미: 언어를 사용하는 사람의 사회적 환경과 관련되는 의미
      ㉡ 정서적 의미: 언어 표현으로 화자나 청자의 개인적인 태도나 감정 등을 알 수 있게 해주는 의미
   ④ 주제적 의미와 반사적 의미
      ㉠ 주제적 의미: 어순, 초점, 강조, 발음 등을 통해 화자가 특별히 드러내고자 하는 의미
      ㉡ 반사적 의미(반영적 의미): 하나의 단어가 지니고 있는 개념적 의미와는 상관없이 특정한 반응을 불러일으키는 의미
   ⑤ 연어적 의미
      어떤 단어가 배열된 문맥에 의해서 얻게 되는 연상 의미

02 언어학의 하위 분야

언어학은 언어의 본질과 기능을 설명하는 학문이다. 언어학의 대표적인 하위 분야로는 음운론, 형태론, 통사론, 의미론, 화용론이 있다.

1) 음운론
   언어의 소리 구조와 체계를 연구하는 학문이다. 음소의 개념과 음운 자질을 연구해 음소와

음성을 구별하고, 언어 전달 체계 내에서 음운이 가지는 기능을 밝힌다. 음성학이 소리를 물리학적으로 연구하는 학문인 반면, 음운론은 인간의 언어에서 소리가 어떤 체계적인 규칙대로 조직되고 쓰이는지를 연구한다. 비분절 음운(운소)과 음절에 관한 연구도 음운론에서 이루어진다.

2) 형태론

단어의 형태 변화와 그 구성을 연구하는 학문이다. 언어의 규칙과 문법을 연구하는 학문인 문법론의 한 분과로, 형태론은 단어들의 내부 구조를 설명한다. 형태소, 이형태, 단어, 품사 등의 내용을 바탕으로 단어의 결합 관계를 연구한다.

3) 통사론

문법론의 한 분야로, 단어들의 결합으로 이루어지는 문장의 구조나 구문 요소를 분석함으로써 각 문장 성분이 구성되는 규칙을 연구하는 학문이다. 형태론이 단어의 구조를 연구하는 반면 통사론은 단어들이 어떻게 결합하여 문장을 이루는가를 연구한다. 문장은 인간의 생각이나 감정을 완결된 내용으로 표현하는 최소의 언어 형식이다. 통사론은 문장 안에서 일정한 문법적 기능을 하는 문장 성분, 문장의 종류, 문장의 종결 표현, 높임 표현, 양태 등을 연구한다.

4) 의미론

단어의 뜻과 문장의 의미를 연구하는 학문이다. 언어의 기호와 의미 사이의 관계를 연구하고, 상대의 언어 표현에서 의미를 유추하는 방법을 설명한다. 의미론에서는 언어를 사용하는 상황과는 관계없이 언어 자체의 구조만을 연구해야 한다는 관점과, 이와는 대조적으로 언어를 앞뒤의 문맥과 밀접한 관계를 가진 것으로 간주하여 의미는 상황과 맥락에 의존한다고 보는 관점이 있다.

5) 화용론

맥락 속에서 언어의 사용을 연구하는 학문이다. 화자와 청자, 환경에 따른 발화의 모든 요소를 연구하며 맥락과 관련하여 문장의 의미를 체계적으로 분석한다. 언어 자체만을 다루는 것이 아니라 실제로 그 언어가 발화된 상황을 중요하게 보고, 사용 맥락과 사회 심리적 요인을 설명한다.

03 한국어의 특징

1 일반적 특징 중요

한국어는 형태적으로 교착어이며, 계통상으로 알타이어족에 속한다고 알려져 있다. 주어-목적어-서술어의 순서로 문장이 구성되며, 구어 상황에서 주어가 쉽게 생략된다. 문법적으로 성(性)의 구분이 없으며, 상징어와 경어법이 발달하였다. 한국어에서 모든 문법적 요소는 어간이나 어근 뒤에 온다. 조사는 주로 체언 뒤에, 어미는 동사나 형용사의 어간 뒤에 쓰이며, 수식어는 항상 피수식어 앞에 온다. 세부적인 특징은 다음과 같다.

2 음운적 특징

1) 자음은 무성음과 유성음(/k/와 /g/, /p/와 /b/ 등)의 구분 대신 /ㄱ, ㄲ, ㅋ/, /ㄷ, ㄸ, ㅌ/, /ㅂ, ㅃ, ㅍ/, /ㅈ, ㅉ, ㅊ/으로 평음, 경음, 격음의 짝을 이루고 있다. 한국어에서는 무성음과 유성음이 변이음으로 발음되기는 하지만 음운, 즉 표기되는 글자로는 구별하지 않는다.

2) 국어의 자음에는 /f, v/와 같은 순치음(아랫입술과 윗니 사이에서 내는 소리, 이입술소리)이나 /θ, ð/와 같은 치간음(혀끝을 윗니와 아랫니 사이에 놓고 내는 소리, 잇사이소리)이 없다.

3) 전설 모음(혀의 앞부분과 경구개 사이에서 소리 나는 모음)보다 후설 모음(입술을 둥글게 하고 혀의 뒷부분과 여린입천장 사이가 좁아지면서 내는 모음)이 발달했다.

4) 음절의 초성이나 종성에 두 개 이상의 자음이 올 수 없어 CVC(자음-모음-자음) 구조를 이룬다. 물론 표기할 때는 겹받침이 올 수 있지만, 발음할 때는 하나의 자음 소리만을 낸다.
   예 닭[닥]

5) 종성은 7개[ㄱ, ㄴ, ㄷ, ㄹ, ㅁ, ㅂ, ㅇ]의 자음으로만 소리가 난다.

6) 말소리에 장단과 고저가 남아 있다. 표준국어문법에서는 장단만을 인정하고 있고, 고저는 경상도 방언 등 일부 지역 방언에만 남아 있다. 최근에는 장단음의 구분이 사라지고 있다.

7) 음운 환경에 따라 다르게 발음한다.
   예 밥물[밤물], 닭요리[당뇨리]

8) 일부 모음 조화 현상이 있다. 양성 모음은 양성 모음끼리, 음성 모음은 음성 모음끼리 어울리는 경향이 있다.
   예 먹어요 (○) / 먹아요 (×)
   　 잡아요 (○) / 잡어요 (×)

9) 두음 법칙 현상이 있다. 일부 소리가 단어의 첫머리나 음절의 첫소리에서 발음되지 않고 다른 소리로 바뀌어 발음된다. 예를 들어 'ㅣ, ㅑ, ㅕ, ㅛ, ㅠ' 앞에서의 'ㄹ'과 'ㄴ'이 'ㅇ'이 되고, 'ㅏ, ㅓ, ㅗ, ㅜ, ㅡ, ㅐ, ㅔ, ㅚ' 앞의 'ㄹ'은 'ㄴ'으로 변한다.
   예 락원-낙원, 력사-역사, 로인-노인

3 어휘적 특징

1) 고유어, 한자어, 외래어로 구성되어 있다. 기초 어휘로는 고유어가 발달했고, 전문 어휘에서는 한자어가 발달하였다.

    예 말하다(고유어), 설명하다(한자어), 토크 쇼(외래어)

2) 감각어와 상징어가 발달하였다. 상징어에는 의성어와 의태어 등이 있다.

    예 뻐근하다, 저리다, 엉금엉금, 아장아장

3) 친족 관계를 나타내는 어휘가 발달하였다.

    예 이모, 고모, 사촌, 큰아버지, 작은아버지

4) 형용사에 어미가 붙어 서술어 기능을 할 수 있다. 단, 명령형이나 청유형 어미는 결합할 수 없다.

    예 날씨가 춥다.
            서술어

4 문법적 특징

1) 어미와 조사가 발달한 한국어는 첨가어(교착어)에 포함된다.

    예 민수가 밥을 먹는다.

2) 어말에 나타나는 어미와 조사는 문법적 기능을 갖는다.

    예 민수가   밥을   먹는다.
        주격 조사 목적격 조사 종결 어미

3) 어미는 문장을 안거나 연결해 주는 확대의 기능을 하며 수식어가 피수식어 앞에 온다.

    예 저기 안경 낀 사람 민수야?
              관형사형 어미

4) 조사와 어미의 쓰임에 따라 미묘한 의미 차이가 생긴다.

    예 밥을 먹었니? / 밥은 먹었니?
        격조사   보조사

    밥 먹었어? / 밥 먹었냐? / 밥 먹었니?

5) 한국어의 어순은 일반적으로 주어+목적어+서술어(SOV) 어순을 갖지만, 도치가 비교적 자유롭다.

    예 난 미영 씨를 사랑한다.
        S   O   V

    미영 씨를 난 사랑한다.
       O   S   V

6) 한국어는 높임법이 매우 발달하였다. 높임법의 사용은 나이, 친소 관계, 사회적 지위 등에 따라 결정된다. 한국어의 높임법은 주로 조사와 어미의 사용으로 드러난다. 한국어의 높임법에는 행위의 주체를 높이는 방법, 객체를 높이는 방법, 듣는 사람을 높이는 방법이 있다.

　예 선생님께서 지각을 하셨다. (주체를 높임)
　　　나는 선생님께 과일을 드렸다. (객체를 높임)

7) 명사는 격변화 없이 조사와 결합하여 문장의 성분이 된다. 주격 조사와 결합하면 주어로, 목적격 조사와 결합하면 목적어로 기능한다.

　예 그 사과가 달다. (주어)
　　　나는 그 사과를 먹었다. (목적어)

8) 한국어는 성(性)의 구분이 없다.

　예 독일어 명사의 성 구분
　　　der Montag(남성명사): 월요일
　　　die Rose(여성명사): 장미
　　　das Essen(중성명사): 음식, 식사

9) 복수접미사 '들'의 사용이 엄격하지 않다.

　예 교실에 사람이 많다. (○)
　　　교실에 사람들이 많다. (○)

10) 인칭 대명사를 별로 사용하지 않는다. 특히 구어에서는 '그, 그녀' 등의 3인칭 대명사를 거의 사용하지 않는다.

　예 "그녀가 어디 갔어?"보다 "미영이는 어디 갔어?"를 더 많이 쓴다.

11) 접속 부사나 연결 어미를 사용하여 문장과 문장을 이어준다.

　예 학교에 가서 공부했다.

12) 한국어에는 관형사가 있고 관사가 없다.

　예 한 남자가 다가왔다.
　　　관형사

　　　저 사람이 민수 동생이야.
　　　관형사

13) '이다'는 홀로 서술어를 이루지 않고 '(명사)+이다'의 형태로 이루어진다.

　예 나는 학생이다.
　　　　　　서술어

04 한국어의 문법

1 음운과 음절

1) **음운**: 의미를 구별해 주는 최소의 소리 단위이다.

   ① 국어에서는 음소인 자음과 모음, 그리고 운소인 장단, 강세, 억양이 음운에 속한다.
   ② 자음 19개, 모음 21개(단모음 10개와 이중 모음 11개)
      ㉠ 자음 분류표 **중요**

조음 방법		조음 위치	양순음	치조음	경구개음	연구개음	성문음(후음)
안울림소리	파열음	예사소리(평음)	ㅂ	ㄷ		ㄱ	
		된소리(경음)	ㅃ	ㄸ		ㄲ	
		거센소리(격음)	ㅍ	ㅌ		ㅋ	
	파찰음	예사소리(평음)			ㅈ		
		된소리(경음)			ㅉ		
		거센소리(격음)			ㅊ		
	마찰음	예사소리(평음)		ㅅ			ㅎ
		된소리(경음)		ㅆ			
울림소리	비음		ㅁ	ㄴ		ㅇ	
	유음			ㄹ			

   ㉡ 모음 분류표 **중요**

혀의 위치	전설 모음		후설 모음	
혀의 높이 / 입술 모양	평순	원순	평순	원순
고모음	ㅣ	ㅟ	ㅡ	ㅜ
중모음	ㅔ	ㅚ	ㅓ	ㅗ
저모음	ㅐ		ㅏ	

2) **음절**: 낱낱의 소리로서 가장 작은 발음의 단위이다. 한국어에서 음절을 이루기 위해서는 모음이 필수적이다. 따라서 음절의 수는 모음의 수와 일치한다.

   예 [책상](2음절), [크리스마스](5음절)

2 형태소

1) 형태소: 의미의 최소 단위, 뜻을 가지고 있는 말의 가장 작은 단위이다.

2) 이형태와 상보적 분포

① 주위 환경에 따라 형태가 달라지는 것을 이형태라고 한다. 형태는 달라도 의미는 같다.
② 한 형태소 내의 이형태는 그것이 나타날 수 있는 환경이 서로 겹치지 않는 특성을 가지고 있다. 즉, 상보적(배타적) 분포를 갖는다.
   예 주격 조사 '이/가'
   → 주격 조사 '이/가'는 환경에 따라 서로 겹치지 않게 사용된다. '이'는 앞에 오는 체언에 받침이 있을 때, '가'는 받침이 없을 때만 온다. 이를 상보적 분포라고 한다.

3) 형태소의 종류 **중요**

① 자립성 기준
   ㉠ 자립 형태소: 혼자 쓰일 수 있는 형태소(체언, 부사, 관형사, 감탄사)
   ㉡ 의존 형태소: 혼자 쓰일 수 없는 형태소(조사, 용언의 어간, 어미, 접사)
② 의미 기준
   ㉠ 실질 형태소: 구체적인 대상과 상태를 나타내는 실질적인 의미(자립 형태소, 용언의 어간)
   ㉡ 형식 형태소: 구체적인 의미가 없고 문법적인 의미만 갖는 형태소(조사, 어미)

예 철수는 빵을 먹었다.

구분	철수	는	빵	을	먹-	-었-	-다
자립 형태소	○		○				
의존 형태소		○		○	○	○	○
실질 형태소	○		○		○		
형식 형태소		○		○		○	○

3 단어

최소 자립 단위, 즉 자립할 수 있는 말이나 자립 형태소에 붙어서 쉽게 분리할 수 있는 말이다.

1) 자립할 수 있는 말: 자립 형태소, 용언

2) 자립 형태소에 붙어 쉽게 분리할 수 있는 말: 조사

예 철수가 밥을 많이 먹었다.
   → 이 문장에서는 명사인 '철수'와 '밥', 조사인 '가'와 '을', 그리고 부사인 '많이'를 단어로 볼 수 있다. 그리고 '먹었다'는 용언의 어간 '먹-', 선어말 어미 '-었-', 종결 어미 '-다'로 모두 의존 형태소이다. 그래서 각각은 단어를 이룰 수 없고 '먹었다'를 한 단어로 본다. 그렇게 본다면 단어는 모두 6개가 된다.

4 품사의 분류

문법적 성질이 공통된 단어끼리 모아 놓은 집합을 품사라고 한다. 학교 문법에서는 아래 표와 같이 9품사로 나눈다.

1) 품사를 나누는 기준

　① 형태의 변화 유무: 불변어, 변화어(가변어)
　② 문장에서의 기능: 체언, 용언, 수식언, 독립언, 관계언
　③ 개별 단어의 의미: 명사, 대명사, 수사, 관형사, 부사, 감탄사, 조사, 동사, 형용사

2) 품사 분류표

형태	기능	의미
불변어	체언	명사
		대명사
		수사
	수식언	관형사(체언을 수식)
		부사(용언을 수식)
	독립언	감탄사
	관계언	조사
변화어 (가변어)		(서술격 조사)
	용언	동사
		형용사

5 문장

1) 문장 성분: 어떤 단어가 문장 안에서 어떤 구실을 하느냐에 따라 나눈다.

　① 주어: 문장에서 동작, 상태, 성질(서술어)의 주체를 나타내는 문장 성분
　　예 민수가 학교에 간다.
　② 서술어: 주어의 동작, 과정, 성질, 상태 등을 풀이하는 문장 성분
　　예 민수가 학교에 간다.
　③ 목적어: 서술어(타동사)의 동작 대상이 되는 문장 성분
　　예 민수가 밥을 먹는다.
　④ 보어: '되다, 아니다'가 서술어로 쓰일 때 체언에 '이/가'를 붙여 서술어를 보충하는 문장 성분
　　예 민수가 중학생이 되었다.
　⑤ 관형어: 체언(명사/대명사/수사)을 꾸며주는 문장 성분
　　예 민수가 멋진 교복을 입었다.

⑥ 부사어: 서술어(동사/형용사)를 꾸며주는 문장 성분
  예) 민수가 열심히 공부한다.
⑦ 독립어: 모든 문장 성분과 직접 관련이 없는 독립 성분
  예) 민수야, 빨리 와.

2) 문장의 구조

① 홑문장: 주어와 서술어가 한 번 나타나는 문장
  예) 바다가 파랗다.
② 겹문장: 주어와 서술어가 두 번 이상 나타나는 문장
  ㉠ 안은 문장: 홑문장을 문장 성분으로 포함하는 문장
    예) 민수는 파란 바다를 보았다.
  ㉡ 안긴 문장: 안은 문장의 문장 성분으로 쓰이는 홑문장
    예) 민수는 파란 바다를 보았다.
  ㉢ 이어진 문장: 홑문장과 홑문장이 대등하거나 종속적으로 연결된 문장
    예) 바다는 파랗고 땅은 붉다.

3) 문장의 확대

① 연결 어미를 사용하여 문장을 이어주는 방식
  ㉠ 대등한 연결 어미(나열, 대조 등) 사용
    예) 나는 학교에 가고 동생은 도서관에 갔다. (나열)
        어제는 날씨가 좋았는데 오늘은 흐리다. (대조)
  ㉡ 종속적 연결 어미(이유, 의도, 목적, 조건, 양보, 동시성, 연발성, 시차, 전환, 수단 등) 사용
    예) 수업 시간에 늦어서 죄송합니다. (이유)
        과제를 잘 쓰면 좋은 점수를 받는다. (조건)
        집에 가자마자 화장실로 뛰어 들어갔다. (연발성)
        밥을 먹다가 전화를 받았다. (전환)
② 안긴 문장을 사용하여 문장을 확대하는 방식
  ㉠ 명사절: '-(으)ㅁ, -기' 등의 명사형 전성 어미를 사용하는 방식
    예) 나는 네가 행복하기를 바란다.
        기숙사는 좋기는 하지만 불편한 점도 있다.
        늙어감은 자연스러운 현상이다.
  ㉡ 관형절: '-(으)ㄴ, -는, -(으)ㄹ, -던' 등의 관형사형 전성 어미를 사용하는 방식
    예) 이곳은 내가 종종 산책하던 곳이다.
        이 떡볶이는 내가 만든 것이다.
        냉장고에 먹을 게 없네.
  ㉢ 서술절: 문장에서 서술어 구실을 하는 절을 만드는 방식
    예) 이 차는 부속이 고장났다.

ㄹ 부사절: 부사어의 구실을 하는 절을 만드는 방식
  예 그는 아무 말 없이 떠났다.
     내 동생은 돈을 물 쓰듯이 쓴다.
ㅁ 인용절: 남의 말이 직접 또는 간접으로 인용된 절을 만드는 방식
  예 "내일 특종이 나올 거예요."라고 그가 말했다.
     내일 특종이 나올 거라고 그가 말했다.

05 대표적 문법 범주

1 부정

'안'이나 '못, 않다, 못하다, 말다' 등의 부정소가 결합되어 문장의 내용을 부정하는 문법 범주이다.

1) 짧은 부정문(단형 부정문)

부사 '안'이나 '못'이 서술어 앞에 쓰인 부정문이다. '안' 부정문은 주로 단순 부정을 나타내나 맥락에 따라 의지 부정을 나타내기도 한다. '못' 부정문은 주로 능력 부정을 나타낸다.

예 눈이 안 온다. (단순 부정)
   어제 공부 안 했어. (단순 부정뿐 아니라 의지 부정으로도 해석 가능)
   이 가방은 못 들겠어. (능력 부정)

2) 긴 부정문(장형 부정문)

서술어 어간에 '-지'와 함께 보조 용언 '않다, 못하다, 말다' 등이 쓰인 부정문이다. 대개 본용언 뒤에 보조 용언이 쓰이는 구성이다. '말다'는 명령문이나 청유문을 부정할 때 쓰인다.

예 오늘은 춥지 않다.
   음식이 너무 매워서 먹지 못했다.
   오늘은 밖에 나가지 마라(→ 말아라).
   내일은 일하지 말자.

2 피동과 사동

1) 피동

주어가 다른 힘에 의하여 어떤 일을 당하게 되는 것을 나타낸 문장이다.

① **짧은 피동(파생적 피동)**: 능동을 나타내는 동사에 피동 파생접미사 '-이-, -히-, -리-, -기-'를 결합한 피동사가 사용된다. 피동문은 능동문(주어가 동작을 자신의 힘으로 하는 것을 표현한 문장)과 대응되는 경우가 많은데, 파생적 피동의 경우 대응되는 능동문은 타동사문이다. 능동문에서의 목적어는 피동문에서 주어로, 능동문에서의 서술어는 피동문에서 피동형 서술어로 바뀐다.

예 칠판의 글씨가 잘 보였다.
쥐가 고양이에게 잡혔다.
설명을 듣고 의문이 풀렸다.
도둑이 경찰에게 쫓겼다.

② 긴 피동(통사적 피동): 능동을 나타내는 동사에 '-아/어지다'를 결합한 서술어가 사용된다. 또한 넓은 의미로 '-게 되다'를 쓰는 경우에도 통사적 피동문으로 보기도 한다.

예 케이크가 여섯 조각으로 나누어졌다.
바라던 일이 다 이루어졌다.
오늘부터 이 학교에서 일하게 되었다.

2) 사동

주어가 특정 동작이나 행위를 다른 사람에게 하게 함을 나타낸 문장이다. 사동문은 주동문(주어가 동작이나 행동을 직접 하는 것을 표현한 문장)과 대응되는 경우가 많다. 주동문에서의 주어는 사동문에서 목적어나 부사어로, 주동문에서의 서술어는 사동문에서 사동형 서술어로 바뀐다. 주동문을 사동문으로 표현할 때 필요한 경우 새로운 주어가 추가된다.

① 짧은 사동(파생적 사동): 용언 어간에 사동 접미사 '-이-, -히-, -리-, -기-, -우-, -구-, -추-' 등을 결합한 사동사가 사용된다.

예 아이에게 밥을 먹였다.
시청에서 이 지역의 도로를 넓혔다.
강추위가 강물까지 얼렸다.
농부에게 짐을 지웠다.
약속 시간을 한 시간 늦췄다.

② 긴 사동(통사적 사동): 용언의 어간에 '-게 하다'를 결합한 서술어가 사용된다. 통사적 사동문은 파생적 사동문과 약간의 의미 차이가 있다. 주로 파생적 사동문은 주어가 객체에게 직접적인 행위를 할 때 사용하고, 통사적 사동문은 그 행동을 하도록 시키는 간접적인 행위일 때 사용한다.

예 엄마가 아이에게 밥을 먹게 했다.
형이 동생에게 옷을 입게 했다.

3 시제

문장에서 어떤 사건이나 상태, 사실이 일어난 시간적 위치(과거·현재·미래 등)를 표현하는 범주이다. 시제는 화자가 발화시를 기준으로 하여 구별한다. 발화시는 화자가 문장을 발화한 시간이고 사건시는 동작이나 상태, 즉 그 사건이 발생한 시간을 의미한다.

예 민수가 빵을 먹었다.
민수가 빵을 먹는다.
민수가 빵을 먹을 것이다.

위 예문은 모두 빵을 먹는 동작을 제시하고 있다. '민수가 빵을 먹었다'는 사건시가 발화시보다 선행하므로 과거 시제, '민수가 빵을 먹는다'의 사건시는 발화시와 일치하므로 현재 시제, '민수가 빵을 먹을 것이다'는 사건시가 발화시 이후이므로 미래 시제이다.

1) 과거 시제

사건시가 발화시에 선행하는 시간 표현이다. '-었-'과 '-었었-'으로 표시된다. '-었었-'은 단절된 과거, 또는 과거 기준점보다 더 앞선 시점에 일어난 대과거를 나타낼 때 쓰인다.
예 어제 친구를 만났다.
나는 부산에 살았다. 그 전에는 서울에 살았었다.

2) 현재 시제

사건시가 발화시와 일치하는 시간 표현이다. 확실하게 예정된 미래는 현재가 아니지만 현재 시제를 쓰기도 한다. 시간의 제한에 제약을 받지 않는 보편적 사실을 진술할 때도 현재 시제가 사용된다.
예 민수는 지금 학교에 있다.
나는 힙합 음악을 자주 듣는다.
요즘 일이 많아서 매우 바쁘다.
10분 후에 기차가 떠난다. (확실하게 예정된 미래)
지구는 태양을 돈다. (보편적 사실)

3) 미래 시제

사건시가 발화시 이후임을 나타내는 시간 표현이다. '-겠-' 등으로 실현된다.
예 내일도 비가 오겠다.
비행기가 곧 도착하겠다.

01 실전 문제

연습 문제

01
서술어의 동작 대상이 되는 문장 성분이 무엇인지 고르시오.
① 주어　　　② 보어
③ 목적어　　④ 관형어

02
한 의미를 갖는 사물을 언어권별로 각각 다른 형식으로 표현하는 것은 언어의 어떤 특성 때문인지 고르시오.
① 창조성　　② 사회성
③ 자의성　　④ 법칙성

03
언어의 특성 중 '사회성'에 관한 내용으로 알맞은 것을 고르시오.
① 언어는 사회라는 언어 공동체의 산물이다.
② 언어는 여러 측면에서 일정한 법칙의 지배를 받는다.
③ 언어의 형식과 내용의 연결이 필연적인 것은 아니다.
④ 개별 언어는 시간의 흐름에 따라 어휘나 문자의 수가 계속 늘어난다.

04
말하는 사람의 감정이나 태도를 표현하는 것은 언어의 어떤 기능인지 고르시오.
① 지시적 기능　　② 감정적 기능
③ 주해적 기능　　④ 시적 기능

05
음성 언어에 대한 설명으로 틀린 것을 고르시오.
① 음성 언어는 일회적이다.
② 음성 언어는 직접적이다.
③ 사람의 발음 기관을 통해 만들어지는 소리이다.
④ 의사소통을 위해 사용되는 시각적인 기호 체계이다.

06
한 단어의 어원을 찾아 현재 사용되는 모습까지의 변화를 연구하는 방법을 무엇이라 하는지 고르시오.
① 공시적 연구　　② 통시적 연구
③ 통사적 연구　　④ 형태론적 연구

07
화용론 연구의 네 가지 요소가 아닌 것을 고르시오.

① 화자 ② 청자
③ 환경 ④ 소리

08
한국어의 일반적 특징으로 틀린 것을 고르시오.

① 교착어이다.
② SOV의 어순을 갖는다.
③ 무성음과 유성음이 음운으로 존재한다.
④ 표음문자이지만 표기법에 있어서는 표의주의를 따른다.

09
한국어의 음운적 특징으로 알맞지 않은 것을 고르시오.

① 자음에 순치음이 없다.
② 말소리에 장단이 없다.
③ 모음 조화 현상이 있다.
④ 두음 법칙 현상이 있다.

10
한국어의 문법적 특징으로 알맞지 않은 것을 고르시오.

① 어미와 조사가 발달하였다.
② SOV의 어순을 기본으로 한다.
③ 명사는 격변화를 하지 않는다.
④ 복수의 개념이 매우 엄격하다.

해설

02 '☆'을 한국어로는 '별'이라고 하고, 영어로 'star'라고 한다. 즉, 소리와 의미는 임의적(자의적) 관계로 이루어지므로 필연적으로 어느 하나의 소리로 부를 이유가 없다.

05 음성 언어는 청각적인 기호 체계이다. 시각적인 기호 체계는 문자 언어의 특징이다.

06 역사적인 분석은 통시적 연구이고, 동일한 시간 내의 분석은 공시적 연구이다.

07 화용론 연구의 네 가지 요소는 '화자, 청자, 환경, 발화(문장)'이다.

08 무성음과 유성음은 변이음으로만 존재하고 음운으로는 존재하지 않는다. 예를 들어 한국 사람들은 '바보'를 앞의 'ㅂ'은 무성음 [p]로, 뒤의 'ㅂ'은 유성음 [b]로 발음하지만 하나의 음운 /ㅂ/으로 표기한다.

09 음운은 자음과 모음과 같은 분절음과 소리의 장단, 고저, 강세와 같은 비분절음으로 나뉜다. 한국어에서는 비분절음으로 장단만을 인정한다.
예 말(馬), 말:(言)

10 한국어에서는 명사에 복수 접미사 '들, 네'를 결합하여 복수 표현을 하기도 하지만 쓰지 않아도 무방하다.
예 시장에 사람이 많다.

정답 01 ③ 02 ③ 03 ① 04 ② 05 ④ 06 ② 07 ④ 08 ③ 09 ② 10 ④

기출문제

01

한국어의 유형론적 특징에 관한 설명으로 옳은 것은?   기출 17회 4번

① 복합어의 비중이 낮은 언어에 속한다.
② 교착어로서 형태소의 결합이 빈번하여 음운 변동이 다양하다.
③ 형용사가 형태 변화 없이 체언을 수식하는 언어에 속한다.
④ 주어 중심 언어로서 문장의 주성분이 생략될 수 없다.

02

한국어의 통사적 특성으로 옳지 않은 것은?   기출 18회 1번

① 관형어는 어순에 제약이 있다.
② 핵이 앞에 오는 선핵 언어이다.
③ 어미의 문법적 기능이 용언구나 문장 전체에 미친다.
④ 주어-목적어-서술어의 기본 어순을 가진다.

03

한국어의 특징에 관한 설명으로 옳은 것은?   기출 19회 1번

① 어미는 품사를 바꾸기도 한다.
② 어미의 결합에는 일정한 순서가 없다.
③ 파생 접미사는 단어 형성에 참여한다.
④ 파생 접미사는 어근과 결합할 때 제약이 없다.

04

밑줄 친 부분에 관한 설명으로 옳지 않은 것은?   기출 19회 2번

① <u>산토끼</u>가 달아나고 있다. : '산토끼'는 합성어이다.
② 누군가에게 내 발이 <u>밟혔다</u>. : '밟혔다'에는 3개의 어미가 있다.
③ 나는 친구 세 <u>명</u>이 있다. : '명'은 단위성 의존 명사이다.
④ 선생님께서는 일이 <u>많으시다</u>. : '많으시다'에는 주체 높임 표현이 들어 있다.

05

대명사에 관한 설명으로 옳지 않은 것은? [기출 19회 24번]

① 형식상 불변어에 속한다.
② 명사, 수사와 함께 체언을 이룬다.
③ 고유어 계통의 재귀대명사가 없다.
④ 지시대명사는 3항 대립 체계이다.

06

조사에 관한 설명으로 옳지 않은 것은? [기출 19회 25번]

① 격조사, 접속 조사, 보조사의 세 가지 유형이 있다.
② 부사격 조사는 보조사와 결합할 때 어순이 앞선다.
③ 보조사는 관형사와 결합할 수 없다.
④ 명사는 관형격 조사와 결합하지 않고 다른 명사를 수식할 수 없다.

정답 01 ② 02 ② 03 ③ 04 ② 05 ③ 06 ④

참고문헌

- 고영근·남기심(2008), 7차 고교 문법 자습서, 탑출판사
- 김진호(2008), 외국어로서의 한국어학개론, 박이정
- 김태엽(2008), 국어학개론, 역락
- 남기심·고영근(1993), 표준국어문법론(개정판), 탑출판사
- 이관규(2007), 학교 문법론, 월인
- 이석주(1994), 국어학개론, 대한교과서주식회사
- 이익섭(1986), 국어학개설, 학연사
- 이익섭(1997), 한국의 언어, 신구문화사

02 | 한국어 음운론

01 음성과 음운

1 음성
사람의 발음 기관을 통해 나오는 구체적인 소리이다. 사람에 따라 다르게 나타나는 구체적이고 물리적인 소리를 의미한다.

2 음운
말의 뜻을 구별해 주는 소리의 최소 단위이다. 사람들의 머릿속에 동일한 소리라고 인식되는 추상적이고 관념적인 소리이다. 음운의 수는 각 언어에 따라 다를 수 있다. 같은 음운도 다른 음성으로 발음될 수 있다.

> 예 '바보'를 발음할 때 앞의 /ㅂ/은 무성음으로 소리 나고 뒤의 /ㅂ/은 유성음으로 소리 난다. 음성적 차원에서는 두 개의 소리지만 음운으로는 동일하게 /ㅂ/으로 표기한다.

1) **음운**: 음소, 운소의 앞 글자를 따서 '음운'이라고 한다.
   ① 음소
      ㉠ 더 이상 쪼개어지지 않는 가장 작은 음운적 단위를 의미한다.
      ㉡ 소리마디의 경계를 나눌 수 있기 때문에 '분절음'이라고도 한다.
      ㉢ 자음, 모음, 활음(= 반모음)이 있다.
   ② 운소
      ㉠ 소리마디의 경계를 나눌 수 없기 때문에 '비분절음'이라고도 한다.
      ㉡ 장단, 연접, 억양 등이 있는데 한국어의 표준어에서는 장단만을 운소로 인정한다.
      > 예 중부 방언: 말이 많다(馬)   말:이 많다(言)
      >   경남 방언: 말이(HL) 많다(LL)(馬)   말이(LH) 많다(LL)(言)

> **TOP-Point**
>
> ✓ **한국어의 음운**
>   단모음 10개, 이중 모음 11개, 자음 19개로 모두 40개의 음운을 가지고 있다.
>   • 단모음: ㅏ, ㅓ, ㅗ, ㅜ, ㅡ, ㅣ, ㅐ, ㅔ, ㅚ, ㅟ
>   • 이중 모음: ㅑ, ㅕ, ㅛ, ㅠ, ㅒ, ㅖ, ㅘ, ㅙ, ㅝ, ㅞ, ㅢ
>   • 자음: ㄱ, ㄴ, ㄷ, ㄹ, ㅁ, ㅂ, ㅅ, ㅇ, ㅈ, ㅊ, ㅋ, ㅌ, ㅍ, ㅎ, ㄲ, ㄸ, ㅃ, ㅆ, ㅉ

> ☑ 음성과 음운의 표시
>   음성은 [ ] 속에, 음운은 / / 속에 넣어서 표시한다.

2) **최소 대립쌍**: 하나의 음운만 달라 그것으로 뜻이 구별되는 단어의 묶음을 말한다.

   예 절-철, 강-감
   → '절'과 '철'은 /ㅈ/과 /ㅊ/의 차이로 인해 그 뜻이 구별된다. 마찬가지로 '강'과 '감'도 받침인 /ㅇ/과 /ㅁ/의 차이로 인해 그 뜻이 구별된다.

3) **변이음과 상보적 분포** 중요

   ① **변이음(變異音)**: 동일한 음운이면서 서로 다른 소리(음성)로 실현된 음성을 말한다.
      예 한국어의 음운에는 /ㄹ/이 한 개이지만 음성, 즉 소리로 보면 크게 탄설음 [r]과 설측음 [l]로 나눌 수 있다. 즉, /ㄹ/은 [r]과 [l] 두 개의 변이음을 갖는다.
   ② **상보적(相補的) 분포**: 한 음소에 속하는 변이음들이 실현될 때, 그 실현 환경이 서로 겹치지 않고 상호 보완적으로 각각의 음들로 발음되는 것을 말한다.
      예 탄설음 [r]: 'ㄹ' 뒤를 제외한 음절 초에서 나타남
         → 라디오, 마루
         설측음 [l]: 음절말, 'ㄹ' 뒤에서 나타남
         → 말, 물론

TOP-Point

> ☑ 탄설음과 설측음
>   • 탄설음 [r]: 혀끝이 윗잇몸에 살짝 닿았다가 떨어지면서 발음되는 소리
>   • 설측음 [l]: 혀끝이 윗잇몸에 계속 닿은 채 혀의 양 측면으로 공기가 나가면서 발음되는 소리

변이음들은 환경에 자연스럽게 지배를 받아 실현되기 때문에 그 언어를 사용하는 모국어 화자는 그 발음의 차이를 쉽게 인식하기 어렵다. 그래서 여러 변이음이 실현됨에도 불구하고 한 개의 음소로 나타내는 경우가 많다. 한국어의 경우 /ㅐ/와 /ㅔ/를 변별하지 못하는 경우가 많아졌고, /ㅚ, ㅞ, ㅙ/ 또한 구별하기 어려워졌다. 또한 경상도 지역의 경우 /ㅡ/와 /ㅓ/를 변별하지 못하기도 한다. 그러한 경우에는 /ㅐ/와 /ㅔ/, /ㅚ/와 /ㅞ/와 /ㅙ/, /ㅡ/와 /ㅓ/가 각각 별개의 음소 자격을 갖지 못한다.

예 외국, 외투, 웨일즈, 왜
   → /ㅚ, ㅞ, ㅙ/를 구별하기 어렵다.

02 자음

1) 조음 기관(소리를 만들어 내는 기관)에 의해 장애를 받는 소리이다. 조음 기관에는 양순(입술), 치조(윗잇몸), 경구개(입천장 앞쪽의 단단한 부분), 연구개(입천장 뒤쪽의 연한 부분), 성대, 혀, 비강 등이 있다.

2) 한국어는 자음만으로는 음절을 이룰 수 없고, 모음이 있어야 음절을 이룰 수 있다.

3) 한국어의 자음은 조음 위치와 조음 방법에 따라 나누면 다음 표와 같다.

조음 방법		조음 위치	양순음	치조음	경구개음	연구개음	성문음 (후음)
안울림소리	파열음	예사소리(평음)	ㅂ	ㄷ		ㄱ	
		된소리(경음)	ㅃ	ㄸ		ㄲ	
		거센소리(격음)	ㅍ	ㅌ		ㅋ	
	파찰음	예사소리(평음)			ㅈ		
		된소리(경음)			ㅉ		
		거센소리(격음)			ㅊ		
	마찰음	예사소리(평음)		ㅅ			ㅎ
		된소리(경음)		ㅆ			
울림소리	비음		ㅁ	ㄴ		ㅇ	
	유음			ㄹ			

4) 조음 위치에 따른 분류
   ① 양순음
      ㉠ 조음 시 양 입술을 맞대어 내는 소리이다.
      ㉡ /ㅂ, ㅃ, ㅍ/(파열음), /ㅁ/(비음)
   ② 치조음(치경음)
      ㉠ 혀의 끝부분이 윗니 끝(윗니) 뒤에 닿아 내는 소리이다.
      ㉡ /ㄷ, ㄸ, ㅌ/(파열음), /ㄴ/(비음), /ㅅ, ㅆ/(마찰음), /ㄹ/(유음)
   ③ 경구개음
      ㉠ 혀의 앞부분(전설)을 경구개에 접촉하여 내는 소리이다.
      ㉡ /ㅈ, ㅉ, ㅊ/(파찰음)

④ 연구개음
　　㉠ 혀의 뒷부분(혀뿌리, 설배/설근)이 연구개에 닿아 내는 소리이다.
　　㉡ /ㄱ, ㄲ, ㅋ/(파열음), /ㅇ/(비음)
⑤ 성문음(후두음)
　　㉠ 성문에서 만들어지는 소리이다.
　　㉡ /ㅎ/(마찰음)

5) 조음 방법에 따른 분류
　① 파열음
　　㉠ 공기가 '폐쇄-지속-파열'의 순서를 거치면서 나오는 소리로서 음절의 끝(받침)에서는 파열되지 않고 닫히면서 소리가 난다.
　　㉡ /ㅂ, ㅃ, ㅍ/(양순음), /ㄷ, ㄸ, ㅌ/(치조음), /ㄱ, ㄲ, ㅋ/(연구개음)
　② 마찰음
　　㉠ 공기가 좁은 틈을 통과하면서 '마찰'이 일어나 발음되는 소리이다. 음절의 끝(받침)에서는 파열음 'ㄷ'으로 실현된다.
　　㉡ /ㅅ, ㅆ/(치조음), /ㅎ/(성문음)
　③ 파찰음
　　㉠ '폐쇄-지속-마찰'의 순서를 거치며 앞부분은 파열음, 뒷부분은 마찰음과 같은 소리이다. 음절의 끝(받침)에서는 파열음 'ㄷ'으로 실현된다.
　　㉡ /ㅈ, ㅉ, ㅊ/(경구개음)
　④ 비음
　　㉠ 파열음과 같은 '폐쇄-지속-파열'을 거치지만 공기의 일부가 비강으로 흘러가 나오는 소리로서 음절의 끝(받침)에서는 파열되지 않고 닫히면서 소리가 난다.
　　㉡ /ㅁ/(양순파열음), /ㄴ/(치음파열음), /ㅇ/(연구개파열음)
　⑤ 유음
　　㉠ 조음 시 공기 흐름에 장애를 가장 적게 받는 자음 소리로서 음절의 끝(받침)에서는 파열되지 않고 닫히면서 소리가 난다. 청각적으로 흐르는 듯한 느낌을 주어서 '유음'이라 한다.
　　㉡ /ㄹ/(치조음): 한국어의 유음 'ㄹ'은 두 가지 변이음이 있다.
　　　• 탄설음 [ɾ]: 혀끝이 윗잇몸에 살짝 닿았다가 떨어지면서 발음되는 소리
　　　• 설측음 [l]: 혀끝이 윗잇몸에 계속 닿은 채 혀의 양 측면으로 공기가 나가면서 발음되는 소리

6) 기식(성문 아래에서 압축되었다가 한 번에 나오는 기류)의 정도
   ① 평음(예사소리): 구강 내부의 기압 및 발음 기관의 긴장도가 낮아 약하게 파열되는 자음
      → /ㄱ, ㄷ, ㅂ, ㅅ, ㅈ/
   ② 경음(된소리): 후두 근육을 긴장하면서 기식이 거의 없이 내는 자음
      → /ㄲ, ㄸ, ㅃ, ㅆ, ㅉ/
   ③ 격음(거센소리): 숨이 거세게 나오는 자음
      → /ㅋ, ㅌ, ㅍ, ㅊ/

TOP-Point

☑ [바, 빠, 파]의 구별 방법
   입 앞에 얇은 종이를 대고 [바, 빠, 파]를 발음하면 격음 [파]를 발음할 때 종이가 가장 많이 흔들린다. 이를 통해 격음 [파]가 기식이 가장 강하다는 것을 알 수 있다.

7) 성대 떨림의 유무
   ① 유성음: 비음/ㅁ, ㄴ, ㅇ/, 유음/ㄹ/, 모음, 활음
   ② 무성음: 비음과 유음을 제외한 모든 자음
   ③ /ㄱ, ㄷ, ㅂ, ㅈ/은 무성음이지만 모음과 모음 사이, 유성 자음(비음, 유음)과 모음 사이에서는 유성음으로 실현된다.

03 모음

1) 소리를 낼 때, 발음 기관에서 아무런 장애를 받지 않고 순조롭게 나는 소리이다.

2) 홀로 발음될 수 있어서 '홀소리'라고 한다.

3) 한국어의 모음은 단모음과 이중 모음으로 나뉜다. 단모음을 혀의 높이, 혀의 전후 위치, 입술의 모양으로 나누면 다음 표와 같다.

혀의 위치 / 입술 모양 / 혀의 높이	전설 모음		후설 모음	
	평순 모음	원순 모음	평순 모음	원순 모음
고모음	ㅣ	ㅟ	ㅡ	ㅜ
중모음	ㅔ	ㅚ	ㅓ	ㅗ
저모음	ㅐ		ㅏ	

한국어에서 모음 앞 첫소리(초성)에 표기된 'ㅇ'은 음가가 없다. 한국어에서는 표기상 'ㅇ'을 쓰지만 국제음성기호로 표기하면 모음 하나만으로 표기하며 음절의 구조를 나타낼 때도 '자음+모음'이 아닌 '모음'만으로 이루어진 것으로 본다.

> **TOP-Point**
>
> ☑ 단모음표 만들기
> 위 표를 쉽게 그리기 위해서는 먼저 후설 모음을 그리고 거기에 'ㅣ'를 한다고 생각해 보자. 그러면 전설 모음이 된다. 이렇게 후설 모음과 전설 모음은 짝을 이루고 있다.
> 예 ㅡ+ㅣ = ㅣ('ㅡ'는 음가가 약하므로 사라짐), ㅓ+ㅣ = ㅔ, ㅗ+ㅣ = ㅚ

4) 혀의 높이

혀의 높이에 따라 고·중·저모음으로 나뉜다. 입을 조금 벌리면서 혀의 위치가 높아지면 고모음, 입을 많이 벌리면서 혀의 위치가 낮아지면 저모음이다.

→ /ㅣ, ㅟ, ㅡ, ㅜ/(고모음), /ㅔ, ㅚ, ㅓ, ㅗ/(중모음), /ㅐ, ㅏ/(저모음)

5) 혀의 위치

혀의 전후 위치에 따라 전설 모음과 후설 모음으로 나뉜다. 혀가 앞쪽으로 나오면 전설이고, 혀가 움츠려져 뒤쪽으로 가면 후설이다.

→ /ㅣ, ㅔ, ㅐ, ㅟ, ㅚ/(전설 모음), /ㅡ, ㅓ, ㅏ, ㅜ, ㅗ/(후설 모음)

6) 입술의 모양

입술의 모양에 따라 평순 모음과 원순 모음으로 나뉜다. 입술을 동그랗게 오므리면서 발음하는 것을 원순 모음이라고 한다. '아'의 경우 입술이 벌려지면서 입술의 모양이 동그래지지만 이것은 의도적으로 오므리는 것이 아니므로 원순 모음이 아니다.

→ /ㅣ, ㅔ, ㅐ, ㅡ, ㅓ, ㅏ/(평순 모음), /ㅟ, ㅚ, ㅜ, ㅗ/(원순 모음)

7) 이중 모음(11개)

소리를 내는 도중에 입의 모양이 달라지는 모음 소리로서 단모음에 활음이 더해져 나오는 소리이다.

8) 반모음(활음)

모음을 발음할 때보다 혀를 입천장에 더 접근시키면서도 자음을 발음할 때만큼은 접근시키지 않고 내는 소리이다. 반모음도 유성음으로서, 대표적으로 [j]와 [w]가 있으며, [j]는 [ㅣ]와 비슷하고 [w]는 [ㅗ/ㅜ]와 비슷하다. 독자적으로 소리를 낼 수는 없으며 한국어에서는 반모음에 대한 표기가 없어서 [j]는 'ㅣ'로 [w]는 'ㅗ/ㅜ'로 표기하고, 단모음과 결합하여 이중 모음으로 나타난다.

> **참고**
>
> ☑ 반모음화
> 어간의 모음이 반모음으로 바뀌는 음운 현상이다. 모음으로 끝나는 어간에 모음으로 시작하는 어미가 연결되면 모음 충돌이 일어나는데, 그 결과로 어간의 모음이 반모음으로 바뀌어 한 음절로 줄거나 두 모음 중 하나가 탈락하기도 한다.
> 예 피어서 → 펴서, 보아 → 봐
> 　　그리어 → 그려, 이기어 → 이겨

9) 상향 이중 모음과 수평 이중 모음 **중요**

　① 상향 이중 모음: 반모음으로 시작되어 뒤에 단모음 소리가 나는 것
　　㉠ j계: [ㅣ]에서 시작되는 것
　　　　예 /ㅑ, ㅕ, ㅛ, ㅠ, ㅒ, ㅖ/
　　㉡ w계: [ㅗ/ㅜ]에서 시작되는 것
　　　　예 /ㅘ, ㅝ, ㅙ, ㅞ/
　② 수평 이중 모음: 단모음 [ㅡ]로 시작되어 단모음 [ㅣ]로 끝나는 것
　　　예 /ㅢ/

04 음절 **중요**

음절은 한 번에 낼 수 있는 소리마디이다. 한국어의 음절은 모음을 반드시 가지고 있어야 소리를 낼 수 있다. 그래서 한국어 음절의 숫자는 모음의 숫자와 일치한다.
예 [나무](2음절), [자전거](3음절), [크리스마스](5음절)

> **TOP-Point**
>
> ☑ 한국어 음절의 구성
> ・모음(V)
> ・자음+모음(CV)
> ・모음+자음(VC)
> ・자음+모음+자음(CVC)
> 　겹받침의 경우 자음이 두 개로 표기되나 발음할 때는 자음 소리 하나만 실현된다. 따라서 소리를 기준으로 하는 음절 단위에서는 '자음+모음+자음+자음'(CVCC)은 인정하지 않는다.
> 　예 많이[마니], 수탉이[수탈기]

05 음운의 변화

1) **음절의 끝소리 규칙**: 음절에서 종성, 즉 받침은 [ㄱ, ㄴ, ㄷ, ㄹ, ㅁ, ㅂ, ㅇ] 7개의 자음으로만 소리가 난다.

   - ㄱ, ㄲ, ㅋ → [ㄱ]   예 각, 갂, 갘 → [각]
   - ㄴ → [ㄴ]   예 간 → [간]
   - ㄷ, ㅌ, ㅅ, ㅆ, ㅈ, ㅊ, ㅎ → [ㄷ]   예 갇, 같, 갓, 갔, 갖, 갗, 갛 → [갇]
   - ㄹ → [ㄹ]   예 갈 → [갈]
   - ㅁ → [ㅁ]   예 감 → [감]
   - ㅂ, ㅍ → [ㅂ]   예 갑, 갚 → [갑]
   - ㅇ → [ㅇ]   예 강 → [강]

2) **자음 동화**: 두 개의 자음이 만나 한쪽이 다른 쪽을 닮아 변하거나, 양쪽 모두가 변한다. _{중요}

   ① **비음 동화**: 앞 음절의 받침의 소리가 /ㄱ, ㄷ, ㅂ/으로 끝나고 다음 초성에 비음/ㄴ, ㅁ/이 오면, 앞 음절의 받침소리도 각각 조음 위치가 같은 비음인 [ㄴ, ㅁ, ㅇ]으로 변한다.

   예 한국말[한궁말], 꺾는[껑는], 옷만[온만], 쫓는[쫀는], 잎만[임만]

   ② **비음화**: /ㄹ/을 제외한 앞 음절의 받침과 다음 초성의 /ㄹ/이 만나면 /ㄹ/이 [ㄴ]으로 소리 난다. 한자어에서만 나타난다.

   예 종로[종노], 감로[감노], 음운론[으문논], 국력[궁녁], 섭리[섬니]

   ③ **유음화**: 순서에 상관없이 /ㄴ/과 /ㄹ/이 만났을 때, /ㄴ/이 [ㄹ]로 소리 난다.

   ㉠ 역행적 유음화

   예 신라 → [실라], 권력 → [궐력], 천리 → [철리]

   ㉡ 순행적 유음화

   예 칼날 → [칼랄], 찰나 → [찰라], 물난리 → [물랄리]

   ㉢ 겹받침의 경우는 순행적 유음화와 같다.

   예 앓는(→ [알는])[알른], 훑는(→ [훌는])[훌른]

   ④ **구개음화**: 앞 음절 받침 /ㄷ, ㅌ/이 [ㅣ]나 반모음 [j]와 만나서 [ㅈ, ㅊ]으로 소리 난다.

   예 굳이[구지], 같이[가치], 붙이다[부치다]

   ⑤ **경음화(된소리되기 현상)**

   ㉠ 뒤에 나오는 평음 /ㄱ, ㄷ, ㅂ, ㅅ, ㅈ/이 다음과 같은 앞 음절 받침에 따라 경음으로 바뀐다.

   ㉡ 앞 음절 받침의 발음이 평음 [ㄱ, ㄷ, ㅂ]일 경우

   예 국밥[국빱], 입다[입따], 젖소(→ [젇소])[젇쏘]

   ㉢ 용언 어간의 끝소리가 비음 [ㄴ, ㅁ, ㅇ]일 경우

   예 안부터[안부터]-안다[안따], 감과[감과]-감고[감꼬]

ⓔ 관형사형 어미 '-(으)ㄹ' 뒤에 있을 경우
예 쓸 거예요[쓸꺼예요], 살 집[살찝], 먹을 수 있다[머글쑤읻따]
ⓜ 용언의 어간이 겹받침 /ㄼ, ㄾ/인 경우
예 넓게[널께], 핥다[할따], 훑소[훌쏘], 떫지[떨찌]

3) **모음 동화**: 모음이 주변의 일정한 음운의 영향을 받아서 바뀌게 된다.
① **전설 모음화**('ㅣ' 모음 역행 동화): 앞 음절에 /ㅏ, ㅓ, ㅗ, ㅜ, ㅡ/가 오고 뒤 음절에 [ㅣ]나 반모음 [j]가 오면 앞 음절의 후설 모음이 전설 모음 [ㅐ, ㅔ, ㅚ, ㅟ, ㅣ]로 변한다. 아래 '냄비, 새끼, 멋쟁이'의 경우는 전설 모음화된 형태를 표준어로 인정한 예이다.
예 남비 → [냄비] → 냄비, 사끼 → [새끼] → 새끼, 멋장이 → [먿쨍이] → 멋쟁이
② **원순 모음화**: 양순음 뒤에서 위치한 /ㅡ/가 [우]로 발음되는 현상이다.
예 믈 → [물], 프르다 → [푸르다], 엎+은 → [어푼], 깊으+면 → [기푸면]

> **TOP-Point**
>
> ☑ **동화 현상**
> 서로 나란히 붙어있는 두 음 사이에서 동화가 일어나는지, 그 사이에 다른 자음이 들어가 있는지에 따라 인접 동화와 원격 동화로 나눈다.
> • 인접 동화: 서로 나란히 있는 두 음 사이에서, 어떤 음이 다른 음의 영향을 받아 그 음과 같게 되거나 공통된 음적 특질을 지니게 되는 현상
> 예 난로[날로]
> • 원격 동화: 서로 떨어져 있는 두 음 사이에서, 어떤 음이 다른 음의 영향을 받아 그 음과 같게 되거나 공통된 음적 특질을 지니게 되는 현상. 다른 음을 사이에 두고 영향을 줌
> 예 '손잡이'를 '손잽이'라고 발음하는 현상

4) **모음 조화**: 양성 모음은 양성 모음끼리, 음성 모음은 음성 모음끼리 어울리는 현상으로 주로 용언의 어간과 어미, 의성어, 의태어에서 나타난다.
예 파랗다–퍼렇다, 사각사각–서걱서걱

5) **축약과 탈락 규칙**: 이어지는 두 음운이 결합되어 하나의 음운이 되는 것은 축약, 하나가 없어지는 것은 탈락이다.
① **축약 규칙**: 서로 다른 두 개의 음운이 만나서 또 다른 하나의 음운으로 바뀌는 현상이다.
㉠ 격음화: /ㅂ, ㄷ, ㄱ, ㅈ/과 /ㅎ/이 만나면 [ㅍ, ㅌ, ㅋ, ㅊ]로 축약된다. (앞뒤 순서는 상관없음)
예 잡히다[자피다], 닫히다(→ [다티다])[다치다], 많다[만타]
㉡ 모음 축약
예 가리어 → 가려, 두었다 → 뒀다, 되어 → 돼

② **탈락 규칙**: 하나가 탈락하는 현상이다.
　　㉠ 유음 탈락
　　　　 예 솔+나무 → 소나무, 딸+님 → 따님, 바늘+질 → 바느질
　　　　　　 살(다)+는 → 사는, 만들(다)+(으)ㅂ시다 → 만듭시다, 알(다)+니 → 아니('ㄹ' 탈락 현상)
　　㉡ 'ㅡ' 모음 탈락
　　　　 예 쓰(다)+어서 → 써서, 크(다)+어요 → 커요
　　㉢ 동일 모음 탈락
　　　　 예 가(다)+아요 → 가요, 서(다)+었다 → 섰다

6) **어감의 분화**: 음운의 일부가 바뀌어 어감이 달라지는 현상이다.
　① 모음
　　㉠ 양성 모음: 밝고 날카롭고 작고 가벼운 느낌을 준다.
　　㉡ 음성 모음: 어둡고 둔하고 크고 무거운 느낌을 준다.
　　　　 예 의성 부사: 찰랑찰랑-출렁출렁, 소곤소곤-수군수군
　　　　　　 의태 부사: 대굴대굴-데굴데굴, 생글생글-싱글싱글
　　　　　　 형용사: 깜깜하다-껌껌하다, 환하다-훤하다
　② 자음
　　㉠ 경음(된소리): 강하고 단단한 느낌을 준다.
　　㉡ 격음(거센소리): 더 크고 거친 느낌을 준다. (평음<경음<격음)
　　　　 예 의성 부사: 달각달각-딸깍딸깍, 졸졸-쫄쫄-촐촐
　　　　　　 의태 부사: 덜썩-털썩
　　　　　　 형용사: 단단하다-딴딴하다-탄탄하다

02 실전 문제

연습 문제

01
음운에 대한 설명이 아닌 것을 고르시오.
① 의미를 가지고 있는 최소 문법 단위이다.
② 음운의 수는 언어마다 다르다.
③ 한 음운은 다른 소리로 나타날 수 있다.
④ 사람이 생각하고 있는 추상적인 소리이다.

02
음소에 대한 설명으로 틀린 것을 고르시오.
① 더 이상 쪼개지지 않는 음운 단위이다.
② 자음, 모음 등이 포함된다.
③ 반모음, 반자음은 음소로 인정하지 않는다.
④ 분절음이라고도 한다.

03
한국어뿐 아니라 일반적 언어에 있어서 운소에 해당하지 않는 것을 고르시오.
① 장단　　　② 억양
③ 강세　　　④ 소리의 톤

04
다음 중 탈락 규칙이 일어나지 않은 단어를 고르시오.
① 따님　　　② 소나무
③ 해님　　　④ 아드님

05
다음 중 가장 많은 소리를 갖는 조음 위치를 고르시오.
① 양순음　　② 치조음
③ 연구개음　④ 성문음

06
다음 자음 중 발음을 할 때 마찰의 소리가 없는 것을 고르시오.
① ㅈ　　　② ㅊ
③ ㅆ　　　④ ㅇ

07

'자음'과 그 성격이 바르게 연결된 것을 고르시오.

① ㄱ: 조음 기관 중 가장 뒷부분에서 조음된다.
② ㄹ: 구강에서 장애를 전혀 받지 않으며 성대의 떨림을 수반한다.
③ ㅈ: 폐쇄-지속-파열의 순서를 거쳐 발음된다.
④ ㅎ: 공기의 흐름이 끊기지 않고 마찰을 동반하는 소리이다.

08

한국어에서 모음을 나누는 기준이 아닌 것을 고르시오.

① 혀의 고저
② 입술의 모양
③ 혀의 전후
④ 입의 크기

09

다음 단어 중 입술을 동그랗게 오므리고 발음해야 하는 모음이 가장 적은 것을 고르시오.

① 외국인
② 고아원
③ 우주인
④ 대학교

10

'굽는'이 발음 될 때와 같은 음운 현상이 일어나지 않는 것을 고르시오.

① 국만
② 놓는
③ 밟는다
④ 끓는

해설

01 음운은 의미의 차이를 내는 최소 문법 단위이다. 의미를 가지고 있는 최소 문법 단위는 형태소이다.
02 반모음, 반자음은 음소이다.
04 ①·②·④는 유음 탈락이 일어났다.
05 치조음은 'ㄷ, ㄸ, ㅌ, ㄴ, ㅅ, ㅆ, ㄹ'로 총 7개가 있다.
07 조음 기관 중 가장 뒷부분에서 조음되는 것은 /ㅎ/이다.
/ㄹ/은 구강에서 장애를 가장 적게 받는 소리이지만 장애를 전혀 받지 않는 것은 아니다.
/ㅈ/은 '폐쇄-지속-마찰'이 일어나는 파찰음이다.
09 원순 모음에는 'ㅟ, ㅚ, ㅜ, ㅗ'가 있다. ④는 'ㅛ' 하나이고 나머지는 두 개다.
10 ①·②·③은 비음 동화 현상이 일어나고, ④는 유음화 현상이 일어난다.

정답 01 ① 02 ③ 03 ④ 04 ③ 05 ② 06 ④ 07 ④ 08 ④ 09 ④ 10 ④

기출문제

01
반모음화가 일어난 예로 옳지 않은 것은? 　　기출 17회 12번

① 보-+-아 → 봐
② 쓰-+-어 → 써
③ 이기-+-어 → 이겨
④ 비우-+-어 → 비워

02
'폐쇄' 또는 '마찰'의 단계를 거쳐 발음되는 소리가 없는 것은? 　　기출 18회 5번

① 협력　　　　　　　　　　② 오류
③ 강좌　　　　　　　　　　④ 회의

03
한국어 음소의 음성, 음운적 특징으로 옳은 것은? 　　기출 18회 6번

① 폐쇄음, 파찰음, 마찰음의 대립은 삼지적 상관속을 이룬다.
② 모든 비음은 음절 초성과 종성에 올 수 있다.
③ 표준 발음법에서 규정하는 단모음(單母音)의 수는 10개이다.
④ 유음 /ㄹ/의 변이음으로 설측음, 탄설음, 구개수음이 있다.

04
밑줄 친 부분에서 경음화 현상이 나타나는 모든 경우의 개수는? 　　기출 19회 5번

- 상식 밖의 몰지각한 행동
- 떼지어 물질하는 잠녀들의 휘파람 소리
- 그들은 내가 지금 혼자 산다고 홀대를 한다.
- 이 친구들은 모두 사막에 불시착한 사람들이오.

① 1개　　　② 2개　　　③ 3개　　　④ 4개

05

한국어의 단모음에 관한 설명으로 옳지 않은 것은? 기출 19회 6번

① 저모음의 수는 고모음의 수보다 적다.
② 원순 모음의 수는 평순 모음의 수보다 많다.
③ 혀의 높이를 기준으로 고모음, 중모음, 저모음으로 나뉜다.
④ 혀의 최고점의 앞뒤 위치에 따라 전설 모음과 후설 모음으로 나뉜다.

06

밑줄 친 부분 중 첨가 현상이 나타나는 것은? 기출 19회 8번

① 그것보다 더 큰 <u>불이익</u>을 주는 것은 없다.
② 일간지의 신춘문예 공모는 젊은 소설가들의 <u>등용문</u>이다.
③ 그는 상대의 공격을 <u>역이용</u>하여 전세를 뒤집었다.
④ 오늘은 떠나는 직원의 <u>송별연</u>이 있다.

07

밑줄 친 부분 중 탈락 현상이 나타나지 않는 것은? 기출 19회 9번

① 아버지의 <u>넋도</u> 나를 지켜주는 것 같다.
② 가슴 속에 걱정이 <u>쌓이면</u> 병이 된다.
③ 바람을 <u>안고</u> 걸었다.
④ 새우로 <u>담가서</u> 육젓이라고 한다.

정답 01 ② 02 ② 03 ③ 04 ② 05 ② 06 ① 07 ③

참고문헌

- 고영근·남기심(2008), 7차 고교 문법 자습서, 탑출판사
- 박영순(2002), 21세기 한국어 교육학의 현황과 과제, 한국문화사
- 박영순(2005), 국어 문법 교육론, 박이정
- 오대환(1999), 한국어 발음 교수를 위한 개괄, 연세대학교출판부
- 오미라·이해영(1994), 외국어로서의 한국어 억양 교육, 한국어 교육 5, 국제한국어교육학회
- 우인혜(1998), 한일 언어 비교를 통한 발음 교수법, 이중언어학 15, 이중언어학회
- 이관규(2007), 학교 문법론, 월인
- 이경희·정명숙(1999), 일본인을 위한 한국어 파열음의 발음 및 인지 교육, 한국어 교육 10, 국제한국어교육학회
- 이정희(2003), 한국어 학습자의 오류 연구, 박이정
- 이종은(1997), 한국어 발음 교수 방법과 모형, 교육한글 10, 한글학회
- 이현복(1998), 한국어의 표준발음, 교육과학사
- 이호영(1991), 한국어의 억양체계, 언어학 13, 한국언어학회
- 이호영(1996), 국어 음성학, 태학사
- 임지룡 외(2005), 학교 문법과 문법 교육, 박이정
- 장소원·김성규·김우룡(2000), 방송인 대상 언어 표현 교정 프로그램의 개발에 관한 연구, 한국방송협회 연구보고서
- 전나영(1993), 외국인을 위한 한국어 발음 지도, 말 18, 연세대학교 언어연구교육원 한국어학당
- 정명숙(2003), 일본인과 중국인의 한국어 억양, 한국어 교육 14, 국제한국어교육학회
- 정명숙·이경희(2000), 학습자 모국어의 변이음 정보를 이용한 한국어 발음 교육의 효과-일본인 학습자를 대상으로, 한국어 교육 11, 국제한국어교육학회
- 조현용(2000), 한국어 어휘 교육 연구, 박이정
- 최길시(1994), 일본어를 모어로 하는 사람들을 위한 한국어 교육 방법 연구, 이중언어학 11, 이중언어학회
- 최길시(1998), 외국인을 위한 한국어 교육의 실제, 태학사
- 최혜원(2002), 표준 발음 실태 조사, 국립국어연구원
- 추이진단(2001), 한국어와 중국어의 음성학적 대비-교육적인 측면을 고려하여, 외국인을 위한 한국어 교재, 제2차 한국어세계화
- 하세가와 유키코(1997), 일본 학습자에 대한 한국어 발음 지도법-입문 단계를 중심으로, 한국어 교육 8, 국제한국어교육학회
- 허용 외(2006), 외국어로서의 한국어 발음 교육론, 박이정
- 허웅(1988), 국어음운학, 샘문화사
- 국제학술대회 한국어세계화추진위원회

03 한국어 문법론

문법론은 단어의 형태를 다루는 형태론과 문장의 구성 원리를 연구하는 문장론으로 나뉜다.

형태론

01 형태론

단어의 형태를 다루는 학문으로서 최소 의미 단위인 형태소가 모여서 형성된 단어를 연구 대상으로 한다. '단어'는 문장에서 자립해서 쓰일 수 있다는 의미를 지니고 있다. 단어를 문법상 의미·형태·기능으로 분류하면, 그 각각의 갈래는 품사가 된다.

> **TOP-Point**
>
> ☑ **어근, 접사, 어간, 어미** 중요
> - 어근: 단어의 중심 의미를 나타내는 부분
> - 접사: 단어의 부차 의미를 나타내는 부분
> - 어간: 용언(동사, 형용사)이 활용될 때 변하지 않는 부분
> - 어미: 용언이 활용될 때 변하는 부분
>
> 예 맏-(접사)+아들(어근)
> 먹-(어근)+-이-(사동접사)+-다(어미) / 먹이-(어간)+-다(어미) / 먹-(어간)+-어요(어미)

02 형태소와 단어

1) 형태소 중요

최소 의미의 단위로, 뜻을 가지고 있는 말의 가장 작은 단위이다.

① 자립성 기준
  ㉠ 자립 형태소: 혼자 쓰일 수 있는 형태소(명사, 대명사, 수사, 부사, 관형사, 감탄사)
  ㉡ 의존 형태소: 다른 말에 기대어 쓰이는 형태소(조사, 어간, 어미, 접사)
② 의미 기준
  ㉠ 실질 형태소: 구체적인 대상이나 구체적인 상태를 나타내는 실질적인 의미를 가진 형태소(자립 형태소, 용언의 어간)
  ㉡ 형식 형태소: 구체적인 의미가 없고 문법적인 의미만 있는 형태소(조사, 어미, 접사)

예 철수는 빵을 먹었다.
- 자립 형태소: 철수, 빵
- 의존 형태소: 는, 을, 먹-, -었-, -다
- 실질 형태소: 철수, 빵, 먹-
- 형식 형태소: 는, 을, -었-, -다

2) 이형태 중요

한 형태소가 주위 환경에 따라 달라지는 경우로 음운론적 이형태와 형태론적 이형태가 있다. 또한 형태소에 여러 이형태가 있을 때, 그중 하나를 대표로 정하여 기본형으로 삼는다.

① **음운론적 이형태**: 하나의 형태소가 음운 환경에 따라 다른 형태를 가지는 경우이다.
  예 먹어요/막아요
  → '먹-'이 음성 모음을 가지므로 '-어요'와 결합하고, '막-'이 양성 모음을 가지므로 '-아요'와 결합한다.
  귤을/사과를
  → 받침이 있는 경우는 '을'과 결합하고, 받침이 없는 경우는 '를'과 결합한다.

② **형태론적 이형태**: 음운 환경으로 이형태를 설명할 수 없는 경우이다. 불규칙적으로 적용된다.
  예 하였다
  → '하-'는 '아'로 인해서 '-았-'이 와야 하나 '-였-'이 온다.
  가거라/오너라
  → '가-/오-'의 경우 '-아-'가 와야 하나 '-거-/-너-'가 온다.

3) 단어

최소 자립 단위로서 자립할 수 있는 말 또는 자립할 수 있는 형태소에 붙어서 쉽게 분리할 수 있는 말들로 구성되어 있다. 자립할 수 있는 말로는 자립 형태소, 용언의 어간+어미 등이 있고, 자립 형태소에 붙어 쉽게 분리할 수 있는 말로는 조사가 있다.

03 품사

형태	기능	의미
불변어	체언	명사
		대명사
		수사
	수식언	관형사(체언을 수식)
		부사(용언을 수식)
	독립언	감탄사
	관계언	조사
변화어 (가변어)		(서술격 조사)
	용언	동사
		형용사

TOP-Point

☑ 자립성의 정도
　조사 < 관형사 < 부사 < 용언 < 체언 < 감탄사

1 체언

체언에는 명사, 대명사, 수사가 있고 주로 조사의 도움을 받아 주어로 사용된다. 그 외에도 조사와 같이 쓰여 목적어, 보어, 관형어, 부사어, 서술어의 기능도 할 수 있다. 아래 문장들의 '무엇'에 해당한다.

- 무엇이 어찌하다 / 무엇이 어떠하다 / 무엇이 무엇이다
  - 예) 민수가 잔다.
    민수는 멋있다.
    민수는 학생이다.
- 무엇이 무엇을 어찌하다
  - 예) 민수가 노래를 부른다.
- 무엇이 무엇이 아니다 / 무엇이 되다
  - 예) 민수는 선생님이 아니다.
    민수가 의사가 되었다.

1) 명사

사람이나 사물의 이름을 표현하는 단어로서 조사의 도움을 받아 다양한 문장 성분이 될 수 있다.

예) 철수가(주어), 철수를(목적어)

① 형태 변화가 없는 불변어다.
② 관형어의 수식을 받는다. 그러나 대명사와 수사는 관형어의 수식을 받지 못한다.
③ 복수 접미사(들)와 결합하여 복수 표현을 한다.
④ 명사의 종류

분류 기준	종류	예
의미 사용 범위	고유 명사 / 보통 명사	철수(고유 명사)가 빵(보통 명사)을 좋아한다.
자립 여부	자립 명사 / 의존 명사	나(자립 명사)는 큰 것(의존 명사)이 좋다.
구체성 여부	구체 명사 / 추상 명사	모임(추상 명사)에 모인 사람들(구체 명사)
감정표현 능력	유정 명사 / 무정 명사	영희(유정 명사)의 책상(무정 명사)

TOP-Point

☑ 의존 명사
- 앞에 관형어가 있어야 하는 명사
  - 보편성 의존 명사: 주어, 목적어, 서술어, 부사어 등 모든 성분으로 쓰이는 의존 명사
    예) 것, 바, 분, 이, 데, 따위, 즈음, 무렵
  - 주어성 의존 명사: 주로 주어로 쓰이는 의존 명사
    예) 지, 수, 리, 나위, 턱
  - 서술어성 의존 명사: 주로 서술어로 쓰이는 의존 명사. 주로 '-이다'와 함께 쓰임
    예) 따름, 뿐, 노릇, 때문, 지경, 터, 마련, 나름, 모양, 판
  - 목적어성 의존 명사: 목적어로 쓰이는 의존 명사
    예) 줄, 체
  - 부사어성 의존 명사: 다른 말을 꾸며 주거나 의미를 명확하게 해 주는 의존 명사
    예) 줄, 채, 김, 통, 바람, 참, 차, 간, 중, 듯, 양, 척, 망정, 대로, 만큼
  - 단위성 의존 명사: 수량의 단위를 나타내는 의존 명사
    예) 마리, 원, 권, 켤레
- 조사나 어미로 사용되는 경우
  예) 아는 대로 말해라. – 의존 명사 / 너는 너대로 살아라. – 조사
  먹을 만큼 가져가세요. – 의존 명사 / 나도 너만큼 할 수 있다. – 조사

2) 대명사

어떤 사물에 대한 구체적인 이름을 나타내지 않고, 그 사물을 가리키면서 명사가 놓일 자리에서 대신 쓰이는 단어를 말한다.

① 관형사의 수식을 받을 수 없다.
② '나, 너'와 같은 대명사는 '내가, 네가'와 같이 주격 조사와 결합하면 형태가 달라진다.
③ 인칭 대명사와 비인칭 대명사가 있다.
  ㉠ 인칭 대명사의 종류

인칭 대명사	높임 정도	예
1인칭	하대칭	저, 소생, 소인, 저희
	평대칭	나, 짐, 본인, 우리
2인칭	하대칭/평대칭	너, 당신, 너희
	존대칭	그대, 댁, 귀형, 귀하, 노형, 선생, 자네, 여러분
	극존대칭	어른, 어르신, 선생님
3인칭	하대칭	이자, 그자, 저자, 얘, 걔, 쟤, 이애, 그애, 저애
	평대칭	그, 저, 이들, 그들, 저들
	존대칭	이이, 그이, 저이
	극존대칭	이분, 그분, 저분, 당신
미지칭	평대칭	누구(알지 못하지만 특정인물을 가리킴) 예 누가 창문을 깼어?
부정칭	평대칭	누구, 아무(특정인물을 지칭하지 않음) 예 아무 사람이나 만나서는 안 된다.
재귀	평대칭	자기, 자신, 제, 저희
	극존대칭	당신

  ㉡ 비인칭 대명사의 종류

비인칭 대명사	예
사물 대명사	이/그/저, 이것/저것/그것, 무엇, 어느 것, 아무것
공간 대명사	여기/거기/저기, 이곳/저곳/그곳, 어디, 어느 곳, 아무 데, 아무 곳
시간 대명사	접때, 언제, 어느 때, 아무 때

3) 수사

사물의 수량이나 순서를 가리키는 단어이다. 수량을 나타내는 양수사와 순서를 나타내는 서수사가 있다.

① 양수사

고유어	단수	하나, 둘, 셋, 넷, 열, 스물, 아흔아홉
	복수	한둘, 두셋, 너덧, 댓, 대여섯, 예닐곱, 두서넛, 서너댓
한자어	단수	영, 일, 이, 삼, 십, 백, 천, 만, 억, 조
	복수	일이, 이삼, 삼사

② 서수사

고유어	단수	첫째, 둘째, 열째, 스무째, 마흔째, 아흔아홉째
	복수	한두째, 두어째, 두세째, 두서너째, 서너째, 댓째, 대여섯째
한자어	단수	제일, 제이, 제삼, 제백
	복수	제일이, 제이삼, 제삼사

TOP-Point

☑ **수사와 수 관형사의 구별**
조사가 결합되어 있거나 결합될 수 있으면 수사이다. '천의 얼굴'에서 '천'은 뒤에 조사 '의'가 붙어서 체언처럼 쓰여 수사이고, '천 개의 얼굴'에서 '천'은 뒤에 오는 명사 '개'를 꾸미고 있기 때문에 수 관형사이다.

2 수식언

다른 말을 수식하는 기능을 하는 단어로서, 체언을 수식하는 관형사와 용언을 수식하는 부사가 있다.

1) 관형사

체언 앞에 쓰여서 체언을 수식해 주는 역할을 하는 수식언으로서 조사와 결합할 수 없으며, 형태가 달라지지 않는다.

관형사	기능	예
성상 관형사	사물의 성질이나 상태	헌 옷, 갖은 양념, 여러 차례
지시 관형사	대상의 지시	이 사람, 저 사람, 그 사람
수 관형사	수량이나 순서	한 사람, 비빔밥 두 그릇

2) 부사 (중요)

용언, 같은 부사, 관형사 또는 문장 전체를 수식하는 구실을 하는 수식언으로 격조사와 결합할 수 없다. 경우에 따라 보조사가 붙기도 한다. (예 잘은 못한다, 아직도 많이 춥다) 부사 뒤에 '들'이 붙으면 주어가 복수를 나타낸다.

부사		기능	예
성분 부사	성상 부사	성질이나 상태('어떻게')	날씨가 아주 춥다, 노래를 잘 한다.
	지시 부사	장소, 시간을 가리키거나 앞에 나온 내용을 가리키는 말	여기 앉아라, 내일 만나자.
	부정 부사	용언의 의미를 부정	못 먹어요, 안 먹어요.
문장 부사		문장 전체 수식	과연 그 일을 할 수 있을까?
접속 부사		단어와 단어, 문장과 문장 연결	빵 및 우유, 학교에 간다. 그리고 공부한다.

성분 부사는 수식하는 대상 앞에 오며 자리의 이동이 자유롭지 않다. 이에 반해 문장 부사는 자리의 이동이 자유로운 편이다.

> **TOP-Point**
>
> ☑ **성분 부사어와 문장 부사어**
> - **성분 부사어**
>   문장의 성분인 서술어를 꾸며주는 부사어로 '어떻게'에 해당한다. 서술어의 모양이나 상태 등을 더 자세히 나타낸다.
>   예) 날이 추워서 옷을 두껍게 입었다.
>   　　벽을 하얗게 칠했다.
> - **문장 부사어**
>   문장 전체의 의미 또는 사실을 꾸며주는 부사어로, '어떻게' 했는가가 아니라 문장 전체에 대한 화자의 감정이나 느낌 등을 나타내는 부사어가 많다. (설마, 제발, 예상외로 등)
>   예) 당황스럽게 아버지는 내 앞에서 눈물을 흘렸다.
>   　　설마 그 모범생이 수업에 빠졌겠어?

3 독립언

1) 감탄사

① 감탄할 때 쓰는 말
② 감탄사의 종류

구분	기능	예
감정	놀람, 느낌, 기분	아, 아차, 아이쿠, 에구머니, 어머
의지	의지	쉬, 자, 그렇지, 글쎄
호응	부름, 대답	여보, 여보세요, 애, 그래, 예, 응, 천만에
입버릇	입버릇	아, 뭐, 에, 에헴

③ '철수야'처럼 '명사+호격 조사(아/야/이여)'가 붙는 경우는 문장 성분으로서 독립어로 사용되지만 독립된 품사는 아니므로 감탄사라고는 할 수 없다.

4 관계언(조사)

1) 조사

체언 뒤에 붙어서 문법적 관계를 나타내거나 의미를 추가하는 의존 형태소로서 자립성이 없으나 분리성이 있어서 단어로 취급한다. 환경에 따라 형태가 바뀐다(이/가, 을/를, 와/과). 주로 체언에 붙지만 동사, 형용사, 부사, 조사 뒤에 붙어서 의미를 추가하기도 한다. 조사는 문어

보다 구어에서 생략이 많이 일어난다. 특히 조사 앞의 명사구가 신정보일 때보다 구정보일 때 더 자주 생략되는 경향이 있다. 또한 조사 앞의 명사구가 초점을 나타내지 않을 경우에도 자주 생략되는 경향이 있다. 하지만 문장에서 의미를 표시하는 기능 부담량이 많은 조사는 특정 의미를 더해주는 것이기 때문에 생략되지 않는다. 조사의 종류는 다음과 같다.

- 격조사: 주어, 목적어, 보어 등의 역할을 나타내는 조사
- 보조사: 조사들 중에서 의미가 두드러지는 조사
- 접속 조사: 체언과 체언을 연결하는 조사

① 격조사

체언이나 용언의 명사형 전성 어미와 결합하여 문장 안에서 자격을 가지도록 하는 조사로서 아래와 같이 문장 성분을 만든다. 따라서 격조사의 종류는 문장 성분(주어, 서술어, 목적어, 보어, 관형어, 부사어, 독립어)의 종류와 일치한다. 서술격 조사는 어미와 결합하여 활용이 되고 주격 조사와 보격 조사는 형태가 같다. 보조사는 격조사에 포함되지 않는다.

㉠ 격조사의 종류

격조사	문장 성분	예
주격 조사	주어	이/가, 께서, 에서, 서
서술격 조사	서술어	이다
목적격 조사	목적어	을/를(타동사 앞)
보격 조사	보어	이/가(되다, 아니다 앞)
관형격 조사	관형어	의
부사격 조사	부사어	에게, 에서, 으로, 로, 와/과 등
호격 조사	독립어	아/야, 여, 이여, 이시여

㉡ 주격 조사: 주어의 자격을 갖게 한다.
  - 이/가(받침의 유무에 따른 음운론적 이형태. '나/너'와 결합할 때 '내가/네가'로 실현)
  - 께서(체언이 존칭의 대상일 때)
  - 에서(체언이 단체나 기관일 때)

㉢ 목적격 조사: 목적어 기능을 갖게 한다.

㉣ 보격 조사: '되다, 아니다'와 함께 쓰여 보어의 기능을 갖게 한다.

㉤ 관형격 조사: 선행하는 체언이 후행하는 체언의 관형어가 되게 한다.
  - 소유 관계(나의 책: 내가 가진 책)
  - 주어-서술어 관계(나의 입학: 내가 입학함)
  - 목적어-서술어 관계(주권의 박탈: 주권을 박탈함)

ⓑ 부사격 조사: 부사의 자격을 갖게 한다.

의미	부사격 조사	예
장소	에, 에서, (으)로	그는 학교에 갔다.
시간	에	다섯 시에 만납시다.
상대	에게, 에게서, 한테, 한테서	철수가 영희에게 선물을 주었다.
공동	와/과	나는 영희와 도서관에 갔다.
자격	(으)로, (으)로서	국민으로서 의무를 다했다.
도구	(으)로, (으)로써	젓가락으로 먹는다.
이유	(으)로	어떤 일로 오셨어요?
단위	에	천 원에 3개입니다.
변화	(으)로	얼음이 물로 변했다.
비교	보다, 만큼, 처럼, 와/과	철수는 민호보다 키가 크다.
간접 인용	(라)고	밥을 먹자고 말했다.

'와/과'는 접속 조사와 부사격 조사 두 가지 기능을 가지고 있다. 단어와 단어, 문장과 문장을 연결하는 경우는 접속 조사이고, 주어나 목적어 뒤에 쓰여 부사어로서 공동의 의미를 갖는 경우는 부사격 조사이다.

예
- 철수와 영희는 학생이다.
  → 문장 접속 조사: 철수는 학생이다.+영희는 학생이다.
- 물과 기름은 섞이지 않는다.
  → 단어 접속 조사: 물+기름
- 철수는 영희와 같이 도서관에 갔다.
  → 부사격 조사: 철수는 (영희와 같이) 도서관에 갔다.

② 보조사 중요

의미	보조사	예
대조	은/는	자장면은 좋아하지만 짬뽕은 싫어한다.
역시	도	너도 이리 와.
단독	만, 뿐	나만 일찍 왔다.
극단	까지, 마저, 조차	너마저 날 배반하다니.
시작	부터	이거부터 시작하자.
균일	마다	날마다 운동을 합니다.
특수	(이)야	너야 시험을 잘 봤겠지.
불만	(이)나, (이)나마	아침이나마 먹을 수 있으면 좋겠다.

보조사 앞, 뒤에 격조사를 쓰기도 한다.
예 나만의 방
　　너만을 사랑한다.
　　교실에서는 조용히 하세요.
③ 접속 조사
두 명사를 같은 자격으로 이어주는 기능을 한다. '와/과, 라고, 이랑, 이며, 이든지, 에다(가)' 등이 있다.

5 용언

문장의 주어를 서술하는 것을 말한다. 동사와 형용사로 나뉘고 다른 용언의 뒤에 붙어서 의미를 더하여 주는 보조 용언이 있다.

1) 동사: 주어의 움직임을 나타내는 단어
　① **자동사**: 주어만 필요한 동사(가다, 걷다, 뛰다)
　② **타동사**: 주어와 목적어가 필요한 동사(먹다, 읽다)

2) 형용사: 주어의 성질이나 상태를 나타내는 단어
　① **성상 형용사**: 아프다, 예쁘다, 달다, 검다(성질이나 상태를 나타내는 형용사)
　② **지시 형용사**: 이러하다, 저러하다(지시성을 지닌 형용사)

TOP-Point

☑ **동사와 형용사의 구별법(홍재성, 1999)**
- 현재 선어말 어미 '-ㄴ/는-'이 붙을 수 있으면 동사이다.
　예 먹는다, 간다 (O) / 작는다 (×) → 작다
- 관형사형 어미 '-는'이 붙을 수 있으면 동사이다.
　예 먹는 빵, 사는 집 (O) / 작는 키 (×) → 작은 키
- 명령형 어미 '-(으)세요'와 청유형 어미 '-(으)ㅂ시다'가 붙을 수 있으면 동사이다.
　예 일어나세요, 일어납시다 (O) / 작으세요, 작읍시다 (×)

3) 보조 용언 **중요**

보조 용언은 다른 용언의 뒤에 붙어서 의미를 더하여 주는 용언이다. 따라서 보조 용언은 자립성이 없다. 보조 용언의 도움을 받는 문장의 실질적인 의미를 나타내는 용언은 본용언이다. 보조 용언인 보조 동사와 보조 형용사의 구별법도 본용언의 동사, 형용사의 구별법과 같다.

의미	보조 용언	예
진행	-아/어 가다, -아/어 오다, -고 있다	일이 잘 되어 간다, 먹고 있다.
종결	-아/어 내다, -아/어 버리다, -고 말다	먹어 버리다, 늦고 말았다.

봉사	-아/어 주다, -아/어 드리다	도와 주다.
시도	-아/어 보다	생각해 보아라.
상태유지	-아/어 놓다, -아/어 두다	올려 놓았다.
사동	-게 하다	죽게 했다.
피동	-게 되다	알게 되다.
부정	-지 않다, -지 못하다	예쁘지 않다.
반복	-아/어 대다	계속 먹어 댔다.
당위	-아/어야 하다	일찍 일어나야 한다.
추측	-ㄴ/는가 보다	추운가 보다.

4) 어미

용언의 어간에 어미가 결합되는 현상을 '활용'이라 한다. 어미는 용언의 어간에 붙어 여러 가지로 활용되어 의미를 제한해 준다. 어간에 종결 어미 '-다'가 붙은 형태가 기본형이다. 어미의 종류로는 문장의 끝에 붙는 어말 어미와 어말 어미 바로 앞에 붙는 선어말 어미가 있다.

구분			형태	예
어말 어미	종결 어미	평서형	-다, -네, -오, -ㅂ/습니다	철수가 잡니다.
		의문형	-는가, -ㅂ/습니까, -니	어디로 가니?
		감탄형	-(는)구나, -군(요), -네	옷이 예쁘구나.
		명령형	-(으)세요, -어라	많이 먹어라.
		청유형	-자, -(으)ㅂ시다	밥 먹으러 갑시다.
	연결 어미	대등적	-고, -(으)며, -지만	나는 학교에 가고 철수는 집에 있다.
		종속적	-아/어서, -(으)려고, -(으)면	날씨가 추워서 옷을 많이 입었다.
		보조적	-아/어, -게, -지, -고	날고 싶다.
	전성 어미	명사형	-(으)ㅁ, -기	일찍 일어나기가 힘들다.
		관형사형	-(으)ㄴ, -는, -(으)ㄹ, -던	간 사람, 가는 사람, 갈 사람, 가던 사람
		부사형	-게	꽃이 아름답게 피었다.
선어말 어미	분리적 어미	주체 높임	-(으)시-	할머니께서 가십니다.
		시제	-는-, -었-, -겠-, -었었-	지금 먹는다, 어제 먹었다.
		공손	-옵-	평안 하시옵소서.
	교착적 어미	상대 높임	-ㅂ/습-	저는 학교에 갑니다.
		서법 표시	-느-, -더-, -리-	일찍 가더라, 어찌 하오리까.
		강조법	-니-, -것-	하느니라, 네 마음대로 하였것다.

① 어말 어미: 용언의 마지막에 필수적으로 붙어 단어나 문장을 완성시킨다. 어말 어미의 종류에는 종결 어미, 연결 어미, 전성 어미가 있다.
  ㉠ 종결 어미: 평서문/의문문/감탄문/명령문/청유문
  ㉡ 연결 어미: 선행절과 후행절을 연결
    • 대등적 연결 어미: 문장을 대등하게 연결해 준다.
    • 종속적 연결 어미: 문장을 종속적으로 연결해 준다.
    • 보조적 연결 어미: 본용언과 보조 용언을 이어준다.
    예 철수는 밥을 먹고, 영희는 빵을 먹었다. (대등적 연결 어미)
       밥을 먹고 가라. (종속적 연결 어미)
       밥을 먹고 있다. (보조적 연결 어미)
  ㉢ 전성 어미 중요
    • 명사형 전성 어미: 문장을 명사처럼 만들어 체언과 같은 성분으로 사용하게 한다.
      예 -(으)ㅁ, -기
    • 관형사형 전성 어미: 문장을 관형사처럼 만들어 관형어로 사용하게 한다.
      예 -(으)ㄴ, -는, -(으)ㄹ, -던
    • 부사형 전성 어미: 문장을 부사처럼 만들어 부사어로 사용하게 한다.
      예 -게

TOP-Point

☑ '-게' 부사형 전성 어미와 보조적 연결 어미
  부사형 전성 어미 '-게'는 보조 용언 '하다, 되다'와 사용될 때는 보조적 연결 어미('-게 하다', '-게 되다')이고, 형용사와 사용될 때('예쁘게', '크게' 등)는 부사형 전성 어미로 본다.

② 선어말 어미: 선어말 어미는 어말 어미 앞에 붙는 어미이다. 한 문장에 여러 개가 들어갈 수 있다.
  ㉠ 분리적 선어말 어미: 주체 높임(-시-)/시제(-는-, -었-, -겠-, -었었-)/공손(-옵-)을 나타내는 어미
  ㉡ 교착적 선어말 어미: 상대 높임(-ㅂ-)/서법(-느-, -더-, -리-)/강조법(-니-, -것-)를 나타내는 어미
  ※ 교착적 선어말 어미는 다른 어미와 분리되기 어려운 어미로서 한국어 교육에서는 따로 분리해서 가르치지 않고 어말 어미와 같이 하나의 표현으로 취급하는 경우가 많다.

04 탈락과 불규칙 용언 (중요)

용언이 활용될 때 일반적으로는 어간의 형태가 유지되나, 달라지는 경우도 있다. '러' 불규칙 용언과 '너라' 불규칙 용언의 경우는 어미의 첫소리가 바뀌기도 한다. 이를 '불규칙 활용'이라 하고 이러한 용언을 '불규칙 용언'이라 한다. 'ㄹ' 탈락이나 '으' 탈락 현상은 모든 용언에서 예외 없이 일어나기 때문에 규칙적인 것으로 보고 '탈락'이라 한다.

1) 'ㄹ' 탈락

어간의 끝소리 'ㄹ'이 '-(으)ㅂ, -(으)ㅅ, -(으)ㄴ, -(으)ㄹ, -오'로 시작하는 어미 앞에서 탈락된다. 이 현상은 예외가 없기 때문에 탈락이다. '-(으)ㄹ'의 경우 'ㄹ' 받침일 경우만 적용된다. 즉, '-(으)려고, -(으)러'의 경우에는 'ㄹ'이 받침이 아니므로 탈락 현상이 일어나지 않는다.

예) 규칙: 알다, 살다, 놀다, 팔다, 울다, 만들다, 들다

구분	-아/어요	-(으)ㅂ시다	-(으)세요	-(으)네요	-(으)ㄹ까요	-(으)려고	-지만
살다	살아요	삽시다	사세요	사네요	살까요	살려고	살지만
만들다	만들어요	만듭시다	만드세요	만드네요	만들까요	만들려고	만들지만

'-(으)려고', '-(으)니까'와 같은 경우에서 매개모음 '-으-'가 나타나야 하나 그렇지 않다.

예) 살으려고(×), 살으니까(×)
→ 살려고(○), 사니까(○)

2) '으' 탈락

어간의 끝소리 '으'가 '-아/어'로 시작하는 어미 앞에서 탈락된다.

예) 규칙: 쓰다, 끄다, 크다, 담그다, 아프다, 바쁘다, 예쁘다, 따르다, 들르다, 치르다, 우러르다, 다다르다
※ '따르다, 들르다, 치르다'의 경우 '르' 불규칙이 아니고 '으' 탈락 현상이다.

구분	-아/어서	-(으)면	-고
쓰다	써서	쓰면	쓰고
바쁘다	바빠서	바쁘면	바쁘고
따르다	따라서	따르면	따르고

3) 'ㄷ' 불규칙

어간의 끝소리 'ㄷ'이 모음으로 시작하는 어미 앞에서 'ㄹ'로 바뀐다.

예) 불규칙: 묻다(질문하다), 듣다, 걷다, 싣다, (면이) 붇다, 긷다
규칙: 받다, 닫다, (땅에) 묻다, 믿다

구분	-아/어요	-(으)니까	-고
묻다(불규칙)	물어요	물으니까	묻고
받다(규칙)	받아요	받으니까	받고

4) 'ㅅ' 불규칙

어간의 끝소리 'ㅅ'이 모음으로 시작하는 어미 앞에서 탈락한다.

예 불규칙: 낫다, 붓다, 잇다, 젓다, 짓다
   규칙: 벗다, 씻다, 웃다

구분	-아/어서	-(으)려고	-지만
낫다(불규칙)	나아요	나으려고	낫지만
벗다(규칙)	벗어요	벗으려고	벗지만

'ㅅ' 불규칙 용언은 'ㅅ'이 탈락되지만 탈락된 자리에 'ㅅ'이 있었던 것이기 때문에 모음의 축약 현상이 나타나지 않는 것이 특징이다. '낫다'가 '-아/어서'와 만나서 '나아요'가 될 때 '가아요'가 '가요'로 축약되는 것처럼 '나요'로 축약되지 않는다는 것이다.

예 병이 낫다(치료되다). → 병이 나았어요.
   병이 나다(생기다). → 병이 났어요.

5) 'ㅂ' 불규칙

어간의 끝소리 'ㅂ'이 모음으로 시작하는 어미 앞에서 '우/오'로 바뀐다.

예 불규칙: 고맙다, 아름답다, 맵다, 춥다, 곱다, 돕다, 굽다, 줍다
   규칙: 입다, 잡다, 씹다, 좁다

구분	-아/어요	-(으)면	-ㅂ/습니다
춥다(불규칙)	추워요	추우면	춥습니다
고맙다(불규칙)	고마워요	고마우면	고맙습니다
돕다(불규칙)	도와요	도우면	돕습니다
좁다(규칙)	좁아요	좁으면	좁습니다

'ㅂ' 불규칙에서 대부분의 경우 'ㅂ'이 '우'로 변한다. 하지만 '곱다'와 '돕다'만 '-아/어'를 만나면 '오'로 변한다.

6) '르' 불규칙

어간의 끝소리 '르'가 '-아/어'로 시작하는 어미 앞에서 'ㄹㄹ'로 바뀐다. 앞의 'ㄹ'은 어간의 받침으로 사용된다. 어간의 끝소리 '르'가 '르' 불규칙 현상으로 나타나지 않는 경우는 '으' 탈락이나 '러' 불규칙 현상으로 나타난다('으' 탈락, '러' 불규칙 참조).

예 불규칙: 다르다, 빠르다, 고르다, 모르다, 부르다, 흐르다, 서두르다

구분	-아/어서	-(으)니까	-고
다르다	달라서	다르니까	다르고
흐르다	흘러서	흐르니까	흐르고

'르'가 'ㄹㄹ'로 변하게 되면 마지막 모음 'ㅡ'가 사라지기 때문에 '다르다'의 경우 마지막 모음 'ㅏ'(양성 모음)와의 모음 조화 현상으로 인해 '-아서'와 결합하게 되고 '흐르다'의 경우는 'ㅡ'(음성 모음)와의 모음 조화 현상으로 인해 '-어서'와 결합한다.

7) '우' 불규칙

어간의 끝소리 '우'가 모음으로 시작하는 어미 앞에서 탈락된다. '푸다'가 대표적이다.

구분	-아/어요	-(으)면	-지만
푸다(불규칙)	퍼요	푸면	푸지만
주다(규칙)	주어요(줘요)	주면	주지만

8) '러' 불규칙

어간의 끝소리가 '르'인 다음과 같은 용언은 어간의 변화가 없는 대신 어미의 첫소리 '-아/어'가 '러'로 바뀐다.

예 불규칙: 이르다, 푸르다

구분	-아/어요	-(으)면	-지만
이르다	이르러요	이르면	이르지만
푸르다	푸르러요	푸르면	푸르지만

'이르다'는 의미에 따라 불규칙의 종류가 달라진다. '어떤 장소나 시간에 닿다'의 의미인 경우 '약속 장소에 이르러서'와 같이 활용되어 '러' 불규칙이다. 하지만 '대중이나 기준을 잡은 때보다 앞서거나 빠르다'의 의미인 경우 '시간이 일러서', '무엇을 말하다'의 의미인 경우 '선생님께 일러서'와 같이 활용되어 '르' 불규칙이다.

9) '너라' 불규칙

'오다'류 뒤에 명령형 어미 '-아/어라'가 오면 어미가 '너라'로 바뀐다.

예 불규칙: 오다, 나오다, 들어오다

구분	-아/어라	-아/어요	-(으)면	-지만
오다	오너라	와요	오면	오지만

10) 'ㅎ' 불규칙

어간의 끝소리 'ㅎ'이 모음으로 시작하는 어미 앞에서 탈락된다. 어미 '아/어'와 결합할 때는 어미의 형태가 '애/애'로 변한다.

예 불규칙: 어떻다, 이/저/그렇다, 빨갛다, 까맣다, 파랗다, 하얗다, 노랗다
　　규칙: 많다, 괜찮다, 낳다, 싫다, 좋다, 넣다

구분	-아/어요	-(으)면	-(으)ㄴ	-고
이렇다(불규칙)	이래요	이러면	이런	이렇고
하얗다(불규칙)	하얘요	하야면	하얀	하얗고
좋다(규칙)	좋아요	좋으면	좋은	좋고

05 단어 형성의 원리

단어는 단일어와 복합어로 나뉘고, 복합어는 다시 파생어와 합성어로 나뉜다.
① **단일어**: 어근 하나로 이루어진 것이다.
② **복합어**: 파생어와 합성어가 있다.
 ㉠ 파생어: 어근 하나에 파생접사가 붙은 것
 ㉡ 합성어: 어근 두 개 이상으로 이루어진 것

1) 파생어 중요

어근 앞에 붙는 것은 접두사, 어근 뒤에 붙는 것은 접미사이다.
① **접두사에 의한 단어의 형성**: 접두사에 의한 경우 어근의 품사가 바뀌지 않는다.
 예) 날고기, 맨발, 숫총각, 알부자, 애호박, 풋사과, 들볶다, 헛고생, 되받다, 새빨갛다, 설익다, 짓누르다, 휘감다
② **접미사에 의한 단어의 형성**: 접미사에 의한 경우 어근의 품사가 바뀌는 경우도 있다. 의미를 제한하는 한정적 접사와 품사의 변화를 주는 지배적 접사가 있다.
 ㉠ 파생 명사: 명사(어근)+한정적 접사(선생님, 낚시질, 욕심꾸러기)
   다른 품사(어근)+지배적 접사(슬픔, 읽기, 덮개)
 ㉡ 파생 동사: 동사(어근)+한정적 접사(깨뜨리다, 밀치다)
   다른 품사(어근)+지배적 접사(운동하다, 반짝거리다, 좁히다)
 ㉢ 파생 형용사: 형용사(어근)+한정적 접사(거멓다, 높다랗다)
   다른 품사(어근)+지배적 접사(가난하다, 미덥다, 학생답다, 새롭다, 반듯하다)
 ㉣ 파생 부사: 부사(어근)+한정적 접사(더욱이, 다시금)
   다른 품사(어근)+지배적 접사(진실로, 마주(맞다+우), 많이, 멀리, 없이)

2) 합성어 중요

합성어에는 통사적 합성어와 비통사적 합성어가 있다. 통사적 합성어는 각 구성 요소의 결합 방식이 일반적인 통사 구성 방식과 동일한 합성어이다. 비통사적 합성어는 각 구성 요소의 결합 방식이 일반적인 통사 구성 방식과 다른 것으로, 통사적 합성어에 비해 그 수가 적다.

① 통사적 합성어
　㉠ 명사: 명사+명사(길바닥, 돌다리, 집안, 눈물, 앞뒤)
　　　　　관형사+명사(새해, 첫사랑)
　　　　　관형사형+명사(큰형, 어린이, 큰집, 군밤)
　㉡ 동사: 주어+서술어(힘들다, 겁나다), 목적어+서술어(힘쓰다, 장가들다)
　　　　　부사어+서술어(앞서다, 앞세우다)
　　　　　동사+연결 어미+동사(돌아가다, 갈아입다, 찾아가다)
　㉢ 형용사: 주어+서술어(재미있다, 배부르다, 맛있다)
　　　　　　부사어+서술어(초롱초롱하다)
　㉣ 부사(곧잘, 하루빨리, 밤낮, 가끔가다, 구석구석, 아슬아슬)
　㉤ 관형사(한두, 온갖, 기나긴)
　㉥ 감탄사(얼씨구절씨구, 아이참, 웬걸)
② 비통사적 합성어
　㉠ 명사: 용언 어간+명사(들것, 늦잠, 꺾쇠), 의태부사+명사(부슬비, 척척박사)
　㉡ 동사: 동사 어간+동사 어간(여닫다, 뛰놀다, 맞보다, 날뛰다)
　㉢ 형용사: 형용사 어간+형용사 어간(굳세다, 검붉다)
③ 합성어의 종류
　㉠ 병렬(대등) 합성어: 어근과 어근이 대등 관계나 상반 관계일 때
　　　예 남녀, 마소, 안팎, 논밭, 오가다
　㉡ 수식(종속) 합성어: 어근과 어근이 주종·선후·인과 관계일 때
　　　예 돌다리, 쌀밥, 꽃밭, 들어가다
　㉢ 융합 합성어: 어근과 어근이 모여 새로운 의미를 가질 때
　　　예 춘추(나이), 풍월(멋), 밤낮(늘), 돌아가시다(죽다)

TOP-Point

☑ 합성어와 구의 구별법
- 서술성이 있으면 구, 없으면 합성어
　예 작은 형(형이 작다) - 구, 작은형(맏형이 아닌 형) - 합성어
- 분리성(띄어쓰기)이 있으면 구, 없으면 합성어
　예 큰 형 - 구, 큰형 - 합성어
- 의미의 특성화가 있으면 합성어, 없으면 구
　예 들것(흙이나 환자의 운반을 위한 도구) - 합성어, 들 것(들 만한 물건) - 구

문장론

01 문장

인간의 생각이나 감정을 완결된 내용으로 표현하는 최소의 언어 형식이다.

02 문법 단위

1) 어절
  ① 띄어쓰기 단위와 대체로 일치한다.
  ② 문장을 구성하는 기본 문법 단위이다.
  ③ 주성분(주어, 서술어, 목적어, 보어), 부속 성분(관형어, 부사어), 독립 성분(독립어)으로 나뉜다.

2) 구
  ① 어절이 모여서 문장 성분이 되는 경우를 말한다.
  ② 구는 주어와 서술어 관계를 가지지 못한다.
    예 그 친구는 야구를 잘 한다.
      → '그 친구는', '잘 한다'는 '구'이다.

3) 절
  ① 주어와 서술어를 갖고 있지만 독립적으로 사용되지 못한다.
  ② 절은 겹문장 안에서만 존재한다. 따라서 절은 하나의 문장 성분이 될 수 있다.
    예 철수는 영희가 대학생임을 안다.
      → "영희가(주어) 대학생이다(서술어)."의 구조를 갖는다. 전체 문장으로 봤을 때는 목적어가 된다.

03 문장 성분

문장 안에서 일정한 문법적 기능을 하는 부분으로서 문장의 골격을 이루는 주성분, 주성분을 수식하는 부속 성분, 다른 문장 성분과 관련이 없는 독립 성분이 있다.

주성분	주어, 서술어, 목적어, 보어
부속 성분	관형어, 부사어
독립 성분	독립어

1) 주어
　① 문장에서 동작, 상태, 성질(서술어)의 주체가 되는 문장 성분이다. '무엇이 어찌하다, 무엇이 어떠하다, 무엇이 무엇이다'의 '무엇이'에 해당하는 것이 주어이다.
　② 주격 조사[이/가, 께서(높임), 에서(장소)], 보조사(은/는, 도, 만)가 붙는다.
　③ 구어체에서는 조사가 생략되는 경우가 많다.

TOP-Point

☑ 이중 주어
　하나의 문장에 이중으로 들어있는 주어로 하나의 용언이 두 개의 주격 조사를 취하고 있는 경우인데, 한국어에서는 빈번하게 일어나지만 영어권에서는 거의 찾아볼 수 없다.
　예 코끼리는 코가 길다. [주어+서술절(주어+서술어)]

2) 서술어
　① 주어의 동작, 과정, 성질, 상태 등을 풀이하는 기능의 문장 성분이다. '무엇이 어찌하다, 무엇이 어떠하다, 무엇이 무엇이다'의 '어찌하다, 어떠하다, 무엇이다'에 해당하는 것이 서술어이다.
　② **서술어의 자릿수** 중요
　서술어가 필요로 하는 필수 문장 성분의 수를 서술어의 자릿수라 한다.
　　㉠ 한 자리 서술어: 주어+자동사, N이다(꽃이 예쁘다, 그는 학생이다)
　　㉡ 두 자리 서술어: 주어+목적어+타동사(그는 영화를 보았다)
　　　　　　　　　　주어+보어+되다, 아니다(철수가 어른이 되었다, 이것은 내 것이 아니다)
　　　　　　　　　　주어+부사어+부사어가 꼭 필요한 서술어(이것은 저것과 다르다)
　　㉢ 세 자리 서술어: 주어+목적어+부사어+'주다, 삼다' 등(영희가 선물을 철수에게 주었다)

3) 목적어
　① 서술어의 동작 대상이 되는 문장 성분이다.
　② 목적격 조사(을/를), 보조사(은/는, 도, 만)가 붙는다.

4) 보어
　① 서술어의 부족한 부분을 보충한다.
　② 보어를 필요로 하는 서술어로는 '되다/아니다' 두 개가 있으며, 보격 조사(이/가), 보조사가 붙는다.
　　예 구름이 비가 되었다. 이것은 선물이 아니다.

5) 관형어

체언을 꾸며주는 문장 성분으로서 체언 없이 홀로 쓰이지 못한다.

예 철수가 새 모자를 썼다. (관형사)
철수는 민수의 여동생을 좋아한다. (체언+관형격 조사)
철수는 도시 생활을 좋아한다. (체언)
철수는 예쁜 여자를 좋아한다. (용언 어간+관형사형 어미)

6) 부사어

① 서술어를 꾸며 서술어의 의미를 분명하게 만드는 문장 성분이다.

예 철수가 천천히 걷는다. (부사)
철수는 노래를 잘은 못한다. (부사+보조사)
철수는 학교에서 왔다. (체언+부사격 조사)

② 관형어와는 달리, 주어진 문맥 속에서 단독으로 쓰일 수 있다.
③ 부사어는 특정한 성분(용언, 부사, 관형사, 체언)을 수식하는 성분 부사어와 문장 전체를 수식하는 문장 부사어로 나뉜다.

예 철수가 조용히 말했다. (성분 부사어)
다행히 아무도 다치지 않았다. (문장 부사어)

④ 필수적 부사어는 서술어의 특성에 따라 부사어를 필수적으로 요구한다.

㉠ '같다, 다르다, 비슷하다, 닮다, 틀리다' 등은 '체언+와/과'로 된 부사어가 필요하다.

예 철수는 철수 아버지와 많이 닮았군요.

㉡ '넣다, 주다, 두다, 던지다, 다가서다' 등은 '체언+에/에게'로 된 부사어가 필요하다.

예 과일은 아버지께 드려라.

㉢ '삼다, 변하다'는 '체언+(으)로'로 된 부사어가 필요하다.

예 마이클 씨는 그 아이를 양자로 삼았다.
물이 얼음으로 변했다.

7) 독립어

모든 문장 성분과 직접 관련이 없는 독립 성분으로 일반적으로 감탄사, 체언에 호격 조사가 결합된 형태, 제시어, 접속 부사 등이 독립어가 된다.

예 야호, 드디어 기다리던 방학이다. (감탄사)
철수야, 학교 가자. (체언+호격 조사)
영희는 학교에 갔다. 그러나 철수는 집에서 잤다. (접속 부사)
사랑, 어렵고 힘든 과정이다. (제시어)

04 문장의 종류

문장은 홑문장과 겹문장으로 나뉘고, 겹문장은 다시 안은문장과 안긴문장, 그리고 이어진문장으로 나뉜다.

1) **홑문장**: 주어와 서술어가 한 번 나타나는 문장이다.

   예 철수는 학생이다.
   철수는 주로 고전 음악을 듣는다.

2) **겹문장**: 주어와 서술어가 두 번 이상 나타나는 문장으로 겹문장은 하나 이상의 절을 갖는다.

   중요

   ① 안은문장과 안긴문장: 홑문장을 문장 성분으로 포함하는 문장을 안은문장이라고 하고, 안은문장에 문장 성분으로 쓰이는 홑문장을 안긴문장이라 한다.

   ㉠ 명사절을 안은문장: '-(으)ㅁ, -기'가 붙어서 명사절을 만든다. '-(으)ㄴ, -는, -(으)ㄹ, -던 것'과 같이 관형사형 어미에 의존 명사가 붙어서 만들어지기도 한다.

   예 철수는 시험을 잘 봤기를 소망했다.
   철수가 유부남임이 알려졌다.
   철수는 아침에 일찍 일어나는 것을 싫어한다.

   ㉡ 관형절을 안은문장: 관형절은 관형사형 어미 '-(으)ㄴ, -는, -(으)ㄹ, -던'이 붙어서 사용된다. 관형절은 관형절의 수식을 받는 체언이 관형절의 한 성분이 되는 관계 관형절과 관형절의 피수식어가 관형절 전체의 내용을 받는 동격 관형절로 나뉜다.

   예 철수가 부른 노래는 힙합이다. (관계 관형절)
   우리 학교가 우승한 사실을 전혀 모르고 있었다. (동격 관형절)
   (사실 = 우리 학교가 우승했다)

   ㉢ 부사절을 안은문장: 절 전체가 부사어가 되어 서술어를 수식하는 기능을 한다.

   예 철수의 옷은 그림이 멋있게 그려져 있다.

   ㉣ 서술절을 안은문장: 절 전체가 서술어 기능을 하는 경우이다. 이 경우 주어가 두 개인 것처럼 보이지만 앞에 나오는 주어가 문장의 주어가 되고 나머지는 서술절에 해당된다. 서술절은 절을 나타내는 표지가 없다는 특징이 있다.

   예 철수는 키가 크다.
   영희가 손이 맵다.

   ㉤ 인용절을 안은문장: 부사격 조사 '-고, -라고' 등과 결합하여 다른 사람의 말을 인용할 때, 화자의 생각을 나타낼 때, 의성어, 의태어를 나타낼 때 사용된다. 직접 인용과 간접 인용이 있다.

   예 마이클은 "난 미국인이야"라고 말했다. (직접 인용)
   마이클은 자기가 미국인이라고 말했다. (간접 인용)

② 이어진문장: 홑문장과 홑문장이 대등하거나 종속적으로 연결된 문장을 말한다.
　㉠ 대등하게 이어진문장: 대등적 연결 어미에 의해서 이어져 나열, 대조, 선택 등의 의미를 나타낸다.
　　예 나는 운동을 하고 친구를 만났다. (나열)
　　　　철수는 운동을 했지만 영희는 공부를 했다. (대조)
　　　　먹든지 말든지 마음대로 해라. (선택)
　㉡ 종속적으로 이어진문장: 종속적 연결 어미에 의해서 이어져 원인, 조건, 의도, 결과, 배경 등의 의미를 나타낸다.
　　예 비가 와서 우산을 가지고 나갔다. (원인)
　　　　영희가 바쁘면 미영이와 가면 된다. (조건)
　　　　공부를 하려고 도서관에 갔다. (의도)
　　　　철수가 미영이를 만나는데 영희가 나타났다. (배경)

05 문장 종결 표현

문장의 마지막에 오는 종결 표현에 따라 문장의 의미가 달라진다. 화자의 생각이나 느낌을 표현하는 방법이다. 평서문, 의문문, 명령문, 청유문, 감탄문으로 나뉜다.

구분	격식체				비격식체	
	합쇼체	하오체	하게체	해라체	해요체	해체(반말)
평서문	하십니다	하오	하네	한다	해요	해
의문문	하십니까?	하오?	하나?, 하는가?	하니?, 하냐?	해요?	해?
명령문	하십시오	하오, 하구려	하게	해라	해요	해
청유문	하십시다 (하시지요)	합시다	하세	하자	해요	해
감탄문	-	하는구려	하는구먼	하는구나	해요, 하군요	해, 하군

1) **평서문**: 말하는 이가 자기의 생각이나 느낌을 객관적으로 진술하는 문장이다.
　예 오늘 학교에 갑니다. / 도서관에서 공부해요.

2) **의문문**: 말하는 사람이 듣는 사람에게 질문하여 그 대답을 얻기 위한 문장이다. 의문문의 종류는 다음과 같다.
　① 수사 의문문: 문장의 형식은 의문문이나, 대답을 요구하지 않고 강한 긍정 또는 강한 부정의 수사적 효과를 가지는 의문문이다.
　　예 안녕하세요? / 그 사람이 설마 오겠어요?

② 설명 의문문: 상대방에게 '예', '아니요' 따위의 대답이 아닌 구체적인 설명을 요구하는 의문문이다. '누가', '언제', '어디', '무엇', '어떻게', '왜' 따위의 의문사를 사용한다.
  예 왜 어제 학교에 안 왔어요? / 누가 이 꽃을 가져왔어요?
③ 판정 의문문: 상대방에게 구체적인 진술이 아닌 '예', '아니요'의 대답을 요구하는 의문문이다.
  예 숙제 했어? / 민수는 고향에 돌아갔어?

3) **명령문**: 말하는 사람이 듣는 사람에게 자기의 의도대로 행동해 줄 것을 요구하는 문장이다. 청자에게 어떤 행동을 요구하는 것이기 때문에 형용사와는 결합하지 않는다. '있다'의 경우, 자동사로 쓰이는 '있다'(떠나거나 벗어나지 아니하고 머물다)는 명령형과 어울릴 수 있다.
  예 공부하세요. / 다른 곳에 가지 말고 여기 있어라.

4) **청유문**: 청자에게 같이 행동할 것을 요청하거나 제안하는 문장이다. 일반적으로 동사와 어울리며, '함께', '같이' 등의 부사어와 함께 사용되는 경우가 많다.
  예 같이 식사하러 갑시다. / 철수야, 밥 먹으러 가자.

5) **감탄문**: 말하는 사람이 자신의 강한 느낌을 나타내는 문장이다.
  예 정말 아팠겠네요. / 정말 좋겠네요. / 밖에 눈이 오네요.

06 높임 표현 중요

화자가 청자나 다른 대상에 대하여 그의 높고 낮은 정도에 따라 언어적으로 구별하여 표현하는 방식이나 체계를 말한다. 대상에 따라 주체 높임법, 객체 높임법, 상대 높임법이 있다.

1) **주체 높임법**
① 화자가 서술어의 주체(주어)를 높일 때 사용한다. 선어말 어미 '-시-'를 사용하는 것이 일반적이고, '계시다, 잡수시다, 돌아가시다'와 같은 어휘를 사용하기도 한다. 주격 조사 '이/가' 대신 '께서'를 사용하고 주어 명사에 '-님'을 붙여 나타내기도 한다.
  예 할아버지께서는 국수를 안 드신다.
② '있다'의 주체 높임 표현에는 주어와 관련된 대상을 통해서 주어를 직접 높이는 '계시다'와 주어를 간접적으로 높이는 '있으시다'가 있다.
  예 선생님께서 교실에 계신다.
     선생님의 말씀이 있으시겠습니다.
③ 주어와 관련된 대상을 통해 주어를 높이는 것을 간접 높임이라고 하고 주어를 직접 높이는 것을 직접 높임이라고 한다.
  예 할머니께서는 귀가 아직 밝으십니다. (간접 높임)
     할아버지께서는 아직 주무십니다. (직접 높임)

④ 주체가 청자보다 낮은 지위에 있는 경우 높임 표현 선어말 어미를 사용하지 않는 것을 압존법이라고 한다.

예 할아버지, 아버지가 아직 안 왔어요.

2) **객체 높임법**: 목적어나 부사어를 높이는 경우를 말하며 '여쭈다/여쭙다, 모시다, 뵈다/뵙다, 드리다'와 같은 특수한 어휘를 사용한다. '에게' 대신 '께'를 사용하기도 한다.

예 나는 할머니를 모시고 병원에 갔다.
나는 그 문제를 선생님께 여쭤 보았다.

3) **상대 높임법**: 화자가 청자를 높이거나 낮추어 말하는 방법을 말하며 격식체와 비격식체가 있다. 상대 높임법은 종결 표현을 통해 나타난다.

예 어디 가십니까? (합쇼체)
어디 가오? (하오체)
어디 가나? (하게체)
어디 가니? (해라체)
어디 가요? (해요체)
어디 가? (해체)

07 시간 표현

발화시를 기준으로 사건시가 앞선 경우는 과거 시제, 사건시와 발화시가 같은 경우는 현재 시제, 사건시가 발화시보다 나중인 경우는 미래 시제라 한다.

TOP-Point

☑ **발화시와 사건시**
화자가 말하는 시점을 발화시라 하고, 동작이나 상태가 일어나는 시점을 사건시라고 한다.

시제는 어떤 기준시를 중심으로 보느냐에 따라 절대 시제와 상대 시제로 나뉜다. 절대 시제는 화자의 발화시를 기준시로 보는 것이고, 상대 시제는 사건시를 기준시로 보는 것이다.

> 어제 도서관에 공부하는 사람들이 많았다.

위 문장에서 종결형 '많았다'는 기준시를 발화시로 보는 절대 시제로서 과거 시제로 표현되었지만, 관형절 '공부하는'은 기준시를 사건시로 보아 현재 시제로 표현되었기 때문에 상대 시제라고 한다. 한국어의 시제는 용언과 시간 부사에 의하여 실현된다.

1) 과거 시제

시간 부사 '아까, 어제, 작년' 등과 함께 종결형에는 선어말 어미 '-았/었-, -더-'를 사용하여, 관형절에는 관형사형 어미 '-(으)ㄴ, -던' 등을 사용하여 실현된다.

예 어제 철수는 운동을 마쳤다. (과거, 종결형)
철수는 지난여름에 제주도에 갔었다. (현재와 단절된 과거, 종결형)
철수가 아까 학교에 가더라. (과거의 일을 회상, 종결형)
철수는 어제 먹은 자장면을 또 먹었다. (과거, 관형절)
착하던 영희가 변했다. (과거의 일을 회상, 관형절)

2) 현재 시제

시간 부사 '지금, 오늘' 등과 함께 종결형에는 선어말 어미 '-ㄴ/는-(동사)'를 사용하여, 관형절에는 관형사형 어미 '-는(동사), -(으)ㄴ(형용사)' 등을 사용하여 실현된다. 형용사와 서술격 조사 '이다'로 끝나는 종결형인 경우, 현재 시제 표시 형태소 없이 기본형을 현재 시제로 사용한다.

예 철수는 지금 학교에 간다. (동사, 종결형)
영희는 예쁘다. (형용사, 종결형)
도서관에 책을 보는 학생들이 많다. (동사, 관형절)
나는 추운 날씨가 싫다. (형용사, 관형절)

3) 미래 시제

① 시간 부사 '내일, 다음주, 내년' 등과 함께 종결형에는 선어말 어미 '-겠-, -(으)리-'나 통사적 방법 '-(으)ㄹ 것이다'를 사용하여, 관형절에는 관형사형 어미 '-(으)ㄹ'을 사용하여 실현된다.

예 내일 나는 동대문 시장에 가겠다. (종결형)
내년에는 꼭 그 시험에 붙으리라. (종결형)
다음 주에 방학을 할 거예요. (종결형)
방학동안 읽을 책들을 샀다. (관형절)

② 미래 시제는 다른 시제에 비해 명확하지 않다. 추측이나 의지를 표현하기도 한다.

예 제가 하겠습니다. (의지)
철수가 지금쯤 도착했을 것이다. (추측)

4) 동작상

① 동작상은 시간의 흐름 속에서 동작이 일어나는 모습을 나타내는 것이다. 발화시를 기준으로 동작이 계속 진행되고 있는 모습, 동작이 완결된 모습 등이 있다. 이것들을 '진행상'과 '완료상'이라고 한다.

예 철수는 학교에 오고 있다. (진행상)
철수는 의자에 앉아 있다. (완료상)

② '-고 있다'는 진행상을, '-아/어 있다'는 완료상을 나타낸다. 한국어에서는 보조 용언에서 실현되는 경우가 많다.

08 피동

문장에서 누가 동작이나 행위를 하느냐에 따라 능동문과 피동문으로 나뉜다. 주어가 동작을 혼자 힘으로 하는 것은 능동이고, 주어가 남의 행동에 의해서 행해지는 동작은 피동이다.

예 경찰이 도둑을 잡았다. (능동문)
　도둑이 경찰에게 잡혔다. (피동문)

피동문은 능동문의 주어가 부사격 조사 '에게, 한테, 에' 등과 같이 결합하여 부사어가 되고, 목적어는 주어가 된다. 능동사는 접미사 '-이-, -히-, -리-, -기-'나 '-되다, -아/어지다, -게 되다' 등이 결합하여 피동사가 되거나 피동의 의미를 지니게 된다. 이렇게 피동문을 만드는 방법에는 파생적 피동법과 통사적 피동법이 있다.

1) 파생적 피동법

타동사의 어근에 피동 접미사 '-이-, -히-, -리-, -기-'가 결합된 파생어를 이용하여 피동문을 만든다. 단형 피동이라고도 한다.

예 보이다, 먹히다, 열리다

2) 통사적 피동법

'-되다, -아/어지다, -게 되다'를 사용하여 피동문을 만든다. 길이를 기준으로 장형 피동이라고도 한다.

예 사용되다, 높아지다, 넓어지다, 깨끗하게 되다

TOP-Point

☑ **능동문과 피동문의 대응**
능동문과 피동문이 항상 짝을 이루는 것은 아니다.
예 영이가 책을 읽었다. 강아지가 사료를 먹는다. (피동문을 못 만드는 능동문)
　날씨가 풀렸다. 감기에 걸렸다. (능동문이 없는 피동문)

09 사동

문장에서 주어가 동작이나 행위를 하느냐, 다른 사람에게 하도록 하느냐에 따라 주동문과 사동문으로 나뉜다. 주어가 직접 동작하는 것은 주동이고, 주어가 남에게 동작을 하게 시키는 것은 사동이다.

예 길이 넓다. (주동문, 형용사)
→ 길을 넓히다. (사동문, 주동문의 주어가 목적어로 변함)
아이가 밥을 먹는다. (주동문, 타동사)
→ 엄마가 아이에게 밥을 먹인다. (사동문, 주동문의 주어가 부사어로 변함)

사동문은 주동문의 동사가 자동사냐 타동사냐에 따라 그 변화를 달리한다. 주동사가 형용사나 자동사일 때는 주동문의 주어가 사동문의 목적어로 변하고, 주동사가 타동사이면 주동문의 주어가 사동문의 부사어가 되고 주동문의 목적어는 그대로 있다. 사동사는 접미사 '-이-, -히-, -리-, -기-, -우-, -구-, -추-' 등이나 '-게 하다' 등이 결합하여 사동사가 되거나 사동의 의미를 지니게 된다. 이렇게 사동문을 만드는 방법에는 파생적 사동법과 통사적 사동법이 있다.

1) 파생적 사동법

동사나 일부 형용사의 어근에 사동 접미사 '-이-, -히-, -리-, -기-, -우-, -구-, -추-'가 결합된 파생어를 이용하여 사동문을 만든다. 길이를 기준으로 단형 사동이라고도 한다.

2) 통사적 사동법

'-게 하다'를 사용하여 사동문을 만든다. 길이를 기준으로 장형 사동이라고도 한다. 파생적 사동문은 직접적 의미가 강하고 통사적 사동문은 간접적 의미만을 지닌다.

예 마피아가 찰리를 죽였다. (직접 죽인 느낌이 강함)
마피아가 찰리를 죽게 했다. (간접적인 방법으로 죽인 느낌이 있음)

TOP-Point

☑ **주동문과 사동문의 대응**
주동문과 사동문이 항상 짝을 이루는 것은 아니다.
예 박지성은 축구로 이름을 날렸다. (주동문이 없는 사동문)

03 | 실전 문제

연습 문제

01
"철수는 운전을 할 줄 모른다."에서 나타난 '줄'은 어떤 문장 성분으로 사용된 의존 명사인지 고르시오.

① 주어　　　② 보어
③ 목적어　　④ 부사어

02
체언에 관한 설명으로 <u>틀린</u> 것을 고르시오.

① 명사, 대명사, 수사가 이것에 속한다.
② 불변어로서 형태가 변하지 않는다.
③ 주로 조사와 같이 사용된다.
④ 주어 외에 다른 기능을 갖지 않는다.

03
명사에 대한 설명으로 <u>틀린</u> 것을 고르시오.

① 형태의 변화가 없다.
② 사람이나 사물의 이름을 표현한다.
③ 명사 자체로도 자유롭게 복수를 표현할 수 있다.
④ 관형어의 수식을 받아 의미를 확장한다.

04
다음의 밑줄 친 말 가운데 명사로 쓰인 것을 고르시오.

① 난 너<u>밖</u>에 없어.
② 시간이 물 흘러가<u>듯이</u> 간다.
③ 난 그걸 할 <u>수</u> 없어.
④ 너도 나<u>만큼</u> 하는구나.

05
조사에 대한 설명으로 <u>틀린</u> 것을 고르시오.

① 문법적 관계를 나타낸다.
② '이다'의 경우 조사이지만 활용한다.
③ 특수한 의미를 더하기도 한다.
④ 용언에는 붙을 수 없다.

06
용언에 대한 설명으로 <u>틀린</u> 것을 고르시오.

① 용언은 어미에 의해 활용이 된다.
② 용언은 어간과 어미로 되어 있다.
③ 용언은 문법적 관계를 나타낸다.
④ 부사어에 의해 의미를 더할 수 있다.

07
다음 설명 중 맞는 것을 고르시오.

① 어말 어미는 문장에 꼭 있어야 한다.
② 전성 어미는 품사를 바꾸는 기능을 한다.
③ 보조 용언이 없으면 문장이 성립되지 않는다.
④ 한 문장에 어말 어미와 선어말 어미는 한 개만 사용할 수 있다.

08
밑줄 친 용언의 불규칙 활용이 아닌 것을 고르시오.

① 날씨가 <u>추워요</u>.
② 한 국자만 더 <u>퍼</u> 주세요.
③ 이것은 저것과 <u>달라서</u> 싫어요.
④ 여기가 내가 <u>사는</u> 동네예요.

09
다음 단어 중 단어 형성의 원리가 <u>다른</u> 것을 고르시오.

① 덮개   ② 손쉽다
③ 애호박   ④ 새빨갛다

10
서술어의 자릿수가 <u>다른</u> 문장을 고르시오.

① 철수는 올해 대학생이 된다.
② 철수와 영희는 같이 영화를 봤다.
③ 철수는 아버지와 생김새가 많이 다르다.
④ 마이클은 미국에서 온 학생이다.

해설

01 '운전을 할 줄'은 문장에서 목적어의 역할을 한다.
02 목적어, 보어, 관형어, 부사어, 서술어의 기능을 갖기도 한다.
04 ①·④는 조사로, ②는 어미로 사용되었다.
05 "가야만 한다."처럼 용언에도 조사가 붙을 수 있다.
06 문법적 관계를 나타내는 것은 조사이다.
08 '살다'는 'ㄹ' 탈락 용언이다. 'ㄹ' 탈락은 규칙 활용에 포함된다.
09 ②는 합성어이고, 나머지는 파생어이다.
10 ④는 한 자리 서술어이고, 나머지는 두 자리 서술어이다.

정답 01 ③ 02 ④ 03 ③ 04 ③ 05 ④ 06 ③ 07 ①
08 ④ 09 ② 10 ④

기출문제

01
밑줄 친 어미에 관한 설명으로 옳지 않은 것은?

기출 17회 22번

> ㄱ. 내일이 일요일이<u>지</u>?
> ㄴ. 이 음식 정말 맛있<u>네</u>.
> ㄷ. 고속도로가 막히<u>길래</u> 국도로 돌아왔다.
> ㄹ. 영수 전공이 한국어 교육이<u>잖아</u>.

① '-지'는 화자가 알거나 짐작하는 사실을 청자에게 확인하기 위해 사용한 것이다.
② '-네'는 화자가 직접 경험하여 새로 알게 된 사실을 표현하기 위해 사용한 것이다.
③ '-길래'는 화자가 직접 경험한 사실이 이유가 됨을 나타내기 위해 사용한 것이다.
④ '-잖아'는 청자가 모르는 새로운 사실을 청자에게 알려 주기 위해 사용한 것이다.

02
용언의 활용에 관한 설명으로 옳은 것은?

기출 18회 18번

① '흐르다'와 '푸르다'는 모두 '르 불규칙' 용언이다.
② '(땅에) 묻다'는 불규칙 활용 용언이고 '(안부를) 묻다'는 규칙 활용 용언이다.
③ '놀다'는 모든 어미 앞에서 용언의 받침 'ㄹ'이 자동으로 탈락하므로 규칙 용언으로 볼 수 있다.
④ '쓰다'는 모음 어미 앞에서 어간의 모음 'ㅡ'가 예외 없이 탈락하므로 규칙 용언으로 볼 수 있다.

03
문장이 확장된 방식이 다른 것은?

기출 18회 23번

① 영희가 학교에는 가지만 학원에는 안 간다.
② 영수가 소나기를 맞고 심하게 감기에 걸렸다.
③ 내일은 삼촌이 오시거나 고모가 오실 것이다.
④ 철수는 운동도 잘하면서 공부도 아주 잘한다.

04

불규칙 활용을 하는 용언의 활용형을 모두 고른 것은? 기출 19회 15번

> ㄱ. 무지개 색깔이 아름다움
> ㄴ. 선생님의 뒤를 따름
> ㄷ. 우물에서 물을 길음
> ㄹ. 보자기로 물건을 휩쌈

① ㄱ, ㄷ
② ㄱ, ㄹ
③ ㄴ, ㄷ
④ ㄴ, ㄹ

05

밑줄 친 용언 중 어미 활용의 제약이 가장 큰 것은? 기출 19회 17번

① 이것을 버리고 저것을 취한다.
② 밥상을 차리고 손님을 맞이한다.
③ 시험을 치르고 집으로 돌아온다.
④ 친구들을 데리고 한라산에 오른다.

06

밑줄 친 서술어의 자릿수가 다른 것은? 기출 19회 26번

① 음악 때문에 사람들이 흥에 겨웠다.
② 돌이는 철수가 쓴 시를 읽었다.
③ 강아지는 고양이와 다르지 않다.
④ 철수는 아들을 훌륭한 의사로 만들었다.

07

밑줄 친 단어 중 형태소의 개수가 다른 것은? 기출 19회 29번

① 순희가 머리를 <u>빗었다</u>.
② 돌이의 큰 키가 눈에 <u>보였다</u>.
③ 철수가 큰 발에 맞는 운동화를 <u>신었다</u>.
④ 선수들이 똘똘 <u>뭉쳤다</u>.

정답 01 ④ 02 ④ 03 ② 04 ① 05 ④ 06 ④ 07 ②

참고문헌

- 고영근·남기심(1985), 표준국어문법론, 탑출판사
- 고영근·남기심(1993), 표준국어문법론(개정판), 탑출판사
- 고영근·남기심(2008), 7차 고교 문법 자습서, 탑출판사
- 교육부(1996), 고등학교 문법, 대한교과서주식회사
- 김진호(2008), 외국어로서의 한국어학개론, 박이정
- 김태엽(2008), 국어학개론, 역락
- 이관규(2007), 학교 문법론, 월인
- 이석주(1994), 국어학개론, 대한교과서주식회사
- 이익섭(1997), 한국의 언어, 신구문화사
- 이익섭(2000), 국어학개설, 학연사
- 채완·이익섭(1999), 국어문법론 강의, 학연사
- 홍재성(1999), 한국어의 구조·유형론적 특성-외국인을 위한 한국어 교육의 방법과 실제, 한국방송통신대학교출판부

04 한국어 어휘론

01 어휘의 정의와 분류

1) 정의

어떤 일정한 범위 안에서 쓰이는 단어의 총체를 어휘라고 한다. 한 언어 공동체에서 공통적으로 사용하는 어휘 중 해당 사회의 구성원으로 기본 생활을 영위하는 데에 필수적인 어휘를 '기본 어휘' 또는 '기초 어휘'라고 한다. 기본 어휘는 어휘의 사용 빈도를 기준으로 선정되며, 기초 어휘는 사용 빈도보다는 기본 생활 영역에서의 필요성에 따라 선정된다.

어휘는 단어의 집합이다. 이 집합이 고정적인지 아닌지에 따라 폐쇄 집합과 개방 집합으로 나눈다. 폐쇄 집합은 어휘가 고정되어 변하지 않는 집합이다. 예를 들어 '소설 태백산맥에 나오는 어휘'는 고정적이기 때문에 폐쇄 집합이다. 개방 집합은 유동적으로 어휘가 변할 수 있는 집합으로, '한국인의 어휘'처럼 어휘가 사라지거나 추가될 수 있는 유동적인 집합은 개방 집합이다.

2) 분류: 어휘는 어종, 품사, 의미 등으로 분류할 수 있다.

① **어종**: 단어의 기원에 따른 분류이다. 한국어 어휘는 어종에 따라 고유어, 한자어, 외래어의 삼중 체계로 나눈다.

② **품사**: 단어를 통사·형태·의미론적인 특징에 의하여 나눈 것으로 단어의 문법적 기능에 따른 분류이다. 명사, 대명사, 수사, 조사, 관형사, 부사, 동사, 형용사, 감탄사의 9품사가 있다.

③ **의미**: 단어가 가지고 있는 뜻에 따른 분류이다. 중심 의미는 어떤 단어가 지닌 기본적 의미로 1차적 의미 또는 사전적 의미라고도 한다. 주변 의미는 중심 의미에서 문맥에 따라 파생되어 쓰이는 의미로 2차적 의미 또는 문맥적 의미라고도 한다.

02 어종에 의한 분류 〔중요〕

1) 고유어

　① 사전 등재를 기준으로 전체 어휘 가운데 25.9%를 차지한다.
　② 고유어는 순우리말로서 예로부터 사용한 한국의 언어 자산이다.
　③ 우리 민족 특유의 문화나 정서를 표현하고, 정서적 감수성을 풍요롭게 한다.
　　예 금성 → 샛별, 개밥바라기별
　④ 새로운 말을 만들 때 중요한 자원이 된다.
　　예 나들목: 나가고 들고 하는 길목. '인터체인지'의 순우리말

2) 한자어

　① 사전 등재를 기준으로 전체 어휘 가운데 58.5%를 차지한다.
　② 고유어에 비해 의미가 정밀하고 분화되어 개념어·추상어가 많으며, 전문 용어로 자주 사용된다.
　③ 조어력이 커서 한국어의 어휘에 많은 영향을 끼쳤다.
　④ 고유어에 대하여 존대어로 사용되는 경우가 많다.
　　예 이/치아(齒牙), 나이/춘추(春秋)
　⑤ 중국의 한자를 기반으로 하여 만들어진 단어로, 중국·일본에서 들어온 것과 한국에서 만들어진 것이 있다.
　　㉠ 한자어 인식이 쉬운 것
　　　예 국가(國歌), 학생(學生), 춘추(春秋)
　　㉡ 한자어 인식이 어려운 것
　　　예 양말(洋襪: 바다 양, 버선 말-서양에서 넘어온 버선)
　　　　어차피(於此彼: 어조사 어, 이 차, 저 피-이렇게 하든지 저렇게 하든지)
　　　　붓(筆: 붓 필-고대 중국어에서 발음이 [붇]과 비슷하였다고 함)
　　　　배추(白菜: 흰 백, 나물 채-하얀 채소)
　　　　김치(沈菜: 가라앉을 침, 나물 채-담근 채소. 고유어는 '지')
　　　　호랑이(虎狼+이: 범 호, 이리 랑)
　　㉢ 우리나라에서 만들어진 한자어
　　　예 감기(感氣), 고생(苦生), 복덕방(福德房), 편지(便紙), 도령(道令), 사돈(査頓)
　　㉣ 한국식 한자음을 그대로 사용하지 않는 경우
　　　예 자장(炸醬), 라면(拉麵), 라조기(辣子鷄)

> **TOP-Point**
>
> ☑ **고유어와 한자어의 대응 관계**
> 한자어의 정밀하고 분화된 특성 때문에 일반적으로 한 개의 고유어에 두 개 이상의 한자어가 대응되는 경우가 많다.
> - 고유어의 '생각'이 여러 한자어로 사용되는 경우
>   - 생각(기억)을 잘 더듬어 보세요.
>   - 도대체 그 사람의 생각(의견)을 모르겠다.
>   - 그거 참 좋은 생각(발상)이구나.
> 반대로 하나의 한자어가 많은 고유어로 대응되는 경우도 있다.
> - '착용(着用)'이 여러 고유어로 사용되는 경우
>   - (옷을) 입다.
>   - (신발을) 신다.
>   - (안경을) 쓰다.

3) 외래어

① 원래 외국어였던 것이 국어의 체계에 동화되어 사회적으로 그 사용이 허용된 단어를 말한다. '차용어'라고도 한다.
② 개화기 이후 다른 나라와의 문화적, 경제적 교류가 늘어나면서 나타나게 되었다.
③ 외래어의 긍정적인 기능으로는 유행의 반영, 우리말 어휘의 빈자리 보완, 외국 문명을 받아들이는 기능 등이 있다.
④ 외국어의 지나친 수용은 우리 문화에 대한 자긍심을 손상시켜 국어의 정체성에 위협이 될 수 있다. 가능하면 고유어나 한자어로 순화하는 시도가 필요하다.
　예) 머천다이징(merchandising) → 상품화
　　　PB상품 → 자체 상표 상품
　　　인터체인지(interchange) → 나들목
　　　리플(reply) → 댓글

03 어휘의 양상

어휘를 구성하는 집합은 크게 변이에 의한 것과 팽창에 의한 것으로 나눌 수 있다. 어휘의 변이란 동일한 의미를 가진 단어를 집단에 따라 다르게 사용하는 것을 말하고, 어휘의 팽창이란 문명의 발달에 따라 완전히 새로운 단어가 생겨나는 현상을 말한다.

어휘의 양상이 위상적이라는 것은 지역·성별·연령·직업·집단·계급 따위의 차이나 장면의 차이에 따라 말의 차이가 나타나는 현상을 가리킨다. 다음 표를 참고하면 방언이나 은어, 남성어와 여성어 등은 지역이나 집단, 성별 등에 따라 달라지는 언어이므로 위상적이라 할 수 있다.

어휘의 양상	+변이	+위상적	+지리적		방언
			−지리적	+은비	은어(집단 은어)
				−은비	남성어, 여성어, 아동어, 노인어, 청소년어
		−위상적	+대우		공대어, 하대어
			−대우		속어, 완곡어(금기어), 관용어(숙어, 속담)
	−변이 (팽창)	+집단성			전문어(직업어, 집단어)
		−집단성	+항구성		신어(새말)
			−항구성		유행어

1 어휘의 변이

1) 방언

지역의 고유한 문화와 역사적 배경을 가지고 있어 지역 특유의 향토적인 정감이 배어 있다. 옛 우리말의 자취가 남아 있어서 국어의 역사를 연구하는 데 큰 도움을 주고, 문학적 가치를 높일 수 있다. 또한 우리말의 어휘를 더욱 풍부하게 하는 효과를 가지고 있다.

① **지역 방언**: 한 언어가 지역적으로 오랜 시간 격리되어 있어 달라진 경우를 말한다. '동북, 서북, 중부, 동남, 서남, 제주 방언' 6개로 나뉜다.

  예 변소, 뒷간(표준어): 정낭, 정낭간(충청, 함경) / 드나짓간, 측슬(함남) / 똥간, 똥경낭, 소맛간(충청)

② **사회 방언**: 연령, 성별, 사회 집단 등에 따라 달라진 경우를 말한다.

  ㉠ 성별에 따른 어휘: 여성어, 남성어
  ㉡ 연령에 따른 어휘: 아동어, 청소년어, 노인어

2) 은어

폐쇄된 집단이 외부 사회와 심하게 대립하거나 갈등을 보여 자신들을 감추어 보호하려는 상황에 나타난다. '비밀어'라고도 한다. 일반 언어가 특정 집단에서 암호처럼 사용되면 은어가 되지만, 반대로 일반 사회에 알려지면 은어의 기능을 상실하게 된다. 은어의 발생 동기는 다음과 같다.

① **종교적 동기**: 오염된 세속어를 피하고, 신성한 것으로 생각되는 특수한 은어를 사용하는 경우

  예 심마니의 은어: 심(산삼), 심멧꾼(산삼채취인), 반들개(산삼초생아), 산개(호랑이), 넙대, 넙대기(곰)

② **상업적 동기**: 고객들이 알아차리지 못하게 하여 금전적 수익을 올리기 위한 경우

  예 청과물 시장 상인들의 수 세기: 먹주(1), 대(2), 삼패(3), 을씨(4), 을씨본(5), 살(6), 살본(7), 땅(8), 땅본(9), 주(10)

③ **방어적 동기**: 반사회적인 행동을 하는 집단에서 집단을 통제하려는 목적으로 사용하는 경우

  예 범죄 집단의 은어: 곰/짭새(형사), 똘마니(부하), 어깨(불량배), 가방끈(학력), 팔찌(수갑)

3) 속어

비속어(卑俗語) 또는 비어(卑語)라고 하며, 비속하고 천한 어감이 있는 점잖지 못한 말이다. 장난기 어린 표현, 신기한 표현, 반항적 표현, 구체성이 강한 사실적인 표현을 위해 사용된다. 또래의식의 공유를 가능하게 한다는 점에서 은어와 공통점이 있으나 속어는 은어와는 달리 비밀 유지, 즉 은비성이 없다는 점에서 차이가 있다.

예 골 때리다(어이없다, 황당무계하다), 쪽팔리다(창피하다, 부끄럽다), 새끈하다·깔쌈하다(세련되다, 근사하다), 캡·짱(제일, 최고, 최상), 깜씨(얼굴이 까만 사람), 동양화(화투놀이)

4) **여성어와 남성어**: 성별에 따라 나타나는 특유의 말투나 태도, 억양 등을 의미한다.
   ① **여성어**
      ㉠ 음운, 음성적 특성: 상승 억양을 주로 사용한다.
      ㉡ 어휘적 특성: 욕설이나 금기어를 덜 사용하고, 감성 어휘를 더 많이 사용한다.
      ㉢ 문법적 특성: 확인 의문문, 해요체를 상대적으로 더 사용한다.
      ㉣ 화용적 특성: 맞장구 어구나 과장 어구, 애매한 표현, 공손한 청유 표현을 많이 사용한다.
   ② **남성어**
      ㉠ 하향 억양을 주로 사용한다. (음운, 음성적 특성)
      ㉡ '하십시오체'를 상대적으로 더 사용한다. (문법적 특성)
   ③ **성차별어**: 어느 한 성에 대한 편견이 드러나는 말이다.
      예 미망인, 미혼모, 여류작가, 처녀작
   ④ **성차이어**: 각각의 성에 대하여 차이를 지어 구분하는 말이다.
      예 남선생-여선생, 남자답다-여자답다, 씩씩하다-정숙하다

5) 금기어와 완곡어
   ① **금기어**: 부정적이고 불쾌한 연상을 동반하여 말하지 않거나 피하려 하는 말이다. 사회적으로 두려움, 지저분함 같은 불쾌감을 준다. 주로 관습, 신앙, 질병, 배설 따위와 연관된 경우가 많다.
   ② **완곡어**: 금기어를 불쾌감이 덜하도록 대체한 단어로서 사회적으로 부정적인 연상을 환기하지 않고자 사용된다.
      예 죽다: 사망하다·작고하다·운명하다
          천연두: 마마·손님
          변소: 뒷간·화장실·해우소
   ③ **금기어와 완곡어의 기능**
      ㉠ 자기 보호의 기능: 금기어나 완곡어에는 죽음이나 종교적 금기어 등이 많다. 직접 지칭하기 꺼려지는 것을 돌려 말함으로써 자기 자신을 금기시되는 것에서 보호하려고 한다.

㉡ 언어 순화: 금기시되거나 저속해지기 쉬운 것을 돌려 말함으로써 언어가 저속화되는 것을 막는다.

㉢ 사회 질서 유지: 도덕적 차원에서 말을 돌리거나 부드럽게 말함으로써 인간의 언어 행위를 도덕적으로 통제하고 사회 질서를 유지시킨다.

6) 관용어와 속담

두 개 이상의 단어가 모여 특수한 의미로 사용되며 하나의 단어처럼 취급된다. 한민족의 문화나 사고를 알 수 있는 고유의 언어 문화 자산이다. 관용어와 속담은 형태적·의미적으로 차이를 갖는데, 속담이 관용어에 비해 완전한 문장의 형태를 가지며, 구체적이고 일상적인 교훈이 담겨 있다.

① 관용어

두 개 이상의 단어가 결합하여 원래 단어가 가지고 있는 뜻과 다른 의미를 지니면서 한 단어처럼 사용되고 완결된 문장 구조를 이루고 있지 않다. 비유성, 풍자성, 교훈성이 약하다.

예 발이 넓다(관계가 넓다), 손이 크다(씀씀이가 후하고 크다)

② 속담

완결된 문장 형태를 가지고 있다. 구체적·일상적 상황에서 삶의 교훈을 전달하는 방식으로 사용되기 때문에 비유성, 풍자성, 교훈성이 강하다.

2 어휘의 팽창

문명이 발달하면서 공용어와는 다른 단어로 존재하거나 새로 생겨나는 현상을 말한다.

1) 전문어: 전문적 작업을 효과적으로 수행하기 위해 그 전문 집단이 주로 사용하는 말로서 일반 사회에서 별로 쓰지 않는 전문 개념을 표현한다. 의미가 정밀하여 다의성이 적고 그에 대응하는 일반 어휘가 없다. 그래서 사용 집단 내에서만 통용되는 은어와 유사한 기능을 갖기도 한다.

① 전문어의 특성

㉠ 의미의 다의성이 적다.

㉡ 의미가 문맥의 영향을 적게 받는다.

㉢ 신어의 생성이 활발하다.

㉣ 의미에 의도적인 규제가 가해져 있는 경우가 많다.

㉤ 외래어로부터 차용된 어휘가 많아 국제성이 강하다.

② 전문어의 종류: 학술 전문어(학술어), 직업 전문어(직업어)

2) 새말(신어) 중요

사회가 발전하고 변화함에 따라 새로운 사물이나 개념이 등장할 때, 이를 나타내기 위해 사용되는 말이다. 새말은 사회의 현상을 반영하고 있어 그 말이 만들어진 사회를 엿볼 수 있다. 사전에 등록되어 계속 사용되기도 하지만 사라지기도 한다. 새로운 말을 만드는 방법은 다음과 같다.

① 새로운 어형을 창조하는 경우
　　예 똑딱선, 통통배, 대한민국, 이북, 남한
② 외래어를 차용해 들어오는 경우
　　예 유엔, 프락치, 라디오, 컴퓨터, 콜레라
③ 기존에 있던 말들을 이용하는 경우
　ㄱ 계획적으로 단어를 조합하여 사용하는 경우
　　　예 한글, 어린이날, 단팥죽, 건널목, 덧셈, 뺄셈, 모눈종이, 반지름 등
　ㄴ 기존 단어를 복합하여 사용하는 경우
　　　예 통조림, 불고기, 꼬치안주, 가락국수, 손톱깎이, 소매치기, 병따개, 낱말 등
　ㄷ 기존의 형태는 그대로 두고 의미만을 바꾸어 사용하는 경우
　　　예 아저씨, 아주머니, 영감, 귀찮다, 선생님, 산업, 창업, 식품 등

3) 유행어

한 언어 사회에서 사회심리적인 요인에 의하여 비교적 짧은 시기에 사람들의 입에 오르내리는 표현을 말한다. 새말에 비하여 풍자·해학·비판을 하는 표현이 많고 신선함을 더 많이 느낄 수 있다. 텔레비전의 광고나 오락 프로그램을 통해서 수많은 유행어가 생기고 사라지곤 한다.

04 실전 문제

연습 문제

01
다음 어휘 중 개방 집합을 이루는 어휘를 고르시오.

① 15세기의 어휘
② 소설 《감자》의 어휘
③ 수학 교과서의 어휘
④ 신문 기사 작성을 위한 어휘

02
다음 중 어휘에 대한 설명으로 <u>틀린</u> 것을 고르시오.

① '고유어, 한자어, 외래어'는 어종에 의한 어휘 분류이다.
② 고유어는 우리 민족의 문화나 정서를 잘 표현하고 있다.
③ 한자어는 고유어에 대한 하대어로 사용되는 경우가 많다.
④ 외래어는 유행을 반영하는 기능을 가지고 있다.

03
고유어에 대한 설명으로 <u>틀린</u> 것을 고르시오.

① 일상생활에서 주로 사용된다.
② 우리 민족의 정서를 잘 나타낸다.
③ 국어의 생산성을 늘리는 기능을 한다.
④ 존대어로 사용되는 경우가 많다.

04
다음 중 고유어가 <u>아닌</u> 것을 고르시오.

① 시나브로   ② 깜냥
③ 호랑이   ④ 보조개

05
다음 '고유어-한자어'의 짝으로 알맞지 <u>않은</u> 것을 고르시오.

① 붓-필   ② 지-김치
③ 범-호랑이   ④ 고뿔-감기

06

외래어의 긍정적 기능이 <u>아닌</u> 것을 고르시오.

① 유행을 반영한다.
② 새로운 문화를 받아들이는 역할을 한다.
③ 우리말의 어휘부를 보완해 준다.
④ 세련된 표현을 할 수 있게 한다.

07

한국어 어휘의 특징이 <u>아닌</u> 것을 고르시오.

① 한자어가 고유어보다 많다.
② 고유어에는 동음이의어가 많다.
③ 외래어는 반드시 고유어로 순화하여 사용하여야 한다.
④ 고유어에 대한 한자어가 존대어로 사용되는 경우가 많다.

08

다음 중 단어의 변이에 의한 분류가 <u>아닌</u> 것을 고르시오.

① 신어와 유행어
② 남성어와 여성어
③ 방언과 표준어
④ 완곡어와 금기어

09

다음 중 성차별어로 보기 <u>어려운</u> 것을 고르시오.

① 남자 버스기사
② 여경찰
③ 여사장
④ 남자 승무원

10

속어의 기능이 <u>아닌</u> 것을 고르시오.

① 언어유희
② 또래의식 공유
③ 권위에 대한 반항
④ 신분차별

해설

01 '신문 기사 작성을 위한 어휘'는 고정되어 있는 것이 아니므로 개방 집합이다. 하지만 특정 기사(○○일보 4월 20일 사회면 기사)만 가지고 보면 폐쇄 집합으로 볼 수 있다.
02 한자어는 고유어에 대한 존대어로 사용되는 경우가 많다.
04 호랑이 = 虎狼+이
05 붓도 한자어에서 유래했다.
08 신어와 유행어는 단어의 팽창에 의한 것이다.

09 여성은 전문적인 직업을 갖거나 권력적인 위치에 있을 때 성을 표시하는 경우(여의사, 여성 총리 등)가 많고, 남성은 여성지배적인 직업(미용사, 승무원 등)과 관련하여 성을 표시한다. 이는 성 정체성(여성 또는 남성)을 필요 없이 표시하거나 그 성에 예외적인 직업이나 속성 앞에 성을 불필요하게 언급하는 것을 말한다. 버스기사는 일반적으로 남자가 많으므로 성차별어로 보기 힘들다.

정답 01 ④ 02 ③ 03 ④ 04 ③ 05 ① 06 ④ 07 ③ 08 ① 09 ① 10 ④

기출문제

01

밑줄 친 부분이 동음이의어 관계인 것은?

기출 17회 37번

① ㄱ. 이제 신나는 놀이 기구를 <u>타러</u> 가자.
　ㄴ. 아이들은 야밤을 <u>타</u> 닭서리를 했다.
② ㄱ. 담뱃불을 붙이려고 성냥을 <u>켰다</u>.
　ㄴ. 뉴스를 보려고 텔레비전을 <u>켰다</u>.
③ ㄱ. 그는 억울하게 누명을 <u>썼다</u>.
　ㄴ. 복면을 <u>쓴</u> 강도가 은행에 침입했다.
④ ㄱ. 컴퓨터의 부속품을 좋은 것으로 <u>갈았다</u>.
　ㄴ. 우리는 뜰에 채소를 <u>갈아</u> 먹는다.

02

고유어를 모두 고른 것은?

기출 18회 39번

| ㄱ. 파도 | ㄴ. 나방 | ㄷ. 막대 |
| ㄹ. 무당 | ㅁ. 보료 | ㅂ. 사탕 |

① ㄱ, ㄴ
② ㄴ, ㄹ, ㅂ
③ ㄷ, ㅁ, ㅂ
④ ㄴ, ㄷ, ㄹ, ㅁ

03

고유어를 모두 고른 것은?

기출 19회 30번

| ㄱ. 감기 | ㄴ. 박살 | ㄷ. 엄포 |
| ㄹ. 하마 | ㅁ. 외상값 | |

① ㄱ, ㄷ
② ㄴ, ㄹ
③ ㄱ, ㄹ, ㅁ
④ ㄴ, ㄷ, ㅁ

04

밑줄 친 단어가 표준어가 아닌 것은? [기출] 19회 32번

① 너무 <u>서둘다가</u> 중요한 서류를 집에 놓고 왔다.
② 노인은 젊은이의 무례한 행동을 점잖게 <u>나무랬다</u>.
③ 그 일에 그의 자존심이 <u>건들리지</u> 않도록 조심해라.
④ <u>칠칠찮게</u> 그 중요한 문서를 아무 데나 흘리고 다니느냐?

05

밑줄 친 단어의 쓰임이 옳지 않은 것은? [기출] 19회 33번

① 김칫국에 무를 <u>삐져</u> 넣었다.
② 주방에 젓국을 <u>밭쳐</u> 놓았다.
③ 넌 조그마한 일에 왜 그렇게 잘 <u>삐치니</u>?
④ 아침에 먹은 것이 자꾸 <u>받혀서</u> 점심을 굶어야겠다.

06

소리와 모양을 모두 나타낼 수 있는 부사는? [기출] 19회 36번

① 찌득찌득
② 올망졸망
③ 잘바당잘바당
④ 어치렁어치렁

정답 01 ④ 02 ④ 03 ④ 04 ② 05 ④ 06 ③

참고문헌

- 고영근·남기심(2008), 7차 고교 문법 자습서, 탑출판사
- 국립국어원(2007), 사전에 없는 말 신조어, 태학사
- 김광해(2004), 국어 어휘론개설, 집문당
- 김종택(1992), 국어 어휘론, 탑출판사
- 김종학(2001), 한국어 기초어휘론, 박이정
- 김진호(2008), 외국어로서의 한국어학개론, 박이정
- 박영순(2005), 국어 문법 교육론, 박이정
- 이관규(2007), 학교 문법론, 월인
- 임지룡 외(2005), 학교 문법과 문법 교육, 박이정

05 한국어 의미론

01 의미론의 정의

의미론은 언어의 의미를 연구하는 학문이다. 의미론은 그 연구 대상을 기준으로 크게 어휘 의미론, 통사 의미론, 화용 의미론으로 나눌 수 있다.

1) 어휘 의미론

어휘 차원에서 이루어지는 의미 연구이다. 어휘소 자체에 대한 의미 분석, 공통 자질을 통해 어휘를 묶는 의미장 연구, 어휘 의미의 관계, 즉 유의 관계, 반의 관계, 상하 관계, 동음 관계, 다의 관계 등을 연구한다.

2) 통사 의미론

통사 차원에서 이루어지는 의미 연구이다. 문장의 층위에서 나타나는 동의성, 중의성, 잉여성 등 문장과 문장의 관계를 연구한다. 또한 문장 내부의 구조적 제약 관계 등도 다룬다.

3) 화용 의미론

화자와 청자 그리고 상황 등 실제 언어 수행 과정 속에서 발화된 내용이 어떤 의미를 갖는지를 연구한다. 발화는 발화된 표현과 그 의미가 일치하여 직접적으로 화자의 의도를 전달하기도 하지만 함축된 형태의 다른 표현을 사용하여 전달하기도 한다. 후자의 경우 화용론이라는 독립된 분야로 나누어 연구한다.

02 의미의 개념

언어는 내용과 형식으로 이루어져 있다. 그리고 언어 기호는 이러한 내용과 형식을 연결한 것이다.

1) 말소리: 언어의 형식, 귀에 들리는 물리적·구체적인 현상

2) 의미: 언어의 내용, 말소리를 들을 때 머릿속에서 떠오르는 추상적인 내용

3) 의미에 대한 정의
　① 지시설
　　㉠ 언어의 의미는 그 언어가 가리키는 지시물과 일치한다는 주장이다. 어떤 소리를 듣고 떠오르는 심상이나 개념을 청각영상이라고 하는데, 이 청각영상의 의미는 그 표현이 지시하는 지시 대상, 즉 실제 지시물 그 자체를 의미한다. 이 주장은 모든 언어적 표현은 구체적이고 실질적인 대상을 떠올리게 한다는 것을 전제로 한다.
　　　예 [나무]라고 소리 내어 말하였다면 그 의미는 이 말소리가 가리키는 실제의 객관적 대상물이다. 여기에서 그 대상은 하나의 나무일 수도 있고 나무의 속성을 지닌 여러 모양의 나무들일 수도 있다.
　　㉡ 지시설의 한계: 물리적 형태가 없는 것들은 지시할 수 없기 때문에 표현할 수 없다.
　　　예 사랑, 평화, 귀신
　② 개념설
　　㉠ 언어의 의미는 그 언어가 가리키는 지시물을 의미하는 것이 아니라, 사람들의 머릿속에 내재되어 있는 심리적 영상(관념)과 일치한다는 주장이다. 언어 표현을 들으면 일단 관념을 매개체로 하여 지시물을 간접적으로 설명하는 방식이다.
　　　예 [나무]라는 말을 들었을 때 우리는 머릿속에 '나무'에 대한 어떤 이미지(관념)를 떠올리게 되는데, 이 이미지가 바로 '나무'의 의미가 된다.

TOP-Point

✓ 랑그와 파롤 중요

- 랑그(Langue)와 파롤(Parole)은 구조주의 언어학의 시초인 소쉬르가 처음 사용한 용어로, 언어 활동에서 사회적이고 체계적 측면을 랑그라고 하였고, 개인적이고 구체적인 발화의 실행과 관련된 측면을 파롤이라고 불렀다. 랑그와 파롤은 서로 상반되지만 상호 보완적으로 작용한다. 언어는 다른 이와의 의사소통이기 때문에 서로 공통된 규칙이 존재한다. 여기서 우리가 '개별적'으로 대화하는 것을 파롤, 공통된 문법이나 낱말들에 존재하는 서로 간의 규칙으로 고정적인 것을 랑그라고 한다.
- 소쉬르는 랑그를 기표(Signifier; Signifiant)와 기의(Signified; Signifié)로 나누었다. 언어기호는 기표(Signifier; Signifiant)와 기의(Signified; Signifié)의 결합으로 되어 있다고 하였다. 여기서 '기표'란 청각영상을 말하고 '기의'는 개념을 말한다.

　　㉡ 오그덴과 리처즈는 '의미 삼각형'을 제시하였다. 이 그림에서 '기호'는 언어 표현으로서 단어와 문장을, '지시물'은 그 기호가 가리키는 실제 지시물을, '사고 또는 지시'는 개념을 뜻한다. 여기서 기호와 지시물은 점선으로 이어져 있는데 이것은 둘의 관계가 직접적이지 않다는 것을 보여 준다. 중요

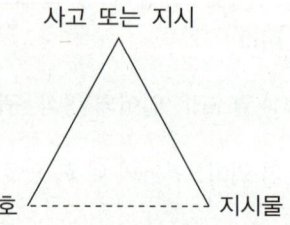

ⓒ 개념설의 한계: 사람마다 개념이나 영상에 차이가 있다. 따라서 언어 표현에 따른 개념이나 영상이 같지 않기 때문에 객관적 처리가 불가능하고 의사소통에 어려움을 겪을 수 있다.

③ **행동설(자극-반응설)**
ⓐ 행동주의 입장에서 나온 견해이다. 언어를 행동의 한 양상으로 본다. 화자의 발화가 자극이 되어 청자가 일으키는 반응이 언어 표현이다.
ⓑ 행동설의 한계: 화자나 청자가 그 상황에 있어 기대하는 행동이 다르므로 일관된 의미를 지니기가 힘들다.

④ **용법설(문맥설)**
ⓐ 언어 표현의 의미는 사용되는 문맥에 따라 달라진다.
　예) 그의 손이 내 손보다 크다.
　　　손이 모자라 큰일이다.
　　　이 일에서 손을 떼겠어.
ⓑ 용법설의 한계: 언어의 일관되고 고정된 의미를 알기 어렵다.

03 의미의 종류 (중요)

1) 중심적 의미와 주변적 의미

① **중심적 의미**: 한 단어가 여러 가지의 의미로 쓰일 때, 그 가운데에서 가장 기본적이고 핵심적인 의미를 말한다.
② **주변적 의미**: 중심적 의미를 제외한 여러 가지의 다른 의미를 말한다.
　예) 보다
　　01 사물의 모양을 눈을 통하여 알다. (눈을 크게 뜨고 자세히 보다)
　　02 알려고 두루 살피다. (어느 모로 보아도 그는 장군감이다)
　　03 구경하다. 눈으로 즐기거나 감상하다. (연극을 보다)
　　04 보살피어 지키다. (아이를 보다)
　　05 일을 맡아서 하거나 처리하다. (사무를 보다)
　　사전에서 '보다'의 의미를 찾아보면 위의 내용과 같다. 01은 중심적 의미이고, 02부터 05까지의 의미는 중심 의미에서 파생된 주변적 의미이다.
③ **다의어와 동음이의어**
ⓐ 다의어: 하나의 단어가 여러 가지 의미를 가지고 있다.
　예1) '다리'는 원래 '사람이나 동물의 몸통 아래에 붙어 있는 신체의 한 부분'을 의미하지만 '책상다리', '지겟다리'처럼 '물건을 지탱하는 아랫부분'을 의미하기도 한다.
　예2) '먹다'는 원래 '음식 따위를 입을 통하여 배 속에 들여보내다'라는 의미가 있지만, '마음을 먹다', '나이를 먹다'처럼 어떤 마음이나 감정을 품음, 나이가 더해짐 등을 의미하기도 한다.

ⓒ 동음이의어: 소리는 같지만 다른 의미를 가지고 있는 경우
　　　예 '배'는 [배]라는 소리는 동일하나 '舟, 腹, 梨'라는 다른 의미를 가지고 있다.
　　　　• 제주도에 배를 타고 간다.
　　　　• 너무 많이 먹어서 배가 아프다.
　　　　• 추석 선물로 배 한 상자를 샀다.

2) 외연적 의미와 내포적 의미
　① 외연적 의미(개념적 의미, 사전적 의미)
　　어떤 낱말이 지니고 있는 가장 기본적인 의미로서 보편성을 띠기 때문에 사전에 등재되는 경우가 많다.
　　예 '여성'의 사전적 의미: 성의 측면에서 여자를 이르는 말. 특히 성년이 된 여자를 이른다.
　　　　[+사람], [+성숙], [-남성]
　② 내포적 의미(함축적 의미)
　　연상이나 관습 등에 의해 형성되는 의미로서 개별성과 특수성을 갖기 때문에 사전에 등재될 수 없고 문학 작품에서 많이 쓰인다.
　　예 '여성'의 함축적 의미: 부드러움, 섬세함, 모정

3) 사회적 의미와 정서적 의미
　① 사회적 의미
　　언어를 사용하는 사람의 사회적 환경과 관련되어 나타나는 의미이다. 예를 들어 어떤 사람이 특정 직업군에서 쓰이는 어휘를 자연스럽게 자주 사용한다면, 그것으로 그 사람의 사회적 환경을 추정할 수 있다. 사회적 의미를 드러내는 요소들로는 성, 방언, 시대, 계층, 직업 등이 있다.
　② 정서적 의미
　　언어 표현을 통해서 화자나 청자의 개인적인 태도나 감정 등을 알 수 있게 해 주는 의미로서 말의 어투나 글의 문체 등을 통해서도 전달된다. "산이 정말 예쁘다."라고 말을 할 때, '정말'이라는 말에 강세를 주거나 길게 말할 수 있는데, 이때 화자의 감정이 드러난다.

4) 주제적 의미와 반사적 의미
　① 주제적 의미
　　어순이나 초점, 억양이나 발음 등을 통한 강조를 통해 화자가 특별히 보여주고자 하는 의미이다. 예를 들어 화자가 초점을 두는 부분에 따라 피동이나 사동을 사용하는 경우 등이 이에 해당된다. "사냥꾼이 사슴을 쫓는다"는 문장과 "사슴이 사냥꾼에게 쫓긴다"는 문장은 같은 상황에 대해 서술하는 말이지만 전자는 사냥꾼이 사슴을 쫓는 것에 초점을 두고 있고 후자는 사슴이 쫓기고 있다는 사실에 초점을 두고 있다.

② 반사적 의미(반영적 의미)

어떤 단어가 가지고 있는 개념과는 상관없이 문맥이나 상황에서 특정한 반응을 불러일으키는 의미이다. 반사적 의미는 단어의 원래 뜻과는 관계없이 연상되거나 다른 의미에 대한 반응이 나타나서 생기는 의미이다. 예를 들어, '청소부'라는 단어에서 '깨끗하지 않은, 불결한'에 대한 이미지가 연상되어 이를 '환경 미화원'이라는 말로 바꾼 경우가 이에 해당한다. 반사적 의미는 단어의 원래 뜻과는 관계없이 나타난다. 다른 예로, 어떤 사람의 이름이 '백두산'이라면 그 사람의 실제 성향이나 외모와는 관계없이 그 이름을 들었을 때 남성적인 외모나 건강한 풍채 등을 연상하게 된다.

5) 연어적 의미

어떤 단어가 다른 단어와 함께 나열되어, 그 문맥 안에서 나타나는 의미이다. 연어적 의미는 연속하여 이어진 두 단어의 관계에 따라 파악된다. 예를 들어 '예쁜 여자'는 자연스럽다고 생각되나 '예쁜 남자'는 다소 어색하다고 생각될 수 있다. 또한 "옷을 입다", "신발을 신다", "스카프를 매다" 등은 모두 착용과 관계된 의미를 가지고 있으나 단어의 호응 관계에 따라 '옷'은 '입다'와 '신발'은 '신다'와 결합한다.

04 단어 간의 의미 관계

어휘는 어떤 일정한 범위 안에서 쓰는 단어의 집합이다. 어휘를 구성하고 있는 단어들은 의미를 중심으로 일정한 범위 안에서 서로 관계를 맺고 있는데 유의 관계와 반의 관계, 상하 관계 등이 있다.

1) 유의 관계

의미가 비슷한 단어끼리의 관계이다. 유의 관계의 단어들은 의미가 비슷하다는 점을 전제로 하고 있지만 문맥 안에서 항상 서로 바꿔 쓸 수 있는 것은 아니다.
  예 책방-서점, 죽다-숨지다-사망하다-돌아가시다

2) 반의 관계 중요

의미가 서로 대립하고 있는 둘 이상의 단어를 말한다. 반의어들은 그들 사이에 공통적인 의미자질이 있으면서, 단지 한 가지의 의미자질만 달라야 한다.
  예 남자: [+생물], [+동물], [+인간], [+남성]
     여자: [+생물], [+동물], [+인간], [-남성]
  반의어는 하나의 일정한 기준이 달라지면 다른 단어로 나타날 수 있다.
  예 뛰다-걷다, 내리다, 떨어지다

3) 상하 관계

두 개의 단어 중 한 단어의 의미가 다른 단어의 의미에 포함될 때 이루어지는 관계를 말한다. 상위어일수록 일반적이고 포괄적인 의미를 지니고, 하위어일수록 개별적이고 한정적인 의미를 가진다. 하위어는 그 의미가 개별적·구체적이다.

- 상위어: 다른 단어의 의미를 포함하는 단어, 상의어라고도 한다.
- 하위어: 다른 단어의 의미에 포함되는 단어, 하의어라고도 한다.

예) 동물 (상위어) - 소, 돼지, 말 (하위어)

05 문장 의미의 성격

1) 문장 의미

각각의 단어 의미를 합친 것에서 그치지 않고 단어의 배열이나 묶음에 따라 문장 의미가 형성되고 달라진다.

예) **배열에 의한 의미 차이**
철수가 영희를 좋아한다.
영희가 철수를 좋아한다.

예) **묶음에 의한 의미 차이**
[철수가 영희와] 순이를 좋아한다.
철수가 [영희와 순이를] 좋아한다.

2) 문장 간의 의미 관계

① 유의문: 크게 두 가지 면에서 의미가 비슷한 문장으로, 문장의 진리치(중심적 의미, 외연적 의미, 사회적 의미)가 같거나 문장의 뜻이 비슷할 경우(주변적 의미, 내포적 의미, 정서적 의미)를 말한다.

　㉠ 문장의 진리치가 같은 경우: 문장 내 한 단어를 비슷한 의미를 가진 단어로 바꾸어 표현
　　예) 엄마 = 아빠의 아내 / 외할아버지의 딸
　　→ '엄마, 아빠의 아내, 외할아버지의 딸'이라는 표현은 모두 진리치가 동일하다.
　㉡ 능동문과 피동문
　　예) 사자가 토끼를 먹었다.
　　　　토끼가 사자에게 먹혔다.
　㉢ 부사어의 이동으로 인한 유의문
　　예) 빨리 집으로 가 보세요. / 집으로 빨리 가 보세요. (유의문)
　　　　철수가 이상하게 웃었다. / 이상하게 철수가 웃었다. (유의문이 아님)

② 부정표현 '못, 안, -지 못하다, -지 않다'를 이용한 유의문
    예 철수는 학교에 못 갔다. / 철수는 학교에 가지 못했다. (유의문)
       철수는 학교에 못 갔다. / 철수는 학교에 안 갔다. (유의문이 아님)
② 반의문: 문장들이 서로 반대되는 의미를 가진다. 유의문은 여러 문장이 동시에 나타날 수 있지만, 반의문은 반드시 어떤 한 기준에 의해 하나의 반의문만 존재한다.
    예 그가 남쪽에 있는 학교로 천천히 갔다. / 그가 북쪽에 있는 학교로 천천히 갔다. (방향)
       그가 남쪽에 있는 학교로 천천히 갔다. / 그가 남쪽에 있는 학교로 빨리 갔다. (속도)
    ㉠ 반의어를 통한 반의문
        예 철수가 영희를 좋아한다. / 철수가 영희를 싫어한다. (반의문)
           철수가 영희를 좋아한다. / 철수가 순이를 좋아한다. (반의문이 아님)
    ㉡ 부정표현인 '못, 안'을 이용한 반의문
        예 철수가 학교에 간다. / 철수가 학교에 안 간다. (의지 부정의 반의문)
           철수가 학교에 간다. / 철수가 학교에 못 간다. (능력 부정의 반의문)
    ㉢ 보조사를 이용한 반의문
        예 철수는 키도 크다. / 철수는 키만 크다. (반의문)
           철수는 키도 크다. / 철수는 키는 크다. (의미적 대립이 모호하여 반의문 아님)
③ 중의문: 의미가 여러 개로 해석될 수 있는 문장을 말한다.
    ㉠ 단어의 중의성으로 인한 문장의 중의성: 단어가 중의성을 가지는 것은 그 단어 자체의 문제라기보다는 문장에서 사용되면서 해석이 달라진다고 할 수 있다.
        예 그녀는 손이 크다.
           → 실제로 손의 크기가 크다는 뜻일 수도 있고, 다른 사람보다 인심이 후하다는 뜻일 수도 있다.
    ㉡ 문장 구조로 인한 중의성: 문장 성분들의 구조적 차이에 따라 의미가 달리 파악될 수 있다. 중의문의 대표적인 유형이다.
        예 철수는 영희와 순이를 좋아한다.
           [철수는 영희와] 순이를 좋아한다. / 철수는 [영희와 순이를] 좋아한다.
    ㉢ 부정 표현으로 인한 중의성
        예 나는 어제 공원에서 그녀를 만나지 않았다.
           → 아예 어제 그녀를 만난 적이 없다는 뜻일 수도 있고, 공원이 아닌 다른 곳에서 만났다는 뜻일 수도 있다.
    ㉣ 상황에 따른 중의성
        예 철수는 모자를 쓰고 있다.
           → 모자를 쓰는 행동을 하는 중이라는 뜻일 수도 있고, 모자를 쓴 채로 있다는 뜻일 수도 있다.

06 문장의 전제와 함의 (중요)

문장의 의미에는 겉으로 드러나 있는 부분과, 겉으로 드러나 있지는 않지만 문장에 이미 포함되어 있는 부분이 있다. 문장에 이미 포함되어 있는 것에는 전제와 함의가 있다.

1) 전제

어떤 문장이 성립하기 위해 이미 그 참이 보장되어야 하는 문장이다. 어떤 문장 p가 참이면 반드시 문장 q가 참이고, 문장 p가 거짓이어도 문장 q가 참일 때 문장 p는 문장 q를 전제한다. 즉 어떤 문장이 포함하고 있는 의미 중 그 부정문에서도 부정되지 않는 명제가 전제에 해당한다. 발화된 문장의 정보 안에 또 다른 정보가 들어가 있는 것으로 주 문장에 관계없이 항상 참이다.

예) 나는 작년에 본 영화를 기억하고 있다.
→ (전제) 나는 작년에 영화를 보았다.

위 문장은 아래 문장을 전제하고 있다. 위 문장을 "나는 작년에 본 영화를 기억하지 못한다."로 바꾸어도 내가 작년에 영화를 봤다는 사실(전제)은 부정되지 않는다.

TOP-Point

☑ 전제 유발 장치

전제는 어떤 문장이나 발화가 이루어지기 위해 반드시 가정하는 배경이다. 전제는 화자와 청자가 이미 공유하는 지식에 기초하여 대화에 참여하는 화자와 청자가 모두 전제를 인지하고 있어야 한다.
전제를 유발하는 특정한 단어를 '전제 유발 장치'라고 한다. 전제 유발 장치에는 인지동사, 계획동사, 중지동사, 판단동사, 감정표현용언, 반복부사 등이 있다.

예) 민수는 어머니에게 짜증을 낸 것을 후회했다.
→ (전제) 민수는 어머니에게 짜증을 냈다.

예) 이 프로젝트를 끝내서 기쁘다.
→ (전제) 이 프로젝트를 끝냈다.

2) 함의

어떤 문장이 참이면 그에 따라 당연히 참이 되는 문장이다. 어떤 문장 p가 사실일 때 자동적으로 q도 사실이면 p는 q를 함의한다고 말한다. 즉 문장 p가 참이면 반드시 문장 q가 참이고, 문장 q가 거짓이면 반드시 문장 p가 거짓일 때, 문장 p는 문장 q를 함의한다. 발화된 문장 안에 또 다른 정보가 들어가 있는 것은 전제와 같으나, 주 문장이 부정되었을 때 함의된 정보도 부정된다는 점에서 차이가 난다.

예) 경찰이 도둑을 잡았다.
→ (함의) 도둑이 잡혔다.

위 문장은 아래 문장을 함의하고 있다. 위 문장을 "경찰이 도둑을 잡지 못했다."라고 부정하면 아래 문장도 부정된다.

> **TOP-Point**
>
> ☑ **일방함의와 상호함의**
> - 일방함의: 문장 p가 참이면 반드시 문장 q가 참이고 문장 q가 거짓이면 반드시 문장 p가 거짓인 경우이다. 즉 문장 p는 문장 q를 함의하지만 문장 q는 문장 p를 함의하지 못할 때이다.
>   예 민수가 녹차를 마셨다. → 민수가 차를 마셨다.
>   "민수가 녹차를 마셨다."가 참이면 "민수가 차를 마셨다."는 자동으로 참이 된다. 그러나 "민수가 차를 마셨다."가 거짓이면 "민수가 녹차를 마셨다."는 자동으로 거짓이 된다.
> - 상호함의: 두 명제가 서로를 함의하는 관계이다. 문장 p가 참이면 반드시 문장 q가 참이고 문장 q가 거짓이면 반드시 문장 p가 거짓이면서, p가 거짓일 때 q도 거짓이며 q가 참일 때 p도 참이 된다.
>   예 경찰이 도둑을 잡았다. ↔ 도둑이 경찰에게 잡혔다.
>   두 문장은 동의문으로 서로를 함의한다.

07 의미장과 의미 성분

1) 의미장

공통적인 의미를 중심으로 묶이는 단어의 집합을 말한다. 예를 들어, '빨강, 파랑, 노랑' 등은 '색깔'이라는 공통적 요소를 중심으로 의미장을 이룬다. 이때 '빨강'은 그 자체만으로는 의미가 없고 '색깔'이라는 전제 안에서 다른 색깔과 함께 있을 때 다른 색깔과 다른 특성을 지닌 '빨강'만의 존재 가치가 드러난다.

이런 견해를 바탕으로 의미에 초점을 맞춘 것이 '의미장(Semantic Field)' 이론이다. 의미장 이론은 개별 단어들의 의미 변화나 형태 변화가 아니라 개별 단어들을 하나의 체계 속에서 조직화 하여 보여주는 이론이다. 다른 예로, '대상, 최우수상, 우수상' 등의 어휘가 '상(賞)'이라는 공통적 요소를 중심으로 의미장을 이룬다고 보면, '최우수상'을 따로 떨어뜨려 그 자체 하나만의 가치를 정확히 이해하기 어렵다. 그러나 '상'의 의미장 안에서 본다면, '대상'보다는 잘하지 못했지만 '우수상'보다는 훌륭하다는 가치를 알 수 있다. 이처럼 개별 단어의 의미를 분리하여 보는 것이 아니라 전체 틀 안에서 이해하고자 하는 이론이 의미장 이론이다.

2) 의미 성분

단어가 가지고 있는 의미는 여러 가지 요소로 구성되어 있다. 그 각각의 요소를 의미 성분 또는 의미 자질이라고 하며, 그 의미 성분을 분석하는 것을 성분 분석이라고 한다. 성분 분석 이론에서는 단어의 의미가 의미 조각들의 집합으로 이루어진다고 보았다. 예를 들어 단어 '총각'을 이루는 의미 성분은 [+인간], [+남성], [+성숙], [+미혼] 등으로 볼 수 있다.

의미 성분의 분석하면 단어의 의미를 체계적으로 분석할 수 있다. 또한 단어와 단어 간의 반의 관계와 하의 관계를 명확히 드러낼 수 있다. 예를 들어 단어 '할머니'를 이루는 의미 성분은 [+여성], [+늙음], [+사람]이라고 볼 수 있다. '할아버지'는 [-여성], [+늙음], [+사람]으로 한 가지 의미 성분만 다름으로서 반의어가 된다.

08 의미 유형

의미는 일반적으로 언어가 가지는 용법이나 기능, 내용 등을 모두 포함하기 때문에 정확히 정의하기는 어렵다. 리치(Leech, G.)는 의미의 본질을 밝히기 위해 의미를 다음과 같이 7개의 유형으로 나누었다.

1) **개념적 의미**: 좁은 범위의 의미로 언어가 가지고 있는 중심 의미를 말한다. 가장 일차적이고 관습적이고 보편적으로 인식되는 의미이다. 일반적으로 추론해 낼 수 있는 핵심적인 의미이다.

2) **내포적 의미**: 개념적 의미로는 포착되지 않는 주변 의미이다. 언어가 지시하는 대상에 따라 추가적으로 생성되는 것으로 개인적이고 특수하게 인식되는 의미이다. 예를 들어 '아빠'와 '아버지'는 개념적 의미는 같지만 '아빠'는 훨씬 친근하고 어린아이가 부르는 느낌을 준다는 점에서 내포적 의미는 달라진다.

3) **사회적 의미**: 문체적 의미라고도 하는데, 언어가 사용되는 사회적 환경, 발화자의 성·세대·직업·사회계층·지역 등의 사회적 상황과 결부된 의미이다.

4) **감정적 의미**: 화자의 개인적 감정과 청자의 태도에 대한 화자의 감정이 반영된 의미로, 특정 문체나 음색, 억양 등의 운율적 요소나 특정 부사나 감탄사 등에 의해 나타난다. 화자의 정서 표현과 관련된 주변 의미이다. 예를 들어 "다 끝났다!"라는 표현은 화자의 억양이나 음색에 따라 그 감정적 의미가 '기쁨'일 수도 있고 '안도', 또는 '포기'일 수 있다.

5) **반영적 의미**: 반사적 의미라고도 하는데, 한 언어 표현의 의미가 다른 의미적 반응을 불러일으키거나 여러 개의 개념적 의미가 있어서 한 의미가 다른 의미에 대한 반응을 반영하는 경우이다.

6) **연어적 의미**: 배열적 의미라고도 하는데, 낱말 배열을 통해 얻게 되는 연상 등으로 이루어지는 의미이다. 연어 관계에 의해서 포착되는 의미이다.

7) **주제적 의미**: 화자가 발화 시 전달하려고 하는 의도적인 의미로 어순이나 음조, 강세 등을 초점화하여 드러나는 의미이다. 예를 들어 "저는 빵을 좋아해요."와 "빵을 저는 좋아해요."는 개념적 의미는 같지만 주제적 의미는 다소 다르다.

09 의미 변화의 원인

1) **언어적 원인**

하나의 단어가 다른 단어와 자주 연어적 관계를 가지는 경우, 그중 하나의 단어만 써도 연어적 의미가 사용될 수 있다. 예를 들어, '별로'라는 단어는 '아니다' 등의 부정어와 함께 사용된다. ("별로 좋지 않다.") 그런데 이러한 연어적 관계 속에서 오랫동안 사용되다 보면 '별로'만으로도 부정적 의미를 나타낼 수 있다. ("그 사람 어때?", "별로야.")

발음의 편의상, 또는 표현의 편의상 간단하게 사용하는 경우도 의미 변화의 언어적 원인에 해당된다. 발음의 편의상 '아파트먼트'보다 '아파트'라고 부르는 것, '콧물을 풀다'보다 '코를 풀다'라고 말하는 것 등이 있다.

2) **역사적 원인**

단어가 지시했던 대상이 사라졌거나 변했을 경우, 남아 있는 단어의 의미도 변하게 된다. 예를 들어 '배'라는 단어는 예전에는 거룻배나 돛단배 같은 나무로 만든 작은 배만을 지시했으나, 현재는 그러한 재료의 제약 없이 증기선, 유람선 등도 포함하여 '사람이나 물건을 싣고 물위를 떠다니도록 만든 물건 모두'를 지시한다.

3) **사회적 원인**

일반적인 단어가 특정 사회 또는 특수 사회 집단에서 사용되는 경우, 또는 반대로 특정 사회 또는 특수 사회 집단에서 사용되던 단어가 일반 사회에 전파되어 사용되는 경우, 본래의 의미와 달리 사용되거나 의미에 변화가 나타나는 경우가 있다.

예를 들어 '왕'은 군주 국가에서, 국가를 대표하는 최고의 통치자이나 현대에서는 '가수왕', '왕눈이'처럼 어떤 것을 아주 잘하거나 크기가 큰 것 등을 의미하는 것으로 변형되어 사용되기도 한다. "홈런을 치다"는 야구에서 쓰이는 용어이나, 종종 어떤 일에 크게 성공했을 때 비유적으로 사용되기도 한다.

4) 심리적 원인

어떤 단어가 비유적인 표현이나 금기어를 대신하여 완곡하게 쓰이는 표현으로 오랫동안 사용되어, 그 단어의 원래 뜻에 대한 인식이 바뀌는 경우이다. 예를 들어 '죽다'를 완곡하게 표현하는 '돌아가시다'는 오랫동안 사용되어 본래 뜻(다시 가다)에서 의미가 변하여 사용되는 경우이다.

10 의미 변화의 유형 중요

1) 의미의 확대

단어의 의미 영역이 넓어지는 일반화 현상이다.
- 예 선생
  → '선생'이라는 말은 '교사'의 존칭으로 사용되다가 타인에 대한 존칭으로도 사용된다.

2) 의미의 축소

단어의 의미 영역이 좁아지는 특수화 현상이다.
- 예 미인
  → '미인'은 남녀 구분 없이 쓰이는 단어였으나 지금은 주로 여자에게 쓰인다.

3) 의미의 전이

단어의 의미 영역이 변화하는 현상이다. 확대와 축소는 그 의미를 어느 정도 유지하지만 전이의 경우는 본래의 의미를 상실한다.
- 예 '어리다'는 중세 한국어에서는 '어리석다'라는 의미를 지녔지만 현대 한국어에서는 '나이가 적다'는 의미로 전이되었다.

05 실전 문제

연습 문제

01
다음 중 청각영상이 구체적인 사물이 아닌 개념하고만 결합한 것을 고르시오.

① 바다　　② 감자
③ 행복　　④ 여자

02
중심적 의미와 하나 이상의 주변적 의미를 갖는 단어를 무엇이라 하는지 고르시오.

① 유의어　　② 다의어
③ 동음이의어　　④ 이철자동음어

03
(　　)에 알맞은 말을 고르시오.

> 우리가 '변소'를 '화장실'로 부르는 것은 금기어를 완곡어로 표현하여 (　　)가 갖는 느낌을 줄이기 위함이다.

① 정서적 의미　　② 사회적 의미
③ 주제적 의미　　④ 반사적 의미

04
다음 설명 중 잘못된 것을 고르시오.

① 유의어 관계에 있는 어휘는 문장 속에서 교체가 자유롭다.
② 금기어-완곡어의 관계는 유의어로 볼 수 있다.
③ 하나의 단어는 여러 개의 반의어를 가질 수도 있다.
④ 반의어가 성립되려면 반드시 한 가지의 의미 자질만 달라야 한다.

05
'도련님'이 결혼하지 않은 시동생을 부를 때 사용되는 단어로 사용된 것은 어떤 원인의 의미 변화인지 고르시오.

① 언어적 원인
② 역사적 원인
③ 사회적 원인
④ 심리적 원인

해설

02 유의어는 의미가 비슷하다 할지라도 사용되는 상황이 다르다. 그래서 동의어가 아니고 유의어라 불린다.

05 도련님은 도령의 높임말로서 결혼하지 않은 사람을 나타내는 의미에서 결혼하지 않은 시동생을 나타내는 말로 축소되었다.

정답 01 ③　02 ②　03 ④　04 ①　05 ③

기출문제

01
두 단어의 의미 성분 분석으로 옳은 것은? (단, 제시된 의미 성분만을 대상으로 함) 기출 17회 44번

① 틈: [+공간] [+시간] [+사이]   겨를: [−공간] [+시간] [+사이]
② 틈: [+공간] [+시간] [+사이]   겨를: [+공간] [+시간] [−사이]
③ 틈: [−공간] [+시간] [−사이]   겨를: [+공간] [−시간] [+사이]
④ 틈: [+공간] [−시간] [+사이]   겨를: [−공간] [+시간] [+사이]

02
의미 해석의 정도성이 불투명한 유형은? 기출 18회 31번

① 무릎을 꿇다
② 학을 떼다
③ 손을 들다
④ 고개를 숙이다

03
다음 내용에 알맞은 언어 의미의 본질에 관한 가설은? 기출 18회 45번

- 의미는 인간의 마음속에 존재하는 심리적 실체이다.
- 언어표현과 지시 대상 사이에 심리적 영상이라는 매개체를 내세워서 간접적으로 의미를 설명한다.
- 어떤 말소리를 듣거나 글자를 볼 때 사람들의 머릿속에 떠오르는 영상이 그 표현의 의미라고 본다.

① 지시설
② 개념설
③ 용법설
④ 의의 관계설

04
'A + B' 형식의 합성어에서 B에 대한 A의 의미가 나머지 셋과 다른 것은? 기출 19회 40번

① 부채춤   ② 불고기   ③ 산나물   ④ 손빨래

05

밑줄 친 부분에 동의 중복 현상이 나타난 것은? 기출 19회 41번

① 숙달된 조교가 우리에게 <u>시범(示範)</u>을 보였다.
② 그는 올해 오랜 습관인 <u>흡연(吸煙)</u>을 끊었다.
③ 그 선생님은 기말고사의 <u>채점(採點)</u>을 마쳤다.
④ 나는 그날 아내와 함께 <u>일출(日出)</u>을 맞았다.

06

동의 현상의 유형이 나머지 셋과 다른 것은? 기출 19회 45번

① 열쇠-키   ② 얼굴-안면   ③ 찾아보기-색인   ④ 자다-주무시다

07

다음 문장의 의미 속성으로 옳은 것은? 기출 19회 46번

> 집이 많이 기울었다.

① 항상 참이 되는 항진성이 있다.
② 참이 될 수 없는 모순성이 있다.
③ 두 가지 해석이 가능한 중의성이 있다.
④ 문법적으로 선택 제약을 어긴 변칙성이 있다.

정답 01 ① 02 ② 03 ② 04 ③ 05 ① 06 ④ 07 ③

참고문헌

- 고영근·남기심(2008), 7차 고교 문법 자습서, 탑출판사
- 신현숙(1998), 한국어 어휘 교육과 의미사전, 한국어 교육 9, 국제한국어교육학회
- 신현숙(2001), 한국어 현상과 의미 분석, 경진문화사
- 윤평현(2008), 국어의미론, 역락
- 이관규(2007), 학교 문법론, 월인
- 임지룡(1995), 국어의미론, 탑출판사
- 임지룡 외(2005), 학교 문법과 문법 교육, 박이정
- 이충우(1990), 어휘 교육의 기본 과제, 국어 교육 71·72, 한국국어교육연구회
- 이충우(1994), 한국어 어휘 교육을 위한 대표어휘 설정, 국어 교육 85·86, 한국국어교육연구회
- 조현용(1999), 한국어 어휘의 특징과 어휘 교육, 한국어 교육 10, 국제한국어교육학회
- 조현용(2003), 비언어적 행위 관련 한국어 관용표현 교육 연구, 한국어 교육 14, 국제한국어교육학회
- 최길시(1998), 외국인을 위한 한국어 교육의 실제, 태학사
- 한재영 외(2005), 한국어 교수법, 태학사
- 허용 외(2005), 외국어로서의 한국어 교육학개론, 박이정

06 한국어 화용론

언어학에서의 화용론

01 정의

　화용론은 화자와 청자, 시간, 장소 등으로 구성되는 의사소통 맥락과 관련하여 문장의 의미를 체계적으로 분석하는 학문이다. 화자와 청자의 관계에 따라 언어 사용이 어떻게 바뀌는지, 화자의 의도와 발화의 의미는 어떻게 다를 수 있는지 등에 대한 연구도 화용론의 주제가 된다.
　모리스(C. Morris)는 기호학의 관점에서 기호학을 통사론, 의미론, 화용론으로 나누어 정의하였다. 기호학의 한 영역으로 볼 때 통사론은 기호와 기호 사이의 형식적 관계를 연구하는 학문이며, 의미론은 기호와 그 기호가 지시하는 대상과의 관계를 연구하는 학문이다. 반면 화용론은 해석의 관점을 중요시한다. 화용론은 기호와 해석자 사이의 관계 또는 맥락을 연구하는 학문이다. 다른 학자들도 화용론에서 맥락과 관계, 언어 사용이 중요함을 강조하였다. 레빈슨(S. C. Levinson)은 화용론을 언어를 이해하기 위해 언어 사용의 맥락과 언어의 관계를 연구하는 학문으로 정의하였다. 율(G. Yule)은 화용론을 언어 형식과 그것을 사용하는 사람의 관계를 연구하는 학문이라고 정의하였으며, 메이(J. L. May)는 화용론은 사회적 조건에 의해 결정되는 인간의 의사소통에서의 언어 사용을 연구하는 학문이라고 하였다.

02 화용론의 연구 범위

　화용론은 화자와 청자의 관계에 따라 달라지는 언어 사용 방식, 맥락의 의미, 언어적 표현 안에 숨겨진 화자의 의도와 청자의 해석 방식, 상대적 거리를 나타내는 다양한 언어 표현 등 의사소통에서 일어나는 발화와 맥락에 대해 연구한다.

03 발화행위 (중요)

오스틴(J. L. Austin)은 발화를 행위의 측면으로 해석해서 다음과 같이 나누었다.
① 발화행위(언표적 행위, Locutionary Act): 의미를 가진 문장을 발화하는 행위
② 발화수반행위(언표 내적 행위, Illocutionary Act): 발화행위와 같이 수행되는 행위
③ 발화효과행위(언향적 행위, Perlocutionary Act): 발화의 결과로 일어나는 행위
   예 자식이 저녁에 집에 들어와서 '배고프다'라고 말했다. 이때 이 발화 자체는 '언표적 행위'이다. 하지만 이 말에는 어머니에게 '밥을 좀 주세요.'라는 요청, 즉 '언표 내적 행위'가 포함되어 있다. 이 말을 들은 어머니는 자식에게 음식을 차려 줄 것이다. 이것이 '언향적 행위'이다.

04 함축(Implicature) (중요)

1) 함축의 의미

간접화행처럼 실제 언어생활에서 문장의 의미가 문자 그대로의 의미를 나타내지 않는 경우가 있다. 이러한 발화에 의해 생기는 명제 내용과 직접 관련이 없는 암시적인 의미를 함축이라 한다.
   예 엄마: 슈퍼에 가서 간장 좀 사 오너라.
       아들: 숙제가 엄청 많아요.
       → 함축: "(숙제가 많으니) 나는 갈 수 없다."는 행위 거절 의사를 전달함

2) Grice의 협력의 원리(Cooperative Principle)

그라이스는 의사소통을 할 때 대화가 원만하게 진행되기 위해서 우리가 지켜야 할 일반적인 원칙이 있다고 전제했다. 아래의 내용이 '대화의 일반 원칙과 대화 격률'이다.
① 대화의 일반 원칙: 대화에 당신이 기여하는 몫을 그 당시 대화의 목적에 의해 필요한 만큼 되도록 하라. (중요)
② 대화 격률
   ㉠ 양의 격률
       • 필요한 만큼의 충분한 정보를 제공하라.
       • 필요 이상의 정보를 제공하지 마라.
   ㉡ 질의 격률
       • 거짓이라고 믿는 것은 말하지 마라.
       • 충분한 증거가 없는 것은 말하지 마라.
   ㉢ 관계의 격률: 전후 맥락에 적절한 관계를 유지하라.

ⓔ 태도의 격률
- 명백히 하라.
- 표현의 모호성을 피하라.
- 중의성을 피하라.
- 간단히 하라.
- 질서정연하게 하라.

③ **대화 격률의 위배**: 대화 과정에서 상대방이 명백히 부적절한 발화(협동의 원칙이나 격률을 위반한 발화)를 하면 청자는 그것이 화자의 실수라고 생각하지 않고, 화자가 다른 어떤 것을 의도하고 있다고 생각하게 된다.

05 직시

1) 직시의 의미

화자와 청자의 위치를 기준으로 대상을 가리키는 것이 직시이다. 예를 들어 "옷을 옷걸이에 거세요."를 "그건 옷걸이에 거세요."로 말하는 경우, '그건'은 화자와 청자의 위치를 기준으로 사물을 가리킨 것이다. 직시에는 사물직시와 공간직시, 시간직시, 인물직시, 담화직시 등이 있다.

2) 직시의 종류

① **사물직시**
ㄱ. 사물을 가리키는 직시
ㄴ. 가까이 있는 사물을 가리키는 근칭 또는 멀리 떨어져 있는 사물을 가리키는 원칭으로 나타낸다.
예 이거 뭐야? / 그거 뭐야? / 저거 뭐야?

② **공간직시**
ㄱ. 공간적 위치를 가리키는 직시
예 여기 / 거기 / 저기

③ **시간직시**
ㄱ. 시간적 위치를 가리키는 직시
ㄴ. 발화시점을 가리키는 근칭과 발화시점으로부터 먼 시점을 가리키는 원칭이 있다.
예 아까(발화시점 이전) / 지금(발화시점) / 이따가(발화시점 이후)

④ **인물직시**
ㄱ. 사람을 가리키는 직시

ⓒ 각각의 인칭 대명사를 쓴다. 3인칭은 주로 지시 관형사 '이, 그, 저'와 명사를 결합하여 쓴다.
　예 나, 저 (1인칭)
　　너, 당신, 여러분 (2인칭)
　　이 사람, 그 사람, 저 사람 (3인칭)
⑤ 담화직시: 화자와 청자의 담화에 등장하는 말을 가리키는 직시
　예 A: 지난번에 산 가방 좀 빌려줄래?
　　B: <u>그거</u> 나도 써야 하는데.
　　　＝ 지난번에 산 가방

학교 문법에서의 화용론

01 발화와 이야기

1) **발화**: 화자가 자신의 생각을 말이나 문장으로 표현한 것을 발화라고 한다.
   ① 발화 시에는 상황을 항상 고려해야 한다. 상황에 따라 그 내용이 달라질 수 있기 때문이다.
   ② 발화는 선언, 명령, 요청, 질문, 제안, 약속, 경고, 축하, 위로, 칭찬 등 다양한 정보 전달의 기능을 갖는다.
   ③ 발화는 화자의 의도를 직접 드러내는 표현을 사용하는 직접적인 발화와 직접 드러내지 않으면서 자신의 의도를 전하는 간접적인 발화가 있다.

2) **이야기**: 발화들이 모여서 이루어진 유기적인 통일체로 담화와 텍스트로 나눌 수 있다.
   ① **담화**: 구어적 언어 형식
   ② **텍스트**: 문어적 언어 형식

3) **이야기의 네 가지 조건** 〈중요〉
   ① 화자, 청자, 장면, 문장
   ② 이야기의 내용은 문장이 화자로 인해 발화되는 것이기 때문에 문장이란 위에서 말한 발화와 같은 개념으로 볼 수 있다.

4) **장면**: 이야기가 이루어지는 시간적, 공간적 상황을 말한다.
   ① **언어 내적 장면**: 언어 표현 자체에 장면이 들어 있는 경우를 말한다.
   ② **언어 외적 장면**: 언어 표현 자체 내에서는 드러나지 않는 화자, 청자, 시간, 공간 등을 말한다.

5) 이야기의 구조

이야기는 유기적인 통일체로 구조적으로 짜여 있다. 일반적으로 문장이 두 개 이상 연이어 나타나지만 표면적으로는 문장이 하나만 주어져 있더라도 화자, 청자, 장면이 있기 때문에 담화가 형성될 수 있다.

① 외적 구성 요소: 화자, 청자, 문장, 장면
② 내적 구성 요소
  ㉠ 내용 구조: 이야기는 통일된 주제를 가지고 있어 응집성을 가지고 있다고 표현한다.
  ㉡ 형식 구조: 내용의 연결을 위해 형식 면에서 일정한 구조를 가지고 있다. 응결성을 가지고 있다고 표현한다. 지시어, 접속 부사, 의미 관계 부사어, 동일어구 반복 등을 통해 실현된다.

> **TOP-Point**
>
> ☑ **담화 표지**
> 주로 구어에서 문장의 내용에 직접적인 영향을 미치지는 않지만 전체적인 분위기나 대화의 최종적인 목적을 달성하고자 문장 간의 응집성을 높이기 위하여 사용하는 표지. 화자의 상태나 의도, 감정을 나타내기도 한다. 접속 표현은 담화의 흐름을 보여주는 대표적인 담화 표지이다.
> 예) <u>우선</u> 제 얘기부터 하겠습니다.
> <u>결과적으로</u> 이 모든 요소들이 다 고려되어야 하겠습니다.
> <u>반면</u> 그는 생각에 잠겨 있었다.

02 지시 표현

화자와 청자로부터의 거리에 따라 사물, 장소, 동작, 상태 등을 지시하는 다양한 표현이 존재한다. 지시 관형사(이/그/저), 지시 대명사(이것/그것/저것, 여기/거기/저기), 지시 부사(이렇게/그렇게/저렇게), 지시 형용사(이렇다/그렇다/저렇다)

- 이, 이것, 이렇다, 이런, 이리, 여기: 화자에게 가까운 대상 지시
- 그, 그것, 그렇다, 그런, 그리, 거기: 청자에게 가까운 대상 지시
- 저, 저것, 저렇다, 저런, 저리, 저기: 화자, 청자 모두에게서 먼 대상 지시

03 높임 표현

우리말의 특징으로 상하 관계와 친소 관계에 따라서 높임과 낮춤 표현을 사용해야 한다는 것이다. 한국어의 높임 표현은 청자가 동일한 상하 관계를 지녔다 할지라도 친소 관계에 따라서 달리 표현하고 반대로 동일한 친소 관계를 가지고 있다 해도 상하 관계에 따라 다르게 사용되어야 한다.

예) 친하지 않은 선배에게: "선배, 밥 먹었어?" (×) / "선배님, 식사하셨어요?" (○)
   친한 선배에게: "선배 밥 먹었어?" (○) / "선배 밥 먹었니?" (×)

04 성분 생략 표현

문장 차원에서는 필수 성분일지라도 화자와 청자가 공통적으로 인식하고 있는 경우 생략이 가능하다. 생략된 성분은 앞뒤 문맥을 통해 다시 복원될 수 있어야 한다는 조건이 있다.

예) 가: 누가 내 커피 먹었어?
   나: 철수가. ('너의 커피를 먹었어'가 생략되어 있다.)

TOP-Point

☑ **신정보와 구정보**

청자가 이미 알고 있는 지식은 구정보이며 청자가 모르고 있는 지식은 신정보이다. 즉, 신정보와 구정보의 판정은 그 정보가 청자의 의식 속에 있는지 여부로 판단할 수 있다. 우리가 의사소통을 할 때 정보를 효과적으로 청자에게 전달하려면 청자가 이미 알고 있는 정보가 무엇이고 아직 모르는 정보가 무엇인지를 파악해야 한다.

일반적으로 청자가 이미 알고 있는 사실에 새로운 지식을 보태는 방식으로 대화가 진행된다. 이때 구정보는 화자와 청자가 알고 있는 사실이므로 생략되는 경우가 종종 있으나 신정보는 생략되기 어렵다. 보통 신정보가 도입될 때는 '이/가'가 붙고 구정보가 도입될 때는 보조사 '은/는'이 결합한다.

예) A: 아까 누가 나한테 전화했어?
   B: 민수가 전화했어. (신정보)
예) 오십 년 전에 여기 가게가(신정보) 하나 있었거든. 지금 그 가게는(구정보) 완전히 없어졌네.

05 화행 표현

화행은 언어를 통해 이루어지는 행위를 말하는 것으로 진술, 희망, 감탄, 질문, 명령, 권유 등이 화행에 속한다. 한국어는 서법에 따른 종결 어미를 통해 화행이 드러나는 경우가 많다.

종결 어미	-ㄴ/는다	-니	-(어)라	-자	-(는)구나	-(으)마
화행	진술	질문	명령	제안	감탄	약속

예) 내일 학교에 간다.
　　내일 학교에 가니?
　　내일 학교에 가라.
　　내일 학교에 가자.
　　내일 학교에 가는구나.
　　내일 학교에 가마.

간접화행의 경우, 실제 화자의 의도를 간접적으로 표현하여 수행하도록 한다. 수사 의문문은 간접화행을 표현하는 의문문으로, 의문문 형식을 가지고 있으나 실제로는 진술을 내포하는 경우가 많다.

예) 내일 학교에 가는지 알고 싶은데요. (내일 학교에 가요?)
　　이거밖에 안 먹으면 나중에 배고프지 않을까요?
　　그걸 누가 알겠어?

06 | 실전 문제

연습 문제

01
다음 중 언표적 행위와 언표 내적 행위를 고려할 때 성격이 다른 문장을 고르시오.

① (지하철에서) 실례 좀 하겠습니다.
② (식당에서) 된장찌개 되죠?
③ (편의점에서) 담배 주세요.
④ (아이가 엄마에게) 엄마, 저 내일 색연필이 필요해요.

02
다음 대화가 어기고 있는 그라이스(P. H. Grice)의 격률을 고르시오.

> 가: 회사 형편은 어떻습니까?
> 나: 무슨 커피로 할래요?

① 양의 격률　　② 질의 격률
③ 관계의 격률　④ 태도의 격률

03
청자가 기준이 되는 지시 표현을 고르시오.

① 이　　② 그
③ 저　　④ 어떤

04
다음 중 설명이 틀린 것을 고르시오.

① 담화가 성립되기 위해서는 문장 사이에 응집성과 응결성이 있어야 한다.
② 하나의 담화는 화자, 청자, 장면, 문장이라는 네 가지 조건이 필요하다.
③ 장면은 문장 자체에는 드러날 수 없으며 화자·청자 간의 시간과 공간을 의미한다.
④ 화자의 의도와 문장의 종결 어미가 일치되지 않아도 발화는 성립될 수 있다.

05
다음 설명 중 틀린 것을 고르시오.

① 화자가 자신의 생각을 말이나 글로 표현한 것이 발화이다.
② 생략된 부분은 맥락을 고려하여 복원 가능하다.
③ 한국어에서는 상하 관계에 따라서만 높임 표현이 결정된다.
④ 한국어에서 화자의 심리적 태도는 용언의 의미로 나타난다.

> **해설**
>
> 01 ①·②·④는 간접화법이고, ③은 직접화법이다.
> 04 언어 내적 장면으로서 장면은 문장 속에 포함될 수 있다.
> 05 높임 표현은 상하 관계뿐만 아니라 친소 관계에도 영향을 받는다.
>
> **정답** 01 ③ 02 ③ 03 ② 04 ③ 05 ③

기출문제

01

문장의 발화 의미가 옳지 않은 것은? *기출 17회 46번*

① 새소리가 곱기도 하구나. - 감탄
② 내일 오전에 집으로 오너라. - 명령
③ 너는 이 문제를 풀 수 있느냐? - 약속
④ 한 번 더 폭력을 행사하면 경찰에 신고한다. - 경고

02

직시 표현(deictic expression)이 쓰이지 않은 것은? *기출 17회 48번*

① 여기가 어디쯤인지 알 수가 없구나.
② 지금은 아무것도 생각하고 싶지 않아요.
③ 나는 1년 후에 미국으로 공부하러 갈 생각이야.
④ 영호가 수미를 12월 25일 12시 명동 성당 앞에서 기다렸다.

03

언표 내적 행위 중 진술 행위인 것은? *기출 18회 46번*

① 피고에게 유죄를 선고한다.
② 이번에는 꼭 선물을 사 줄게.
③ 이순신 장군은 훌륭한 사람이다.
④ 지식을 쌓으려면 열심히 공부해라.

04
다음 문장의 논리적 전제는? 기출 18회 47번

> 나는 대학에 입학한 것을 후회한다.

① 나는 대학에 입학했다.
② 나에게 대학이 맞지 않는다.
③ 나는 대학 생활이 실망스럽다.
④ 대학이 내가 기대했던 곳이 아니다.

05
발화에 관한 직접화행과 간접화행의 연결이 옳지 않은 것은? 기출 18회 51번

구분	발화	직접화행	간접화행
ㄱ	저 사람은 누구입니까?	질문	요청
ㄴ	문제가 있으면 바로 말해라.	명령	요청
ㄷ	저 사람은 위험한 사람이다.	진술	경고
ㄹ	나 없이 잘할 수 있을 것 같아?	질문	명령

① ㄱ ② ㄴ ③ ㄷ ④ ㄹ

06
'이, 그, 저' 직시 표현에 관한 설명으로 옳지 않은 것은? 기출 19회 48번

① '저'가 가리키는 대상은 화자와 청자의 눈에 보이지 않는 것이다.
② '이, 그, 저'는 일부 의존 명사와 결합하여 지시 대명사를 만들 수 있다.
③ '이, 그, 저'는 사람, 장소, 사물 등 여러 대상을 지시하는 지시 관형사로 사용된다.
④ '그'는 화자에게는 멀고 청자에게는 가까이 있는 것을 가리킨다.

07
그라이스(P. Grice)의 '태도의 격률'에 해당하지 않는 것은? 기출 19회 49번

① 간결하게 하라.
② 중의성을 피하라.
③ 모호한 표현을 피하라.
④ 필요 이상의 정보를 제공하지 말라.

08
다음 문장에서 공통적으로 위배한 격률은?   기출 19회 50번

- 인생은 연극이야.
- 나는 저런 미련한 곰과 결혼해 살아도 행복하다.
- 창문 옆의 돈가스는 커피도 함께 원한다.

① 양의 격률(Maxim of quantity)　　② 질의 격률(Maxim of quality)
③ 태도의 격률(Maxim of manner)　　④ 관련성의 격률(Maxim of relation)

09
다음 문장에서 밑줄 친 '우리'의 직시 대상이 다른 것은?   기출 19회 51번

① <u>우리</u>는 너와 생각이 달라.
② 너, 참 오랜만이구나. <u>우리</u>가 언제 만났지?
③ 당신이 원하지 않으시면 이 일은 <u>우리</u>끼리 하겠습니다.
④ 너는 할 수 있겠지만 <u>우리</u>는 현장 실습을 가야 해서 할 수가 없어.

정답 01 ③　02 ④　03 ③　04 ①　05 ④　06 ①　07 ④　08 ②　09 ②

참고문헌
- 고영근·남기심(2008), 7차 고교 문법 자습서, 탑출판사
- 박영순(2007), 한국어 화용론, 박이정
- 신현숙(1998), 의미분석의 방법과 실제, 한국문화사
- 신현숙(2001), 한국어 현상과 의미 분석, 경진문화사
- 윤평현(2008), 국어의미론, 역락
- 이관규(2007), 학교 문법론, 월인
- 이성범 외(2002), 화용론 연구, 태학사
- 임지룡(1995), 국어의미론, 탑출판사
- Jacob L. Mey, 이성범 역(2007), 화용론 개관, 한신문화사

07 한국어사

01 한국어의 시대 구분

1) 고대 한국어: 삼국시대~통일신라(기원 전후~10세기 초)
   ① '삼국사기 지리지', '삼국사기와 삼국유사' 등 이두와 향찰로 표기된 자료에서 고대 한국어를 확인할 수 있다.
   ② 한자 차용 표기(차자 표기법): 한자의 음과 뜻을 이용하여 표기
   ③ 어휘(실질 형태): 한자의 뜻을 이용하여 표기
   ④ 문법(형식 형태): 한자의 음을 이용하여 표기
   ⑤ 어순은 우리말 어순에 따른다.

2) 중세 한국어: 고려시대~임진왜란 이전(10세기 초~16세기 말)
   ① 전기 중세 한국어(고려건국(918)~훈민정음 창제 이전): 고려의 건국으로 국어의 중심이 개성으로 이동하였으나 신라어를 계승한 것으로 추정된다.
   ② 후기 중세 한국어(훈민정음 창제 이후~16세기 말): 조선의 건국으로 서울로 중심이 이동하였다. 훈민정음 창제로 한글문헌(용비어천가, 월인천강지곡, 석보상절, 두시언해 등)이 많이 나왔다.

3) 근대 한국어
   ① 17세기(임진왜란 이후)~19세기: 한국어 표기법이 결정되지 못하고 혼란을 거듭하였다. 발음에도 많은 변화가 있었으며, 평민 문학의 대두로 문자 상용이 확대되었다.
   ② 17세기 말부터 'ㄷ'은 점차 받침에서 자취를 감추고, 'ㅅ'으로 통일된 7종성법이 나타난다. 실제 발음은 [ㄷ]이었으나 표기가 'ㅅ'으로 통일되었다.
   ③ 17세기 말부터 18세기에 이어 양순음 아래의 모음 'ㅡ'가 'ㅜ'로 변하는 원순 모음화가 활발히 일어났다.
      예 믈 → 물, 블 → 불, 븕다 → 붉다 등
   ④ 17세기에서 18세기로 넘어갈 무렵 'ㄷ, ㅌ, ㄸ'이 'ㅈ, ㅊ, ㅉ'으로 구개음화가 일어났다. 평음의 경음화, 유기음화도 이 시기에 일어났다.
   ⑤ 'ㆍ'는 16세기와 18세기 중엽 소리가 바뀌면서 사라졌다. 표기법은 현대 정서법(1933년)에 의해 폐지될 때까지 계속 사용되었다.
   ⑥ 18세기 후반 이중 모음 'ㅐ'와 'ㅔ' 또한 단모음화되었다.

4) 현대 한국어: 20세기 이후의 한국어를 말한다.

02 이두, 향찰, 구결

한글이 창제되기 이전, 말은 우리말을 썼지만 고유 문자가 없어서 중국의 한자를 빌려 사용하였는데, 이때 한자의 음(音)과 훈(訓)을 빌어 한국어를 표기하는 방식을 차자 표기법이라 한다. 이는 크게 이두, 향찰, 구결로 나눌 수 있다.

1) **이두**: 넓은 의미로 차자 표기법 전체를 가리키며 좁은 의미로는 한국어의 어순에 따라 한자를 쓰고 이에 토를 붙인 것을 말한다. 어휘는 한자 어휘를 그대로 사용하고 문법적 형태소는 한자의 음과 훈을 빌려 토를 붙여 표기하였다. 이두는 주로 행정적인 실용문에 많이 사용되었으며, 19세기 말까지 사용되었다.

2) **향찰**: 향찰은 향가 표기에 쓰였으며 한자를 빌려 쓰기는 하나 의미를 갖는 부분은 한자의 훈을 빌려 읽고 문법 형태소는 한자의 음을 빌려 읽는 방식으로 우리말로 읽었다는 특징이 있다.

3) **구결**: 한문을 읽을 때 한문의 단어 또는 구절 사이에 들어가는 우리말을 구결 또는 '토(吐)'라고 하였다. 토는 한자의 약자로 쓰는 경우가 많았다. 중국어 어순에 토만 달아 토를 제외하면 완전한 한문 문장이 된다. 구결은 한문의 이해를 위한 번역문 등에서 많이 볼 수 있었다.

03 한국어 음운의 변화

1) **자음의 변화**

① 고대 국어(~11세기): 일반적으로 14개의 자음으로 알려져 있다. 이 시기의 자료에는 장애음, 즉 안울림소리에 예사소리(평음)와 거센소리(격음)는 발견되지만, 된소리는 찾아볼 수 없다.
→ ㅂㅍㅁ, ㄷㅌㅅㄴㄹ, ㅈㅊ, ㄱㅋㅇ, ㅎ

② 전기 중세 국어(12~14세기): 자음이 22개로 추정된다. 이 시기의 자료에는 된소리 표기가 나타난다.
→ ㅂㅍㅃㅸㅁ, ㄷㅌㄸㅅㅆㅿㄴㄹ, ㅈㅊㅉ, ㄱㅋㄲㆁ, ㅎㆅ

③ 후기 중세 국어(15~16세기)
㉠ 자음이 23개이다. 유성마찰음 'ㅇ'이 더 늘어났다. 각자병서 'ㄲ, ㄸ, ㅃ, ㅆ, ㅉ, ㆅ'과 'ㅅ' 계열의 'ㅺ, ㅼ, ㅽ'의 된소리 표기가 사용되었다. 특히 어두에서는 'ㅺ, ㅼ, ㅽ'과 'ㅆ, ㆅ'만 사용되었다. 어두에 'ㅂ'계, 'ㅄ'계의 어두 자음군이 사용되었다.
→ ㅂㅍㅃㅸㅁ, ㄷㅌㄸㅅㅆㅿㄴㄹ, ㅈㅊㅉ, ㄱㅋㄲㆁ, ㅎㆅㅇ
㉡ 'ㅸ'은 15세기 중엽(세조 때) 'ㅗ/ㅜ'로 바뀐다.

ⓒ 'ㅿ'은 16세기 말(임란 전후)에 사라진다. 'ㅿ'는 'ㅅ, ㅈ'으로 강화되기도 하였다. 현대 국어의 'ㅅ' 불규칙 용언으로 남아 있다.

　　예 지ㅿㅓ → (집을) 지어
　　　　브ㅿㅓ → (물을) 부어
　　　　나ㅿㅏ → (병이) 나아

ⓓ 'ㆁ' 초성의 경우 중종 이전에 사라지고 종성의 경우 임진왜란 이후 사라진다. 종성은 'ㅇ'으로 남게 된다.

④ 근대 국어(17~19세기)

　ⓐ 자음은 19개로 'ㅸ, ㅿ, ㆅ, ㆁ'이 사라진다.
　ⓑ 'ㆅ'은 17세기 말에 'ㅋ'으로 합류되면서 없어진다.
　　→ ㅂㅍㅃㅁ, ㄷㅌㄸㅅㅆㄴㄹ, ㅈㅊㅉ, ㄱㅋㄲㅇ, ㅎ

⑤ 현대 국어(20세기~): 자음은 근대의 자음을 그대로 이어 19개가 사용된다.
　　→ ㅂㅍㅃㅁ, ㄷㅌㄸㅅㅆㄴㄹ, ㅈㅊㅉ, ㄱㅋㄲㅇ, ㅎ

2) 모음의 변화

① 고대 국어(~11세기): 7개의 단모음 체계. 중립으로 'ㅣ'가 있었고, 전설 모음 'ㅜ, ㅡ, ㅓ'와 후설 모음 'ㅗ, ㆍ, ㅏ'로 나뉘며 모음 조화가 있었다.

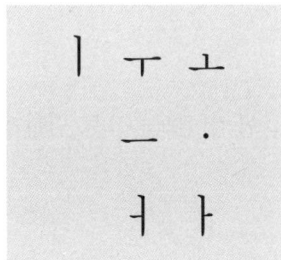

② 전기 중세 국어(12~14세기): 7개의 단모음 체계. 'ㅓ'와 'ㅏ'가 전설 쪽으로 이동하였다.

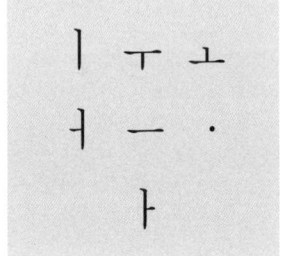

③ 후기 중세 국어(15~16세기): 7개의 단모음 체계. 후설 모음 'ㆍ, ㅗ, ㅜ'와 중설 모음 'ㅏ, ㅓ, ㅡ'가 형성되었다.

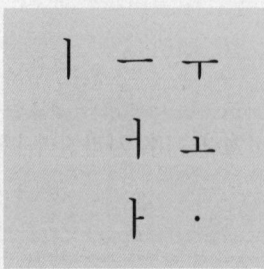

④ 근대 국어(17~19세기): 8개의 단모음 체계. 'ㆍ'의 소리가 사라진 18세기 말부터 이중 모음 'ㅔ, ㅐ'가 단모음으로 변화하고 근대 국어의 모음 체계가 형성되었다. 'ㆍ'는 16세기 말 2음절 이하에서 'ㅡ'로 변하고 18세기 중엽 1음절에서 'ㅏ'로 변한다. 글자의 경우 한글맞춤법 통일안(1933)때 사라진다.

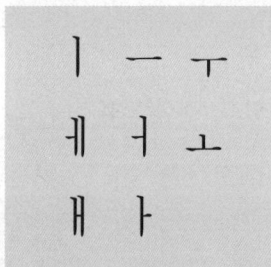

⑤ 현대 국어(20세기): 10개의 단모음 체계. 19세기 말부터 'ㅚ, ㅟ'가 단모음으로 변하게 되면서 현대 국어에서는 10개의 단모음 체계가 형성되었다.

04 훈민정음의 창제

1) 훈민정음
   ① 한글: 세종대왕이 창제한 우리나라 글자인 '한글'의 첫 이름이다. 훈민정음이란 '백성을 가르치는 바른 소리'라는 뜻이다.
   ② 책 이름: 세종대왕이 창제한 훈민정음을 반포할 때 나온 정음(正音)에 관한 이론이 적힌 책 이름으로 목판본이다. 국보 70호로 1940년 안동에서 발견되어 현재 성북동 간송 미술관에 소장되어 있다. 해례가 붙어 있어 '훈민정음 원본' 또는 '훈민정음 해례본'이라고 한다. 예의 편에는 새 글자를 만들게 된 취의(趣意)를 밝힌 선포문 격인 세종대왕의 서문과 훈민정음의 음가 및 운용법이 본문처럼 되어 있다. 해례 편은 제자해(制字解)·초성해(初聲解)·중성해(中聲解)·종성해(終聲解)·합자해(合字解)·용자례(用字例)의 순으로 나누어져 기술되어 있고, 책 끝에 정인지의 서문이 실려 있다.

2) 훈민정음의 창제: 1443년(세종 25년) 음력 12월

3) 반포(훈민정음 해례본 간행): 1446년(세종 28년) 음력 9월 상순(양력 10월 9일: 한글날)

4) 창제 목적
   ① 민족자주정신: 중국 글자를 빌려서 우리말을 적고 있으나 이는 중국말을 적는 데 맞는 글자이므로 우리말을 적는 데 맞지 않는다는 점을 강조하고, 우리말을 적는 데 맞는 글자를 만들었다.
   ② 민본정신: '어린(어리석은) 백성'이란 일반 백성을 가리키는 말로, 한자를 배울 수 없었던 사람들을 위해 배우기 쉬운 글자를 만들었다.

05 훈민정음 제자 원리 및 글자 체계

훈민정음 28자는 병서자와 합용자를 뺀 초성 17자와 중성 11자를 말한다.

1) 제자 원리
   ① 초성(자음)
      ㉠ 기본자: 발음 기관을 상형하여 만든 글자 (ㄱ, ㄴ, ㅁ, ㅅ, ㅇ)
      ㉡ 가획자: 획을 더해서 만든 글자 (ㅋ, ㄷ, ㅌ, ㅂ, ㅍ, ㅈ, ㅊ, ㆆ, ㅎ)
      ㉢ 이체자: 상형이나 가획의 원리에 의하지 않고 별도로 다르게 만들어진 글자 (ㆁ, ㄹ, ㅿ)
      ㉣ 병서자: 같은 모양의 글자를 나란히 써서 만든 글자 [ㄲ, ㄸ, ㅃ, ㅉ, ㅆ, ㆅ, (ㆀ, ㄳ)]

- 각자병서에 대한 예의의 설명에는 앞선 6개의 글자만 나오나, 문헌에서는 'ㆀ, ㆅ'도 발견된다.

구분	전청	차청	불청불탁	전탁
아(牙) (어금닛소리)	ㄱ	ㅋ	ㆁ	ㄲ
설(舌) (혓소리)	ㄷ	ㅌ	ㄴ	ㄸ
순(脣) (입술소리)	ㅂ	ㅍ	ㅁ	ㅃ
치(齒) (잇소리)	ㅈ, ㅅ	ㅊ	−	ㅉ, ㅆ
후(喉) (목구멍소리)	ㆆ	ㅎ	ㅇ	ㆅ
반설(半舌) (반혓소리)	−	−	ㄹ	−
반치(半齒) (반잇소리)	−	−	ㅿ	−

- 중세 국어와 현대 국어의 짝으로 보면 '전청-평음, 차청-격음, 불청불탁-유성음, 전탁-경음'과 같이 일치한다.
- 초성 17자에 전탁(경음) 6자는 포함되지 않고, 병서(竝書: 나란히 쓰기)에 의해 만들어진 글자로 분류한다.
- 'ㆆ'은 고유어 초성에는 사용되지 않고, 한자음 초성이나 사잇소리, 관형사형 어미에만 사용되었다. (15세기 세조 이후 사라진다)

② 중성
  ㉠ 기본자: '하늘, 땅, 사람'의 삼재(三才)를 본떠 만든 글자 (ㆍ, ㅡ, ㅣ)
  ㉡ 초출자: 'ㆍ'를 하나만 사용해서 만든 글자 (ㅏ, ㅓ, ㅗ, ㅜ)
  ㉢ 재출자: 'ㆍ'를 두 개 사용해서 만든 글자 (ㅑ, ㅕ, ㅛ, ㅠ)
  ㉣ 합용자: 초출자끼리, 재출자끼리, 'ㅣ'를 한 번 또는 두 번 사용해서 만든 글자
   - 초출자끼리: ㅘ, ㅝ
   - 재출자끼리: ㆇ, ㆊ
   - 'ㅣ'를 한 번 사용해서 만든 글자: ㅣ, ㅢ, ㅚ, ㅐ, ㅟ, ㅔ, ㆎ, ㅒ, ㆌ, ㅖ
   - 'ㅣ'를 두 번 사용해서 만든 글자: ㅙ, ㅞ, ㆈ, ㆋ

③ 종성: 종성의 제자 원리는 '종성부용초성(終聲復用初聲)'이라 하여 종성은 다시 초성을 사용한다 하였다. 이는 해례에 있는 '팔종성가족용(八終聲可足用: 8자만 종성으로 사용해도 가히 족하다는 규정)'이라는 받침규정과 달리 제자 원리로 해석해야 한다.

2) 글자의 운용

① 이어 쓰기(연서, 連書)
  ㉠ 'ㅇ'을 순음 'ㅁ, ㅂ, ㅍ, ㅃ' 아래에 이어 쓰면(연서) 순경음이 된다.
  ㉡ 'ㅸ'은 고유어 표기에 쓰이고 'ㅱ, ㆄ, ㅹ'은 한자음 표기에 쓰였는데 세조 때부터 소멸되었다.

② 나란히 쓰기(병서, 兵書)
  ㉠ 각자병서: 같은 자음을 나란히 쓰는 법(전탁자)
    → ㄲ, ㄸ, ㅃ, ㅉ, ㅆ, ㆅ, ㆀ, ㅥ
  ㉡ 합용병서: 다른 자음 두세 자를 나란히 쓰는 법
    → 중성(모음)도 합용이 된다. 중성의 기본자 11자 외에는 모두 합용자이다.

③ 붙여쓰기(부서, 附書): 초성과 중성의 표기방법이다.
  ㉠ 아래 붙여쓰기: 초성은 위에 중성은 아래에 쓰는 방법으로 '초성+ㆍ, ㅡ, ㅗ, ㅜ, ㅛ, ㅠ'의 경우이다.
  ㉡ 왼쪽 붙여쓰기: 초성은 왼쪽에 중성은 오른쪽에 쓰는 방법으로 '초성+ㅣ, ㅏ, ㅓ, ㅑ, ㅕ'의 경우이다.

④ 음절 이루기
  ㉠ 예의 규정: 모든 글자는 반드시 합해야 음절이 된다.
  ㉡ 해례 규정: 초·중·종 3성을 합해야 음절이 된다.
  ㉢ 고유어는 종성이 없어도 음절이 되고 동국정운식 한자음 표기에는 중성만으로 끝나는 음절에는 'ㅇ'을 반드시 표기해야 한다.

⑤ 성조와 방점
  ㉠ 평성(平聲): 낮고 짧은 소리
    예 점 없음 – 활[弓]
  ㉡ 거성(去聲): 높고 짧은 소리
    예 점 한 개 – ·갈[刀]
  ㉢ 상성(上聲): 낮은 음에서 높은 음으로 이동하는 소리
    예 점 두 개 – :돌[石]
  ㉣ 입성(入聲): 빨리 끝나는 소리
    예 점과 상관없이 종성이 'ㄱ, ㄷ, ㅂ, ㅅ'일 경우 – 붇[筆], 입[口]

3) 표기법
    ① 종성의 표기
        ㉠ 팔종성가족용(八終聲可足用): 해례에 있는 규정으로 종성의 대표음화를 반영한 것이다.
            → ㄱ, ㆁ, ㄷ, ㄴ, ㅂ, ㅁ, ㅅ, ㄹ
        ㉡ 표음주의, 즉 소리 나는 대로 적는 표기법에 따른 것이다.
        ㉢ 15세기에는 'ㄷ'과 'ㅅ'을 엄격히 구별하여 적고 'ㅅ'은 치음 [s]로 발음하였다. 16세기 이후 구별되지 않고 'ㅅ'으로 통일되었지만, 발음은 'ㄷ'으로 냈다.
    ② 이어 적기(연철)
        소리가 나는 대로 적는 표기법(표음주의)으로 받침이 있는 체언이나 용언의 어간에 모음으로 시작하는 조사나 어미가 붙을 때 사용된다. 현대 국어는 표의주의에 따라 끊어 적기(분철)를 한다.

4) 그 외 규칙들: 띄어쓰기가 없었고 한자에는 작은 크기의 동국정운식 한자음을 붙이는 것을 원칙으로 하였다(中듕國귁).
    ※ 예외: 월인천강지곡(반대로 함: 쫩雜)
            용비어천가, 두시언해(한자만 표기: 海東六龍이)

06 중세 한국어 음소 분포의 특징

1) 어두 자음군의 합용병서가 가능했다.
    예) 뿔[米], 뜯[意], 쁴[時], 뻬다[貫]
2) 모음 '이', 반모음 [j] 앞에서 ㄷ, ㅌ, ㄴ의 분포가 가능했다.
    예) 됴커나(좋거나), 티거든(치거든)
3) 종성에 올 수 있는 자음은 8개였다.
4) 모음 조화 철저: 양모음(·, ㅗ, ㅏ), 음모음(ㅡ, ㅜ, ㅓ), 중립모음(ㅣ)

07 음운의 변화

1) 'ㅸ'의 소멸: 15세기 중엽(세조 때)

2) 'ㆆ'의 소멸: 15세기 중엽(세조 이후) 소멸

3) 'ㅿ'의 소멸: 16세기 말에 소멸

4) 'ㆁ'의 소멸: 16세기 말(임진왜란 이후) 소멸(현대 국어 받침 'ㅇ'으로 변함)

5) 'ㆍ'의 소멸: 16세기 말 2음절 이하 'ㆍ'가 'ㅡ'로, 18세기 중엽 1음절 'ㆍ'가 'ㅏ'로 변함

6) 이중 모음의 변화: 'ㆎ, ㅐ, ㅔ'는 중세 국어에서 이중 모음으로 각각 [ʌy], [ay], [əy]로 발음하였다. 18세기에 단모음으로 변화되었다.

7) 소실된 문자 순서: ㆆ, ㅿ, ㆁ, ㆍ

08 훈민정음 언해본 풀이

한문본《훈민정음》을 국역한 책을 언해본이라 한다.

〈훈민정음 언해본 서문〉

나·랏말·ᄊᆞ·미 中듕國·귁·에 달·아
文문字·ᄍᆞ·와로 서르 ᄉᆞᄆᆞᆺ·디 아·니ᄒᆞᆯ·ᄊᆡ
(우리)나라의 말이 중국과 달라
한자와는 서로 통하지 아니하므로

·이런 젼·ᄎᆞ·로 어·린 百·뵉姓·셩·이 니르·고·져 ·호ᇙ배 이·셔·도
ᄆᆞ·ᄎᆞᆷ:내 제 ·ᄠᅳ·들 시·러 펴·디 :몯ᄒᆞᇙ ·노·미 하·니·라
·내 ·이·ᄅᆞᆯ 爲·윙·ᄒᆞ·야 :어엿·비 너·겨
이런 까닭으로 어리석은 백성이 말하고자 하는 바가 있어도
마침내 제 뜻을 능히 펴지 못하는 사람이 많다.
내가 이를 불쌍하게 생각하여

·새·로 ·스·믈 여·듧 字·ᄍᆞ·ᄅᆞᆯ 밍·ᄀᆞ노·니
:사ᄅᆞᆷ:마·다 :ᄒᆡ·ᅇᅧ :수·ᄫᅵ 니·겨 ·날·로 ·ᄡᅮ·메
便뼌安한·킈 ᄒᆞ·고·져 ᄒᆞᇙ ᄯᆞᄅᆞ·미니·라
새로 스물 여덟 자를 만드니
사람마다 하여금 쉽게 익혀 매일 씀에
편안하게 하고자 할 따름이다.

1)

> 나·랏말:쏨·미 中듕國·귁·에 달·아
> 文문字·쫑·와·로 서르 스뭇·디 아·니홀·씨

① 나·랏말:쏨·미 中듕國·귁·에 달·아
　(우리)나라의 말이 중국과 달라
　　• 나라+관형격 조사 'ㅅ'(무정 명사나 높임의 명사)+말
　　• 말씀+주격 조사 'ㅣ' → 말쏨미(이어 적기)
　　• 듕귁+기준을 뜻하는 부사격 조사 '에'
　　• 다ᄅ-(:다르다)+-아 → 달아

② 文문字·쫑·와·로 서르 스뭇·디 아·니홀·씨
　한자와는 서로 통하지 아니하므로
　　• 문쫑(한자 漢字): 동국정운식 한자음 표기 'ㅇ'
　　• 서르 → 서로
　　• 스뭇-(:통하다)+보조적 연결 어미 '-디': 8종성법에 따라 'ㅅ'으로 표기
　　• 아니ᄒ다+종속적 연결 어미 '-ㄹ씨'

2)

> ·이런 젼·ᄎ·로 어·린 百·빅姓·셩·이 니르·고·져 ·홇·배 이·셔·도
> 무·춤:내 제·뜨·들 시·러 펴·디 :몯ᄒ 노·미 하·니·라
> ·내 ·이·를 爲·윙·ᄒ·야 :어엿·비 너·겨

① ·이런 젼·ᄎ·로 어·린 百·빅姓·셩·이 니르·고·져 ·홇·배 이·셔·도
　이런 까닭으로 어리석은 백성이 말하고자 하는 바가 있어도
　　• 어리다: 현대에는 '나이가 어리다'로 의미 이동
　　• ᄒ-+어미 '-오-'+관형사형 어미 '-ㄹ'+된소리부호 'ㆆ'
　　• 의존 명사 '바'+주격 조사 'ㅣ'
　　• 이시-(자음 어미 앞에서는 '잇-')+-어도

② 무·춤:내 제 ·뜨·들 시·러 펴·디 :몯ᄒ ·노·미 하·니·라
　마침내 제 뜻을 능히 펴지 못하는 사람이 많다.
　　• 무춤내(:마침내): 'ㆍ'의 탈락으로 'ㅣ'로 형태가 변화
　　• 제: 저+관형격 조사 'ㅣ'
　　• 싣-(:얻다)+-어 → 시러(이어 적기)
　　• 펴디(:펴지): 구개음화가 일어나기 전 형태

- 놈(:사람): 당시 평칭, 현대 낮춤말(의미 축소)
- 하-(:많다)+평서형 종결 어미 '-니라'

③ ·내 ·이·룰 爲·윙·ᄒ·야 :어엿·비 너·겨
　내가 이를 불쌍하게 생각하여
- 나+주격 조사 'ㅣ'
- 어엿브-(:불쌍하다)+부사 파생접미사 '이': 현대에는 '예쁘다'로 의미 이동

3)

> ·새·로 ·스·믈 여·듧 字·쭝·를 밍·ᄀ노·니
> :사룸:마·다 :히·ᅇᅧ :수·비 니·겨 ·날·로 ·ᄡᅮ·메
> 便뼌安한·킈 ᄒ·고·져 홂 ᄯᆞᄅ·미니·라

① ·새·로 ·스·믈 여·듧 字·쭝·를 밍·ᄀ노·니
　새로 스물 여덟 자를 만드니
- 스믈(:스물): 원순 모음화가 일어나기 전 표기
- 밍ᄀᆞᆯ-+직설법 선어말 어미 'ᄂ'+주어 1인칭 선어말 어미 '오'+니: 직설법 선어말 어미 (현재시제) 'ᄂ'는 동사에만 사용. 현대에는 '는'으로 변화

② :사룸:마·다 :히·ᅇᅧ :수·비 니·겨 ·날·로 ·ᄡᅮ·메
　사람마다 하여금 쉽게 익혀 매일 씀에
- ᄒ+사동 접미사 '-이-'+어 → 히ᅇᅧ(:하여금): 'ᅇᅧ'은 대부분이 반모음으로 끝나는 어근들에서 피동형이나 사동형을 구별하기 위해서 사용
- 쉽-+부사 파생접미사 '이' → 수ᄫᅵ: 순음 아래 'ㅇ'은 입술 가벼운 소리로 'ㅸ'으로 표기
- 닉-+사동 접미사 '-이-'+어
- ᄡᅳ-(:사용하다)+명사형 어미 '움'+에: 'ᄡᅳ다'는 '用', '쓰다'는 '書'의 의미

③ 便뼌安한·킈 ᄒ·고·져 홂 ᄯᆞᄅ·미니·라
　편안하게 하고자 할 따름이다.
- 便뼌安한: 동국정운식 한자음 표기
- 편안ᄒ-+보조적 연결 어미 '긔'(:게) → 킈(음운축약)
- 의존 명사 'ᄯᆞᄅᆞᆷ'+서술격 조사 '이니라'

07 실전 문제

연습 문제

01
고대 국어의 특징으로 알맞지 않은 것을 고르시오.

① 한자 차용 표기인 향찰을 통해 기록하였다.
② 실질 형태소는 한자의 뜻을 이용하여 표기하였다.
③ 형식 형태소는 한자의 음을 이용하여 표기하였다.
④ 문어의 어순은 구어와 다르게 중국의 어순을 따랐다.

02
중세 국어에 대한 설명으로 알맞지 않은 것을 고르시오.

① 고려시대부터 임진왜란 이전을 말한다.
② 전기와 후기를 나누는 기준은 왕조의 변화이다.
③ 전기는 신라어를 계승한 고려 왕조에 해당한다.
④ 16세기에서 17세기로 넘어가면서 근대 국어로 넘어가게 된다.

03
훈민정음 글자의 체계에 대한 설명으로 알맞지 않은 것을 고르시오.

① 초성의 기본자는 발음 기관을 상형하여 만들었다.
② 중성의 기본자는 삼재(三才)를 본떠 만들었다.
③ 종성은 종성부용초성의 규칙에 따랐다.
④ 중성의 기본자는 가획을 통해 다른 소리를 만들었다.

04
중세 국어 음소 분포의 특징으로 알맞지 않은 것을 고르시오.

① 어두 자음군이 가능했다.
② 모음 '이', 반모음 [j] 앞에서 'ㄷ, ㅌ, ㄴ'의 분포가 가능했다.
③ 종성 위치에 올 수 있는 자음은 7개였다.
④ 모음 조화에 철저하였다.

05

다음 설명 중 틀린 것을 고르시오.

① 중세에 '어엿브다'는 '예쁘다'라는 뜻이었다.
② '어리다'는 중세와 현대의 의미가 다르다.
③ '하다'는 중세에 '많다'라는 의미였다.
④ '놈'은 중세에 평칭으로 사용되었다.

> **해설**
> 01 문어와 구어 상관없이 우리말 어순에 따랐다.
> 02 전기와 후기를 나누는 기준은 훈민정음 창제이다.
> 04 종성 위치에 올 수 있는 자음은 'ㄱ, ㆁ, ㄷ, ㄴ, ㅂ, ㅁ, ㅅ, ㄹ'로서 8자이다.
> 05 중세에 '어엿브다'는 '불쌍하다'라는 뜻이었다.
>
> **정답** 01 ④ 02 ② 03 ④ 04 ③ 05 ①

기출문제

01

훈민정음의 소실 문자에 관한 설명으로 옳지 않은 것은? 〔기출〕 17회 51번

① ㆍ : 삼재 중 하늘[天]을 본떠 만들어졌다.
② ㅿ : 종성에서 'ㅅ'으로 표기되기도 했다.
③ ㆁ : 'ㅇ'을 기본으로 하여 만들어졌다.
④ ㆆ : 고유어의 초성에서 사용되었다.

02

단어들의 음운 현상에 관한 설명으로 옳지 않은 것은? 〔기출〕 18회 54번

- 아츰 > 아침[朝]
- 즐다 > 질다[泥]
- 슳다 > 싫다[嫌]

① 전설 모음화 현상이다.
② 근대 국어 시기에 일어났다.
③ 인접 동화가 일어났다.
④ 조음 방법 동화가 일어났다.

03

중세 국어에 관한 설명으로 옳지 않은 것은?   기출 19회 4번

① 종성 'ㅅ'은 실제 발음되었다.
② 'ㆅ'은 초성에 나타나지 않았다.
③ 초성으로 두 개의 자음이 발음될 수 있었다.
④ 훈민정음의 기본자는 상형의 원리가 적용되었다.

04

국어사적 사실로 옳지 않은 것은?   기출 19회 52번

① 구결, 이두, 향찰의 차자표기는 한글 창제 이후 사용되지 않았다.
② 중세 국어에서는 현대 국어보다 관형격 조사가 발달하였다.
③ 근대 국어 이후 객체 높임은 약화되고 상대 높임이 발달하였다.
④ 'ㆍ(아래아)'의 소멸 과정에서 모음 조화 현상이 점차 약화되었다.

05

해례본 훈민정음에 관한 설명으로 옳지 않은 것은?   기출 19회 53번

① 예의에는 글자의 음가와 운용 방법이 설명되어 있다.
② 제자해에는 각 자모의 제자 원리와 음상, 성조 등이 설명되어 있다.
③ 종성해에는 종성이 초설과 중성을 이어서 음절을 이루는 방법과 성조 등이 설명되어 있다.
④ 합자해에는 초성과 중성과 종성을 합쳐서 글자를 이루는 방법과 성조, 연서법 등이 설명되어 있다.

정답 01 ④ 02 ④ 03 ② 04 ① 05 ②

참고문헌

- 고영근(1987), 표준 중세 국어 문법론, 탑출판사
- 고영근·남기심(1993), 표준 국어 문법론(개정판), 탑출판사
- 고영근·남기심(2008), 7차 고교 문법 자습서, 탑출판사
- 이관규(2007), 학교 문법론, 월인
- 이익섭(1997), 한국의 언어, 신구문화사
- 평생 교육원(2005), 외국어로서의 한국학, 한국방송통신대학교출판부

08 한국어 어문 규범

한글 맞춤법

※ 한국어 어문 규범을 일부 발췌함. 전문은 국립국어원 누리집에서 확인 가능

제1장 총칙

제1항 한글 맞춤법은 표준어를 소리대로 적되, 어법에 맞도록 함을 원칙으로 한다. `중요`

제1항은 보기에 따라서는 모순적으로 느껴질 수 있는데, 소리 나는 대로 적는다면 같이[가치], 같다[갇따] 등 발음기호 안의 모양으로 적어야 할 것이다. 그러나 표준어를 실제로 사용하고 있는 발음대로만 적는다면 독서의 능률(의미 파악)을 크게 떨어뜨리게 된다.

예를 들어 /신라시대/를 [실라시대]라고 발음대로 적는다면 쉽게 의미를 파악할 수 없다. 따라서 소리대로 적되 어법에 맞게 적는다는 두 가지 원칙을 가진다.

제2항 문장의 각 단어는 띄어 씀을 원칙으로 한다. `중요`

띄어쓰기를 하지 않은 문장은 의미가 명확하게 파악되지 않는다. 예를 들어 /아버지가 방에들어가신다/라고 다 붙여 쓴다면 의미 파악에 시간이 걸릴 수 있다. 따라서 의미를 명확하게 하기 위해서는 띄어쓰기가 이루어져야 한다.

단, 조사는 한 단어이지만 문법적인 기능을 주로 하기 때문에 실질적 개념을 가진 단어에 붙여 쓴다.

제3항 외래어는 '외래어 표기법'에 따라 적는다.

제2장 자모

제4항 한글 자모의 수는 스물넉 자로 하고, 그 순서와 이름은 다음과 같이 정한다.

ㄱ(기역)	ㄴ(니은)	ㄷ(디귿)	ㄹ(리을)	ㅁ(미음)	ㅂ(비읍)	ㅅ(시옷)
ㅇ(이응)	ㅈ(지읒)	ㅊ(치읓)	ㅋ(키읔)	ㅌ(티읕)	ㅍ(피읖)	ㅎ(히읗)
ㅏ(아)	ㅑ(야)	ㅓ(어)	ㅕ(여)	ㅗ(오)		
ㅛ(요)	ㅜ(우)	ㅠ(유)	ㅡ(으)	ㅣ(이)		

제3장 소리에 관한 것

제5항 한 단어 안에서 뚜렷한 까닭 없이 나는 된소리는 다음 음절의 첫소리를 된소리로 적는다.

된소리가 난다고 모두 된소리로 적는 것은 아니다. 각 형태를 밝혀 적는 것이 읽고 이해하기에 편리한 경우가 있다.

예 비빔밥[비빔빱]

그러나 된소리가 날 환경이 아닌데 나는 된소리는 표기로 밝혀준다. 이 말은 하나의 형태소 안에서 원래부터 된소리로 나는 소리였음을 의미한다.

예 소쩍새, 어깨, 오빠, 으뜸, 아끼다, 산뜻하다, 잔뜩

다만, 'ㄱ, ㅂ' 받침 뒤에서 나는 된소리는 같은 음절이나 비슷한 음절이 겹쳐 나는 경우가 아니면 된소리로 적지 아니한다.

예 국수 / 국쑤(×), 깍두기 / 깍뚜기(×), 싹둑 / 싹뚝(×), 갑자기 / 갑짜기(×)

제6항 'ㄷ, ㅌ' 받침 뒤에 종속적 관계를 가진 '-이(-)'나 '-히-'가 올 적에는, 그 'ㄷ, ㅌ'이 'ㅈ, ㅊ'으로 소리 나더라도 'ㄷ, ㅌ'으로 적는다.

예 맏이 / 마지(×), 해돋이 / 해도지(×), 걷히다 / 거치다(×)

제7항 'ㄷ' 소리로 나는 받침 중에서 'ㄷ'으로 적을 근거가 없는 것은 'ㅅ'으로 적는다.

표준어는 소리 나는 대로 적는다는 1항의 원칙에 어긋나지만, 예로부터 'ㅅ'으로 적어왔기 때문에 표기 관습을 존중한 것이다.

예 덧저고리, 돗자리, 웃어른

제8항 '계, 례, 몌, 폐, 혜'의 'ㅖ'는 'ㅔ'로 소리 나는 경우가 있더라도 'ㅖ'로 적는다. 중요

'게시판, 휴게실'은 원래 '게'이다.

예1 핑계, 사례, 폐품, 혜택
예2 게시판, 휴게실

제9항 '의'나, 자음을 첫소리로 가지고 있는 음절의 'ㅢ'는 'ㅣ'로 소리 나는 경우가 있더라도 'ㅢ'로 적는다.

예 의의 / 의이(×), 본의 / 본이(×), 무늬 / 무니(×), 늴큼 / 닝큼(×), 하늬바람 / 하니바람(×), 닐리리 / 닐리리(×)

제10항 한자음 '녀, 뇨, 뉴, 니'가 단어 첫머리에 올 적에는, 두음 법칙에 따라 '여, 요, 유, 이'로 적는다.

예 여자(女子) / 녀자(×)

〈어두가 아닌데도 두음 법칙의 적용을 받는 경우〉

① '률'은 모음이나 'ㄴ' 받침 뒤에서는 '율'로 적는다.

동일한 한자임에도 불구하고 이렇게 달리 표기하는 이유는 현실 발음이 다르기 때문이다.

예1 출산율, 비율, 실패율
예2 성장률, 성공률, 출석률

② '량'은 외래어나 고유어 뒤에서 '양'으로, 한자어 뒤에서 '량'으로 표기한다. 중요★
예1 구름양, 알칼리양
예2 노동량, 작업량

〈두음 법칙이 적용되는 단어〉
그 앞에 다른 말이 와서 새로운 단어의 일부가 될 적에도 두음 법칙에 따라 적는다. 그러나 '연도'의 경우 숫자와 결합할 때는 두음 법칙이 적용되지 않은 '년도'를 쓴다.
예1 여성, 신여성(신녀성 ×)
예2 연도, 회계연도(회계년도 ×)
예3 2010년도

제11항 한자음 '랴, 려, 례, 료, 류, 리'가 단어의 첫머리에 올 적에는, 두음 법칙에 따라 '야, 여, 예, 요, 유, 이'로 적는다.
예1 양심(良心) / 량심(×)
예2 역사(歷史) / 력사(×)

제12항 한자음 '라, 래, 로, 뢰, 루, 르'가 단어의 첫머리에 올 적에는, 두음 법칙에 따라 '나, 내, 노, 뇌, 누, 느'로 적는다.
예1 낙원(樂園) / 락원(×)
예2 내일(來日) / 래일(×)
단어의 첫머리 이외의 경우에는 본음대로 적는다. 한자어 뒤에 오는 1음절 한자어는 두음 법칙을 적용하지 않는다. 그러나 고유어나 외래어 뒤에 오는 경우는 두음 법칙이 적용된다. 즉, 한자어 뒤에는 '릉', '란'이지만 고유어나 외래어 뒤에는 '능', '난'을 쓴다.
예1 동구릉, 가정란, 투고란, 학습란, 답란
예2 어린이난, 펜팔난, 어머니난, 가십난

제13항 한 단어 안에서 같은 음절이나 비슷한 음절이 겹쳐 나는 부분은 같은 글자로 적는다.
① 5항의 규정을 보충해 주고 있다.
예1 딱딱, 씩씩, 쓱싹
② 11항, 12항에 따르면 아래 예2는 '연련불망, 유류상종, 누루이'로 적어야 하지만 실제로 발음이 반복되므로 아래와 같이 적는다.
예2 연연불망, 유유상종, 누누이
③ 동일한 한자어가 겹쳐 쓰이는 경우라도 다음은 동일하게 발음되지 않으므로 달리 적는다.
예3 열렬하다, 늠름하다

제4장 형태에 관한 것

제14항 체언은 조사와 구별하여 적는다.
조사가 결합했을 때 소리 나는 대로 적는 것이 아니라 조사와 구별해서 적는다.
예 값이, 값도, 값만

제15항 용언의 어간과 어미는 구별하여 적는다.
① 종결형에서 사용되는 어미 '-오'는 '요'로 소리 나는 경우가 있더라도 그 원형을 밝혀 '오'로 적는다. 하지만 연결형에 사용되는 '-이요'는 '-이요'로 적는다.
예1 이것은 책이오. / 이것은 책이요.(×)
예2 이것은 책이요, 저것은 붓이요, 또 저것은 먹이다. / 이것은 책이오, 저것은 붓이오, 또 저것은 먹이다.(×)
② '-오'는 종결 어미이므로 어간이나 선어말 어미 뒤에 결합하여야 하며, '요'는 조사이므로 명사나 어미 뒤에 온다.
예 가시오, 오시오

제16항 어간의 끝음절 모음이 'ㅏ, ㅗ'일 때에는 어미를 '-아'로 적고, 그 밖의 모음일 때에는 '-어'로 적는다.
예1 나아, 막아, 보아
예2 먹어, 쉬어, 주어

제17항 어미 뒤에 덧붙는 조사 '요'는 '요'로 적는다. **중요**
어미 뒤에 덧붙는 조사가 '요'인지 종결 어미 '오'인지 혼란스러운 경우, 해당하는 '오'나 '요'를 빼고 문장 형태가 완성되는지 본다. 문장 형태가 완성되어 있으면 덧붙이는 것은 조사 '요'이다.
예1 읽어/읽어요
예2 참으리/참으리요
예3 좋지/좋지요

제18항 다음과 같은 용언들은 어미가 바뀔 경우, 그 어간이나 어미가 원칙에 벗어나면 벗어나는 대로 적는다.
각종 불규칙 동사들이 이에 해당한다. 원칙과 다른 모양이 나타나는 경우이다.
예1 갈다: 가니-간-갑니다
예2 놀다: 노니-논-놉니다

제19항 어간에 '-이'나 '-(으)ㅁ'이 붙어서 명사로 된 것과 '-이'나 '-히'가 붙어서 부사로 된 것은 그 어간의 원형을 밝혀 적는다.
그런데 'ㄹ'로 끝난 용언의 어간은 다른 자음 어간과는 달리 모음 어간과 같은 어미 활용을 보인다. 따라서 '만들다'는 '만듦'으로 표기한다. '만들음'으로 표기될 수 없으며, 'ㄹ'을 탈락시킨 '만듬'의 꼴도 적절하지 않다.

[예1] 길이, 깊이, 다듬이, 걸음, 졸음, 앎, 만듦
[예2] 같이, 굳이, 실없이, 밝히, 익히

다만, 어간에 '-이'나 '-음'이 붙어서 명사로 바뀐 것이라도 그 어간의 뜻과 멀어진 것은 원형을 밝혀 적지 않는다.

[예] 굽도리, 다리, 코끼리, 거름, 고름, 노름

어간에 '-이'나 '-음' 이외의 모음으로 시작된 접미사가 붙어서 다른 품사로 바뀐 것은 그 어간의 원형을 밝혀 적지 않는다.

[예1] 귀머거리, 마감, 마개, 무덤, 주름(명사)
[예2] 너무, 도로, 바투, 자주, 차마(부사)

제20항 명사 뒤에 '-이'가 붙어서 된 말은 그 명사의 원형을 밝혀 적는다.

[예] 곳곳이, 낱낱이, 몫몫이

제21항 명사나 혹은 용언의 어간 뒤에 자음으로 시작된 접미사가 붙어서 된 말은 그 명사나 어간의 원형을 밝혀 적는다.

[예] 값지다, 홑지다

제22항 용언의 어간에 다음과 같은 접미사들이 붙어서 이루어진 말들은 그 어간을 밝히어 적는다.

① '-기-, -리-, -이-, -히-, -구-, -우-, -추-, -으키-, -이키-, -애-'가 붙는 것

[예] 맡기다, 울리다, 낚이다, 앉히다, 돋구다, 돋우다, 갖추다, 일으키다, 돌이키다, 없애다

다만, '-이-, -히-, -우-'가 붙어서 된 말이라도 본뜻에서 멀어진 것은 소리대로 적는다.

[예] 도리다(칼로), 드리다(용돈을), 부치다(편지를), 미루다(일을)

② '-치-, -뜨리-, -트리-'가 붙는 것

[예] 놓치다, 흩뜨리다

다만, '-업-, -읍-, -브-'가 붙어서 된 말은 소리대로 적는다.

[예] 미덥다, 우습다, 미쁘다

제23항 '-하다'나 '-거리다'가 붙는 어근에 '-이'가 붙어서 명사가 된 것은 그 원형을 밝혀 적는다.

파생 명사를 만드는 접미사 '-이'는 의미 파악이 쉽도록 원형을 밝혀 적는 것이 일반적이다. 단, 접사와 결합하는 선행어의 형태와 의미가 분명하지 않은 경우에는 원형을 밝혀 적지 않는다. '기러기'를 '기럭이'라고 쓰지 않는 것도 이러한 이유이다.

[예1] 오뚝이 / 오뚜기(×), 꿀꿀이 / 꿀꾸리(×), 배불뚝이 / 배불뚜기(×)
[예2] 기러기, 깍두기, 개구리, 누더기, 동그라미, 두드러기, 귀뚜라미

제24항 '-거리다'가 붙을 수 있는 시늉말 어근에 '-이다'가 붙어서 된 용언은 그 어근을 밝혀 적는다.

> 예 깜짝이다 / 깜짜기다(×), 속삭이다 / 속사기다(×)

제25항 '-하다'가 붙는 어근에 '-히'나 '-이'가 붙어서 부사가 되거나, 부사에 '-이'가 붙어서 뜻을 더하는 경우에는 그 어근이나 부사의 원형을 밝혀 적는다.

'-이, -히'가 붙어서 부사가 되는 경우에도 원형을 유지한다. 그러나 '-하다'가 붙지 않는 경우에는 예2처럼 소리대로 적는다. 또한 예3처럼 부사에 '-이'가 붙어서 역시 부사가 되는 경우는 원형을 밝혀 적는다.

> 예1 반듯이(반듯하다), 꾸준히, 급히, 깨끗이
> 예2 반드시(꼭), 갑자기, 슬며시
> 예3 더욱이, 곰곰이, 오뚝이, 일찍이

제26항 '-하다'나 '-없다'가 붙어서 된 용언은 그 '-하다'나 '-없다'를 밝혀 적는다.

> 예 딱하다, 부질없다

제27항 둘 이상의 단어가 어울리거나 접두사가 붙어서 이루어진 말은 각각 그 원형을 밝혀 적는다.

> 예 꽃잎, 물난리, 값없다, 굶주리다, 맞먹다, 엿듣다

제28항 끝소리가 'ㄹ'인 말과 딴 말이 어울릴 적에 'ㄹ' 소리가 나지 아니하는 것은 아니 나는 대로 적는다.

> 예 다달이, 따님, 마소, 바느질, 소나무, 화살

제29항 끝소리가 'ㄹ'인 말과 딴 말이 어울릴 적에 'ㄹ' 소리가 'ㄷ' 소리로 나는 것은 'ㄷ'으로 적는다.

> 예 반짇고리, 사흗날, 숟가락, 이튿날

제30항 사이시옷은 다음과 같은 경우에 받쳐 적는다. 중요

① 합성명사에서 뒷말의 첫소리가 된소리로 나거나 뒷말의 첫소리 'ㄴ, ㅁ' 앞에서 'ㄴ'이 덧나는 경우. 사이시옷은 '고유어+고유어' 또는 '고유어+한자어', '한자어+고유어'의 결합 합성어에만 받쳐 적는다.

> 예1 냇가, 맷돌, 잇몸, 햇수, 모깃불, 제삿날, 전셋집, 최댓값, 머릿방, 사잣밥

② 두 음절 한자어 중에서 예외적으로 사이시옷을 적는 6개 단어가 있다. '초점'은 아래 예외적인 6개 단어에 포함되지 않기 때문에 '촛점'이 아니라 '초점'으로 적는다.

> 예2 곳간(庫間), 셋방(貰房), 숫자(數字), 찻간(車間), 툇간(退間), 횟수(回數)

TOP-Point

☑ **사이시옷을 적용하지 않는 경우**
- 뒤의 첫소리가 된소리나 거센소리로 시작하는 것에는 사이시옷을 표기하지 않는다.
  예 보리쌀, 허리띠, 개펄, 배탈, 허리춤
- 발음이 된소리로 나타나지 않는 경우에는 사이시옷을 표기하지 않는다.
  예 개구멍, 배다리, 새집, 머리말, 소개말, 머리방, 노래방, 빨래방, 머리기사, 인사말
- 외래어나 외국어가 포함된 합성어의 경우 사이시옷을 표기하지 않는다.
  예 핑크빛, 피자집
- 파생 명사의 경우에는 사이시옷을 표기하지 않는다.
  예 해(명사)+님(접미사)
- 한자어의 결합에는 사이시옷을 표기하지 않는다. ('곳간' 등 앞의 6개 단어는 예외)
  예 전세방(傳貰房)[전세빵]

제31항 두 말이 어울릴 적에 'ㅂ' 소리나 'ㅎ' 소리가 덧나는 것은 소리대로 적는다.
  예1 댑싸리(대ㅂ싸리), 멥쌀(메ㅂ쌀), 입때(이ㅂ때), 접때(저ㅂ때)
  예2 머리카락(머리ㅎ가락), 살코기(살ㅎ고기), 수캐(수ㅎ개), 암탉(암ㅎ닭), 안팎(안ㅎ밖)

제32항 단어의 끝모음이 줄어지고 자음만 남은 것은 그 앞의 음절에 받침으로 적는다.
  예1 어제그저께 → 엊그저께
  예2 어제저녁 → 엊저녁

제33항 체언과 조사가 어울려 줄어지는 경우에는 준 대로 적는다.
  예1 그것은 → 그건
  예2 그것이 → 그게

제34항 모음 'ㅏ, ㅓ'로 끝난 어간에 '-아/-어, -았-/-었-'이 어울릴 적에는 준 대로 적는다.
  예1 가아 → 가, 가았다 → 갔다
  예2 나아 → 나, 나았다 → 났다

제35항 모음 'ㅗ, ㅜ'로 끝난 어간에 '-아/-어, -았-/-었-'이 어울려 'ㅘ/ㅝ, ㅘㅆ/ㅝㅆ'으로 될 적에는 준 대로 적는다.
  예1 꼬아 → 꽈, 꼬았다 → 꽜다
  예2 보아 → 봐, 보았다 → 봤다

제36항 'ㅣ' 뒤에 '-어'가 와서 'ㅕ'로 줄 적에는 준 대로 적는다.
  예1 가지어 → 가져
  예2 가지었다 → 가졌다

제37항 'ㅏ, ㅕ, ㅗ, ㅜ, ㅡ'로 끝난 어간에 '-이-'가 와서 각각 'ㅐ, ㅖ, ㅚ, ㅟ, ㅢ'로 줄 적에는 준 대로 적는다.
  예 누이다 → 뉘다, 뜨이다 → 띄다

제38항 'ㅏ, ㅗ, ㅜ, ㅡ' 뒤에 '-이어'가 어울려 줄어질 적에는 준 대로 적는다.
　　　예1 보이어 → 뵈어, 보여
　　　예2 쓰이어 → 씌어, 쓰여

제39항 어미 '-지' 뒤에 '않-'이 어울려 '-잖-'이 될 적과 '-하지' 뒤에 '않-'이 어울려 '-찮-'이 될 적에는 준 대로 적는다.
　　　예1 그렇지 않은 → 그렇잖은
　　　예2 만만하지 않다 → 만만찮다

제40항 어간의 끝음절 '하'의 'ㅏ'가 줄고 'ㅎ'이 다음 음절의 첫소리와 어울려 거센소리로 될 적에는 거센소리로 적는다.
　　　예1 간편하게 → 간편케
　　　예2 다정하다 → 다정타

제5장 띄어쓰기

제41항 조사는 그 앞말에 붙여 쓴다. 중요
　　　예 꽃이, 꽃마저

제42항 의존 명사는 띄어 쓴다. 중요
　　　예 아는 것이 힘이다.
　　　　 나도 할 수 있다.
　　　　 먹을 만큼 먹어라.
　　　　 아는 이를 만났다.
　　　　 네가 뜻한 바를 알겠다.
　　① 커녕, 라고, 부터, 마는
　　　 '커녕', '라고', '부터', '마는'도 조사이므로 앞말에 붙인다.
　　　 예 예쁘기는커녕, '알았다'라고, 친구부터, 그 말도 맞습니다마는
　　② 만큼, 대로, 뿐
　　　 '만큼', '대로', '뿐'은 의존 명사이기도 하고, 조사이기도 하기 때문에 어느 품사로 쓰였는가에 따라 띄어쓰기도 달라진다. 예를 들어 '뿐'이 '남자뿐이다, 셋뿐이다'처럼 체언 뒤에 붙어서 한정의 뜻을 나타내는 경우는 조사로 다루어 붙여 쓰지만, '웃을 뿐이다'와 같이, 용언의 관형사형 '-을' 뒤에서 '따름'이란 뜻을 나타내는 경우는 의존 명사이므로 띄어 쓴다.
　　　 예1 저 공원만큼 크게 지으시오.
　　　　　그 사람 말대로 되었다.
　　　　　학교에 온 학생은 철수뿐이다.
　　　 예2 공들인 만큼 큰 성공을 할 것이라 믿는다.
　　　　　아는 대로 모두 말해줘.
　　　　　그저 그의 눈만 바라볼 뿐 아무 말도 하지 않았다.

③ 만

'만'은 의존 명사로도 쓰이고 조사로도 쓰인다. 의존 명사로 쓰일 때는 '동안'의 의미, 즉 경과한 시간을 나타내는 경우는 의존 명사이므로 띄어 쓴다. 조사로 쓰일 때는 '한정'이나 '그러한 정도에 이름'을 뜻하는 것이므로 붙여 쓴다.

예1 이거 얼마 만인가?
　　 결혼한 지 10년 만에 아이를 가졌다.
예2 철수만 학교에 갔다.

④ 들, 등

'들'이 '남자들, 학생들'처럼 하나의 단어에 결합하여 복수를 나타내는 경우는 접미사로 다루어 붙여 쓰지만, '쌀, 보리, 콩, 조, 기장 들을 오곡(五穀)이라 한다.'와 같이 두 개 이상의 사물을 열거하는 구조에서 '그런 따위'란 뜻을 나타내는 경우는 의존 명사이므로 띄어 쓴다. "국어의 'ㅂ, ㄷ, ㄱ' 등은 파열음이다."처럼 쓰이는 '등'도 마찬가지다.

⑤ 바

의존 명사는 의미적 독립성은 없으나 다른 단어 뒤에 의존하여 명사적 기능을 담당하므로, 하나의 단어로 다루어진다. 따라서 띄어 쓴다. 의존 명사 '바'는 앞에서 말한 내용이나 일, 앞말이 나타내는 일의 기회나 그리된 형편, 일의 방법을 나타내고 어미 '-ㄴ바'는 뒤 절에서 어떤 사실을 말하기 위하여 그 사실이 있게 된 것과 관련된 과거의 어떤 상황을 미리 제시하는 데 쓴다.

예1 앞서 지적한 바와 같이, 당신의 말은 앞뒤가 맞지 않습니다.
예2 그렇게 해본바 효과가 있더군.

제43항 단위를 나타내는 명사는 띄어 쓴다.

예 한 개, 차 한 대

다만, 순서를 나타내는 경우나 숫자와 어울리어 쓰이는 경우에는 붙여 쓸 수 있다.

예 두시 삼십분 오초, 제일과, 삼학년, 육층

제44항 수를 적을 적에는 '만(萬)' 단위로 띄어 쓴다. 중요

예 12억 3456만 7898(십이억 삼천사백오십육만 칠천팔백구십팔)

제45항 두 말을 이어 주거나 열거할 적에 쓰이는 말들은 띄어 쓴다.

예 국장 겸 과장, 열 내지 스물

제46항 단음절로 된 단어가 연이어 나타날 적에는 붙여 쓸 수 있다.

예 그때, 그곳

제47항 보조 용언은 띄어 씀을 원칙으로 하되, 경우에 따라 붙여 씀도 허용한다.

예1 불이 꺼져 간다. 불이 꺼져간다.
예2 내 힘으로 막아 낸다. 내 힘으로 막아낸다.

제48항 성과 이름, 성과 호 등은 붙여 쓰고, 이에 덧붙는 호칭어, 관직명 등은 띄어 쓴다. 〔중요〕

성과 이름은 붙여 쓴다. 성과 호도 마찬가지로 붙여 쓰며, 단, '선우 민재', '선우 민'처럼 성과 이름을 구별할 필요가 있을 때에 한해 띄어 쓸 수 있다. 성 혹은 이름 뒤에 관직이나 호칭을 나타내는 표현이 올 경우에는 띄어 쓴다. 그리고 성씨를 가리킬 때는 '김씨'처럼 붙여 써야 한다.

예 김미정 씨, 김 씨, 김 양, 김 선생, 김 교수

제49항 성명 이외의 고유 명사는 단어별로 띄어 씀을 원칙으로 하되, 단위별로 띄어 쓸 수 있다.

예 대한 중학교, 대한중학교

제50항 전문 용어는 단어별로 띄어 씀을 원칙으로 하되, 붙여 쓸 수 있다.

예 만성 골수성 백혈병, 만성골수성백혈병

제6장 그 밖의 것

제51항 부사의 끝음절이 분명히 '이'로만 나는 것은 '-이'로 적고, '히'로만 나거나 '이'나 '히'로 나는 것은 '-히'로 적는다.

예 솔직히, 가만히, 극히, 급히, 따뜻이, 깨끗이

제52항 한자어에서 본음으로도 나고 속음으로도 나는 것은 각각 그 소리에 따라 적는다.

예 승낙(承諾), 수락(受諾), 쾌락(快諾), 허락(許諾)

제53항 다음과 같은 어미는 예사소리로 적는다.

예1 -(으)ㄹ거나 / -(으)ㄹ꺼나(×)
예2 -(으)ㄹ걸 / -(으)ㄹ껄(×)

제54항 다음과 같은 접미사는 된소리로 적는다.

예 심부름꾼, 귀때기

제55항 두 가지로 구별하여 적던 다음 말들은 한 가지로 적는다.

예1 맞추다(입을 맞춘다. 양복을 맞춘다.) / 마추다(×)
예2 뻗치다(다리를 뻗친다. 멀리 뻗친다.) / 뻐치다(×)

제56항 '-더라, -던'과 '-든지'는 다음과 같이 적는다. 〔중요〕

① 지난 일을 나타내는 어미는 '-더라, -던'으로 적는다.
   예 지난겨울은 몹시 춥더라.
② 물건이나 일의 내용을 가리지 아니하는 뜻을 나타내는 조사와 어미는 '-든지'로 적는다.
   예 배든지 사과든지 마음대로 먹어라.

제57항 다음 말들은 각각 구별하여 적는다.

예 가름: 둘로 가름
 갈음: 새 책상으로 갈음하였다.
 걷잡다: 걷잡을 수 없는 상태
 겉잡다: 겉잡아서 이틀 걸릴 일
 느리다: 진도가 너무 느리다.
 늘이다: 고무줄을 늘인다.
 늘리다: 수출량을 더 늘린다.

표준어 규정

01 제1부 표준어 사정 원칙

제1장 총칙

제1항 표준어는 교양 있는 사람들이 두루 쓰는 현대 서울말로 정함을 원칙으로 한다. 중요

'교양 있는 사람들'이라는 구절의 또 하나의 의도는 앞으로는 표준어를 못하면 교양 없는 사람이 된다는 점의 강조도 포함된 것이다. 표준어는 국민 누구나가 공통적으로 쓸 수 있게 마련한 공용어(公用語)이므로, 공적(公的) 활동을 하는 이들이 표준어를 익혀 올바르게 사용하는 것은 너무나 당연한 필수적 교양인 것이다.

'현재'를 '현대'로 한 것은 역사의 흐름에서의 구획을 인식해서다.

제2항 외래어는 따로 사정한다.

제2장 발음 변화에 따른 표준어 규정

제3항 다음 단어들은 거센소리를 가진 형태를 표준어로 삼는다.
예1 끄나풀 / 끄나불(×)
예2 나팔-꽃 / 나발-꽃(×)

제4항 다음 단어들은 거센소리로 나지 않는 형태를 표준어로 삼는다.
예1 가을-갈이 / 가을-카리(×)
예2 거시기 / 거시키(×)

제5항 어원에서 멀어진 형태로 굳어져서 널리 쓰이는 것은, 그것을 표준어로 삼는다.
예1 강낭-콩 / 강남-콩(×)
예2 사글-세 / 삭월-세(×)

제6항 다음 단어들은 의미를 구별함이 없이, 한 가지 형태만을 표준어로 삼는다.
- 예1 돌 / 돐(×)
- 예2 빌리다 / 빌다(×)

제7항 수컷을 이르는 접두사는 '수-'로 통일한다.
동물의 '암, 수'를 나타내는 말에서 거센소리가 될 때는 거센소리를 인정해 표기한다. 다만, 수컷인 '양, 염소, 쥐'의 경우에는 '숫'형으로 표기한다.
- 예1 수놈, 수소 / 암놈, 암소
- 예2 수캉아지, 수퇘지 / 암캉아지, 암퇘지
- 예3 숫양, 숫염소, 숫쥐 / 암양, 암염소, 암쥐

제8항 양성 모음이 음성 모음으로 바뀌어 굳어진 다음 단어는 음성 모음 형태를 표준어로 삼는다.
- 예1 깡충-깡충 / 깡총-깡총(×)
- 예2 -둥이 / -동이(×)
- 예3 발가-숭이 / 발가-송이(×)

제9항 'ㅣ' 역행 동화 현상에 의한 발음은 원칙적으로 표준 발음으로 인정하지 아니하되, 다만 다음 단어들은 그러한 동화가 적용된 형태를 표준어로 삼는다.
- 예1 -내기 / -나기(×)
- 예2 냄비 / 남비(×)

제10항 다음 단어는 모음이 단순화한 형태를 표준어로 삼는다.
- 예1 괴팍-하다 / 괴퍅-하다(×)
- 예2 -구먼 / -구면(×)
- 예3 미루-나무 / 미류-나무(×)

제11항 다음 단어에서는 모음의 발음 변화를 인정하여, 발음이 바뀌어 굳어진 형태를 표준어로 삼는다.
- 예1 -구려 / -구료(×)
- 예2 깍쟁이 / 깍정이(×)
- 예3 나무라다 / 나무래다(×)

제12항 '웃-' 및 '윗-'은 명사 '위'에 맞추어 '윗-'으로 통일한다.
'아래, 위'의 대립이 없는 단어는 '웃-'으로 발음되는 형태를 표준어로 삼는다.
- 예1 윗-넓이 / 웃-넓이(×)
- 예2 윗-눈썹 / 웃-눈썹(×)
- 예3 윗-니 / 웃-니(×)

제13항 한자 '구(句)'가 붙어서 이루어진 단어는 '귀'로 읽는 것을 인정하지 아니하고, '구'로 통일한다.

> 예1 구법(句法) / 귀법(×)
> 예2 구절(句節) / 귀절(×)
> 예3 구점(句點) / 귀점(×)

제14항 준말이 널리 쓰이고 본말이 잘 쓰이지 않는 경우에는, 준말만을 표준어로 삼는다.

> 예1 귀찮다 / 귀치 않다(×)
> 예2 똬리 / 또아리(×)
> 예3 무 / 무우(×)

제15항 준말이 쓰이고 있더라도, 본말이 널리 쓰이고 있으면 본말을 표준어로 삼는다.

> 예1 경황-없다 / 경-없다(×)
> 예2 귀이-개 / 귀-개(×)
> 예3 마구-잡이 / 막-잡이(×)

제16항 준말과 본말이 다 같이 널리 쓰이면서 준말의 효용이 뚜렷이 인정되는 것은, 두 가지를 다 표준어로 삼는다.

> 예1 거짓-부리 / 거짓-불
> 예2 막대기 / 막대
> 예3 서투르다 / 서툴다

제17항 비슷한 발음의 몇 형태가 쓰일 경우, 그 의미에 아무런 차이가 없고, 그중 하나가 더 널리 쓰이면, 그 한 형태만을 표준어로 삼는다.

> 예1 귀-고리 / 귀엣-고리(×)
> 예2 귀-띔 / 귀-팀(×)

제18항 다음 단어는 ㉠을 원칙으로 하고, ㉡도 허용한다.

	㉠	㉡
예1	쇠고기	소고기
예2	괴다	고이다
예3	꾀다	꼬이다

제19항 어감의 차이를 나타내는 단어 또는 발음이 비슷한 단어들이 다 같이 널리 쓰이는 경우에는, 그 모두를 표준어로 삼는다.

> 예1 고까 / 꼬까
> 예2 고린-내 / 코린-내

제3장 어휘 선택의 변화에 따른 표준어 규정

제20항 사어(死語)가 되어 쓰이지 않게 된 단어는 고어로 처리하고, 현재 널리 사용되는 단어를 표준어로 삼는다.

- 예1 애달프다 / 애닯다(×)
- 예2 오동-나무 / 머귀-나무(×)

제21항 고유어 계열의 단어가 널리 쓰이고 그에 대응되는 한자어 계열의 단어가 용도를 잃게 된 것은, 고유어 계열의 단어만을 표준어로 삼는다.

- 예1 가루-약 / 말-약(×)
- 예2 구들-장 / 방-돌(×)

제22항 고유어 계열의 단어가 생명력을 잃고 그에 대응되는 한자어 계열의 단어가 널리 쓰이면, 한자어 계열의 단어를 표준어로 삼는다.

- 예1 개다리-소반 / 개다리-밥상(×)
- 예2 겸-상 / 맞-상(×)
- 예3 고봉-밥 / 높은-밥(×)

제23항 방언이던 단어가 표준어보다 더 널리 쓰이게 된 것은, 그것을 표준어로 삼는다. 이 경우, 원래의 표준어는 그대로 표준어로 남겨 두는 것을 원칙으로 한다.

- 예1 멍게 / 우렁쉥이
- 예2 물-방개 / 선두리
- 예3 애-순 / 어린-순

제24항 방언이던 단어가 널리 쓰이게 됨에 따라 표준어이던 단어가 안 쓰이게 된 것은, 방언이던 단어를 표준어로 삼는다.

- 예 귀밑-머리 / 귓-머리(×)

제25항 의미가 똑같은 형태가 몇 가지 있을 경우, 그중 어느 하나가 압도적으로 널리 쓰이면, 그 단어만을 표준어로 삼는다.

- 예1 골목-쟁이 / 골목-자기(×)
- 예2 광주리 / 광우리(×)

제26항 한 가지 의미를 나타내는 형태 몇 가지가 널리 쓰이며 표준어 규정에 맞으면, 그 모두를 표준어로 삼는다. 중요

- 예1 넝쿨 / 덩굴
- 예2 녘 / 쪽
- 예3 눈-대중 / 눈-어림 / 눈-짐작
- 예4 느리-광이 / 느림-보 / 늘-보

참고

국립국어원은 1999년에 국민 언어생활의 길잡이가 되는 표준국어대사전을 발간한 이후, 언어생활에서 많이 사용되지만 표준어로 인정되지 않은 단어들을 꾸준히 검토해 왔다. 2011년부터 새로 추가된 표준어 대상은 다음과 같다.

1. 2011년 새로 추가된 표준어(2011년 8월)
   - 현재 표준어와 같은 뜻으로서 표준어로 인정한 것(11개)

추가된 표준어	현재 표준어
간지럽히다	간질이다
남사스럽다	남우세스럽다
등물	목물
맨날	만날
묫자리	묏자리
복숭아뼈	복사뼈
세간살이	세간
쌉싸름하다	쌉싸래하다
토란대	고운대
허접쓰레기	허섭스레기
흙담	토담

- 현재 표준어와 별도의 표준어로 인정한 것(25개)

추가된 표준어	현재 표준어	뜻 차이
~길래	~기에	~길래: '~기에'의 구어적 표현
개발새발	괴발개발	'괴발개발'은 '고양이의 발과 개의 발'이라는 뜻이고, '개발새발'은 '개의 발과 새의 발'이라는 뜻임
나래	날개	'나래'는 '날개'의 문학적 표현
내음	냄새	'내음'은 향기롭거나 나쁘지 않은 냄새로 제한됨
눈꼬리	눈초리	• 눈초리: 어떤 대상을 바라볼 때 눈에 나타나는 표정 예 매서운 눈초리 • 눈꼬리: 눈의 귀 쪽으로 째진 부분
떨구다	떨어뜨리다	'떨구다'에 '시선을 아래로 향하다'라는 뜻이 있음
뜨락	뜰	'뜨락'에는 추상적 공간을 비유하는 뜻이 있음
먹거리	먹을거리	먹거리: 사람이 살아가기 위하여 먹는 음식을 통틀어 이름
메꾸다	메우다	'메꾸다'에 '무료한 시간을 적당히 또는 그럭저럭 흘러가게 하다.'라는 뜻이 있음
손주	손자(孫子)	• 손자: 아들의 아들. 또는 딸의 아들 • 손주: 손자와 손녀를 아울러 이르는 말
어리숙하다	어수룩하다	'어수룩하다'는 '순박함/순진함'의 뜻이 강한 반면에, '어리숙하다'는 '어리석음'의 뜻이 강함
연신	연방	'연신'이 반복성을 강조한다면, '연방'은 연속성을 강조
휭하니	힁허케	힁허케: '휭하니'의 예스러운 표현
걸리적거리다	거치적거리다	자음 또는 모음의 차이로 인한 어감 및 뜻 차이 존재

끄적거리다	끼적거리다	
두리뭉실하다	두루뭉술하다	
맨숭맨숭/맹숭맹숭	맨송맨송	
바둥바둥	바동바동	자음 또는 모음의 차이로 인한 어감 및 뜻 차이 존재
새초롬하다	새치름하다	
아웅다웅	아옹다옹	
야멸차다	야멸치다	
오손도손	오순도순	
찌뿌둥하다	찌뿌듯하다	
추근거리다	치근거리다	

- 두 가지 표기를 모두 표준어로 인정한 것(3개)

추가된 표준어	현재 표준어
택견	태껸
품새	품세
짜장면	자장면

2. 2014년 새로 추가된 표준어(2014년 12월)
- 현재 표준어와 같은 뜻을 가진 표준어로 인정한 것(5개)

추가된 표준어	현재 표준어
구안와사	구안괘사
굽신*	굽실
눈두덩이	눈두덩
삐지다	삐치다
초장초	작장초

* '굽신'이 표준어로 인정됨에 따라, '굽신거리다, 굽신대다, 굽신하다, 굽신굽신, 굽신굽신하다' 등도 표준어로 함께 인정됨

- 현재 표준어와 뜻이나 어감이 차이가 나는 것을 별도의 표준어로 인정한 것(8개)

추가 표준어	현재 표준어	뜻 차이
개기다	개개다	개기다: (속되게) 명령이나 지시를 따르지 않고 버티거나 반항하다. ※ 개개다: 성가시게 달라붙어 손해를 끼치다.
꼬시다	꾀다	꼬시다: '꾀다'를 속되게 이르는 말 ※ 꾀다: 그럴듯한 말이나 행동으로 남을 속이거나 부추겨서 자기 생각대로 끌다.
놀잇감	장난감	놀잇감: 놀이 또는 아동 교육 현장 따위에서 활용되는 물건이나 재료 ※ 장난감: 아이들이 가지고 노는 여러 가지 물건
딴지	딴죽	딴지: (주로 '걸다, 놓다'와 함께 쓰여) 일이 순순히 진행되지 못하도록 훼방을 놓거나 어기대는 것 ※ 딴죽: 이미 동의하거나 약속한 일에 대하여 딴전을 부림을 비유적으로 이르는 말
사그라들다	사그라지다	사그라들다: 삭아서 없어져 가다. ※ 사그라지다: 삭아서 없어지다.

섬찟*	섬뜩	섬찟: 갑자기 소름이 끼치도록 무시무시하고 끔찍한 느낌이 드는 모양 ※ 섬뜩: 갑자기 소름이 끼치도록 무섭고 끔찍한 느낌이 드는 모양
속앓이	속병	속앓이: 「1」속이 아픈 병. 또는 속에 병이 생겨 아파하는 일 「2」겉으로 드러내지 못하고 속으로 걱정하거나 괴로워하는 일 ※ 속병: 「1」몸속의 병을 통틀어 이르는 말 「2」'위장병01'을 일상적으로 이르는 말 「3」화가 나거나 속이 상하여 생긴 마음의 심한 아픔
허접하다	허접스럽다	허접하다: 허름하고 잡스럽다. ※ 허접스럽다: 허름하고 잡스러운 느낌이 있다.

* '섬찟'이 표준어로 인정됨에 따라, '섬찟하다, 섬찟섬찟, 섬찟섬찟하다' 등도 표준어로 함께 인정됨

3. 2015년 새로 추가된 표준어(2015년 12월)
- 현재 표준어와 같은 뜻을 가진 표준어로 인정한 것(4개)

추가된 표준어	현재 표준어
마실	마을
이쁘다	예쁘다
찰지다	차지다
-고프다	-고 싶다

- 현재 표준어와 뜻이나 어감이 차이가 나는 별도의 표준어로 인정한 것(5개)

추가된 표준어	현재 표준어	뜻 차이
꼬리연	가오리연	• 꼬리연: 긴 꼬리를 단 연 • 가오리연: 가오리 모양으로 만들어 꼬리를 길게 단 연
의론 (되다, 하다)	의논 (되다, 하다)	• 의론: 어떤 사안에 대하여 각자의 의견을 제기함. 또는 그런 의견 • 의논: 어떤 일에 대하여 서로 의견을 주고 받음
이크	이키	• 이크: 당황하거나 놀랐을 때 내는 소리 • 이키: 당황하거나 놀랐을 때 내는 소리
잎새	잎사귀	• 잎새: 나무의 잎사귀. 주로 문학적 표현으로 씀 • 잎사귀: 낱낱의 잎. 주로 넓적한 잎을 이름
푸르르다	푸르다	• 푸르르다: '푸르다'를 강조 • 푸르다: 맑은 가을 하늘이나 깊은 바다, 풀의 빛깔과 같이 밝고 선명함

- 두 가지 표기를 모두 표준형으로 인정한 것(현재 표준적인 활용형과 용법이 같은 활용형으로 인정한 것)(2개)

추가된 표준형	현재 표준형
말아 말아라 말아요	마 마라 마요
노랗게 동그랗네 조그맣네	노라네 동그라네 조그마네

4. 2016년 새로 추가된 표준어(2016년 12월)

- 현재 표준어와 뜻이나 어감이 차이가 나는 별도의 표준어로 인정한 것(4개)

추가된 표준어	현재 표준어	뜻 차이
실뭉치	실몽당이	• 실뭉치: 실을 한데 뭉치거나 감은 덩이 • 실몽당이: 실을 풀기 좋게 공 모양으로 감은 뭉치
걸판지다	거방지다	• 걸판지다: ① 매우 푸지다. ② 동작이나 모양이 크고 어수선하다. • 거방지다: ① 몸집이 크다. ② 하는 짓이 점잖고 무게가 있다. ③ = 걸판지다①
겉울음	건울음/강울음	• 겉울음: ① 드러내 놓고 우는 울음 ② 마음에도 없이 겉으로만 우는 울음 • 건울음: = 강울음 • 강울음: 눈물 없이 우는 울음
까탈스럽다	까다롭다	• 까탈스럽다: ① 조건, 규정 따위가 복잡하고 엄격하여 적응하거나 적용하기에 어려운 데가 있다. ② 성미나 취향 따위가 원만하지 않고 별스러워 맞춰 주기에 어려운 데가 있다. • 까다롭다: ① 조건 따위가 복잡하거나 엄격하여 다루기에 순탄하지 않다. ② 성미나 취향 따위가 원만하지 않고 별스럽게 까탈이 많다.

- 두 가지 표기를 모두 표준형으로 인정한 것(2개)

추가된 표준형	현재 표준형
엘랑 (에설랑, 설랑, -고설랑, -어설랑, -질랑)	에는
주책이다	주책없다

5. 2017년 새로 추가된 표준어 목록(2017년 12월)

- 현재 표준어와 같은 뜻을 가진 표준어로 인정한 것(5개)

추가된 표준형	현재 표준형
꺼림직하다	꺼림칙하다
께름직하다	께름칙하다
추켜올리다	추어올리다
추켜세우다	치켜세우다
치켜올리다	추어올리다/추켜올리다

- 「외래어 표기법」 일부 개정으로 기존의 "'해, 섬, 강, 산' 등이 외래어에 붙을 때는 띄어 쓰고, 우리말에 붙을 때는 붙여 쓴다."라는 조항 삭제 → 앞에 어떤 말이 오든 일관되게 앞말에 붙여 쓴다.
  - 띄어쓰기가 변경된 말: 가(街), 강(江), 고원(高原), 곶(串), 관(關), 궁(宮), 만(灣), 반도(半島), 부(府), 사(寺), 산(山), 산맥(山脈), 섬, 성(城), 성(省), 어(語), 왕(王), 요(窯), 인(人), 족(族), 주(州), 주(洲), 평야(平野), 해(海), 현(縣), 호(湖) (총 26항목)

6. 2023년에 새로 추가된 표제어 목록(2023년 12월)

- 2023년에 '반려견', '배꼽인사', '순한글', '아웃렛', '얼음땡', '건물주', '고시원', '전기차', '치카치카', '케이팝' 등 1,000개의 표제어가 새로 추가되었다.
- 영문자 'R/r'의 한글 표기로 '아르'와 '알' 표기 방식 복수 인정

  기존에는 '에이아르에스'(ARS)와 같이 '아르'만 인정해 왔으나, 실제 언어생활에서는 '에이알에스'처럼 '알'로 사용하는 경우가 많았다. 2023년 국립국어원은 언어현실을 반영하고 국민 언어생활의 편의를 위해 두 가지 표기 방식을 모두 허용하기로 하였다.

원어	기존	변경
R	아르	아르/알
VR	브이아르	브이아르/브이알
ARS	에이아르에스	에이아르에스/에이알에스
ASMR	에이에스엠아르	에이에스엠아르/에이에스엠알
PR	피아르	피아르/피알
OMR	오엠아르	오엠아르/오엠알

7. 2024년에 새로 추가된 표제어 목록(2024년 12월)

- 일반어, 전문어 여부에 관계없이 입안, 콧속, 가슴안 등 '입안'류 명사는 모두 붙여 쓴다.
- 2024년에 '감염성', '늦밤', '모바일', '사업용', '수신료', '신고서', '중장년', '여름볕', '초고령사회' 등 748개의 표제어가 새로 추가되었다.

02 제2부 표준 발음법

제1장 총칙

제1항 표준 발음법은 표준어의 실제 발음을 따르되, 국어의 전통성과 합리성을 고려하여 정함을 원칙으로 한다. 중요

> 표준 발음법은 기본적으로 표준어의 실제 발음을 따르는 것이 원칙이나 국어의 논리성이나 합리성 역시 고려한다. 예를 들어 '맛있다'는 실제 발음에서는 [마싣따]가 자주 쓰이나 두 단어 사이에서 받침 'ㅅ'을 [ㄷ]으로 발음하는 [마딛따]가 오히려 합리성을 지닌 발음이다. 이러한 경우에는 전통성과 합리성을 고려하여 [마딛따]를 원칙적으로 표준 발음으로 정하되, [마싣따]도 표준 발음으로 허용하기로 한 것이다.

제2장 자음과 모음

제2항 표준어의 자음은 다음 19개로 한다. 중요

> ㄱ ㄲ ㄴ ㄷ ㄸ ㄹ ㅁ ㅂ ㅃ ㅅ ㅆ ㅇ ㅈ ㅉ ㅊ ㅋ ㅌ ㅍ ㅎ

제3항 표준어의 모음은 다음 21개로 한다. 중요

> - 단모음: ㅏ, ㅐ, ㅓ, ㅔ, ㅗ, ㅚ, ㅜ, ㅟ, ㅡ, ㅣ
> - 이중 모음: ㅑ, ㅒ, ㅕ, ㅖ, ㅘ, ㅙ, ㅛ, ㅝ, ㅞ, ㅠ, ㅢ

제4항 'ㅏ, ㅐ, ㅓ, ㅔ, ㅗ, ㅚ, ㅜ, ㅟ, ㅡ, ㅣ'는 단모음(單母音)으로 발음한다.

[붙임] 'ㅚ, ㅟ'는 이중 모음으로 발음할 수 있다.

제5항 'ㅑ, ㅒ, ㅕ, ㅖ, ㅘ, ㅙ, ㅛ, ㅝ, ㅞ, ㅠ, ㅢ'는 이중 모음으로 발음한다.

다만 용언의 활용형에 나타나는 '져, 쪄, 쳐'는 [저, 쩌, 처]로 발음한다.

예1 가지어 → 가져[가저]

예2 찌어 → 쪄[쩌]

예3 다치어 → 다쳐[다처]

다만 '예, 례' 이외의 'ㅖ'는 [ㅔ]로도 발음한다.

예1 계집[계:집/게:집]

예2 계시다[계:시다/게:시다]

제3장 음의 길이

제6항 모음의 장단을 구별하여 발음하되, 단어의 첫음절에서만 긴소리가 나타나는 것을 원칙으로 한다.

　예1 눈보라[눈:보라]
　예2 말씨[말:씨]
　예3 밤나무[밤:나무]

제7항 긴소리를 가진 음절이라도, 다음과 같은 경우에는 짧게 발음한다.

① 단음절인 용언 어간에 모음으로 시작된 어미가 결합되는 경우
　예1 감다[감:따]-감으니[가므니]
　예2 밟다[밥:따]-밟으면[발브면]

② 용언 어간에 피동, 사동의 접미사가 결합되는 경우
　예1 감다[감:따]-감기다[감기다]
　예2 꼬다[꼬:다]-꼬이다[꼬이다]
　예3 밟다[밥:따]-밟히다[발피다]

제4장 받침의 발음

제8항 받침소리로는 'ㄱ, ㄴ, ㄷ, ㄹ, ㅁ, ㅂ, ㅇ'의 7개 자음만 발음한다. **중요**

음절말 위치에서 실현되는 자음으로는 'ㄱ, ㄴ, ㄷ, ㄹ, ㅁ, ㅂ, ㅇ'의 7개가 있음을 규정한 것이다. '훈민정음'에서는 'ㅅ'이 하나 더 있어서 8종성이었는데, 그 뒤에 'ㅅ'이 'ㄷ'으로 실현됨으로써 현대 국어에서는 7개가 되었다. 이 7개의 자음으로 음절말 위치에서 실현되는 구체적인 경우는 제9항 이하에서 규정하고 있다.

제9항 받침 'ㄲ, ㅋ', 'ㅅ, ㅆ, ㅈ, ㅊ, ㅌ', 'ㅍ'은 어말 또는 자음 앞에서 각각 대표음 [ㄱ, ㄷ, ㅂ]으로 발음한다.

　예 닦다[닥따], 키읔[키윽], 키읔과[키윽꽈], 옷[옫]

제10항 겹받침 'ㄳ', 'ㄵ', 'ㄼ, ㄽ, ㄾ', 'ㅄ'은 어말 또는 자음 앞에서 각각 [ㄱ, ㄴ, ㄹ, ㅂ]으로 발음한다.

　예1 몫[목], 몫으로[목쓰로]
　예2 앉다[안따], 앉아요[안자요]
　예3 넓고[널꼬], 넓으면[널브면]
　예4 외곬[외골], 외곬으로[외골쓰로]
　예5 핥다[할따], 핥아[할타]
　예6 값[갑], 값이[갑씨]

다만, '밟-'은 자음 앞에서 [밥]으로 발음하고, '넓-'은 다음과 같은 경우에 [넙]으로 발음한다.

① 밟다[밥:따], 밟소[밥:쏘], 밟지[밥:찌], 밟는[밥:는 → 밤:는]
　밟아서[발바서](모음으로 시작되는 어미와 결합되는 경우에는 [발]로 발음되고 [ㅂ] 은 연음된다.)

② 넓-죽하다[넙쭈카다], 넓-둥글다[넙뚱글다]
　'넓적하다' 같은 경우는 어근의 원형을 밝혀 적고, '널찍하다' 같은 말은 어근의 원형을 밝혀 적지 않는다. 겹받침에서 뒤엣것이 소리가 나는 경우는 어간을 밝혀 적고 앞엣것이 소리 나는 경우는 어간을 밝히지 않는다.
　예 넓적하다, 널찍하다

제11항 겹받침 'ㄺ, ㄻ, ㄿ'은 어말 또는 자음 앞에서 각각 [ㄱ, ㅁ, ㅂ]으로 발음한다.
　모음으로 시작되는 어미와 결합되는 경우에는 앞소리 [ㄹ]이 발음되고 뒤 소리 [ㄱ, ㅁ, ㅍ]은 연음된다.
　예1 닭[닥], 닭이[달기]
　예2 삶[삼], 삶이[살미]
　예3 읊다[읍따], 읊으면[을프면]
　다만, 용언의 어간 말음 'ㄺ'은 'ㄱ' 앞에서 [ㄹ]로 발음한다. 'ㄱ' 이외의 자음으로 시작하는 어미와 결합되는 경우에는 앞소리 [ㄱ]만 발음한다.
　예 맑게[말께], 맑고[말꼬]
　　맑지[막찌], 맑다[막따]

제12항 받침 'ㅎ'의 발음은 다음과 같다.
　받침 'ㅎ'은 그와 결합되는 소리에 따라 여러 가지로 발음하기 때문에 받침 'ㅎ'에 관련된 것들을 편의상 한데 묶어 규정하였다. 거센소리화 된다고 생각하면 되겠다.

제13항 홑받침이나 쌍받침이 모음으로 시작된 조사나 어미, 접미사와 결합되는 경우에는, 제 음가대로 뒤 음절 첫소리로 옮겨 발음한다.
　예1 깎아[까까]
　예2 옷이[오시]

제14항 겹받침이 모음으로 시작된 조사나 어미, 접미사와 결합되는 경우에는 뒤엣것만을 뒤 음절 첫소리로 옮겨 발음한다(이 경우, 'ㅅ'은 된소리로 발음).
　예1 넋이[넉씨]
　예2 앉아[안자]

제15항 받침 뒤에 모음 'ㅏ, ㅓ, ㅗ, ㅜ, ㅟ'들로 시작되는 실질 형태소가 연결되는 경우에는 대표음으로 바꾸어서 뒤 음절 첫소리로 옮겨 발음한다.
　예1 밭 아래[바다래]
　예2 늪 앞[느밥]

제16항 한글 자모의 이름은 그 받침소리를 연음하되, 'ㄷ, ㅈ, ㅊ, ㅋ, ㅌ, ㅍ, ㅎ'의 경우에는 특별히 다음과 같이 발음한다. 중요

> 예 디귿이[디그시], 디귿을[디그슬], 디귿에[디그세]
> 지읒이[지으시], 지읒을[지으슬], 지읒에[지으세]
> 치읓이[치으시], 치읓을[치으슬], 치읓에[치으세]
> 키읔이[키으기], 키읔을[키으글], 키읔에[키으게]
> 티읕이[티으시], 티읕을[티으슬], 티읕에[티으세]
> 피읖이[피으비], 피읖을[피으블], 피읖에[피으베]
> 히읗이[히으시], 히읗을[히으슬], 히읗에[히으세]

제5장 음의 동화

제17항 받침 'ㄷ, ㅌ(ㄾ)'이 조사나 접미사의 모음 'ㅣ'와 결합되는 경우에는, [ㅈ, ㅊ]으로 바꾸어서 뒤 음절 첫소리로 옮겨 발음한다.

> 예 곧이듣다[고지듣따], 굳이[구지]

제18항 받침 'ㄱ(ㄲ, ㅋ, ㄳ, ㄺ), ㄷ(ㅅ, ㅆ, ㅈ, ㅊ, ㅌ, ㅎ), ㅂ(ㅍ, ㄼ, ㄿ, ㅄ)'은 'ㄴ, ㅁ' 앞에서 [ㅇ, ㄴ, ㅁ]으로 발음한다.

> 예 먹는[멍는], 국물[궁물]

제19항 받침 'ㅁ, ㅇ' 뒤에 연결되는 'ㄹ'은 [ㄴ]으로 발음한다.

> 예 담력[담ː녁], 침략[침냑]

제20항 'ㄴ'은 'ㄹ'의 앞이나 뒤에서 [ㄹ]로 발음한다.

> 예 난로[날ː로], 신라[실라], 칼날[칼랄]

제21항 위에서 지적한 이외의 자음 동화는 인정하지 않는다.

> 예1 감기[감ː기], [강ː기](×)
> 예2 옷감[옫깜], [옥깜](×)

제22항 다음과 같은 용언의 어미는 [어]로 발음함을 원칙으로 하되, [여]로 발음함도 허용한다.

> 예1 되어[되어/되여]
> 예2 피어[피어/피여]

제6장 경음화

제23항 받침 'ㄱ(ㄲ, ㅋ, ㄳ, ㄺ), ㄷ(ㅅ, ㅆ, ㅈ, ㅊ, ㅌ), ㅂ(ㅍ, ㄼ, ㄿ, ㅄ)' 뒤에 연결되는 'ㄱ, ㄷ, ㅂ, ㅅ, ㅈ'은 된소리로 발음한다.

> 예1 국밥[국빱]
> 예2 깎다[깍따]

제24항 어간 받침 'ㄴ(ㄵ), ㅁ(ㄻ)' 뒤에 결합되는 어미의 첫소리 'ㄱ, ㄷ, ㅅ, ㅈ'은 된소리로 발음한다.
  예1 신고[신ː꼬]
  예2 껴안다[껴안따]

제25항 어간 받침 'ㄼ, ㄾ' 뒤에 결합되는 어미의 첫소리 'ㄱ, ㄷ, ㅅ, ㅈ'은 된소리로 발음한다.
  예1 넓게[널께]
  예2 핥다[할따]

제26항 한자어에서, 'ㄹ' 받침 뒤에 연결되는 'ㄷ, ㅅ, ㅈ'은 된소리로 발음한다.
  예1 갈등[갈뜽]
  예2 발동[발똥]

제27항 관형사형 '-(으)ㄹ' 뒤에 연결되는 'ㄱ, ㄷ, ㅂ, ㅅ, ㅈ'은 된소리로 발음한다.
  예1 할 것을[할꺼슬]
  예2 갈 데가[갈떼가]

제28항 표기상으로는 사이시옷이 없더라도, 관형격 기능을 지니는 사이시옷이 있어야 할(휴지가 성립되는) 합성어의 경우에는, 뒤 단어의 첫소리 'ㄱ, ㄷ, ㅂ, ㅅ, ㅈ'을 된소리로 발음한다.
  예1 문-고리[문꼬리]
  예2 눈-동자[눈똥자]

제7장 음의 첨가

제29항 합성어 및 파생어에서, 앞 단어나 접두사의 끝이 자음이고 뒤 단어나 접미사의 첫음절이 '이, 야, 여, 요, 유'인 경우에는, 'ㄴ' 음을 첨가하여 [니, 냐, 녀, 뇨, 뉴]로 발음한다.
  예1 솜-이불[솜ː니불]
  예2 홑-이불[혼니불]

제30항 사이시옷이 붙은 단어는 다음과 같이 발음한다.
  ① 'ㄱ, ㄷ, ㅂ, ㅅ, ㅈ'으로 시작하는 단어 앞에 사이시옷이 올 때는 이들 자음만을 된소리로 발음하는 것을 원칙으로 하되, 사이시옷을 [ㄷ]으로 발음하는 것도 허용한다.
      예1 냇가[내ː까/낻ː까]
      예2 샛길[새ː낄/샏ː낄]
  ② 사이시옷 뒤에 'ㄴ, ㅁ'이 결합되는 경우에는 [ㄴ]으로 발음한다.
      예1 콧날[콘날 → 콘날]
      예2 아랫니[아랟니 → 아랜니]
      예3 뒷마루[뒫ː마루 → 뒨ː마루]
      예4 뱃머리[밷머리 → 밴머리]
  ③ 사이시옷 뒤에 '이' 음이 결합되는 경우에는 [ㄴㄴ]으로 발음한다.
      예1 베갯잇[베갣 닏 → 베갠닏]
      예2 깻잎[깯닙 → 깬닙]

외래어 표기법

제1항 외래어는 국어의 현용 24자모만으로 적는다.

제2항 외래어의 1음운은 원칙적으로 1기호로 적는다.

제3항 받침에는 'ㄱ, ㄴ, ㄹ, ㅁ, ㅂ, ㅅ, ㅇ'만을 적는다.

제4항 파열음 표기에는 된소리를 쓰지 않는 것을 원칙으로 한다.

제5항 이미 굳어진 외래어는 관용을 존중하되, 그 범위와 용례는 따로 정한다.

01 표기의 기본 원칙

외래어는 한국어처럼 쓰이기는 하지만 다른 나라의 말을 들여온 것이므로, 현지 발음을 고려해야 하나 현지 발음을 그대로 적을 수 없기도 하므로 다음과 같은 규칙을 따른다.

1) 외래어는 한국어의 현용 24자모만으로 적는다.

원음을 표시하고 싶더라도 특별한 글자나 기호를 사용하지 않는다. 또한 외래어는 한국어처럼 익숙하게 인지되는 것이기 때문에 한국인들이 읽고 쓰기에 부담을 느껴서는 안 된다.

2) 외래어의 1음운은 원칙적으로 1기호로 적는다. **중요**

외래어 표기의 통일성을 갖기 위해 외래어의 음운과 한국어의 자모를 되도록 일대일로 대응시켜 사용한다는 의미이다. 그러나 한국어 발음 체계를 따르다 보면 외래어의 1음운이 한국어의 여러 가지 소리로 구현되는 경우가 있다. 이런 경우는 어쩔 수 없이 한국어 발음 체계에 맞추어 표기한다.

예 pulp: 펄프, shop: 숍, Park: 박

3) 받침에는 'ㄱ, ㄴ, ㄹ, ㅁ, ㅂ, ㅅ, ㅇ'만을 쓴다. **중요**

한국어는 받침으로 'ㄱ, ㄴ, ㄷ, ㄹ, ㅁ, ㅂ, ㅇ'의 일곱 자음만이 발음된다. 휴지나 자음 앞에서의 중화 현상 때문이다.

외래어의 경우는 이러한 7종성을 바탕으로 하는데 특이한 점은 받침으로 'ㄷ' 대신 'ㅅ'을 쓴다는 것이다. 이는 'ㅅ' 받침 뒤에 모음 어미가 올 때 'ㅅ'으로 소리 나기 때문이다.

예1 초콜릿 / 초콜릿을[초콜리슬] / [초콜리들 ×]
예2 인터넷 / 인터넷을[인터네슬] / [인터네들 ×]

4) 파열음 표기에는 된소리를 쓰지 않는 것을 원칙으로 한다.

　　규칙을 단순화하기 위해 유성 파열음 /b, d, g/ 등은 보통소리로 적고, 무기 파열음 /p, t, k/ 등은 거센소리로 적는다.
　　예1 band(밴드), bus(버스)
　　예2 Paris(파리), Tokyo(도쿄)

5) 이미 굳어진 외래어는 존중하되, 그 범위와 용례는 따로 정한다.

　　언어생활에 혼란을 주지 않기 위해서 이미 굳어져 있는 표현은 고치지 않는다.
　　예 camera(카메라), banana(바나나), orange(오렌지)

6) 인명이나 지명

　　특별한 규정에 명시되어 있지 않은 것은 앙카라(Ankara), 간디(Gandhi)처럼 현지음이나 헤이그(Hague), 시저(Caesar)처럼 국제적으로 통용되는 발음으로 표기한다. 또 태평양(Pacific Ocean), 흑해(Black Sea)와 같이 이미 번역되어 관습적으로 굳어진 말은 바꾸지 않고 그대로 사용한다. 이러한 규정에도 불구하고 중국이나 일본의 지명이나 인명을 적는 것은 여전히 문제이다.

　　인명을 표기할 때 중국은 1911년 신해혁명을 기준으로 과거인과 현대인을 구분하여 적는다. 과거인은 종전의 한자음대로 표기하고, 현대인은 원칙적으로 중국어 표기법에 따라 표기하지만 국어한자음대로 읽는 관행이 있는 인물인 경우에는 관행대로 표기할 수 있다.
　　예1 上海(Shanghai): 상해, 상하이, 東京(Tokyo): 동경, 도쿄
　　예2 공자(孔子), 두보(杜甫)
　　예3 마오쩌둥 / 모택동(毛澤東), 장제스 / 장개석(蔣介石)

7) 무성 파열음([p], [t], [k])

　　① 짧은 모음 다음의 어말 무성 파열음([p], [t], [k])은 받침으로 적는다.
　　　예 gap[gæp] 갭 / cat[kæt] 캣 / book[buk] 북
　　② 짧은 모음과 유음·비음([l], [r], [m], [n]) 이외의 자음 사이에 오는 무성 파열음([p], [t], [k])은 받침으로 적는다.
　　　예 apt[æpt] 앱트 / setback[setbæk] 셋백 / act[ækt] 액트
　　③ 위 경우 이외의 어말과 자음 앞의 [p], [t], [k]는 '으'를 붙여 적는다.
　　　예 stamp[stæmp] 스탬프 / cape[keip] 케이프

02 외래어 표기의 예 (중요)

- setback: 셋백, cake: 케이크, lobster: 로브스터, television: 텔레비전, juice: 주스
- サッポロ: 삿포로, オオサカ: 오사카
- 孔子: 공자, 毛澤東: 모택동, 마오쩌둥

국어의 로마자 표기법

제1항 모음은 다음 각 호와 같이 적는다.

1. 단모음

ㅏ	ㅓ	ㅗ	ㅜ	ㅡ	ㅣ	ㅐ	ㅔ	ㅚ	ㅟ
a	eo	o	u	eu	i	ae	e	oe	wi

2. 이중 모음

ㅑ	ㅕ	ㅛ	ㅠ	ㅒ	ㅖ	ㅘ	ㅙ	ㅝ	ㅞ	ㅢ
ya	yeo	yo	yu	yae	ye	wa	wae	wo	we	ui

[붙임 1] 'ㅢ'는 'ㅣ'로 소리 나더라도 /ui/로 적는다.

예 광희문 Gwanghuimun

[붙임 2] 장모음의 표기는 따로 하지 않는다.

제2항 자음은 다음 각 호와 같이 적는다.

1. 파열음

ㄱ	ㄲ	ㅋ	ㄷ	ㄸ	ㅌ	ㅂ	ㅃ	ㅍ
g, k	kk	k	d, t	tt	t	b, p	pp	p

2. 파찰음

ㅈ	ㅉ	ㅊ
j	jj	ch

3. 마찰음

ㅅ	ㅆ	ㅎ
s	ss	h

4. 비음

ㄴ	ㅁ	ㅇ
n	m	ng

5. 유음

ㄹ
r, l

[붙임 1] 'ㄱ, ㄷ, ㅂ'은 모음 앞에서는 'g, d, b'로, 자음 앞이나 어말에서는 'k, t, p'로 적는다([ ] 안의 발음에 따라 표기함).

예) 구미 Gumi 영동 Yeongdong 백암 Baegam 옥천 Okcheon
합덕 Hapdeok 호법 Hobeop 월곶[월곧] Wolgot 벚꽃[벋꼳] beotkkot
한밭[한받] Hanbat

[붙임 2] 'ㄹ'은 모음 앞에서는 'r'로, 자음 앞이나 어말에서는 'l'로 적는다. 단, 'ㄹㄹ'은 'll'로 적는다.

예) 구리 Guri 설악 Seorak 칠곡 Chilgok 임실 Imsil
울릉 Ulleung 대관령[대괄령] Daegwallyeong

01 표기의 기본 원칙

1) 국어의 로마자 표기법은 국어의 표준 발음법에 따라 적는 것을 원칙으로 한다.

2) 로마자 이외의 부호는 되도록 사용하지 않는다.

02 표기상의 유의점

1) 음운 변화가 일어날 때에는 변화의 결과에 따라 다음과 같이 적는다. 중요★

① 자음 사이에서 동화 작용이 일어나는 경우
예1) 백마[뱅마] Baengma, 신문로[신문노] Sinmunno
예2) 종로[종노] Jongno, 왕십리[왕심니] Wangsimni

② 'ㄴ, ㄹ'이 덧나는 경우
예) 학여울[항녀울] Hangnyeoul, 알약[알략] allyak

③ 구개음화가 되는 경우
예1) 해돋이[해도지] haedoji, 같이[가치] gachi
예2) 맞히다[마치다] machida

④ 'ㄱ, ㄷ, ㅂ, ㅈ'이 'ㅎ'과 합하여 거센소리로 소리 나는 경우
예 좋고[조코] joko, 놓다[노타] nota
⑤ 된소리되기는 표기에 반영하지 않는다.
예 압구정 Apgujeong, 낙동강 Nakdonggang

2) 발음상 혼동의 우려가 있을 때에는 음절 사이에 붙임표(-)를 쓸 수 있다.
예 중앙 Jung-ang, 해운대 Hae-undae

3) 고유 명사는 첫 글자를 대문자로 적는다.
예 부산 Busan, 세종 Sejong

4) 인명은 성과 이름의 순서로 띄어 쓴다. 이름은 붙여 쓰는 것을 원칙으로 하되 음절 사이에 붙임표(-)를 쓰는 것을 허용한다.
예 송나리 Song Nari(Song Na-ri)
① 이름에서 일어나는 음운 변화는 표기에 반영하지 않는다.
② 성의 표기는 따로 정한다.

5) 자연 지물명, 문화재명, 인공 축조물명은 붙임표(-) 없이 붙여 쓴다.
예1 남산 Namsan
예2 독도 Dokdo

6) 인명, 회사명, 단체명 등은 그동안 써 온 표기를 쓸 수 있다.
예1 삼성 Samsung
예2 연세 Yonsei

08 실전 문제

연습 문제

01
다음은 한글 맞춤법 제1항이다. 빈칸에 알맞은 말을 고르시오.

> 한글 맞춤법은 표준어를 소리대로 적되 _____ 에 맞도록 함을 원칙으로 한다.

① 발음　　② 기호
③ 어법　　④ 음절

02
한글 맞춤법 제2항에서는 '문장의 각 단어는 띄어 씀을 원칙으로 한다'고 했는데 예외적으로 어떤 품사 때문에 '원칙으로 한다'고 한 것인지 고르시오.

① 명사　　② 수사
③ 동사　　④ 조사

03
다음 중 띄어쓰기가 바른 문장을 고르시오.

① 이거 얼마 만인가?
② 철수 만 학교에 갔다.
③ 저 공원 만큼 크게 지으시오.
④ 아는대로 말해줘.

04
띄어쓰기의 원칙으로 잘못된 것을 고르시오.

① 단위를 나타내는 명사는 띄어 쓴다.
② 수를 적을 때는 만(萬) 단위로 띄어 쓴다.
③ 두 말을 이어 주거나 열거할 적에 쓰이는 말들은 띄어 쓴다.
④ 보조 용언은 한 덩어리이므로 항상 붙여 쓴다.

05
다음에서 바른 것을 고르시오.

(1) ① 돗자리　　② 돚자리
(2) ① 휴계실　　② 휴게실
(3) ① 닐리리　　② 닐리리
(4) ① 회계년도　② 회계연도
(5) ① 성공률　　② 성공율
(6) ① 노동양　　② 노동량
(7) ① 낙원　　　② 락원
(8) ① 열렬하다　② 열열하다
(9) ① 늠름하다　② 늠늠하다
(10) ① 낱낱이　　② 낱나치

06

다음에서 바른 것을 고르시오.

(1) ① 솔직히 　② 솔직이
(2) ① 심부름군 　② 심부름꾼
(3) ① 끄나풀 　② 끄나불
(4) ① 강낭콩 　② 강남콩
(5) ① 사글세 　② 삭월세

07

한국어에서 음절말 위치에서 실현되는 7개 자음에 속하지 않는 것을 고르시오.

① ㄴ 　② ㄹ
③ ㅅ 　④ ㅇ

08

외래어 표기법의 기본 원칙이 아닌 것을 고르시오.

① 외래어는 국어의 현용 24자모만으로 적는다.
② 외래어의 1음운은 원칙적으로 1기호로 적는다.
③ 받침에는 'ㄱ, ㄴ, ㄹ, ㅁ, ㅂ, ㅅ, ㅇ'만을 적는다.
④ 파열음 표기에는 거센소리를 쓰지 않는 것을 원칙으로 한다.

09

로마자 표기가 잘못된 것을 고르시오.

① 백마 Baeckma 　② 신문로 Sinmunno
③ 종로 Jongno 　④ 왕십리 Wangsimni

10

로마자 표기가 바르게 된 것을 고르시오.

① 중앙 Jung-ang 　② 세종 sejong
③ 남산 Nam-san 　④ 독도 Dok-island

해설

01 발음대로만 적으면 의미 파악이 어려울 수 있기 때문에 어법에 맞도록 한다.
02 조사는 한 단어이지만 문법적인 기능을 주로 하기 때문에 붙여 쓴다.
04 '만'은 의존 명사로도 쓰이고 조사로도 쓰인다. 의존 명사로 쓰일 때는 '동안'의 의미로 쓰이며 의존 명사이므로 띄어 쓴다.
05 보조 용언은 경우에 따라 띄어 쓰는 것도 허용한다.
07 한국어의 7종성은 'ㄱ, ㄴ, ㄷ, ㄹ, ㅁ, ㅂ, ㅇ'이다.
08 거센소리가 아니라 된소리를 표기에 반영하지 않는 것이 원칙이다.
09 국어의 로마자 표기법은 음절 변화를 그대로 표기에 반영한다. 백마 Baengma
10 발음상 혼동의 우려가 있는 경우 붙임표(-)를 쓸 수 있다. 고유 명사는 첫 글자를 대문자로 적는다. 자연 지물명, 문화재명, 인공 축조물은 붙임표(-) 없이 붙여 쓴다. 세종 Sejong, 남산 Namsan, 독도 Dokdo

정답 01 ③　02 ④　03 ①　04 ④
05 (1) ①　(2) ②　(3) ①　(4) ②　(5) ①　(6) ②　(7) ①
(8) ①　(9) ①　(10) ①
06 (1) ①　(2) ②　(3) ①　(4) ①　(5) ①　07 ③　08 ④
09 ①　10 ①

기출문제

01
띄어쓰기가 옳지 않은 것은?

① 오늘은 왠지 그가 올듯하다.
② 그밖에도 알아야 할 것들이 많다.
③ 이 정보는 누구나 기억해둘 만하다.
④ 이말 저말 아무렇게나 하지 맙시다.

02
외래어 표기가 옳지 않은 것을 모두 고른 것은?

| ㄱ. workshop(워크샵) | ㄴ. cake(케잌) | ㄷ. vision(비전) |
| ㄹ. symposium(심포지움) | ㅁ. sit-in(싯인) | ㅂ. thrill(드릴) |

① ㄱ, ㄴ, ㄷ
② ㄹ, ㅁ, ㅂ
③ ㄱ, ㄴ, ㄹ, ㅂ
④ ㄷ, ㄹ, ㅁ, ㅂ

03
띄어쓰기가 옳은 것은?

① 나도 너만큼 할 수 있어.
② 얼굴도 볼겸 우리 만나자.
③ 김군, 오늘은 이만 퇴근하게.
④ 오늘은 제 1연구실에서 회의합니다.

04

복수 표준어의 짝으로 옳지 않은 것은? 기출 18회 58번

① 노을–놀
② 소리개–솔개
③ 시누이–시뉘
④ 서투르다–서툴다

05

{ } 안에 제시된 말의 띄어쓰기가 모두 옳은 것은? 기출 19회 55번

① 희선이는 건물의 {육 층, 육층}에서 일한다.
② 언니는 강아지 {세 마리, 세마리}를 키운다.
③ 그는 {아흔 여덟, 아흔여덟} 살에 사망했다.
④ {이 퇴계, 이퇴계} 선생은 위대한 학자였다.

06

밑줄 친 원칙에 따르지 않은 표기는? 기출 19회 56번

> 한글 맞춤법은 표준어를 소리대로 적되, 어법에 맞도록 함을 원칙으로 한다.

① '흙'에 조사 '도'가 붙은 말을 '흙도'라고 적었다.
② '(색깔이) 곱-'에 어미 '-아'가 붙은 말을 '고와'라고 적었다.
③ '(옷을) 벗-'에 어미 '-고'가 붙은 말을 '벗고'라고 적었다.
④ '(밥을) 먹-'에 어미 '-는'이 붙은 말을 '먹는'이라고 적었다.

07

제시된 국어의 로마자 표기법 원칙에 따라 적은 표기로 옳지 않은 것은? 기출 19회 57번

> 'ㄱ, ㄷ, ㅂ' 소리는 모음 앞에서 각각 'g, d, b'로 적고, 자음 앞 또는 어말에서 각각 'k, t, p'로 적는다.

① 샛별: saetbyeol
② 호법: Hobeop
③ 백암: Baekam
④ 법학: beophak

08

다음 외래어 혹은 외국어가 외래어 표기법에 맞게 표기된 것을 모두 고른 것은? 기출 19회 58번

> ㄱ. tape[teip]: 테입 ㄴ. vision[viʒən]: 비젼
> ㄷ. rainbow[reinbou]: 레인보 ㄹ. highlight[hailait]: 하이라이트

① ㄱ, ㄴ
② ㄱ, ㄹ
③ ㄴ, ㄷ
④ ㄷ, ㄹ

정답 01 ② 02 ③ 03 ① 04 ② 05 ① 06 ② 07 ③ 08 ④

참고문헌
- 국립국어원 https://www.korean.go.kr/

둘째 마당

일반언어학 및 응용언어학

01 언어학개론
02 대조언어학
03 외국어 습득론
04 응용언어학
05 사회언어학

일반언어학 및 응용언어학

일반언어학 및 응용언어학은 한국어교육능력검정시험의 네 가지 영역 중 수험자 입장에서 가장 낯선 영역일 수 있습니다. 따라서 이 영역은 암기보다 이해가 우선입니다. 하나의 이야기를 읽듯이 언어의 기본 성질을 살펴보고(언어학개론), 그것을 습득하는 방법(외국어 습득론)과 언어의 사용으로 생기는 모든 문제 및 언어 교육과의 관계(응용언어학, 사회언어학, 대조언어학)를 이해하는 것이 선행되어야 합니다.

한국어학 영역은 개념 설명이 주를 이룬다면 언어학 영역은 학문의 기본 배경과 언어 현상에 대한 설명이 주를 이룹니다. 본서는 이러한 특징에 맞추어 이론이 제시되어 있으니, 어떠한 이론을 묻는 문제가 나온다면 그 이론의 배경은 무엇인지 큰 물줄기처럼 흐름을 먼저 숙지하시기 바랍니다. 특히 언어학 영역의 새로운 개념과 배경은 별도로 제시되어 있으니 반복하여 익히시기 바랍니다.

마지막으로 언어의 기본 성질이나 외국어 습득론의 이론은 매년 출제되는 부분이며, 외국어로서의 한국어 교육론과 연계되어 출제되기도 합니다. 정답이 객관적이고 명확한 것이 많기 때문에 조금이라도 공부하기만 하면 효과를 볼 수 있습니다.

01 언어학개론

01 인간의 언어

인간을 흔히 사회적 동물이라고 하는데, 이는 인간이 끊임없이 타인과 관계를 맺고 살아가기 때문이다. 이러한 사회적 관계는 언어를 통해서 이루어진다. 언어는 인간이 사회적 동물로 살아가는 데 있어 필수적인 요소이다.

언어학은 인간 언어의 본질과 기능, 변화를 연구하는 학문이다. 물론 인간 이외의 종들도 나름대로의 의사소통 방식을 가지고 먹이를 구하고 번식을 한다. 예를 들어 새들은 그들만의 소리를 통해, 꿀벌은 특정한 모양의 춤을 통해 서로 신호를 주고받는다. 그러나 이들의 소리와 춤을 언어라고 정의하지 않는 것은 이러한 춤이 특정 상황에 대한 제한적인 반응이기 때문이다. 즉 새로운 의미를 생성해낼 수 없고 주어진 제약 속에서 통용되는 의미를 서로 전달할 뿐이다. 동물의 신호는 외부 자극에 대한 반응으로 나타나지만, 인간의 언어는 외부 자극이 없더라도 인간의 내적인 표현 욕구에 의해 구사된다. 그래서 인간의 언어는 해당 언어권의 문화에 따라 서로 다를 수 있다는 상징적인 성격을 가진다.

또한 동물의 신호와 인간의 언어는 정보 축적이라는 측면에서도 차이가 있다. 동물의 신호가 '지금, 여기'에 제한되어 있는 정보를 주로 제공한다면, 인간의 언어는 과거부터 미래까지의 정보를 담을 수 있고, '지금, 여기'와 같이 직시적인 정보뿐만 아니라 추측·조건·양보·완곡 등 다양한 화행을 담아 많은 양의 정보를 제공할 수 있다.

결론적으로 아무리 고등한 동물이라도 동물은 인간과 같은 언어를 가지지 못한다. 예를 들어 침팬지에게 인간의 언어를 가르친다고 해서 침팬지가 인간처럼 창의적으로 언어를 구사할 수는 없다. 침팬지는 반복적인 학습으로 인간의 언어를 흉내 낼 뿐이다.

TOP-Point

> ☑ 동물에게 언어 가르치기(1960~1970년대의 침팬지 실험)
> 1969년, 미국의 Gardner 부부는 Washoe라는 침팬지에게 미국기호언어(수화)를 가르쳤다. Washoe는 5살이 되었을 때 132개 정도의 신호를 사용하여 간단한 조합을 할 수 있을 정도로 수화를 구사하게 되었다. 1972년에는 Premark 부부가 Sarah라는 침팬지에게 플라스틱으로 실물과 모양이 다른 기호를 만들어 이 기호를 가지고 의사소통이 가능한지를 실험하였다. Sarah가 사용한 플라스틱 기호는 모양이나 색에 있어서 실물과 전혀 닮은 데가 없는 자의적인 결합으로 이는 인간 언어의 특징인 자의성을 반영하는 것이었다. Sarah의 의사소통은 기호를 배워 이루어진 것인데 초보적인 수준에서 기호를 조합하기도 하였으나 대부분 분명한 조건화가 이루어졌을 때만 언어적 형태를 습득하는 모습을 보였다.
> 결국 이들에게 언어를 가르치기 위해 쏟은 엄청난 노력에 비해 결과는 기대 이하의 것이었고 이러한 일련의 침팬지 실험은 침팬지에게는 인간의 언어적성이라 할 만한 학습능력이 결여되어 있다는 것을 증명하였다.

02 인간의 언어 구사

그렇다면 인간이 인지작용의 결과이자 의사소통의 수단으로서 인간 언어를 구사한다고 했을 때, 언어 구사의 조건은 무엇인지 살펴볼 필요가 있다. 어떤 언어를 구사할 줄 안다는 것은 다음과 같은 요소를 충족시켜야 한다. 한국어를 예로 들어 보면 다음과 같다.

1 음운과 음운 체계

1) 자음과 모음

한국어를 구사한다는 것은 한국어에서 통용되는 발음이 무엇인지 알고 있다는 것을 의미한다. 예를 들어 한국어에서는 영어와 달리 [f]가 자음 소리로 존재하지 않기 때문에 그것을 대체하는 한국어 음운을 사용한다.
예 커피를 손에 들고 버스를 탔다.

2) 음운 체계

한국어의 개별 자음과 모음을 알더라도 한국어의 음운 체계를 이해하지 못하면 한국어를 발화할 때 발음 때문에 의사소통이 어려울 수 있다. 예를 들어 한국어는 자음 동화가 잘 일어나는데 이것을 알고 있어야 한국어 음운 체계에 맞는 발음을 구사할 수 있다.
예 국민[궁민](비음화)
　신라[실라](유음화)

2 어휘

1) 어휘 지식

어휘를 모르고서는 언어를 구사할 수 없다. 또 어휘 구사 수준은 언어 능력을 가늠하는 기준 중 하나이기도 하다.

2) 새로운 어휘의 의미 추측

처음 보는 어휘라도 어휘가 사용되는 맥락 또는 어휘의 결합 방식 등 어휘 지식을 바탕으로 그 어휘의 의미를 추측할 수 있다.

예1 아침부터 배를 너무 많이 먹어서 배가 다 아프네요.
  → 어휘가 사용되는 맥락을 바탕으로 의미를 추측함
예2 초등학교, 중학교, 고등학교, 대학교 / 욕심쟁이, 심술쟁이, 멋쟁이
  → 합성어와 파생어에 대한 지식을 바탕으로 의미를 추측함

> **참고**
>
> ☑ **단어 우선 효과(Word Superiority Effect)**[1]
> 동일한 문자라도 단어 속에 나타나면 비단어 속에 나타날 때보다 더 정확하게 인지되는 것을 단어 우선 효과(단어 우월 효과)라고 한다. 단어 속의 문자들이 다소 비정상적인 순서로 배열되어 있어도 무리 없이 인지할 수 있는 현상이다. 예를 들어 아래 문장을 읽어 보자.
>
> *Aoccdrnig to a rscheearch at Cmabrigde Uinervtisy, it deosn't mttaer in waht oredr the ltteers in a wrod are, the olny iprmoetnt tihng is taht the frist and lsat ltteer be at the rghit pclae.*[2]
>
> 단어 안에 문자들이 섞여 있어도 의미를 파악할 수 있다. 이는 단어의 인지과정은 단어를 구성하는 각각의 낱글자를 지각하는 과정이 아니라 단어의 총체적인 이미지 인지를 통해 인지한다는 것을 보여 준다. 라이처(Reicher, G. M.)는 그의 단어 연구에서 정상적인 단어와 비단어, 단독문자를 제시한 후 인지 정도를 연구했는데 단어 속의 문자가 다른 것보다 더 쉽게 인지된다는 것을 보여주었다. 예를 들어 WORK라는 단어와 ORWK라는 비단어, ___K(단독문자)를 제시했을 때 WORK에서의 K를 가장 빠르고 정확하게 인지한다.

3 통사 규칙

문장의 기능은 문장이 성립되는 규칙이나 문장 요소들이 어울리는 방식에 따라 달라지는데 이는 언어마다 다른 규칙을 가진다. 따라서 통사 규칙은 그 언어의 특징을 보여주는 예가 된다.

---

[1] 곽호완 외(2008), 실험심리학용어사전
[2] G. Rawlinson(2007), "The Significance of Letter Position in Word Recognition," in IEEE Aerospace and Electronic Systems Magazine

예1 민수는 영어를 배운다. (SOV)
　　Minsu learns English. (SVO)
예2 한국어의 [-아/어요]는 서술어의 어간이 양성 모음인지 음성 모음인지에 따라 다르게 결합한다.
　　가다 → 가+아요 → 가요(양성)
　　먹다 → 먹+어요 → 먹어요(음성)

03 언어의 특성 중요

1) **기호성**: 모든 언어는 소리와 의미로 구성되어 있다.

　예 책상
　　소리: [책쌍]
　　의미: 앉아서 책을 읽거나 글을 쓰거나 사무를 보거나 할 때에 앞에 놓고 쓰는 상

2) **자의성**: 언어에 있어서 소리와 의미의 관계는 사회적 약속에 의하여 임의적으로 이루어진다.

　예 ☆: 한국어로 '별', 영어로 'star'
　　→ 각 언어가 사용되는 사회적 약속에 의해 자의적으로 의미와 소리가 묶여있다. ☆이 굳이 '별' 또는 'star'라고 불릴 필연적인 이유가 없다.

3) **사회성**: 언어는 관습적이고 사회적인 약속에 의해 구속을 받는다.

　예 ☆: 한국 사회에서 나 혼자 이것을 '달'이라고 명명하기로 하면 더 이상 다른 사람과 의사소통이 안 된다. 사회적 약속에 어긋나기 때문이다.

4) **체계성**: 일정한 원리에 따라서 낱낱의 부분이 짜임새 있게 조직되어 통일된 전체를 이루는 것을 말한다. 즉, 언어는 분석적이고 체계적이다. 언어는 형태소, 단어, 어절, 문장 등의 일정한 구조와 체계를 지니고 있다.

　예 나는 학교에 갔다.
　　형태소: 나/는/학교/에/가/았/다.　　단어: 나/는/학교/에/갔다.
　　어절: 나는/학교에/갔다.　　　　　문장: 나는 학교에 갔다.

5) **역사성**: 언어는 불변하는 것이 아니다. 시간의 경과에 따라 새로 생기기도 하고 변하거나 사멸되기도 한다.

　예1 '천(千)'의 옛말은 '즈믄'이다.
　예2 '엄친아', '깜놀' 등 과거에는 쓰지 않던 새로운 신조어들이 나타난다.

6) **창조성**: 언어는 정해져 있는 말을 외워서 하는 것이 아니라 전에 들어보지 못한 무한히 많은 말을 만들어서 사용할 수 있다.

　예 핑크색 코끼리가 강아지와 놀고 있다.
　　→ '핑크색 코끼리'는 이전에 들어 보지 않은 말이지만 창조적으로 만들어 사용할 수 있다.

04 음성 언어와 문자 언어

언어가 무엇을 매개로 하여 전달되느냐에 따라 언어는 음성 언어와 문자 언어로 나눌 수 있다. 특히 인간은 문자 언어로 문화를 전달하고 축적할 수 있었기 때문에 음성 언어에서 문자 언어로의 발달은 인류의 문화적 발달과도 관계가 깊다.

1 음성 언어

사람의 목소리, 즉 발음 기관을 통해 의식적으로 만들어지는 소리인 음성으로 소통하는 언어이다. 보편적인 의미의 '언어'는 이러한 음성 언어를 가리킨다. 예를 들어 전 세계의 언어가 3,000여 개에 달한다고 했을 때, 이는 문자의 유무는 고려하지 않고 음성 언어만을 따진 숫자이다. 음성 언어는 문자 언어에 선행하며 문자 언어가 존재하지 않는 언어도 많다.

2 문자 언어

말 그대로 문자로 표현한 말로서 음성 언어에 대조된다. 문자 언어는 글자로 표현된 언어를 말하며 음성 언어에 담긴 의미를 사회적 관습에 따른 부호, 즉 문자로 나타낸 언어이다. 문자 언어가 있기 때문에 문화는 기록되어 전달되고 있다.

3 문자의 종류

문자는 나타내는 의미의 단위에 따라 여러 가지로 분류된다. 문자가 소리를 표기한 것인지 의미를 표기한 것인지에 따라 표음문자와 표의문자로 나뉘고, 문자 하나하나가 가진 의미 단위가 단어인지 음절인지 음소인지에 따라 다시 단어문자, 음절문자, 음소문자로 나뉜다.

1) 소리와 의미 중요

① **표음문자(表音, 소리글자)**: 각각의 문자가 특정한 의미를 나타내지 않고 각각의 소리를 표시하여 그 발음을 나타낸다. 표음문자에는 한 글자가 1음절을 표시하는 음절문자와 한 글자가 1단음을 표시하는 음소문자가 있다. 비율로 보면 표의문자에 비해 표음문자가 압도적으로 많다. 반드시 하나의 문자가 하나의 소리만을 가지는 것은 아니며 각 언어권의 음운 체계에 따라 같은 문자라도 소리가 다르게 나타나기도 한다.
   예 알파벳, 한글
② **표의문자(表意, 뜻글자)**: 각각의 문자가 소리와는 관계없이 일정한 뜻을 나타낸다. 고대의 회화문자나 상형문자가 발달한 것이다.
   예 한자

2) 단어와 음절, 음소 중요

① **단어문자**: 하나의 문자가 하나의 말이나 형태소를 나타낸다. 한자와 같은 표의문자를 이른다.
   예 한자: 子(아들, 자식)

② **음절문자**: 한 음절을 한 글자로 나타내는 문자로 더 이상 나눌 수 없는 표음문자이다.
   예 일본의 가나(仮名): か[카]

③ **음소문자**: 하나의 기호가 하나의 음소를 나타낸다. 한글도 음소문자에 속하며 처음부터 자음과 모음이 분리되어 만들어 졌다.
   예 한글: ㄱ(→ 자음), ㅏ(→ 모음)

3) 기타

① **쐐기문자**: 기원전 3,000년경부터 약 3,000년간 메소포타미아를 중심으로 고대 오리엔트에서 광범위하게 쓰인 문자이다. 회화문자에서 비롯된 문자로, 점토 위에 갈대나 금속으로 새겨 썼기 때문에 문자의 선이 쐐기 모양으로 보인다.

② **인장문자**: 인더스 문명이 일어났던 지역에서 700개 정도의 문자가 새겨진 돌 도장이 발견되었는데 이를 인장문자라고 한다. 단어라기보다 그림에 가깝다.

③ **갑골문자**: 고대 중국에서 거북의 등딱지나 짐승의 뼈에 새긴 상형문자이다. 한자의 가장 오래된 형태를 보여주는 것으로 주로 점복을 기록하는 데 사용하였다.

TOP-Point

☑ **표의문자: 시각에 의하여 사상을 전달하는 문자**
- 대표적인 예: 한자
- 시각적인 것으로 뜻을 구별하기 때문에 문자가 복잡하고 다양하다.
- 한 문자로 하나의 뜻을 나타내기 때문에 문자의 수가 대단히 많다.
- 의미 표현과 전달에 있어 효과적이며 한 글자로 뜻을 나타낼 수 있기 때문에 효율적이다.

☑ **표음문자: 사람이 말하는 소리를 기호로 나타내는 문자**
- 대표적인 예: 한글
- 자유롭게 음을 조합할 수 있기 때문에 문자의 수가 적고 모양도 단순하다.
- 소리만을 표시하므로 의미를 나타내려면 문자를 많이 사용하여 어휘를 만든다.
- 개념을 표기할 때 표의문자보다 비경제적이다. 한국어의 개념어에는 한자를 차용한 단어가 많은 것도 이와 같은 이유 때문이다.

05 언어의 분류

세계의 언어는 대략 3,000~3,500여 개이다. 하나의 나라 안에서도 도시별·부족별·문화별 언어가 다른 경우가 많다. 예를 들어 스위스에서는 독일어·프랑스어·이탈리아어 등이 사용되며, 통일된 공용어가 없다. 벨기에에서는 플라망어와 왈론어, 캐나다에서는 영어와 프랑스어가 공용어로 쓰이고 있다. 필리핀에서는 타갈로그어와 영어가 공용어이지만 원주민의 대부분은 타갈로그어를 사용한다. 인도에서도 힌디어 외에 15개의 주요 언어가 쓰이고 있으며 영어는 상용어이다. 이들 나라 외에 러시아·유고슬라비아·중국·말레이시아 등도 다언어국가이다.[3]

언어의 소멸 속도가 점점 빨라지면서 지구촌의 언어적 다양성은 갈수록 축소되고 있는 추세이며, 모국어 사용자를 기준으로 세계 인구의 25%가 표준중국어, 스페인어, 영어를 사용하고 있다.

세계의 각종 언어 관련 통계를 다루는 '에스놀로그'의 23판 자료(2020년 2월 발표)에 따르면 한국어를 제1언어로 사용하는 인구는 총 7천 730만 명으로 전 세계 14위(1.004%)인 것으로 나타났다.

1 형태적 분류 중요

언어가 가진 형태나 구조에 의하여 유형을 설정하여 나눈 것이다. 이러한 형태적 분류는 어디까지나 언어의 유형적 특징을 보여주는 것이지, 어느 한 언어가 완벽하게 한 종류의 형태적 분류에 속한다고 말하기는 어렵다. 예를 들어 영어는 예전에는 굴절어의 성격을 많이 가지고 있었으나 현재는 고립어에 가까운 형태를 보인다. 형태적 분류는 다음과 같이 네 가지로 분류된다.

- 고립어(Isolating Language)
- 굴절어(Inflectional Language)
- 교착어(Agglutinative Language)
- 포합어(Incorporating Language)

1) 고립어
  ① 정의: 어형변화나 접사가 없고 단어의 실현 위치에 의하여 문법적 관계가 결정되는 언어이다.
  ② 특징: 어형변화가 없다. 따라서 문법적 기능이 어순에 의하여 표시되며 한 단어가 하나의 형태소로 구성된다.
  ③ 중국어, 베트남어, 타이어, 미얀마어, 티벳어
    예 고립어에 속하는 중국어
      我: 나, 愛: 사랑하다, 你: 너
      → 我愛你: 나는 너를 사랑한다.
      → 你愛我: 너는 나를 사랑한다.

---

3) 두산백과사전을 참고

한국어는 '는' 또는 '를' 같은 조사가 붙어서 문장 안에서의 성분을 보여 준다. 그래서 "나를 너는 사랑한다."라는 문장도 만들 수 있는데 이는 격조사가 있기 때문에 어순이 같더라도 격조사에 따라 뜻이 서로 다른 문장이 가능하다는 것을 보여 준다. 반면 중국어는 어형 변화 없이 그대로 쓰고 SVO형 구조를 지켜야 "나는 너를 사랑한다."라는 뜻이 된다. 중국어는 어형변화가 없기 때문에 어순이 달라지면 뜻이 완전히 다른 문장이 된다.

2) 굴절어

① **정의**: 어형과 어미의 변화로써 단어가 문장 속에서 가지는 여러 가지 관계를 나타내는 언어이다. 인도유럽어족에 속한 대부분의 언어가 이에 속한다.

② **특징**: 어형이 변화한다. 그 변화된 어형으로 문법적 기능을 표시하는데, 어형 자체가 변화하는 것이기 때문에 교착어(첨가어)와는 다르게 형태소(의미 단위)로 분리되지 않는다. 영어도 굴절어의 성격을 약하게 가지고 있다. 한 단어가 여러 문법범주로 변화된다.

③ 그리스어, 라틴어, 독일어

> 예 굴절어에 속하는 라틴어의 예[4]
> puer: 소년(남성 · 단수 · 주격)
> pueri: 소년들(남성 · 복수 · 주격)
> puella: 소녀(여성 · 단수 · 주격)
> puellam: 소녀(여성 · 단수 · 대격)

3) 교착어(첨가어)

① **정의**: 실질적인 의미를 가진 단어 또는 어간에 문법적인 기능을 가진 요소가 차례로 결합함으로써 문장 속에서의 문법적인 역할이나 관계의 차이를 나타내는 언어이다.

② **특징**

㉠ 문법적 기능이 접사에 의하여 표시된다. 즉, 단어의 어간과 어미가 비교적 명백하게 분리되면서 어간에 어미가 부착되는 형태이다. 한 단어가 분석 가능한 여러 형태소로 구성된다.

㉡ 굴절어와 다른 점은 굴절어는 어휘 자체가 변하기 때문에 변하는 부분에 의미를 가진 형태소가 부착되는 것이 아니다. 하지만 교착어는 어휘 자체가 변하는 것이 아니라 어간에 의미를 가진 형태소가 부착된다.

③ 한국어, 튀르키예어, 일본어, 핀란드어, 헝가리어

> 예 교착어에 속하는 한국어
> 민수가/민수를/민수의
> → 주격 조사 '가', 목적격 조사 '를', 소유격 조사 '의' 등 각각의 의미를 가진 형태소가 붙는다.

---

4) 두산백과사전을 참고

4) 포합어
  ① 정의: 동사를 중심으로 하여 그 앞뒤에 인칭 접사나 목적을 나타내는 어사를 결합 또는 삽입하여 한 단어로서 한 문장과 같은 형태를 가지는 언어이다.
  ② 특징: 문장을 구성하는 요소가 아주 가깝게 결합하여 문장 자체가 그대로 단어로 인식되어, 단어와 문장이 구별되지 않는다. 단일 단어로 많은 범주를 표현할 수 있다.
  ③ 에스키모어, 아메리칸인디언어, 그린랜드어
   예 포합어에 속하는 아이누어[5]
    목적어를 취하는 동사인 'oman(가다)의 앞에 인칭접사가 붙어서 ku-'oman(내가 간다)이 된다. ku-'oman은 하나의 단일 단어이다.

2 계통적 분류

비교언어학 연구가 활발해지면서 언어 사이의 친족 관계를 밝히는 데 관심이 모아졌다. 계통적 분류는 언어들끼리 서로 관계가 있으며 유사점이 많은 언어는 동일 조상어(Parent Language)에서 갈라진 동일 계통 언어일 수 있다는 가설을 바탕으로 한다.

1) 인도유럽어족(Indo-European Language)
  ① 역사시대 이래 인도에서 유럽에 걸친 지역에서 쓰는 어족이다. 현대 유럽의 거의 모든 언어가 이에 속한다. 영어, 독일어, 프랑스어, 러시아어, 에스파냐어, 이탈리아어 등이 있다.
  ② 인도에서 유럽에 걸친 지역에 널리 퍼져 있던 언어의 총칭으로 인도게르만어라고도 한다.
  ③ 인도-이란어파, 슬라브어파, 아르메니아어, 그리스어, 로만스어파

2) 함-셈어족(Hamito-Semitic Language)
  ① 아라비아반도에서 홍해를 사이에 두고 그 서쪽에 가로놓여 있는 아프리카 대륙 북부까지의 일대에서 쓰이는 말의 총칭이다.
  ② 이집트어, 베르베르어, 쿠시 제어, 챠드 제어, 셈어파

3) 우랄어족(Uralic Language)
  ① 교착성과 모음 조화가 있는 것이 특징이며 핀란드어, 헝가리어, 사모예드어, 에스토니아어 등이 있다.
  ② 핀-우글어파, 사모예드어파

4) 알타이 제어(Altaic Language)
  ① 투르크어·몽골어·퉁구스어 등 3계 어군의 총칭으로 문법·어휘·문장 구조·어미·접미어 등이 매우 유사하다.
  ② 투르크어, 몽골어군, 만주-퉁구스어군

---

[5] 두산백과사전을 참고

5) 중국-티베트어족(Sino-Tibetan Language)

① 서쪽은 인도의 카슈미르에서 티베트·중국 대륙을 거쳐, 동쪽은 타이완에 이르고, 북쪽은 중앙아시아, 남쪽은 동남아시아에 걸친 넓은 지역에 분포하는 어족이다.
② 중국어군, 캄-타이어군, 티베트-버마어군, 먀오-야오어

6) 말레이-폴리네시아어족(Malayo-Polynesian Language)

① 동쪽 이스터섬에서 서쪽 마다가스카르섬까지, 북쪽 하와이제도에서 남쪽 뉴질랜드섬에 이르는 남태평양상의 광대한 지역에서 사용되는 언어의 총칭이다.
② 동 말라이-폴리네시아어, 서 말라이-폴리네시아어

7) 드라비다어족(Dravidian Language)

① 인도의 남반부 및 실론섬 북반부에서 사용되는 언어이다.
② 타밀어 · 텔루구어 · 칸나다어 · 말라얄람어

3 통사적 어순에 의한 분류

어순에 의한 분류는 크게 두 가지이다. 주어를 S, 목적어를 O, 동사를 V라고 할 때, VO형과 OV형으로 나뉜다.[6]

1) VO유형

① 문장 내 어순의 특징: 전치사+명사, 보조 용언+본용언, 명사+관계절/속격보어, 비교 대상+비교의 기준항
② SVO: 영어, 프랑스어, 이태리어, 타이어
③ VSO: 웨일스어, 히브리어, 마사이어

2) OV유형

① 문장 내 어순의 특징: 명사+후치사, 본용언+보조 용언, 관형어+명사, 비교기준+비교대상
② SOV: 한국어, 튀르키예어

예	VO형 영어	OV형 한국어
	in the classroom(전치사+명사)	교실에서(명사+후치사)
	I can swim(보조 용언+본용언)	수영할 수 있어요(본용언+보조 용언)
	the girl who I met(명사+관계절/속격보어)	내가 만난 소녀(관형어+명사)

---

6) 허용 외(2005), 외국어로서의 한국어 교육학개론, 박이정

06 언어학의 범위

언어학은 인간의 언어와 관련된 여러 현상을 과학적인 방법으로 연구하는 학문이다. 언어의 기능과 본질, 언어의 역사, 언어의 변이, 언어와 인간의 관계 따위를 주로 연구한다. 이러한 언어학의 넓은 범위는 각각의 범주에 따라 분류할 수 있는데 다음과 같다.

1 일반언어학과 개별언어학

1) 일반언어학: 모든 언어를 대상으로 보편적이고 일반적인 특성을 연구 대상으로 한다.
   예 사회언어학, 심리언어학, 언어학 등
2) 개별언어학: 한국어, 영어, 불어, 독어 등과 같은 개별언어를 대상으로 하여 언어 자료를 체계적으로 기술, 설명한다.
   예 국어학, 영어학 등

2 순수언어학과 응용언어학

1) 순수언어학: 언어 현상 그 자체에 대한 연구이다.
   예 음운론, 통사론, 의미론, 언어사, 언어계통론 등
2) 응용언어학: 다른 학문과 연계해서 언어 현상을 연구한다.
   예 인류언어학, 심리언어학, 사회언어학, 외국어로서의 한국어 교육학 등

3 공시언어학과 통시언어학

1) 공시언어학: 어떤 언어 현상을 한 시대에 한정하여 연구하는 학문으로 어떤 특정 시점의 언어의 여러 가지 현상을 연구한다.
   예 현대 서울 표준어와 지역 방언 연구
2) 통시언어학: 어떤 언어 현상을 여러 시대에 걸쳐 역사적으로 연구하는 학문이다.
   예 19세기부터 21세기에 이르기까지 서울말의 변천사 연구

4 비교언어학과 대조언어학

1) 비교언어학: 언어 사이의 비교를 통하여 친족 관계를 증명하고 그 공통 조어의 모습을 추정하여 친족어들이 분기하여 내려온 역사적 변화를 밝히는 학문이다.
   예 영어-독일어
     → 인도유럽어족의 게르만어파를 공통 조어로 함

2) **대조언어학**: 서로 다른 계통의 언어를 대조 연구한다. 두 개 이상의 언어를 비교하여 차이 또는 유사점을 연구하는 학문이다.

> 예 한국어-영어
> → 서로 다른 언어를 서로 대조 연구하여 차이를 찾음

07 언어 연구의 대상과 방법

언어는 매우 일반적이면서도 추상적인 현상이다. 언어는 한 집단 내에서 관습적으로 통용되는 체계를 가지고 정해진 의미에 따라 구성된다. 그러면서도 한편으로는 언어 현상의 실체를 보면 개인별로는 매우 창의적이고 가변적인 특성을 가진다. 현대 언어학의 대표적 학자인 소쉬르(Saussure)와 촘스키(Chomsky)는 이처럼 언어의 관습적인 면과 가변적인 면을 다루는 언어 연구 방식의 기초를 세웠다.

1 언어 연구 방법론

소쉬르(Saussure)는 언어는 일종의 사회 현상이며 이를 연구하는 방법으로는 공시적인 것과 통시적인 것이 있다고 하였다.

1) **공시적 연구**: 언어는 어떤 특정한 시대에 존재한다는 점을 바탕으로 한다. 한 시대에 집중한 횡적 연구이다.

> 예 15세기 국어 연구

2) **통시적 연구**: 언어는 시간의 흐름에 따라 변화한다는 점을 바탕으로 한다. 시대 흐름에 따른 변화 양상에 초점을 둔 종적 연구이다.

> 예 국어의 모음 조화 변화 양상 연구

2 랑그와 파롤 (중요)

1) **랑그(Langue)**
   ① 특정 사회 속의 특정 시대에 존재하는 체계적이며 독립적이고 구조적인 언어
   ② 잠재적이고 사회적 언어
   ③ 우리의 생각, 머릿속에 들어 있는 언어 (구조)
   ④ 의사소통을 가능하게 하는 약속된 어휘나 문법의 규칙
   > 예 '안녕하세요'라는 말은 서로 만났을 때 나누는 인사이다.

2) 파롤(Parole)
　① 실제로 발화되는 언어
　② 실제 일어나는 의사소통
　③ 다양한 상황 아래에서 일어날 수 있는 개인적이고 실제적인 발화
　　예 '안녕하세요'라는 말이 어떤 상황에서 어떤 사람들에게 사용되느냐에 따라 인사 이외의 뜻으로도 사용될 수 있다.

3) 언어학의 연구 대상
　언어학의 연구 대상은 파롤이 아닌 랑그이다. 파롤은 개인적인 언어이며 상황에 따라 달라지기 때문에 고정적이고 본질적인 랑그만이 언어학의 연구 대상이 된다.

> **TOP-Point**
>
> ☑ **소쉬르(Ferdinand de Saussure)**
> - 스위스의 언어학자로 근대 구조주의 언어학의 시조로 불린다. 언어 구조에 관한 소쉬르의 개념은 언어학에 대한 접근 방식을 마련해 주었다.
> - 소쉬르가 제시한 랑그와 파롤은 구조주의 언어학의 출발점이 되었다.
> - 랑그는 사회적이고 체계적인 측면을, 파롤은 개인적이고 발화적인 측면을 가리킨다.
>
> ☑ **구조주의 언어학**
> - 유럽의 구조주의 언어학은 페르디낭 드 소쉬르의 사후에 출간된 《일반언어학 강의 Cours de Linguistique Générale》가 나온 1916년에 시작된 것으로 인정된다.
> - 실제 발화의 기저가 되면서 그것과는 구별되는 추상적인 관계 구조가 존재한다는 견해를 지지한다.

3 언어 능력과 언어 수행

1) 언어 능력
　① 머릿속에 들어 있는 언어에 대한 암묵적인 지식
　② 언어 사용자가 가진 기저 지식으로, 무의식적이고 추상적인 것
　③ 촘스키에 따르면 언어 능력이란 언어 사용자가 가지고 있는 언어에 관한 모든 능력
　④ 음성학이나 음운론, 형태론, 통사론, 의미론 등은 추상적인 언어 능력을 체계화하여 학문으로 발전시킨 것

2) 언어 수행
　① 구체적인 상황에서 실제적으로 사용되는 언어
　② 언어 능력이 있어야 언어 수행이 이루어짐
　③ 예를 들어 제2언어 학습자가 자신이 배운 언어를 실제로 사용하여 생활하는 것

08 언어학의 하위 분야

언어의 형식을 다루는 학문으로는 음성학, 음운론, 형태론, 통사론 등이 있고 의미적 측면을 다루는 학문으로는 의미론과 화용론 등이 있다.

1 음성학과 음운론

언어는 인간의 발화를 통해 실현된다. 음성학(Phonetics)은 음이 실현되는 방식에 대한 연구이며 음운론(Phonology)은 음소와 음소 간의 관계에 대한 연구이다. 음운론이 언어 속에서 체계적으로 사용되는 소리의 방법을 연구하는 학문이라면 음성학은 인간이 만들어 내는 모든 음성적 소리를 연구하는 학문이기 때문에 이 두 영역은 상호 연관되어 있는 학문이라 할 수 있다.

음성학은 소리의 물리적 자질이나 소리에 대한 인식 또는 지각을 연구하며 각각의 소리가 만들어지는 방식에 초점을 맞추어 음성 기관들이 어떻게 조합되는가에 대해 연구한다. 이때는 음성적 차원에서 음의 실현 자체에만 관심을 둔다. 반면 음운론은 언어 체계 내에서 언어 음성이 갖는 기능적 차원을 중시한다. 음운론은 음소와 운소에 대한 연구로 나누어지는데, 음소에 대한 것이 한 언어 내의 음소 간의 변별적 자질이나 관여 자질을 연구하는 것이라면 운소에 대한 연구는 강세나 고저, 장단 등 비분절요소이면서 변별적 기능을 연구하는 것이다.

> **TOP-Point**
>
> ✓ 음성과 음운
> - 음성(音聲, Phone): 의미 자체와는 관련없이 사람의 발음 기관을 통해서 나는 구체적이고 물리적인 소리로 음운의 음성 실현적 단위
> - 음운(音韻, Phoneme): 의미를 구별해 주는 최소의 문법 단위로 추상적이고 관념적인 소리

1) 음소(音素, 분절 음운)

음소는 의미 분화를 일으키는 최소의 단위이다. 음소는 개별 언어적인 특성을 가지고 있기 때문에 음성적으로는 분명히 다른 소리이지만 개별 언어 내에서의 음운적 차원에서는 차이가 없을 수 있다. 만약 음성학적으로 다른 소리가 특정 언어에서 의미를 구별해주고 있다면 그것은 변별적 또는 대립적 음소라고 한다.

예 [r]과 [l]

'나라'의 /ㄹ/을 [r]로 발음하거나 [l]로 발음해도 한국어로는 모두 '나라'이다. 즉 음성적으로 다른 소리를 내도 그것이 음운적 차원에서는 '나라'일 뿐이다. 이때 [r]이나 [l]은 한국어라는 특정 언어에서는 의미 분화를 시키지 않기 때문에 변별적 또는 대립적 음소라고 볼 수 없다. 반면 영어에서는 'rice'와 'lice'는 [r]과 [l]의 음성적 차이로 의미 차이가 일어난다. 이때 [r]이나 [l]은 영어라는 특정 언어에서는 의미 분화를 시키기 때문에 변별적 또는 대립적 음소가 된다.

2) 운소(韻素, 비분절 음운)

운소는 운율적 자질을 가진 것으로 소리의 길이, 높낮이, 세기 등이 포함된다. 이러한 자질이 말의 뜻을 분화하는 기능을 가졌을 때 이를 비분절 음운 또는 운소라 한다.

2 형태론

형태론은 단어의 구조를 연구하고 단어의 어형 변화를 다루는 문법 연구의 한 분야이다. 형태론 연구는 한 언어에서 형태소들이 결합하여 낱말을 형성하는 체계 또는 규칙에 대한 것으로, 형태소(Morpheme) 및 낱말을 기본 단위로 한다.

1) 형태소의 정의와 분류

형태소는 뜻을 가진 가장 작은 말의 단위이다. "나는 집에 가요."를 형태소로 분리하면 '나/는/집/에/가/요' 6개로 분리된다.

① 실질 형태소와 형식 형태소: 형태소가 가진 의미가 실질적인 것이면 실질 형태소(어휘 형태소)이며 단순히 형식적인(문법적인) 의미를 보여주면 형식 형태소(문법 형태소)이다.

② 자립 형태소와 의존 형태소: 형태소가 문장에서 홀로(자립해서) 쓰일 수 있으면 자립 형태소이며 다른 것과 붙여(의존해서) 써야 하면 의존 형태소이다.

자립성 \ 뜻	실질 형태소	형식 형태소
자립 형태소	커피, 책, 종이, 돈	–
의존 형태소	높-, 기다리-, 예쁘-	-은, -고, -다

TOP-Point

☑ 한자어의 형태소 분류

고유어와는 다르게 한자어는 표의문자이기 때문에 낱낱의 글자를 형태소로 볼 것인지, 단어를 형태소로 볼 것인지에 대해서 한쪽으로 결론이 나지 않은 상태이다. 이에 국립국어원에서도 '한자어의 경우 단어별로 분석하는 견해와 개별 한자어별로 분석하는 견해 등으로 나눌 수 있다'고 밝혀 두 가지 견해를 두루 인정하고 있다. 즉, 한자어는 단어를 통으로 하나의 형태소로 보는 경우와, 한자어 형태소를 낱낱으로 나누는 경우가 모두 존재하는데, 낱낱으로 나누는 경우는 주로 접두사나 접미사의 성격을 갖는 한자어 또는 분리성이 있는 한자어만을 형태소로 분리하는 경우가 많다. 예를 들어, '책장'의 '책'과 '장'은 독립적으로 사용될 수 있는 경우가 비교적 많기 때문에("안 쓰는 물건은 장 안에 넣어 두자.") 각각의 분리성이 있다고 볼 수 있다. 하지만 '학교'의 경우 '학', '교'는 낱낱의 글자가 독립적으로 사용될 수 있는 경우가 거의 없기 때문에 '학교'는 하나의 형태소로 보는 견해가 일반적이다.

즉, 한자어 형태소 분류에는 두 가지 견해가 모두 있으며, 그중에서도 접두사나 접미사의 성격이나 분리성이 매우 뚜렷한 경우에만 형태소로 분리하는 견해가 있다. 이에 대해서는 국립국어원과 학교 문법, 표준국어대사전의 분류가 어느 하나로 통일되어 있지 않아 결론이 나지 않은 상태이다.

2) 낱말의 형성

① 단일어: 하나의 자립 형태소로 이루어진 낱말로, 어근 하나로만 이루어져 있는 말이다.
   예 물, 전화, 의자

② 합성어: 어근이 둘 이상 결합하여 이루어진 낱말이거나 두 개 이상의 자립 형태소로 이루어진 낱말, 자립 형태소와 의존 형태소의 결합으로 이루어지거나 의존 형태소로만 이루어진 낱말이 합성어에 해당한다.
   예 책상, 햇곡식, 문지방, 오가다

3 통사론

통사론은 단어의 결합 방식을 연구하는 학문으로 단어들이 문장 내에서 결합하는 방식을 다룬다. 앞서 말한 형태론이 단어의 형태에 대한 연구라면 통사론은 단어가 문장 내에서 위치하고 결합하는 것, 문장을 이루는 구성 성분에 대한 연구로서 이 두 영역은 문법 연구에 속한다.

1) 문장 구성 성분 분류

① 주성분: 주어, 서술어, 목적어, 보어
② 부속 성분: 관형어, 부사어
③ 독립 성분: 독립어

문장 성분	주성분	주어
		서술어
		목적어
		보어
	부속 성분	관형어
		부사어
	독립 성분	독립어

2) 단어의 위치와 결합 관계

통사론은 문장 안에서 단어의 결합 방식과 분포 방식을 연구하는데 이러한 특성은 계열적 관계(Paradigmatic Relation)와 통합적 관계(Syntagmatic Relation)로 설명할 수 있다.

① 계열적 관계(Paradigmatic Relation)

둘 이상의 단어가 문장 안에서 같은 위치에 올 수 있는 경우가 계열적 관계에 해당한다. 예를 들어 "나는 _____을/를 만났다."라는 문장에서 빈칸에 들어갈 수 있는 단어는 '친구, 선생님, 부모님' 등이 있는데 이는 문장 안에서 같은 위치에 나타날 수 있는 계열적 관계의 단어들이 된다.

② **통합적 관계(Syntagmatic Relation)**

둘 이상의 단어가 문장 안의 앞뒤에 연결되면서 문장의 구조를 이루는 경우가 통합적 관계에 해당한다. 예를 들어 "예쁘게 핀 꽃이 있다."에서 '예쁘게'가 '핀'을 수식하고 있고, '예쁘게 핀'이 다시 '꽃'을 수식하며 문장을 형성한다.

4 의미론

언어의 기원·발전·변화 등을 연구하는 학문으로 말의 뜻과 쓰임에 관한 학문이다. 단어의 중심 의미는 가장 기본적이고 핵심적인 의미를 말하며 주변 의미는 중심 의미가 문맥에 따라 확장되거나 달라지는 경우를 말한다. 의미에 따른 단어의 분류에는 단의어(하나의 소리에 하나의 의미), 동음이의어(하나의 소리에 전혀 다른 여러 개의 의미), 다의어(하나의 소리에 서로 관련 있는 여러 개의 의미) 등이 있다.

1) 단어의 계열 관계

　① **동의 관계**: 뜻이 같은 경우[7]

　　예 죽다, 숨지다, 사망하다

　② **반의 관계**: 단어의 뜻이 반대인 경우. 반의 관계는 단어가 가진 의미 자질 중 하나만 대조적인 경우를 말하며 정도 반의 관계, 상보 반의 관계, 방향 반의 관계 등으로 나눌 수 있음

　　예 정도 반의 관계: 길다-짧다(정도나 등급의 차이)
　　　　상보 반의 관계: 남자-여자(상호 배타적이며 절대적 기준 존재)
　　　　방향 반의 관계: 부모-자식(관계의 차이, 상대적인 개념)

　③ **포함 관계**: 한 단어가 다른 단어의 의미를 포함하는 상위 개념의 단어일 때 상위어/상의어(Hypernym), 다른 단어에 포함되는 하위 개념의 단어를 하위어/하의어(Hyponym)라고 함

　　예 학교(상위어)-초등학교, 중학교, 고등학교, 대학교(하위어)

2) 단어의 통합적 관계

두 개 이상의 단어가 결합하여 의미적으로 하나의 단위를 이루는 말을 연어(Collocation)라고 한다.

　예 한턱 내다, 새빨간 거짓말, 미역국을 먹다 등

3) 의미의 종류

　① **중심적/주변적 의미**

　　㉠ 중심적 의미: 가장 기본적이고 핵심적인 의미

　　㉡ 주변적 의미: 중심적 의미에서 확장된 의미

---

[7] 단어의 의미가 완전 같다고 말할 수 없는 경우가 많기 때문에 최근 들어서는 동의어, 동의 관계라는 말보다 유의어, 유의 관계라는 말이 자주 사용된다.

② 사전적/함축적 의미
　㉠ 사전적 의미: 가장 일차적이고 기본적인 의미
　㉡ 함축적 의미: 연상이나 관습 등에 의하여 만들어 지는 의미
③ 사회적/정서적 의미
　㉠ 사회적 의미: 언어를 사용하는 사람의 사회적 환경을 드러내는 의미
　㉡ 정서적 의미: 말하는 이의 태도나 감정 등을 드러내는 의미
④ 주제적/반사적 의미
　㉠ 주제적 의미: 말하는 이의 의도를 나타내는 의미
　㉡ 반사적 의미: 원래의 뜻과는 관계없이 특정 반응을 일으키는 의미

5 화용론

의미론이 언어 내에서의 의미를 연구하는 분야라면, 화용론은 실현된 언어의 문맥적 의미와 관련된 학문이다. 화용론은 언어의 사회적 사용과 기능에 관한 학문으로 언어가 특정한 환경에서 사용되는 문맥이나 의사소통 참여자의 스키마에 관심을 갖는다. 실제 상황적 맥락에서 화자와 상대방에 의해서 쓰이는 말의 기능(사용)에 관심을 갖고 화자와 청자의 관계에 따라 언어 사용이 어떻게 바뀌는지, 화자의 의도와 발화의 의미는 어떻게 다를 수 있는지를 다룬다.

1) 문맥

있는 그대로의 실제가 아니라 실제적으로 의미가 있다고 인식되는 측면이라고 볼 수 있다. 특히 화용론에서는 언어 자체에 내재하는 의미보다는 언어의 양상과 언어가 사용되는 특정 환경에 관심을 갖는다. 이것이 곧 문맥과 언어행동 사이의 관계를 나타낸다.

2) 스키마

스키마는 직접 또는 간접 경험을 통해 청자(독자)의 머릿속에 저장되어 있는 모든 경험을 통틀어 이르는 말로 사전지식, 배경지식을 포함한다. 의사소통 참여자가 새로운 지식을 받아들이기 전에 마음속에 이미 가지고 있는 일종의 틀이라고 볼 수 있다.

> 임산부는 그런 음식을 많이 먹지 않는 게 좋아요.

'그런 음식'은 임산부가 먹으면 안 되는 금기 음식과 관련된 스키마를 불러일으킨다. 화자와 청자가 공유하는 스키마가 일치한다면 이 말은 의사소통에서 적절하게 통용될 수 있다.

3) 의미협상

화용적인 상황에서 문맥이나 스키마가 특정 조건을 충족시키지 않거나 중의적으로 해석될 때, 혹은 의사소통 참여자 사이에 공통적인 스키마가 존재하지 않을 때는 의사소통을 원활히 하기 위한 일종의 협상이 일어나는데 이를 의미협상이라 한다.

의미협상은 단순히 다음과 같은 문맥이나 스키마뿐만 아니라 문법이나 단어, 문장 차원에서도 일어난다. 또한 모든 의미협상이 반드시 의견의 일치에 이르러야 하는 것은 아니다. 의미협상은 의사소통을 방해하는 서로 다른 언어부호를 의미화하는 과정이라고 볼 수 있다. 다음의 예를 보면 서로 간의 일치하지 않는 의미에 대해 부차적으로 담화를 주고받음으로써 의미협상을 이루고 있다.

> A: 임산부는 그런 음식을 많이 먹지 않는 게 좋아요.
> B: 하지만 신문에서도 하루에 커피 한 잔 정도는 괜찮다고 했는데요.
> A: 네? 제가 말하는 건 커피가 아니라 그 옆의 케이크를 말하는 건데요.
> B: 케이크가 문제가 되나요?
> A: 지나치게 열량이 높은 음식은 임산부에게 좋지 않다고 들었거든요.

'그런 음식'에 대한 화자와 청자의 스키마가 '커피'와 '케이크'로 서로 달라 의사소통이 되지 않았기 때문에 담화를 이어가면서 화자가 말하는 '그런 음식'에 대한 의미를 찾아가고 있다.

TOP-Point

☑ 언어 연구와 관심 분야

언어 연구	관심 분야
음성 · 음운론	소리의 구조
형태론	단어의 구조
통사론	문장의 구조
의미론	단어의 구조
화용론	문맥적 의미

09 언어 소통

인간의 의사소통은 의도적으로 정보를 주고받는 것이다. 이때 정보를 주는 쪽(송신자)은 화자, 정보를 받는 쪽(수신자)은 청자가 되며 정보를 주고받을 때 소통에 들이는 노력을 최소화하고 성과를 최대화하려는 효율적인 방식을 추구하게 된다.

> 화자(송신자) → 정보를 기호로 전달 → 청자(수신자)

1) 화자와 청자의 소통 방식
  ① 노력의 최소화
       화자는 소통이 가능한 수준에서 음절 수를 줄이거나(뭐를 → 뭘, 마음 → 맘) 단어의 수를 줄이거나(남자와 여자 → 남녀) 혹은 필요한 정보만 전달하는 등 소통에 들이는 노력을 최소화한다. 청자 역시 자신이 필요한 정보만 받아들이며 소통에 들이는 노력을 최소화한다.
  ② 성과의 최대화
       화자는 중요한 정보는 강조하고 주관적으로 정보를 표현해서 본인이 전달하고자 하는 의도를 최대한 잘 전달하려고 한다. 청자 역시 자신이 원하는 정보를 최대한 얻기 위해 필요하다면 가능한 한 정확하고 많은 정보를 요구한다.

2) 구어 소통과 문어 소통
   구어 소통은 일반적으로 청자의 범위가 분명하기 때문에 청자의 배경지식을 고려해서 내용의 생략이 가능하다. 반면 문어 소통은 청자의 범위가 분명하지 않다. 청자가 어느 정도의 배경지식이 있는지, 언어 사용 상황은 어떠한지를 파악하기 어렵기 때문에 되도록 배경지식 등의 정보를 생략하지 않는다. 또 구어 소통의 경우 청자의 반응을 즉각적으로 확인하고 소통도 양방향으로 이루어질 수 있지만 문어 소통의 경우 청자의 반응을 바로 확인하기 어렵고 소통도 주로 일방향적으로 이루어지는 경우가 많다.

3) 소통에서의 표현과 이해
       의사소통에 있어 표현의 과정은 먼저 전달하고자 하는 정보에 맞는 언어요소를 고르고 그것으로 담화를 만든 후 매체(구어 또는 문어)로 실현시킨다.

> 언어요소 선택 → 담화 구성 → 매체로 실현

       의사소통에 있어 이해의 과정은 듣거나 본 것에서 언어요소를 추출하고 그것을 바탕으로 담화의 내용을 확인한 후 정보를 해석한다.

> 언어요소 추출 → 담화 확인 → 정보 해석

01 실전 문제

연습 문제

01
다음 중 언어의 기본 개념에 대한 설명 중 바르지 않은 것을 고르시오.

① 언어는 의사소통의 도구이면서 각각의 일정한 체계가 있다.
② 한 언어 사회에서 정한 표준어는 대체적으로 방언보다 더 발전된 언어이다.
③ 한 언어 사회에서 사용되는 언어라도 내부적으로 이질적인 면을 갖는다.
④ 언어정책상 규범이 되는 것을 정하고 이 규범에 따라 표준어와 맞춤법을 정한다.

02
다음 중 언어의 특성에 해당하지 않는 것을 고르시오.

① 언어는 창조성을 가진다.
② 언어는 분석적이고 체계적이다.
③ 언어는 의미와 소리로 이루어진다.
④ 언어는 개인적 관습에 의해 구속을 받는다.

03
언어를 형태적으로 분류했을 때 한국어는 어떤 언어에 포함되는지 고르시오.

① 고립어　　② 교착어
③ 굴절어　　④ 포합어

04
문자의 종류로 봤을 때 한글은 어떤 문자에 속하는지 고르시오.

① 단어문자　　② 표의문자
③ 음절문자　　④ 음소문자

05
표음문자의 특징으로 맞는 것을 고르시오.

① 문자가 복잡하고 다양하다.
② 한 문자로 하나의 뜻을 나타낸다.
③ 자유롭게 음을 조합할 수 있다.
④ 의미 표현에 효율적이다.

06
다음은 언어의 어떤 특성에 대한 설명인지 고르시오.

> 언어는 정해져 있는 말을 외워서 하는 것이 아니라 전에 들어보지 못한 무한히 많은 말을 만들어서 사용할 수 있다.

① 언어의 자의성　　② 언어의 관습성
③ 언어의 창조성　　④ 언어의 역사성

07

다음 중 언어의 역사성의 예로 적절한 것을 고르시오.

① 매번 새로운 문장을 만들어 사용할 수 있다.
② '천'의 옛말은 '즈믄'인데 현재 쓰이지 않는다.
③ 문장은 단어, 어절, 형태소 등으로 쪼갤 수 있다.
④ 각 언어는 그 사회마다의 약속이다.

08

언어를 형태적으로 분류했을 때 다음 설명에 해당하는 것은 무엇인지 고르시오.

> 어형과 어미의 변화로써 단어가 문장 속에서 가지는 여러 가지 관계를 나타내는 언어를 이른다. 인도유럽어족에 속한 대부분의 언어가 이에 속한다.

① 고립어 ② 굴절어
③ 교착어 ④ 포합어

09

언어를 계통적으로 분류했을 때 우랄어족에 대한 설명으로 맞는 것을 고르시오.

① 교착성과 모음 조화가 있다.
② 몽골어군과 만주-퉁구스어군이 이에 속한다.
③ 인도에서 유럽에 걸친 지역에서 쓰는 어족이다.
④ 중국어와 티베트어에 그 흔적이 남아있다.

10

랑그에 대한 설명으로 맞는 것을 고르시오.

① 실제로 발화되는 언어
② 실제적 의사소통
③ 언어학의 연구 대상
④ 상황에 따라 달라지는 언어

해설

01 표준어는 여러 가지 방언 중 규격이 되는 방언을 택한 것이다.
02 언어는 사회적 관습에 의해 구속받는다.
04 한글과 알파벳은 음소문자이다.
05 표음문자는 각각의 음소를 나타내므로 결합이 자유롭다. 문자가 뜻을 나타내지는 않기 때문에 의미 표현에 있어서는 표의문자보다 비효율적이다.
09 우랄어족의 특징은 교착성과 모음 조화이며 핀란드어, 헝가리어 등이 속한다. 몽골어군과 만주-퉁구스어군은 알타이 제어에 속한다.
10 랑그는 체계적이고 독립적으로 존재하며 불변하는 것이므로 언어학의 연구 대상이 된다. 파롤은 개인적인 언어이며 상황에 따라 달라지는 것이다.

정답 01 ② 02 ④ 03 ② 04 ④ 05 ③ 06 ③ 07 ②
08 ② 09 ① 10 ③

기출문제

01

한국어와 일본어의 공통된 유형론적 특징으로 옳지 않은 것은?   기출 17회 61번

① 어순이 엄격하게 고정되어 있다.
② 문법 요소가 어휘요소 뒤에 오는 핵후행(Head-final) 언어이다.
③ 수식어가 피수식어 요소에 선행한다.
④ 성 범주가 없고 존대법이 발달한 언어이다.

02

언어의 자의성과 관련된 내용이 아닌 것은?   기출 18회 62번

① 언어 기호와 의미 사이에 필연적 관계가 없다.
② 한국어 변천 과정에서 '사룜'이 '사람'으로 바뀌었지만 여전히 같은 단어로 인식된다.
③ 터키어, 몽골어, 퉁구스어가 서로 많이 닮았다.
④ 한국어에서는 '바람'이라고 하는데 영어에서는 'wind'라고 말한다.

03

다음 설명 중 옳지 않은 것은?   기출 18회 65번

① 소쉬르(Saussure)는 언어 연구를 통시적 연구와 공시적 연구로 나누고, 공시적 연구의 중요성을 강조하였다.
② 워프(Whorf)는 인간의 사고가 언어에 영향을 미친다고 하였다.
③ 블룸필드(Bloomfield)는 경험적 관찰의 기반 없이는 언어에 대한 일반화(generalization)를 하기 어렵다고 하였다.
④ 촘스키(Chomsky)는 문장 생성의 원리를 상정하고 이를 반복 적용함으로써 문법적인 문장을 무한히 생성할 수 있다고 하였다.

04

의사소통 능력 모형(Canale & Swain, 1980; Canale, 1983)의 하위 범주가 아닌 것은?
   기출 19회 62번

① 문법적 능력   ② 화용적 능력   ③ 전략적 능력   ④ 담화적 능력

05

문자에 관한 설명으로 옳은 것은? 기출 19회 66번

① 설형문자는 음성문자에서 표의문자로 가는 중간 단계의 문자이다.
② 이집트의 상형문자는 그림이 추상화된 표의문자이다.
③ 일본어의 가나(假名)는 자음과 모음을 분리하여 각각을 글자로 나타낸 음절문자이다.
④ 페니키아 문자는 각 음절의 자음만 표기하고 모음은 생략하여 나타낸 자음문자이다.

06

다음에 해당하는 언어학의 하위 분야를 순서대로 나열한 것은? 기출 19회 68번

- 언어 사용자의 지식으로서의 소리 혹은 언어 체계 내에서 기능을 갖는 소리를 연구하는 분야
- 단어의 형성 방법과 구조를 연구하는 분야
- 상황 맥락을 바탕으로 언어 사용의 원리와 확장된 의미를 연구하는 분야

① 음운론, 형태론, 화용론
② 음성학, 형태론, 의미론
③ 음운론, 통사론, 의미론
④ 음성학, 통사론, 화용론

정답 01 ① 02 ③ 03 ② 04 ② 05 ④ 06 ①

참고문헌

- 강현화·신자영·이재성·임효상(2003), 대조분석론, 역락
- 곽호완 외(2008), 실험심리학용어사전
- 김건환(1994), 대비언어학: 이론과 응용, 청록
- 김방한(1992), 언어학의 이해, 민음사
- 남기심·홍재성 외(2000), 한국어 교육의 방법과 실제, 한국방송대학교출판부
- 성백인·김현권(1994), 언어학개론, 한국방송통신대학교출판부
- 이기동 외(1999), 언어와 언어학: 인지적 탐색, 한국문화사
- 한재영 외(2002), 한국어 교육 총서 2『한국어 교수법』개발 최종 보고서, 문화관광부 한국어세계화재단
- 허용 외(2005), 외국어로서의 한국어 교육학개론, 박이정
- 고려대학교 한국어교사 양성과정 강의안(2002), 고려대학교 국제어학원
- 연세대학교 한국어교사 연수과정 강의안(2001), 한국어 교수법의 이론과 실제, 연세대학교 언어연구교육원 한국어교사연수소

02 대조언어학

01 대조언어학의 기본 개념

1) 정의

대조언어학(Contrastive Linguistics)은 언어학의 한 부류로서 두 개 이상의 언어를 비교해 공통점과 차이점을 밝혀내는 것이다. 언어를 서로 비교할 때에는 무작위로 하는 것이 아니라 일관되고 체계적인 모델을 이용하여 대조한다.

대조언어학은 언어 교육에서 활용되는데, 대조언어학 강설에서는 두 언어(모국어와 제2언어) 간의 차이가 작으면 작을수록 제2언어 습득이 쉬울 것이라고 본다. 따라서 외국어를 공부하는 사람들에게 그들의 모국어와 목표언어의 차이를 명료하게 보여주면 외국어 학습에서 오류 발생을 줄일 수 있을 것이라 주장하였다.

TOP-Point

☑ 비교언어학과 대조언어학

비교언어학은 언어 사이의 비교로 친족 관계를 증명하고 그 공통 조어의 모습을 추정하여 친족어들이 분기하여 내려온 역사적 변화를 밝히는 학문이다. 비교언어학은 18세기에 시작되었는데, 이때는 언어 사이의 공통점을 찾아서 분류하고 친족 관계를 찾아서 조어를 찾아내는 것에 관심을 두었다. 따라서 이때의 비교언어학은 형태론이나 어휘론, 통사론 등에는 의미를 두지 않았으며 언어의 뿌리를 찾아 범주를 분류하는 데 초점을 두었다. 비교언어학의 목적이 계통이 같은 언어를 대상으로 그 공통점을 밝혀내어 그들의 조상이 되는 언어가 무엇이었는지를 밝혀내는 것이라면, 대조언어학의 목적은 계통이 다른 언어를 대상으로 그 차이점을 밝히는 연구이다. 그렇기 때문에 대조언어학은 외국어 교육에서 많이 활용된다.

예 한국어의 자음은 기의 세기를 기준으로 평음, 경음, 격음으로 구별되지만 영어의 자음은 성대의 울림 여부를 기준으로 유성음과 무성음으로 구별된다. 따라서 한국어의 /바보/에서 /바보/의 두 개의 /ㅂ/은 기의 세기로 보자면 같은 평음이지만, 성대의 울림 여부로 보면 /바/의 /ㅂ/은 무성음이고 /보/의 /ㅂ/은 유성음이므로 영어권 학습자들에게는 서로 다른 자음처럼 느껴진다([pabo]). 따라서 영어권 학습자들을 대상으로 한국어 교육을 할 때 한국어와 영어의 자음 분류 기준을 미리 알려 주면 음운 체계를 보다 효율적으로 배울 수 있을 것이다.

2) 역사

대조언어학은 1950년대 이후 활발하게 연구되었다. 대조언어학이 일어날 수 있었던 시대적 배경에는 행동주의 심리학과 구조주의 언어학이 있었다. 행동주의 심리학은 관찰 가능한 외현적 행동만을 연구대상으로 삼아야 한다고 주장하며 자극과 반응을 통해 인간의 행동을 바람직하게 변화시킬 수 있다고 보았다. 이를 바탕으로 초기 행동주의에서는 학습을 '인간의 행동이 환경적 힘에 의해 통제되고 형성되는 과정'이라고 하였다. 학습은 생득적인 것이 아니라 자극에 대한 반응이며 습관적인 면이 중요하다고 보기 때문에 외국어를 배울 때는 모국어와 다른 언어 습관과 체계를 체화하면서 반복적으로 익혀나가야 한다는 것이다. 한편, 구조주의 언어학은 언어는 철저하게 구조화되어 있다는 것과 그 구조는 위계적으로 하위의 하부구조들로 나누어진다고 보고 이를 기반으로 언어 구조들을 상호 비교 및 대조할 수 있다고 보았다. 이 관점에 따라 대조언어학은 음운, 형태, 어휘, 통사 등을 바탕으로 언어들 간의 구조들을 비교하고 대조하였다.

1970년대 유럽과 미국을 중심으로 음운론 바탕의 대조언어학이 활발히 연구되다가 1970년대 말, 기존의 행동주의와 구조주의가 비판을 받으면서 대조언어학 역시 언어 간의 차이만으로는 학습상 난이도를 예측할 수 없다는 점에서 비판을 받았다. 대조분석은 제2언어를 효율적으로 학습하는 데 도움을 줄 수 있지만 학습에 있어서의 모든 어려움을 예측할 수는 없으며, 언어 내 문제는 다루지 못한다는 한계가 있다.

1980년대 후반에는 언어 간 대조뿐만 아니라 언어의 전반적인 영역으로 확장되어 사회언어학이나 문화 연구, 지역 연구로까지 그 범위를 넓혀나가고 있다.

3) 연구 방법과 연구 대상 **중요**

① **연구 방법**: 만약 분석의 자료가 서로 다른 기준을 가지고 있거나 대등한 관점에서 수집된 자료가 아니라면 대조 자체가 불가능하다. 따라서 대조분석은 특정 시점, 공통된 시점에서의 언어의 현상을 연구하는 공시적인 방법을 취한다.
   예 중세 영어와 현대 한국어의 대조
   → 공통된 시대의 언어 자료가 아니므로 대조의 의미가 없다.
② **연구 대상**: 동계언어가 아닌 언어를 대상으로 한다. 음운, 어휘, 문법 등 대부분의 분야가 포함된다. 최근에는 문화 영역까지도 대조분석의 대상이 되었다.

TOP-Point

☑ 대조분석 연구의 특징
- 체계적인 모델을 사용하여 언어를 대조한다.
- 개별적 사실들을 서로 대조해서 언어 전체의 특징을 볼 수 있다.
- 언어 간 공통점과 차이점을 모두 포함하나 차이점에 더 초점을 둔다.
- 언어에 대한 공시태적 연구이다.
- 대조분석의 대상은 단어의 음운, 형태, 의미, 문장, 문화 등 매우 다양하다.
- 학습의 장애 요인이 되는 부정적 전이를 중요하게 연구한다.

☑ 공시적 연구와 통시적 연구

공시적 연구와 통시적 연구를 구분하는 기준은 시간적 개념이다. 공시적 연구는 연구 대상이 되는 언어 자료가 같은 시간, 공통된 시간을 배경으로 그 시간적 배경 아래서 존재하는 언어의 다양한 모습을 연구하는 것이다. 반면, 통시적 연구는 역사적인 개념이 포함된다. 즉, 언어의 역사적 흐름을 보여주는 자료를 바탕으로 대상 언어의 역사적 변천 모습을 연구한다.

예 현대 한국어의 표준어와 방언 연구: 공시적 연구
'딤치'에서 '김치'로의 변화 형태 연구: 통시적 연구

02 대조분석 강설과 약설 〔중요〕

대조분석 가설은 대조분석이 언어 습득에 어느 정도 영향을 끼치느냐에 따라 강설(강한 주장)과 약설(약한 주장)로 나뉜다. 강설에서는 대조분석이 제2언어 습득의 모든 문제를 해결해 줄 수 있다고 보았다. 약설에서는 언어 간 차이가 제2언어 습득의 어려움을 야기하기는 하지만 모든 제2언어 습득의 문제가 대조분석적 연구로 해결되는 것은 아니라고 보았다.

1) 대조분석 강설

강설에서는 대조분석이 제2언어 습득의 모든 어려움을 풀어줄 것이라고 보았다. 대조분석 강설에 따르면 대조분석은 제2언어 습득에 대한 모든 어려움을 해결하고, 학습자의 오류도 예측할 수 있다. 왜냐하면 학습자들이 겪는 어려움은 모두 모국어와 제2언어의 차이에서 비롯된 것이기 때문이다.

2) 대조분석 약설

약설에서는 대조분석이 분명 효용성은 있지만 강설에서 주장하는 것처럼 제2언어 습득의 모든 문제를 해결해줄 수 있는 것은 아니라고 보았다. 제2언어 학습에서 나타나는 오류를 분석한 결과, 언어 학습의 어려움이 두 언어의 차이에서만 비롯되는 것은 아니라는 것이 밝혀졌기 때문이다. 예를 들어 학습자가 모어와 제2언어의 차이점을 안다 하더라도 여전히 오류를 저지르는 경우가 있는데, 이런 현상을 대조분석 강설로는 설명할 수 없다. 따라서 약설에서는 단순

히 차이점을 목록화하는 것만으로는 모든 오류를 예견할 수는 없으며, 대조분석은 오히려 오류를 예견한다기보다 오류가 나온 후 그것이 어떤 이유로 나왔는지를 설명하는 데에 더 유용하다고 보았다.

강한 주장(Lado & Fries)	약한 주장(Weinrich & Haugen)
• 대조분석은 제2언어 습득의 모든 문제점에 대해 예언할 수 있다. • 두 언어의 차이가 제2언어 습득의 유일한 어려움이다.	• 대조분석이란 두 언어 사이의 차이점을 단순히 기록하는 것이다. • 오류에 대해 예측할 수는 없지만 오류의 원인 규명이 가능하다.

03 대조분석 가설

1) 대조분석 가설의 전제조건

① 언어 사이에는 차이점이 있다.
② 언어 간 차이점을 기술·설명할 수 있다.
③ 언어 간 차이점이 제2언어 습득에 영향을 끼친다.

특히 대조분석을 강하게 주장하는 쪽에서는 대조분석을 통해서 두 언어 간의 공통점과 차이점을 알 수 있기 때문에 제2언어 학습에서 일어나는 전이(Transfer)를 설명할 수 있으며, 앞으로 나타날 전이도 예견할 수 있다고 보았다.

TOP-Point

☑ 전이(Transfer)
화자가 모국어(L1) 정보를 다른 언어에 그대로 적용하는 것으로 긍정적 전이와 부정적 전이가 있다.
예 부정적 전이
한국어 음운 체계에서는 자음군이 발음되지 않는다. 따라서 한국인은 한국어의 음운 체계대로 Christmas를 [크리스마스]라고 /ㅡ/ 모음을 첨가해서 읽게 된다.

2) 대조분석 가설 용어 중요

① 긍정적 전이

모국어와 제2언어가 서로 100% 같은 부분이 있다면 제2언어를 배울 때 그 부분은 특별히 신경 쓰지 않아도 될 것이다. 즉, 차이점이 없기 때문에 그대로 전이해도 문제가 없는 경우를 긍정적 전이라고 한다.
예 영어를 배우는 중국인 학습자
→ 영어나 중국어나 모두 SVO구조를 가지기 때문에 영어를 배우는 중국인 학습자는 통사구조 때문에 실수할 일은 없다.

② 부정적 전이(= 간섭)

모국어와 제2언어에 차이가 있을 때 머릿속의 익숙한 모국어 체계가 자꾸 제2언어 체계를 방해하는 것을 부정적 전이라고 한다. 부정적 전이는 '간섭'이라고도 하는데 간섭은 언어 간 간섭과 언어 내 간섭으로 다시 세분화된다.

예 영어를 배우는 한국인 학습자
→ 한국어는 SOV구조이다. 영어나 한국어나 모두 S, O, V라는 문장요소는 존재하지만 어순이 다르다. 따라서 영어를 배우는 한국인 학습자는 영어로 발화하려다가도 한국어처럼 서술어를 마지막으로 두려는 오류를 범할 수 있다.

㉠ 언어 간 간섭: 모국어와 제2언어 사이에서 일어나는 간섭 현상을 말한다. 언어 간 간섭에는 배제적(Preclusive) 간섭과 침입적(Intrusive) 간섭이 있다.
- 배제적 간섭: 모국어에는 없고 제2언어에는 있기 때문에 제2언어 학습에 방해가 되는 경우
  예 영어를 배우는 한국인 화자가 주어가 3인칭 단수일 때 동사에 –s/es를 붙이는 영어 규칙을 잊어버리거나 실수하는 경우 ('She go to the school' 같은 오류 문장)
  → 한국어는 인칭에 따라 동사를 변화시키는 일이 없다. 즉, 한국인 화자는 모국어에 없는 요소를 새로 배우는 언어에서 적용시켜야 하므로 학습에 방해가 일어난다.
- 침입적 간섭: 모국어에도 있고 제2언어에도 있지만 그 형태나 방식이 달라서 제2언어 학습에 방해가 되는 경우
  예 영어를 배우는 한국인 화자가 영어 문장을 발화하려 할 때 한국어 어순(SOV) 때문에 영어 어순(SVO)에 혼란을 겪는 경우
  → 한국어(모국어)에도 S, O, V는 있지만 어순 차이로 인해 영어(제2언어) 학습에 방해가 일어난다. 즉, 한국인 화자는 모국어에 있는 것이라도 제2언어에 맞게 변형시켜서 적용해야 하기 때문에 학습에 혼란이 될 수 있다.

㉡ 언어 내 간섭: 제2언어 안에서 일어나는 간섭이다. 모국어와는 관계없는 오류이며, 이미 배웠던 제2언어의 요소가 새로 학습할 내용에 영향을 주는 경우이다.
  예 한국어를 배우는 외국인 학습자가 한국어 동사 활용에 있어서 불규칙 동사에도 모두 일반화된 형식을 쓰는 경우
  → 한국어 동사 종결 어미 '–아/어요'를 배운 외국인 학습자가 '덥다'를 '덥어요'로 말하는 경우가 있다. 예전에 배웠던 '–아/어요' 규칙을 불규칙 동사에도 적용함으로써 제2언어 규칙을 과잉 일반화하는 오류를 보인 것이다. 이러한 오류는 학습자의 모국어와는 아무 관계가 없는 것이다.

③ 무전이

모국어와 제2언어 학습이 서로 관련되어 있지 않을 때 전이가 아예 일어나지 않는 경우를 말한다.

> **TOP-Point**
>
> ☑ 모국어의 간섭과 오류 발생의 관계
> - 비례 관계
>   - 언어 간 오류가 언어 내 오류보다 더 많다(Richard, 1974).
>   - 고급 단계로 갈수록 언어 간 오류는 감소하고 언어 내 오류는 증가한다(Taylor, 1975).
> - 반비례 관계(Lee, 1980)
>   - 언어 간 차이가 작을 때는 간섭이 커진다.
>   - 언어 간 차이가 커질수록 간섭은 줄어든다.
>   - 언어 간 차이가 아주 크면 간섭은 일어나지 않는다.

04 대조분석의 원칙과 분석 순서

강현화 외(2003)[1]는 대조분석이란 두 가지 언어를 비교, 대조하는 것이기 때문에 두 언어를 대등한 조건에서 비교하기 위해서는 다음과 같은 원칙과 분석 순서를 지켜야 한다고 했다.

1) 대조분석의 원칙

① 공시태성의 원칙: 언어 자료는 같은 시대의 자료이어야 한다.
② 단계성의 원칙: 언어 자료는 같은 난이도를 가져야 한다.
③ 등가성의 원칙: 언어 자료는 같은 의미를 가진 것으로 대조해야 한다.
④ 동일성의 원칙: 언어 자료는 같은 분석 방법을 취해야 한다.

2) 대조분석의 분석 순서: 대조분석은 다음과 같은 순서로 진행된다.

① 기술(Description): 대조하고자 하는 두 언어의 언어학적 특징과 형태적 문법을 설명한다.
② 선택(Selection): 두 언어에서 대조하고자 하는 특정 항목을 선택한다.
③ 대조(Contrast): 두 언어를 대조분석의 원칙하에서 대등한 조건으로 대조한다. 대조분석이 실제적이고 구체적으로 이루어지는 단계이다.
④ 예측(Prediction): 대조 후 제2언어 학습이 이루어질 때 학습자가 겪을 난이도를 측정하고 예상되는 오류를 목록화한다.

---

[1] 강현화 외(2003), 대조분석론, 역락

05 대조분석의 실제: 형태적, 통사적 대조의 경우

스톡웰 & 보웬(Stockwell & Bowen, 1965)은 두 언어 규칙에 있어서 어떤 항목이나 구조가 필수적인지 임의적인지, 또는 그러한 구조가 있는지 없는지 등에 따라서 문법적 난이도를 설정하였다. 실제 대조분석은 음운의 영역, 어휘의 영역에서도 이루어지는데 대표적으로 형태적, 통사적 대조를 이루는 문법 난이도를 바탕으로 살펴보면 다음과 같다.[2]

등급 \ 언어	모국어	제2언어
제1등급	∅	어떤 구문 형태나 범주
제2등급	어순의 차이	
제3등급	어떤 구문 형태나 범주	∅
제4등급	각 범주의 일치	
제5등급	단순 형태 유형	다양한 형태 유형
제6등급	다양한 형태 유형	단순 형태 유형

〈제1등급〉
제2언어의 문장 규칙이 거의 없는 경우
예 존대법 체계가 없는 영어권 화자가 한국어의 존대법을 배울 때

〈제2등급〉
두 언어 사이에 어순이 다른 경우
예 SVO 어순을 가진 중국어권 화자가 SOV 어순의 한국어를 배울 때

〈제3등급〉
모국어에 있는 문장 규칙이 제2언어에 거의 없거나 아예 없는 경우
예 한국어 화자가 영어를 배울 때 '-(으)ㄴ/ㄹ/는 것 같다' 같은 구문을 과도하게 사용해서 어색한 문장을 만드는 경우

〈제4등급〉
문장 성분의 일치, 성이나 수에 따른 동사형의 일치 등이 있을 경우
예 한국어 화자가 3인칭 단수에 -s/es를 붙이는 규칙을 가진 영어를 배울 때

〈제5등급〉
제2언어가 모국어보다 더 많은 형태론적 차이를 가지는 경우
예 한국어 화자가 프랑스어의 다양한 형태적 규칙(격 형태 등)을 배울 때

〈제6등급〉
모국어가 제2언어보다 많은 형태론적 형태를 가지는 경우
예 한국어는 다양한 활용과 곡용이 이루어지는데, 한국어 화자가 활용과 곡용이 단순한 언어를 배울 경우

---

2) 강현화 외(2003), 대조분석론, 역락

06 난이도 위계 가설: Prator(1967)[3] 중요

난이도 위계 가설이란 두 언어를 비교했을 때 어떤 경우 학습자가 가장 어려워할지 대조분석 가설을 바탕으로 위계를 세운 것이다. 특히 대조분석 강설을 지지하는 학자들은 이 난이도 위계 가설을 바탕으로 두 언어 간의 차이를 분석해서 학습자가 겪을 어려움의 정도를 순차적으로 예측할 수 있다고 보았다.

이 표에 따르면 난이도의 첫 단계인 level 0에서는 긍정적 전이가 일어나고, level 5에서는 부정적 전이, 즉 간섭이 가장 많이 일어난다.

난이도 분류	양상	예시
level 0 전이 (Transfer)	모국어와 제2언어 사이에 차이가 없다. 긍정적 전이가 일어나며 가장 쉽다.	영어와 중국어는 어순이 같다. 따라서 영어를 배우는 중국인 학습자는 어순에 혼란을 겪지 않고 그대로 받아들인다.
level 1 병합 (Coalescence)	어떤 요소가 모국어에는 두 가지로 나누어서 사용되는데 제2언어에서는 구별 없이 한 가지로 쓰이는 경우이다.	한국어에는 고유어로 된 숫자와 한자어로 된 숫자가 있는데 쓰임이 다르다. 그러나 영어에서는 한 가지밖에 없으므로 영어를 배우는 한국인 학습자들은 어떤 경우에나 구별 없이 한 가지만 쓰면 된다.
level 2 구별 부족 (Under-differentiation)	어떤 요소가 모국어에는 있는데 제2언어에는 존재하지 않는 경우이다.	한국어에서는 영어와 달리 현재시제 동사를 사용할 때 인칭에 따라 동사를 변화시키지 않는다. 따라서 한국어를 배우는 영어권 학습자는 영어에 있는 동사 인칭 변화를 한국어에 적용시켜서는 안 된다.
level 3 재해석 (Reinterpretation)	모국어에 있는 어떤 요소가 제2언어에도 존재하기는 하지만 모국어와 다른 형태로 나타나는 경우이다.	한국어는 같은 평음이라도 단어의 첫 음절 초성에서는 무성음으로 나타나고 모음과 모음 사이에서는 유성음화되는데, 영어에서는 첫음절 초성도 유성음이 나올 수 있다. 즉, 분포가 다르다.
level 4 과잉 구별 (Over-differentiation)	모국어에는 없는데 제2언어에서는 존재하는 것이다.	한국어 음운 체계에는 [f]로 소리 나는 발음이 없지만 영어에는 존재한다. 따라서 영어를 배우는 한국인 학습자는 새롭게 제2언어에만 존재하는 것을 배워야 한다.
level 5 분리 (Split)	모국어에서는 한 가지 방식으로 쓰이는 것이 제2언어에서는 두 가지 이상으로 분화되어 사용되는 것이다.	영어권 한국어 학습자의 입장에서 보면 영어는 반말, 존댓말의 구분이 없이 한 가지로 쓰는 반면 한국어는 상황에 따라 반말과 존댓말을 적절히 사용해야 한다.

---

[3] 이정희(2003), 한국어 학습자의 오류 연구, 박이정

07 다양한 가설 연구[4]

1) **초급일수록 언어 간 오류가 많고 고급으로 갈수록 언어 내 오류가 많다.**

    새로운 언어를 배울 때는 모국어가 계속 영향을 끼치므로 모국어 때문에 일어나는 언어 간 오류가 많지만 어느 정도 학습이 이루어진 후에는 모국어와 제2언어 간 오류보다 제2언어 안에서 일어나는 언어 내 오류가 많아진다.

    예) 한국어를 배우는 일본인 학습자는 처음에는 두 언어를 비교하느라 오류가 발생하나, 어느 정도 시간이 흐르면 한국어 내에서 규칙을 새로 배워 고급 한국어에 적용하느라 오류가 더 많아진다.

2) **두 언어 간 차이가 클수록 간섭(부정적 전이)은 적고, 차이가 작을수록 간섭이 많아진다.**

    두 언어 사이에 같은 요소가 있으면 긍정적 전이가 일어나서 학습에 도움이 된다. 다른 요소가 있다면 부정적 전이가 일어날 것이다. 그런데 그 차이가 아주 크다면 차이가 뚜렷하기 때문에 학습자가 실수할 가능성은 오히려 더 적다. 차이가 작다면 그 차이가 두드러지게 느껴지지 않으므로 학습자가 실수할 가능성이 더 많아진다.

    예) 한국어를 배우는 영어권 학습자는 한국어와 영어가 너무나 다르기 때문에 오히려 영어에서 오는 간섭이 적지만, 한국어를 배우는 일본인 학습자는 한국어와 일본어의 비슷한 요소 때문에 오히려 모국어의 간섭이 크다.

3) **간섭이 적을수록 오류는 줄어들고 간섭이 많아질수록 오류가 많아진다.**

    오류의 질적인 차원이 아니라 양적인 차원에서 생각해보면, 언어 구조가 달라서 간섭이 적으면 혼란스러운 부분이 없는 것이므로 오류의 수는 줄어들 것이다. 그러나 간섭이 커지면 그만큼 부정적인 전이가 많다는 뜻이므로 오류의 수는 늘어날 것이다.

4) **두 언어 구조가 유사할 때 학습은 더 잘 이루어진다.**

    언어 구조가 비슷하면 간섭은 많이 생기지만 학습은 더 잘 이루어져서 짧은 시간 안에 높은 성취도를 보여 준다. 그러나 학습자 모어와 목표언어의 차이가 클 경우, 간섭은 적지만 학습 속도는 느리다.

    예) 일본인 학습자는 구조가 비슷한 한국어를 배울 때 간섭 현상이 많이 나타나서 오류의 숫자는 많지만 한국어를 배우는 영어권 학습자보다 학습 속도는 훨씬 빠르다.

---

4) 강현화 외(2003), 대조분석론, 역락

08 대조분석 가설의 효용

　대조분석 가설은 두 언어의 차이를 대상으로 하는 것이므로 외국어 교육을 할 때 학습자들에게는 무엇이 어려울 것인가, 또는 어떤 부분을 좀 더 강조해서 제시해야 할 것인가를 알려 준다. 교사는 학습자들의 모국어를 고려해서 교수 방법을 조정하거나 바꿀 수 있다.

　예를 들어 일본어는 한국어보다는 적은 숫자이기는 하지만 조사가 존재한다는 것과 중국어는 조사가 아예 없다는 것을 한국어 교사가 알고 있으면 일본인 학습자보다는 중국인 학습자에게 조사의 개념이 더 생소할 것으로 짐작할 수 있다. 따라서 교사는 중국인 학습자를 대상으로 교육할 때 조사의 개념이나 기능을 더욱 강조하는 것이 좋다고 판단할 수 있다.

　반면 일본어에도 조사가 있지만 한국어보다 단순한 조사 체계를 가지고 있으므로 일본인 학습자의 경우 학습 속도는 빠르지만 오류는 오히려 더 많이 나올 수 있다. 그런 점에서 조사 자체의 개념이나 기능을 강조하기보다는 한국어의 조사 체계를 강조하는 것이 보다 효율적일 것이다. 또한 이를 바탕으로 중국인 대상 교재나 일본인 대상 교재를 만들 때 학습자의 모어를 고려해서 특성에 맞는 교재도 만들 수 있다.

09 대조분석 가설에 대한 비판 〈중요〉

1) 비판

① 대조분석 가설에서 제시한 난이도 위계가 실제 학습자가 느끼는 위계와 다르다.
② 학습자 모어와 목표언어의 유사성이 클수록 간섭이 많이 일어나더라도 학습이 용이하고, 적을수록 간섭이 적게 일어나도 학습이 더디다는 대조분석 가설의 주장 역시 실제 학습자가 느끼는 난이도와 다르다. 학습자가 느끼는 난이도는 모국어 체계뿐만 아니라 다양한 학습자 변인(동기, 환경, 성격, 학습 스타일 등)이나 교육 환경, 교수법 등 여러 요소에 의해 달라진다.
　예 일본인 학생이라고 해서 모두 한국어를 쉽게 배우는 것도 아니고, 영어권 학생이라고 해서 모두 한국어 학습 성취도가 낮은 것도 아니다. → 학습 동기, 교육 환경, 성격, 교수법 등 매우 다양한 변인이 작용한다.
③ 대조분석 가설만으로는 학습에 있어서의 모든 어려움을 예측할 수 없다.
④ 대조분석 가설은 오류 예측이 아니라 오류가 발생한 후 오류의 원인을 설명하는 데 이용된다.
⑤ 대조분석 가설의 용어인 긍정적 전이와 부정적 전이 등의 개념이 명확하지 않으며 구별하기 쉽지 않다.

⑥ 대조분석 가설은 기본적으로 두 언어 사이에 일어나는 오류를 설명하려고 한다. 그렇기 때문에 학습자 오류 중 언어 내 간섭에 대해서는 설명할 수 없다.
⑦ 대조분석의 절차가 지나치게 단순하여 음성학적·음운론적인 미묘한 차이를 설명할 수 없다.
⑧ 대조할 언어 항목을 선택할 때 조사자의 주관적 관점이 개입될 수 있다.
⑨ 학습자의 창의성을 무시한다.

2) 대조분석 가설을 반박하는 가설들

대조분석을 비판하는 학자들은 간섭으로 오류의 원인을 제대로 설명할 수 없으며, 제2언어 습득의 어려움은 간섭이나 두 언어 간의 차이가 아니라 다음과 같은 문제 때문에 어려움이 생기는 것이라고 주장하기도 한다.

① 무지가설(Ignorance Hypothesis)
  ㉠ 대부분의 오류들의 원인은 간섭이 아닌 무지(無知)에 있다.
  ㉡ 모국어의 간섭이 오류를 만드는 것이 아니라 제2언어에 대해 잘 모르기 때문에 발생하는 오류가 많다.
② 언어 간 연상가설(Cross-Association Hyphothesis): 제2언어 자체의 잉여성 때문에 언어 간 연상이 되지 않기 때문에 오류가 생긴다.
③ 상관계수가설(Low Correlation)
  ㉠ 학습자의 제2언어에 대한 어려움의 인식과 대조분석의 예언력 그리고 오류발생은 상관계수가 매우 낮기 때문에 서로 아무 상관이 없다.
  ㉡ 목표어와 모국어가 아주 다르더라도 충분히 학습하면 오류가 발생하지 않는 경우도 많다.
④ 창작가설(Creative Hypothesis)
  ㉠ 학습자가 목표언어를 학습할 때는 모국어에 영향을 받지 않고 목표언어 자체로 학습하는 경향이 있다.
  ㉡ 영어를 배울 때 언어적 배경과는 상관없이(다양한 언어권의 학생들이라도) 오류는 서로 비슷하다.

10 대조분석학적으로 본 한국어의 특징

1) 문장의 특징

한국어는 '주어+목적어+서술어' 순서로 문장이 이루어진다. 또한 교착어적 특성이 강하여 모든 문법적 요소는 반드시 어간이나 어근 뒤에 온다. 즉, 조사는 명사 뒤에 붙고 어미는 동사나 형용사의 어간 뒤에 쓰인다. 한국어의 또 다른 어순상의 특징은 수식어가 항상 피수식어 앞에 온다는 것이다. 그 외에는 문장 성분의 자리 이동이 비교적 자유로운 편이다.

2) 단어의 특징

한국어 명사는 격변화를 하지 않는다. 또한 한국어 명사는 성 구분이 없고 단수, 복수의 구분도 엄격하지 않다. 대명사는 사용이 활발하지 않다. 앞에 나온 명사를 뒤에서 다시 받을 때 대명사를 사용하는 것보다 같은 명사를 그대로 반복하여 쓰는 것이 일반적이다.

한국어 형용사는 동사와 마찬가지로 어미가 붙어 형용사 자체가 서술어가 된다. 또한 한국어는 조사가 매우 발달한 언어이다. 조사에는 명사, 대명사 등이 문장에서 하는 구실을 나타내 주는 격조사, 뜻을 더해주는 보조사, 명사와 명사를 이어주는 접속조사가 있다.

02 실전 문제

연습 문제

01
대조언어학에 대한 설명 중 옳은 것을 고르시오.

① 언어 내 오류에 대해 연구한다.
② 통시적인 방법으로 연구한다.
③ 동계언어가 아닌 언어를 대상으로 한다.
④ 언어 간 친족 관계를 증명하려는 학문이다.

02
다음 중 대조언어학의 연구 대상으로 적절한 것을 고르시오.

① 중국어-티베트어
② 독일어-영어
③ 프랑스어-한국어
④ 핀란드어-헝가리어

03
대조분석 강설에 대한 설명으로 옳은 것을 고르시오.

① 대조분석으로 모든 학습의 어려움을 설명할 수 있다.
② 모든 언어적 오류가 두 언어 간의 차이에서 오는 것은 아니다.
③ 대조분석적 차원으로 설명할 수 없는 오류가 있다.
④ 모국어가 서로 다른 집단인데 공통적인 오류를 하는 경우가 있다.

04
대조분석 가설의 전제 조건이 <u>아닌</u> 것을 고르시오.

① 언어 사이에는 차이점이 있다.
② 언어 간 차이점을 기술·설명할 수 있다.
③ 언어 간 차이점이 제2언어 습득에 영향을 끼친다.
④ 언어를 배울 때 학습자가 자신만의 체계를 만들기도 한다.

05

다음은 대조분석 가설의 어떤 개념에 대한 것인지 고르시오.

> 한국어 음운 체계에서는 자음군이 발음되지 않지만 영어에서는 자음군이 그대로 소리 난다. 따라서 한국인은 한국어의 음운 체계대로 Christmas를 [크리스마스]라고 /ㅡ/ 모음을 첨가해서 읽게 된다.

① 긍정적 전이
② 언어 내 간섭
③ 언어 간 간섭
④ 단계성의 원리

06

다음 현상을 가장 잘 설명할 수 있는 개념을 고르시오.

> 영어를 배우는 한국인 화자가 주어가 3인칭 단수일 때 동사에 '-s/es'를 붙이는 영어 규칙을 잊어버리거나 실수하는 경우('She go to the school' 같은 오류 문장)

① 긍정적 전이
② 언어 내 간섭
③ 배제적 간섭
④ 침입적 간섭

07

다음 빈칸에 알맞은 말을 고르시오.

> 배제적 간섭과 침입적 간섭은 그 방해 원인이 되는 요소가 _____에 있느냐 없느냐에 따라 차이를 두고 두 가지로 분류한다.

① 모국어
② 외국어
③ 제2언어
④ 자연언어

08

다음은 난이도 위계로 봤을 때 어떤 단계에 해당하는지 고르시오.

> 한국인이 영어를 배울 때 특별히 영어의 인칭과 시제에 주의해야 한다. 한국어는 현재시제 동사를 사용할 때 인칭에 따라 동사를 변화시키지 않는데 영어는 변화시켜야 하기 때문이다.

① 모국어와 제2언어에서 공통적으로 일어나는 현상
② 모국어에서는 두 가지인데 제2언어에서는 하나로 병합된 경우
③ 모국어에는 없는데 제2언어에는 있는 경우
④ 모국어에는 있는데 제2언어에는 없는 경우

09

대조분석 가설의 효용에 속하는 것이 아닌 것을 고르시오.

① 교재 구성에 도움이 된다.
② 문법의 난이도를 판단할 수 있다.
③ 언어 내 간섭에 대해서도 파악할 수 있다.
④ 학습자의 모국어를 고려해서 효율적으로 수업할 수 있다.

10

대조분석 가설에 대한 비판에 해당하지 않는 것을 고르시오.

① 난이도 위계가 학습자가 느끼는 것과 다르다.
② 학습에 있어서의 모든 어려움을 예측할 수는 없다.
③ 간섭이나 전이 등의 개념이 명확하지 않다.
④ 학습자의 모든 오류는 두 언어 간 차이에서 비롯된다.

해설

01 대조언어학은 공시적 방법으로 언어 간 오류를 살펴본다. 비교언어학은 동계언어를 바탕으로 언어 간 관계를 연구하는 학문이다.
02 동계언어가 아닌 언어가 대조언어학의 연구 대상이다.
03 대조분석 강설은 대조분석이 오류에 대한 모든 답을 줄 수 있을 것이라 생각하였다.
04 학습자가 만드는 자신만의 체계는 중간언어이다.
05 제시된 것은 부정적 전이(간섭)로서 그중에서도 두 언어 사이의 문제인 언어 간 간섭에 대한 것이다.
06 제시된 것은 언어 간 간섭으로서 그중에서도 모국어에 없는 경우인 배제적 간섭에 해당한다.
09 대조분석은 언어 간 간섭을 두 언어의 대조를 통해 설명하는 방식이다.
10 모든 오류가 두 언어 간 차이에서 비롯된다면 대조분석 가설을 비판할 이유가 없다.

정답 01 ③ 02 ③ 03 ① 04 ④ 05 ③ 06 ③ 07 ① 08 ③ 09 ③ 10 ④

기출문제

01
언어 대조분석 방법에 관한 설명으로 옳지 않은 것은? `기출 17회 75번`

① 의미나 지시가 서로 대응되는 표현을 대조한다.
② 대조분석의 대상과 분야를 한정한다.
③ 분석 단위와 용어를 통일하여 기술한다.
④ 기준이 되는 언어보다 대조의 대상이 되는 언어를 중심으로 연구한다.

02
프레터(Prator, 1967)의 문법 난이도 위계에서 다음 사례가 속하는 것은? `기출 18회 75번`

- 영어 화자가 한국어를 학습할 때, 높임을 나타내는 어미 '-시-'나, 조사 '께서', '께' 등을 새롭게 익혀야 한다.
- 한국어 화자가 프랑스어를 학습할 때, 명사의 성과 수에 따라 정관사 'le', 'la', 'les' 중 하나를 선택하여 쓸 수 있어야 한다.

① 분리(split)　　　　　　　　　② 융합(coalescence)
③ 재해석(reinterpretation)　　　④ 과잉구별(overdifferentiation)

03
언어 간 음운 대조에 관한 설명으로 옳지 않은 것은? `기출 18회 76번`

① 한국어와 일본어에는 영어와 마찬가지로 두 개의 유음 음소 /l/과 /r/이 존재한다.
② 한국어에는 어두 자음군이 올 수 없으나 영어는 어두에 자음이 3개까지 올 수 있다.
③ 한국어와 태국어의 음절 말 파열음은 막힌 공기를 터뜨리지 않고 발음된다.
④ 한국어의 음절은 초성, 중성, 종성의 삼분법적 구조이지만 중국어는 성모와 운모의 이분법적 구조이다.

04
세계 언어의 분류에 관한 설명으로 옳은 것은? `기출 19회 72번`

① 베트남어와 튀르키예어는 교착어의 성격이 강하다.
② 네덜란드어와 에스키모어는 굴절어의 성격이 강하다.
③ 한국어와 일본어는 SOV 어순 유형이다.
④ 영어와 웨일즈어는 SVO 어순 유형이다.

05

현대 한국어와 현대 영어의 대조분석에 관한 설명으로 옳은 것은?   기출 19회 73번

① 한국어에는 존대를 나타내는 체계적인 문법 표지가 있으나, 영어는 그렇지 않다.
② 한국어는 주어 중심 언어이고, 영어는 주제 중심 언어이다.
③ 한국어에는 주어 중출과 목적어 중출 현상이 있으나, 영어에는 주어 중출 현상만 있다.
④ 한국어는 핵 선행(head-initial) 언어, 영어는 핵 후행(head-final) 언어이다.

06

대조분석 가설 중 강설(strong version)에 관한 설명으로 옳지 않은 것은?   기출 19회 74번

① 외국어 학습에서 나타나는 오류의 주요 원인은 학습자의 모국어에서 오는 간섭이다.
② 외국어 학습 과정에서 오는 주된 어려움은 모국어와 외국어의 차이에서 기인한다.
③ 모국어와 외국어의 차이가 클수록 학습에서의 어려움은 더 커진다.
④ 대조분석의 결과로 오류를 예측할 수 없지만, 오류의 원인을 설명할 수 있다.

정답 01 ④   02 ④   03 ①   04 ③   05 ①   06 ④

참고문헌

- 강현화 외(2003), 대조분석론, 역락
- 고가 사토시(1997), 한일언어비교-한국어교수법의 이론과 실제, 연세대학교 언어연구교육원 한국어학당
- 김건환(1994), 대비언어학: 이론과 응용, 청록
- 김방한(1992), 언어학의 이해, 민음사
- 김유미(2000), 학습자 말뭉치를 이용한 한국어 학습자 오류 분석연구, 연세대학교 교육대학원 석사학위논문
- 남기심·홍재성 외(2000), 한국어 교육의 방법과 실제, 한국방송통신대학교출판부
- 다카마 마코토, 이사와타 토시오(2007), 대조언어학(한국어 번역본), 제이앤씨
- 성백인·김현권(1994), 언어학개론, 한국방송통신대학교출판부
- 이기동 외(1999), 언어와 언어학: 인지적 탐색, 한국문화사
- 이정희(2003), 한국어 학습자의 오류 연구, 박이정
- 이하나(2006), 중국인의 한국어 학습상 오류 연구, 원광대학교 석사학위논문
- 지서원(2004), 한국어 학습자의 어휘 오류 분석연구: 일본어, 중국어 화자를 중심으로, 경희대학교 교육대학원 석사학위논문
- 조철현 외(2002), 한국어 학습자의 오류 유형 조사연구, 문화관광부
- 최선영(2005), 학습자 오류에 대한 한국어 모어화자의 평가, 이화여자대학교 석사학위논문

03 외국어 습득론

01 습득과 학습

외국어를 배우는 과정이나 모국어를 구사하게 되는 과정은 언어를 '알아간다'는 점에서 습득 또는 학습과 관계가 있다. 그런 점에서 먼저 습득과 학습의 개념을 충분히 이해할 필요가 있다. 이 두 용어는 비슷한 의미로 혼용되어 쓰이기도 하나 외국어 습득론에서는 다음과 같이 구별한다.

1) 습득 〔중요〕

예) 한국에 태어나서 한국어를 모국어로 하는 사람이 배우지 않아도 자연스럽게 한국어를 구사하는 것
① 주로 유아가 모국어를 터득하는 과정이다.
② 무의식적이고 자연스러운 과정이다.
③ 형식보다는 의사소통적 활동에 초점을 둔다.
④ 언어규칙보다는 의사 전달에만 관심을 가진다.
⑤ 자기도 모르게 알아가게 되는 자동적 과정이다.

2) 학습 〔중요〕

예) 한국에 태어나서 한국어를 모국어로 하는 사람이 의식적으로 영어 또는 제2외국어를 배우는 것
① 주로 성인이 제2언어(외국어)를 터득하는 과정이다.
② 의식적인 과정이기 때문에 자신이 '학습하고 있다'는 사실을 분명히 알고 있다.
③ 언어 형태에 관심을 갖고 규칙을 알아내려 한다.
④ 문법수업, 독해, 작문, 발음 연습 등의 의식적 지식 활동으로 이루어진다.
⑤ 교실 수업처럼 통제된 과정에서 잘 일어난다.

습득(Acquisition)	학습(Learning)
• 모국어 습득 과정 (Similar to child first language aquisition)	• 체계적이고 조직적인 지식 획득 과정 (Formal knowledge)
• 자연언어 습득 과정 (Picking up a language)	• 언어에 대한 논리적 이해 과정 (Knowing about a language)
• 무의식적 흡수 과정 (Subconscious)	• 의식적 획득 과정 (Concious)
• 암시적 지식 (Implicit knowledge)	• 명시적인 지식 (Explicit knowledge)
• 체계적인 터득 과정 불필요 (Formal teaching does not help)	• 반복적, 과정적, 주기적 접근 과정 필요 (Formal teaching helps)

02 언어 습득 이론

언어 습득 이론의 흐름은 당시의 지식 구성에 대한 인식론과 학습이론의 영향을 받아 다양하게 전개되었다. 언어 습득 이론을 알기 위해서는 학습이 어떻게 일어나는지, 혹은 지식의 구성은 어떻게 이루어지는지에 따른 이론적 흐름을 이해할 필요가 있다. 행동주의나 인지주의, 구성주의는 언어학에만 관련된 것이 아닌 당 시대 주류 패러다임의 변화를 보여 준다.

1 행동주의 중요

1) 정의

인간의 심리를 관찰할 때 관찰의 대상을 의식(意識)에 두지 않고, 객관적 행동에 두는 입장이다. 행동주의는 오직 자극에 대한 반응으로 일어나는 행동을 통해서 인간의 심리를 파악하려고 하였다.

① 초기 행동주의

1913년 미국의 심리학자 왓슨(John Broadus Watson)이 주장한 이후 미국 심리학의 조류가 되었다. 특히 러시아의 생리학자인 파블로프(Ivan Petrovich Pavlov)가 연구한 조건 반사학 등이 행동이론에 큰 영향을 미쳤다. 초기 행동주의에서는 관찰자의 영향을 최대한 배제하고 자연과학적인 방법을 통해서 행동을 관찰하려 하였다. 이 관점에서는 행동과 사고를 환경 내의 자극에 대한 반응으로 보고, 학습 역시 자극(S)과 반응(R)의 관계로 파악하였다.

TOP-Point

☑ 파블로프(Ivan P. Pavlov)의 실험

파블로프는 러시아의 생리학자로 조건 반사에 대한 개념을 발전시켰다. 그는 조건 형성의 중요성을 강조하고 인간의 행동을 신경계와 관련시킨 연구를 수행하여 1904년 노벨 생리학·의학상을 수상하였다. 그는 1900년대 초반 개가 먹이를 먹을 때마다 분비되는 침의 양을 측정하는 연구를 하다가 개가 먹이 주는 사람의 발소리를 듣거나 빈 밥그릇만 보아도 침을 분비한다는 것을 발견하였다. 이를 통해 파블로프는 고전적 조건 형성이라는 개념을 만들어냈다.

파블로프의 실험에서는 개가 먹이를 보면 침을 흘린다는 무조건 자극(먹이)과 무조건 반응(침을 흘림)의 관계, 적절한 조건을 주었을 때 조건 자극과 조건 반응이 일어난다는 것을 알 수 있다. 개에게 먹이를 줄 때 종을 울리는 것을 반복하게 되면 이후 개에게 먹이를 주지 않더라도 종을 울리면(조건 자극) 침을 흘리는(조건 반응) 반응이 일어난다. 이때의 종소리는 다음에 먹을 것이 나온다는 사실을 개에게 신호해주는 하나의 자극이 되는 것이다. 이 관점에서 보면, 개는 '종소리는 먹을 것을 의미한다'는 것을 학습한 것이다.

② 신행동주의

초기 행동주의에서는 적절한 조건만 부여되면 조건 자극이 무조건 자극으로 바뀔 수 있다고 보았으나 신행동주의에서는 조건 반응과 무조건 반응을 구별하고자 하였다. 이 관점에서는 자극에 대한 무조건적인 반응만 있는 것이 아니라 자극을 판별하는 능동적인 반응이 있을 수 있다고 본다.

B. F. 스키너(Burrhus Frederic Skinner) 등이 대표적인 학자인데, 특히 스키너는 일명 '스키너 상자' 실험을 통해 결과에 의해 행동이 결정된다는 생각을 바탕으로 '강화'라는 개념을 발전시켰다. 초기 행동주의의 고전적 조건화가 행동을 유발하는 자극에 관심을 두는 반면 조작적 조건화는 자극보다는 유발된 행동의 결과에 관심을 둔다.

TOP-Point

☑ 스키너 상자(Skinner box)

스키너 상자에는 먹이통과 연결되어 있는 지렛대와 먹이 접시가 있는데, 이 장치는 지렛대를 누르면 먹이가 떨어지는 구조로 되어 있다. 상자 안의 쥐가 우연히 지렛대를 누르면 쥐는 지렛대를 누를 때마다 먹이가 나온다는 사실을 인지하고 지렛대를 누르는 횟수가 많아진다. 스키너는 지렛대를 누르는 쥐의 행동은 '우연히' 일어난 것이기 때문에 어떤 자극에 의해 유발된 행동이 아니라 자발적으로 선택한 조작적 행동이라는 점에 초점을 두었다. 또한 지렛대를 누르는 행동과 그 행동의 결과로 보상(먹이)이 주어지면서 지렛대를 누르는 행동의 빈도가 증가되는데 이를 '강화'라는 개념으로 설명하였다. 즉 보상이 있으면 특정 행동을 반복하고(강화), 보상이 없으면 특정 행동을 하지 않는 조작적 조건화가 이루어진다.

2) 특징

행동주의는 자연과학적인 방법을 중시하고 사람 및 동물의 객관적 행동을 통해 심리적인 부분, 인지적인 부분을 파악할 수 있다고 보았다. 행동주의의 관점에서 학습이란 경험, 즉 환경적 자극을 통한 행동의 변화로 직접 관찰 가능한 반응만을 학습으로 인정하는데 자극과 반응의 반복적 결과가 곧 학습의 결과로 나타난다고 본다. 예를 들어, 아이가 예의 바른 행동을 하면 부모에게 칭찬(보상)을 받고 이를 통해 아이는 예의 바른 행동의 빈도를 증가(강화)시킨다. 이러한 관점에서 보면 동물도 인간처럼 학습(자극-반응의 반복)할 수 있다는 결론에 이르는데 이는 이후 행동주의가 비판받는 근거가 된다.

3) 행동주의 이론에서의 언어 습득

　　행동주의의 입장에서 볼 때 언어 습득은 일종의 학습이므로 습관화가 중요하다. 예를 들어, 부모는 아이에게 그들이 배울 문장을 제시하고 아이들은 제시된 문장을 반복하여 학습한다. 물론 학습 과정 중에서 아이들은 실수를 하게 될 것이고 부모는 실수에 대해 적절한 수정이 이루어질 수 있도록 일종의 강화 요인을 제공한다. 이러한 과정이 반복되고 몇 해가 지나면 아이들은 의사소통에 전혀 어려움 없이 인간 언어를 발화하게 된다. 즉, 언어 습득은 다음과 같은 과정을 거친다.

　　결국 언어는 반복에 의해 형성된 습관이며, 언어 학습이란 두뇌의 사고 과정이 아닌 기계적인 반복 과정이다. 이 이론의 가장 큰 특징은 인간의 이성적인 인식을 부정하고 기계적 반복 과정을 중시한다는 점이다. 이러한 견해는 경험주의를 바탕으로 한 것이다.

TOP-Point

✓ **경험주의**
　　인식의 바탕이 경험에 있다고 보고 경험의 내용이 곧 인식의 내용이 된다는 이론이다. 경험주의는 초경험적이며 이성적인 계기에 의한 인식을 인정하지 않는다. 언어적인 관점에서 보자면 아이의 언어 습득은 백지 상태(Tabula rasa)에서 시작하여 어머니를 비롯한 주위 어른들의 대화 또는 아이들에게 하는 말을 자료로 하여 자극-반응의 과정을 거치면서 점차 성인의 언어 능력을 가지게 되는 것이지, 어떤 이성적인 기제를 작동해서 언어를 알게 되는 것은 아니라고 보는 것이다.

4) 행동주의 학습이론의 특징

① 언어 습득을 단순히 모방과 습관 형성의 문제로만 보았다.
② 아이들은 그들 주위에서 주워듣는 소리와 패턴들을 흉내 낸다.
③ 긍정적 강화를 받는다.
　　예 칭찬 또는 성공적 의사소통
④ 긍정적 강화에 아이들은 용기를 갖게 되고 계속해서 주변에서 들리는 말을 흉내, 연습해서 언어 사용 습관을 형성하게 된다.

2 이성주의와 인지주의 중요

1) 정의

1960년대 들어 인지과학에서 온 학습이론을 바탕으로 다양한 연구가 진행되면서 사고, 문제 해결, 언어, 개념 형성 및 정보처리와 같이 더 복잡한 인지 과정에 관심을 가지게 되면서 인지주의 이론이 정립되었다.

인지주의라는 새로운 패러다임이 생기고 언어학에서는 촘스키의 영향을 받아 언어학의 생성·변형 언어학파가 나타났다. 촘스키는 이전의 행동주의나 경험주의에서 주장하는 자극과 반응의 기제만을 통해서는 인간 언어를 관찰할 수 없다고 주장하였다. 이전까지의 언어 연구가 관찰 가능한 언어 수행(Language Performance)과 관련된 것이라면 촘스키의 영향을 받은 생성 언어학자들은 명백하게 관찰될 수 있는 언어뿐만 아니라 언어 수행을 만들어내는 의미와 사고라는 기저 단계에 관심을 두었다. 이처럼 언어학에서 이성과 사고를 중시하는 학파가 출현한 것은 앞서 말한 것처럼 인지주의 심리학의 출현과 매우 관련이 깊다.

인지주의는 인간을 사고하는 존재로 전제하고 인간의 내부에서 일어나는 능동적인 사고 과정과 인간 내부의 인지 구조를 중시한다. 인지주의 학습이론에는 형태주의 심리학과 정보처리 이론이 있다.

① 형태주의 심리학

인간은 자신이 지각하는 것이 체계화되어 있지 않으면 이를 하나의 형태로 만들려는 경향을 가지고 있다. 형태주의 심리학에서 학습이론은 기존의 자극 반응에 근거한 S-R이론과는 다른, 인간이 인지하고 자신에 맞게 받아들인다는 능동적인 학습을 강조하는 이론이다. 학습자는 문제 해결에 필요한 모든 요소를 하나의 전체적 관계로 조직하는 인지적 해결 방안을 모색함으로서, 문제 해결에 대한 통찰이 일어날 수 있다고 보았다. 쾰러(Köhler)의 원숭이 실험은 이러한 형태주의 이론의 인식을 잘 보여 준다.

TOP-Point

☑ 쾰러(Wolfgang Köhler)의 침팬지 실험

쾰러는 문제 해결은 시행착오 과정을 거쳐서 이루어지는 것이 아니라 상황 속에서 부분들 간의 관계를 발견함으로써 해결되는 것이라고 보았다. 즉 통찰의 과정은 문제를 직면하고 각 요소에 대한 통찰이 일어나서 그것들의 전체적 관계를 파악하게 된다는 것이다.

이를 알아보기 위해 그는 침팬지 실험을 하였는데, 침팬지가 있는 우리 밖에 바나나를 두고 가는 장대 하나와 가운데가 비어있는 굵은 장대를 우리 안에 두었다. 침팬지는 바나나를 먹으려고 손을 내밀었으나 철망 때문에 먹을 수가 없다는 것을 알고 가는 장대를 내밀어 보았다. 그러나 바나나에 닿지 않자 굵은 장대 안에 가는 장대를 끼워 마침내 바나나를 먹을 수 있었다. 이 실험을 통해 쾰러는 침팬지가 시행착오적 행동을 반복하다가 해결책을 찾은 것이 아니라 바나나와 막대, 철망의 관계를 파악하고 통찰한 결과 문제 해결에 이른 것이라고 보았다. 이러한 통찰의 경험은 '아하 경험(aha! experience)' 혹은 '아하 현상(aha! phenomenon)'으로 불리기도 한다.

② 정보처리이론

정보처리이론은 인간의 학습은 학습자 외부에서 정보를 획득하여 저장하는 과정이라는 점을 강조한 이론이다. 이 이론은 감각기억, 단기기억 그리고 장기기억이라는 3개의 저장 시스템으로 구성되어 있는데 이 기억들은 다음과 같은 기능을 한다고 보았다.

감각기억	• 감각자극을 받아들인다. • 잠시 동안 정보를 담아 두는 상태이다.
단기기억(작업기억)	• 한번에 5~9개의 정보를 20~30초 정도 담아 둔다. • 정보 지속 시간은 다소 확장될 수 있다.
장기기억	• 무한한 정보를 영구적으로 담아 둔다. • 언어적, 시각적 부호화가 가능하다.

2) 특징

인지주의 이론은 학습자들에게 의미 있는 지식이 되고, 또한 지식을 기억하는 데 있어 새 정보를 잘 조직하고 관련지을 수 있는 전략을 강조한다. 따라서 인지주의 이론에 따르면 수업은 학생들의 정신적 구조 또는 스키마에 기초해서 학습자들이 새로운 정보를 의미 있는 방법으로 기존의 지식과 연결할 수 있도록 도와주는 것이다.

3) 인지주의 학습이론

① 학습이란 학습자가 학습 환경을 이해하고 해석하는 과정에 적극적으로 참여하는 것이다. 학습자는 학습 과정의 능동적인 참여자이다.
② 행동주의 학습이론과 달리 강화가 없어도 학습이 가능하다고 본다.
③ 학습자에게서 일어나는 내적 과정을 중시한다. 따라서 학습 과정에서 일어나는 부분들의 상호 작용이 중요하다.
④ 행동주의 학습이론이 비교적 단편적인 지식의 습득에 적용된다면 인지주의 학습이론은 개념, 원리, 언어 학습 등 보다 고차원적 학습에 적용할 수 있다.

4) 인지주의 이론에서의 언어 습득: 선천적인 언어 능력

촘스키는 행동주의에서 설명하지 못하는 인간 언어의 창의성도 인간의 이성이나 인지를 이해하면 설명할 수 있다고 보고 인간은 태어나면서부터 선천적인 언어 능력이 있다고 하였다. 이를 생득주의 또는 생득설이라고 하며, 이때 동물과 다른 '선천적인 언어 능력'을 '언어 습득 장치(LAD)'라고 구체화하였다.

인지주의적 입장에서 학습은 동화와 조절로 학습자의 인지 구조를 변화시키는 것이다. 인지주의는 학습자의 능동적인 부분을 강조하고 학습자의 정신 활동에 초점을 둔다. 또한 학습자의 생각, 신념, 태도 및 가치관도 학습 과정에 영향을 미친다고 보고 다양한 학습 전략을 통해 학습자를 변화시킬 수 있다고 주장하였다.

TOP-Point

- **노암 촘스키(Chomsky, Avram Noam)**
  미국의 언어학자로 독창적 언어 분석 체계인 변형생성문법의 창시자이다. 1950년대에 주류였던 행동주의자들을 비판하고 언어 능력을 인간만이 타고난 능력으로 보았다. 인간은 언어 능력으로 언어를 습득한다고 설명하였다.

- **생득설**
  인간의 지식이나 관념 및 표상은 본래 태어날 때부터 공통적으로 인간에게 갖추어져 있다는 가설이다. 이 가설에서는 모든 인간이 선천적인 언어 능력을 가지고 태어난다고 주장한다. 어린이의 언어 습득은 태어날 때부터 가지고 있는 생물학적 또는 유전적으로 결정된 생득적인 능력에 의해 이루어지며, 환경에서의 경험은 이미 내재되어 있는 언어 능력의 촉매제 역할만 한다.

- **언어 습득 장치 가설(LAD; Language Acquisition Device Theory)**
  촘스키(Chomsky)의 주장에 따르면 인간은 사춘기 전까지(0~13세) 언어 습득 능력이 제일 활발하다. 사람의 언어 습득 장치에는 타고날 때부터 보편적 문법지식(변형생성문법)이 미리 프로그램되어 있다고 가정하고, 어린이가 언어 입력(Language Input)을 받게 되면 언어 습득 장치는 자동적으로 활성화되면서 단시일 내에 언어를 습득하게 된다고 주장하였다. 언어 습득 장치 가설의 특징은 다음과 같다.
  - 언어 습득 장치(LAD)의 도움으로 모국어를 습득한다.
  - 인간은 언어 체계의 저변에 깔려 있는 법칙을 스스로 발견할 수 있는 특수한 능력을 타고났다.
  - 유아는 이 언어 습득 장치(LAD)를 통해 모국어에 대한 체계를 세울 수 있다.

5) 창의적 구성 이론

① 정의

창의적 구성 이론은 인지주의를 바탕으로 한 언어 습득 이론이다. 제2언어 습득에서 모국어의 영향을 부정하고, 내재적 언어 습득의 중요성을 강조하여 언어 구성이 모국어와는 상관없이 창조적으로 이루어진다고 본다.

② 특징

이 이론 역시 인지주의, 생득주의와 연결되는데 모국어의 영향을 완전히 배제하였다는 점이 특징이다. 또한 내재적인 언어 습득을 중요시했다는 점에서 인지이론과 많은 공통점을 보인다. 세부 특징은 다음과 같다.

㉠ 학습자는 이해 가능한 입력을 통해서 내재적으로 언어를 습득해 나간다.
㉡ 모국어는 제2언어 습득에 아무런 영향을 주지 못하고 주변에서 받아들이는 제2언어 입력만이 영향을 준다.

6) 크라센(Krashen, 1982)의 다섯 가지 가설

① 습득-학습 가설(The Acquisition-Learning Hypothesis)

㉠ 정의

언어 습득(Language Acquisition)과 언어 학습(Language Learning)은 서로 다른 독립적인 과정으로 이루어져 있다.

- 습득(Acquisition)

  아이들이 모국어를 배울 때처럼 무의식적인 과정으로서 자연스럽게 언어를 흡수하는 과정이다.
- 학습(Learning)

  언어를 논리적으로 알아가며 생기는 의식적인 과정으로 교실과 같은 환경에서 규칙과 형태를 배워 반복·암기하는 과정을 말한다.

ⓒ 문제점
- 의식적·무의식적 과정에 대한 정의가 분명하지 않다. 어디까지가 의식적인 것이고 어디서부터 무의식적인 것인지 구별하기 어렵다.
- 습득과 학습이 다르기 때문에 서로 영향을 끼치지 않는다는 크라센의 주장에 대해 여전히 논란이 많다.

② 모니터 가설(The Monitor Hypothesis)

ⓐ 정의

학습한 지식이 언어를 생산하는 데 있어서 일종의 감시자(Monitor) 역할을 한다는 이론이다. 학습자는 습득한 지식으로 문장을 만들고 학습한 지식으로 그것이 맞는지 틀리는지를 생각해 보고 수정해서 발화한다.

> 예 모국어가 한국어인 사람이 영어로 말을 하려고 할 때 일단 한국어로(습득한 지식으로) 그 말을 만들어 보고, 영어로(학습한 지식으로) 문장을 만들면서 자기가 아는 영어 문법과 비교 검증해 나가려고 한다.

ⓑ 모니터 가설의 필요조건

모니터링(감시)은 현실적으로 아무 때나 일어날 수는 없다. 실제로 어떤 학습자가 발화의 실수를 별로 창피해하는 성격이 아니라면 학습자는 발화에 대해 모니터링을 심하게 하지 않고 바로바로 표현하려고 할 것이다. 이런 학습자는 정확성보다는 유창성이 좋다. 또 자신의 발화에 대해 모니터링을 하려고 해도 그에 해당하는 문법 지식이 없다면 모니터링은 일어날 수 없다. 따라서 모니터링을 위해서는 다음과 같은 조건이 충족되어야 한다.
- 모니터링을 할 충분한 시간이 있다.
- 발화자는 의미보다는 형태에 초점을 맞추려고 한다.
- 모니터링하고자 하는 부분의 문법 규칙을 이미 알고 있다.

ⓒ 문제점
- 실제 회화에서는 모니터링이 일어날 만한 시간적 여유가 없기 때문에 이 가설의 가치 자체가 떨어진다.
- 모니터 가설의 필요조건을 모두 충족시키는 상태라면 문법적으로 완벽한 문장이 발화되어야 할 것이다. 하지만 정확성에 문제가 있는 문장은 여전히 생산된다.
- 사용하고 있는 규칙이 습득과 학습 중 어느 것의 산물인지 애매하다.

③ 자연적 순서 가설(The Natural Order Hypothesis)
  ㉠ 정의
     학습자는 일정한 순서에 따라 언어 규칙을 배운다. 어떤 문형은 다른 특정 문형보다 더 빨리 배우게 되는데, 이는 학습과는 관계없이 이미 처음부터 자연적으로 습득 순서가 정해져 있기 때문이다. 따라서 외국어를 배우는 교실에서도 문법 규칙의 습득은 일정한 순서대로 일어나며 그 순서는 학습에 의해서 바뀌지 않는다. 즉, 언어 형태나 규칙을 배우는 자연적 순서가 정해져 있다.

  ㉡ 형태소 순서 연구
     형태소 순서 연구는 1970년대 외국어 학습 분야에서 가장 중요한 연구 가운데 하나로 학습자가 형태소를 어떠한 순서로 배우는지를 연구한 것이다. 브라운(Brown, 1973)은 오랜 연구 끝에 시기는 각각 다르지만 아이들이 거의 비슷한 순서로 영어의 형태소를 배운다는 것을 알아냈다. 그리고 그의 연구를 덜레이 & 버트(Dulay & Burt 1973, 1975)가 외국어 학습에 적용하였다. 그들은 스페인어가 모국어인 아이들과 중국어가 모국어인 아이들을 대상으로 영어 형태소 습득 순서를 확인했는데, 모국어가 서로 다른 아이들 사이에서도 영어 형태소 습득 순서가 거의 비슷하게 나타났다.
     영어의 경우는 다음과 같은 자연적 순서가 있다고 보는데 한국어의 자연적 순서는 아직 밝혀지지 않았다.

  > 〈영어 형태소 습득 순서〉
  > ① 현재 진행형: -ing
  > ② 복수 형태소: -s/es
  > ③ 불규칙 과거형태
  > ④ 소유격: -'s
  > ⑤ 연계어
  > ⑥ 관사
  > ⑦ 규칙 과거형태: -ed
  > ⑧ 3인칭 단수 현재: -s/es
  > ⑨ 보조동사 be

  ㉢ 문제점
     1970년대의 형태소 순서 연구에 너무 의존하고 있다. 이 실험은 단순히 10개 남짓의 형태소만을 대상으로 한 것이기 때문에 이 결과로 모든 언어에 자연적 순서가 있다고 단정짓기 어렵다.

④ 입력 가설(The Input Hypothesis)
  ㉠ 정의
     입력 가설은 자연적 순서 가설에 따라 순서대로 학습자의 언어가 발달된다는 전제하에 각 단계에는 그에 맞는 이해 가능한 입력(Comprehensible Input)이 충분히 필요하다는 가설이다.

    ⓒ 이해 가능한 입력

    이해 가능한 입력이란 현재 학습자의 수준보다 약간 더 높은 수준의 입력을 말한다. 현재 학습자의 수준을 i 라고 한다면 이해 가능한 입력은 「i + 1」이라고 수식으로 표현할 수 있다.

    입력의 수준이 현재의 수준을 지나치게 상회(i + 2, i + 3)하면 학습자가 학습에 부담을 느끼며, 너무 쉬워서 학습 욕구가 떨어지는 수준(i + 0)도 학습에 도움이 되지 않는다고 보았다.

    ⓒ 특징

    의사소통 능력은 입력되는 언어 자료의 의미를 이해함으로써 얻게 되는 것이다. 이 가설 역시 언어 습득 장치(LAD)를 통해 언어 자료를 파악하고 그 언어의 자연적 순서에 따라 언어를 습득하게 된다는 것을 전제로 한다.

    ⓔ 문제점

    i 라는 수준과 「i + 1」이라는 용어를 정의하기 애매하다. 「i + 1」이 어느 정도 수준의 입력인지 정확하지 않다. 또한 학습자의 수준을 나타내는 i 는 개인차가 커서 교육 현장에서 적용하기 어려울 수 있다.

  ⑤ 정의적(감성적) 여과장치 가설(The Affective Filter Hypothesis)

    ㉠ 정의

    학습자의 자신감 또는 의욕과 같은 감정적인 요소로 발생하는 개인적인 차이에 대한 가설로서 외국어 습득이 학습자의 감정과도 관계가 있다는 가설이다.

    ⓒ 특징

    정의적 여과가 낮으면 들어오는 입력을 거르지 않고 받아들이기 때문에 자신감을 갖고 상호 작용하며 보다 더 수용적인 태도를 보인다. 반면 부담감, 두려움, 불안함, 초조 등의 정의적 여과를 높게 가지고 있는 습득자의 경우 이러한 감정적 특징 때문에 언어 습득에 방해를 받는다.

    예 술을 조금 마시면 긴장이 풀리면서 평소보다 외국어를 더 자신 있게 말하는 경우

    ⓒ 문제점

    가설의 이론적 바탕이 없으며, 정의적 여과장치라는 것도 직관적이고 추상적인 개념이다.

3 구성주의

1) 정의

 구성주의는 인지주의를 부정하는 흐름에서 나온 것이 아니라 인지주의를 포용하는 동시에 인지주의보다 더 능동적인 학습자를 가정하여 학습자가 스스로 정보를 발견·수정·체크하여

새로운 정보를 지속적으로 구성 및 재구성하는 존재로 본다. 구성주의에서 지식은 인식의 주체에 의해 구성되며, 맥락에 따라 다르게 인식되는 것이다.

① 인지적 구성주의

인지적 구성주의의 대표적인 학자인 피아제(Piaget)는 언어 발달은 인지 발달에 의해 이루어지며, 언어가 발달하기 위해서는 사물에 대한 지각, 즉 인지가 발달하여야 한다고 하였다. 그는 이와 같은 주장을 바탕으로 신생아 시기부터 청소년기까지의 인지 발달 단계를 감각 운동기(0~2세 정도), 전조작기(또는 조작이전기)(2~7세 정도), 구체적 조작기(7~11세 정도), 형식적 조작기(11~15세 정도)로 제시하였다.

피아제의 주장에 따르면 인간은 감각 운동기 말기에 이르면 현재 눈에 보이지 않는 것이라도 존재한다는 것을 알게 되는데(대상 영속성 개념), 이를 표현하기 위한 언어 발달이 이 시기에 일어난다는 것이다. 예를 들어 감각 운동기 초기의 아기는 인형이 눈에 보이지 않으면 아예 인형이 존재하지 않는 것이라고 보고 찾지 않는다. 그러나 감각 운동기 말기의 아기는 가지고 놀던 인형이 없어지면 인형을 찾는 행동을 하며 옹알거리거나 소리를 내는 등 자기 표현이 일어난다.

피아제는 인간이 성장하면서 환경과의 상호 작용을 통해 자연스럽게 언어가 발달한다고 주장하였다. 이는 인간의 언어 능력을 독립적인 것으로 간주하던 생성주의자들과는 달리 언어 능력을 인지 능력의 하나로 간주한 것이다. 피아제의 인지 발달 단계를 살펴보면 다음과 같다.

단계	연령	특징
감각 운동기	0~2세	• 감각과 운동으로 외부환경을 이해한다. • 아동의 행동은 자극에 대한 반응이다. • 눈앞에 보이지 않으면 존재하지 않는다고 인식한다.
전조작기	2~7세	• 언어가 급속도로 발달한다. • 눈에 보이지 않는 것도 존재한다고 생각한다. • 상징, 상상, 모방이 시작된다.
구체적 조작기	7~11세	• 논리적 조작이 가능하다. • 사물 간 관계를 이해한다. • 사물을 분류하고 서열을 나눈다.
형식적 조작기	11~15세	• 추상적이고 논리적 사고가 가능하다. • 과거와 미래에 대해 인식한다.

② 사회적 구성주의

사회적 구성주의의 대표적인 학자인 비고츠키(Vygotsky)는 사회적 상호 작용이 인지 발달의 기초가 된다는 것을 강조하였다. 사회적 구성주의의 관점에서 지식은 사회적 산물이며 사회 구성원과의 사회적 상호 작용을 통해서 구성된다. 언어 습득 역시 다른 사람과의 의사소통을 목적으로 하는 상호 작용을 통해서 이루어진다고 보았다.

기준	피아제	비고츠키
아동에 대한 관점	스스로 세계에 대한 이해를 발달시키는 개별적 존재	타인과의 관계에서 영향을 받으며 성장하는 사회적 존재
발달 과정의 동인	개인 내부에 존재, 주체적 역할	환경과 관계 속에서 존재, 능동적 역할
언어와 사고의 관계	언어는 사고의 도구	언어는 사고 발달의 핵심 역할 수행

2) 특징

　인지적 구성주의와 사회적 구성주의는 사회적 맥락을 강조하는 정도에서 차이가 난다. 전자가 생물학적 일정표와 발달의 단계에 따라 인지가 발달한다고 보는 반면, 후자의 경우에는 사회적 상호 작용이 인지 발달의 기초가 된다고 주장한다.

3) 구성주의에서의 언어 습득

　구성주의자들은 의사소통 능력이나 사회적 상호 작용에 대한 논의를 활발히 하였는데, 크라셴(Krashen)의 입력 가설(이해할 수 있는 입력이 충분히 이루어지면 필요한 문법도 자동적으로 습득된다는 주장)을 부인하고 사회적 맥락 안에서 다른 사람과의 상호 작용을 통해서 보다 효율적인 제2언어 습득이 이루어진다고 보았다.

4) 구성주의 학습이론

① 학습은 사회적 경험을 바탕으로 개인의 인지적 작용에 의해 지속적으로 구성되는 것이다.
② 학습자들은 자신의 주변 세계와 능동적으로 상호 작용하여 순환적, 구성적인 의미를 만들어 간다.
③ 지식은 모든 사람들에게 공통적이고 보편적인 것이 아니라 개개인에게 의미 있고 적합한 것이어야 한다.

행동주의	• 학습은 행동의 변화이다. • 관찰 가능한 행동과 행동 변화가 중요하다. • 관찰 가능한 것만 연구 대상으로 삼는다. • 반복적인 연습과 경험을 통해 학습이 일어난다. • 학습의 환경이 중요하며 학습자는 수동적으로 정보를 받아들인다.
인지주의	• 인간의 정신이 학습의 도구이다. • 학생 개인마다 각기 다른 스키마와 정보처리 능력을 통해 학습이 결정된다. • 학습자 내부의 인지 구조의 변화가 곧 학습이다. • 학습의 내적 구조가 중요하다.
구성주의	• 학습자 스스로 정보를 발견하고 변형한다. • 학습자는 능동적이고 새로운 정보를 점검, 수정하는 존재이다. • 문제 해결이나 창의적 사고가 중요하다.

5) 상호 작용주의

① 정의
제2언어의 습득 원리, 습득 목적을 제2언어에 대한 의사소통 능력으로 보고 언어를 습득하기 위해서는 의사소통 맥락이 가장 중요하게 작용한다고 본다.

② 배경
언어 능력을 단순히 언어 지식의 차원이 아니라 언어 수행의 차원에서도 고려해야 한다는 점에서 의사소통 능력에 대한 보다 넓은 범주의 정의가 내려지기 시작했는데, 이것이 상호 작용주의 이론의 바탕이 되었다. 즉, 의사소통 능력이 단순히 문법적 능력이 아니라 담화적·사회언어학적·전략적 능력 모두를 포함한다고 했을 때, 문법적 지식 등이 다소 부족하더라도 다른 전략으로 부족한 부분을 보충할 수 있다면 이 역시 나름대로의 의사소통 능력을 가진 것으로 보았던 것이다. 이는 문법적 지식(언어 지식)만을 중시하던 것에서 벗어나 담화적·사회언어학적·전략적 능력 등 언어 수행 능력도 의사소통 능력이라고 인정함으로써 상호 작용의 중요성을 보여주는 것이라 할 수 있다.

③ 특징
상호 작용주의의 대표적인 이론으로는 롱(Michael Long)의 상호 작용 가설이 있다. 상호 작용 가설의 가장 핵심적인 내용은 이해 가능한 입력과 상호 간에 조절된(modified) 상호 작용이 중요하다는 것이다. 이때 이해 가능한 입력은 조절된 상호 작용의 결과이다. 결국 제2언어 습득의 핵심요소는 상호 작용과 입력이라고 보았다.

예 교사와 학생, 어른과 아이, 모국어 사용자와 외국어 사용자의 관계
→ 눈높이에 맞춘 상호 작용이 있어야 대화가 가능하다.

㉠ 상호 작용이 중요한 이유
- 상호 작용은 맥락과 경험을 통해서 의미를 이해하는 과정을 말한다.
- 학습자들은 상호 작용을 통해서 자신의 의사소통 능력을 계발해 나갈 수 있다.

㉡ 상호 작용 가설의 특징
- 사회적 맥락 안에서 상호 작용 과정을 통할 때 효율적인 제2언어 습득이 이루어진다.
- '교사 말'처럼 학습자에게는 학습자 수준에 맞는 이해 가능한 입력이 중요하다.

TOP-Point

☑ **교사 말(Teacher Talk)**
제2언어를 교육할 때 교사는 외국인 학습자들이 이해할 수 있도록 속도 조절, 짧고 단순한 문장, 반복, 쉽게 풀어 말하기 등의 기법을 사용해야 학습자들의 제2언어 습득이 보다 효율적으로 이루어진다고 보았다. 이와 같은 교사의 특징적 언어를 '교사 말'이라고 한다.

TOP-Point

☑ 언어 습득 학파와 흐름

연대	학파의 사상	대표적 주제
1940~1950년대	구조주의, 행동주의	• 관찰 가능한 언어 • 과학적 방법 • 경험주의 • 보상과 강화 • 자극과 반응 • 조건화 • 백지 상태
1960~1970년대	이성주의, 인지주의	• 촘스키의 생성언어학 • 생득설 • 언어의 기저 구조 • 언어의 창의성 • 언어 습득 장치
1980~2000년대	구성주의	• 피아제와 비고츠키 • 개인의 적극적 의미 구성 • 개인 나름대로의 사고 구축 • 상호 작용주의 • 사회 문화적 변인

03 언어 분석 가설

위의 다양한 제2언어 습득 가설을 바탕으로 언어를 분석할 때 어떤 방법으로 또는 어떤 개념을 바탕으로 할 것인가에 따라 분석 방법도 달라진다. 다음은 위의 습득 가설을 바탕으로 한 언어 분석 방법이다.

1 대조분석 가설

1) 정의

　모국어와 외국어의 공통점과 차이점을 분석하고 그 차이점이 언어 학습에 중요하다고 주장하는 가설이다.

2) 방법

　① 행동주의 심리학과 구조주의 언어학에 바탕을 두었다.
　② 학습자의 제1언어와 제2언어를 비교·분석하여 차이점을 목록화하였다.

TOP-Point

☑ 구조주의
　어떤 사물의 의미는 개별로서가 아니라 전체 체계 안에서 다른 사물들과의 관계에 따라 규정된다는 인식을 전제로, 개인의 행위나 인식 등을 궁극적으로 규정하는 총체적인 구조와 체계에 대한 탐구를 지향하는 현대 철학 사상의 한 경향이다.[1]

☑ 구조주의 언어학
　20세기 전반 구조주의 철학에서 시작하여 언어학계를 지배했던 언어철학 및 언어 연구 방법론을 말한다. 언어는 하나의 체계로 존재하기 때문에 개별적인 요소보다는 각각의 요소들을 서로 간의 관계 속에서 설명해야 한다. 예를 들어 모음 '아'는 '아' 하나로 어떤 가치도 부여할 수 없다. '어', '오' 등 변별 자질을 갖춘 다른 요소와의 관계 속에서 '아'는 '아'만의 자질을 갖춘다.

3) 특징
① 제2언어 습득이 어려운 이유는 제2언어 체계가 자리 잡으려는 것을 제1언어 체계가 방해하기 때문이다.
② 두 언어의 과학적·구조적 분석을 통해, 학습자가 직면하게 될 어려움을 예측하여 언어적 대조 목록표를 만들 수 있다.
③ 제2언어 습득이란 기본적으로 두 언어 체계 사이의 차이점을 극복하는 것이다.

4) 대조분석 가설의 주요 주장
　행동주의적 관점에서 보면 외국어 학습은 모국어 외에 또 다른 습관을 형성해서 모국어 습관을 대체하는 훈련이다. 따라서 외국어를 익히려면 반복과 습관화를 통해 외국어의 새로운 체계를 완벽히 익혀야 한다.
① 제2언어는 연습을 할수록 완벽해진다.
② 교사는 모국어와 외국어의 차이점에 초점을 맞추어 가르쳐야 한다.

5) 대조분석 가설에 대한 비판
① 언어의 창의성을 무시하고 무조건 반복적이고 습관적인 발화를 하게 한다.
② 외국어 학습 시 사회언어학적인 요소를 고려하지 않는다.
③ 모국어와 외국어가 차이점이 있다고 해서 그것이 항상 실수를 유발하는 것은 아니다.
④ 대조분석의 예측 결과가 실제 결과와 맞지 않는 경우가 있다.

---

[1] 두산백과사전을 참고함

2 중간언어 가설 중요

1) 정의

셀린커(Selinker, 1972)는 '중간언어'라는 학습자의 제1언어나 제2언어와는 다른 독자적인 언어 체계가 있다고 하였다. 제2언어를 배우는 학습자는 시행착오와 연습을 통해 이러한 중간언어 단계를 거친다.

학습자는 불완전한 언어를 만들어 내는 사람이 아니라 시행착오와 가설 검증의 점진적 과정을 거쳐 규범적인 언어 체계에 근접해 가는 지적이며 창조적인 존재이다. 이러한 학습자가 언어를 배우면서 자신이 접하게 되는 자료를 토대로 하여 나름대로 구축하게 되는 언어 체계를 중간언어라고 한다. 중간언어는 제1언어나 제2언어가 아니라 학습자 자신에게 주어진 언어적 자극을 정리하여 구조화하려는 학습자의 노력의 결과라고 볼 수 있다.

TOP-Point

☑ 중간언어(Interlanguage)
제2언어를 배우는 학습자가 사용하는 불완전한 상태의 목표언어로, 목표언어에 접근해 가는 과정에서 나타나는 학습자의 개인적이고 특수한 언어 체계이다. 중간언어 이론에서는 이러한 중간언어를 시행착오와 가설 검증의 과정이라고 보았다. 과도적 능력(Transitional Competence), 특이방언(Idiosyncratic Dialect), 근사 체계(Approximative System) 등으로도 불린다.

2) 중간언어의 특징

① 독자성

중간언어는 제1언어에 근거한 것이 아니며 목표어인 제2언어에 근거한 것도 아니다.

② 체계성

제2언어 학습자가 제2언어의 문법을 배우는 과정은 몇 개의 중간언어적 절차 및 단계로 이루어져 있다. 이때 제2언어 학습자가 밟게 되는 중간언어적 절차나 단계는 나름의 체계를 갖춘 조직적인 것이다.

③ 보편성

제1언어나 제2언어 학습 환경에 관계없이 학습자들은 서로 다른 배경이나 환경을 가지더라도 유사한 절차 및 과정을 거쳐 언어를 학습하게 된다.

④ 변화성(변이성)

중간언어는 계속해서 변해가는 유동적인 상태에 있다. 하나의 중간언어가 있더라도 학습자가 이후 받는 언어적 자극에 의해 또 새로운 중간언어가 만들어질 수 있다.

⑤ 안정성(화석화 현상)

중간언어는 제2언어 문법의 기준에서 보면 틀린(그러나 제2언어를 배우는 학습자의 입장에서는 올바른) 언어 형태를 가질 수 있는데 이러한 형태가 학습 과정에서 수정되지 않으면 영구적으로 학습자에게 남아 지속적인 오류를 양산할 수 있다.

3) 시행착오와 오류

① 학습자들은 완벽하지는 않지만 나름대로 체계적이고 고유한 제2언어 지식을 구성한다.
② 제2언어 습득의 창조적 측면, 즉 내재적 언어 습득 능력을 중요하게 생각한다.
③ 학습자들은 자신이 처한 언어 환경에서 나름대로 논리적이고 체계적으로 언어 발달의 단계를 밟아가는 사람이다. 따라서 잘못된 문장의 발화는 실수(Mistake)가 아니라 어쩔 수 없이 겪는 오류(Error)라고 본다.

　예) 여름은 덥어요.
　　→ 학습자가 'ㅂ' 불규칙 동사에 대해 아직 배우지 않은 상태에서 어쩔 수 없이 겪는 오류이다. 언어 발달이 이루어지면 교정된다.

4) 오류의 중요성(Corder, 1973 · 1981)

① 교사는 학습자의 오류를 통해 학습자가 어느 정도의 수준인지, 무엇을 더 가르쳐야 하는지를 알 수 있다.
② 연구자는 학습자의 오류를 통해 어떤 과정을 거쳐서 언어가 학습되며 학습자가 제2언어를 배울 때 어떤 전략과 절차를 사용하는지를 추측할 수 있다.
③ 학습자는 자신이 세운 가설, 즉 중간언어를 계속해서 검증하게 되는데 오류를 통해 중간언어를 수정하고 목표언어에 접근할 수 있다.

TOP-Point

✓ 실수와 오류
- 실수(Mistake): 이미 알고 있는 언어 지식을 정확히 활용하지 못하고 잘못 발화하는 것 같은 언어 수행상의 오류를 가리킨다. 즉흥적이고 일시적인 문제로, 화자가 자신이 무엇을 잘못 말했는지 알고 있기 때문에 자가 수정이 가능하다.
- 오류(Error): 학습자의 중간언어 상태를 보여주는 것으로 학습자가 이미 알고 있는 것이 아니라 현재의 언어 습득 상태를 반영한다. 알면서 실수한 것이 아니기 때문에 화자는 자신이 무엇을 잘못 말했는지 모른다. 따라서 자가 수정이 불가능하다.

5) 오류의 범주
① 발음상의 오류(Phonic Errors): 음운 체계, 발음 법칙 등과 관련된 오류
  예 고향에 갔습니다. [가쓰무니다] (→ [갇씀니다])
② 어휘적 오류(Lexical Errors): 의미에 맞지 않는 단어 선택, 단어의 결합 방법 등과 관련된 오류
  예 주말에 지저분한 옷을 모두 닦았다. (→ 빨았다)
③ 문법적 오류(Grammar Errors): 동사 형태와 시제, 문장 구조 등과 관련된 오류
  예 학교에 공부를 해요. (→ 학교에서)
④ 담화적 오류(Discourse Errors): 문장이 조직되는 방식, 전 텍스트를 구성하는 방식과 관련된 오류
  예 겨울이지만 춥다. (→ 춥지 않다)

04 언어 습득에 대한 생물학적인 의견

1967년 린넨버그의 논문 '언어의 생물학적 근거'(Lenneberg, 1967)에서 언어 습득에 대한 생물학적인 근거가 다루어지기 시작하였다. 린넨버그가 말한 생물학적 근거는 다음과 같다.

1) 언어 습득에는 결정적 시기가 있다. (Critical Period of Language Acquisition)

어릴 때 말을 배우지 못하면 특정 시기를 지나서는 말을 배우기가 어렵다. 린넨버그는 언어 습득에 영향을 주는 특정 시기를 '결정적 시기'라고 명명하였다. 이를 '결정적 시기 가설'이라고 한다. 이 가설은 모국어 언어 습득에만 관련되어 연구된 것인데, 제2언어 습득에도 적용이 가능한지는 아직 확실한 결론이 나지 않은 상태이다.

일부 학자들은 제2언어 습득 시기는 모국어의 경우처럼 '결정적(Critical)'인 것은 아니기 때문에 '결정적 시기'가 아닌 '최적기(Optimal Period)'라고 명명하는 것이 적절하다고 주장하기도 한다.

TOP-Point

☑ 결정적 시기 가설과 지니(Genie)의 사례

커티스(Curtiss)는 1977년 지니라는 아이의 언어 습득 사례를 발표하였다. 지니는 어릴 때부터 집안에 갇혀 충분한 언어적 자극이나 상호 작용을 경험하지 못한 채로 13년을 지냈다. 지니가 13세 때 우연히 이웃에게 발견되었을 때, 지니는 거의 말을 하지 못하는 상태였다. 그 이후 5년 간의 재활치료와 언어치료를 통해 지니는 어느 정도 말을 할 수 있게 되었으나 정상적인 수준에는 한참 미달되었다. 지니의 사례는 모국어 습득에 어떤 특정한 시기, 즉 결정적 시기가 있다는 가설을 뒷받침해주는 사례로 알려져 있다.

2) 대뇌 피질의 일정한 부분이 일정한 언어 능력과 연관이 있다. (Localization of Brain)

대뇌 피질에는 발화 능력을 담당하는 브로카(Broca) 영역과 이해 능력을 담당하는 베르니케(Wernicke) 영역이 있으며, 이는 대뇌 피질의 일정한 부분이 언어 능력과 관련되어 있음을 보여 준다. 인간의 발화는 베르니케 영역을 거쳐 듣고 의미를 해석한 후, 발화와 관련된 브로카 영역을 거쳐 표현된다고 보았다. 따라서 의사소통을 위해서는 두 영역이 모두 정상적으로 작동되어야 한다.

브로카 영역	베르니케 영역
• 뇌의 좌반구 전두엽에 위치	• 뇌의 좌반구 후방에 위치
• 말을 산출하는 영역 • 언어 정보를 이용해 표현하는 역할	• 말을 이해하는 영역 • 언어 정보를 받아 의미를 해석하는 역할
• 말을 힘겹게 하거나 더듬게 됨 • 손상되어도 말을 이해할 수 있음	• 손상 시 의미를 알 수 없는 말을 함

3) 대뇌의 한쪽 반구가 전문화된다. (Lateralization of Brain)

대뇌의 한쪽 반구가 일정한 기능을 수행하기 위해 전문화되는, 대뇌의 반구 편중화 현상이 나타난다. 뇌의 좌반구는 지적, 논리적, 분석적 기능을 담당하는 반면 우반구는 감정적, 사회적 욕구와 관련된 영역을 담당한다. 언어 기능은 주로 좌반구에서 담당한다.

좌반구 기능	우반구 기능
• 지적, 논리적, 분석적, 이성적, 이지적, 체계적, 조직적	• 감정적, 사회적, 주관적, 즉흥적
• 언어적 설명에 익숙함	• 삽화, 상징에 익숙함
• 감정을 잘 통제함	• 몸짓 언어를 잘 이해함
• 말하고 쓰는 것, 논리적인 문제 선호 • 몸짓 언어에 익숙하지 않음	• 직관적인 문제 선호 • 이미지나 분위기를 기억, 이미지와 연상으로 사고함

05 언어 습득에 영향을 주는 기타 요인

1 인지적 요인

1) 적성

외국어 학습에 적성이 있다는 것은 외국어를 배우는 데 개인적 특성이 있다는 말과 같다. 외국어 적성을 측정하는 도구로는 MLAT(Modern Language Aptitude Test)와 PLAB(The

Pimsleur Language Aptitude Battery)가 있다. 이러한 적성 검사는 보통 음운을 식별하는 능력, 통사구조를 파악하는 능력, 문법과 의미 사이의 유사점과 차이점을 구별하는 능력, 암기 능력 등을 다룬다. 최근 들어 이러한 적성검사는 언어 학습에 있어서 인지적인 측면만을 조사할 뿐, 의사소통 특성이나 상호 작용의 특성까지 파악할 수는 없다는 비판을 받기도 한다.

2) 학습 스타일

인지 스타일에서 비롯된 학습 스타일을 구별하는 방법 중 하나가 장 의존적 스타일과 장 독립적인 스타일을 구별하는 것이다. 장 의존적 스타일은 전체 속에서 부분을 잘 구별하지 못하는 유형인 반면, 장 독립적 스타일은 전체 속에서 부분을 잘 구별한다.

장 의존적 스타일	장 독립적 스타일
• 집단주의 성향 • 전체를 하나의 장으로 파악 • 종속적인 관계 • 전체적인 흐름을 잘 파악	• 개인주의 성향 • 전체를 부분들이 모여 이루어진 것으로 파악 • 독립적인 관계 • 세부적인 사실을 구별해서 파악

위와 같은 특징을 바탕으로 언어 학습에 적용시켜 보면 장 의존적 스타일은 교실이 아닌 자연언어 환경에서 유리하고 장 독립적 스타일은 논리적인 교실 수업에서 유리하다는 결과가 있다. 위와 같은 학습 스타일은 어느 한쪽이 절대적으로 존재하는 것이 아니라 상대적인 개념으로 인식하는 것이 바람직하다.

3) 성향

성향은 외향적인 사람과 내향적인 사람으로 구별된다. 이 역시 위의 학습 스타일처럼 절대적인 개념이라기보다 상대적인 개념이다. 외향적인 사람은 사교적이고 인간관계를 중시하는 것으로 생각된다. 반면 내향적인 사람은 내적 사고와 체계에 관심을 가질 것으로 추정되며, 이러한 성향은 언어 습득에도 영향을 줄 것으로 생각된다. 예를 들어 외향적인 사람은 활발한 상호 작용으로 유창성이 비교적 더 발달할 수 있고 내향적인 사람은 문법 체계에 더 관심을 두어 정확성이 비교적 더 발달할 가능성이 있다.

외향적	내향적
• 사교적 • 인간관계 중시 • 상호 작용 활발 • 외부에 관심을 둠	• 지역적 • 개인의 내적 사고에 관심 • 제한된 관계에 집중 • 내부에 관심을 둠

4) 학습 방식

시각적인 자극을 줘야 학습이 효율적으로 일어나는 경우나 청각적인 자극이 더 주요하게 작동하는 경우, 또는 단순한 암기 방법이나 약간의 신체적 움직임이 있어야 효율적인 학습이 일어나는 경우 등 다양한 학습 방식과 그에 어울리는 성향을 가진 학습자가 있을 수 있다.

5) 나이

생물학적인 근거에 대한 생득주의자들의 입장에는 '결정적 시기 가설(Critical Period Hypothesis)'이 있다. 이는 다른 생물학적인 기능과 마찬가지로 언어 습득 장치도 결정적 시기(사춘기 전)가 있는데, 이 시기 전에 자극을 줄 경우에만 성공적으로 언어 습득 장치가 작동할 수 있다는 것이다. 즉, 언어 습득 장치(LAD)의 결정적 시기는 사춘기 전 13살 정도이며, 이 시기가 지나가면 제2언어를 제1언어처럼 습득하기는 매우 어렵다.

6) 지능

학습자의 지능은 언어의 공적인 습득(읽기, 언어 분석, 작문, 어휘)에서 사용되는 제2언어 기술과는 연관성이 있지만, 말하기와 같은 의사소통 기술에는 큰 영향을 미치지 않는다.

2 감정적 요인

1) 동기와 태도 중요

긍정적인 태도와 동기는 성공적인 제2언어 습득에 분명 영향을 준다. 하지만 정확하게 어떻게 습득에 영향을 주는지는 밝혀지지 않았다. 동기 요인은 다음과 같이 분류한다.
① 도구적 동기(≒ 외적 동기): 학습을 통해 얻을 수 있는 물리적이거나 실질적인 보상이 있고 그 보상을 위해 학습하는 경우
　　예 시험을 잘 보면 자전거를 사주겠다고 약속하는 부모
　　　→ 아동의 도구적 동기를 자극
② 통합적 동기(≒ 내적 동기): 목표어 집단과 융화하고자 언어를 학습하는 경우
　　예 외국인이 한국에 살면서 한국인을 이해하고자 한국어를 배우는 경우
　　　→ 통합적 동기로 인한 학습

2) 불안과 스트레스

비공식적인 언어 학습 환경 속에 있는 나이 어린 학습자들은 입을 다물고 있어도 상관이 없지만 청소년기의 학생들이나 성인학습자들은 외국어를 배우는 환경이 대부분 교실 환경처럼 통제되어 있다. 즉, 교실의 요구에 부응하기 위해 또는 일상적인 업무를 수행하기 위해 학습하므로 말을 하도록 은연중에 강요받는 경우가 많다. 이러한 학습 조건의 차이는 언어 학습에 영향을 끼친다. 크라센의 정의적 여과장치 가설에 따르면 부담스러운 교실 상황은 학습자의 불안감과 스트레스를 높이기 때문에 언어 습득에 부정적인 영향을 준다.

03 | 실전 문제

연습 문제

01
행동주의 학습이론과 관계있는 것을 고르시오.

① 모방과 습관 형성
② 선천적 인지 과정
③ 언어 사용의 원리 이해
④ 주관적이고 심리적인 학습 과정

02
언어 습득 이론을 설명하는 인지 가설과 관계 없는 것을 고르시오.

① 언어 습득 장치
② 생득주의
③ 자극과 반응
④ 보편적 문법지식

03
상호 작용주의 이론에 대해 맞게 설명한 것을 고르시오.

① 대화의 맥락과 경험을 중요시한다.
② 일정한 순서에 따라 문법을 습득한다.
③ 결정적 시기 안에 자극을 받아야 활성화된다.
④ 긍정적인 강화와 보상이 반드시 필요하다.

04
크라센의 모니터 가설의 조건이 아닌 것을 고르시오.

① 충분한 시간이 있어야 한다.
② 의미보다는 형태에 초점을 맞춘다.
③ 모니터링하는 부분의 문법 규칙을 미리 알고 있어야 한다.
④ 의사소통에는 사회언어학적 요소가 첨가되어야 한다.

05
다음 습득 이론 중 생득주의 가설과 관계 없는 사항을 고르시오.

① 촘스키의 변형생성문법
② 선천적 언어 능력
③ 자극-반응 과정의 반복
④ 인간 언어의 창의성

06

중간언어가 내포하고 있는 바가 <u>아닌</u> 것을 고르시오.

① 학습자가 어느 정도 수준이며 무엇을 더 가르쳐야 하는가를 알려 준다.
② 학습자가 어떤 전략과 절차를 사용하는가를 보여 준다.
③ 학습자가 세운 가설을 검증하는 장치가 될 수 있다.
④ 학습자의 감정적 여과 장치가 어떻게 작동하고 있는지 보여 준다.

07

다음 중 통합적 동기에 해당하는 것을 고르시오.

① 시험을 잘 보면 선물을 사 주겠다고 하는 경우
② 토익 점수가 일정 이상 넘으면 회사에 취직할 수 있는 경우
③ 결혼이민자로 살면서 문화적으로 융합되기를 원하는 경우
④ 대학원 입학 자격 취득을 위해 한국어능력시험 고급에 응시하는 경우

08

언어 학습에 있어 행동주의 이론에서 가장 중요하게 생각되는 개념을 고르시오.

① 결정적 시기
② 상호 작용
③ 모방과 습관 형성
④ 동기와 태도

09

다음은 학습과 습득에 대해 설명한 것이다. 빈칸에 적절한 말로 짝지어진 것을 고르시오.

> 습득은 목표언어로 이루어지는 의미있는 상호 작용에 초점을 두는 것이다. 어린 언어 습득자는 언어를 배우고 있다는 사실을 전혀 의식하지 않고 오직 ( )을 위해 언어를 사용한다. 반대로 학습은 학습자가 ( )에 관심을 갖고, 규칙을 알아내며 일반적으로 자신의 학습과정을 알고있는 과정을 의미한다.

① 언어 지식 습득, 언어사용
② 의사소통, 언어 형태
③ 언어 구조 인식, 발화형태
④ 보편적 지식 습득, 개별화된 지식

10

중간언어 이론에서 주장하는 바와 관계 <u>없는</u> 것을 고르시오.

① 학습자들은 나름대로 체계적이고 고유한 제2언어 지식을 구성한다.
② 제2언어 습득의 창조적 측면, 즉 내재적 언어 습득 능력을 중요하게 생각한다.
③ 학습자들은 자신이 처한 언어 환경에서 언어 발달의 단계를 밟아가는 사람이다.
④ 학습자가 제2언어 학습에 문제를 일으키는 것은 일종의 실수(Mistake)다.

> **해설**
>
> 02 자극과 반응은 행동주의 이론과 관계 있는 것이다.
> 03 상호 작용주의는 제2언어의 습득 목적을 의사소통 능력으로 보고 맥락을 가장 중요하게 보았다.
> 04 모니터 가설은 학습지식이 발화를 감시한다는 것으로, 사회언어학과는 관계가 없다.
> 06 중간언어는 학습자의 언어 학습 발달 정도를 알 수 있는 것이지 학습자의 감정적 장치를 볼 수는 없다.
> 07 통합적 동기는 어떤 보상을 위해 학습하는 것이 아니다.
> 10 중간언어 이론에서는 학습자의 잘못된 문장을 실수(Mistake)가 아니라 오류(Error)로 본다.
>
> **정답** 01 ① 02 ③ 03 ① 04 ④ 05 ③ 06 ④ 07 ③ 08 ③ 09 ② 10 ④

기출문제

01

촘스키(Chomsky)의 생성문법에 관한 설명으로 옳지 않은 것은? 〔기출〕 17회 74번

① 이성적 관점에서 언어를 연구하되 엄밀한 형식적 방법을 채택하여 언어를 기술했다.
② 보편문법을 추구하였으며 어린아이의 언어 습득을 통하여 보편문법의 실재를 논증하였다.
③ 언어를 언어 능력(Competence)과 언어 수행(Performance)으로 구분하고 이 중에서 언어 수행을 연구 대상으로 삼았다.
④ 미국 구조주의 언어학의 관찰주의를 거부하고 데카르트의 합리주의를 이어받았다.

02

언어 습득에 관한 설명으로 옳지 않은 것은? 〔기출〕 18회 69번

① 스키너(Skinner)는 자극과 반응의 반복적인 습관 형성에 의한 학습을 언어 습득의 기본으로 간주하였다.
② 피아제(Piaget)는 언어 능력을 영유아의 인지적 성숙에 따라 발달하는 다양한 능력의 하나라고 간주하였다.
③ 왓슨(Watson)은 언어 습득을 가능하게 하는 핵심 요인은 인간에게 내재된 선천적 능력이라고 보았다.
④ 비고츠키(Vygotsky)는 인간의 언어는 사회적 상호 작용 속에서 발달한다고 주장하였다.

03

구조주의 언어학에 관한 설명으로 옳지 않은 것은? 　　　　　　　　　기출 19회 70번

① 촘스키의 생성문법에 영향을 미쳤다.
② 파롤(parole)은 생득적이어서 직접 관찰할 수 없는 추상적인 체계이다.
③ 언어 기호의 가치는 체계와 구조 안에서 파악된다.
④ 소쉬르는 언어 연구를 공시적 연구와 통시적 연구로 나누고, 공시적 연구가 중요함을 주장하였다.

04

오류분석 가설에 관한 설명으로 옳지 않은 것은? 　　　　　　　　　기출 19회 71번

① 오류는 학습자의 자연스런 학습 과정의 일부이다.
② 오류는 학습자가 학습 대상 언어에서 무엇을 학습해야 하는지를 말해준다.
③ 언어 간 간섭에 의한 오류는 초급 학습자들에게서 많이 나타난다.
④ 주로 듣기, 읽기와 같은 이해 영역의 오류를 관찰한다.

05

언어와 뇌에 관한 설명으로 옳지 않은 것은? 　　　　　　　　　기출 19회 75번

① 반구 편중화: 대뇌 반구의 어느 한 쪽에 고유한 기능이 형성되는 현상이다.
② 결정적 시기: 뇌의 각 부분에 중요한 역할이 부여되는 시기로 인간이 언어 기능을 갖추는 것과 결정적인 관계가 있다.
③ 베르니케 실어증: 베르니케 영역에 손상을 입은 환자에게 단어나 문장을 입 밖으로 내는 일 자체는 매우 어렵다.
④ 기능적 자기 공명 영상 기법(fMRI): 뇌신경의 활동과 관련된 혈류 반응을 측정한다.

정답 01 ③　02 ③　03 ②　04 ④　05 ③

참고문헌

- 김정렬(2002), 영어 교육론, 한국문화사
- 김진우(2002), 제2언어 습득 연구-현황과 전망, 한국문화사
- 박경자(1997), 언어 습득 연구 방법론, 고려대학교출판부
- 박상수(1987), 언어와 인지에 대한 심리언어학적 접근, 외국어연구 3, 부산외국어대학교 외국어연구소
- 박의재·정양수(2003), 새로운 영어교수법, 한신문화사
- 박현석(2002), 언어 습득 이론과 실제, 논문집 8, 대불대학교
- 박현수(2002), Build-Up 영어교수법, 박문각
- 박혜숙(2002), 의사소통능력 향상을 위한 문법지도, 영어 교육의 이해, 한국문화사
- 서갑원(1996), 언어 습득 이론의 고찰, 논문집 29, 삼척대학교
- 석희선(1998), 언어 습득과 제2언어 습득, 전주대학교출판부
- 이석형(1983), 언어 습득 이론과 외국어 교육, 어학연구 1
- 이완기(2000), 초등 영어 교육론, 문진미디어
- 이정희(2002), 한국어 학습자의 표현 오류 연구, 경희대학교 박사학위논문
- 이홍수(1998), 외국어 습득 및 교육과정론, 한국문화사
- 임병빈(1994), 영어 교육론, 형설출판사
- 장신재(1996), 영어를 어떻게 배우고 가르칠 것인가, 신아사
- 전태련(2006), 함께하는 교육학 上, 형설출판사
- 정동빈(1993), 언어 습득론: 그 이론, 기저와 실제, 한신문화사
- 정동빈(1994), 언어와 응용언어학 Ⅱ: 영어 교육론, 한신문화사
- 황종배(2004), 제2언어 습득론 개관, 경진문화사
- 황혜정(2001), 초등 영어 교육에서 입력가설 활용 방안 연구: 듣기·말하기를 중심으로, 춘천교육대학교 교육대학원 석사학위논문
- Asher, R. E. The Encyclopedia of Language and Linguistics, Pergamon
- Gass, S. M. & L. Selinker, 박의재·이정원 역(1994), 한신문화사
- Patsy M. Lightbown(2006), How Languages Are Learned, Oxford University Press
- Rod Ellis(1999), Second Language Acquisition, Oxford University Press

04 응용언어학

01 언어학의 하위분야로서의 응용언어학

1) 언어학의 정의
　언어학이란 언어와 관련한 여러 현상을 과학적인 방법으로 연구하는 학문으로서 언어의 기능과 본질, 언어의 역사, 언어의 변이, 언어와 인간의 관계 등을 연구한다.

2) 응용언어학의 정의
　응용언어학은 언어학의 성과를 다양한 실제적 상황에 적용한 학문이다. 이때의 상황은 언어 습득, 글쓰기 교육, 통번역 등 매우 다양하기 때문에 응용언어학의 범위는 매우 넓으며 그 영역도 확장되고 있다. 또한 사회학, 심리학, 인류학, 정보이론 등 인접 학문과의 학제간 연구의 성격이 강하다는 것도 이와 관련된 특징이다. 응용언어학은 언어학 이론의 실제적 활용에 중점을 두고 있다는 점에서 이론 중심의 일반언어학과 구별된다.

3) 순수언어학과 응용언어학
① **순수언어학**: 언어 그 자체에 대한 연구
　예 공시적으로 음운론·통사론·의미론, 통시적으로는 언어사·언어계통론 등
② **응용언어학**: 다른 학문과의 연계가 이루어진 경우
　예 인류언어학, 심리언어학, 사회언어학, 언어철학, 언어 교육학 등

4) 응용언어학의 연구 분야
　응용언어학의 주요 관심사는 당대의 언어 관련 문제를 해결하는 것에 있다. 주로 언어 사용과 언어 교육과 관련성이 깊다. 주된 연구 분야는 제1언어 습득, 제2언어 습득, 담화 분석, 언어 처리 과정, 언어 교육, 교육 공학, 언어 계획과 정책, 언어와 인지 관련 연구 등이다. 최근 들어서는 언어와 매체 사용, 언어와 기술, 코퍼스 등으로 다양한 학제간 연구로 그 외연이 확장되고 있다.

02 언어학의 연구 방법

언어학은 언어의 공시태와 통시태에 대해 연구한다. 공시태란 언어의 머물러 있는 모습의 상태를 뜻하고 통시태란 언어의 변화해 가는 모습을 말한다.

> **TOP-Point**
>
> ☑ **언어 연구 방법론의 두 가지**
> - 공시적 또는 통시적으로 접근하기
> - 소쉬르는 언어는 일종의 사회 현상이며, 이를 연구하는 방법으로는 공시적인 것과 통시적인 것이 있다고 하였다. 즉, 언어는 어떤 특정한 시대에 존재한다는 점에서 공시적으로, 또는 세월이 흐름에 따라 변화한다는 점에서는 통시적으로 생각할 수도 있는 구조적인 체계이다.

03 응용언어학의 종류[1]

1 심리언어학(Psycholinguistics)

1) 정의

   언어 습득과 언어 사용 시 작용하는 인간의 내재적이고 정신적인 과정을 과학적으로 연구 및 설명하려는 학문이다.

2) 연구 과제

   ① 인간 언어의 발생, 언어의 습득·처리, 언어의 상실 및 회복 등을 중심 과제로 삼는다.
   ② 신경언어학(Neurolinguistics)의 영역을 접목시켜 언어 습득이나 언어 발달의 단계 등을 두뇌의 어떤 부분에서 담당하고 통제하는지를 밝혀내고자 한다.

3) 배경

   1950년대 이후 발달된 현대언어학, 인지심리학, 인지과학을 토대로 한다.

4) 두뇌 손상으로 인한 언어장애

   언어적 장애는 말장애(Speech Disorders)와 언어장애(Language Disorders)로 구분된다.
   ① **말장애**: 말(Speech)을 하는 과정에서의 장애로, 주로 조음 기관의 문제로 생긴다. 신체적인 문제이다.

---

[1] 두산백과사전을 참고함

② 언어장애: 언어(Language)를 구상하고 이해하는 과정에서 생긴 장애로, 조음 기관은 정상이나 두뇌의 언어 인지 영역이 손상되는 경우 생긴다. 실어증은 말장애가 아니라 언어장애에 속하며, 대표적인 예로 브로카 실어증과 베르니케 실어증이 있다.

㉠ 브로카 실어증: 언어 이해력은 비교적 양호하나 구어 유창성에 문제를 보여, 느리고 힘들게 말하며, 부드럽지 못하다.
- 조사, 문법형태소, 어미 등이 문법적으로 틀리거나 아예 생략된다.
- 전보식 문장을 만들어낸다.
- 발음을 분별해서 소리 내기를 어려워하고, 한 단어 안에서 소리의 순서를 바꾸어 말하거나 틀리게 발음한다.
- 결함 부위: 좌반구 하위 전두엽 뒷부분(브로카 영역)

㉡ 베르니케 실어증: 구어 유창성에는 문제가 없지만 언어 이해력이 매우 떨어져 단어나 문장의 뜻을 이해하는 데 어려움을 보인다.
- 몸짓 언어는 이해하나 음성 대화는 이해하지 못하는 경우가 있다.
- 문법적인 기능어는 많이 나타나고 유창성도 떨어지지 않는 듯 보이지만 문장을 들어보면 내용어가 부족해서 의미 전달이 되지 않는다.
- 결함 부위: 상부 측두엽의 뒤쪽 부위(베르니케 영역)

> **TOP-Point**
>
> ✅ **전보식 문장**
> 내용은 있으나 기능어가 부족하여 전보처럼 짧고 내용어(핵심어)로만 연결되어 있는 문장
> 예 나 학교 가.

2 전산언어학(Computational Linguistics)

1) 정의

자연언어를 처리하는 데 있어서 컴퓨터는 인간보다 수리적 능력이 더욱 빠르고 정확하기 때문에 기술적 세부사항에서 컴퓨터가 인간처럼 언어를 처리할 수 있을 것이라 믿고 이를 연구하는 학문이다.

① 자연언어: 인간이 일상생활에서 의사소통을 위해 사용하는 언어
② 인공언어: 프로그램 작성 언어. 일반적인 인간의 언어와 자연언어를 대비하여 사용되는 말

2) 연구 과제

인간의 자연언어(Natural Language)를 컴퓨터로 처리할 수 있는 프로그램을 만들고자 한다. 이 분야는 인간이 자연언어를 어떻게 처리하는가를 연구하는 심리언어학(Psycholinguistics)과 밀접한 관계가 있다.

3) 배경

1950년대 미국에서 외국어를 영어로 자동 번역하려는 시도에서 시작되었다.

3 비교언어학(Comparative Linguistics)

1) 정의

서로 다른 언어나 방언이 동일 계통에서 내려왔다고 가정하여 이러한 동일 계통 언어들 사이의 유사한 의미를 지닌 단어들을 조사하고, 언어 구조를 비교하여 서로의 계통적 관계나 변천·발달 등을 연구하는 언어학의 한 분야이다.

2) 연구 과제

언어들 간의 계통적 관계와 공통 조어가 무엇인지 알아보고 그것을 재구성한다.

3) 비교언어학의 전제

① **친근성 가설**: 현재는 서로 다른 언어나 방언권에 속하더라도 서로 유사한 언어들이 있다면 이들은 고대의 어떤 공통된 조어에서 나누어진 것이다.
② **규칙성 가설**: 모든 역사적 음성변화는 규칙적이다. 따라서 그러한 언어적 변화를 거슬러 올라가다 보면 어떤 공통 조어의 모습을 찾을 수 있을 것이다.

4) 한국어의 조어

한국어는 아직 동계언어로 확인된 것이 없는 만큼 동계의 가능성을 가설로 삼아, 알타이어군으로 불리는 튀르키예어·몽골어·만주퉁구스어와 비교, 연구되고 있다.

> **TOP-Point**
>
> ☑ **조어(祖語)**
> 하나의 언어가 시간이 흐름에 따라 분열, 장기간에 걸쳐 둘 이상의 서로 다른 언어로 분화되었을 때 그 근원이 되는 언어(조상어)

4 대조언어학(Contrastive Linguistics)

1) 정의
두 개 또는 그 이상의 언어를 대조하여 그들 사이의 차이점, 공통점 등을 연구하는 언어학의 한 분야이다.

2) 연구 과제
대조언어학을 통해 목표어와 모국어의 차이점을 알게 되면 학습자의 오류 역시 예측할 수 있다고 보고, 이를 외국어 교육의 효율 증대를 위해 이를 응용·적용하는 방법을 연구한다.

3) 대조분석 가설의 근거
① 언어 사이에는 공통점과 차이점이 있다.
② 이 공통점과 차이점은 설명할 수 있는 것이다.
③ 언어 사이의 차이점이 제2언어 학습을 어렵게 만든다.

5 사회언어학(Sociolinguistics)

1) 정의
언어를 사회적 요인과 관련지어 연구하는 언어학이다.

2) 연구 과제
사회·문화적인 맥락 속에서 이루어지는 화자들의 구체적인 언어 사용을 조사, 분석함으로써 언어 변이와 사회적 요인과의 관계를 체계적으로 살핀다. 언어를 사회와 유리된 모습, 일종의 추상적인 체계로 보는 것이 아니라 언어가 사용되는 모습에 초점을 둔다.

3) 배경
1960년대에 들어서 촘스키를 중심으로 한 변형생성문법가들이 주장한 언어 지식으로는 의사소통 양상을 제대로 설명할 수 없다는 대립적 입장에서 출발하였다. 사회언어학자들은 언어가 담화 상황, 사회적 맥락 등의 요인을 반영한다고 보았고 언어 지식만으로는 이러한 맥락을 볼 수 없다고 주장하였다.

6 말뭉치 언어학(Corpus Linguistics)

1) 정의

'말뭉치(코퍼스)'란 언어 연구를 위해 텍스트를 컴퓨터가 읽을 수 있는 형태로 모아 놓은 언어 자료를 말한다. 말뭉치 언어학은 실제 언어 혹은 실제 언어의 샘플을 이용하여 언어를 연구하는 응용언어학의 한 분야이다. 초기에는 데이터 수집이 수작업으로 이루어졌으나 컴퓨터의 발달로 지금은 많이 자동화되었다.

2) 연구 과제

말뭉치를 사용하여 각종 언어학적 가설을 검증할 때 말뭉치 내에서의 빈도는 강력한 증거가 된다. 또 언어 교육에 있어서도 연어, 용례 등을 검색하여 교육적 가치를 검증할 수 있다. 또한 사전 편찬을 할 때 표제어와 예문 선정에도 도움이 된다.

3) 말뭉치의 요건[2]

데이터를 단순히 모았다고 해서 말뭉치가 되는 것은 아니다. 가치 있는 말뭉치는 다음과 같은 요건에 맞아야 한다.
① 텍스트 수집이나 입력 과정에서 원래의 내용이나 형태의 누락이 있어서는 안 된다. 즉 원형을 유지하고 있다는 보장이 필요하다.
② 언어의 다양한 변이를 담아내야 한다. 즉 언어의 특성을 잘 반영할 수 있는 구성으로 조합되어야 한다.
③ 해당 언어의 통계적 대표성을 지녀야 한다. 즉 유의미한 규모로 확보되어야 한다.

4) 한국어 말뭉치

① **연세 한국어 말뭉치**: 연세대학교 언어정보연구원에서 1960년대 이후의 한국어를 대상으로 모은 말뭉치이다. 약 4,200만 어절이 담겨 있으며, 연세 한국어사전을 만드는 데 활용되었다.
② **고려대학교 한국어 말모둠**: 고려대학교 민족문화연구소에서 1970년대부터 1990년대까지의 한국어를 대상으로 모은 말뭉치이다. 약 1,000만 어절이 담겨 있다.
③ **국립국어원 말뭉치**: 국립국어원에서 1400년대 이후의 한국어를 대상으로 모은 말뭉치이다. 약 6,800만 어절이 담겨 있으며 표준국어대사전을 만드는 데 활용되었다.
④ **세종계획 말뭉치(21세기 세종계획)**: 1998년부터 2007년까지 추진된 국어 정보화 사업인 '21세기 세종계획'의 일환으로 만들어진 말뭉치이다. 세종계획은 '국어 정보 기반 구축 사업'과 '국어 정보화 여건 조성 사업'으로 나뉘어 중장기 사업으로 진행되었다. 그중 '국어 정보 기반 구축 사업'에 속한 '국어 기초 자료 구축'이 말뭉치 구축 사업이다. 1998년부터 2006년까지 현대 국어 말뭉치 9,258만 어절, 국어 특수자료 3,288만 어절, 과거 국립국어원과 한국과학기술원의 말뭉치를 후처리한 7,500만 어절 등을 포함해 약 2억 46만 어절의 말뭉치를 구축하였다.

---

2) 서상규·한영균(1999), 국어정보학 입문, 태학사

⑤ **모두의 말뭉치**: 국립국어원은 2018년 이후 구축된 약 19억 어절 규모의 말뭉치를 2020년 8월부터 '모두의 말뭉치(corpus.korean.go.kr)'를 통해 공개하였다. 2022년 3월 기준으로 모두의 말뭉치에는 총 32종, 24억 어절의 말뭉치가 구축되어 있다.

⑥ **한국어 학습자 말뭉치**: 외국인이 한국어를 학습하면서 만들어 낸 한국어 자료를 정리한 말뭉치이다. 오류 유형이나 오류 양상을 포함해서 한국어 학습자의 한국어 사용 양상을 살펴볼 수 있는 기초 자료가 된다. 국립국어원은 2015년 기초 연구를 시작으로 2020년까지 139개국, 92개 언어권의 표본을 수집하여 약 440만 어절(원시말뭉치 기준)을 구축하였다. 이어 2차 중장기 말뭉치 구축 사업에서는 2021년부터 2025년까지 한국어 학습자의 언어권별(일본어권·영어권·베트남어권·타이어권 학습자 확대)·수준별(학문 목적 고급 학습자 확대)·자료 유형별(구어 말뭉치 확대)·주석 유형별(오류 말뭉치 확대)로 560만 어절을 추가하여 총 1,000만 어절을 달성하는 것을 목표로 한다.

04 | 실전 문제

연습 문제

01
응용언어학의 하위 범주에 들어가지 <u>않는</u> 것을 고르시오.

① 사회언어학
② 법언어학
③ 전산언어학
④ 언어계통론

02
브로카 실어증에 대한 설명으로 맞는 것을 고르시오.

① 조음 기관이 손상되었다.
② 전보식 문장을 만들어낸다.
③ 몸짓언어는 잘 이해하는 편이다.
④ 내용어가 부족한 의미 없는 말을 한다.

03
전산언어학에서 가장 관심을 두고 있는 분야는 무엇인지 고르시오.

① 언어장애
② 자연언어 처리
③ 공통조어 찾기
④ 학습자 오류 분석

해설

01 언어계통론은 다른 학문과 연계되지 않은 순수언어학이다.

02 브로카 실어증과 베르니케 실어증이 있는데, 전보식 문장을 만들어내는 것은 브로카 실어증이다. 기능어를 생략하는 경우가 많다.

정답 01 ④ 02 ② 03 ②

기출문제

01

응용언어학의 연구 분야에 관한 설명으로 옳지 않은 것은? 〔기출 17회 64번〕

① 음성 합성기를 만들기 위해 음소의 변이음이 갖는 실제 소릿값을 일일이 측정한다.
② 기계번역의 성능을 높이기 위해 통계 기반의 형태소 분석기와 구문 분석기를 개발한다.
③ 언어병리 현상이 뇌의 어느 영역과 관련되는지 알아보기 위해 기능자기공명영상법(fMRI)을 이용하여 뇌를 촬영한다.
④ 능동태와 수동태의 동일 의미를 입증하기 위해 추상적인 심층구조와 변형을 설정한다.

02

응용언어학 연구에 관한 설명으로 옳은 것을 모두 고른 것은? 〔기출 18회 72번〕

ㄱ. 개별 언어의 구조와 체계를 밝힘으로써 언어의 본질을 탐구한다.
ㄴ. 언어와 관련된 문제를 해결하고 언어 사용의 상황을 개선하는 데 중점을 둔다.
ㄷ. 언어의 변화와 역사에 대해 연구하고 언어 간 유사성을 기반으로 친족 관계를 밝힌다.
ㄹ. 언어학 이론을 현장에 적용하고, 그 결과를 반영하여 이론을 보완한다.

① ㄱ
② ㄱ, ㄷ
③ ㄴ, ㄹ
④ ㄴ, ㄷ, ㄹ

03

법언어학(forensic linguistics)의 연구 대상이 아닌 것은? 〔기출 19회 61번〕

① 음성 분석을 통한 화자 식별
② 문서 비교를 통한 저자 판별
③ 심리 분석을 통한 피의자의 범행 의도 파악
④ 발화 분석을 통한 협박죄 여부 판단

04

코퍼스에 관한 설명으로 옳지 않은 것은? 기출 19회 63번

① 병렬 코퍼스: 같은 내용의 텍스트를 둘 이상의 언어로 함께 입력하여 구축
② 균형 코퍼스: 언어 및 비언어적 의사소통을 연구하고자 오디오와 비디오 자료로 구축
③ 학습자 코퍼스: 학습자의 오류를 연구하기 위해 구축
④ 주석 코퍼스: 텍스트를 분석한 뒤 품사, 구문 구조 등에 관한 정보를 일관된 형식의 표지로 달아 구축

05

응용언어학에 관한 설명으로 옳은 것을 모두 고른 것은? 기출 19회 64번

ㄱ. 언어와 관련된 실질적이고 실용적인 문제를 해결하는 일에 관련된다.
ㄴ. 인접 학문과 함께 학제 간 연구의 성격을 띤다.
ㄷ. 종종 이론언어학과 대비되는 분야로 인식된다.
ㄹ. 언어학 이론을 현장에 적용하고, 그 결과를 반영하여 이론을 보완한다.

① ㄱ, ㄴ   ② ㄱ, ㄷ, ㄹ   ③ ㄴ, ㄷ, ㄹ   ④ ㄱ, ㄴ, ㄷ, ㄹ

정답 01 ④ 02 ③ 03 ③ 04 ② 05 ④

참고문헌

- 강면윤(2003), 언어와 세계-초보 언어학 산책, 한신문화사
- 강범모(2005), 언어: 풀어쓴 언어학개론, 한국문화사
- 노진서, 고현아 역(2009), 율이 들려주는 언어학 강의, G. Yule(2006), The Study of Language, 케임브리지
- 송향근 외(2006), 언어의 신비, 부산외국어대학교출판부
- 이승연(2021), 한국어 교육을 위한 응용언어학개론, 태학사
- 국립국어원 20년사 https://www.korean.go.kr/niklintro2/20years05_04_01.jsp
- 모두의 말뭉치 https://corpus.korean.go.kr

05 사회언어학

01 사회언어학의 기본 개념

1) 정의
언어와 사회적 요인이 불가분의 관계에 있다고 전제하고 언어를 사회적 요인과 관련지어 연구하는 언어학이다. 사회·문화적인 맥락 속에서 이루어지는 화자들의 구체적인 언어 사용을 조사·분석함으로써 사회적 요인과 언어와의 관계를 체계적으로 살핀다.

2) 연구 과제
① 언어 자료를 수집하여 양적인 정보를 통계적 방법으로 언어의 사회적 분포 등을 분석한다. 이때 언어 변이 등에 초점을 두어 언어 변이와 사회적 요인과의 관계를 살펴본다.
② 언어 사용이 갖는 사회적 기능을 찾아내고 언어 사용자들의 언어 행위를 관찰하여 사례를 수집, 분석한다.
③ 언어 사용이나 언어 태도를 분석하여 사회학적인 의미를 찾는다. 사회 방언의 분포를 파악하고 사례를 수집하고 분석한다.

3) 배경
1960년대에 들어서 이전의 촘스키를 중심으로 한 변형생성문법가들의 추상적인 언어 연구를 비판하면서 발전하였다. 언어 연구에서 사회적인 맥락을 중시하여야 한다고 주장하고 인간의 언어 사용을 사회활동, 또는 문화활동의 하나로 보기 시작하였으며, 라보프(William Labov)에 의해 독자적인 학문으로 구축되었다.

4) 특징
① 응용언어학의 한 분야로 1970년대에 들어서면서 언어의 사용과 사회적 상황의 관계에 관심을 갖고 등장하였다.
② 1970년대에 촘스키가 정의한 언어 능력(Linguistic Competence)이 사회문화적 맥락을 전혀 고려하지 않았다는 점을 비판하면서 발전하였다. 사회언어학은 언어 능력이 아닌 의사소통 능력(Communicative Competence)에 관심을 기울였다.
③ 언어를 사회와 유리된 추상적인 체계가 아니라 사회 속에서 일어나는 실제 언어 수행으로 보았다.

TOP-Point

☑ 언어 능력과 의사소통 능력

언어 능력이 언어 자체에 대한 지식이라면 의사소통 능력은 대화 맥락 안에서 언어의 사용을 말한다. 사회언어학은 1960년대에 들어서 노암 촘스키를 중심으로 한 변형생성문법가들의 추상적인 언어 연구에 대립적인 입장에서 출발하였다. 추상적 언어 연구는 언어 능력(Linguistic Competence), 즉 머릿속에 들어있는 언어에 대한 지식적 차원의 문제이기 때문에 사회적 맥락은 전혀 고려하지 않았다. 그러나 이와는 대조적으로 사회언어학자들은 사회적 맥락을 고려하는 의사소통 능력에 관심을 기울였다.

02 응용 학문으로서의 언어사회학, 사회언어학, 구조사회언어학

라보프(William Labov, 1969)는 사회적 상황이야말로 언어 행위를 결정하는 가장 중요한 요소라고 주장하였고, 하임즈(Hymes, 1974)는 라보프의 주장을 바탕으로 사회언어학의 분야를 언어사회학, 사회언어학, 구조사회언어학으로 나누었다.

TOP-Point

☑ 윌리엄 라보프(William Labov)

사회언어학에 변이 연구 방법론을 정립한 미국의 언어학자이며 사회언어학의 태두로 간주된다. 라보프는 언어 구조 연구는 반드시 언어공동체의 사회적 맥락 속에서 이루어져야 한다고 생각하였고, 이러한 라보프의 생각을 바탕으로 사회언어학이라는 새로운 학문이 시작되었다.

☑ 뉴욕 음운 변이 연구

라보프는 뉴욕 동부 저지대 주민들과의 인터뷰로 계층에 따른 음운 변이를 연구하였다. 그는 녹음 과정에서 주민들이 특정 발음을 하게끔 유도하는 질문을 던져 인터뷰를 진행하였다. 이 연구의 목적은 다음과 같은 것이었다.

- 사회적 계급에 따라 특정 발음을 어떻게 발음하는가를 조사한다.
- 반복적으로 발음을 유도하여 발음이 어떻게 교정되는가를 조사한다.
- 전체 발음 횟수 중에서 표준 발음을 한 비율을 퍼센트(%)로 나타낸다.
- 음운 변이 기준
  - r 지수: r 발음의 유무
  - th 지수: th가 [t] / [tθ] / [θ] 중 어느 발음으로 나는가
  - dh 지수: th가 [d] / [ðd] / [ð] 중 어느 발음으로 나는가

- 결론
  - 상위 계층으로 갈수록 표준 발음을 한다.
  - 좀 더 격식 있는 대화로 갈수록 표준 발음을 한다.
  - 격식 있는 대화로 가면 중상류층이 상류층보다 의식적으로 발음을 더 명확하게 하려는 경향이 있다. 이것을 라보프는 과잉 교정(Hypercorrection)이라 부르고 이는 중상류층의 상류 지향성을 나타낸다고 설명하였다.

1) 언어사회학

사회 구조와 언어 구조의 관련성, 언어 전달의 효율성, 공통어 및 이중언어 사용 따위의 언어 정책 문제를 연구하는 학문이다. 언어 현상을 인간의 사회적 활동과 관련시켜 연구하는 학문 분야로서 언어학이라기보다는 사회학의 한 분야이다.

예 언어변천, 언어 민족주의, 언어정책 등

2) 사회언어학

언어가 사회적 요인에 의하여 어떻게 변이되어 나타나는가를 다루는 학문으로 언어의 변이를 일으키는 사회적 요인에는 사회 계층, 연령, 성별, 직업 등이 있다. 언어를 사회적 요인과 관련지어 연구하는 언어학이다.

예1 지역 방언과 사회 방언, 높임법(대우법) 등
예2 발화행위가 일어난 사회적 상황 등이 음운, 어휘형태, 통사구조에 미치는 영향 등

3) 구조사회언어학

사회학이나 언어학을 보완하는 관점이 아니라 언어가 사회적 요인에 의해 바뀌는 것을 바탕으로 맥락에 따른 언어의 재구조화를 연구하였다.

예 발화장면(Speech Setting), 발화사례(Speech Event), 발화행위(Speech Act)

03 연구 분야

1) 언어 표현의 사회적 의미(Social Meaning)

언어 표현 안에 들어있는 함축, 은유, 상대방에 대한 대우 관계 등을 연구한다.

예 담배를 꺼 달라는 의미를 전달하기 위해 다음과 같이 함축, 은유, 대우 관계가 포함된 다양한 언어 표현이 있을 수 있다.
- 담배 좀 끄세요.
- 담배 좀 꺼 주세요.
- 담배 좀 꺼 주시겠습니까?
- 담배 좀 꺼 주시면 안될까요?

- 여기는 금연석입니다.
- 담배 연기 때문에 괴롭군요.
- 저기 '금연'이라는 글자가 안 보이세요?
- 담배 연기 때문에 도대체 숨을 쉴 수가 없어요.

2) 언어의 사회적 기능

① **표출적 기능**: 말하는 이의 감정을 표출하는 표현(감탄 표현 등)으로서 말하는 이의 의도가 특별히 나타나지 않는다. 표출적 기능은 청자에게 어떤 의미를 전달하려는 목적이 아니라 무의식적으로 나타나는 것이다.

예 어머!
  휴우!

② **지시적 기능(표현 및 전달 기능)**: 말하는 이가 듣는 이에게 정보나 감정 등 특정 내용을 알려 주는 기능으로, 객관적인 정보를 전달하거나 말하는 이의 주관적인 생각 또는 감정을 전달하는 기능이다.

예 이 컴퓨터는 팔십만 원입니다. (객관적 정보 전달)
  그 영화는 재미가 없다. (주관적 생각 전달)

③ **지령적 기능**: 일종의 지령으로서 듣는 이가 어떤 특정한 행동이나 반응을 하도록 유도한다. 직접적 발화와 간접적 발화가 있다.

예1 직접적 발화: 교실에서는 조용히 하세요.
  간접적 발화: 교실은 모두가 공부하는 곳입니다. (교실에서는 조용히 하세요)
예2 직접적 발화: 아기에게 이것을 먹이세요.
  간접적 발화: 현명한 부모는 아이에게 이런 것을 먹입니다. (광고: 아기에게 이것을 먹이세요)

④ **사교적 기능(친교적 기능)**: 친교적 기능이라고도 할 수 있으며 말하는 이가 듣는 이와 사교적인 관계를 유지하기 위해 사용한다. 언어의 의미보다는 발화 상황이 더 중시된다. 원만한 사회 생활을 하기 위해 필요한 말들이며, 인사말 등이 대표적인 예이다.

예 안녕하세요?
  나중에 차라도 한잔 해요.

⑤ **미적 기능(시적 기능)**: 언어를 아름답게 쓰려는 것으로 일반 담화보다는 문학 작품에서 많이 찾아볼 수 있는 표현이다. 때로는 비문법적인 것도 문학적으로는 허용되는 경우도 있다.

예 엄마야 누나야 강변 살자. (김소월의 '엄마야 누나야')
  내가 그의 이름을 불러주기 전에는 그는 다만 하나의 몸짓에 지나지 않았다. (김춘수의 '꽃')

⑥ **메타언어적 기능(주해적 기능)**: 메타언어라는 것은 다른 언어를 기술하거나 분석하는 데 쓰는 언어를 말한다. 예를 들어 영어 문법을 한국어로 설명하는 경우에, 한국어를 메타언어라고 할 수 있다. 이처럼 언어와 언어의 관계를 통해 새로운 지식을 습득하고 체계화하는 기능을 메타언어적 기능이라고 한다.

예 한국어의 '물'이라는 단어는 영어로 'Water'이다.
  → 위 예문은 '물'과 'Water'의 관계를 보여주면서, 새로운 말(지식)의 습득을 돕는다.

⑦ 보존 기능: 보존 기능은 주로 문자 언어에서 더욱 효과적으로 수행되는 기능이다. 언어를 통해 지식과 정보를 보존·축적하는 기능인데, 문자 언어나 음성 언어 모두 가능하지만 시간과 공간을 초월하여 정보 및 지식을 기록하는 데는 문자 언어가 훨씬 효과적이다. 이러한 언어의 보존 기능으로 문화가 발전한다.

예1 음성 언어: 입에서 입으로 전해지는 구비문학
예2 문자 언어: 인쇄되어 전해지는 책

3) 언어의 용인성(Acceptability)

어떤 언어(발화문)가 그 사회에서 받아들여지는지 아닌지의 여부는 발화 상황에 달려있다. 따라서 사회적 맥락, 화용론적인 입장에서 담화 상황과 관련지어 언어가 어떻게 용인되는지(Acceptability)를 연구하는 것도 사회언어학의 주제이다.

4) 언어의 자유변이형(Free Variant)

사회적 맥락을 고려해보면 의미 전달은 단순히 하나의 문장으로만 제시되는 것이 아니라 맥락에 따라 수많은 문장이 만들어질 수 있다. 이를 언어의 자유변이형이라고 한다. 사회언어학은 이러한 자유변이형의 양상을 연구한다.

예 문을 닫아 달라는 의미를 전달하는 다양한 자유변이형 문장
- 문 닫으세요.
- 문이 열려 있네.
- 좀 춥지 않아요?
- 문 좀 닫아 주세요.
- 문 좀 닫아 주시겠어요?
- 문을 열어 놔서 그런지 찬바람이 들어오네.

5) 의사소통 능력(Communicative Competence)

앞서 말한 것처럼 단순히 언어 지식이 아닌 진정한 의사소통 능력의 본질을 연구하고 기술하기 위해 사회언어학은 순수언어학의 관점을 넘어서 사회언어학적 규칙을 찾아 이를 체계화하는 것에 목적을 둔다. 예전에는 의사소통 능력에 언어적 능력만 포함되었으나 최근에는 전략적 능력, 사회언어학적 능력, 심리적 기제 등이 의사소통 능력에 포함된다.

6) 다언어국가와 관련된 현상 중요

다민족 사회 또는 다문화 사회에서는 자연히 언어의 다양한 양상이 나타난다. 다음은 사회언어학의 관점에서 본 다양한 언어 현상인데 공통적으로 인간의 사회적 활동과 관련된 특질을 가진다.

① 다이글로시아(Diglossia)

한 언어 사회에서 한 언어의 두 가지 형태가 사용되는 현상이다. 일반적으로 다이글로시아 상태의 두 형태는 사회적 지위가 다르고 사용되는 장소와 상황도 비교적 명확하게 나누

어진다. 다이글로시아 중 고급 변종(H-Variety)은 저급 변종(L-Variety)에 비해 그 사회에서 더 오래 사용되거나 고전적인 언어이며 고급 문화와 관련된 언어이다. 교육을 통해 습득되는 경우가 많다. 저급 변종(L-Variety)은 그 사회의 토착어인 경우가 많으며 일상 대화나 전래 동화 등의 언어 상황에서 사용된다.

예 파라과이에서 스페인어는 고급 변종, 과라니어는 저급 변종이다.
　　스위스의 특정 도시에서는 표준 독일어가 고급 변종, 스위스·독일어가 저급 변종이다.

② 링구아 프랑카(Lingua Franca)

국제회의나 기구에서 공식적으로 쓰는 언어이다. 의사소통의 문제를 해결하기 위해 설정한 언어로 특히 모국어가 서로 다른 사람들이 의사소통을 위해 사용한다.

예 영어: 국제회의, 국제기구에서 널리 쓰인다.

③ 피진(Pidgin)

피진어는 공통된 언어가 없는 집단 사이의 의사전달 수단으로 생겨난다. 즉, 친밀하지 않은 상대방과 오로지 의사소통을 하기 위해서 생겨난 것이다. 지리상의 발견 이래 세계 각국에서 발생했으며 현재도 멜라네시아제도와 중국 연안 등지에서 사용된다. 영어 'Business' 가 중국식으로 발음되어 피진(Pidgin)이 되었다고 한다. 현대 사회에 피진어가 많지 않은 것은 사회 집단 또는 나라 사이의 관계가 긴밀해지면서 서로 간의 통용 가능한 언어(예를 들어 영어와 같은 국제어)를 배울 수 있기 때문이다. 대신 두 개의 언어가 섞여서 된 보조적 언어로 '피진 잉글리시' 등은 존재한다. 이는 자연언어 둘 이상이 혼합되어 발전된 언어 형태로, 흔히 서유럽 언어를 바탕으로 어휘 수를 크게 줄이고 문법을 단순화한 언어이다. 주로 상거래에 사용되며 문법이 간략화되고 어휘가 극도로 제한된다.

④ 크리올(Creole)

피진어를 쓰는 부모를 둔 피진 2세대 자녀들이 피진어를 모국어로 받아들이게 되는 경우, 부모의 피진어와는 다른 체계의 언어를 사용하게 된다. 이러한 언어를 '크리올어'라고 한다. 다시 말해, 피진어가 한 민족의 모국어로 확립되면 '크리올어'가 된다. 크리올어는 피진 1세대의 간략하고 제한된 형식의 피진과는 다르게 문법적 체계와 형식을 갖는다.

⑤ 에스페란토어(Esperanto)

국제적인 의사소통의 문제를 해결하기 위해 만들어진 공용어이다. 일종의 국제보조어이다. 폴란드인 자멘호프가 1887년에 공표하여 사용하게 된 국제보조어로서 주로 인도유럽어족에 속한 여러 언어에 기초를 두고 고안되어 그 언어들이 가진 철자, 문법, 조어법상의 불규칙성을 배제하고 창안해낸 것으로 총 28개의 자모가 있다.

7) 지역 방언과 사회 방언

① 지역 방언

지역 방언은 지역 집단에 따른 언어 변이이다. 교통과 통신이 발달하기 전에는 지역 방언의 차이가 컸으나 근대화 이후 그 차이가 줄어들고 있다. 방언은 언어의 역사뿐 아니라 해당 언어권의 문화와 가치관을 반영한다. 방언 연구에서는 주로 현장조사와 통신조사로 자료를 수집하고 이를 바탕으로 방언 지도 등을 만든다.

중부방언(경기·충남·충북·강원·황해), 서남방언(전남·전북), 서북방언(평남·평북), 동남방언(경남·경북), 동북방언(함남·함북), 제주도방언(제주) 등 대체로 6개의 대단위 방언으로 나뉜다.

② 사회 방언

사회 방언은 사회집단에 따른 언어 변이이다. 사회 방언을 형성하는 요인은 계층, 세대, 성별 등이다. 계급방언이라고도 하며 집단별로 다르게 나타날 수 있다. 예를 들어 군대에서 쓰는 용어는 일반사회에서 쓰는 말과 다른 것들이 있는데 이는 지역과는 상관없는 것이다. 사람은 자신이 속한 사회조직 또는 그 구성원에게서 언어적 영향을 받는다는 것을 전제로 연구한다.

> **TOP-Point**
>
> ☑ **방언**
> - 한 언어에서 사용 지역 또는 사회 계층에 따라 분화된 말의 체계이다.
> - 흔히 사투리라 부르는 것으로 지역이나 사회적 계층에 따라 차이를 보이는 한 언어의 분화체이다. 전자를 지역적 방언, 후자를 사회적 방언(또는 계층적 방언)이라 하는데 좁은 의미로 방언은 지역적 방언만을 가리킨다.

8) 상황에 따른 언어 변이

상황이나 맥락에 따라 동일한 사람이 서로 다른 형태의 언어 표현을 쓰는 경우를 말한다. 상황에 따른 언어 변이에는 격식성, 매체, 사회적 분야 등이 영향을 끼친다. 격식성의 경우 화자와 청자의 관계가 사적인지, 공적인지에 따라 언어 변이가 나타난다. 매체의 경우 음성과 문자의 차이, 또는 매체가 전달하는 특별한 언어사용 환경에 따라 언어 변이가 나타난다. 예를 들어 편지로 메시지를 전할 때와 구두로 메시지를 전달할 때 사용하는 언어가 다르다. 사회적 분야에 따라서도 언어 변이가 나타날 수 있다. 정치 분야나 스포츠 분야 등 분야별로 선호하는 어휘가 있다.

TOP-Point

☑ **공손 전략**
- 공손: 상대방의 체면을 올려주는 행위
- 공손법: 화자가 청자에 대한 존대의 태도를 언어적으로 표현하는 경어법

  체면은 일반적으로 공적인 이미지, 긍정적인 이미지를 갖는다. 상대방(청자)이 획득하려고 하는 체면(이미지)이 있을 때 화자가 그것을 가능하게 하는 언어 행위를 한다면 화자의 언어 행위는 공손한 언어 행위가 된다.

  예를 들어, 상대방(청자)이 남들보다 똑똑한 이미지를 획득하기를 바라는 경우, 화자가 "정말 놀라운 아이디어네요."라고 말해주면 상대방이 원하는 이미지를 화자가 진술해 줌으로써 상대방의 체면을 올려주는 공손한 언어 행위가 된다. 사회적으로 어떤 체면을 중요하게 생각하느냐에 따라 공손과 관련된 언어 행위도 변화할 수 있다.

04 한국어에서의 사회언어학

1) 시대별 주요 연구 대상

① 1960년대부터 1970년대까지

　은어, 비속어, 궁중 용어, 여성어, 우상집단의 특수어, 금기어와 길조어, 직업어, 경어법 등이 주요 연구 대상이었다.

② 1980년대 이후 오늘날까지

　남성어와 여성어의 차이, 연령별 언어 특성, 사회 계층별 언어 특성, 한국인의 언어 태도, 욕설, 호칭어, 금기어, 경어법, 통신 언어, 광고 언어, 담화 분석, 매체 언어 등 매우 다양해졌다.

③ 최근

　거시적인 사회언어학적 연구도 활발해지면서 다른 언어들과의 접촉, 남북한 언어 이질화 문제, 한자어의 사용 문제, 언어정책 등에 대한 연구 등으로 외연이 넓어지고 있다.

2) 한국어의 높임법(대우법) 연구

　사회적 맥락을 고려해 볼 때 한국어에서 가장 두드러지게 나타나는 언어적 특징은 높임법(대우법)이다. 따라서 한국에서 사회언어학의 주된 주제는 1970년대부터 높임법에 관련된 것이었는데, 통사나 구조 중심의 순수국어학적인 관점을 벗어나 사회언어학적인 맥락을 고려한 다양한 연구가 계속되었다. 한국어의 높임법은 크게 주체 높임법, 객체 높임법, 상대 높임법으로 나눌 수 있다.

① **주체 높임법** 중요
㉠ 문장의 주어가 지시하는 대상에 대하여 화자가 높임의 태도를 표현한다.
㉡ 주로 높임 선어말 어미 '-(으)시-'를 연결하여 표시한다.
㉢ 주체의 신체 일부를 지칭할 경우는 높임을 해도 무방하나 소유물은 높임을 표시하지 않는다.
  예1 할머니께서 진지를 드십니다.
  예2 선생님께서 나를 부르셨다.
  예3 아버지의 시계가 멋지다. (○)
      아버지의 시계가 멋지시다. (×)
  예4 할머니께서는 아직도 귀가 밝으시다.

② **객체 높임법** 중요
㉠ 문장에서 주체 인물과의 대비되는 객체 인물에 대해 높임의 태도를 표현한다.
㉡ 주체의 겸양형태: '저, 소자, 소인, 드리다, 바치다, 여쭈다, 모시다' 등이 겸양형태에서 쓰인다.
  예1 제가 한 말씀 드리겠습니다.
  예2 내일 또 뵙겠습니다.
㉢ 객체의 존대형태: '댁, 연세, 진지, -님, 께' 등이 존대형태에서 쓰인다.
  예1 아버님 연세가 어떻게 되시는지요?
  예2 사장님 말씀이 있겠습니다.

③ **상대 높임법** 중요
㉠ 청자 높임법이라고도 하며 듣는 사람에 대해 높임의 태도를 표현한다.
㉡ 듣는 이에 대한 말하는 이의 경의 표시의 정도에 따라 서술어의 종결 어미가 '해라체'에서 '하십시오체'까지 다양하게 변화한다.
㉢ 어형 변화는 보통 아래와 같이 여섯 가지로 분류된다.
  • 해라체: 학교에 간다. / 학교에 가니? / 학교에 가라.
  • 해체: 학교에 가. / 학교에 가? / 학교에 가.
  • 하게체: 학교에 가네. / 학교에 가나? / 학교에 가게.
  • 하오체: 학교에 가오. / 학교에 가오? / 학교에 가오.
  • 해요체: 학교에 가요. / 학교에 가요? / 학교에 가세요.
  • 하십시오체: 학교에 갑니다. / 학교에 갑니까? / 학교에 가십시오.

05 실전 문제

연습 문제

01
다음 중 발화의 의미가 나머지와 다른 하나를 고르시오.

① 담배 좀 끄세요.
② 여기는 금연석입니다.
③ 담배 연기 때문에 괴롭군요.
④ 담배는 기호 식품입니다.

02
다음은 언어의 사회적 기능 중 무엇에 속하는지 고르시오.

> 엄마야 누나야 강변살자
> 뜰에는 반짝이는 금모래빛

① 표출적 기능
② 미적 기능
③ 보존 기능
④ 메타언어적 기능

03
다음은 언어의 사회적 기능 중 무엇에 속하는지 고르시오.

> 아유, 깜짝이야!

① 표출적 기능　② 지시적 기능
③ 지령적 기능　④ 사교적 기능

04
다음 중 언어의 사교적 의미로 쓰일 수 없는 발화를 고르시오.

① 안녕하세요?
② 식사 하셨어요?
③ 다음에 술 한잔 합시다.
④ 어제 전화 왜 안 받으셨어요?

05
다음 중 해라체에 속하는 것을 고르시오.

① 집에 간다.　② 집에 가.
③ 집에 가네.　④ 집에 가오.

06
다음 설명에 해당하는 언어 현상이 무엇인지 고르시오.

> 국제적인 의사소통의 문제를 해결하기 위해 만들어진 공용어로 폴란드인 자멘호프가 1887년에 공표하여 사용하게 된 국제보조어이다. 주로 인도유럽어족에 속한 여러 언어에 기초를 두고 고안되어 그 언어들이 가진 철자, 문법, 조어법상의 불규칙성을 배제하고 창안해낸 것으로 28개의 자모가 있다.

① 피진어 ② 크리올어
③ 에스페란토어 ④ 링구아 프랑카

07
다음 설명에 해당하는 언어 현상이 무엇인지 고르시오.

- 두 개의 언어가 섞여서 된 보조적 언어
- 자연언어 둘 이상이 혼합되어 발전된 언어 형태로서 흔히 서유럽 언어를 바탕으로, 어휘 수를 크게 줄이고 문법을 단순화한 언어
- 주로 상거래에 사용되며 문법이 간략화되고 어휘가 극도로 제한된 영어

① 피진어 ② 크리올어
③ 에스페란토어 ④ 링구아 프랑카

08
다음 중 주체의 겸양형태를 나타내는 단어가 아닌 것을 고르시오.

① 소자 ② 저
③ 드리다 ④ 주무시다

09
어느 사회 집단에서 쓰는 말이 다른 집단이 쓰는 말과 다르게 분화된 경우가 있다. 예를 들어 군대에서 쓰는 용어는 다른 집단에서 쓰는 말과 다르다. 이와 같은 경우 언어 현상 중 무엇과 가장 관련 있는지 고르시오.

① 공용어 ② 지역 방언
③ 사회 방언 ④ 에스페란토어

10
다음 자유변이형 문장 중 간접적으로 의미를 표현하고 있는 문장을 고르시오.

① 창문 좀 닫자.
② 창문 좀 닫아 주겠어요?
③ 창문 좀 닫아 주시겠습니까?
④ 밖이 좀 시끄러운데 창문을 닫으면 어떨까요?

해설

01 ①·②·③의 경우 모두 담배를 꺼 달라는 의미를 가진다.
02 문학에서 종종 나타나는 언어의 기능으로서 언어를 아름답게 쓰려는 미적 기능이다.
03 말하는 사람의 의도가 없이 감정을 표현하는 표출적 기능이다.
05 '가다'에 대한 해라체의 예로는 '간다', '가니?', '가라' 등이 있다.
08 '주무시다'는 주체 겸양이 아니라 주체를 높이는 것이다.

정답 01 ④ 02 ② 03 ① 04 ④ 05 ① 06 ③ 07 ①
08 ④ 09 ③ 10 ④

기출문제

01

사회언어학의 연구 대상이 아닌 것은?   기출 17회 77번

① 모음의 통시적 변화 양상
② 연령에 따른 신조어 사용 양상
③ 언어 접경 지역의 어휘 변이 양상
④ 표준어 사용자의 지역 방언에 대한 인식 양상

02

양층언어(diglossia)에 관한 설명으로 옳지 않은 것은?   기출 18회 80번

① 인도의 산스크리트어와 힌디어는 용도에 차이가 있다.
② 고전 라틴어는 사어가 되었지만 구어 라틴어는 이탈리아어, 프랑스어, 스페인어 등으로 발달하였다.
③ 아이티(Haiti)에서는 상위어인 스페인어와 하위어인 아이티 크레올(Haiti creole)이 쓰인다.
④ 이집트의 아랍어에는 코란을 읽고 쓰는 데 사용되는 아랍어와 일상생활에 사용되는 아랍어가 있다.

03

사회언어학의 연구 대상이 아닌 것은?   기출 19회 78번

① 영국의 상류 계층과 노동 계층 간 발음의 차이
② 남녀 성별 차이에 따른 상대높임법 실현의 차이
③ 한국어와 영어에서 주어, 목적어 등의 문법 관계 실현의 차이
④ 아프리카계 미국인 영어의 억양상 특색과 특이한 발음

04

다음에 사용된 제2언어 습득 자료 수집 방법에 관한 설명으로 옳지 않은 것은?

> 〈상황〉
>
> 당신은 작은 선물 가게에서 일한다. 당신이 창고에 있을 때, 손님이 가게에 들어왔음을 알리는 종소리를 듣게 된다. 당신은 전화를 하고 있기 때문에 당장 손님을 맞으러 갈 수 없다. 가능한 빨리 전화를 끊고 곧바로 손님을 맞으러 나간다.
>
> 이 상황에서 당신(판매원)은 손님에게 무엇이라고 말하겠습니까?
> 당신: _____

① 문법성 판단 테스트의 예이다.
② 중간언어 화용론 분야에서 사용한다.
③ 응답자의 모국어에 따른 한국어 화행 실현 양상을 연구할 수 있다.
④ 대화자들 간의 권력 관계, 사회적 거리와 화행 실현 부담의 정도를 고려하여 상황을 설계할 수 있다.

05

학습자 언어에 관한 설명으로 옳지 않은 것은?

① 목표어다운 사용: 학습자가 목표어를 사용할 때 필수적으로 사용해야 하는 특정 문법자질을 문맥에서 정확하게 사용하는 것
② 체계적 변이: 학습자가 목표어의 특정 자질의 한 형태를 특정한 경우에만 사용하고 다른 형태는 다른 특정한 경우에만 사용하는 규칙성을 보이는 것
③ 재구조화: 통제된 노력이 요구되던 철자들이 자동화됨에 따라 언어 지식뿐만 아니라 언어 기술 사용 전략에도 질적 변화가 발생하는 것
④ 안정화: 학습자의 중간언어 발달이 일시적으로 중지된 상태

정답 01 ① 02 ③ 03 ③ 04 ① 05 ①

참고문헌

- 강범모(2005), 언어: 풀어쓴 언어학개론, 한국문화사
- 국립국어원(2003), 바른국어생활, 국립국어원
- 권재일(1997), 한국어 통사론, 민음사
- 김방한(1992), 언어학의 이해, 민음사
- 김태엽(1999), 우리말의 높임법 연구, 대구대학교출판부
- 남기심·이정민·이홍배(1988), 언어학개론, 탑출판사
- 문화관광부(2004), 우리말 우리글 바로쓰기, 문화관광부
- 박금자 외(2003), 언어예절, 한국방송통신대학교출판부
- 박성문(2001), 재미있는 사회언어학, 보고사
- 박영순(1976), 국어 경어법의 사회언어학적 연구, 국어국문학, 국어국문학회
- 박영순(2001), 한국어의 사회언어학, 한국문화사
- 서정수(1989), 존대법의 연구, 한신문화사
- 성기철(1985), 현대 국어 대우법 연구, 개문사
- 성기철(1991), 국어 경어법의 일반적 특징, 새국어생활, 국립국어원
- 이익섭(1974), 국어 경어법의 체계화 문제, 국어학 2, 국어학회
- 이익섭 외(1999), 국어 문법론 강의, 두산동아
- 이익섭(2000), 사회언어학, 민음사
- 이정복(2008), 한국어 경어법에 대한 새로운 접근, 한국어 경어법, 힘과 거리의 미학, 소통
- 한국사회언어학회(2002), 문화와 의사소통의 사회언어학, 한국문화사
- 고려대학교 한국어교사 양성과정 강의안(2002), 고려대학교 국제어학원
- 연세대학교 한국어교사 연수과정 강의안(2001), 연세대학교 언어연구교육원 한국어교사연수소
- 국립국어원 표준국어대사전 https://stdict.korean.go.kr
- 두산백과사전 엔사이버 http://www.encyber.com
- 위키백과 한국어판 http://ko.wikipedia.org

교육은 우리 자신의 무지를 점차 발견해 가는 과정이다.

− 윌 듀란트 −

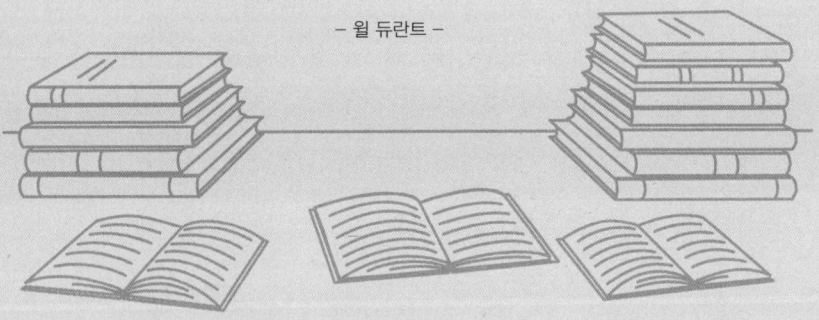

셋째 마당

외국어로서의 한국어 교육론

01 한국어 교육학개론
02 한국어 교육과정론
03 한국어 평가론
04 언어교수이론
05 한국어 표현 교육론(말하기, 쓰기)
06 한국어 이해 교육론(듣기, 읽기)
07 한국어 발음 교육론
08 한국어 문법 교육론
09 한국어 어휘 교육론
10 한국어 교재론
11 한국 문화 교육론
12 교안 작성법과 실제

외국어로서의 한국어 교육론과 교안 작성법

외국어로서의 한국어 교육론은 네 영역 중 가장 다양한 교과를 포함하고 있습니다. 또한 한국어 교육 현장에서 실질적으로 쓸 수 있는 지식을 가장 많이 담고 있는 영역이라고도 할 수 있습니다. 그러나 교육론 관련 분야는 서로 겹치는 내용이 많기 때문에 시험을 준비하는 과정에서 무심코 넘어가기 쉬운 영역이기 때문에 주의가 필요합니다. 교육론 관련 분야들(표현 교육론, 이해 교육론, 발음 교육론, 문법 교육론, 어휘 교육론, 문화 교육론)은 공통적인 교육학 관련 내용을 바탕으로 각각의 특징을 덧붙이는 방식으로 공부하면 이해하기가 훨씬 쉽습니다.

또한 교육학개론과 교육과정론, 언어교수이론은 앞서 나온 언어학과도 접목되어 출제되는 경우가 많으니 영역이 다르더라도 언어학의 줄기를 이해하면서 봐야 합니다. 언어학에서 제시되는 용어를 그대로 쓰는 문제가 많고 특히 언어교수이론 분야는 매년 비슷한 유형으로 출제되고 있으니 완벽히 숙지하시기 바랍니다. 이 영역은 양은 많지만 평이한 내용이니 반복해서 보며 익히시기 바랍니다.

교안 작성법은 한국어교육능력검정시험의 유일한 주관식 문제인 교안 작성을 대비하는 부분입니다. 교안 작성 문제는 시험의 당락을 좌우할 만큼 중요한 문제로 12점이 배점되어 있습니다. 교안 작성은 기본적으로 하나의 틀을 바탕으로 하기 때문에 본 대비서에서는 기본 형식을 익혀 연습할 수 있도록 제시했습니다. 연습 없이 눈으로만 익히겠다는 생각으로 공부하시면 시험 당일에 생각 외로 교안이 전혀 생각나지 않는 경우가 종종 있으니 눈으로만 보지 마시고 반드시 직접 예시 문제를 가지고 교안을 작성해 보시기 바랍니다.

01 한국어 교육학개론

01 한국어 교육의 개념

　한국어 교육의 목표는 외국인과 해외 동포의 한국어 활용과 구사 능력을 증진하는 데 있다. 반면, 국어 교육의 목표는 내국인을 대상으로 국어의 올바른 표현과 이해를 위해 체계적인 국어 지식을 갖추는 것이다. 한국어 교육에서는 언어적인 지식 습득 자체보다 그 지식을 활용하는 언어 활동에 더 초점을 맞춘다. 이런 관점에서 보면 학습자의 학습 목표에 따라 기대되는 언어 활동이 다르다. 일반 목적 학습자와 학문 목적 학습자, 직업 목적 학습자에게 기대되는 언어 활동도 달라지는 것이 그 예이다. 그렇기 때문에 학습자 변인에 따라 세부적 교육 목표나 교육 방법 역시 달라진다.

　한국어 교육은 모어 화자를 대상으로 이루어지는 것이 아니라는 점에서 국어 교육과 두드러진 차이를 보인다. 한국어 모어 화자가 아닌 학습자를 대상으로 하기 때문에 한국어를 배우는 과정은 모어에서 이루어지는 자연스러운 습득(Acquisition)이 아니라 의식적으로 이루어지는 학습(Learning)의 과정에 가깝다. 특히 한국어 교육은 대부분 성인 학습자라는 점에서 의식적인 학습의 특성을 많이 가진다.

　한국어 교육은 규범적 문법뿐만 아니라 학습자가 노출된 환경에서 학습자에게 입력되는 실제 자료로서의 언어에 관심을 두고 언어 지식을 교육학적 관점에서 위계화하거나 보다 효율적인 교수 방법을 모색하는 데 초점을 둔다. 언어 기능별 교육은 이해 교육(듣기, 읽기)과 표현 교육(말하기, 쓰기)으로 구분한다. 교육과정은 한국어 교재론, 한국어 평가론, 한국어 교수법 등으로 세분화한다. 교재론이나 평가론에서는 언어 지식을 기능별(듣기, 읽기, 말하기, 쓰기)로 다루고, 학습자 변인 등을 고려하여 교재 구성의 원리를 제시한다. 또한 언어교수이론을 바탕으로 한국어 교육에서 적용할 수 있는 교수법 연구도 활발히 이루어지고 있다.

TOP-Point

☑ **국어 교육과 한국어 교육의 대상과 목표**

구분	대상	목표
국어 교육	한국인	국어에 관한 체계적인 지식 습득
한국어 교육	외국인, 한국어가 모어가 아닌 한국인	한국어 활용과 구사 능력 증진

☑ **국어와 한국어, 모어의 용어 구분**

국어	대내적으로 국내에 거주하는 한국인을 위한 말
한국어	대외적으로 외국인에게 한국인이 모어로 쓰는 말
모어(≒제1언어, 모국어)	태어나서 가장 처음 습득한 말

☑ **모국어와 외국어의 비교**

모국어	보통 모어와 비슷한 개념으로 쓰임. 자기 나라의 말. 주로 외국에 나가 있는 사람이 고국의 말을 이를 때 쓰는 말. 또는 여러 민족으로 이루어진 국가에서 자기 민족의 언어를 국어 또는 외국어에 상대해서 이르는 말
외국어	모어 이외의 언어를 통틀어 이르는 말

02 한국어 교육의 역사

1 한국어 교육의 시작(1950년대~1970년대)

1950년대에 선교단체인 재단법인 프란치스코회 부설 한국어 교육 학원이었던 '명도원'에서 외국인 선교사를 대상으로 한국어 교육이 시작되었다. 이후 1959년 연세대학교 한국어학당을 비롯하여 1963년 서울대학교 어학연구소(현 언어교육원) 등 대학교를 중심으로 한국어 교육이 시작되었다. 백봉자(2001)에서는 선교사를 비롯한 외국인의 요구와 필요에 의해 이루어지던 한국어 교육이 한국인에 의해 이루어지기 시작했다는 점에서 연세대학교 한국어학당의 설립 의의를 강조하였다.

2 한국어 교육의 발전(1980년대~1990년대)

한국 경제가 급속도로 성장하면서 한국과 한국 문화, 한국어가 주목받게 된 시기이다. 특히 1988년 서울올림픽을 기점으로 1990년대에 한국어 교육의 양적 성장이 이루어졌다. 이때 한국어 교육기관이 급증하게 되는데 고려대학교(1986), 이화여자대학교(1988), 서강대학교(1990) 등에서 한국어 교육이 시작되었고 1993년 이후 경희대학교, 성균관대학교, 한양대학교 등 대학 부설 어학기관에서 잇달아 한국어 교육이 이루어지기 시작하였다.

1990년대 후반부터 정부 주도의 대규모의 한국어 세계화 사업이 시작되면서 한국어 교육은 더욱 활발해졌다. 한국어 교육이 실시된 정부 관련 단체로는 재외동포재단, 한국국제교류재단, 한국국제협력단, 국립국어원, 한국교육과정평가원, 유네스코 한국위원회 등이 있다(김중섭, 2001).

이 시기에 대학에서는 한국어 교육기관뿐 아니라 급증하는 한국어 강사 수요에 맞추어 한국어 교원양성과정도 개설되기 시작하였다. 그리고 한국어 교육을 학문적인 대상으로 보기 시작하면서 한국어 교육 관련 학회가 만들어지고 한국어 교육 관련 학과들이 개설되기 시작한 것도 이때이다.

또한 1997년에 한국학술진흥재단 주관으로 '한국어능력시험'이 첫 실시되었다.[1] 이 시험은 한국어 능력을 등급별로 표준화하면서 한국어를 모국어로 하지 않는 재외동포, 외국인의 한국어 학습 방향 제시 및 한국어 보급 확대를 도모하는 데 의의가 있다.

3 한국어 교육의 성장(2000년대~현재)

2000년대 이후부터 한국어 교육 환경은 더욱 다양해졌다. 학습자 집단이 다양해지면서 한국어를 배우는 목적도 다양해졌고 학습자의 요구에 따라 교육과정과 교재의 다양화가 활발하게 이루어진 시기이다. 또한 대학원에 한국어 교육 관련 학과가 많아지면서 한국어 교육 관련 연구도 급증하였고, 일반 한국어 학습자뿐만 아니라 한국 대학에서 유학하기를 희망하는 학문 목적 한국어 학습자도 증가하였다. 그리고 국내외 한국 기업체 및 공공기관 취업 희망자 등이 늘면서 한국어능력시험(TOPIK) 응시자가 급증하였다.[2] 한국어 학습자의 많은 부분을 차지하는 중국인 언어연수생이 급증하였는데, 이는 중국의 경제성장과 유학 열기, 한류 열풍 등 2000년대 이후의 경제적·사회적 변수와도 관련이 있다.

조항록(2005)은 한국어 교육계 내부 역량의 강화, 국가 사회적 관심과 지원의 증대에 힘입어 한국어 교육이 이때 강하게 상승하였다고 보았다. 백봉자(2001) 역시 2001년을 한국어 교육의 도약 시기로 보고 있는데, 이는 교재를 비롯한 한국어 교육에 관한 사업이 개인 차원이 아니라 국가와 단체에서 시도되면서 그 결과물도 과거의 수준을 훨씬 뛰어넘기 때문이라고 보고 있다.

---

1) 이후 1999년에 주관기관이 한국교육과정평가원으로, 2011년에 국립국제교육원으로 바뀌었다.
2) 2014년에 한국어능력시험 개편이 확정되어 2014년 35회 시험(7월 20일)부터 시험 체제가 개편되었다.

구분	개편 전		개편 후	
시험 등급	한국어능력시험 초급 (1~2급)		한국어능력시험 I (1~2급)	
	한국어능력시험 중급 (3~4급)		한국어능력시험 II (3~6급)	
	한국어능력시험 고급 (5~6급)			
평가 영역	한국어능력시험		한국어능력시험 I	한국어능력시험 II
	• 어휘 및 문법(30문항) • 쓰기(서답형 4~6문항, 선택형 10문항) • 듣기(30문항) • 읽기(30문항) ※ 초·중·고급 동일		• 듣기(30문항) • 읽기(40문항)	• 듣기(50문항) • 쓰기(4문항) • 읽기(50문항)
총 문항 수	초·중·고급 각 104~106문항		70문항	104문항
	312~318문항		174문항	
배점(시험 시간)	초·중·고급 각 400점 (각 180분)		200점 (100분)	300점 (180분)
합격 기준	• 사전 공지된 등급 분할점수로 등급 판정 • 영역별 최저득점 요구 과락제도		• 획득한 총 점수에 따른 인정 등급 판정 • 영역별 최저득점 요구 과락제도 폐지	

출처: TOPIK 한국어능력시험(www.topik.go.kr)

☑ **외국인 유학생 유치 강화 정책(스터디 코리아 프로젝트)**
외국인 유학생 유치 강화 정책은 고등교육 서비스 산업 확대 및 인재 유치 차원에서 신흥 국가 출신의 유학생 유치가 필요하다는 점, 국내 환경에 있어서 유학수지 적자, 저출산에 따른 학령인구 급감, 생산가능인구 감소 추세에 대비한 우수 외국인 유학생 및 외국 인력 유치 노력이 필요한 상황, 마지막으로 국가 및 대학 경쟁력 제고를 위해서 우수 유학생 유치가 긴요한 상황인 점을 배경으로 추진되었다. 2023년까지 20만 명 외국인 유학생 유치를 목표로 하였다. 정책과제로는 대학의 유학생 유치·관리 역량의 강화, 우수 지방대 유학생 유치, 유학생 유치 지원 및 기반 구축 등이 있다.

대학의 유학생 유치·관리 역량 강화	우수 지방대 유학생 유치	유학생 유치 지원 및 기반 구축
• 유학생 맞춤형 특화 교육과정 개설 및 운영 • 국내 외국인 유학생 수요 흡수 • 유학생 취업 및 동문 관리 지원 • 해외 한국어교육 및 유학 정보 제공 확대	• 지방대 특성화 사업을 통한 유학생 유치 • 정부초청장학생 지방대 선발 트랙 • 아세안 우수 이공계 대학생 초청 • 유학생 서비스 센터 및 연합 기숙사 건립	• 기업에 외국인 구직자 추천 시 유학생 형제·자매 등 정보 제공 • 재외한국학교 외국인 입학 허용 • 해외 유학홍보 강화 • 국립국제교육원 기능 재조정 • 우리나라 대학의 국제화 기반 확충

☑ **유학생 교육경쟁력 제고 방안(Study Korea 300K Project)**
외국인 유학생 유치 강화 정책의 하나로 2027년까지 유학생 30만 명을 유치하여 세계 10대 유학 강국으로의 도약을 목표로 삼고 있다. 해외인재특화형 교육국제화특구 지정, 해외 한국어 교육원에 유학생 유치 센터 설치 및 운영, 교육국제화역량 인증제, 학사운영 제도 등 규제 개선으로 유학생 유치 활동을 지원할 예정이다. 더불어 지역맞춤형 전략과 정부초청장학생(GKS; Global Korea Scholarship) 사업 확대, 해외 연구자의 국내 유치를 위한 재정지원 확대 등을 통해 첨단·신산업 분야 선도 전략으로 각 분야에 필요한 유학생을 유치할 계획이다.

교육부의 대표적인 외국인 유학생 유치 강화 정책인 '스터디 코리아 프로젝트(Study Korea Project)'는 국내 대학의 외국인 유학생 유치에 큰 기여를 한 것으로 평가된다. 2004년 12월에 발표된 이 정책은 2004년 10월 당시 외국인 유학생 수 16,832명을 2010년까지 5만 명으로 늘리겠다는 내용을 골자로 한 것으로 다양한 외국인 유학생 지원 정책을 제시하였다. 조항록(2005)은 이 정책이 국내 대학(특히 지방대학)의 신입생 부족 현상, 중국 내의 외국 유학 분위기와 맞물려 국내 대학 진학 외국인 학생의 급증을 가져왔으며 양적 증가와 함께 한국어 교육 발전에 기여하였다고 평가하였다.

또한 이 시기에 대학 진학을 목표로 하는 학문 목적 한국어 학습자 이외에도 이주배경 청소년이나 결혼이민자, 직업 목적 한국어 학습자도 늘어나면서 대학 외 기관에서의 한국어 교육도 활발하게 이루어지기 시작하였다.

이렇게 2000년대 후반부터 한국어 세계화 정책의 추진과 한류의 확산, 한국에 유학을 희망하는 학습 수요가 급증하면서 한국어 교육은 점차 확대되었다. 2007년에 설립된 세종학당은 현재 250개소 이상으로 확대됐고, 세종학당 수강생 수도 지난해 12만 명, 누적 70만 명을 돌파했다.

베트남, 인도, 프랑스, 태국, 인도네시아 등 현지 정규 교육과정에서 한국어를 외국어 과목으로 채택하거나 대학 시험 과목으로 채택하는 경우도 늘고 있다.

또한 정부는 지속적인 한국어 세계화 추진을 위해 디지털 기술을 활용한 한국어 학습을 활발히 개발하고 있다. 2023년부터 '메타버스 세종학당'이 운영되고 있으며 온라인 세종학당을 통한 수준별-유형별 실시간 화상 강의와 대화형 학습이 가능한 다양한 앱 개발 등도 계속 진행되고 있다.

> **참고**
>
> ☑ **한국어 교육의 역사에 대한 백봉자(2001)와 민현식(2005)의 시대 구분**
> - 백봉자(2001)
>   ① 1단계(초창기, 1959~1975): 한국의 경제적 안정이 이루어지기 전 시기로 선교 목적의 한국어 교육이 많았으며 대학에서는 연세대학교 한국어학당이 처음으로 설립된 시기
>   ② 2단계(변화기, 1976~1988): 한국의 경제적 성장이 이루어지던 시기로 학습자의 국적이 다양해지고 학습자 수가 늘기 시작함
>   ③ 3단계(발전기, 1989~2000): 올림픽의 성공적 개최와 무역량의 급증으로 각광을 받던 시기로 학습자의 양적 증가와 학습 동기의 다양화가 이루어졌음. 한국어 교육을 학문 영역으로 보기 시작하면서 대학과 대학원에 한국어 교육 관련 학과가 설립됨
>   ④ 4단계(도약기, 2001~현재): 한국어 학습자의 증가와 함께 한국어 교육에 대한 연구 인력과 교수 인력이 확보되어 가고 있음
> - 민현식(2005)
>   ① 전통 교육기(고대~1860년대): 중국 명나라의 '회동관', 일본 쓰시마의 '한어사' 등에서 한국어 교육이 이루어지기 시작함
>   ② 근대 교육기(1870년대~1945년 광복 이전): 일본의 식민 지배 시대를 겪으면서 침략도구로서의 한국어 교육이 이루어짐. 서구의 선교 목적 한국어 교육과 일제의 침략 목적의 한국어 교육이 주를 이룸
>   ③ 현재 교육기(1945년 광복 후~현재)
>   - 준비기(광복 후~1970년대): 연세대학교 한국어학당의 설립과 함께 본격적인 한국어 교육이 시작됨. 미국의 하와이대학교와 일본의 덴리대학교에도 한국어 교육이 시작된 시기
>   - 발전기(1980년대~1989년): 한국어 교육 관련 학회가 창립되고 많은 대학에서 한국어 교육기관이 설립됨
>   - 성장기(1990년대~현재): 학습자 수의 급증과 함께 대학에 한국어 교육과정이 생기기 시작, 정부 주도의 한국어보급사업(1998~2005) 등이 이루어짐

03 한국어 교육의 현황

1 국내 한국어 교육의 현황

1) 대학 부설기관의 한국어 교육

국내의 한국어 교육은 대부분 대학 부설기관에서 이루어지고 있다. 다소의 차이는 있으나 대학 부설기관에서 운영되는 한국어 교육과정은 주로 1학기 10주를 기준으로 1일 3~4시간 수업으로 총 200시간 내로 운영되고 있다.

보통 한 학급의 정원은 15명 내외이며 학습자의 수준은 보통 1급에서 6급까지로 나누어 운영하는데, 1급은 한국어에 대한 지식이 전혀 없는 학습자를 대상으로 한다. 고급 과정인 6급 이후에는 학교에 따라 '대학 준비반' 등의 이름으로 학문 목적 학습자를 위한 수업을 운영하기도 한다. 수업은 말하기, 듣기, 쓰기, 읽기 등을 모두 다루는 형태의 수업이 대부분이며 학습자들의 연령은 대부분 고졸 이상의 학습자이다. 또한 과정별, 수준별, 기간별 특성에 따라 단기 연수 프로그램이 열리는 경우가 있으며 이는 기관에 따라 다양하다.

2) 대학 외 기관의 한국어 교육

대학 진학을 목표로 하는 학문 목적 한국어 학습자 이외에도 이주배경 청소년이나 결혼이민자의 수가 늘면서 그들을 대상으로 법무부와 여성가족부 등에서 주관하는 한국어 교육 관련 프로그램도 증가했는데 대표적으로 다음과 같은 프로그램들이 있다.

① 법무부에서 실시하고 있는 사회통합프로그램
② 여성가족부에서 지정을 받아 운영되고 있는 다문화가족지원센터에서 실시하고 있는 집합 교육과 방문 교육
③ 이주배경 청소년[3]을 대상으로 실시하고 있는 한국어 교육 프로그램
④ 체류 외국인을 대상으로 서울시에서 운영하고 있는 각 지역 글로벌센터에서 실시하고 있는 한국어 교육 프로그램

---

3) '이주배경 청소년'이란 자신 혹은 부모 세대가 이주를 경험한 청소년 세대를 말한다. 북한 이탈주민 자녀, 국제결혼 가정이나 외국인근로자 가정의 자녀, 중도입국 청소년 등이 이에 해당한다.

TOP-Point

■ **사회통합프로그램(KIIP; Korea Immigration & Integration Program)[4]**
- 도입 취지
  - 이민자가 우리말과 우리 문화를 빨리 익히도록 함에 따라 국민과의 원활한 의사소통으로 지역사회에 쉽게 융화될 수 있도록 지원
  - 재한외국인에 대한 각종 지원정책을 사회통합프로그램(KIIP)으로 표준화하고 이를 이수한 이민자에게는 국적취득 필기시험 면제 등 다양한 인센티브를 제공하여 자발적이고 적극적인 참여 기회 부여
  - 이민자에게 꼭 필요하고 적절한 지원정책 개발과 세부지원 항목 발굴을 위하여 이민자의 사회적응지수를 측정, 이민자 지원정책 등에 반영
- 사회통합프로그램 이수에 대한 혜택
  - 귀화허가 신청자의 종합평가 합격 인정
  - 귀화면접심사 면제
  - 한국이민영주적격과정(5단계 기본) 이상 이수 시 기본소양능력 충족 인정
  - 그 외 체류자격 변경 및 사증 발급 시 혜택
  - 기타 체류허가 관련 혜택(시간제 취업, 체류기간 연장 특례 등)
- 교육과정

구분 \ 단계	0단계	1단계	2단계	3단계	4단계	5단계	
과정	한국어와 한국 문화					한국 사회 이해	
	기초	초급1	초급2	중급1	중급2	기본	심화
이수 시간	15시간	100시간	100시간	100시간	100시간	70시간	30시간
사전평가	구술 3점미만 (지필점수 무관)	3~20점	21~40점	41~60점	61~80점	81~100점	

■ **다문화가족지원센터[5]**
- 집합 교육 및 가정방문을 통해 한국어 교육, 다문화가족 통합 교육 및 개인·가족상담 등을 제공하여 한국 사회 조기적응 및 사회·경제적 자립지원을 돕는다.
- 시군구별 결혼이민자 수, 지역특성(도농비율) 등을 고려하여 시도 및 시군구에서 지정하여 운영 중이며 지역별 현황은 다음과 같다.

■ **다문화가족지원센터 지역별 현황(2024년 기준, 단위: 개소 수)**

서울	부산	대구	인천	광주	대전	울산	세종	경기
26	14	8	9	5	5	5	1	31

강원	충북	충남	전북	전남	경북	경남	제주	계
18	12	15	14	22	24	19	2	230

---

4) 사회통합정보망(http://www.socinet.go.kr) 참고
5) 다누리(https://www.liveinkorea.kr)

- 주요 서비스
  ① 한국어 교육: 수준별 정규 한국어 교육(1~4단계, 각 100시간) 및 진학반, 취업대비반 등 지역별 특성에 따른 심화 과정(특별반) 운영
  ② 통역·번역: 베트남어, 중국어, 영어, 타갈로그어, 몽골어, 태국어, 러시아어, 인도네시아어, 캄보디아어, 일본어, 네팔어 등 센터별 1~4개 언어로 통역·번역 서비스 지원
  ③ 상담 및 사례관리: 심리검사, 법률상담, 위기가족 긴급지원, 외부상담기관 연계 등 다문화가족 구성원 간 관계 증진을 위한 상담 및 사례관리 서비스 제공
  ④ 결혼이민자 대상 사회 적응 교육, 취업 교육 지원: 취업기초 소양 교육, 취업훈련전문기관(새일센터, 워크넷 등) 연계, 소비자·경제 교육, 다문화 이해 교육, 자조모임 등
  ⑤ 가족 교육: 부부 교육, 가족관계 향상 프로그램, 부모 역할 교육, 부부갈등해결 프로그램 등 교육 프로그램 운영
  ⑥ 다문화가족 자녀 언어 발달 지원: 다문화가족 자녀의 언어 발달을 위한 언어 발달정도 평가, 언어 교육, 부모 상담 및 교육 방법 안내 등 서비스 제공
     - 이용대상: 만 12세 이하 다문화가족 자녀
     - 장소: 1회(6개월) 원칙
  ⑦ 방문 교육(자녀생활): 독서코칭, 숙제지도 등 자녀생활서비스 제공
     - 이용대상: 만3세~만12세 이하 다문화가족 자녀, 중도입국 자녀
     - 지원기간: 1회(10개월) 원칙
     - 비용: 소득기준에 따라 무료 또는 차등 부담(2014.10.1.부터 소득기준별 본인부담금 적용)
  ⑧ 다문화가족 이중언어 환경조성: 가정 내 이중언어 사용을 위한 인식개선 교육 및 부모·자녀 상호작용(놀이, 동화·동요 등의 활용방법) 코칭 서비스 등 제공

2 국외 한국어 교육의 현황

1) 미국에서의 한국어 교육

1997년부터는 미국 대학 수학능력 시험인 SAT(Scholastic Aptitude Test)의 선택 과목 SATⅡ에 한국어가 포함되었다. 미 정부기관 주관의 국방외국어대학(DLI)과 외무연수원(FSI), 국가안전보장국(NSA) 등에서 한국어 교육 프로그램이 활발하게 진행되고 있다.

2) 일본에서의 한국어 교육

교포 중심의 한국학교를 중심으로 한국어 수업이 진행되고 있다. 도쿄(1897년, 현재 도쿄외국어대학교), 오사카(1921년, 현재 오사카대학교 외국어학부), 나라(1925년, 현재 천리대학교)의 일부 대학에 한국어 관련 학과가 설치되어 본격적인 한국어 교육이 시작되었다.

3) 중국에서의 한국어 교육

중국에는 지역에 따라 조선족 학교 등 한국어로 수업이 진행되는 학교가 있으며, 초·중등 교육에서 대학 교육까지 한국어로만 수업이 진행되는 민족 학교(연변)가 있다. 1980년도 후반 이후 한국어 교육이 급부상하면서 최근에는 50여 개의 대학에 한국어과가 설치되었다. 한국으로의 유학, 취직 등의 기회가 많아지면서 한국어에 대한 관심이 크게 증가하고 있다.

4) 유럽에서의 한국어 교육

주로 한글학교에서 한국어 교육이 실시되고 있다. 영국, 프랑스, 독일의 일부 대학에 한국어·한국학 전공이 소수 개설되어 이루어지고 있다. 독일에서는 1964년 보쿰 대학, 1980년대에 튀빙엔 대학 등에 한국학과가 개설되었다. 프랑스의 경우는 대표적으로 파리7대학에 한국학과가 있으며, 극동국립대학, 모스크바언어대학 등에도 한국학과가 운영되고 있다. 그 외에 보르도 3대학, 라 로셀 대학 등에서 한국어 강의를 개설하였다.

5) 호주에서의 한국어 교육

1980년에 호주국립대학에 한국어 과정이 개설되면서 본격적으로 한국어 교육이 시작되었다. 대학 입학시험에 한국어가 선택 과목으로 채택되었다.

6) 동남아시아에서의 한국어 교육

1980년대 중반 한국과 동남아시아 국가 사이의 다양한 경제 협력이 시작되면서 동남아시아의 여러 나라에서 한국어 교육이 시작되었다. 이후 동남아시아에서는 한국과의 경제 협력뿐만 아니라 한류의 확산, 한국 정부의 고용허가제 실시와 세종학당의 양적 확산 등을 바탕으로 한국어 학습 수요가 급증하게 되었다.

태국은 2005년 고용허가제 실시 대상 국가로 지정된 이후 한국어 교육이 빠르게 성장하였다. 2008년부터는 고등학교에서 한국어 교육이 실시되었다. 이후 2018년에는 한국어가 태국 대학입학시험(PAT)의 제2외국어 과목으로 채택되었다.

인도네시아에서는 2013년에 한국어를 고교 정규과목으로 채택하였으며, 2020년에는 약 15개의 대학과 40여 개의 고등학교에서 한국어 교육이 실시되었다.

베트남에서는 현재 모두 30여 곳이 넘는 대학에 한국어과가 신설되어 있다. 베트남에서는 인도네시아, 태국과 마찬가지로 2005년 이후 한류의 확산과 고용허가제의 실시로 한국어에 대한 수요가 증가하였다. 2010년 이후에는 고등학교 졸업생들의 한국어 학습 수요도 늘어 2019년에는 고등학교에서 한국어를 정규과목으로 채택하였다.

> TOP-Point

☑ **세종학당**

'세종학당'은 외국어 또는 제2언어로서 한국어를 배우고자 하는 자를 대상으로 한국어와 한국 문화를 알리고 교육하는 기관이다. 나이, 학력, 직업 등에 관계없이 한국어를 배우고자 하는 외국인이면 누구나 세종학당에서 한국어와 한국 문화를 배울 수 있으며, 대한민국 문화체육관광부와 한국어세계화재단이 지정하고 지원하는 대표적인 한국어 교육기관이라고 할 수 있다.

'누리-세종학당'은 세종학당 운영자, 한국어 학습자와 교원을 위한 교육 관리 시스템(LMS)과 한국어 및 한국 문화 교육 관련 통합정보를 제공하는 인터넷 누리집(www.sejonghakdang.org)을 말한다.

- 목적
  - 문화 상호주의에 입각한 문화 교류 활성화
  - 외국어 또는 제2언어로서 한국어를 배우고자 하는 자를 대상으로 하는 실용 한국어 교육
  - 한국어 교육 대표 브랜드 육성 및 확산
- 개설 현황(2024년 기준): 약 60여 개국 250개소 이상으로 확대
- 지역별 현황(2024년 기준)

아메리카	유럽	아시아	아프리카	오세아니아	계
34개소	59개소	146개소	15개소	4개소	258개소

04 한국어 교육의 영역

2000년대 이후 한국어 학습자의 변인이 다양해지면서 한국어 교육의 목표도 학습자 변인에 따라 달라지기 시작하였다. 일반 목적과 특수(특정) 목적으로 나누고, 특수 목적 한국어 학습자는 다시 학문 목적, 직업 목적, 선교 목적 등으로 나눌 수 있다. 최정순(2006)의 분류도에 따라 한국어 학습자를 구분하면 다음과 같다.

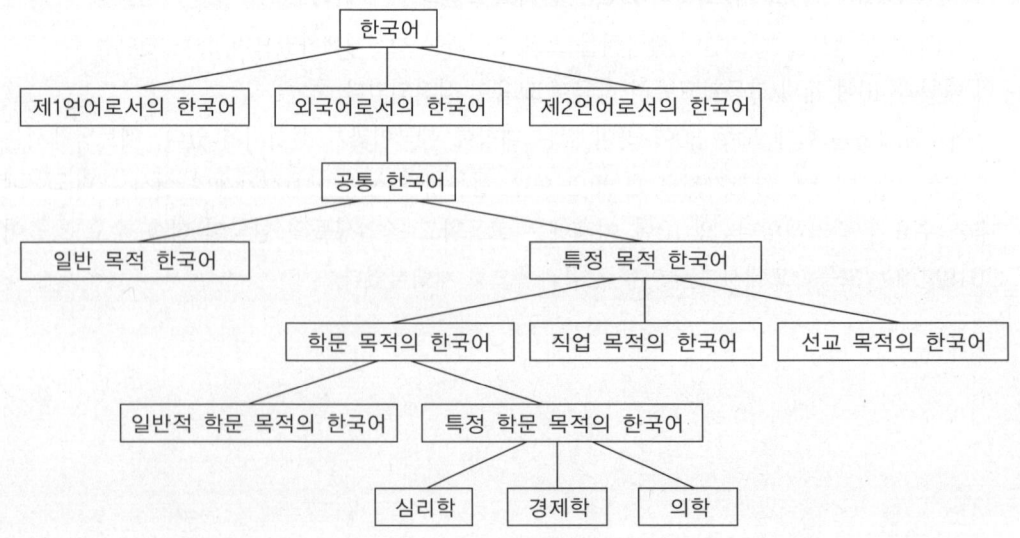

1 일반 목적 한국어 교육

1) 기본적 의사소통 능력 향상을 위한 한국어 교육

대학 부설 언어교육원 등을 중심으로 한 한국어 교육의 대부분은 한국에서 살아가는 데 필요한 기본적인 의사소통 능력을 키우는 일반 목적 한국어 교육이라 할 수 있다. 일반 목적 한국어 교육은 한국 생활에 필요한 한국어 의사소통 능력을 기르고, 한국 사회와 한국 문화를 이해하고 한국어를 이용해 친교를 나누고 필요한 정보를 교환한다. 한국어능력시험 평가 기준(1~3급)은 일상생활 영위와 관련하여 이러한 일반 목적 한국어 교육의 목표와 유사한 면이 있다.

TOP-Point

✓ 한국어능력시험 평가 기준(1~3급)

1급	• '자기 소개하기, 물건 사기, 음식 주문하기' 등 생존에 필요한 기초적인 언어 기능을 수행할 수 있으며 '자기 자신, 가족, 취미, 날씨' 등 매우 사적이고 친숙한 화제에 관련된 내용을 이해하고 표현할 수 있다. • 약 800개의 기초 어휘와 기본 문법에 대한 이해를 바탕으로 간단한 문장을 생성할 수 있다. • 간단한 생활문과 실용문을 이해하고, 구성할 수 있다.
2급	• '전화하기, 부탁하기' 등의 일상생활에 필요한 기능과 '우체국, 은행' 등의 공공시설 이용에 필요한 기능을 수행할 수 있다. • 약 1,500~2,000개의 어휘를 이용하여 사적이고 친숙한 화제에 관해 문단 단위로 이해하고 사용할 수 있다. • 공식적 상황과 비공식적 상황에서의 언어를 구분해 사용할 수 있다.
3급	• 일상생활을 영위하는 데 별 어려움을 느끼지 않으며, 다양한 공공시설의 이용과 사회적 관계 유지에 필요한 기초적 언어 기능을 수행할 수 있다. • 친숙하고 구체적인 소재는 물론, 자신에게 친숙한 사회적 소재를 문단 단위로 표현하거나 이해할 수 있다. • 문어와 구어의 기본적인 특성을 구분해서 이해하고 사용할 수 있다.

2) 다문화가족을 위한 한국어 교육

2000년 초반부터 국제결혼 가정이 많아지면서 결혼이민자와 외국인 근로자, 새터민 등을 포함하는 다문화가족의 수가 계속 증가하고 있다. 그중 많은 부분을 차지하는 결혼이민자의 경우 의사소통의 어려움으로 인한 자녀 교육 문제, 가족들과의 상호 작용 문제가 생기는데 이러한 문제들을 예방하고, 한국의 가족 문화를 알고 상황에 맞게 대처하여 생활할 수 있도록 하는 데 있어 한국어 교육이 매우 중요한 역할을 한다.

이때 이들의 기본적인 의사소통 영위를 위해 한국어 교육이 이루어지는 경우 일반 목적 한국어 교육에 해당한다. 물론 '결혼이민자'를 특정 대상으로 보고 이들을 위한 특별한 학습 목적을 세워 교육 내용을 차별화한다면 이는 특수(특정) 목적 한국어 교육의 영역이 될 것이다.

2023년 기준 국내에 체류하는 결혼이민자는 약 17만 명으로 성별로는 여성이 약 80%로 절대적 우위를 차지하고 있다.

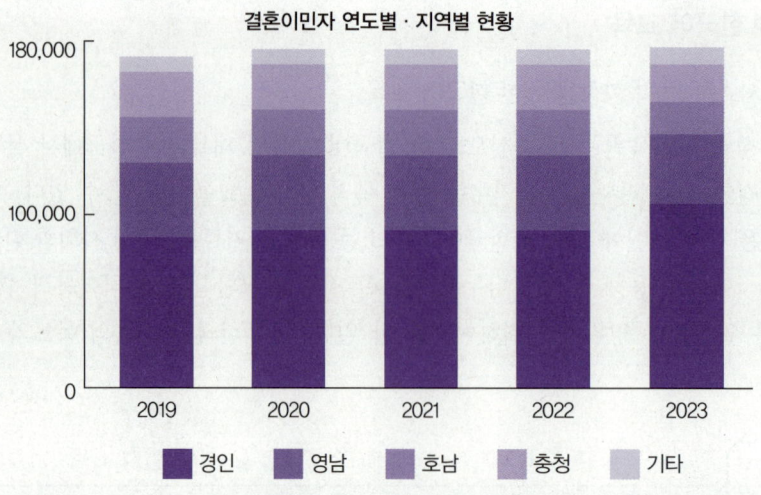

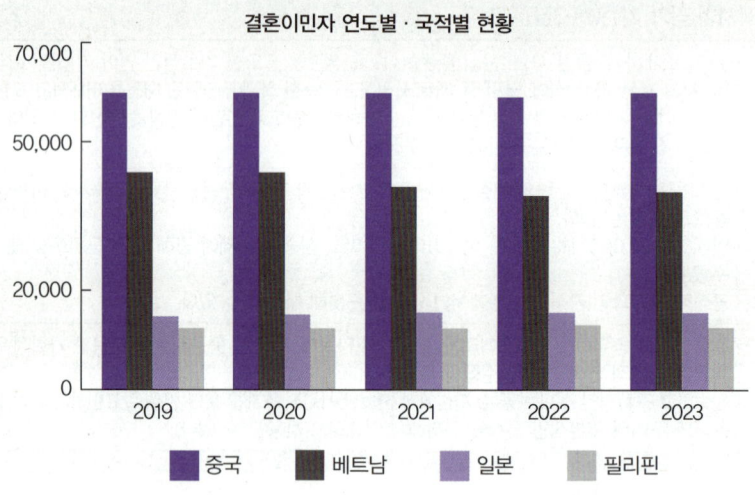

출처: 출입국 · 외국인정책 통계연보

TOP-Point

☑ 결혼 이민자의 특징(2023년 기준)
- 거주 지역별로 보면 수도권 거주자가 50% 이상을 차지한다.
- 국적별로 보면 중국, 베트남, 일본, 필리핀 순으로 많다. 중국과 베트남의 비율이 상대적으로 높다.
- 초기에는 구어 중심의 학습을 희망하나 한국 거주 기간이 길수록 문어 학습에 대한 요구가 높아진다.

2 특수 목적 한국어 교육

특수 목적 한국어 학습자는 학습자의 목적에 따라 다양하게 분류되는데, 크게 학문 목적 학습자와 직업 목적 학습자로 나뉜다. 그 밖에도 선교 목적 등 목적에 따라 세부적으로 하위 분류될 수 있다.

1) 학문 목적 한국어 학습자

학문 목적 한국어 학습자는 대학 수학이 가능할 정도의 한국어 능력을 필요로 한다. 특히 2027년까지 연간 30만 명의 유학생 유치를 목표로 하는 정부의 '스터디 코리아 프로젝트(Study Korea Project)'와 대학의 외국인 유학생 유치가 활발해지면서 한국을 찾는 유학생이 급증하였다.

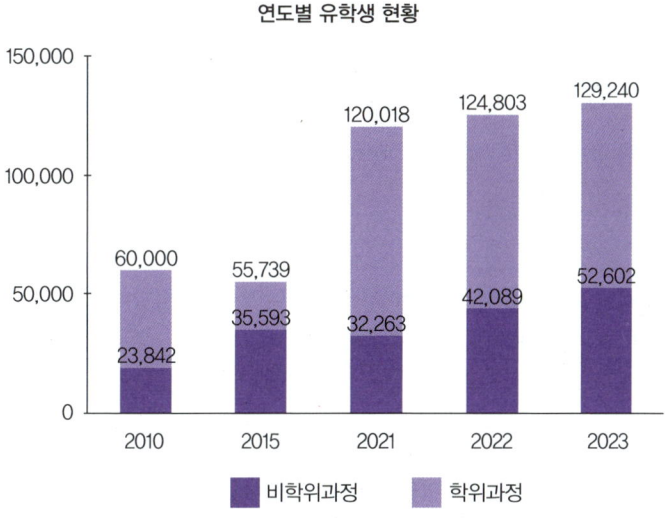

연도별 유학생 현황

구분		2010	2015	2021	2022	2023
고등 교육기관		83,842	91,332	152,281	166,892	181,842
학위과정	소계	60,000	55,739	120,018	124,803	129,240
비학위과정	전문학사	3,267	1,595	9,057	9,928	10,003
	학사	40,442	31,377	71,540	71,060	71,084
	석사	12,480	16,441	25,169	26,923	30,012
	박사	3,811	6,326	14,252	16,892	18,141
	소계	23,842	35,593	32,263	42,089	52,602
	어학연수생	17,064	22,178	23,442	27,194	37,974
	기타연수생	6,778	13,415	8,821	14,895	14,628

주1_외국 학생은 국내 고등 교육기관에 적을 두고 있는 외국 국적의 남녀 학위과정생 및 연수생임
  2_비학위과정의 기타연수생에는 교육과정공동운영생, 교환연수생, 방문연수생, 기타연수생이 포함되며, 2020년도부터 교육과정공동운영생 중 외국 대학 소속의 한국 국적 학생이 포함됨
  3_교육과정공동운영생은 2014년도부터 별도 구분되었으며, 학위과정 및 비학위과정에 관계없이 비학위과정(기타연수생)에 포함됨

출처: 교육통계서비스(https://kess.kedi.re.kr)

대학 부설 언어교육원에서 배우는 생활 한국어와 대학에서 학문 목적으로 사용하는 한국어의 경우 어휘나 문법, 담화 구성 등에서 수준 차이가 크기 때문에 학문 목적 학습자들은 진학 후 어려움을 겪을 수밖에 없다. 이러한 차이에 근거하여 학문 목적 학습자들을 위한 '학문 목적 한국어(Korean for Academic Purpose)'의 개념이 등장하게 되었다.

2) 직업 목적 한국어 학습자

취업을 위해 한국어를 학습하는 사람, 직업과 관련된 업무를 수행하기 위해 한국어를 학습하는 사람 모두 직업 목적 한국어 학습자라고 할 수 있다. 정책적으로 보면 2000년대 초부터 외국인 근로자의 고용 정책 변화가 직업 목적 한국어 교육에도 영향을 주었다.

2004년에 고용허가제가 실시되면서 고용허가제 한국어능력시험(EPS-KLT)이 실시되었다. 고용허가제 근로자는 고용허가제 한국어능력시험 성적에 따라 선발되어 국내 취업 자격을 얻는다. 취업 자격 취득 후에는 입국 전후에 한국어 교육을 받는다. 이 시험은 외국인 구직자의 한국어 구사능력 및 한국 사회에 대한 이해 정도를 평가하여 외국인 구직자 명부 작성 시 객관적 선발기준으로 활용하고 한국에 대한 기본이해를 갖춘 자의 입국을 유도하여 한국생활에서의 적응력 도모를 목적으로 한다.[6]

2010년에 외국인 고용허가제 한국어능력시험은 'EPS-KLT'에서 'EPS-TOPIK'으로 명칭이 변경되었다. 시험은 읽기와 듣기 영역으로 구성되며 각 영역당 100점씩 200점 만점으로 배점되어 있다. 평가 내용은 한국의 일상생활에 필요한 기초적인 의사소통 능력, 산업 현장에서 필요한 한국어 구사능력, 한국 기업문화에 대한 이해 등으로 구성되어 있다.

취업이 확정된 근로자는 '외국인근로자의 고용 등에 관한 법률'에 근거하여 반드시 취업 교육을 받아야 하는데, 현지에서 받는 취업 교육과 입국 후 국내에서 받는 취업 교육이 있다(박인상, 2006:10). 한국 체류 기간 동안에는 한국어 의무 교육이 없으며, 근로자가 희망하는 경우 시민단체, 지방자치단체 산하기관, 종교단체 등에서 한국어 교육을 받을 수 있다.

TOP-Point

☑ 직업 목적 한국어 학습자들을 위한 한국어 과정의 특징
- 일상적인 의사소통 목적, 직장에서의 친교 목적의 한국어 학습이 필요하다.
- 현실적으로 일주일에 10시간 이하 과정으로 이루어지는 경우가 많다.
- 수업 시간 외에는 학습을 할 수 있는 시간이 거의 없다.
- 직업 현장에서 경험할 수 있을 만한 현실성 있는 상황을 제시한다.
- 문법 형태의 지나친 강조보다는 유창성을 중시한 과제 수행이 중심이 된다.

☑ 학습자 유형별 목표

학습자 유형		학습 목표
일반 목적 학습자		• 일상생활을 영위할 수 있을 정도의 한국어 능력을 목적으로 함
특수 목적 학습자	학문 목적	• 한국의 대학교에서 수학이 가능할 정도의 언어 능력을 갖춤 • 대학에서 강의를 듣고 이해하며 학문적인 연구가 가능함
	직업 목적	• 직장에서 일어날 수 있는 다양한 상황에 대해 이해·처리할 수 있는 정도의 언어 능력을 갖춤 • 한국의 직장 문화를 알고 대처할 수 있음

---

6) 고용허가제 한국어능력시험(http://epstopik.hrdkorea.or.kr)

> ☑ **외국어로서의 한국어 교육의 특징** 중요
> - 한국어 교육은 대학 부설기관(언어교육원 등)을 중심으로 이루어지고 있다. 최근에는 다문화센터, 사회통합기관 등으로 기관이 많아지고 있다.
> - 일반 목적의 한국어 교육에서 시작하여 점차 학문 목적, 특수 목적으로 다양화되었다.
> - 민간 차원에서 성장하기 시작하여 1990년대 이후 크게 성장했다.
> - 초기에는 비전문가에 의해 교육되는 경우가 많았으나 점차 한국어 교육 관련 학과, 한국어교원양성과정 등이 개설되면서 전문화되고 있다.

05 한국어 교육의 발전 방향

1 의사소통 중심의 교육

1) 의사소통 중심 교육의 전제

① 모든 언어는 기본적으로 의사소통을 위한 도구이지 그것 자체가 목적이 되는 것이 아니다.

② 언어의 목적은 언어를 아는 것에서 끝나는 것이 아니라 사람들과의 의사소통이다.

2) 의사소통 능력(Communicative Competence)의 정의

① 촘스키(Chomsky)의 '언어 능력(Language Competence)'에 실제 발화 상황에서의 '언어 사용 능력'을 더한 개념을 '의사소통 능력'이라고 본다.

② 커넬 & 스웨인(Canale & Swain) 중요

커넬과 스웨인은 의사소통 능력의 네 가지 요소로 문법적 능력, 사회언어학적 능력, 담화적 능력, 전략적 능력을 제시하였다.

㉠ 문법적 능력: 언어학적 기호를 정확히 사용해 문법적으로 올바른 문장을 생성하는 능력

예 어휘, 단어 형성 및 문장 형성에 대한 지식을 이해하고 사용하기

㉡ 사회언어학적 능력: 언어 기능을 수행하기 위해 사회적 맥락과 담화 상황에 맞게 문법적 형태를 사용하거나 이해하는 능력

예 높임법, 억양, 방언, 격식에 맞는 표현 사용하기

㉢ 담화적 능력: 말하고자 하는 내용을 응집성 있게 조직하는 능력, 의미적 완결성과 통일성이 있는 담화를 만들어내는 능력

예 지시어, 접속사 등의 형식적 응집 장치와 내용의 결속 장치 사용하기

㉣ 전략적 능력: 의사소통의 효율성을 높이고 의사소통 장애를 막기 위해 사용하는 언어적·비언어적 전략의 사용 능력

예 우회, 반복, 풀어 말하기 등 전략 사용하기

2 과제 중심의 교육

1) 과제 중심 교육의 전제
① 언어 기능은 그것을 실제로 사용했을 때 증진된다.
② 의사소통 능력은 어휘나 문형이 아니라 과제에 초점을 맞춰야 증진된다.

2) 과제 중심 교육의 장점
학습자의 동기를 강화한다. 학생들은 본인이 필요로 하는 것을 교실에서 배우고 그것을 실생활에서 바로 쓸 수 있을 때 교실 수업에 훨씬 집중하게 된다. 과제 중심 교육은 학습자에게 분명한 목적 의식과 흥미를 유발시킨다.

> **TOP-Point**
>
> ☑ 과제(Task)의 정의
> - 실제적 연습
> - 언어의 기능적인 측면을 강조한 연습
> - 시작과 중간과 끝이 있는 독립적인 의사소통 행위
> - 의미를 중심으로 의사소통을 위해 행하는 모든 이해, 처리, 생산, 대응 활동

3 과정 중심의 교육 (중요)

1) 과정 중심 교육의 전제
결과 자체보다 학습 과정의 각 단계를 충실히 수행했을 때 학습이 효과적으로 이루어진다.

2) 과정 중심 교육의 단계
준비 단계, 본 단계, 후 단계로 이루어진다. 준비 단계에서는 학습자의 배경지식과 경험, 인지능력을 활성화시켜서 본단계에서의 학습 효율성을 높인다. 특히 성인 학습자의 경우는 준비 단계에서 성인 학습자가 가지고 있는 풍부한 배경지식을 활성화시키는 것이 텍스트의 원활한 이해와 생산에 큰 영향을 미친다.

> **TOP-Point**
>
> ☑ 스키마(Schema)
> 스키마는 학습자의 배경지식이 잘 조직되어 일정한 틀을 이루고 있는 상태를 뜻한다. 한국어 교육의 대상자는 성인인 경우가 많은데 성인은 아동에 비해 스키마가 풍부한 학습자라고 할 수 있다.

3) 과정 중심 교육의 예시

① 읽기 전 단계
- ㉠ 본격적인 읽기를 수행하기 위한 준비 단계
- ㉡ 학습자의 학습 동기를 유발하고 학습의 목적을 분명히 하는 단계
- ㉢ 사전 지식을 조성하고 사전 지식을 활성화하는 활동이 이루어지는 단계
- ㉣ 활동
    - 어휘 가르치기: 읽을 글 속의 핵심 어휘를 미리 가르쳐 줌으로써 읽기 단계에서 시간이 지체되지 않도록 한다.
    - 학습 목표 제시하기
    - 시청각 자료 활용하기
    - 글의 구조적 패턴 파악하기: 담화 표지에 대한 정보를 제공한 후 담화 표지를 찾게 하여 글의 구조 파악을 돕는다.

② 읽기 단계
- ㉠ 글의 내용을 이해하고 구조를 파악하는 단계
- ㉡ 활동
    - 스키밍: 요점을 찾기 위해 빠른 속도로 내용을 읽는 학습 활동이다.
    - 스캐닝: 특정 정보를 찾기 위해 빠른 속도로 글을 읽는 학습 활동이다.
    - 단어 의미 추측하기
    - 글의 내용 예측하기

③ 읽기 후 단계
- ㉠ 읽은 내용을 학습자의 지식, 관심, 견해 등과 관련시켜 정리하거나 강화하는 단계
- ㉡ 다른 언어 기능을 사용한 다양한 활동을 통해 학습자의 이해를 심화, 정리하는 단계
- ㉢ 활동
    - 텍스트 다시 읽기
    - 관련 글 읽기
    - 그룹 토론
    - 다른 언어 기술과의 통합: 비슷한 글을 써 보거나 글의 주제로 토론한다.

TOP-Point

☑ 담화 표지
표지는 내용의 전환, 부연, 순접, 역접, 요약 등 각 부분의 관계를 표시해 주는 어구를 말하는 것으로 예를 들면 '그리고, 그러나, 왜냐하면, 그런데, 이것, 저것, 이렇게, 이, 그, 저' 등이 있다.

4 학습자 중심의 교육

1) 학습자 중심 교육의 전제

① 학습이란 본질적으로 학습자 개인의 노력에 의해 이루어지는 것이다.
② 교사는 학습자들에게 권위적인 지도자거나 완벽한 언어 모델로서 존재하는 것이 아니라 옆에서 도움을 주는 보조자 역할을 해야 한다.
③ 수업은 학습자의 요구사항에 맞추어 진행되어야 한다.

2) 학습자 중심 교육의 특성

학습자 중심의 언어 교육은 기본적으로 학습자가 그 수업이 본인에게 유용한가를 따지고 난 후 시작된다. 따라서 학습자들이 학습 기제를 발동시킬 수 있도록 그들의 요구가 무엇인지 정확히 알고 그것을 수용하는 방향으로 수업이 이루어져야 한다. 이와 같은 이유로 학습자 중심 교육을 위해서는 먼저 학습자를 대상으로 요구조사를 시행해야 한다.

학습이 학습자에게 달려 있다는 전제는 학습자를 믿고 존중하는 데서 나오는 것이다. 그러므로 수업은 학습자가 실제로 활용할 수 있는 것 중심으로 진행되어야 하며 수업 시간에는 학습자들 간의 활발한 상호 활동이 이루어져야 한다.

01 실전 문제

연습 문제

01
한국어 교육의 특징이 <u>아닌</u> 것을 고르시오.

① 외국인과 해외동포를 대상으로 한다.
② 한국어 활용 능력 증진을 목표로 삼는다.
③ 한국어에 대해 체계적이고 정확한 지식을 갖춘다.
④ 대학교 부설기관이 주도적으로 교육한다.

02
한국어 교육기관이 급증한 시기는 언제인지 고르시오.

① 1960년대　　② 1970년대
③ 1980년대　　④ 1990년대

03
한국어 교육의 질적 성장을 보여 주는 것이 <u>아닌</u> 것을 고르시오.

① 대학원에서 한국어 교육 관련 학과가 많아졌다.
② 한국어교원 자격제도가 생기고 교원 자격이 등급화되었다.
③ 한국어 교육 전문가가 연구 전문가와 교육 전문가로 분화되었다.
④ 결혼이민자나 근로자를 대상으로 하는 한국어 봉사 활동이 많아졌다.

04
2000년대 이후 한국어 교육의 현황에 대해 맞는 것을 고르시오.

① 학습자 요구에 따라 교육과정의 다양화가 일어났다.
② 외국인 선교사 대상의 한국어 교육이 시작되었다.
③ 한국어 교육을 하는 대학 부설기관이 처음 생겨났다.
④ 대학에서 한국어교원양성과정을 개설하기 시작하였다.

05
학문 목적 한국어 학습자에 대한 설명으로 <u>틀린</u> 것을 고르시오.

① 정부가 주도적으로 유학생을 유치하려 하고 있다.
② 글로벌 시대를 맞이하여 유학생을 환영하는 분위기가 생겨났다.
③ 현재 유학생 국적 비율을 보면 일본이 제일 높다.
④ 일반 목적 한국어 학습자 이상의 한국어 수준을 요한다.

06

다음의 학습 목표를 세워야 하는 한국어 학습자 집단은 누구인지 고르시오.

> 의사소통의 어려움으로 인한 자녀 교육 문제, 가족들과의 상호 작용 문제가 생길 수 있고 한국의 가족 문화에 대처하는 법을 알아야 한다.

① 외국인 대학생
② 외국인 근로자
③ 외국인 선교사
④ 외국인 결혼이민자

07

외국어로서의 한국어 교육의 특징이 <u>아닌</u> 것을 고르시오.

① 대학의 부설기관을 중심으로 민간 주도로 시작되었다.
② 일반 목적으로 시작하여 점차 특수 목적으로 다양화되고 있다.
③ 외국어 교육 이론을 바탕으로 한국어 교육의 고유성을 더해나가고 있다.
④ 정부 주도 차원에서 시작하여 1990년대 이후 크게 성장하였다.

08

과정 중심 교수법으로 읽기 수업을 할 때 읽기 전 단계에서 할 수 있는 것은 무엇인지 고르시오.

① 어휘 가르치기
② 관련 글 읽기
③ 글의 구조 파악하기
④ 그룹 토론하기

해설

01 체계적이고 정확한 지식은 한국인을 상대로 하는 국어 교육과 관련있는 것이다. 한국어 교육은 외국인을 대상으로 한국어 활용과 의사소통을 목적으로 한다.
03 결혼이민자나 근로자 대상은 한국어 교육의 대상이 다양해졌다는 것을 보여 준다. 이들을 상대로 하는 자원봉사가 많아진 것은 질적 성장보다는 한국어 교육의 양적 성장과 관련있다.
04 2000년대 이후에는 한국어 학습 목적이 다른 다양한 학습자 집단이 생겨나면서 그에 맞춰 교육과정도 다양화되기 시작하였다.
05 학문 목적 학습자는 중국인 학생의 비율의 가장 높다.
07 한국어 교육은 민간 주도로 시작되었고 1990년대 이후 정부 주도 사업이 시작되었다.

정답 01 ③ 02 ④ 03 ④ 04 ① 05 ③ 06 ④ 07 ④ 08 ①

기출문제

01
특수 목적 한국어 교육에 관한 내용으로 옳지 않은 것은?   기출 17회 49번

① 학문 목적 한국어 교육은 학업 수행에 필요한 어휘, 장르 등을 가르친다.
② 특수 목적 한국어 교육은 고급 이상의 학습자만을 대상으로 한다.
③ 일반 목적 한국어 교육에 비해 학습자 대상 요구 분석의 필요성이 높다.
④ 직업 목적 한국어 교육은 직무 수행에 필요한 한국어 능력 배양을 목적으로 한다.

02
학습자 모어가 한국어 학습에 미치는 영향에 관한 설명으로 옳지 않은 것은?   기출 18회 21번

① 중·고급 단계보다 초급 단계에서 모어의 영향이 더 크다.
② 성인 학습자보다 아동 학습자가 모어의 영향을 더 크게 받는다.
③ 한국어 학습 과정에서 모어의 어순을 그대로 가져와 적용하는 경우가 있다.
④ 모어와 한국어에 모두 있는 발음보다 모어에 없는 한국어 발음을 배우기가 더 어렵다.

03
제2언어로서의 한국어(KSL) 교육 대상자를 모두 고른 것은?   기출 18회 22번

> ㄱ. 한국에서 일하는 장기 거주 외국인 노동자
> ㄴ. 한국에서 국외로 이민 간 해외 동포의 2세, 3세
> ㄷ. 한국인과 결혼한 이민자가 데려 온 중도입국 학생
> ㄹ. 한류가 좋아 국외 세종학당에서 한국어를 배우는 사람

① ㄱ, ㄷ
② ㄴ, ㄹ
③ ㄱ, ㄴ, ㄷ
④ ㄴ, ㄷ, ㄹ

04

한국어교육에서 문학 교육의 목표로 옳지 않은 것은?   기출 19회 25번

① 복잡한 사회 문화적 상황을 이해함으로써 의사소통 능력을 함양하는 데 있다.
② 문학 작품에 등장하는 인물의 가치, 신념, 태도 등을 통해서 상호 문화적 능력을 향상시키는 데 있다.
③ 한국의 전통적 가치와 정서를 드러내는 작품들을 통해서 자문화 중심주의를 내면화하는 계기를 만든다.
④ 학습자 개인의 내적 체험과 내면화를 통해 개인의 성장을 이루는 데 있다.

05

이민자 사회통합프로그램에 관한 설명으로 옳은 것을 모두 고른 것은?   기출 19회 31번

> ㄱ. 1-4단계 한국어 수업은 각각 200시간으로 구성되어 있다.
> ㄴ. TOPIK 2급 소지자는 사회통합프로그램 3단계를 수강할 수 있다.
> ㄷ. 기초적인 의사소통이 가능함을 입증한 결혼이민자가 사증(F-6)을 발급받은 경우 사전평가 없이 2단계에 배정된다.
> ㄹ. 4단계 한국어 과정을 마치면 '한국이민귀화적격시험' 합격증이 발급된다.

① ㄱ, ㄹ
② ㄴ, ㄷ
③ ㄴ, ㄷ, ㄹ
④ ㄱ, ㄴ, ㄷ, ㄹ

06

한국어교원 자격증에 관한 설명으로 옳지 않은 것은?   기출 19회 109번

① 「국어기본법」을 법적 근거로 한다.
② 최초 취득 자격은 3급 또는 2급이다.
③ 국립국어원 원장이 부여하는 자격증이다.
④ 세종학당 파견교원 선발의 요건으로 활용된다.

07

2000년 이후에 실행된 한국어 교육 관련 정책과 제도에 관한 설명으로 옳은 것은? 기출 19회 110번

① 2000년대 초반에 해외 초중등학교 한국어 교육과정이 개발되었다.
② 2000년대 후반에 재외동포 한국어 교육을 담당하는 재외동포청이 설치되었다.
③ 2010년대 초반에 한국어와 한국문화의 국외 보급을 위한 세종학당재단이 설립되었다.
④ 2010년대 후반에 외국인 대상 한국어 교육의 방향과 역할을 규정한 「국어기본법」이 시행되었다.

정답 01 ② 02 ② 03 ① 04 ③ 05 ② 06 ③ 07 ③

참고문헌

- 김정숙(1999), 담화 능력 배양을 위한 외국어로서의 한국어 쓰기 교육 방안, 한국어 교육 10, 국제한국어교육학회
- 김중섭(2001), 한국어 교육의 이해, 한국문화사
- 민현식(2005), 한국어 교육의 역사와 전망 1, 한국문화사
- 박영순(2001), 외국어로서의 한국어 교육론, 월인
- 백봉자(2001), 교재와 교수법을 통해 본 한국어 교육의 역사와 과제, 외국어로서의 한국어 교육 26, 연세대학교 언어연구교육원
- 백봉자 외(2000), 한국어교사 교육·연수 프로그램 교수요목 개발을 위한 기초 연구 사업보고서, 문화관광부 한국어세계화추진위원회
- 백봉자 외(2001), 한국어교사 교육·연수 프로그램 교과과정 및 교수요목 개발 최종 보고서, 문화관광부 한국어세계화재단
- 이미혜(2008), 국내 직업 목적 한국어 교육의 현황과 과제, 한국어 교육 19, 국제한국어교육학회
- 이선근(2000), 해외 동포 한국어 교육의 현황과 과제, 국제한국어교육학회 제10차 국제학술회의 발표논문집
- 이정희(1999), 영화를 통한 한국어 수업 방안 연구, 한국어 교육 10, 국제한국어교육학회
- 정명숙(2003), 비즈니스 한국어의 교수요목 설계를 위한 연구, 국제한국어교육학회
- 정인성·나일주(1994), 최신교수설계이론, 교육과학사
- 조명원·선규수(1995), 외국어 교육의 기술과 원리, 한신문화사
- 조연주·조미헌·권형규(1997), 구성주의와 교육, 학지사
- 조항록(1997), 한국에서의 한국어 교사 연수-현황과 발전 방향, 한국어 교육 8, 국제한국어교육학회
- 조항록 외(2002), 한국어교사 교육·연수를 위한 표준 교육과정 시행 시안 개발 최종보고서, 문화관광부 한국어세계화재단
- 조항록(2005), 외국어로서의 한국어 교육 발달의 역사적 고찰 1, 한국어 교육 16, 국제한국어교육학회
- 조항록(2021), 동남아시아의 한국어 교육 현황과 발전 방안-말레이시아·인도네시아·태국·베트남을 중심으로, 언어와 문화 17, 한국어문화교육학회
- 최정순(2006), 학문 목적 한국어 교육의 교육과정과 평가, 이중언어학 31, 이중언어학회
- 고려대학교 한국어교사 양성과정 강의안(2002), 고려대학교 국제어학원
- 연세대학교 한국어교사 연수과정 강의안(2001), 한국어 교수법의 이론과 실제, 연세대학교 언어연구교육원 한국어교사연수소
- 국립국어원 http://www.korean.go.kr
- 교육부 공식 블로그 https://blog.naver.com/moeblog
- 교육통계분석자료집 https://kess.kedi.re.kr
- 다누리 http://www.liveinkorea.kr
- 사회통합정보망 http://www.socinet.go.kr
- 세종학당재단 www.sejonghakdang.org
- 한국산업인력공단 http://www.hrdkorea.or.kr
- 한국어능력시험 http://www.topik.or.kr
- 지표서비스(e나라지표) https://www.index.go.kr

02 한국어 교육과정론

01 교육과정의 이해

1) 교육과정(Curriculum)의 개념
교육 목표를 달성하기 위하여 선택된 교육 내용과 학습 활동을 체계적으로 편성·조직한 계획이다. 교수-학습의 입장에서 볼 때 학생들이 학교에서 필수적으로 배워야 하는 내용을 담는다.

2) 교육과정 이론(Richards, 2001) 중요

① 학문적 합리주의(Academic Rationalism)
  ㉠ 학교의 역할: 학습자가 지식에 접근하도록 도와주고 학습자에게 지식을 전달하는 곳이다. 이때 지식은 고전적 의미의 지식으로서 완벽에 가까운 불변의 진리로 여겨진다.
  ㉡ 목적: 학생들의 지적 능력을 신장시키고 지식 습득을 돕는다.

② 사회·경제적 효용성(Social and Economic Efficiency)
  ㉠ 학교의 역할: 학교는 사회와 독립적으로 존재하는 것이 아니며 학습자 역시 사회의 일원이다. 이런 점에서 학교는 사회적인 요구를 무시할 수 없다. 즉, 사회에서 실질적으로 필요로 하는 사람을 배출해 내는 곳이다. 교육과정 설계도 학습자들의 요구와 실용적인 면을 고려하여 설계하여야 한다.
  ㉡ 목적: 사회적 요구, 경제적 효용성을 고려하여 실용적 측면에 맞는 학습자를 배출한다.

③ 학습자 중심성(Learner-Centeredness)
  ㉠ 학교의 역할: 학교는 학습자 개인의 요구를 기본으로 그에 맞는 교육을 제공하는 곳이다. 사회·경제적 효용성을 중시하는 측면에서는 교육 목표를 사회적 요구 충족에 맞추고 있다면, 학습자 중심성은 교육 목표를 학습자의 요구 충족에 맞춘다.
  ㉡ 목적: 교수-학습 목표의 설정에서부터 그 내용의 선정, 방법, 평가에 이르기까지 학습자들에게 참여 기회를 제공한다. 학습자의 요구를 충족시키는 것이 중요하다.

④ 사회 재건주의(Social Reconstructionism)
  ㉠ 학교의 역할: 사회 재건주의는 사회적 문제에 대해 학교 또는 교육의 역할이 크다고 생각하는 관점으로서 학교가 사회적 권리 침해와 불균형에 맞설 수 있도록 학생들에게 가르쳐줘야 한다고 강조한다.
  ㉡ 목표: 전통적 교육과정이 결과나 성과 중심이었다면 사회 재건주의는 학습자가 사회 문제에 관심을 가지고 적극적으로 개입하게 함으로써 학생들이 사회 적응, 사회 개조 등을 이룰 수 있도록 도와준다.

⑤ 문화 다원주의(Cultural Pluralism)
　㉠ 학교의 역할: 학교는 학생들을 주류 문화뿐만이 아니라 다양한 문화에 참여하도록 하고 문화적 다원주의의 가치를 인식시켜야 하는 곳이다.
　㉡ 목표: 다문화 사회에서 학생들은 다양한 문화를 문화적 관용을 가지고 이해할 수 있다.

02 교육 목적 및 목표 설정

1) 목적(Aims)과 목표(Objectives)의 구분 **중요**
　① **목적**: 보편적이고 일반적인 지향점을 말한다.
　　예 의사소통 목적의 한국어 교육
　② **목표**: 교육 목적을 구현하기 위한 구체적인 특정 지식, 기술 등을 말한다.
　　예 한국어로 이메일을 쓸 수 있다.

2) 목표 작성 시 주의점
　① 학습 결과를 기술해야 한다.
　　예 전화로 음식 주문을 할 수 있다. (○)
　　　 전화 표현을 사용할 수 있다. (×)
　② 교육과정의 목표와 일치해야 한다.
　③ 간단하고 명확해야 한다.
　④ 학습 또는 교수가 가능해야 한다.

TOP-Point

☑ **학습 가능성(Learnability)**
　교육과정은 교사가 가르쳐 줘야 한다고 생각하는 것, 또는 가르쳐 주고 싶은 것을 담는 것이 아니라 학습자 입장에서 학습이 가능한 내용을 담아야 한다. 지나치게 어렵거나 쉬우면 학습이 일어나지 않는다. 따라서 학습자의 학력, 배경지식, 선수학습 등을 고려해서 교육과정을 편성해야 한다.

03 교육과정 내용 조직

1) 간단한 것에서 복잡한 것으로, 쉬운 것에서 어려운 것으로, 친숙한 것에서 낯선 것으로 전개한다.

2) 학습 순서를 고려해서 조직한다. 예를 들어 '토론하기'를 교육과정에 넣는다면 토론 과제가 진행되는 순서를 고려해서 과정을 짜야 혼란이 없다.

예 말하기 기능 중 '토론하기'를 위한 교육과정 설계

> 브레인스토밍 → 주제 탐색 → 주제 선정 → 스키마 활성화 → 찬반 입장 정해서 논거 준비하기 → 토론하기 → 정리하기

3) 선수학습을 고려하면서 과정을 설계하고 앞으로 배울 내용과 나선형으로 배열되도록 한다. 나선형 배열 방식은 예전에 배웠던 것과 새롭게 배울 내용이 연관을 가지면서 반복되는 방식을 말한다.

TOP-Point

☑ 교수요목의 제시 유형 중요

- **직선형(Linear Type)**
  직선형 교수요목은 문법이나 언어 구조를 분리하여 각각의 언어 요소를 선형으로 제시한다. 이 교수요목에서는 언어학적 원칙에 근거하여 각 요소의 위계와 순서를 결정하며 교사가 그것을 마음대로 바꿀 수 없다. 교사 중심의 수업이나 청화식 수업에서 선호된다.
  직선형 교육과정에서는 학습의 내용을 순서화·등급화할 때 일직선의 진행 과정을 거치면서 누적해 가는 것을 언어 발전의 모형으로 본다. 학습 내용은 선형적으로 진행되기 때문에 앞에서 학습한 내용은 다시 반복되지 않고 새로운 내용이 전개된다.

- **나선형(Spiral Type)**
  나선형 교수요목은 수업에서 교사와 학습자가 한 가지 주제를 한 번 이상 다루도록 수업의 내용을 나선형으로 배열하여 제시한다. 학습자는 이전에 다루어졌던 주제와 유사한 주제를 다시 한번 복습하면서 정의적으로 안정감을 갖게 되며 의사소통 영역을 확장할 수 있다. 어떤 주제가 다시 배열되었을 때는 처음 제시되었을 때보다 언어 구조나 과제가 좀 더 복잡하고 어려운 것으로 제시된다.
  나선형 교수요목은 학습 내용이 단기기억에서 장기기억으로 진행되기 위해서는 학습 단위가 선형적으로 진행되는 직선형 교수요목과는 달리, 부분적 선행학습이 나선 형식으로 반복돼야 한다는 것에 초점을 둔다.
  나선형 교육과정에서는 예전에 배웠던 학습내용을 언급하면서 그것이 다시 새로 배울 내용과 연관성을 가지게 된다. 예를 들어 난이도에 따라 초급, 중급, 고급에서 같은 주제 또는 같은 소재, 또는 문형 등이 반복되면서 새로 배울 내용과 접합되어 더욱 다양한 범위를 포괄하는 수업이 이루어진다.

- **조립형(Modular Type)**
  조립형 교수요목은 각 과에서 다루는 주제나 상황에 맞추어 언어 내용과 기능을 통합해서 제시한다. 조립형 교수요목에서는 인쇄물, 시청각 자료, 컴퓨터 기반 자료 등 각종 언어 자료를 융통성 있게 제시할 수 있다.

- **매트릭스형 또는 기본 내용 제시형(Matrix Type)**
  매트릭스형 교수요목은 우선 학습자가 기본적으로 학습해야 할 과업과 여러 가지 상황을 표나 매트릭스로 만들어 제시한다. 학습자는 이 표를 보고 자의적으로 주제를 선택하여 학습할 수 있다. 교육과 학습의 융통성을 최대한 제공하는 유형이다.

- **스토리라인형 또는 줄거리 제시형(Story Line Type)**
  스토리라인형 교수요목은 전체 내용이 유기적으로 연결되는데, 주제의 일관성과 계속성을 유지하고 앞 내용의 내용과 순서에 따라 다음 문제를 해결하는 데 도움이 되도록 교수요목을 일종의 줄거리처럼 짜서 구성한다. 성인용 교재보다는 어린이용 교재에 자주 등장한다.

04 교수 모형과 교수요목

1 교수 모형과 원리

1) 의사소통적 접근(Communicative Approach)

말 그대로 언어 교육의 초점을 실제 의사소통에 두는 것으로 의미협상과 정보공유를 중요시한다. 따라서 그와 같은 활동이 수반되는 짝 활동 또는 소집단 활동으로 이루어진다. 의사소통적 접근 방식에서는 유창성을 중요시하고 학생들의 상호 작용을 강조한다. 사회적 맥락 안에서 다른 사람과 상호 작용하는 과정을 통할 때 보다 효율적인 제2언어 습득이 이루어진다고 보았다.

2) 과정적 접근(Process Approach)

고전적인 언어 수업이 결과 중심적 접근법에 가까웠다면, 과정적 접근은 결과 자체보다 학습 과정의 각 단계를 중요하게 여기는 방식이다. 예를 들어 쓰기 수업을 진행한다면 계획하기, 스키마 동원하기, 의견 모으기, 초안 작성하기, 재검토하기, 교정하기의 단계별 과정이 중요하다.

3) 총체적 언어 접근(Whole-Language Approach)

언어를 어느 특정한 영역에 중점을 두고 가르치는 것이 아니라 언어의 각 영역을 총체적으로 접근해야 자연스러운 언어 구사 능력을 키울 수 있다는 입장이다. 언어 교육은 언어와 개별적 요소들을 하나하나 가르치는 것이 아니라 모든 요소들을 통합해서 자연스러운 언어 구사를 할 수 있게 하는 것이다.

2 교수요목 설계 (중요)

교수요목을 설계하는 것은 수업의 주제를 바탕으로 실제 가르칠 내용을 상세화하여 일관성 있고 짜임새 있는 수업을 진행하기 위한 것이다. 따라서 교수요목 설계의 기본은 교과의 전 과정을 일관성 있게 계획하고, 그 전 과정에 대한 각각의 학습 목표와 그에 맞는 학습 항목을 유기적으로 배열하고 구체화한 것이다. 따라서 교수요목 설계는 교육 내용을 반영하면서 목표 도달을 위한 단계적 절차를 따라야 한다. 이를 바탕으로 옐든(Yalden, 1983)은 다음과 같은 교수요목 설계 절차를 제시하였다.

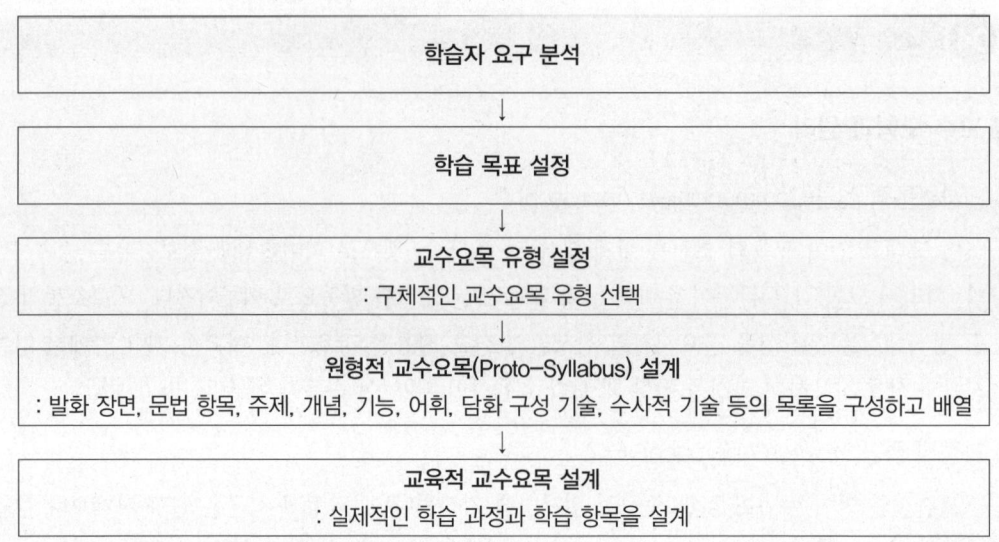

3 교수요목 유형 1: 학습의 지향점에 따른 구분

학습의 지향점을 결과에 두느냐 과정에 두느냐에 따라 결과 지향적 교수요목과 과정 지향적 교수요목으로 나눌 수 있다. 결과 지향적 교수요목이 학습이 끝난 후의 결과를 중심으로 진술하는 것이라면 과정 지향적 교수요목은 교육과정의 단계, 즉 활동과 과업 중심으로 진술되는 교수요목이다. 각각의 교수요목은 다시 하위 항목으로 다음과 같이 나뉜다.

1) 결과 지향적 교수요목

① 기능-개념 중심 교수요목
  ㉠ 언어를 어떤 상황에서 어떤 목적으로 구사하는지를 중요하게 여긴다.
  ㉡ 의사소통의 목적이 무엇인지에 초점을 두기 때문에 이 교수요목은 학습자가 생활하면서 실제로 맞닥뜨릴 수 있는 언어적 상황을 제시하고, 그 상황에서 문제를 해결하는 것에 초점을 둔다.

> **TOP-Point**
>
> ☑ **기능과 개념**
> - 기능(Function): 언어 사용의 의사소통적인 목적을 구체적으로 드러내 보인 것
> - 개념(Notion): 언어가 나타내고 있는 전체적이고 추상적인 의미

② 문법적 교수요목
  ㉠ 가장 일반적인 교수요목의 형태로, 개별 문법과 어휘가 난이도와 학습 가능성, 교수 가능성 등을 고려하여 위계적으로 짜여 있다.

ⓒ 문법적 교수요목의 효용성을 믿는 관점에서는 언어라는 하나의 집을 짓기 위해서는 그 재료가 되는 벽돌부터 쌓아야 한다고 본다. 학습자가 언어의 재료가 되는 문법을 정확히 구사하고 문법 사용에 익숙해지게 되면, 교실 밖에서도 자동적으로 배운 문법을 적용할 수 있다고 보았다.

ⓒ 배울 문법이 일정한 규칙대로 배열되어 있기 때문에 교사 입장에서는 수업 운영이 비교적 편할 수 있으며, 시간을 효율적으로 사용할 수 있다. 그러나 언어 현상을 문법만으로 파악하고 문법만을 강조하고 있다는 비판이 있으며, 학습자의 동기 부여가 어렵다는 단점이 있다.

2) 과정 지향적 교수요목

① 절차적 교수요목

㉠ 상황과 맥락을 중시한 과제 중심의 교수요목이다. 과정을 중시하기 때문에 절차적 교수요목이라는 이름이 붙게 되었다.

㉡ 절차적 교수요목은 문법이나 어휘 등의 언어적 요소들을 단순 암기하거나 누적해 간다는 개념이 아니라 언어의 목적을 의사소통으로 보고 그것이 일어나는 과정, 즉 실제적 상호 작용에 초점을 두고 진행된다.

② 과제 중심 교수요목

㉠ 과제가 언어교수-학습 활동을 계획하는 데 도움이 된다는 점에 초점을 두고 생겨난 교수요목이다. 과제를 수행하는 과정에 의미를 둔다.

㉡ 의사소통이 포함된 활동과 유의미한 과제(Meaningful Tasks) 수행 연습이 진정한 언어 능력의 증진을 가져온다고 보았다.

> **TOP-Point**
>
> ☑ **과제(Task)**
> 학습자가 일정한 결과를 만들어내기 위하여 의사소통을 목적으로 외국어를 사용하는 활동을 의미한다 (Willis, 1996; Nunan, 1989).
> 예 시장에 가서 물건 사기, 은행에서 환전하기 등

③ 내용 중심 교수요목

㉠ 내용 중심 교수요목은 언어 능력을 개발하는 데 다른 교과 내용을 이용함으로써 언어학습뿐만 아니라 교과 내용 학습까지 동시에 수행한다. 작위적인 환경 또는 생활 언어의 반복만으로는 언어 학습이 제대로 이루어지지 않으며, 언어는 의미 있고 사회적이며 학문적인 배경 내에서 가장 잘 학습된다는 점을 바탕으로 하였다.

ⓒ 내용 중심 교수요목의 예로 캐나다의 불어 교육 프로그램이 있다. 캐나다의 일부 지역의 학교에서는 정규 과목 중 일부를 영어가 아닌 불어로 가르치는 몰입 프로그램(Immersion Program), 즉 내용 중심 교수요목을 사용하여 수업한다. 교과 내용을 불어로 수업하면서 교과 학습과 언어 학습을 동시에 진행한다.

> **TOP-Point**
>
> ☑ 결과 지향적 교수요목
> ├ 기능-개념 중심 교수요목
> └ 문법적 교수요목
>
> ☑ 과정 지향적 교수요목
> ├ 절차적 교수요목
> ├ 과제 중심 교수요목
> └ 내용 중심 교수요목

4 교수요목 유형 2: 교과의 주제, 교수 방식, 언어 기능

앞의 교수요목 유형은 교수요목이 학습의 결과를 중시하는지, 과정을 중시하는지에 따라 유형을 나눈 것이라면 교과의 주제, 교수 방식, 다루고 있는 언어 기능 등을 바탕으로 교수요목을 분류할 수도 있는데 대표적으로 브라운(Brown, 1995)의 분류 방식이 이에 해당한다. 교수요목의 분류는 기준에 따라 다양하게 나뉘기 때문에 앞의 교수요목 분류와 브라운의 분류가 상호 배타적인 것이 아니라 기준에 따라 중복될 수 있다. 브라운의 분류 방식에 따르면, 교수요목은 구조 교수요목, 상황 교수요목, 주제 교수요목, 기능 교수요목, 개념 교수요목, 기능 기반 교수요목, 과제 기반 교수요목, 혼합 또는 다층적 교수요목 8개로 나뉜다.

조항록(2003)은 이렇게 다양한 교수요목들 중 절대적으로 우월한 것은 없으며 교수요목을 선택할 때는 교육이 이루어지는 환경적 특성, 교육 목표와 교육과정을 충분히 고려해야 하며 교수 방법과도 연계가 되어야 한다고 하였다.

1) 구조 교수요목

① 설계 기준: 언어 구조
② 특징: 난이도가 낮은 것에서 높은 것으로, 빈도가 많은 것에서 적은 것으로, 의미는 간단한 것에서 복잡한 것의 순서로 배열한다.

2) 상황 교수요목

① 설계 기준: 담화가 일어나는 장소, 상황
② 특징: 담화가 일어나는 장면을 중시한다. 식당, 우체국, 시장 등 언어 활동이 일어나는 장소나 상황이 강조된다.

3) 주제 교수요목

① 설계 기준: 일정 기준과 등급에 맞춰 짜인 주제

② 특징: 상황 교수요목과 혼합되기도 한다. 상황 교수요목이 식당, 시장 등 담화의 장소를 강조한다면, 주제 교수요목은 가족, 날씨 등 담화의 주제를 강조한다.

4) 기능 교수요목

① 설계 기준: 언어 활동의 기능적 측면

② 특징: 주제 교수요목과 연계되기도 한다. 소개하기, 부탁하기 등 담화의 기능을 강조한다.

5) 개념 교수요목

① 설계 기준: 언어생활에서 담화 가능한 주요 개념

② 특징: 언어생활에서 실제로 맞닥뜨리게 되는 친숙하거나 유용한 개념을 기준으로 삼는다. 따라서 물건, 시간, 거리 등 실생활 관련 개념이 제시된다.

6) 기능 중심(기반) 교수요목

① 설계 기준: 언어의 특정 기능

② 특징: 기능 교수요목이 언어 활동의 기능적 측면 전반을 다루는 것이라면 기능 중심(기반) 교수요목은 언어의 특정 기능만을 중심으로 한다. 예를 들어 의도 파악하기, 추론하기 등 언어의 특정 기능을 교수요목의 기준으로 삼는다.

7) 과제 중심 교수요목

① 설계 기준: 실생활 과제

② 특징: 의사소통 능력 향상을 최우선으로 삼고 실생활의 과제를 해결하는 것에 초점을 둔다. 편지 쓰기, 인터뷰하기 등으로 제시된다.

8) 혼합 교수요목

① 설계 기준: 둘 이상의 교수요목을 함께 활용

② 특징: 최근 현장에서 사용되는 대부분의 교수요목이 혼합 교수요목에 속한다. 실용성과 현실적 문제, 학습자의 성향 등 다양한 변인을 고려하여 둘 이상의 교수요목을 혼합하는 경우이다. 예를 들어 주제 교수요목을 주로 하고 상황 교수요목과 구조 교수요목을 보조적으로 활용하는 등 다양한 혼합 교수요목이 있다.

TOP-Point

☑ 과제 중심 교수요목

최근 학습자 중심, 의사소통 중심의 언어 교육이 주된 흐름이 되면서 과제 중심 교수요목이 각광을 받고 있다. 과제 중심 교수요목에 대해 좀 더 자세히 살펴보면 다음과 같다.

- 교수-학습의 모형

  과제 중심 수업에서 문법은 의사소통의 수단일 뿐 문법 그 자체를 가르치는 것이 아니다. 필요한 언어 표현을 개별적으로 제시하는 것이 아니라 하나의 과제를 수행하면서 총체적으로 사용될 수 있도록 한다. 과제 중심 수업에서는 정확성은 다소 떨어지더라도 자기의 의사를 상대방에게 바르게 전달할 수 있는 유창성을 강조하고 있다.

- 특징

  과제 중심 수업은 적절하게 제시된 과제를 학습자가 직접 수행하면서 자연스럽게 언어를 습득하는 수업이다. 과제는 학습자들 간의 의사소통을 자연스럽게 유도하고, 의사소통 없이는 과제 수행이 어렵게 설계되어야 한다. 학습자들은 문법에 초점을 두는 것이 아니라 하나의 과제를 끝내면서 필요한 표현을 익히고 사용할 수 있게 된다.

- 단계

> 도입(Warm-up) → 제시(Presentation) → 연습(Practice) → 활용(Use) → 마무리(Follow-up)

- 예시: 말하기 수업을 예시로 하여 과제 중심 교수요목을 도입하면 다음과 같다.
  - 도입

    학습 목표를 도입하여 학습자의 흥미를 유발하고 동기화시킨다. 본격적인 수업이 시작되기 전에 주제와 관련된 가벼운 질문을 통해 학습을 준비시키고 학습 목표와 내용을 자연스럽게 보여 줄 수 있다. 도입 단계는 학습자의 긴장을 풀고 본 수업에 있어 학습자를 보다 적극적인 참여자로 만들어 주는 역할을 하기 때문에 학습자 중심의 교육에서 중요한 단계이다. 계획된 교사의 질문, 교재의 삽화, 사진 등을 사용해 흥미를 유발한다.

  - 제시

    학습 목표가 되는 내용을 학습자가 명확하게 확인하고 이해할 수 있도록 하는 단계이다. 목표문법이나 표현에 대해 쉽고 간명한 예시와 교사의 설명을 듣고 이해한다. 교사는 학습 내용을 전달하고 유의미한 상황 속에서 계획된 학습 내용(계획된 문법이나 표현 등)을 제시한다. 문법적 목표가 강조되는 단계로, 문법 학습은 먼저 규칙을 제시하고 사용을 익히는 연역적인 방법과 예문을 제시하고 이를 통해 규칙을 찾도록 유도하는 귀납적인 방법이 있다.

  - 연습

    배운 것을 내재화하는 단계이다. 문법 지도를 위한 말하기 연습은 반복 연습, 대체 연습, 문장 완성 연습, 통제형 질문과 대답 등 다양하다. 유의미한 연습이 되도록 지도한다.

  - 활용

    연습 단계가 단편적인 연습에 치중한 단계라면 활용은 실제적인 상황을 전제하여 과제를 수행하는 것이다. 이 단계는 언어 지식을 바탕으로 언어를 사용하는 단계로 담화 활동을 통해 의사소통 능력을 키운다.

  - 마무리

    오늘의 학습 내용을 정리하고 과제를 부여한다. 교사는 학습자를 격려하고 학습자의 자기 평가가 이루어질 수도 있다.

5 학습자 변인

학습자 중심 교육을 위해서는 교육과정의 목표, 그 교육과정의 조직 방식과 교수 방식, 학습에 대한 접근법을 학습자들이 스스로 이해하도록 도와주는 것이 중요하다. 또한 학습자들 입장에서도 교과과정이 어떻게 진행되는지 알면 보다 능동적이고 체계적으로 학습을 준비할 수 있다.

또한 학습자 중심 교육에서는 학습자가 수업에 능동적으로 참여하게 되므로 학습자의 특성이나 학습 양식 등이 중요한 변인이 될 수 있다.

1) 학습 양식

학습 양식은 인지적 특성과 정의적 특성을 포함하는 것으로 학습 결과에 영향을 미치는 중요한 요인 중 하나이다. 일반적으로 성인 학습자의 학습 유형은 네 가지로 나뉜다(Nunan, 1988).

① 구체적인 학습자(Concrete Learners)

구체적 활동이나 과제, 게임 등을 선호하며 자료 역시 텍스트 자료보다는 그림, 도표, 비디오 등을 좋아한다. 혼자 하는 것보다는 짝 활동이나 그룹 활동을 선호한다. 추상적인 상위 개념이나 의미, 개념 전달보다 일상생활에서 쓰이는 예를 구체적으로 제시하고 다양한 자료로 보여 준다.

② 분석적인 학습자(Analytical Learners)

성인 학습자들에게 잘 나타나는 유형으로서 문장의 규칙이나 형태에 관심을 두는 학습자이다. 성인 학습자의 경우 문법이나 형태를 제시하지 않고 수업하더라도 인지적으로 규칙이나 형태를 찾아내려고 하는 경향이 있다. 짝 활동 등을 통한 과제 수행이나 실제적 제시보다 책이나 사전을 참고하여 오류를 찾고 문법을 혼자 정리하기도 하며 독학을 하기도 한다.

③ 의사소통적인 학습자(Communicative Learners)

실제적인 학습을 원하는 학습자이다. 짝 활동을 하더라도 인위적으로 정해져 있는 패턴을 따라가려 하기보다는 원어민 화자를 관찰하고 어디에선가 들어봤던 말을 시험해 보려고 하는 등 회화를 통한 실제적인 학습에 더욱 흥미를 느낀다.

④ 권위 지향적인 학습자(Authority-Oriented Learners)

권위 지향적인 학습자는 권위가 있는 대상을 따르는 것을 선호하는 학습자이다. 교실에서 권위자는 교사가 되는 경우가 많은데, 이럴 때 교사는 절대자에 가까운 존재로서 권위자가 된다. 권위 지향적인 학습자는 교사가 모든 것을 설명해 주는 것을 선호하며 교사의 말이나 행동에도 크게 영향을 받는다.

2) 인지 양식 (중요)

학습자의 인지 양식으로는 장 독립성과 장 의존적 인지 양식을 들 수 있다. 보통 어린아이의 경우 장 의존적인 성향이 강하고, 성인일 경우 장 독립적인 성향이 강하다고 하나 개인차가 많다.

① 장 독립적 학습자: 개인이 어떤 사물을 지각할 때 그 사물의 배경, 즉 장(Field)의 영향을 별로 받지 않는 학습자이다. 이런 학습자는 다음과 같은 특징을 갖는다.
　㉠ 교사의 지시 없이 독자적 학습이 가능하다.
　㉡ 지시나 안내 없이도 문제 해결이 가능하다.
　㉢ 상황을 분석할 줄 안다.
　㉣ 스스로 계획을 세워서 자율 학습도 할 줄 안다.
　㉤ 정보를 이해할 때 맥락을 이용하는 방법을 학습해야 한다.
　㉥ 구조화되지 않은 상황도 자기 나름대로 재구조화한다.
　㉦ 추상적, 이론적, 분석적, 객관적이다.
② 장 의존적 학습자: 배경, 즉 장(Field)의 영향을 받는 학습자이다. 이런 학습자는 다음과 같은 특징을 갖는다.
　㉠ 외부에서 설정한 구조나 목표가 정확히 지정되어 있는 것이 좋다.
　㉡ 과제나 문제 해결에 대해 명료하게 지시해 주는 것이 좋다.
　㉢ 자율 학습보다 협동 학습을 더 잘 한다.
　㉣ 사회적인 정보에서 맥락을 잘 파악한다.

3) 감정적 요인

언어 학습에 영향을 끼치는 감정적 요인은 인성, 동기, 불안 등이 있다. 크라센의 '정의적 여과장치 가설(The Affective Filter Hypothesis)'에 나타나는 것처럼 정의적인 요인은 학습에도 영향을 끼친다고 생각되어 왔다.

① 성향(Personality)
　　일반적으로 외향적인 학습자가 내향적인 학습자보다 언어 습득이 더 활발하게 일어날 것이라고 생각하지만 실제로 언어 사용 발달이라는 측면에서 볼 때, 외향적인 사람은 유창성이 발달하고 내향적인 사람은 정확성이 발달하는 경우가 많다. 이런 점에서 언어 학습에 있어서 반드시 외향적인 학습자가 내향적인 학습자보다 유리하다고 볼 수는 없다.

② 동기(Motivation)
　　학습 동기는 학습 과정에 중요한 영향을 미친다. 긍정적인 태도와 동기는 언어 습득의 성공과 관계가 있다. 학습자의 동기 부여의 관점에 따라 다음과 같이 나눈다. 학습자들은 반드시 하나의 동기만 있는 것은 아니며 두 가지를 동시에 갖기도 하고 학습이 진전되면서 동기가 바뀌기도 한다.
　㉠ 도구적 동기: 학습자가 직업을 얻기 위해서라든지 또는 시험에 합격하기 위해서 언어를 일종의 도구·수단으로 이용하려는 것이다. 외부로부터 보상을 받기 위해 목표를 추구하는 유형으로 외적 동기와 비슷한 개념으로 쓰인다.
　　　예 취직을 위한 영어 공부

ⓒ 통합적 동기: 학습자가 제2언어 집단의 문화에 동화하고자 할 때, 즉 스스로 자신의 인지적 욕구와 목표를 위해 학습하는 내적 동기와 비슷한 개념으로 쓰인다.
　　　예 한국 문화에 대한 관심으로 시작한 한국어 공부
③ 불안(Anxiety)
　　불안이라는 감정에는 인지적 측면에서 걱정, 부정적 사고 등이 포함된다. 정의적 측면에서는 신체적·정서적 반응이 포함된다. 성인의 제2언어 학습에서는 아동의 제1언어 학습에서 찾아볼 수 없는 불안 요소가 두드러지게 나타날 수 있다. 즉, 성인은 보통 외국어를 교실 환경에서 배우게 되는데 교실에서는 교사로부터 일정한 발화 압력을 받게 된다. 이럴 때 학습자는 정의적·감정적 차원에서 불안감을 느낄 수 있다. 유아가 모국어를 배울 때 발화 압력을 거의 받지 않는 것과 대조적이다.
　　예 평소에는 영어를 잘하지만 원어민과의 일대일 대화는 잘 못하는 경우
④ 사회·문화적 거리
　　사회·문화적 거리란 자신의 제1언어 문화와 목표어 사용 사회의 문화 사이의 인지적·정의적 접근 정도를 나타내는 말이다. 제2언어 학습 집단과 목표어 집단 간의 사회적 거리가 크면 클수록 목표어 집단의 언어를 습득하는 데 어려움을 겪는다. 그뿐 아니라 목표어 사용 사회에 대한 감정적인 호불호도 언어 학습에 영향을 끼친다. 집단 사이의 이질감을 크게 느끼면 느낄수록 목표어 사용 사회에 동화가 어렵기 때문에 언어 역시 배우기 어렵다.
　예1 영어권 사회에 편입하고자 영어를 적극적으로 배우는 이민 자녀
　　　교포 2세, 3세의 경우 태어나고 자란 곳의 언어를 적극적으로 배우고 그 사회의 일원으로 살아가려는 의지가 강하기 때문에 언어 습득에 방해를 받지 않는다. 또한 목표어 사회에 적극적으로 동화하려는 의지가 있는 경우 그렇지 않은 경우보다 언어 습득은 훨씬 효과적일 것이다.
　예2 코리아타운에서만 생활하는 한국인
　　　영어권 사회에 편입할 의지가 없고 목표어 사회에 대한 이질감이 커서 동화하려고 하지 않는다. 또한 목표어를 습득하지 않아도 생활이 가능한 경우 더욱 그 필요성을 느끼지 못하므로 동기부여가 되지 않는다. 그 밖에도 호감이 가지 않는 나라 또는 문화권에서는 사회·문화적 거리가 크기 때문에 그 나라의 언어를 쉽게 배우지 못한다.

TOP-Point

☑ 크라센의 정의적(감성적) 여과장치 가설(Affective Filter Hypothesis)
- 정의: 학습자의 자신감 또는 의욕과 같은 요소 때문에 발생하는 개인적인 차이에 대한 것으로서 외국어 습득은 학습자의 감정에 따라 달라질 수 있다는 가설이다.
- 특징: 정의적 여과가 낮으면 들어오는 입력을 거르지 않고 받아들이기 때문에 자신감을 갖고 상호 작용하며 보다 더 수용적인 태도를 보인다. 반면 부담스러움, 불안함, 초조 등의 정의적 여과를 높게 가지고 있는 습득자의 경우 이러한 감정적 특징 때문에 언어 습득이 방해를 받는다.
　　예 외국인 앞에서 너무 긴장해서 알던 단어도 다 잊어버리는 경우

05 국제 통용 한국어 교육 표준 모형

'국제 통용 한국어 교육 표준 모형'은 국내외 한국어 교육 현장에서 교육과정과 교수요목 설계, 교재 및 교수 자료 개발, 교수 방법과 평가 방안 등의 표준으로서의 기능을 할 수 있도록 마련된 모형이다. 2010년 1단계 사업, 2011년 2단계 사업을 거쳐 표준 모형을 완성하고 2016년 기존의 모형을 보완하였다. 표준 모형은 '일반 목적, 학문 목적, 취업 목적 사회 적응' 등의 한국어 교육 대상자를 두루 포괄하는 표준적인 참조 기준을 제시한다. 교육과정 개발의 원리로 내용의 포괄성, 사용의 편리성, 자료의 유용성, 적용의 융통성을 표방하고 있는 만큼 점차 다양해져가고 있는 한국어 교육 현장의 학습자 특성과 요구, 교육 목적과 학교의 제반 여건에 따라 표준 모형의 교육과정이 활용될 것으로 평가된다.

표준 교육과정의 등급별 총괄 목표를 급별로 보면 초급에서는 일상생활과 관련된 의사소통 능력이 강조되고 있다. 중급에서는 친숙한 사회적, 추상적 주제를 다루는 의사소통 능력, 고급에서는 친숙하지 않은 사회적, 추상적 주제를 다루는 의사소통 능력임을 명시하여 등급 간의 숙달도 발달을 기술하였다. 등급별 총괄 목표는 다음과 같다.

1) 등급별 총괄 목표(국제 통용 한국어 표준 교육과정 활용 점검 및 보완 연구, 2016:32)

등급	내용
1	일상생활에서 정형화된 표현(인사, 감사, 사과 등)으로 간단하게 의사소통을 할 수 있으며 자신과 다른 사람을 소개할 수 있다. 개인 신상에 관한 간단한 정보를 묻고 답할 수 있다. 또한 가장 기본적인 한국의 일상생활 문화를 이해할 수 있다.
2	일상생활과 관련된 주제로 간단하게 의사소통을 할 수 있으며 일상생활에서 자주 가는 장소(마트, 식당 등)에서 필요한 정보를 묻고 답할 수 있다. 또한 기본적인 한국의 일상생활 문화를 이해할 수 있다.
3	친숙한 사회적, 추상적 주제(직업, 사랑, 교육 등)와 자신의 관심 분야에 대해 최소한의 의사소통을 할 수 있다. 자신의 경험이나 생각을 간단하게 설명할 수 있다. 의사소통 상황에 따라 문어와 구어를 구분하여 적절하게 사용할 수 있다. 한국인의 일상생활에 반영된 나이 등과 관련된 사회문화를 이해할 수 있으며 자국의 문화와 비교할 수 있다.
4	친숙한 사회적, 추상적 주제(직업, 사랑, 교육 등)와 업무에 대해 비교적 유창하게 의사소통할 수 있다. 다양한 분야의 주제에 대해 자신의 의견을 말할 수 있다. 대상과 상황에 따라 격식과 비격식을 구분하여 사용할 수 있다. 한국인의 일상생활에 반영된 나이 등과 관련된 사회 문화를 이해할 수 있다. 한국의 사회문화적 특징을 이해하고 자국의 문화와 비교할 수 있다.
5	친숙하지 않은 사회적, 추상적 주제(정치, 경제, 과학기술 등) 및 자신의 직업이나 학문적 영역에 대해 의사소통 할 수 있다. 자신의 직업이나 학문적 영역에 대해 대체적으로 설명하거나 자신의 의견을 말할 수 있으며 공식적인 맥락에 맞게 격식을 갖추어 말할 수 있다. 또한 한국의 사회제도를 이해할 수 있으며 자국의 문화를 비교하여 문화의 다양성과 특수성을 이해할 수 있다.
6	친숙하지 않은 사회적, 추상적 주제(정치, 경제, 과학기술 등)를 다루는 의사소통에 참여하여 유창하고 정확하게 자신의 의사를 표현할 수 있으며 자신의 전문 분야에 대해 분명하고 상세하게 의사소통할 수 있다. 한국인이 즐겨 사용하는 담화, 텍스트 구조를 이용해 유창하고 정확하게 말을 하거나 글을 쓸 수 있다. 또한 한국 문화 속에 반영된 한국인의 가치관과 사고방식을 이해할 수 있으며 자국의 문화를 비교하여 문화의 다양성과 특수성을 이해할 수 있다.

2) 주제 목록

범주	항목
개인 신상	이름, 전화번호, 가족, 국적, 고향, 성격, 외모, 연애, 결혼, 직업, 종교 등
주거와 환경	장소, 숙소, 방, 가구·침구, 주거비, 생활 편의 시설, 지역, 지리, 동식물 등
일상생활	가정생활, 학교생활 등
쇼핑	쇼핑 시설, 식품, 의복, 가정용품, 가격 등
식음료	음식, 음료, 배달, 외식 등
공공 서비스	우편, 전화, 은행, 병원, 약국, 경찰서 등
여가와 오락	휴일, 취미·관심, 라디오·텔레비전, 영화·공연, 전시회·박물관, 독서, 스포츠 등
일과 직업	취업, 직장생활, 업무 등
대인 관계	친구·동료·선후배 관계, 초대, 방문, 편지, 모임 등
건강	신체, 위생, 질병, 치료, 보험 등
기후	날씨, 계절 등
여행	관광지, 일정, 짐, 숙소 등
교통	위치, 거리, 길, 교통수단, 운송, 택배 등
교육	학교 교육, 교과목, 진로 등
사회	정치, 경제, 범죄, 제도, 여론, 국제 관계 등
예술	문학, 음악, 미술 등
전문 분야	언어학, 과학, 심리학, 철학 등

3) 기능 목록

범주	항목
정보 요청하기와 정보 전달하기	설명하기, 진술하기, 보고하기, 묘사하기, 서술하기, 기술하기, 확인하기, 비교하기, 대조하기, 수정하기, 질문하고 답하기
설득하기와 권고하기	제안하기, 권유하기, 요청하기, 경고하기, 충고하기/충고 구하기, 조언하기/조언 구하기, 허락하기/허락 구하기, 명령하기, 금지하기, 주의 주기/주의하기, 지시하기
태도 표현하기	동의하기, 반대하기, 부인하기, 추측하기, 문제 제기하기, 의도 표현하기, 바람·희망·기대 표현하기, 가능/불가능 표현하기, 능력 표현하기, 의무 표현하기, 사과 표현하기, 거절 표현하기
감정 표현하기	만족/불만족 표현하기, 걱정 표현하기, 고민 표현하기, 위로 표현하기, 불평·불만 표현하기, 후회 표현하기, 안도 표현하기, 놀람 표현하기, 선호 표현하기, 희로애락 표현하기, 심정 표현하기
사교적 활동하기	인사하기, 소개하기, 감사하기, 축하하기, 칭찬하기, 환영하기, 호칭하기

02 실전 문제

연습 문제

※ [01~05] 다음은 언어 교육과정에 대한 관점 중 어디에 해당하는지 찾아 쓰시오.

① 사회·경제적 효용성
② 학습자 중심성
③ 사회 재건주의
④ 학문적 합리주의
⑤ 문화 다원주의

01
학교는 사회와 독립적으로 존재하는 것이 아니며 학습자 역시 사회의 일원이다. (   )

02
학교는 학습자 개인의 요구를 바탕으로 그에 맞는 교육을 제공하는 곳이다. (   )

03
학교는 학생들을 주류 문화뿐만 아니라 다양한 문화에 참여시켜 그 가치를 인식시키는 곳이다. (   )

04
학교는 학습자가 지식에 접근하도록 도와주고 학습자에게 그것을 전달하는 곳이다. (   )

05
사회적 권리 침해와 불균형에 맞설 수 있도록 학교가 학생들에게 사회적 문제에 대해 가르쳐 줘야 한다. (   )

06
교육 목표를 작성할 때 주의점에 해당하지 <u>않</u>는 것을 고르시오.

① 학습 결과를 기술해야 한다.
② 교육과정의 목표와 일치해야 한다.
③ 자세한 세부사항을 서술해야 한다.
④ 실행가능성이 있어야 한다.

07

교육과정 내용 선정의 기준이 <u>아닌</u> 것을 고르시오.

① 내용의 타당성
② 내용의 유용성
③ 학습 가능성
④ 학습자의 개인적 요구사항

08

언어사용의 기저지식은 개념적 지식과 절차적 지식으로 나뉘는데, 절차적 지식에 해당하는 것을 고르시오.

① 한국어 발음과 음운 체계
② 언어적 규칙과 특징
③ 특정 발화 상황에 적절한 표현
④ 한국어 어휘 분류

09

교육과정 내용 조직의 원리에 대한 설명 중 <u>틀린</u> 것을 고르시오.

① 쉬운 것에서 어려운 것으로
② 친숙한 것에서 낯선 것으로
③ 간단한 것에서 복잡한 것으로
④ 실행가능성이 없는 것에서 있는 것으로

10

교수요목의 유형 중 결과 지향적 교수요목에 해당하는 것을 고르시오.

① 절차적 교수요목
② 과제 중심 교수요목
③ 내용 중심 교수요목
④ 기능 개념 중심 교수요목

해설

06 교육 목표는 구체적이어야 하지만 세부사항을 자세히 서술하라는 것은 아니다.
07 교육 내용을 선정할 때는 전체 학습자 집단의 요구사항도 중요하지만 개인적 사항까지 고려할 필요는 없다.
08 개념적 지식은 형태에 대한 것이고, 절차적 지식은 발화 상황에 따른 언어 활동을 말한다.
09 실행가능성이 없는 것은 교육과정의 내용에 들어갈 이유가 없다.
10 기능 개념 중심요목은 상황에 따른 언어적 해결 능력을 중요하게 본 교수요목으로서 결과 지향적 교수요목에 해당한다.

정답 01 ① 02 ② 03 ⑤ 04 ④ 05 ③ 06 ③ 07 ④ 08 ③ 09 ④ 10 ④

기출문제

01
교육과정 개발 단계에서 상황 분석에 관한 내용으로 옳은 것을 모두 고른 것은? 〔기출 17회 23번〕

> ㄱ. 교육과정의 시행에 영향을 미칠 수 있는 상황 요인을 분석하는 것이다.
> ㄴ. 학습자, 교사, 교수 학습 상황이라는 세 가지 주요 요인을 고려한다.
> ㄷ. 학습자와 교사뿐만 아니라 관련된 다양한 이해 당사자에게 설문 조사, 면담 등을 통해 실시한다.
> ㄹ. 개발된 교육과정이 최종 목적을 달성했는지, 교육과정과 관련된 이해 당사자들이 만족하는지 등에 대해 평가한다.

① ㄱ, ㄹ   ② ㄱ, ㄴ, ㄷ   ③ ㄴ, ㄷ, ㄹ   ④ ㄱ, ㄴ, ㄷ, ㄹ

02
리처즈(Richards, 2001)의 교육과정 개발 절차를 순서대로 올바르게 나열한 것은? 〔기출 18회 29번〕

> ㄱ. 학습 목적 및 목표 설정   ㄴ. 요구 분석 및 상황 분석
> ㄷ. 수업 자료 설계 및 효과적인 교수 제공   ㄹ. 평가 및 조정
> ㅁ. 교수요목 설계

① ㄱ - ㄴ - ㄹ - ㅁ - ㄷ   ② ㄱ - ㅁ - ㄴ - ㄹ - ㄷ
③ ㄴ - ㄱ - ㅁ - ㄷ - ㄹ   ④ ㄴ - ㅁ - ㄱ - ㄷ - ㄹ

03
결과 지향적 교수요목에 해당하지 않는 것은? 〔기출 19회 36번〕

① 구조 중심   ② 상황 중심   ③ 과제 중심   ④ 개념·기능 중심

04
한국어 교육과정(교육부 고시 제2017-131호)에 관한 설명으로 옳지 않은 것은? 〔기출 19회 37번〕

① 국제통용한국어표준교육과정과 같이 초급, 중급, 고급 각 2단계씩 6단계로 구성되어 있다.
② 해외에서 제2외국어로 한국어를 배우는 학생들을 위한 한국어 교육과정이다.
③ 한국어의 내용 체계는 생활 한국어, 학습도구 한국어와 교과적응 한국어로 구분된다.
④ 언어 문화, 전통 문화, 또래 문화 등의 문화 관련 항목이 포함되어 있다.

05

교수요목에 관한 설명으로 옳은 것은?

① 학습자를 위해 교육 프로그램을 기획, 운영, 관리, 평가하는 총체적인 절차는 일컫는다.
② 교실 현장에서 특정한 학습자 집단을 대상으로 하는 수업 내용의 선정 및 배열과 관련되어 있다.
③ 학생들이 참여하도록 교육 기관에서 기획한 모든 활동이 포함된다.
④ 학습자 대상별 교수 학습 모형 설계 및 평가가 포함된다.

06

교육과정의 개발 단계에 관한 설명으로 옳지 않은 것은?

① 상황 분석에서는 학습자, 교재, 교사 지도안의 세 가지 요인을 고려해야 한다.
② 학습 목적과 목표는 학습자 요구 분석에 따라 설정한다.
③ 교육 내용의 선정 및 조직은 학습 목표에 따라 정한다.
④ 교육과정의 평가는 일회성이 아니라 개발 단계마다 유기적으로 진행되어야 한다.

정답 01 ② 02 ③ 03 ③ 04 ② 05 ② 06 ①

참고문헌

- 강승혜(2005), 교육과정의 연구사와 변천사, 한국어교육론 1, 국제한국어교육학회
- 김윤경 역(2000), 외국어 교육 이론과 실제, 한국문화사
- 김정숙(1992), 한국어 교육과정과 교과서 연구, 고려대학교 박사학위논문
- 김정숙(1994), 외국어로서의 한국어 교육 원리 및 방법, 한국어학 6, 한국어학회
- 김중섭 외(2010), 국제 통용 한국어 교육 표준 모형 개발, 국립국어원
- 김중섭 외(2016), 국제 통용 한국어 표준 교육과정 활용 점검 및 보완 연구, 국립국어원
- 김진숙(2003), 특정 목적 한국어 교육과정 개발을 위한 과제 단위 학습자 요구 분석, 연세대학교 교육대학원 석사학위논문
- 민현식(2003), 국내기관에서의 한국어 교육과정, 국제한국어교육학회 제13차 국제학술대회 발표집
- 배두본(2000), 외국어 교육과정론, 한국문화사
- 백봉자 외(2001), 한국어교사 교육·연수 프로그램 교과과정 및 교수요목 개발 최종 보고서, 문화관광부 한국어세계화재단
- 이미혜(2003), 직업을 위한 한국어 교육 연구: 교육 현황 및 '비즈니스 한국어' 개발 검토, 국제한국어교육학회
- 정명숙(2003), 비즈니스 한국어의 교수요목 설계를 위한 연구, 국제한국어교육학회
- 조명원·선규수(1995), 외국어 교육의 기술과 원리, 한신문화사
- 조항록(1997), 한국에서의 한국어 교사 연수, 한국어 교육 8, 국제한국어교육학회
- 조항록(2003), 한국어 교재 개발의 기본 원리와 실제, 외국어로서의 한국어 교육 28, 연세대학교 언어연구교육원 한국어학당
- 조항록(2003), 한국어 교재 개발을 위한 기초적 논의, 한국어 교육 14, 국제한국어교육학회
- 조항록 외(2002), 한국어교사 교육·연수를 위한 표준 교육과정 시행 시안 개발 최종 보고서, 문화관광부 한국어세계화재단
- 고려대학교 한국어교사 양성과정 강의안(2002), 고려대학교 국제어학원
- 연세대학교 한국어교사 연수과정 강의안(2001), 한국어 교수법의 이론과 실제, 연세대학교, 언어연구교육원 한국어교사연수소

03 한국어 평가론

01 평가의 중요성

외국어 교육의 목표는 학습자의 의사소통 능력을 키우는 데 있다. 외국어로서의 한국어 교육 역시 마찬가지라고 할 수 있는데, 이때 학습자의 '의사소통 능력'이란 어떤 것이며 그것을 어떻게 측정할 것인가의 문제가 있다. 그리고 학습자가 목표언어를 어느 정도 습득했는지 평가하는 것은 교육의 전반적인 상황을 판단하고 교육과정을 구성하는 기준이 된다.

02 평가의 유형

1) 평가(Evaluation)

주어진 영역 안에서 개인이 가지고 있는 능력이나 지식, 수행 등을 측정하여 가치 판단을 내리는 것이다. 평가의 핵심은 가치에 근거한 판단이다. 평가의 과정에는 기준에 견주어 정보를 비교하고 판단하는 것이 포함된다.

2) 측정(Measurement)

양적 용어를 사용하여 나타낸 평가로, 결과를 수치로 나타내는 것이다. 즉, 측정은 객관적으로 수치화된 자료로 나타난다.

3) 사정(Assessment)

평가의 한 형태로 학습자들의 학습에 관한 정보를 수집하는 과정을 포함한다. 학습자들의 기술, 지식, 능력을 표집하고 관찰하는 모든 종류의 방법을 포함하기 때문에 검사나 측정보다는 광범위한 개념이다. 대상의 전체적인 모습을 보여주므로 '총평'에 가깝다.

03 평가의 기능과 효과

1 평가의 기능

평가는 대상에 대해 가치 판단을 하는 행위이다. 평가의 핵심은 가치에 대한 판단이라고 볼 수 있다. 예를 들어 시험 점수가 70점이라고 할 때 단순히 수치로만 파악하는 것이 아니라 동질 집단의 평균과 비교하여 70점이 어느 정도 수준인지를 파악한다. 또 이를 바탕으로 교육이 잘 이루어졌는지를 판단한다. 평가의 과정은 먼저 정확한 평가 기준을 만들고, 주어진 정보를 이 기준에 맞추어 비교한 후 판단하는 전 과정을 포함한다.

언어 학습에서의 평가는 언어 학습자의 언어 능력을 평가한다. 이때의 언어 능력은 학습자가 목표 달성을 위해 자신의 의사 표현을 적절하고 효과적으로 할 수 있는 능력이다. 평가를 통해 개별 학습자들의 학업성취도를 파악할 수 있고 개별 학습자 또는 한 학급 전체가 겪는 학습의 어려움이나 곤란한 점을 진단할 수 있다. 이를 바탕으로 교육과정이나 수업 자료, 수업 절차 등의 교육적 효과를 평가할 수 있다.

2 역류효과(Washback, 파급효과) 중요

평가가 교수 및 학습에 미치는 효과를 역류효과 또는 파급효과라고 한다. 강승혜(2008)는 시험의 역류효과란 평가 후 그 결과를 사용하는 것이 개인과 사회, 교육 체계에 미치는 효과라고 하였다.

1) 역류효과를 높이기 위한 노력

① 시험 수행 후에 구체적으로 의견을 말해 준다.
② 학습자의 장점과 약점에 대해 말해 준다.
③ 시험 영역에 점수를 표기해서 진단적 기능을 갖게 한다.

2) 역류효과의 특징

① 학습 결과를 진단함으로써 학습자들에게 본인의 학습 상태를 알게 한다.
② 평가를 준비하고 실시하는 전 과정은 교사가 교수 목표를 결정하고 교육과정, 교수법을 개선하는 계기가 될 수 있다.
③ 학습자의 동기를 유발시키고 자신감을 갖게 한다.

TOP-Point

☑ 진정성(Authenticity)
　시험의 진정성이란 주어진 시험 과제의 특징이 목표언어 과제의 특징에 일치하는 정도를 말한다. 따라서 시험 과제가 실제 세계에서 이루어지고 있으며 또 이루어질 수 있는 과제여야 과제의 진정성이 담보된다고 볼 수 있다. 특히 다음과 같은 요소가 충족될 때 진정성을 가진다고 할 수 있다.
- 시험에 쓰인 언어가 자연스럽다.
- 문항들이 고립되지 않고 맥락화되어 있다.
- 주제가 학습자에게 의미(연관성, 흥미)가 있다.
- 학습자들이 주변에서 겪을 만한 일을 과제로 삼는다.

04 평가의 요건

1 신뢰도 중요

1) 신뢰도

　측정 내용의 일관성 및 객관성, 측정하고자 하는 현상을 일관되게 측정하는 능력을 말한다. 즉 얼마나 정확히 평가했는가에 대한 것이다.

2) 신뢰도 측정 방법

① **재검사 신뢰도**: 동일한 검사를 동일한 집단에게 시간 간격을 두고 두 번 실시한다.
② **동형 검사 신뢰도**: 같은 특성을 가진 형식으로 측정 도구를 만들어 동일한 대상에게 실시해서 두 점수 간의 상관계수를 구한다.
③ **반분 신뢰도**: 한 개의 평가 도구를 두 부분으로 나누어(예를 들어 홀수 번호 문제와 짝수 번호 문제) 두 부분에서 얻은 점수 간의 상관계수를 구한다.
④ **문항 내적 신뢰도**: 측정 도구의 개별 문항들이 서로 관련성이 있다는 것을 전제로 해서 각각의 문항에 대한 상관계수를 구한다.
⑤ **채점자 간 신뢰도**: 두 명 이상의 채점자가 있을 경우 상관계수를 구한다.
⑥ **채점자 내 신뢰도**: 채점자가 한 명일 경우 시간 차이를 두고 반복 채점하여 편차를 구한다.
　예 한 명의 채점자가 100개의 시험지를 채점할 경우 뒤로 갈수록 피곤해져서 채점 기준이 처음과 같지 않게 되어 채점자 내 신뢰도가 떨어질 수 있다. 또는 개인적인 감정이나 상황 등에 따라 달라질 가능성이 있다. 이럴 경우 채점 편차가 커지기 때문에 신뢰도는 떨어진다.

3) 신뢰도에 영향을 끼치는 요인

① **평가 문항 수**: 문항 수가 많을수록 수험자 간 차별성이 분명해져 신뢰도가 높아진다. 즉, 평가 문항 수와 신뢰도는 비례 관계이다.

② 문항의 난이도: 문제 난이도가 잘못 조정되는 경우 점수 분포가 한쪽으로 몰려 각 수험자의 점수를 잘 변별할 수 없다. 난도가 높다고 해서 신뢰도가 높은 것은 아니다. 난이도가 지나치게 높으면 수험자들의 점수가 한쪽으로 몰리게 된다.
③ 문항의 변별도: 각각의 학생들의 실력이 얼마나 차이가 나는지를 구별해야 한다. 예를 들어 1등과 2등의 실력 차이가 어느 정도인지 보여 줄 수 있는 시험은 변별도가 높은 시험이라고 할 수 있다.

2 타당도

1) 측정하고자 하는 내용을 실제로 정확히 측정하고 있는지 여부를 말한다.

  예 말하기 평가로서의 낭독
  → 타당도가 낮다. 발음 평가로서는 낭독이라는 방법이 적절하나 의사소통 능력을 시험하는 말하기 평가로는 적절하지 않다.

2) 타당도 측정 방법에는 안면 타당도, 내용 타당도, 구인 타당도, 준거 관련 타당도가 있다.

  ① 안면 타당도(Face Validity): 우선 피상적으로 보기에 타당한가를 나타내는 정도로, 검사 문항을 읽고 전문가가 아닌 일반인들도 이 평가가 얼마나 타당해 보이는가를 평가할 수 있다. 안면 타당도가 높은 시험은 다음과 같은 특징을 가진다.
    ㉠ 친숙한 과제가 있는 예상된 형식
    ㉡ 주어진 시간 안에 충분히 치를 수 있는 시험
    ㉢ 복잡하지 않고 분명한 문항과 지시 사항
    ㉣ 학생들의 학습 과정(내용 타당성)에 관련 있는 과제
    ㉤ 알맞은 정도의 어려움이 있는 난이도 수준
      예 시험지의 오타 또는 일정하지 않은 문항의 길이 등을 보면 문항 내용과 관계없이 피상적으로 문항이 타당해 보이지 않을 수 있다.

  ② 내용 타당도(Content Validity): 문항들이 측정하고자 하는 개념을 얼마나 골고루 잘 반영하는가에 대한 타당도이다.
    예 운동선수의 운동 실력을 평가하려고 하는데 지필고사를 실시하는 것은 내용 타당도를 충족시키지 못하는 평가이다.

  ③ 구인 타당도(Construct Validity): 포괄적이고 가장 최상위 개념의 타당도로, 평가가 측정하려는 어떤 특성의 개념이나 이론과 관련된다.
    예 말하기 능력이란 문법, 어휘, 담화, 사회언어학적 능력 등을 포함하는데 어떤 말하기 능력 평가가 구인 타당도를 갖추었다면 위의 내용들을 실제로 다루고 있어야 한다. 그런데 예를 들어 말하기 시험으로 낭독 시험을 본다면 '말하기 능력'에 해당하는 기본 개념을 만족시키지 못하는 시험이 된다.

  ④ 준거 관련 타당도(Criterion-Related Validity): 평가 도구가 특정 준거(외적 기준)와 얼마나 관련성이 있는가를 말한다. 준거 관련 타당도는 다시 공인 타당도와 예측 타당도로 나뉜다.

㉠ 공인 타당도(Concurrent Validity)
하나의 검사는 같은 목적을 가진 다른 검사와 관련성이 있어야 한다. 새로운 검사를 만들고 나서 그것의 타당성을 검증하려면 기존의 공인된 다른 검사와 어느 정도 유사하고 관련이 있는지를 보고 검증하여야 한다.

예 영어 능력 평가 검사
새로운 영어 능력 평가 검사를 만들었다고 가정했을 때, 이 검사가 타당도를 가지려면 이 검사는 기존의 영어 능력 평가 검사인 토플, 토익, 텝스 등의 점수와 비교해보았을 때 서로 연관성이 높아야 한다. 만약 동일한 학습자가 새로운 영어 능력 평가 검사와 토플, 토익, 텝스 등을 봤다고 했을 때 새로 만든 검사에서는 점수가 낮고 토플, 토익, 텝스 등 타당도가 이미 검증된 공인 검사에서 점수가 높게 나온다면 새로 만든 검사는 공인 타당도가 낮은 것이다.

㉡ 예측 타당도(Predictive Validity)
해당 검사가 목적하고 있는 바를 얼마나 정확히 예측할 수 있는가와 관련된 타당도이다. 이 시험에서 나온 결과가 앞으로 학습자가 그와 관련된 어떤 활동이나 일을 하는데 얼마나 성공적일 수 있는지 예측하는 것이다. 검사를 하고 난 후 예측되는 바를 검증할 때까지 시간이 필요하기 때문에 즉각적으로 타당도를 검증할 수는 없다.

예 학교 성적이 우수한 학생은 학교에서 성실하게 공부했다고 볼 수 있다. 따라서 그런 학생은 회사에서도 성실히 일할 수 있을 것이라고 예측하여 학교 성적을 입사 기준의 하나로 활용할 수 있는 것이다.

3) **신뢰도와 타당도의 관계**: 신뢰도는 시험을 통해서 측정하려는 것을 얼마나 '일관되게' 측정하느냐의 문제인 반면 타당도는 시험을 통해서 측정하고 싶은 것을 얼마나 '정확하게' 측정하느냐의 문제이다. 즉 신뢰도가 높다는 것은 일관성 있게 측정할 수 있다는 것을 의미할 뿐이지 정확성의 개념은 아니다. 따라서 신뢰도가 높다고 해서 타당도가 높은 것은 아니지만, 타당도를 높이기 위해서는 반드시 신뢰도가 높아야 한다. 타당도와 신뢰도는 다음과 같은 관계를 가진다.

① 타당도를 만족시키면 신뢰도는 언제나 만족한다.
② 그러나 신뢰도가 높다 하여 타당도가 항상 높은 것은 아니다.
③ 신뢰도는 타당도를 위한 필요조건이지 충분조건은 아니다.

3 실용도

1) 평가 시행 시 드는 경제적 비용에 대한 것이다.

2) 시험을 실시했을 때 드는 비용, 여건, 경비, 시간, 자원 등을 고려한다.

3) 신뢰도와 타당도가 높아도 실용도에 따라 평가 시행이 현실적으로 불가능할 수 있다.

예 평가 문항 수가 많아야 신뢰도가 올라가지만 실용도의 측면에서 보자면 무작정 평가 문항 수를 늘릴 수는 없다. 평가 문항을 지나치게 늘리면 비용, 시간, 자원 등에 문제가 생긴다.

4) 실용도를 갖추기 위한 요건: 평가를 실시하고 채점하고 해석하는 과정이 쉽고 간편해야 한다.

> 예1 수학능력시험, 한국어능력시험 등 대규모, 대단위의 시험일 경우 주관식 영역을 최소로 줄인다.
> 예2 컴퓨터를 기반으로 하는 테스트(CBT)가 점차 많아지고 있다.

05 평가의 종류

평가는 주어진 영역 안에서 어떤 사람의 능력과 지식 또는 수행을 측정하는 것이다. 평가는 다양한 기준으로 분류될 수 있는데 평가의 형태, 평가 목적이나 방법에 따라 분류한다.

1 평가 형태에 따른 분류

1) 비공식 평가와 공식 평가

① 비공식 평가(Informal Assessment): 조언, 피드백, 점수 기록 등을 하지 않고 수행을 이끌어 내는 교실 수업 과제로 평가한다.

② 공식 평가(Formal Assessment): 학생들의 기술과 지식이 어느 정도인지를 알아볼 수 있도록 구체적으로 설계된 과제나 절차를 통해 평가한다.

2) 규준 지향 평가와 준거 지향 평가

① 규준 지향 평가(Norm-Referenced Test): 각 수험자의 점수를 평균값(평균 점수), 중앙값(중간 점수), 표준편차(점수가 분포한 범위), 그리고 백분율 등급과 관련지어 해석한다.

　㉠ 학생들의 성취 정도를 집단 내의 평가 대상자들 간에 상대적으로 비교함

　㉡ 한 학생의 점수는 그 자체로는 의미를 갖지 못함. 평가 대상들 간의 성취도상의 변별을 강조함

　㉢ 평가 도구의 신뢰도가 중요하며, 선발을 목적으로 하는 입시 평가에 유용함

② 준거 지향 평가(Criterion-Referenced Test): 수험자들에게 주로 등급 성적의 형식으로 특정한 과정이나 수업 목표에 대한 피드백을 주기 위해 설계한 평가이다.

　㉠ 교육 목표, 학습 목표 같은 절대적 준거에 따라 학생의 성취도가 결정되며, 개별 학생이 무엇을 얼마나 성취했는가가 중요함

　㉡ 원리상 평가 목적과 교육 목적이 일치해야 하므로, 성취도가 낮은 경우 교사의 교수 방법, 교수 내용, 교사 혹은 교육의 목표 수정이 필요할 수 있음

　㉢ 특정한 자격 요건의 확인과 인정을 목적으로 하는 데 유용한 평가 방식으로 자격시험에서 주로 사용됨

구분	규준 지향 평가	준거 지향 평가
개념	• 한 학생이 받은 점수가 다른 학생들이 받은 점수에 의해 상대적으로 결정되는 평가 방식 • 규준이란 원점수의 상대적 위치를 설명하기 위하여 쓰이는 척도로서 모집단을 대표하기 위하여 추출된 표본에서 산출된 평균과 표준편차로 만들어짐	• 학생들이 성취해야 할 교육 목표에의 도달 여부와 그 정도를 확인하고자 하는 평가를 의미 • 목표 지향 평가 또는 절대 기준 평가라고도 함
특징	• 개인차의 인정 • 선발적 교육관 • 우수자 선발 • 평가 도구의 신뢰도에 관심	• 발달적 교육관 • 교수 과정 개선이 목적 • 평가 도구의 타당도에 관심 • 평가 점수는 그 자체로서 의미를 가짐
장점	• 엄밀한 개인차의 변별이 가능 • 경쟁을 통한 외적인 동기유발에 효과적 • 교사의 편견을 배제	• 목표 달성도에 대한 정보 제공 • 평가와 교수-학습 과정의 연결 • 건전한 학습 분위기 조성
단점	• 진정한 학력의 평가가 곤란 • 교수-학습의 개선 곤란 • 선택적 교수-학습의 조장 • 지나친 경쟁과 시험 위주의 학습	• 개인차의 변별이 쉽지 않음 • 준거 설정 기준이 애매할 수 있음 • 성적의 통계적 활용이 어려움

2 평가 목적에 따른 분류 중요

1) 성취도 평가(Achievement Test)

학습 목표를 얼마나 잘 이루었는지를 측정하는 평가이다. 보통 단위 수업 시간을 기준으로 가르쳐 준 것을 학습자들이 얼마나 이해하고 있는가를 점검하는 평가이다. 이미 가르쳐 준 것을 평가한다는 점에서 숙달도 평가와 다르다.

예 월말고사, 중간고사, 기말고사

2) 숙달도 평가(Proficiency Test)

평가하고자 하는 것에 얼마나 능숙한가를 보여 준다. 일반적으로 학습자가 가지고 있는 전반적인 언어 능력을 측정하는 것이다.

예 한국어능력시험(TOPIK), 토익, 토플 등

3) 배치 평가(Placement Test)

학생의 언어적 능력을 측정하여 학생들을 반 배치하기 위한 목적으로 실시한다. 교육과정이 시작되기 전에 학생의 전반적인 능력 탐색을 위해 실시된다.

4) 진단 평가(Diagnostic Test)

반 배치가 끝난 후 학습자들의 일반적인 학습 능력이나 배경지식들을 진단하여 교육과정을 수정하고 내용을 강화, 보완하기 위해 실시하는 평가이다.

5) 형성 평가(Formative Assessment)

  학생이 성장 과정을 지속할 수 있도록 도우려는 목적으로 언어 능력과 기술을 '형성'하는 과정에 있는 학생을 평가하는 것이다.

6) 총괄 평가(Summative Assessment)

  학생들이 배운 것을 측정하거나 종합하기를 목표로 하며, 대부분 어떤 교육과정이나 단원의 마지막에 시행하는 평가이다.

3 평가 방법에 따른 분류 중요

1) 분리 평가

  언어 능력의 요소들을 모두 구별하여 각각의 개별요소를 평가하는 것이다. 언어 능력의 경우 말하기, 듣기, 쓰기, 읽기 등으로 분리하여 더 세부적으로 각각의 개별요소를 평가하기도 한다.

  예 말하기 시험, 듣기 시험 등

2) 통합 평가

  분리 평가와 대비되는 개념으로 언어요소를 세분화하는 것이 아니라 전체적인 사용 능력을 측정한다. 한번에 두 가지 이상의 기능을 동시에 측정하는 것이다.

  예 듣기와 쓰기 통합 형태의 받아쓰기, 듣기와 말하기 통합 형태의 구술시험 등

3) 직접 평가

  실제 의사소통 상황에서 언어 사용 능력을 직접적으로 측정하는 것이다. 그러나 현실적으로 시간, 비용 등의 문제가 있어 보편적으로 시행되기 어렵다.

  예 말하기 시험의 한 형태로 '직접 가게에 가서 흥정하여 물건 사오기' 등의 과제를 제시하고 평가자가 직접 평가한다.

4) 간접 평가

  언어 사용 능력을 간접적인 방식으로 측정하는 것이다. 교실에서 일반적으로 행해지는 방식이다.

  예 학생의 역할극을 통해 교사가 말하기 능력을 평가하는 경우 간접 평가에 해당한다.

5) 속도 평가

  많은 양의 문제를 내서 일정 시간 내에 얼마나 많은 문제를 정확하게 풀었는가를 측정하는 것이다. 문항 수가 많은 편이다.

6) 능력 평가

속도 평가와 대비되는 개념으로 시간과 관계없이 높은 수준에 해당하는 문제를 출제하여 학습자의 지식이나 능력을 측정하는 것으로 문항 수는 많지 않다.

예 수학경시대회 등

7) 객관식 평가

문제의 형태에 따른 분류이다. 객관적 문제가 출제되며 채점자가 채점을 위한 훈련을 할 필요가 없고 채점 결과가 항상 일정하다.

8) 주관식 평가

통찰력과 전문지식에 기초한 주관적 판단에 의거하여 채점한다. 채점 결과가 채점자, 시간과 장소, 환경에 따라 일정하지 않을 수 있다. 자세하게 규정된 채점 기준이나 복수의 채점자 활용, 채점자 사전 훈련과 같은 채점 결과 객관화를 위한 노력이 필요하다.

9) 지필고사

종이와 연필을 사용하는 테스트의 형태로 응시자가 직접 응시 지역에서 시험을 치르는 형태이다.

10) 컴퓨터 기반 평가(CBT)

온라인상에서 컴퓨터를 사용하여 시험을 치를 수 있는 형태이다. 자기 주도적 평가이며 경제적으로 효율적인 대규모 표준화 시험이 가능하다는 장점이 있다.

11) 수행 평가

선택형 지필 시험이 아니라 구두 표현이나 쓰기 표현, 통합적 수행, 상호 작용적 과제 등을 포함하는 시험이다. 의사소통 수행으로 보면 학습자가 언어 행위를 수반하는 과정에서 평가되므로 내용 타당도가 높다. 실제생활을 위한 참 평가(Authentic Assessment), 학습 과정을 위한 과정 평가 등으로 불리기도 한다.

예 구술면접: 실생활 언어 사용에 가깝다.

12) 포트폴리오 평가

포트폴리오는 학습자가 쓰기 과정에서 생산한 모든 과정을 서류철처럼 보관한 하나의 자료집이다. 학습자의 작문 초안 및 연습지, 평가지 등의 쓰기 관련물이 포트폴리오에 포함되는데, 포트폴리오 평가는 학습자의 학습 경험과 성취를 직접적이고 지속적인 방식으로 기록하는 방법이 될 수 있으므로 보다 타당성 높고 신뢰성 있는 평가이다. 주로 쓰기 과정 평가에서 많이 사용된다.

> **TOP-Point**
>
> ■ 통합 평가의 대표적인 예
> - 빈칸 채우기(Cloze test)
>   독해지문(길이는 150~300 단어 정도)에서 약 6~7번째마다 단어를 하나씩 삭제하여 수험자가 채워 넣는 것이다. 어휘, 문법 구조, 담화 구조, 독해기술과 전략, 내재화된 예상 문법 능력 등이 요구되기 때문에 통합적 시험의 대표적인 예로 꼽힌다.
> - 받아쓰기(Dictation)
>   100~150 단어 정도 길이의 지문을 듣고, 올바른 철자를 사용하여 받아쓰는 것이다. 끊지 않고 낭독하기, 구마다 길게 끊어 주며 낭독하기, 정상속도로 낭독하기의 단계가 있다. 문법 능력과 담화 능력을 반영하기 때문에 통합적 시험의 예로 적합하다.

06 평가 내용으로서의 의사소통 능력

언어 평가는 의사소통 능력을 평가하는 것인데 이 의사소통 능력에 대한 정의가 보완되고 수정되면서 다음과 같이 정립되었다.

1) 촘스키(Chomsky, 1965)의 언어 능력

촘스키는 언어 능력이란 그 언어를 완전하게 아는 것이며 문법적으로 정확한 문장을 만들어 내는 능력이라고 정의하였다. 이때의 언어 능력의 개념은 언어 수행(Linguistic Performance)의 측면은 고려하지 않은 것이다. 촘스키는 언어 능력이란 문법이나 문장 구조에 대한 이해를 기반으로 한 언어에 대한 지식적 차원의 문제라고 생각하였다.

2) 하임즈(Hymes, 1967)의 의사소통 능력

하임즈는 촘스키의 언어 능력에 언어 수행이라는 요소를 더해서 의사소통 능력을 새롭게 정의하였다. 그는 의사소통 능력을 언어 능력과 언어 수행이라는 두 가지 요소로 구분했는데 하임즈가 말하는 의사소통 능력은 '특정 상황에서 메시지를 전달하고 해석하며 인간 상호 간 의미를 타협하게 해주는 능력'으로 정의된다. 특히 하임즈는 촘스키가 말한 언어 능력, 즉 문법적으로 정확한 문장을 만들어내는 것만으로는 의사소통이 불가능하다고 보고 언어 수행 측면에서의 사회언어학적인 고려가 필요하다고 하였다.

3) 커넬 & 스웨인(Canale & Swain, 1980)의 의사소통 능력

이들은 의사소통 능력이 문법적 능력, 담화적 능력, 사회언어학적 능력, 전략적 능력의 네 가지 구성 요소로 이루어졌다고 보았다. 이는 하임즈의 의사소통 능력 개념을 더욱 확대한 것으로 각각의 요소는 다음과 같은 특징을 가지고 있다.

① 문법적 능력

일반적으로 생각하는 문법과 어휘에 대한 언어 지식을 뜻하는 것으로 어휘에 대한 지식과 형태론적, 통사론적, 의미론적, 음운론적 규칙에 관한 지식을 포함하는 의사소통 능력이다. 어휘, 발음, 규칙, 철자법, 단어 형성, 문장 구조 등을 정확히 알아야 한다. 언어학적 기호를 정확히 사용하여 문법적으로 올바른 문장을 생성해 내는 능력이다.

㉠ '국민'이라는 단어를 [궁민]이라고 비음화하여 제대로 발음할 수 있고, 맞춤법에 대해서도 틀리지 않으며, 이 단어로 문법적으로 바르게 문장을 만들어 낼 수 있어야 한다.

② 담화적 능력

문법적 능력을 보충해 주는 능력으로서 하나의 담화를 구성할 줄 아는 능력이다. 담화라는 것은 둘 이상의 문장이 연속되어 이루어지는 말의 단위를 가리키는 것으로서 하나의 주제를 가지고 있어야 한다. 따라서 단순히 문장 하나하나를 문법적으로 정확히 말하는 것만으로는 담화적 능력이 있다고 말할 수 없다. 형태적인 응집성과 내용상의 일관성을 유지해야 한다. 문법적 능력이 문장 단위의 문법을 이루는 것이라면 담화적 능력은 문장 사이의 상호 관계와 연관된 것이다.

㉠ 적절한 지시어, 연결어, 접속 부사 등을 사용해서 전체 담화가 자연스럽고 매끄럽게 진행되어야 한다. "친구가 학교에 갔어. 하지만 공부를 했어."는 적절하지 않은 접속 부사 사용으로 담화적인 응집성이 없는 문장이다.

③ 사회언어학적 능력

그 언어가 사용되고 있는 사회적 상황에 대한 이해 역시 하나의 언어 능력에 포함된다. 이때 사회적 상황이란 대화가 일어날 때 언어를 사용하는 사람들이 맡은 역할, 이들이 공유하는 정보, 이들 간에 이루어지고 있는 상호 작용을 뜻하는데 이것이 담화 상황에서 어떻게 진행되고 있는 것인지 이해하는 것이다.

㉠ 친구에게 존댓말로 이야기하거나 윗사람에게 반말로 말하는 경우, 또는 회의나 공식 석상에서 지나치게 친근한 어휘를 사용하는 경우는 문법적으로 올바른 말을 하더라도 사회언어학적 능력은 떨어진다고 볼 수 있다.

④ 전략적 능력

비언어적인 의사소통 전략이다. 의사소통 능력에 언어적인 것뿐만 아니라 비언어적인 전략도 의사소통에 도움이 되는 것이라면 일종의 언어 능력이라고 보는 관점이다. 언어 수행에 있어서 어떤 불완전한 요인이나 완벽하지 않은 언어 능력 때문에 의사소통이 중단되는 경우 이를 보완하기 위해 사용하는 것으로서 의역하기, 우회적 화법, 반복, 머뭇거림, 회피, 추측 등이 이에 속한다.

㉠ 대화를 하면서 모르는 어휘를 앞뒤 문맥으로 추측해보고 부족한 어휘를 몸짓이나 표정 등을 이용하여 대화를 잘 이어가는 경우

4) 바흐만(Bachman, 1990)의 의사소통 능력

바흐만은 의사소통 능력을 언어 능력, 전략 기저 능력, 심리적 기제의 세 가지 요소로 나누었다. 그중 언어 능력은 조직적 능력과 화용적 능력으로 다시 구분하였다.
① 조직적 능력: 문법적 규칙이나 담화적 규칙 등을 포함한다.
② 화용적 능력: 언어 지식이 아니라 언어 수행의 범주에서의 언어 능력이다. 사회언어학적 능력, 전략적 능력과 관계있다.

> **TOP-Point**
>
> ☑ 의사소통 능력
> - Canale & Swain의 의사소통 능력
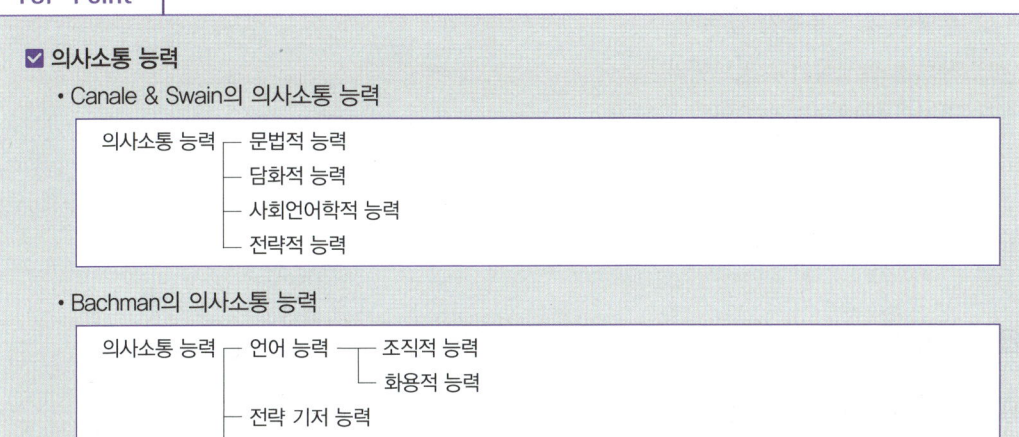
> - Bachman의 의사소통 능력

07 평가 문항 작성

평가 도구를 개발하는 절차는 평가 계획과 문항 개발, 검토 등의 과정으로 이루어진다.

1 평가 도구 개발

1) 평가 계획 수립

   평가의 목표를 설정하고 목표에 맞게 내용을 선정한다.

2) 평가 유형 설정

   실제적인 평가 개요를 구성한다. 평가 형태, 문항 형태와 수 등 구체적인 계획을 수립한다.

3) 평가 항목 선택

   평가 내용 중 하위 평가 항목을 선정한다.

4) 평가 문항 작성

신뢰도와 타당도를 충족시키는 실제 문항을 작성한다. 이때 난이도 조절, 다양한 주제 선정 등이 이루어진다.

5) 검토

검토자가 직접 문항을 풀어 보고 정답과 오답을 다시 확인한다. 다음과 같은 점에 주의하여 검토한다.
① 지문 길이는 적절한가?
② 분명한 평가 목표가 있는가?
③ 자료는 실제적이고 명료한가?
④ 적절한 방법으로 평가하고 있는가?
⑤ 문항 지시문은 명료하고 적절한가?
⑥ 오타 또는 부정확한 지시문이 있는가?
⑦ 난이도를 고려했을 때 문항 배열은 적절한가?

2 영역별 평가 목표

1) 어휘 · 문법
① 어휘 및 문법의 정확한 구사 능력을 평가한다.
② 담화 맥락에 적절한 어휘 및 문법 사용 능력을 평가한다.
③ 담화나 텍스트의 특성에 적절한 어휘 및 문법 구사 능력을 평가한다.

2) 쓰기
① 정확하고 적절한 문장 구성 능력을 평가한다.
② 담화 맥락에 적절한 담화 구성 능력을 평가한다.
③ 맥락과 격식에 적절한 짧은 글쓰기 능력을 평가한다.
④ 일관성 있고 조리 있게 글을 구성하고 표현하는 능력을 평가한다.

3) 듣기
① 음성의 정확한 분별을 통한 의미 파악 능력을 평가한다.
② 들은 내용에 적절히 반응하는 능력을 평가한다.
③ 듣고 정보를 파악하는 능력을 평가한다.
④ 들은 내용을 이용해 논리적으로 추론하거나 종합하는 능력을 평가한다.

4) 읽기

① 비언어적·언어적 표지의 이해 능력을 평가한다.

② 읽고 정보를 파악하는 능력을 평가한다.

③ 읽고 주제나 중심 내용을 파악할 수 있는 능력을 평가한다.

④ 읽은 내용을 이용해 논리적으로 추론하거나 종합하는 능력을 평가한다.

3 영역별 평가의 세부 내용

1) 말하기

① 말하기 평가 유형

㉠ 모방적(Imitative): 단어나 어구 또는 문장을 단순히 따라하는 것이다. 특히 발음 평가에서 많이 사용된다.

㉡ 세부적(Intensive): 제한된 범위에서 문법, 어구, 어휘, 음운 등에 대한 능력을 평가한다.

㉢ 반응적(Responsive): 짧은 대화 수준에서 상대방의 이해와 반응 정도에 맞추어 상호 작용적인 이해가 이루어진다.

㉣ 상호 작용적(Interactive): 정보 교류나 대인 관계를 위해 이루어지는 담화 유형이다. 반응적 대화에 비해 훨씬 길고 화용적인 면에서 복잡해질 수 있다. 사회언어적 능력이 필요한 말하기이다.

㉤ 확장적(독백)[Extensive(Monologue)]: 연설, 구두 발표, 이야기 들려주기 등이 포함되며, 이 과제를 수행할 때는 거의 독백에 가까운 말하기가 이루어진다. 정교하고 공식적인 말투를 쓰는 말하기 과제가 많다.

② 말하기 평가 요소

㉠ 정확성: 문장 구조의 정확한 사용

㉡ 다양성: 문법이나 어휘의 다양한 사용

㉢ 적절성: 상황에 따른 적절한 표현 능력

㉣ 유창성: 자연스럽고 자신감 있게 말하기

㉤ 상호 작용: 상대방의 반응과 이해에 맞춰 말하기

③ 말하기 평가 유형의 예

㉠ 인터뷰하기

㉡ 그림이나 지도 설명하기

㉢ 토의하기

㉣ 토론하기

㉤ 역할극하기

㉥ 발표하기

㉦ 통역하기

2) 듣기
　① 듣기 평가 유형: 듣기 평가의 종류에는 기본적으로 청취력 평가와 청해력 평가가 있다.
　　㉠ 청취력 평가(소리 듣기 평가): 음소, 강세, 억양, 연음의 구별 등
　　㉡ 청해력 평가(의미 듣기 평가): 의미나 의도 파악, 정보나 지식의 이해, 목적 등의 파악
　② 듣기 평가 요소
　　㉠ 사실적 이해: 들려준 내용을 있는 그대로 듣는 것
　　㉡ 추론적 이해: 들은 내용의 이해를 토대로 추론하는 것
　　㉢ 평가적 이해: 타당성, 정확성, 태도, 분위기 등을 듣는 사람이 판단하며 듣는 것
　③ 듣기 평가 유형의 예
　　㉠ 음운 듣기
　　㉡ 어휘 듣기
　　㉢ 정보 듣기
　　㉣ 이어지는 말 찾기
　　㉤ 핵심 내용 찾기
　　㉥ 내용 이해하기
　　㉦ 요지 파악하기
　　㉧ 요약하기
　　㉨ 추론적 듣기

3) 읽기
　① 읽기의 특징
　　㉠ 읽기는 목적을 가진 이해 활동이다.
　　㉡ 읽기는 선택적 이해 활동이다.
　　㉢ 읽기의 목적과 텍스트의 유형에 따라 읽기 방식이 달라진다.
　② 읽기 평가 요소
　　㉠ 사실적 이해: 진술된 그대로를 파악
　　㉡ 추론적 이해: 대화, 담화, 문단에 표현된 내용과 전개 방식을 이해하고 논리적으로 추론해낼 수 있는 능력
　　㉢ 평가적 이해: 지문을 비판적으로 이해하고 그 내용의 정당성이나 적절성에 대해 평가
　③ 읽기 평가 유형의 예
　　㉠ 단어에 맞는 문장 찾기
　　㉡ 제목 읽고 의미 해석하기
　　㉢ 글 읽고 제목 붙이기
　　㉣ 담화상에서 단어, 문법, 관용어 의미 해석하기

ⓜ 어휘 및 담화 표지 찾기
ⓑ 정보 파악하기
ⓢ 중심 내용 및 주제 파악하기
ⓞ 단락별 주제 연결하기
ⓩ 글의 기능 파악하기
ⓒ 글쓴이의 태도, 어조 파악하기
ⓚ 문장 삽입, 삭제하기
ⓣ 지시어가 지시하는 내용 찾기
ⓟ 글의 세부 내용 파악하기

4) 쓰기
  ① **쓰기의 특징**: 생각과 의미를 논리적으로 표현해야 하므로 같은 표현 능력이라고 해도 말하기보다 복잡한 정신적 사고가 요구됨
  ② **쓰기 능력의 구성 요소**
    ㉠ 내용 지식: 주어진 쓰기 과제의 성격과 목적, 독자의 특성에 맞도록 글을 쓴 정도
    ㉡ 조직성: 필자의 생각이나 의미의 논리성, 글의 전체적인 통일성과 의미 연결성
    ㉢ 정확성: 의미 전달의 명료성과 정확성
    ㉣ 다양성: 다양한 문장 구조와 풍부한 어휘의 사용 정도
    ㉤ 적절성: 글을 쓰는 목적과 독자의 특성에 적절하게 썼는지의 여부
    ㉥ 기술적 세부 사항: 철자, 문장 부호의 정확한 사용
  ③ **쓰기 평가 유형의 예**
    ㉠ 어순 배열하기
    ㉡ 문장 연결하기
    ㉢ 바꿔 쓰기
    ㉣ 대화 완성하기
    ㉤ 빈칸 채우기
    ㉥ 글 완성하기
    ㉦ 제목에 따라 작문하기

08 평가 결과의 해석

평가 도구를 제작하고 시행한 후에는 평가의 결과를 해석하고 활용한다. 결과 해석 후 학습 지도에 반영, 활용하여 긍정적인 순환 효과를 이끌어 낸다.

1 점수 해석

응시자들의 개별 점수만으로는 분포를 알 수 없기 때문에 최하 점수와 최고 점수를 분포한 후 중앙값과 최빈값, 평균, 백분위 등급, 표준 편차 등을 통해 의미를 부여할 수 있다.

1) **중앙값**: 점수를 작은 값부터 크기 순서로 나열할 때, 중앙에 위치하는 값이다. 예를 들어 아홉 개의 점수 22, 43, 44, 51, 65, 81, 85, 89, 91의 중앙값은 다섯 번째의 값인 65이다. 자료의 개수가 짝수일 경우 가운데 위치한 두 점수의 평균값이 중앙값이 된다.

2) **최빈값**: 점수 중에서 가장 많이 나타나는 값이다. 예를 들어 점수가 15, 25, 25, 27, 33, 38인 경우에 최빈값은 25이다. 점수가 모두 다르면(점수가 하나씩 있으면) 최빈값은 없다. 최빈값은 자료가 너무 많거나 중복이 많은 경우, 예를 들어 가장 선호하는 것 고르기 등 숫자로 나타낼 수 없는 자료의 대푯값으로 주로 쓰인다.

3) **평균**: 개별 점수의 총합을 응시자 전체의 수로 나눈 값이다.

4) **백분위 등급**: 백분위 등급은 학습자들의 상대적 서열을 나타내는 수치이다. 응시자 전체 중 해당 학생보다 낮은 점수를 받은 응시자들의 비율을 백분율로 나타낸 값이다. 예를 들어 백분위가 90%라면 이 학생보다 표준점수가 같거나 낮은 응시자들이 전체의 90%라는 의미이므로 이 학생은 90%의 다른 응시자보다 더 좋은 점수를 받은 것이다. 백분위 등급은 개별 학습자들의 위치를 파악하는 데 도움이 된다.

5) **표준편차**: 개별 점수가(자료의 값) 평균으로부터 얼마나 흩어져 있는지의 정도를 나타내는 수치이다. 분산의 양의 제곱근으로, 표준 편차가 클수록 점수 분포 범위가 크다. 시험 성적이 특정 점수에 몰려 있는지 넓게 퍼져 있는지를 살펴볼 수 있다.

2 평가 검증

평가가 초기에 설계한 평가 목적을 제대로 달성했는지, 점수가 타당한지를 확인하기 위해서는 평가를 검증하여야 한다. 대표적으로 고전검사이론과 문항반응이론이 있다.

1) **고전검사이론(Classical Test Theory)**

객관식 문항을 검증하기 위한 것으로 문항 용이도(정답률)와 문항 변별도를 본다.

① **문항 용이도(정답률)**: 응시자들이 정답을 맞힌 비율이다. 이 비율이 높으면 문항이 쉽다는 것을 의미하고 지수가 낮으면 어렵다는 것을 의미한다. 보통 문항 용이도 0.25 이하는 어려운 문항으로, 0.75 이상은 쉬운 문항으로 판단한다.
② **문항 변별도**: 각 문항이 응시자의 능력 수준을 변별할 수 있는 정도이다. 변별도가 높은 문항일수록 상위권 학습자와 하위권 학습자를 잘 구별해 준다. 변별도가 높은 문항은 상위권 학습자가 정답으로, 하위권 학습자가 오답으로 반응하는 문항이다. 만약 상위권과 하위권이 모두 정답, 또는 모두 오답으로 반응했다면 문항이 너무 쉽거나 너무 어려워서 변별도가 떨어진다고 본다. 문항 변별도가 1.0에 가까울수록 변별력이 높음을 나타내고, 0에 가까울수록 변별력이 낮음을 나타낸다. 일반적으로 문항 변별도가 0.4 이상이면 변별도가 높은 문항, 0.20-0.29는 변별도가 낮은 문항, 0.10 미만은 변별력이 없는 문항으로 본다. 규준지향평가에서는 문항변별지수가 최소 0.30 이상이 되어야 한다.

2) 문항반응이론(Item Response Theory)

고전검사이론의 한계를 극복하고자 등장한 이론으로 문항마다의 고유한 속성이 있고 각 문항마다의 고유한 문항특성곡선에 의하여 문항 특성을 분석하는 검사이론이다. 응시자가 어떤 문항에 대하여 특정한 반응을 할 확률을 문항 특성 및 능력의 함수로 나타낸다. 문항반응이론의 모형은 고려하는 문항 모수(Parameter)의 개수에 따라 1-모수모형, 2-모수모형, 3-모수모형 등이 있다. 문항반응이론은 문항의 고유한 특성을 존중하고 응시자들의 능력을 개별 수준에 맞는 문항으로 차별적으로 제공할 수 있게 함으로써 응시자들의 실제 능력을 보다 정확하고 객관적으로 측정할 수 있게 한다.

09 한국어능력시험

1 한국어능력시험(TOPIK; Test Of Proficiency In Korean)[1]

1) 한국어능력시험(TOPIK)의 목적

① 한국어를 모국어로 하지 않는 외국인 및 재외동포들에게 한국어 학습 방향을 제시하고 세계 속에 한국어 보급 확대
② 한국어 사용 능력을 측정, 평가하여 그 결과를 유학 및 취업 등에 활용

2) 한국어능력시험(TOPIK) 응시 대상

한국어를 모국어로 하지 않는 외국인 또는 재외동포로서 한국어 학습자 및 국내외 대학 유학 희망자, 국내외 한국기업체 및 공공기관 취업 희망자, 외국 학교 재학 또는 졸업자(재외국민)

---

[1] 한국어능력시험(http://www.topik.go.kr) 참고

3) 시험 관리 및 시행기관

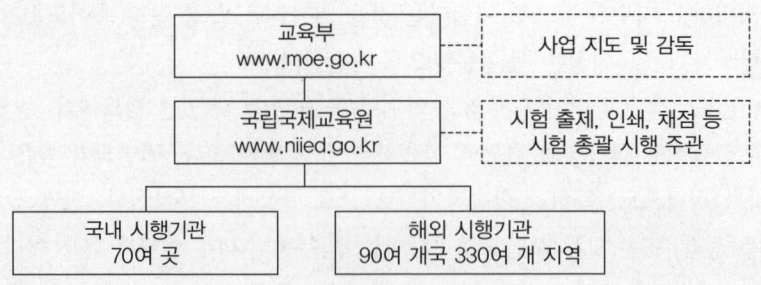

4) 시험 시기: 연 6회 실시, 국가별·시차별로 날짜가 상이하다.

시기		시행 지역	미주, 유럽, 아프리카, 오세아니아	아시아	한국
상반기	1월	국내	–	–	일요일
	4월	국내외	토요일	일요일	일요일
	5월	국내외	–	–	일요일
하반기	7월	국내외	토요일	일요일	일요일
	10월	국내외	토요일	일요일	일요일
	11월	국내외	–	일요일	일요일

5) 시험의 종류 및 시간

① 한국어능력시험(TOPIK): 한국문화 이해 및 유학 등 학술적 성격에 필요한 한국어 능력을 측정·평가하며 초급, 중·고급의 2종류

② 종래의 B-TOPIK(Business TOPIK)은 2011년도부터 폐지

③ 2014년 7월 35회 시험부터 새로운 형태로 개편

㉠ 'TOPIK 초급'은 'TOPIK Ⅰ'으로 바뀌며 평가 영역이 4개 영역(어휘·문법, 쓰기, 듣기, 읽기)에서 2개 영역(읽기, 듣기)으로 변경되었다.

㉡ 'TOPIK 중급·고급'은 통합하여 'TOPIK Ⅱ'로 바뀌며 4개 영역(어휘·문법, 쓰기, 듣기, 읽기)에서 3개 영역(읽기, 듣기, 쓰기)으로 변경되었다.

㉢ 'TOPIK Ⅰ'은 어휘·문법 및 쓰기를 제외하였고, 'TOPIK Ⅱ'는 어휘·문법을 제외함으로써 수험생의 시험 준비에 대한 부담을 줄었다.

㉣ 변경된 한국어능력시험에서는 종합점수에 의해 등급이 판정된다. 출제가 완료된 후 문항별 수준 설정을 통하여 등급 판정에 필요한 수준을 정하기 때문에 기존의 한국어능력시험과 달리 등급별 합격 점수를 미리 공고하지 않고 출제가 완료된 후에 등급 판정을 위한 수준 설정을 하게 되고, 이 결과를 바탕으로 탈락 점수와 등급 분할점수가 산출된다.

④ 인터넷 기반 시험 TOPIK IBT
　㉠ 인터넷 환경이 구축된 시험장에서 PC를 통해 온라인 시험을 실시하는 형태로, 2023년 하반기부터 실시 중이다.
⑤ TOPIK 말하기 평가
　㉠ 여섯 문항으로 구성된 말하기 평가로, 2022년 하반기부터 실시되었다.
　㉡ 질문에 대답하기, 그림 보고 역할 수행하기, 그림 보고 이야기하기, 대화 완성하기, 자료 해석하기, 의견 제시하기의 총 여섯 문항으로 구성되어 있다.

6) 한국어능력시험의 평가 기준
① 유형 구분: A형-미주・유럽・아프리카・오세아니아, B형-아시아
② 평가 등급

구분	TOPIK I		TOPIK II			
	1급	2급	3급	4급	5급	6급
등급 결정	80점 이상	140점 이상	120점 이상	150점 이상	190점 이상	230점 이상

③ 평가 영역 및 문항 구성

구분	개편 전				개편 후(2014년 35회 시험부터 적용)			
	영역	문항 수	시험 시간 (분)	비고	영역	문항 수	시험 시간 (분)	비고
TOPIK I	어휘 문법	30	45	90　1교시	듣기	30	40	100　1교시
	쓰기	14	45					
	듣기	30	45	90　2교시	읽기	40	60	
	읽기	30	45					
TOPIK II	어휘 문법	30	45	90　1교시	듣기	50	60	110　1교시
	쓰기	15~16	45		쓰기	4	50	
	듣기	30	45	90　2교시	읽기	50	70	70　2교시
	읽기	30	45					

④ 성적별 등급 평가 기준

등급		평가 기준
TOPIK I	1급	• 자기 소개하기, 물건 사기, 음식 주문하기 등 생존에 필요한 기초적인 언어 기능을 수행할 수 있으며 자기 자신, 가족, 취미, 날씨 등 매우 사적이고 친숙한 화제에 관련된 내용을 이해하고 표현할 수 있다. • 약 800개의 기초 어휘와 기본 문법에 대한 이해를 바탕으로 간단한 문장을 생성할 수 있다. • 간단한 생활문과 실용문을 이해하고 구성할 수 있다.
	2급	• 전화하기, 부탁하기 등의 일상생활에 필요한 기능과 우체국, 은행 등의 공공시설 이용에 필요한 기능을 수행할 수 있다. • 약 1,500~2,000개의 어휘를 이용하여 사적이고 친숙한 화제에 관해 문단 단위로 이해하고 사용할 수 있다. • 공식적 상황과 비공식적 상황에서의 언어를 구분해 사용할 수 있다.
TOPIK II	3급	• 일상생활을 영위하는 데 별 어려움을 느끼지 않으며, 다양한 공공시설의 이용과 사회적 관계 유지에 필요한 기초적 언어 기능을 수행할 수 있다. • 친숙하고 구체적인 소재는 물론 자신에게 친숙한 사회적 소재를 문단 단위로 표현하거나 이해할 수 있다. • 문어와 구어의 기본적인 특성을 구분해서 이해하고 사용할 수 있다.
	4급	• 공공시설 이용과 사회적 관계 유지에 필요한 언어 기능을 수행할 수 있으며, 일반적인 업무 수행에 필요한 기능을 어느 정도 수행할 수 있다. • 뉴스, 신문 기사 중 비교적 평이한 내용을 이해할 수 있다. 일반적인 사회적·추상적 소재를 비교적 정확하고 유창하게 이해하고 사용할 수 있다. • 자주 사용되는 관용적 표현과 대표적인 한국 문화에 대한 이해를 바탕으로 사회·문화적인 내용을 이해하고 사용할 수 있다.
	5급	• 전문 분야에서의 연구나 업무 수행에 필요한 언어 기능을 어느 정도 수행할 수 있다. • 정치, 경제, 사회, 문화 전반에 걸쳐 친숙하지 않은 소재에 관해서도 이해하고 사용할 수 있다. • 공식적·비공식적 맥락과 구어적·문어적 맥락에 따라 언어를 적절히 구분하여 사용할 수 있다.
	6급	• 전문 분야에서의 연구나 업무 수행에 필요한 언어 기능을 비교적 정확하고 유창하게 수행할 수 있다. • 정치, 경제, 사회, 문화 전반에 걸쳐 친숙하지 않은 주제에 관해서도 이용하고 사용할 수 있다. • 원어민 화자의 수준에는 이르지 못하나 기능 수행이나 의미 표현에는 어려움을 겪지 않는다.

⑤ 쓰기 영역 작문 문항의 평가 범주

문항	평가 범주	평가 내용
51-52	내용 및 과제 수행	• 제시된 과제에 맞게 적절한 내용으로 썼는가?
	언어 사용	• 어휘와 문법 등의 사용이 정확한가?
53-54	내용 및 과제 수행	• 주어진 과제를 충실히 수행하였는가? • 주제에 관련된 내용으로 구성하였는가? • 주어진 내용을 풍부하고 다양하게 표현하였는가?

	글의 전개 구조	• 글의 구성이 명확하고 논리적인가? • 글의 내용에 따라 단락 구성이 잘 이루어졌는가? • 논리 전개에 도움이 되는 담화 표지를 적절하게 사용하여 조직적으로 연결하였는가?
	언어 사용	• 문법과 어휘를 다양하고 풍부하게 사용하며 적절한 문법과 어휘를 선택하여 사용하였는가? • 문법, 어휘, 맞춤법 등의 사용이 정확한가? • 글의 목적과 기능에 따라 격식에 맞게 글을 썼는가?

⑥ 말하기 영역(TOPIK 말하기)의 평가 요소와 등급 기술

㉠ 평가 요소

평가 요소	내용
내용 및 과제 수행	• 과제에 적절한 내용으로 표현하였는가? • 주어진 과제를 풍부하고 충실하게 수행하였는가? • 담화 구성이 조직적으로 잘 이루어졌는가?
언어 사용	• 담화 상황에 적합한 언어를 사용하였는가? • 어휘와 표현을 다양하고 풍부하게 사용하였는가? • 어휘와 표현을 정확하게 구사하였는가?
발화 전달력	• 발음과 억양이 어느 정도 이해 가능한가? • 발화 속도가 자연스러운가?

㉡ 등급 기술

등급	등급 기술
1급	• 친숙한 일상적 화제에 대해 질문을 듣고 간단하게 답할 수 있다. • 언어 사용이 매우 제한적이며 오류가 빈번하다. • 발음과 억양, 속도가 매우 부자연스러워 의미 전달에 문제가 있다.
2급	• 자주 접하는 사회적 상황에서 일상적 화제에 대해 묻거나 답할 수 있다. • 언어 사용이 제한적이며 담화 상황에 맞지 않는 경우가 있고 오류가 잦다. • 발음과 억양, 속도가 부자연스러워 의미 전달에 다소 문제가 있다.
3급	• 친숙한 사회적 화제에 대해 비교적 구체적으로 말할 수 있다. • 오류가 때때로 나타나나 어느 정도 다양한 어휘와 표현을 비교적 담화 상황에 맞게 사용할 수 있다. • 발음과 억양, 속도가 다소 부자연스러우나 의미 전달에 큰 문제가 없다.
4급	• 일부 사회적 화제에 대해 대체로 구체적이고 조리 있게 말할 수 있다. • 오류가 때때로 나타나나 다양한 어휘와 표현을 대체로 담화 상황에 맞게 사용할 수 있다. • 발음과 억양, 속도가 비교적 자연스러워 의미 전달에 문제가 거의 없다.
5급	• 사회적 화제나 일부 추상적 화제에 대해 비교적 논리적이고 일관되게 말할 수 있다. • 오류가 간혹 나타나나 다양한 어휘와 표현을 담화 상황에 맞게 사용할 수 있다. • 발음과 억양, 속도가 대체로 자연스러워 발화 전달력이 양호하다.
6급	• 사회적 화제나 추상적 화제에 대해 논리적이고 설득력 있게 말할 수 있다. • 오류가 거의 없으며 매우 다양한 어휘와 문법을 담화 상황에 맞게 사용할 수 있다. • 발음과 억양, 속도가 자연스러워 발화 전달력이 우수하다.

2 KLAT[2]

문화체육관광부가 허가하고 재단법인 한국어능력평가원이 주관하여 국내 및 전 세계에서 국제적으로 시행되는 한국어능력평가시험으로서 한국어를 모국어로 하지 않는 외국인 및 해외 동포를 평가 대상으로 한다.

1) 대상
① 한국어를 모국어로 하지 않는 외국인 및 해외 동포
② 한국 대학(원) 진학 희망자
③ 한국 기업/한국 관련 기업 취업 희망자
④ 기타 한국어능력 평가 희망자

2) 목적
이 시험의 목적은 응시자가 한국어로 기본적인 생활을 영위할 수 있는가, 공적인 사회 활동을 할 수 있는가 하는 등의 실용적이고 객관적인 의사소통 능력 수준을 판별하는 것이다. 즉, 이 시험에서는 국내외 한국 기업체 및 공공기관에 취업하거나 한국 대학에 진학하려고 하는 응시자들이 한국어로 전문 업무를 수행하거나 전공 분야에서 수학할 수 있을 정도의 언어 구사력을 갖추었는지를 평가한다. 이와 더불어 표준화된 한국어능력시험을 통해 재외 동포나 외국인 학습자들에게 올바른 한국말을 보급하고 이들의 한국 문화 이해 향상에도 기여한다.

3) 특징
① 유럽공통참조수준(CEFR)을 바탕으로 실질적 한국어 능력을 평가한다.
② 한국어 의사소통 능력의 다양한 측면을 평가할 수 있는 통합적인 언어 평가를 추구한다.
③ 평가 문항에 일상 대화, 실제적 자료(Authentic Material)를 활용해 언어 현실성을 반영한 실용적인 언어 평가를 지향한다.
④ 전반적인 의사소통 수준, 사회생활에서의 업무 수행 수준, 구체적인 언어 활동 수준 등 언어 능력의 다양한 측면을 포괄하는 평가가 가능하도록 척도를 개발하고 활용한다.
⑤ 등급별로 평가 영역을 달리하여, 수험 목적과 편의를 최대한 배려한다.
⑥ 등급제를 기본으로 점수도 병기하여 수험자 자신의 강점과 약점을 알 수 있게 한다.
⑦ 新 HSK 및 JLPT, 주요 영어 시험과의 조견표를 통해 객관적인 한국어 수준을 확인할 수 있다.
⑧ 전문가에 의한 지속적인 문제 출제 및 검토, 심의를 거쳐 체계적인 문제은행을 구축하여 활용한다.
⑨ 지필 시험(PBT)과 컴퓨터 기반 시험(CBT) 두 종류의 형태로 시험을 시행한다.
⑩ 출장 시험을 포함한 접근성 높은 시험(On-Demand형 시험 포함)을 시행한다.

---

[2] KLAT 한국어능력시험(http://www.kets.or.kr) 참고

4) 평가 도구의 종류와 목표

① B-KLAT: 150~400시간 학습자를 위한 기초적인 언어 사용 능력 평가
② KLAT 초급: 400시간 이하 학습자를 위한 기본적인 언어 사용 능력 평가
③ KLAT 중급: 400~800시간 학습자를 위한 자립적인 언어 사용 능력 평가
④ KLAT 고급: 800시간 이상 학습자를 위한 숙련된 언어 사용 능력 평가

5) 등급 기준

시험명	등급	점수	KLAT 등급 기술	CEFR 척도
B-KLAT 기초	1급	92~139 (200점)	언어의 정확성이나 완성도는 부족하나 개인적인 정보에 관한 기본적인 질문에 대해서 대답할 수 있고, 단발적인 단어나 아주 약간의 어휘, 단순한 구를 사용하여 제한적이고 관례화된 상황에서 한정된 의사소통만 가능함	A1; 입문 Breakthrough
B-KLAT 기초	2급	140~200 (200점)	일반적이고 기초적인 수준으로 일상생활에서 자주 쓰이는 친숙한 상황에 국한해 간단하고 고정적인 응답 표현이 가능하며, 짧은 문장과 기본적인 문법을 사용하여 짧고 일상적인 대화에 참여하여 상황을 설명하거나 간단한 이야기를 할 수 있음	
KLAT 초급	1급	80~139 (200점)	일반적이고 기초적인 수준으로 일상생활에서 자주 쓰이는 친숙한 상황에 국한해 간단하고 고정적인 응답 표현이 가능하며, 간단한 생활문과 실용문을 이해할 수 있음	A1; 입문 Breakthrough
KLAT 초급	2급	140~200 (200점)	일상생활이나 대인 관계에서 기본적인 의사소통이 가능하고, 예측할 수 있을 만한 일상적인 상황 내의 문제를 언어적으로 대처해 나갈 수 있음	A2; 초급 Waystage
KLAT 중급	3급	80~139 (200점)	여러 가지 상황에 독자적으로 대처할 수 있고, 일상적으로 통용되는 언어 표현들을 대체로 이해하고 사용할 수 있음. 일상생활에서 별 어려움을 느끼지 않으며, 자신에게 친숙한 사회적 내용(신문이나 뉴스, 잡지 등의 간단한 기사)은 파악할 수 있음	B1; 중급 Threshold
KLAT 중급	4급	140~200 (200점)	일상생활이나 회사 등의 일반적 상황에서 다양한 표현을 큰 어려움 없이 파악하고 활용할 수 있음. 전문적 수준의 내용도 대체로 이해할 수 있어서 특정 학문 분야에서 수학도 가능함. 토론, 논의에서 자기 의사 표현이 가능함	B2; 중상급 Vantage
KLAT 고급	5급	150~239 (300점)	복잡하고 다양한 상황에서 여러 가지 표현을 적절히 활용, 원어민과도 폭넓게 교류할 수 있으며 자기 의사 표현이 명확하고 상대방을 설득할 수 있음. 한국의 사회, 문화 이해를 바탕으로 수준 높은 언어활동도 가능함	C1; 상급 Effective Operational Proficiency
KLAT 고급	6급	240~300 (300점)	원어민 수준의 자연스러운 의사소통이 가능하며, 자신의 학업이나 업무 분야, 그리고 복잡하고 다양한 범위를 가지는 상황에서 공식적, 비공식적, 일반적, 전문적인 언어를 구분하고 준비 없이도 유창하고 정확하게 언어 구사가 가능함	C2; 최상급 Mastery

6) 시험 구성

시험명	영역	문항 수	배점	시간
B-KLAT 기초	듣기	25	200	80분
	읽기	25		
KLAT 초급	듣기	30	200	110분
	어휘 및 문법	25		
	읽기	20		
KLAT 중급	듣기	20	200	120분
	어휘 및 문법	25		
	읽기	30		
KLAT 고급	듣기	30	300	165분
	읽기	30		
	쓰기	3		

7) 응시 형태

구분	내용
PBT (Paper Based Test)	PBT(Paper Based Test)는 말 그대로 종이와 연필을 사용하는 테스트의 형태로 응시자가 직접 응시지역을 방문하여 시험을 치르는 형태
CBT (Computer Based Test)	CBT(Computer Based Test)는 PBT와는 다르게 컴퓨터를 사용하는 테스트의 형태로 응시자가 직접 CBT센터에 방문하여 시험을 치르는 형태

연습 문제

01
다음은 언어 능력 평가의 종류와 유형에 대한 설명이다. 표 안에 들어갈 말로 옳은 것을 고르시오.

언어 능력 평가의 종류와 유형	
①	교육과정에 의거하여 일정 기간 동안 일정한 내용을 가르친 다음 학생들이 얼마나 잘 배웠는가를 측정하는 평가
②	임의로 미리 정해진 교수 목표에 학습자의 언어 능력이 부합되는지 평가
③	학습자 현재의 전반적인 언어 수행 능력 평가
④	수업 중의 학습 결과물이나 숙제를 파일로 정리하게 하여 누적적으로 평가

① 형성 평가
② 상대 평가
③ 숙달도 평가
④ 진단 평가

02
다음 중 신뢰도에 영향을 끼치는 요인이 아닌 것을 고르시오.

① 평가 문항 수
② 문항의 변별도
③ 문항의 난이도
④ 채점의 용이성

03
다음은 신뢰도 측정 방법 중 무엇에 대한 설명인지 고르시오.

> 같은 특성을 가진 형식으로 측정 도구를 만들어 동일한 대상에게 실시해서 두 점수 간의 상관계수를 구한다.

① 재검사 신뢰도
② 동형 검사 신뢰도
③ 반분 신뢰도
④ 문항 내적 신뢰도

04
다음은 신뢰도 측정 방법 중 무엇에 대한 설명인지 고르시오.

> 채점자가 개인적인 감정이나 상황 등에 따라 평가를 달리할 가능성이 있다. 따라서 반복 채점 시 편차가 적어야 한다.

① 채점자 간 신뢰도
② 채점자 내 신뢰도
③ 재검사 신뢰도
④ 문항 내적 신뢰도

05

다음은 타당도 측정 방법 중 무엇에 대한 설명인지 고르시오.

> 검사도구가 우선 피상적으로 보기에 타당한가를 나타내는 정도이다. 서체나 글자의 크기, 오탈자 여부 등도 이 타당도를 측정하는 지표가 될 수 있다.

① 안면 타당도 ② 구인 타당도
③ 공인 타당도 ④ 예측 타당도

06

타당도와 신뢰도의 관계를 설명한 것 중 틀린 것을 고르시오.

① 타당도와 신뢰도는 반드시 비례 관계이다.
② 타당도가 높으면 신뢰도는 항상 높다.
③ 신뢰도는 타당도를 위한 필요조건이다.
④ 신뢰도가 높다고 해서 타당도가 항상 높은 것은 아니다.

07

다음과 같은 경우는 평가의 요건 중 무엇에 해당하는 문제인지 고르시오.

> 대규모, 대단위의 시험일 경우(수학능력시험, 한국어능력시험 등) 주관식 영역이 내용상 들어가야 함에도 불구하고 주관식 영역을 최소로 줄이는 경우가 있다.

① 타당도 ② 신뢰도
③ 실용도 ④ 변별도

08

다음에서 설명하고 있는 것은 어떤 평가인지 고르시오.

> 많은 양의 문제를 내서 일정 시간 내에 얼마나 많은 문제를 정확하게 풀었는가를 측정하는 것

① 속도 평가 ② 능력 평가
③ 간접 평가 ④ 직접 평가

09

다음에서 설명하고 있는 것은 의사소통 능력 중 무엇인지 고르시오.

> 대화가 일어날 때 언어를 사용하는 사람들이 맡은 역할, 이들이 공유하는 정보, 이들 간에 이루어지고 있는 상호 작용을 이해하는 의사소통 능력이다.

① 문법적 능력
② 담화적 능력
③ 사회언어학적 능력
④ 전략적 능력

10

문항 작성 시 주의할 점이 아닌 것을 고르시오.

① 분명한 평가 목표가 있는가?
② 실제적이고 명확한 자료를 사용했는가?
③ 난이도에 따른 문항 배열이 적절한가?
④ 맥락을 충분히 설명할 수 있는 자세한 설명이 있는가?

> **해설**
>
> 01 특정 교육 후 학생들이 잘 배웠는가를 측정한다면 성취도 평가이고 특별한 교육 없이 전반적인 능력을 평가하는 것은 숙달도 평가이다.
> 02 채점의 용이성은 실용도와 관련있는 것이다.
> 03 같은 형식으로 측정 도구를 만들어 두 번 실시한다면 동형 검사 신뢰도이고 같은 검사를 두 번 실시한다면 재검사 신뢰도에 속한다.
> 06 타당도가 신뢰도에 포함된다. 따라서 신뢰도가 높아도 타당도가 높지 않을 수 있으므로 반드시 비례 관계라고 할 수 없다.
> 10 맥락은 자세한 설명으로 제시되는 것이 아니라, 담화 속에서 수험자가 이해해야 하는 것이다.
>
> **정답** 01 ③ 02 ④ 03 ② 04 ② 05 ① 06 ① 07 ③
> 08 ① 09 ③ 10 ④

기출문제

01

다음에서 설명하고 있는 채점 방식은?   기출 17회 37번

> 작문 문항의 목표는 '반대편의 주장을 반박'하여 주어진 특정 과제를 수행하는 것이다. 작성된 글은 한 가지 특정 요소인 반대편의 주장을 반박했는지에만 초점을 두고 채점한다.

① 분석적 채점 ② 총체적 채점
③ 주요 특성 채점 ④ 복수 특성 채점

02

대안적 평가의 사례로 옳지 않은 것은?   기출 18회 33번

① 전래 동화를 읽고 쓴 감상문을 같은 반 친구가 평가하여 피드백을 주었다.
② '한국의 유명한 대학교 탐방' 과제를 팀별로 수행하여 그 과정과 결과를 평가하였다.
③ 교사가 학습자의 교실 활동을 관찰한 결과를 일지에 기록하여 학습자의 수준을 파악하였다.
④ '한국의 문화 유적지 이름 말하기'로 스피드 퀴즈를 실시하여 얻은 점수를 기말 성적에 반영하였다.

03

다음 사례에 해당하는 평가 방식으로만 묶인 것은?   기출 18회 34번

> 한국어 교사 A 씨는 교수-학습이 진행되는 과정에서 그날 학습한 내용을 학생들이 잘 이해하고 있는지를 알아보기 위해 그날 배운 어휘나 문법을 사용하여 문장 하나를 만들게 한 후, 만들어진 문장에 대해 다음날 피드백을 전달해 주었다.

① 총괄 평가 - 객관식 평가
② 형성 평가 - 객관식 평가
③ 총괄 평가 - 주관식 평가
④ 형성 평가 - 주관식 평가

04

한국어능력시험(TOPIK) 말하기 평가 요소 중 다음에 해당하는 것은?   기출 19회 42번

> • 발음과 억양이 어느 정도 이해 가능한가?
> • 발화 속도가 자연스러운가?

① 내용 ② 과제 수행 ③ 언어 사용 ④ 발화 전달력

05

배치 시험에 관한 설명으로 옳지 않은 것은?   기출 19회 43번

① 학습자를 적합한 급이나 반으로 배정하기 위해 시행한다.
② 시험 내용은 수업에서 다룰 자료를 표본으로 하여 작성된다.
③ 학습자들의 언어 능력을 객관적으로 평가하기 위해 규준 참조 시험으로 진행된다.
④ 자신의 언어 능력과 비슷한 사람들과 배울 수 있어서 학습자는 안정감을 느끼며 학습할 수 있다.

06

평가 문항 유형에 관한 설명으로 옳지 않은 것은?   기출 19회 49번

① 단답형 문항은 학습자의 생각을 다양하게 진술하고 확장하는 데 유용하다.
② 배합형 문항은 문제와 답을 이루는 쌍을 여러 개 제시하여 알맞게 연결하도록 하는 문항이다.
③ 괄호형 문항은 문법 구문에 관한 지식, 시제 활용, 어휘 및 간단한 표현 능력을 평가하는 데 유용하다.
④ 규칙 빈칸 메우기 문항은 의미 있는 담화 맥락에서 언어의 다양한 양상에 관한 지식을 평가한다.

07

다음 말하기 평가 유형에 관한 설명으로 옳지 않은 것은?

기출 19회 51번

※ 다음을 소리 내어 읽으세요.
 "물을 끓인 후 식혀서 드세요."

① 반응적 말하기 평가에 해당하는 유형이다.
② 총체적인 말하기 능력을 평가하기는 어렵다.
③ 숙달도나 성취도 평가에서 평가 시작 전에 준비(warm-up) 문항으로 사용되기도 한다.
④ 특정한 음운의 발음이나 억양 등을 측정하는 데에 사용될 수 있다.

정답 01 ③ 02 ④ 03 ④ 04 ④ 05 ③ 06 ① 07 ①

참고문헌

- 강승혜 외(2006), 한국어 평가론, 태학사
- 권오량·김영숙·한문섭(2001), 원리에 의한 교수: 언어 교육의 상호 작용적 접근법, Pearson Education Korea
- 박도순·홍후조(2006), 교육과정과 교육 평가, 문음사
- 박영순(2001), 외국어로서의 한국어 교육론, 월인
- 박영순(2002), 21세기 한국어 교육학의 현황과 과제, 한국문화사
- 신상근(2010), 외국어 평가의 이론과 실제, 한국문화사
- 이완기(2003), 영어평가방법론, 문진미디어
- 조현용(2000), 한국어 능력시험 어휘 평가에 관한 연구, 국어 교육 101, 국어교육연구소
- 최길시(1998), 외국인을 위한 한국어 교육의 실제, 태학사
- 허용 외(2006), 외국어로서의 한국어 교육학개론, 박이정
- 서강대학교 한국학센터(2003), 서강 한국어 1, 하우
- 연세대학교 한국어학당(2004), 한국어 1, 연세대학교출판부
- H. Douglas Brown, 이영식·안병규 외 역(2006), 외국어 평가, Pearson Education Korea
- 한국산업인력공단 http://www.hrdkorea.or.kr
- 한국어능력시험(TOPIK) http://www.topik.go.kr
- 한국어능력평가원(KLAT) http://www.kets.or.kr

04 언어교수이론

01 한국어 교육과 교수법

　모어 화자가 아닌 사람을 대상으로 외국어를 가르친다는 점에서 한국어 교육은 외국어 교육의 범주 안에 속한다. 따라서 한국어 교육의 교수법 역시 외국어 교육의 교수법과 맥을 같이한다. 기본적으로 언어교수법은 다음과 같은 질문을 바탕으로 발전해왔다.
- 언어를 왜 배우는가?
- 어떻게 해야 잘 배울 수 있는가?
- 언어를 배운다는 것은 무엇을 의미하는가?

　언어를 배운다는 것은 단순히 문법이나 어휘 중심의 읽기, 쓰기만을 위한 것도 아니고 그렇다고 해서 말하기, 듣기가 중심이 되는 의사소통만이 언어 교육의 최종 목표라 할 수도 없다.
　이렇듯 의사소통 능력에 대한 정의도 점차 발전해왔는데 대표적으로 커넬 & 스웨인(Canale & Swain, 1980)은 의사소통 능력이 문법적 능력, 담화적 능력, 사회언어학적 능력, 전략적 능력의 네 가지 구성 요소로 이루어졌다고 보았고 최근에는 이러한 의사소통 능력을 기르는 방향으로 교수법이 발전하고 있다고 볼 수 있다. 의사소통 능력의 네 가지 구성 요소는 다음과 같다.

1) 문법적 능력

　어휘에 대한 지식과 형태론적, 통사론적, 의미론적, 음운론적 규칙에 관한 지식을 포함하는 의사소통 능력, 즉 어휘, 발음, 규칙, 철자법, 단어 형성, 문장 구조 등의 언어학적 기호를 정확히 사용하여 문법적으로 올바른 문장을 생성해 내는 능력이다.

　예 '국민'이라는 단어를 [궁민]이라고 비음화하여 제대로 발음할 수 있고, 맞춤법에 대해서도 틀리지 않으며, 이 단어로 문법적으로 바르게 문장을 만들어 낼 수 있어야 한다.

2) 담화적 능력

　문법적 능력을 보충해 주는 능력이다. 담화라는 것은 둘 이상의 문장이 연속되어 이루어지는 말의 단위를 가리키는 것으로서 하나의 주제를 가지고 있다. 따라서 단순히 문장 하나하나를 문법적으로 정확히 말하는 것만으로는 담화적 능력이 있다고 말할 수 없다. 문법적 능력이 문장 단위의 문법을 이루는 것이라면, 담화적 능력은 문장 사이의 상호 관계와 연관된 것이다.

　예 적절한 지시어, 연결어, 접속 부사 등을 사용해서 전체 담화가 자연스럽고 매끄럽게 진행되어야 한다. "친구가 학교에 갔어. 하지만 공부를 했어."는 적절하지 않은 접속 부사 사용으로 담화적인 응집성이 없는 문장이다.

3) 사회언어학적 능력

언어와 담화의 사회 문화적 규칙에 관한 지식으로 언어가 사용되고 있는 사회적 상황에 대한 이해 능력이다. 이때 사회적 상황이란 언어를 사용하는 사람들이 맡은 역할, 이들이 공유하는 정보, 이들 간에 이루어지고 있는 상호 작용을 말한다.

예 친구에게 존댓말로 이야기하거나 윗사람에게 반말로 말하는 경우, 또는 회의나 공식 석상에서 지나치게 친근한 어휘를 사용하는 경우는 문법적으로 올바른 말을 하더라도 사회언어학적 능력은 떨어진다고 볼 수 있다.

4) 전략적 능력

언어 수행상의 변인이나 불완전한 언어 능력 때문에 의사소통이 중단되는 경우, 이를 보완하기 위해 사용하는 비언어적 의사소통 전략이다. 의역하기, 우회적 화법, 반복, 머뭇거림, 회피, 추측 등을 말한다.

예 대화를 하면서 모르는 어휘를 앞뒤 문맥으로 추측해보고 부족한 어휘를 몸짓이나 표정 등을 이용하여 대화를 잘 이어가는 경우

02 교수법의 종류 중요

1 문법번역식 교수법

다른 언어권 사람들과의 교류가 적었던 19세기 유럽에서 시작되었으며 말 그대로 문법을 익혀서 번역하는 것에 초점을 둔 교수법이다.

> ① 주된 방법
> 라틴어와 희랍어(그리스어) 같은 고대 언어를 번역하는 일이다.
> ② 목적
> 발화를 통한 의사소통이 목적이 아니고 문학적인 텍스트를 읽으면서 교양과 논리력을 쌓는 것이 목적이다.
> ③ 특징
> 이 교수법의 목적은 번역이지 통역이 아니므로 발화 자체에는 의미를 두지 않는다. 따라서 문법을 잘 알면 번역을 잘할 것이고, 번역을 잘하면 그 언어를 잘한다는 의미라고 생각한다.
> ④ 교수자의 위치/역할
> 교실 안에서 완벽한 지식을 가진 절대자이다.

1) 전제

① 언어는 글이 우선이며 제2언어는 문헌연구의 도구이다.
② 제2언어 학습을 통해서 학습자는 교양과 논리력을 키울 수 있다.
③ 문법을 배운다는 것은 문법 규칙을 암기해서 읽고 쓸 줄 아는 것이다.

2) 방식
  ① 번역이 중심이기 때문에 읽기와 쓰기를 강조한다.
  ② 발음은 중요하지 않으며 그보다는 어휘와 철자를 강조한다.
  ③ 규칙을 암기하게 해서 문법을 배울 수 있다고 본다.

2 직접식 교수법

직접식 교수법은 외국어는 외국어로 가르쳐야 한다는 교수법으로 문법번역식 교수법에 대한 비판적 견해에서 출발하였다. 점차 나라 간 교류와 무역이 늘면서 외국어의 필요성이 커지게 되었다. 따라서 고전을 번역하는 것이 아니라 직접 외국어를 말하는 법을 가르쳐야 한다는 시대적 요구 아래 직접식 교수법이 나타나게 되었다. 기존의 문법번역식 교수법으로는 외국어로 의사소통할 수 없다는 점이 비판을 받았는데, 이는 문법번역식 교수법이 오로지 책으로 문법과 어휘를 외워서 번역할 뿐, 실제 외국인과 만나는 일이 전혀 없기 때문이었다.

또한 직접식 교수법에서는 언어를 배우는 과정을 모국어나 제2언어가 모두 똑같은 과정을 거친다고 보았기 때문에 외국어 역시 모국어를 습득하는 방식으로 가르쳤다. 따라서 규칙을 제시하거나 학습자의 모국어를 사용해서 설명하지 않는다. 목표어를 사용하여 마치 아기가 모국어를 배울 때 주변 사물들에서부터 관심을 가지는 것처럼 가까운 사물의 이름부터 제시하였다.

> ① 주된 방법
>   학습자의 모국어 사용이나 번역을 가급적 피하고 정확한 발음, 구문을 반복 연습한다.
> ② 목적
>   모국어와 비슷한 과정을 거쳐서 제2언어를 배워 의사소통을 할 수 있도록 하는 것이다.
> ③ 특징
>   발생한 오류에 대해 즉각적 수정을 한다.
> ④ 교수자의 위치/역할
>   학습자의 언어구사모델이므로 정확한 표현을 구사해야 한다. 마치 아기가 주변 어른들의 말을 따라 배우듯이 학습자는 교사의 말을 따라하게 된다.

1) 전제
  ① 언어는 구어가 우선이며 제2언어 학습의 목적은 의사소통이다.
  ② 제2언어 학습 과정은 모국어 습득 과정과 같다.

2) 방식
  ① 듣기, 말하기를 강조하고 발음은 원어민 발음을 모방하면서 배운다.
  ② 규칙을 제시하거나 가르치지 않고 귀납적으로 문법 학습을 한다.
  ③ 물체, 사진, 행동, 교실에 있는 사물 중심으로 어휘를 강조한다.
  ④ 학습자의 모국어를 사용하지 않는다.

3 청각구두식 교수법 중요

2차 세계대전 발발로 정치적·군사적 목적으로 단기간에 외국어를 잘할 수 있도록 하는 것이 중요해졌다. 이러한 배경 아래서 나타난 것이 청각구두식 교수법인데 일명 군대식 교수법(Army Method)이라고도 불린다. 랩(Lab)실을 사용하여 대단위 수업에서 자주 활용되며 반복 연습과 확인이 이루어진다.

> ① 주된 방법
>   발음, 문형연습, 회화 실습 등 구두 활동에 중점을 둔다.
> ② 목적
>   구어 기술을 우선적으로 반복 연습하여 의사소통이 가능하도록 한다.
> ③ 특징
>   구어 중심의 군대식 교수법, 문법과 번역을 배제한 채 반복을 통해 교육한다.
>   구조주의 언어학과 행동주의 심리학에 이론적 기반을 두고 있다.
> ④ 교수자의 위치/역할
>   언어학자이자 모범이 되는 모국어 화자로서의 역할을 한다.

1) 전제

① 언어는 말이 우선이며 이것은 반복을 통해 이루어진다.
② 언어 학습의 주된 목적은 의사소통이다.
③ 제2언어 학습은 귀납적으로 이루어진다.

2) 방식

① 구어적 유형 연습과 귀납에 의한 문법 학습이다.
② 모방에 의한 발음 습득이 이루어진다.
③ 단순 반복으로 질리지 않게 하기 위해서 다양한 교재를 준비해야 한다.
④ 학생의 반응이 성공적이었을 때는 즉각 강화를 준다.
⑤ 설명보다는 연습을 통해 음성 구조와 문장 구조를 익힌다.

3) **청각구두식 교수법의 이론적 기반**: 청각구두식 교수법은 구조주의와 행동주의를 기반으로 하고 있는 교수법이다.

① 구조주의 언어학

구조주의 언어학은 언어 현상을 언어 전체의 구조에서 파악하려는 학문으로서 언어학의 한 분야이다. 모든 언어 요소가 개별적으로 존재하는 것이 아니라 어떤 큰 총체 속에서 유기적인 관계를 맺고 있다는 구조의 개념을 언어학에 도입한 것이다. 또한 언어의 일차적인 매개체는 문자가 아닌 구어라고 보았다. 따라서 언어교수도 구어가 우선되어야 한다. 개별적인 요소로 나누어 학습하는 것이 아니라 유형을 통해 언어를 익힌다.

② 행동주의 심리학
전통적인 행동주의자들은 모방과 습관 형성으로 언어 습득이 이루어진다고 보았다. 마치 어린이들이 엄마나 주변 사람들이 하는 말이나 소리를 따라하고, 그것에 대한 반응을 경험한 다음 계속해서 소리를 흉내 내고 연습해서 마침내 올바른 언어사용의 습관을 형성하게 된다는 것이 행동주의이다.

TOP-Point

☑ 자극(S)-반응(R)의 과정
언어 습득 이론 중 행동주의 이론에서 나온 것으로 어린아이들이 언어를 습득할 때 모방과 습관 형성을 통해 언어를 배운다는 이론의 한 부분이다. 언어적 자극에 대해 적절한 반응을 해 주고 이것이 반복되면 하나의 습관이 되어 언어를 습득한다는 것이다.

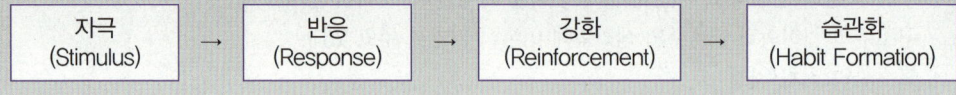

4) 청각구두식 교수법의 기초 원칙: 언어는 읽는 것이 아니라 말하는 것이며 일종의 습관이다.

4 침묵식 교수법

침묵식 교수법은 성공적으로 언어를 습득하여 발화하기 위해서는 학습자가 스스로 문법이든 어휘든 그 언어에 대한 것을 깨달아야 한다고 보았다. 그러기 위해서 교사는 학습자들에게 발화를 지나치게 강요하거나 부담을 주어서는 안 되고 학습자가 침묵을 지키는 것을 이해하며 학습자가 스스로 해당 언어에 대해 깨달을 때까지 기다리고 도와주어야 한다고 보았다.

① 주된 방법
발음-철자의 관계를 나타낸 채색된 도표(Sound-Color Field)를 이용한다. 모국어로 도표를 공부하고 난 후, 제2언어의 도표를 큰 소리로 읽게 한다. 발음 연습이나 문형 연습, 어휘 연습 등에 각기 다른 색깔과 크기의 막대기를 활용한다.
② 목적
학습자의 지성 또는 인지적 능력을 먼저 작용하게 한 후 발화할 수 있게 함으로써 효과적인 언어 습득에 이를 수 있다.
③ 특징
학습자가 수업에 자발적으로 참여하는 것이 중요하기 때문에 교사는 가능한 여러 자료를 사용해서 학습자를 도와주어야 한다. 또한 학습자 오류를 교사가 일일이 고칠 필요가 없다고 봤는데 이는 학습자의 지성은 학습 전략에 대한 기능을 스스로 알아낼 수 있게 한다고 믿기 때문이다.
④ 교수자의 위치/역할
교사는 가능한 한 말을 적게 하고 여러 자료를 활용하여 학습자가 자발적으로 수업에 참여하도록 이끌어 주는 사람이다.

1) 전제: 학습이란 인지적인 깨달음 없이 모방이나 훈련으로 시작하는 것이 아니다. 깨달은 다음 발화할 수 있다.

2) 방식
① 발음 따라 읽기를 하지 않는다. 학습자 스스로 분별하고 익힐 수 있도록 한다.
② 채색되어 있는 막대기 또는 도표는 단어나 문장 구조와 의미 관계를 직접 연결하는 데 사용되거나, 교사가 학습자에게 색의 명칭, 크기의 비교, 사람이나 사물의 이름 등을 가르치고, 의사소통을 위한 창의력과 흥미를 유발하는 데 쓰인다.
③ 그림책이나 테이프, 도표 등 다양한 보조 자료를 사용한다.

> **TOP-Point**
>
> ☑ **피델차트(Fidel Chart)**
> 목표어의 모음과 자음을 색깔로 보여 주는 차트이다. 각 색깔은 발음 기호와 유사한 기능을 한다. 보통 10cm 이내의 나무나 플라스틱으로 된 막대이다.

5 공동체 언어교수법(집단 언어교수법)

이 교수법은 집단 언어교수법이라고도 불리우는데, 교사가 상담자가 되고 학생은 상담을 받는 사람처럼 교실 상황에서 느낄 수 있는 부담감과 불안감을 줄이고 자유롭게 언어 학습을 진행한다.

① 주된 방법
학생들이 원탁에 둘러앉아 모국어로 하고 싶은 말을 하면 교사는 뒤에 서서 그 말을 제2언어로 통역하여 다시 말해 준다. 교사의 도움을 받으며 학습자가 먼저 제2언어로 말하고 난 후 다시 모국어로 번역하여 말한다. 이는 학습자의 불안감을 줄이고 자연스럽게 언어를 익히려는 목적에서 비롯된 것이다.

② 목적
학습자의 감정을 중시한 언어교수이론이며 집단 학습으로 협동심을 강조한다. 한 그룹은 보통 10명 이내이다.

③ 특징
학습자에게 발화를 강요하거나 심리적으로 불안하게 하지 않는다. 학습자의 인격을 존중하는 인본주의적 방식이다.

④ 교수자의 위치/역할
일종의 통역의 방법을 교수에 도입하였다. 또한 학생에 대해 교사가 상담자 역할을 하게 된다. 교사는 일종의 언어적 조언자로서 모국어와 목표어를 모두 잘 하는 사람이어야 하고 학생들을 잘 이해하는 사람이어야 한다.

1) 전제: 집단 내의 개인을 존중하고 서로 협력하는 관계에 있을 때 학습이 잘 일어난다.

2) 방식

① 소규모의 학생(보통 10명 이내)으로 구성되어야 상담 교수법이 가능하다.
② 교사가 번역해 주는 목표어의 수준은 학생의 능력을 고려해야 한다.
③ 각자가 말하고 싶은 화제를 선정하여 교사에게 번역을 요구할 수 있다.
④ 교사는 학생들에게 조용히 생각할 시간을 주고 재촉하지 않는다.

6 암시 교수법

이 교수법은 일종의 수행과도 같은 방식으로 이루어지는 교수법인데 무의식을 학습에 이용하는 방식이다. 이 교수법에서 인간의 잠재능력은 연상을 통해서 개발될 수 있으며 이러한 연상의 힘은 언어 습득과도 관련이 깊다고 보았다.

> ① 주된 방법
> 안락하고 편안한 분위기에서 학습에 도움을 주는 음악을 사용해서 학습효율의 극대화를 도모한다.
> ② 목적
> 인간의 잠재능력은 연상을 통해 극대화되며 이는 언어 학습에서도 마찬가지이다.
> ③ 특징
> 편안한 거실 분위기에 안락의자와 그림, 음악 등이 준비되어야 하며 학생들은 마치 명상이나 요가를 하는 기분으로 수업에 참여한다. 음악은 학습에 도움이 되는 정서적인 음악이어야 한다.
> ④ 교수자의 위치/역할
> 교사는 학생들을 도와주는 사람이다. 교사는 주로 목표어를 사용하지만 학습자들은 모국어를 사용해도 무방하다.

1) 전제

① 그림이나 음악은 심리적 부담을 덜어준다.
② 지나치게 이성적이거나 의식적인 사고는 오히려 언어 습득에 좋지 않다.
③ 언어 학습은 감정적으로 편안한 상태에 있을 때 가장 잘 이루어진다.

2) 방식

① 학생들은 원형으로 서로 둘러싸고 마주보게 되어있는 의자에 앉아 세미나 형식으로 토론을 한다. 이러한 원형 탁자는 모두 평등한 입장에서 협력적인 분위기를 잘 연출해 줄 수 있다.
② 교사는 배경 음악과 함께 대화를 읽는다. 먼저 정서적인 고전 음악(주로 바로크 음악)이 흐르는 가운데 교사가 천천히 정확하게 대화를 읽은 다음, 학습자들은 사색적인 음악 속에서 교과서를 덮고 정상 속도의 대화를 듣는다.
③ 마지막 과정에서 질문과 역할극 등으로 대화를 익힌다.

7 의사소통 교수법 중요

의사소통 교수법은 언어 교육의 목적은 단순히 그 언어를 문법이나 어휘로 익히는 것만이 아니라 그 언어가 사용되는 환경이나 상대방과의 대화 맥락 속에서 그 언어를 사용하여 학습자가 의도하는 과제 수행을 하는 것이라 보았다.

또한 언어를 분석할 때는 그것이 사용되는 맥락 속에서 어떤 기능을 하고 있는가를 중심으로 분석이 이루어져야 한다고 보았다. 따라서 문법적인 기능보다는 의사소통 수행 여부를, 정확성보다는 유창성이 더 중요하다고 보았다.

① 주된 방법
  문법 형태에 초점을 맞추는 것이 아니라 그 문법을 사용하게 되는 맥락을 중심으로 과제를 설정하거나 언어 기능에 초점을 맞춘다.
② 목적
  언어는 단순한 문법의 암기가 아니라 실제 사용되는 맥락을 바탕으로 타인과의 의사소통을 위한 것이다.
③ 특징
  기능과 맥락을 중시하는 교수법이기 때문에 의사소통 교수법의 교재는 화제 중심(Topic-Based)교재, 과업 중심(Task-Based)교재, 실물교재를 사용하는 것이 좋다.
④ 교수자의 위치/역할
  ㉠ 학습자의 요구 분석가
  ㉡ 학습 활동을 확인하고 피드백 해주는 상담자
  ㉢ 학습자 중심의 학습 과정을 조직하는 관리자

1) 전제
  ① 언어를 구사한다는 것은 단순히 문장을 발화하는 것이 아닌 상대방과의 의사소통 행위가 중요한 것이며 따라서 담화적 차원에서 언어를 가르치는 것이 중요하다.
  ② 학습자에 대한 요구 분석이 필요한데, 이는 학습자 개개인의 동기 유발과 학습자의 요구가 수업에서 행하는 과제와 관계가 있기 때문이다.

2) 방식
  ① 동기 유발을 위해 학습자의 생활 경험과 관련한 짧은 대화의 상황을 제시한다.
  ② 교사는 시범을 보인 후 구두학습(학급 전체·그룹별·개별)을 제시하고, 구두연습을 한다.
  ③ 대화의 화제와 상황에 바탕을 둔 질문과 대답을 하며 학생의 경험과 관련 있는 주제를 중심으로 질문과 대답을 한다. 통제된 활동에서부터 시작해서 자유로운 의사소통 연습으로 나아간다.

④ 의사소통 활동은 실물 혹은 드라마를 이용하며, 표현이나 언어 구조의 보편성 및 규칙은 학습자 스스로 발견하게 한다. 말의 차이를 인식하고 의미를 이해하게 한 후 이야기를 중심으로 간단한 놀이나 역할극 등의 말하기 활동을 한다.

> **TOP-Point**
>
> ☑ **의사소통 교수법의 개념(Notion)과 기능(Function)**
> 의사소통 교수법은 언어사용법(Usage)이 아니라 실제적 발화에 사용될 수 있는 언어사용(Use) 위주로 교육한다. 따라서 의미 전달이 중요하기 때문에 정확성도 중요하지만 유창성을 매우 중요하게 본다. 그렇기 때문에 의사소통 교수법은 언어의 본질을 전통적인 문법 구조로 보는 것이 아니라 의사소통을 위한 의미 체계로 보고 언어가 갖는 의미를 개념(Notion)과 기능(Function)으로 구별하였다.
> - 개념(Notion): 추상적(시간, 순서, 양, 위치, 빈도…)
> - 기능(Function): 의사소통적(부탁하기, 사과하기, 소개하기…)

8 전신반응 교수법

전신반응 교수법에서는 성인의 성공적인 외국어 학습 과정을 어린이의 모국어 습득과 유사한 과정으로 보았기 때문에 모국어 습득 환경과 비슷한 환경을 조성해 주면 효과적인 외국어 습득이 가능하다고 보았다. 특히 말하기보다는 행동을 통해 어휘와 문법을 익히기 때문에 신체 활동이 많고 학습 진도가 느려 성인 학습자보다는 어린 학습자에게 더 적절하다.

> ① 주된 방법
> 교사는 외국어로 명령하고 학습자들과 함께 행동한다. 교사의 시범은 차츰 줄이고 시범 조가 활동을 대신하며, 전체적으로 활동 진행을 너무 서두르지 않아야 한다. 처음에는 교사의 말로 이루어지나 단계가 진행되면 다양한 보조 자료를 사용할 수 있다.
> ② 목적
> 언어 학습에 있어 심리적 요소의 역할을 중요시하여 긴장을 감소시키고 긍정적인 학습 분위기를 조성하여 행동을 통해 언어를 배우게 한다.
> ③ 특징
> 학습자의 인격을 존중하는 인본주의적 방식이다.
> ④ 교수자의 위치/역할
> 교사는 수업에 임하기 전 구체적인 수업 계획을 준비할 필요가 있다. 세밀하게 준비하지 않으면 자칫 수업이 산만해질 우려가 있다.

1) 전제
    ① 학습자들은 먼저 말하는 것보다 듣는 것에 익숙해져야 한다.
    ② 내용을 듣고 그에 따라 신체를 움직일 때 듣기 능력은 더욱 발달한다.
    ③ 학습자에게 부담을 주는 것은 언어 교육에 부정적인 영향을 끼친다.
    ④ 학습자에게 무조건 강요하는 것이 아니라 스스로 준비할 수 있는 시간을 주어야 한다.

2) 방식
    ① 교사가 먼저 지시문을 말한 다음 그것을 실제로 수행하는 것을 보여 준다. 예를 들어 교사가 "문을 여세요."라고 말한 후 직접 문을 여는 행동을 보여 준다.
    ② 학습자들은 먼저 단체로 수행하고, 그 다음 개인으로 지시문을 수행한다.

9 자연교수법(자연적 접근법) 중요

언어 습득은 「i+1」이라는 크라센의 가설을 바탕으로 만들어진 교수법으로, 학습과 습득을 구별하여 자연적인 순서로 언어를 익히게 만드는 교수법이다.

> ① 주된 방법
> 　수업에서는 형태보다 내용을 강조하며 자연적인 환경에서 일어나는 의사소통 활동을 주로 행한다.
> ② 목적
> 　크라센의 습득-학습 가설, 즉 학습과 습득을 구별하는 것을 바탕으로 하여 언어 지식을 자연적 순서에 따라 교수하는 것이 가장 바람직하다.
> ③ 특징
> 　자연적인 환경 속에서 자연적인 순서로 언어를 습득하게 하는 방식이다. 많은 어휘를 초기에 제시해서 의사소통 활동을 돕는다.
> ④ 교수자의 위치/역할
> 　교사는 이해 가능한 입력(i+1)을 학습자에게 제시하고 학습분위기를 친근하게 하여 학습자의 감정적 여과, 즉 불안감이나 스트레스 등을 낮추어야 한다. 또한 교실에서 다른 학생들과의 협력 활동 등을 통해 지나친 부담감을 갖지 않도록 한다.

1) 전제
    ① 언어 교육의 목표는 의사소통 능력이다.
    ② 학습자의 감정적 요인에 따라 언어 학습의 성패가 좌우된다.

2) 방식
    ① 수업 시간에는 문법패턴 연습은 하지 않고, 오로지 의사소통 활동만 한다. 문법패턴 연습은 연습 문제와 시험 문제 또는 숙제로 대체한다.
    ② 오류 수정은 의사소통을 방해하기 때문에 수업에서는 오류 수정을 하지 않는다.
    ③ 학습자는 수업에서 모국어와 제2언어를 사용할 수 있다.

TOP-Point

☑ 크라센의 가설

크라센(Krashen, 1982)은 언어 습득에 대한 다섯 가지 가설을 다음과 같이 제시하였다. 자세한 사항은 외국어습득론에서 참고하도록 한다.
① 습득-학습 가설　　　　　　　② 모니터 가설
③ 자연적 순서 가설　　　　　　④ 입력 가설
⑤ 정의적(감성적) 여과장치 가설

10 내용 중심 교수법(내용 중심 접근법)

내용 중심 교수법은 비교적 최근에 나타난 교수 방식으로, 학습자가 학습할 교과 내용과 정보를 중심으로 제2언어에 접근하는 방법이라고 할 수 있다. 관점에 따라서 내용 중심 교수법과 과제 중심 교수법은 언어교수법으로 분류하지 않고 언어 학습의 주 내용을 무엇으로 하느냐에 따른 일종의 교육적 접근 방식으로 보기도 한다.

① 주된 방법
의사소통을 끌어내는 교과 내용을 제2언어로 가르친다.
② 목적
특정 과목의 내용 학습과 외국어 학습을 통합하여 정보를 얻는 수단으로 언어를 사용하도록 함으로써 언어를 더 효과적으로 배우게 한다.
③ 특징
외국어로서의 학문적, 직업적 교육에서 많이 사용되며 초급 단계보다는 중·고급 단계에서 더 효과적이다. 1970년 이후부터 영국과 미국에 이민을 온 성인들에게 영어 그 자체보다는 영어를 통한 교과의 학습이 필요하다고 보아 성인을 위한 교육과정을 설계하는 데 적용이 되고 있다.
④ 교수자의 위치/역할
교수자는 정보를 전달하고 특정 내용을 전달하는 사람이지만 언어 교사로서의 자질도 갖추어야 한다.

1) 내용 중심 교수법의 세 가지 모델

① 주제 중심 교수(Theme-Based Language Instruction): 언어 수업이 주제(Topic), 또는 테마(Theme)로 이루어진다. 주제는 학습자의 요구나 목표, 교수방향, 가능한 수업 자료, 교사 능력 등을 고려하여 선택된다.
② 내용 보호 교수(Sheltered Content Instruction): 목표어 수준이 낮아서 수업 내용을 이해할 수 없는 경우 내용 중심 전문가가 목표어로 내용을 강의하는 과정으로 구성되어 있다. 학습자들에게 맞는 적절한 수준의 난이도로 진행된다.

③ 병존 언어교수(Adjunct Language Instruction): 학습자들은 학문 내용 강좌와 목표언어 강좌를 동시에 수강하여 학문 과정과 언어 과정의 성취를 도모한다. 각 수업을 내용 전문가와 언어 강사가 맡는다.

> **TOP-Point**
>
> ☑ **BICS와 CALP**
> Cummins(1984)가 언어 유창성에 대한 기술을 두 층위로 나눈 것이다. 일상 언어에 가까운 BICS가 아니라 학문적 유창성을 가진 CALP를 습득하기 위해 내용 중심 교수법을 쓰는 경우가 많다.
> - BICS(Basic Interpersonal Communication Skills)
>   기본적인 상호 간 의사소통 기술로, 친구들 사이에서, 또는 일상생활 중 대화 등에서 사용되는 언어나 맥락에 의존하여 의사소통하는 일상적 언어를 말한다.
> - CALP(Cognitive Academic Language Proficiency)
>   인지·학문적 언어 유창성을 언급하는 것으로 높은 수준의 분석적 사고와 가설, 그리고 학문적인 내용을 표현하기 위해 사용하는 언어를 말한다.

11 과제 중심 교수법(과제 중심 접근법)

과제 중심 교수법은 과정을 중시하며 학습자가 과제를 수행하면서 언어를 가장 유의미하게 배울 수 있다고 본다.

> ① 주된 방법
> 의사소통을 끌어내는 교과 내용을 제2언어로 가르치게 된다.
> ② 목적
> 잘 짜인 교육적 과제, 실제적 과제로 의사소통과 상황을 통해 언어를 효과적으로 습득할 수 있다.
> ③ 특징
> 과제 수행을 언어교수의 핵심이라고 보며 학습의 과정을 중시한다. 문맥을 중시하고 학습자의 사회언어학적 능력 향상에 관심을 갖는다. 교실 밖에서 일어나는 실제적 과제를 푸는 것에 중점을 두고 학습자가 구사하는 언어의 정확성이 다소 떨어지더라도 의사소통에 지장이 없으면 성공한 담화로 본다.
> ④ 교수자의 위치/역할
> 교수자는 교육적인 의미가 있는 과제, 실생활에서 적용될 수 있는 다양한 과제를 개발해야 한다. 또한 교사는 지나치게 과제 수행에 개입하지 않고 충고자이자 촉진자의 역할을 한다.

TOP-Point

☑ 플립러닝(Flipped Learning)

　　플립러닝은 혼합형 학습의 하나로 집에서 교사가 재구성하거나 제작한 강의 자료를 듣고, 학교에서는 교사와 학생들이 토론하면서 퀴즈, 프로젝트 활동, 탐구학습 등을 통해 과제를 해결하는 학습 방식이다. 교실 수업에서 강의보다는 학생과의 상호 작용에 수업 시간을 더 할애할 수 있는 교수-학습 방식으로 수업시간에 일방향적으로 지식을 전달하는 것이 아니라 학습자가 중심이 되어 자기주도적 학습을 하도록 독려하는 방식이다. 보통 교사가 학습 자료를 미리 제공하여 학습자들이 수업 시간 전에 학습한 후 교실 수업에 참여하게 한다. 수업 시간에는 학습 자료를 단순히 전달하거나 설명하는 것을 넘어서 더 심화된 학습 활동을 하거나 학생들과의 의사소통에 더 많은 시간을 할애할 수 있다. 플립러닝에서는 개별화 수업, 토의·토론, 개별 학습, 탐구 학습, 협동 학습, 통합 학습, 프로젝트 학습 등과 같은 학습자 중심 활동이 가능하다.

04 실전 문제

연습 문제

01
어떤 언어교수법으로 수업할 것인지를 결정하는 데 고려할 사항이 <u>아닌</u> 것을 고르시오.

① 언어를 왜 배우는가?
② 어떻게 해야 언어를 잘 배울 수 있는가?
③ 언어를 배운다는 것은 어떤 의미인가?
④ 언어를 유형적으로 어떻게 분류할 것인가?

02
다음과 같은 경우 교사가 사용한 교수법은 무엇인지 고르시오.

> 발음이 나쁜 학생을 위해 lab실에서 학습자로 하여금 여러 번 따라 읽게 함으로써 학습자의 발음을 교정하여 주었다.

① 침묵식 교수법
② 암시적 교수법
③ 자연적 교수법
④ 청각구두식 교수법

03
다음에서 설명하는 언어교수법은 무엇인지 고르시오.

> - 안락한 분위기에서 음악을 사용하여 학습효율을 높인다.
> - 인간의 잠재능력은 연상을 통해 개발되고 극대화될 수 있다.
> - 언어 교육법임에도 불구하고 요가같은 일종의 수행 연습과 같은 방식을 취하고 있다.

① 암시 교수법
② 자연 교수법
③ 문법번역식 교수법
④ 의사소통 중심 교수법

04
직접식 교수법의 수업방식이 <u>아닌</u> 것을 고르시오.

① 읽기, 쓰기를 강조하고 원어민 발음을 모방한다.
② 규칙을 가르치지 않고 귀납적으로 문법을 학습한다.
③ 학습자의 모국어를 사용하지 않으며 목표어로 수업한다.
④ 교실에 있는 사물 중심으로 어휘를 배우고 확장해 나간다.

05
청각구두식 교수법을 사용하는 언어 수업에서 볼 수 없는 연습 방식을 고르시오.

① 발음 따라하기
② 문형 반복하기
③ 텍스트 번역하기
④ 문장 구조 익히기

06
다음은 청각구두식 교수법의 기초 원칙이다. 빈칸에 적절한 말을 고르시오.

> 언어는 읽는 것이 아니라 말하는 것이며 일종의 _____이다.

① 강화
② LAD
③ 보편문법
④ 습관

07
의사소통 교수법에서 교수자의 위치 또는 역할에 대한 설명으로 적절하지 않은 것을 고르시오.

① 의사소통 촉진자
② 학습자의 요구 분석가
③ 완벽한 지식의 권위자
④ 학습 과정을 조직하는 관리자

08
의사소통 교수법에서 자주 사용되는 유형의 교재가 아닌 것을 고르시오.

① 화제 중심 교재
② 문법 중심 교재
③ 과제 중심 교재
④ 기능 중심 교재

09
다음에서 설명하는 언어교수법은 무엇인지 고르시오.

> · 성인의 외국어 학습도 어린이의 모국어 학습과 유사한 과정으로 이루어져 있다.
> · 말하기보다도 행동을 통해 어휘와 문법을 익히는 것이 효과적이다.

① 청각구두식 교수법
② 공동체 언어교수법
③ 의사소통 중심 교수법
④ 전신반응 교수법

10
문법번역식 교수법에 대한 설명 중 맞는 것을 고르시오.

① 문학적 텍스트를 통해 교양과 논리력을 쌓는다.
② 실제 생활에서 볼 수 있는 자료를 바탕으로 수업한다.
③ 1950년대 미국에서 시작된 교수법이다.
④ 크라센의 가설 중 입력 가설의 영향을 많이 받았다.

> **해설**
>
> 01 언어 분류 방식은 언어교수법과는 관계가 없다.
> 03 암시 교수법은 일종의 수행 연습처럼 진행된다.
> 04 직접식 교수법은 읽기, 쓰기가 아니라 말하기와 듣기를 강조한다.
> 05 텍스트 번역은 문법번역식 교수법에서 나타난다.
> 07 교수자가 완벽한 지식의 권위자로 존재하는 것은 문법번역식 교수법이다.
> 09 전신반응 교수법은 행동을 통해 언어를 익히는 방법이다.
>
> **정답** 01 ④ 02 ④ 03 ① 04 ① 05 ③ 06 ④ 07 ③ 08 ② 09 ④ 10 ①

기출문제

01

언어교수법과 그에 따른 말하기 교육의 특징으로 옳은 것을 모두 고른 것은? 〔기출〕 17회 52번

ㄱ. 직접 교수법은 교사가 학습자 모어를 사용해 자세히 설명해 주는 것을 권장한다.
ㄴ. 청각구두식 교수법은 실제 맥락에 근거한 말하기 연습을 반복하는 것이 중요하다고 본다.
ㄷ. 의사소통 중심 교수법은 상호 작용을 위한 말하기를 지향하며 필요한 경우 학습자가 모어를 사용하는 것도 용인한다.
ㄹ. 내용 중심 교수법은 학습자가 목표어로 특정 교과를 배우는 과정에서 토론, 발표 등을 하게 함으로써 내용 학습과 언어 학습을 촉진한다.

① ㄱ, ㄴ
② ㄱ, ㄹ
③ ㄴ, ㄷ
④ ㄷ, ㄹ

02

총체적 언어 접근법(whole language approach)에 관한 설명으로 옳지 않은 것은? 〔기출〕 18회 40번

① 인본주의와 구성주의에 이론적 근간을 두고 있으며 학습자의 능동성을 강조한다.
② 미국의 모어 읽기 교육 현장에서 시작되어 호주, 캐나다 등으로 확대되었다.
③ 언어를 개인적이면서 동시에 사회적인 상호 작용적 의사소통 수단으로 본다.
④ 언어의 특성을 분석해 철자가 소리로 변환되는 원리를 알게 하는 것에 중점을 둔다.

03

구조 교수요목(structural syllabus)에 관한 설명으로 옳은 것은? 〔기출〕 19회 21번

① 문법의 난이도, 빈도수를 기준으로 학습 내용을 조직한다.
② 구성주의에 바탕을 두어 관찰과 반복을 통해 지식을 배운다.
③ 내용이나 주제를 중심으로 교수요목을 구성한 것으로 메시지를 이해하는 데 중심을 둔다.
④ 언어 사용과 의사소통 능력을 중심으로 교육 내용을 구성한다.

04

외국어 교수법에서 문화를 바라보는 관점에 관한 설명으로 옳은 것은? 〔기출〕 19회 22번

① 문법번역식 교수법에서는 문화를 화자의 일상적인 행위와 생활유형으로 본다.
② 청각구두식 교수법에서는 문화를 역사, 지형에 대한 정보를 보여주는 것으로 인식한다.
③ 직접교수법에서는 문화를 사회적 상호 작용, 인간관계 형성, 지식 창조를 위한 도구로 본다.
④ 의사소통 교수법에서는 의사소통을 하기 위해 필요한 요소로 문화를 인식한다.

05

언어 기능의 통합 교육에 관한 설명으로 옳지 않은 것은? 〔기출〕 19회 26번

① 언어생활에서 듣기는 타 기능과의 연결이 긴밀하므로, 다른 기능과 통합해 교육할 필요가 있다.
② 듣기와 말하기는 두 기능을 통하지 않고 대화가 불가능하다는 점에서 상호의존적이다.
③ 듣기와 쓰기의 통합 교육은 학습자의 이해 여부를 확인할 수 있다는 장점이 있다.
④ 듣기와 읽기는 모두 이해 영역에 해당되므로 기능 통합 교육에 부적절하다.

06

침묵식 교수법에 관한 설명으로 옳지 않은 것은? 〔기출〕 19회 30번

① 교수 내용: 교사의 침묵을 통해 학습자가 집중하도록 유도한다.
② 교수 방법: 음가표와 색깔막대를 활용하여 말한다.
③ 학습에 대한 관점: 문제 해결, 창조적 활동, 발견 활동을 통하여 학습한다.
④ 오류에 대한 관점: 학습에서 오류는 일어나서는 안 되는 불필요한 것이다.

정답 01 ④ 02 ④ 03 ① 04 ④ 05 ④ 06 ④

참고문헌

- 김윤경(2000), 외국어 교육 이론과 실제, 한국문화사
- 김정숙(1994), 외국어로서의 한국어 교육 원리 및 방법, 한국어학, 6, 한국어학회
- 김정숙(1998), 과제 수행을 중심으로 한 한국어 교육방법론, 한국어 교육, 9권 1호, 국제한국어교육학회
- 박경자·조인정(1989), 자연교수법, 한신문화사
- 박영예(1999), 대학생들의 학습전략, 학습 스타일, 학습자 변인간의 상관관계 분석, 영어 교육, 54(4), 한국영어교육학회
- 박정숙(1996), 영어학습에 있어서 언어불안의 역할에 관한 실증 연구, 영어 교육, 51(4), 한국영어교육학회
- 배두본(2000), 외국어 교육과정론, 한국문화사
- 백봉자 외(2001), 한국어교사 교육·연수 프로그램 교과과정 및 교수요목 개발 최종 보고서, 문화관광부 한국어세계화재단
- 조명원·선규수(1995), 외국어 교육의 기술과 원리, 한신문화사
- 조항록 외(2002), 한국어교사 교육·연수를 위한 표준 교육과정 시행 시안 개발 최종보고서, 문화관광부 한국어세계화재단
- 고려대학교 한국어교사 양성과정 강의안(2002), 고려대학교 국제어학원
- 연세대학교 한국어교사 연수과정 강의안(2001), 한국어 교수법의 이론과 실제, 연세대학교 언어연구교육원 한국어교사연수소
- Diane Larsen-Freeman, 방영주 역(2003), 외국어 교육의 교수 기법과 원리, 동인
- 국립국어원 표준국어대사전 https://stdict.korean.go.kr
- 두산백과사전 엔사이버 http://www.encyber.com

05 한국어 표현 교육론(말하기, 쓰기)

의사소통 기능인 말하기, 듣기, 쓰기, 읽기는 크게 이해 교육과 표현 교육의 영역으로 나눌 수 있다. 듣기와 읽기는 이해 교육, 말하기와 쓰기는 표현 교육에 속한다.

한국어 말하기 교육론

01 말하기의 정의와 특징

1 말하기 활동이란?

1) 정의

음성 언어를 매개로 자기의 의사를 상대편이 알아들을 수 있도록 표현하는 것이다. 말하기는 음성 언어로 의사소통하는 표현 영역이며 언어와 비언어적인 도구를 사용하여 자신의 생각, 느낌, 정보 등을 표현하는 기능이다. 음성 언어를 통한 의사소통은 인간의 의사소통 중 가장 널리 사용되는 방법으로 말하기와 듣기가 언어생활의 2/3 이상을 차지한다는 조사도 있다. 따라서 의사소통 교수법이 주류를 이루는 언어 교육에서 학습자에게 다양한 말하기 기술을 습득하도록 하는 것은 말하기 교육의 기본적인 목표가 된다.

2) 교실 활동의 대화 유형

① 정보교환형

교실에서 대부분의 말하기는 교사의 질문에 대한 짧은 대답이나 학습자의 질문, 의견인데 이러한 것이 확장된 형태가 정보교환을 위한 대화이다. 특정한 정보를 교환하거나 전달하기 위한 목적의 대화는 단순 반응이 아닌 의미 협상적인 특성이 강하다.

② 상호 작용형

교사와 학습자 간, 또는 학습자와 학습자 간에 서로 주고받는 것을 상호 작용이라고 한다. 새로운 문법이나 어휘를 도입할 때 보통 교사와 학습자는 질문과 대답을 통한 상호 작용을 하게 되고 짝 활동이나 그룹 활동을 통해서 학습자 간의 상호 작용을 유도할 수도 있다.

3) 말하기 능력의 하위 범주

하위 범주	구성 요소
문법적 능력	• 문법 • 발음 • 어휘
담화적 능력	• 내용 • 표현 단위 사용 능력(구 → 문장 → 단락 → 담화) • 언어 수행 • 수사법 사용 능력
사회언어학적 능력	• 발화상황에 적절한 언어 형태 사용 능력 • 적절한 어휘 사용 능력 • 경어법 사용 능력 • 문화적 지시어의 사용 능력

2 말하기의 특징 중요

1) 말하기는 고도의 사고작용을 거친 후 수행된다.

상대방이 알아들을 수 있는 문장을 만들어야 하기 때문에 상대방의 말을 듣는 과정에 비해 훨씬 복잡한 과정을 거친다. 자신이 하려는 말이 문법적으로나 구조적으로 정확한지, 의미 전달이 명확한지 먼저 확인한 후 표현한다.

2) 말하기는 양방향적인 활동이다.

말하기는 의사소통 과정을 전제로 하는 것이기 때문에 청자를 고려하지 않을 수 없다. 혼자 아무 이유 없이 말하는 사람은 없는 것처럼 말하기 활동에는 언제나 듣기 활동이 병행된다. 듣기보다도 말하기에서 양방향적인 특성이 잘 나타난다. 예를 들어 듣기는 라디오나 뉴스를 들으면서 이루어질 수 있는 활동이지만 말하기는 항상 상대방이 있어야 이루어진다.

3) 말하기는 비언어적인 표현 양상을 포함하고 있다.

화자의 말에는 화자의 개인적인 억양이나 발화 습관 등이 첨가될 수 있다. 청자의 입장에서는 음성, 어조, 억양, 태도, 발화 습관 등 비언어적 표현이 화자의 메시지를 더 명확하게 하기도 하고 때로는 불명확하게 할 수도 있다는 점에 주의해야 한다.

4) 잘못된 발화 습관이 화석화될 수 있다.

제2언어 학습자들의 경우 초급 과정에서 지나치게 유창성을 강조하다 보면 잘못된 발화 습관을 바로 수정받지 못하는 경우가 있다. 그것이 그대로 굳어져서 고급 과정에 이르기까지 오류가 수정되지 않으면 오류의 화석화가 이루어져서 교정하기 매우 어려워진다.

02 말하기 교육의 목표와 범위

말하기 교육의 목표는 학습자가 의사소통 상황에서 이루어지는 다양한 말하기 활동을 성공적으로 수행해서 본인이 의미하는 바를 상대방에게 정확히 알려 주는 것이다.

1 말하기의 하위 기술(Brown, 1994)

1) 서로 다른 길이의 소리를 발성하기

   예 말:(言), 말(馬)

2) 음성 단위를 인지하고 발음하기

   예 밥[밥] (○)
   밥[바브] (×)

3) 강세, 리듬, 억양에 맞게 발화하기

   예 민수야, 밥 먹었어?(올림조) (○)
   민수야, 밥 먹었어?(내림조) (×)

4) 단어와 어구를 약화된 형태로 발음하기

   예 민수의 책[민수에 책]

5) 적절한 단어를 사용하기

   예 할머니, 진지 드셨어요? (○)
   할머니, 밥 드셨어요? (×)

6) 적절한 속도로 말하기

   예 아버지가 방에 들어가신다. (○)
   아버지가방에들어가신다. (×)

7) 발화 중에 휴지, 여백 채우기, 수정 등의 전략을 사용하기

   예 음… (생각 중) 그거… 나도 알아요.
   → 적절한 휴지를 두어서 발화 내용에 대한 청자의 이해를 돕고 생각할 여유를 갖는다.

8) 문법 체계와 규칙 활용하기

   예 내일 학교에 갈 거예요. (○)
   내일 학교에 갔어요. (×)

9) 자연스러운 의미 단위로 말하기

   예 내일은 학교에 가고 / 모레는 여행을 갈 거야.
   나는 청소를 할 테니까 / 너는 빨래를 좀 해 줘.

10) 하나의 의미를 여러 다른 문법 형태로 말하기

   예 내일 학교에 갈 거예요.
   내일 학교에 가려고 해요.

11) 담화상의 원칙에 맞게 말하기(적절한 담화 표지)

   예 그 사람 성격이 진짜 좋더라고요. 그래서 인기가 많은가 봐요. (○)
   그 사람 성격이 진짜 좋더라고요. 그렇지만 인기가 많은가 봐요. (×)

12) 의사소통 기능을 적절히 수행하기

   예 날씨가 좀 덥지 않아요?
   → 상황에 따라 '창문을 열어도 될까요?'의 완곡한 의미로 쓰일 수 있다.

13) 직접 대화에서 사회언어학적 요소 사용하기

   예 아버님 진지 드셨어요?
   → 적절한 높임법을 사용한다.

14) 표정 및 제스처 등의 신체언어 사용하기

   예 만 원만 빌려주시겠어요? (간곡히 부탁하는 표정)

15) 의사소통 전략 사용하기

   예 음…… 그거 뭐죠? 아침에 일어나려고 시간 맞춰 놓는 거요.
   → 의사소통 전략 중 '풀어 말하기'에 해당한다.

2 의사소통 능력

1) 촘스키(Chomsky, 1965)의 언어 능력

촘스키는 언어 능력을 그 언어를 완전하게 아는 이상적인 의미의 능력으로 보았다. 또한 문법적으로 정확한 문장을 만들어 내는 능력이라고 정의하였다.

2) 하임즈(Hymes, 1979)의 의사소통 능력

하임즈는 의사소통 능력을 언어 능력과 언어 수행 두 가지로 구분했는데, 이는 인간이 특정 상황에서 메시지를 전달하고 해석하며 인간 상호 간에 의미를 타협하게 해 주는 능력을 말하는 것이다. 특히 촘스키가 말한 언어 능력, 즉 문법적으로 정확한 문장을 만들어 내는 것만으로는 의사소통 능력을 모두 설명할 수는 없다고 보고 의사소통 능력의 정의에 사회언어학적인 부분을 넣어야 한다고 보았다.

3) 커넬 & 스웨인(Canale & Swain, 1980)의 의사소통 능력

의사소통 능력이 문법적 능력, 담화적 능력, 사회언어학적 능력, 전략적 능력의 네 가지 구성요소로 이루어졌다고 보았다. 하임즈의 의사소통 능력 개념을 더욱 확대한 것으로 각각의 요소는 다음과 같은 특징을 가지고 있다.

① 문법적 능력

어휘에 대한 지식과 형태론적, 통사론적, 의미론적, 음운론적 규칙에 관한 지식을 포함하는 의사소통 능력. 즉 어휘, 발음, 규칙, 철자법, 단어 형성, 문장 구조 등의 언어학적 기호를 정확히 사용하여 문법적으로 올바른 문장을 생성하는 능력이다.

② 담화적 능력

여러 측면의 문법적 능력을 보충해 주는 것으로 형태적인 응집성과 내용상의 일관성을 이루기 위해 아이디어를 조직하는 능력이다. 문법적 능력이 문장 단위의 문법을 이루는 것이라면 담화적 능력은 문장 사이의 상호 관계와 연관된다.

③ 사회언어학적 능력

언어와 담화의 사회 문화적 규칙에 관한 지식으로 언어가 사용되고 있는 사회적 상황에 대한 이해로, 이때 사회적 상황이란 언어를 사용하는 사람들이 맡은 역할, 이들이 공유하는 정보, 이들 간에 이루어지고 있는 상호 작용을 말한다.

④ 전략적 능력

언어 수행상의 변인이나 불완전한 언어 능력 때문에 의사소통이 중단되는 경우 이를 보완하기 위해 사용하는 비언어적 의사소통 전략으로 의역하기, 우회적 화법, 반복, 머뭇거림, 회피, 추측 등을 가능하게 하는 능력 등을 말한다.

4) 바흐만(Bachman, 1991)의 언어 능력

바흐만은 커넬 & 스웨인의 의사소통 모형을 정교화하여 의사소통 능력 중 언어 능력을 조직적 능력과 화용적 능력으로 구분하여 제시하였다.

① 조직적 능력

문법적 규칙이나 담화적 규칙 등을 포함해서, 문장을 만들어 사용하는 언어 형식을 결정하는 모든 규칙을 말한다.

② 화용적 능력

문법의 범주가 아니라 언어 수행의 범주에서 언어의 기능적 측면과 관련되는 능력이다. 문화적 측면 등과 관련되는 사회언어학적 능력이라 할 수 있다. 이를 바탕으로 한국어 교육에서 말하기 교육의 범주는 다음과 같이 정할 수 있다.

㉠ 대화, 문장을 구성할 수 있는 문법적 지식
㉡ 응집성 있는 담화를 수행하는 능력
㉢ 사회적 상황과 맥락을 바탕으로 한 언어사용
㉣ 의사소통을 위한 학습자 전략

03 말하기 교육의 원리

1) 발음과 억양에 대한 정확한 교육이 필요하다.

처음 한글 자모를 배우면서 대부분의 학습자들은 모국어 안에서 비슷한 발음을 찾기 때문에 모국어에 없는 발음은 습득하기 어려운 경우가 있다. 발음과 억양 교육은 한국인과 똑같이 완벽하게 습득하는 것보다 담화의 흐름 안에서 문제가 없는지에 더 치중한다. 따라서 음소 하나하나의 정확한 발음보다는 담화 안에서 이해할 수 있는 범위 안에서 발음과 억양을 교육하는 것이 더 효과적이다.

2) 정확성과 유창성은 상보적인 개념이다.

말하기 교육에서 자주 범하는 잘못된 생각 중 하나는 조금 틀리더라도 말을 빠르게 많이 하는 것이 중요하다는 생각이다. 특히 의사소통 중심 교수법이 언어 교육의 주된 흐름으로 등장하면서 마치 의사소통 중심 교수법에서는 유창성을 훨씬 중요하게 보고 정확성은 다소 소홀하게 생각해도 무방하다고 오해하는 경우가 있다. 이는 사실이 아니며, 의사소통 중심의 교육이 이루어진다는 것은 유창성과 정확성을 모두 담보해야 하는 것이다.

의사소통은 자연스럽게 의미를 전달하는 것이 주 목적이지만 정확성이 없는 언어는 언어로서의 기본 요소인 의미를 전달하지 못한다는 점에서 유창성과 정확성은 대조적인 개념이 아니라 상보적인 개념이라고 할 수 있을 것이다.

유창성과 정확성에 대한 고려는 학습자의 수준에 따라 달라질 수 있다. 특히 초급에서 유창성만을 지나치게 강조하면 오류의 화석화 현상이 나타날 수 있기 때문에 조심하여야 한다. 초급에서는 정확성에 더욱 초점을 맞추어야 하며, 그 이후에 유창성에 초점을 맞춘 활동 또는 과제가 이어지는 것이 좋다.

TOP-Point

☑ 화석화 현상

어떤 제2언어 학습자가 고급 수준에 이르기까지 다른 부분은 크게 문제가 없는데 계속해서 특정 언어 항목에 대해서만 잘못된 언어적 특징, 즉 오류를 보이는 경우를 볼 수 있다. 화석화란 이러한 잘못된 언어적 형태를 제2언어 학습자가 고치지 못하고 일종의 습관처럼 지속적으로 사용하는 현상을 말한다. 최근에 와서는 '화석화'라는 용어 대신 '안정화'라고 부르기도 한다.

예 중국인 학습자의 모어(중국어)는 조사가 없다. 따라서 한국어를 배울 때 조사 사용이 복잡한 데다가 종종 생략이 가능하다는 점에서 '이/가, 을/를' 등 모든 조사를 빼고 이야기하려는 경우가 있는데, 이것을 초기에 바로잡지 못하면 고급에 이르기까지 비슷한 오류가 계속 발생한다.

3) 과제 중심의 수업이 되어야 한다.

　　의사소통을 위한 말하기 과제 중심으로 수업이 진행되어야 한다. 의사소통에 있어서 과제의 중요성은 계속 강조되어 왔다. 과제는 학습자의 요구를 가장 잘 보여 주는 교실 활동이며 학습자의 동기를 북돋워 준다.

　　또한 말하기는 학습자 입장에서 보면 가장 실용적이고 또 실생활에서 가장 필요한 언어 활동이다. 그렇기 때문에 말하기 활동은 학습자들이 실제로 말하기 활동을 하게 되는 환경, 맥락, 상황, 주제 등을 중심으로 제시되어야 한다. 그리고 언어 사용의 규칙이나 사회·문화적 특성도 고려해야 한다.

예) 한국어의 높임법
　→ 때와 장소, 상대하는 사람에 맞추어 높임법을 적절하게 선택하여 써야 하므로 이것을 각각의 과제 상황으로 제시할 수 있다.

4) 학습자 중심의 수업이 이루어져야 한다.

　　고전적인 교육 방식은 교사 중심의 수업이었다. 그래서 학습자들 입장에서는 교사는 완벽한 언어 지식의 소유자이며 권위적인 지식의 전달자이다. 그러나 의사소통 중심 교육에서는 교사 주도가 아니라 학습자의 자발적 참여가 중요하다. 특히 말하기 활동 같은 경우는 교사 중심의 수업으로는 활동 자체가 어렵다. 따라서 말하기 수업은 반드시 학습자 중심의 수업이 되어야 하며, 학습자들이 실제로 원하는 언어 활동과 기술이 무엇인지 알기 위해 사전에 학습자 요구 조사를 실시하여 수업을 구성하는 것이 더욱 효율적이다.

5) 짝 활동, 그룹 활동 등으로 과제를 수행하도록 해야 한다.

　　말하기는 양방향적인 활동이다. 따라서 개별 활동이 아니라 화자와 청자가 존재하는 짝 활동 또는 그룹 활동으로 과제를 수행해야 할 것이다. 교사는 학습자들 간에 상호 작용이 가능하도록 과제를 부여하고 협력적 분위기를 조성해야 한다.

6) 듣기와 말하기를 연계한 수업이 되어야 한다.

　　말하기와 듣기는 불가분의 관계이다. 의사소통은 화자와 청자에 의해 의미가 전달되고 그 의미를 서로 협상하며 하나의 담화를 완성해 나가는 과정이기 때문이다. 따라서 과제 활동도 기계적인 질문과 대답으로 이루어지는 것이 아니라 맥락과 대화 상황을 이해하는 자유로운 활동으로 수행되어야 한다.

7) 말하기의 특징을 고려한 수업이 이루어져야 한다.

　　말하기, 즉 음성 언어의 특징은 때로 의사소통 상황에서 비문법적인 문장이 나타나기도 하고 화자 특성에 따라 휴지, 반복, 머뭇거림 등 다양한 비언어적 변인들이 존재한다는 것이다. 또한 축약이나 발음 생략 등이 많이 나타나며, 강세나 리듬, 억양 등이 메시지 전달에 장애가 되는 경우가 많다. 뿐만 아니라 말하기와 듣기는 쓰기나 읽기와는 달리 시간적 제약을 받는 언어 활동이다. 음성 언어의 이런 요인들은 실제 구두 의사소통에서 말하기를 어렵게 만드는 요소이기 때문에 이를 고려한 다양한 말하기 전략을 익혀야 한다.

8) 말하기 활동에서의 교사의 역할이 매우 중요하다.

① 통제자로서의 역할

교사는 수업 시간과 수업 구성을 자연스럽게 통제하면서도 자유롭고 편한 분위기에서 학습자들이 자신의 의사를 표현할 수 있도록 리더의 역할을 해야 한다. 하지만 교사의 이러한 역할이 지나치면 학습자가 지나치게 의존적인 태도를 보일 수 있으므로 교사는 학생을 통제함과 동시에 학습자의 창의적인 의사소통의 장을 열어 주어야 한다.

② 촉진자로서의 역할

학습자가 그룹의 중심이 되고 그들이 스스로 과제 수행을 할 수 있도록 교사가 촉진해 주는 역할이다. 학습자들이 난관에 부딪혔을 때 교사는 학습자가 스스로 해결할 수 있도록 조용히 지켜봐 주거나 팁을 살짝 줌으로써 그룹 활동을 끝까지 제대로 수행할 수 있도록 적절히 개입을 해야 한다.

③ 상담자로서의 역할

학습자가 학습할 때 느끼는 두려움을 없앨 수 있도록 여러 가지 방법을 모색하도록 노력하여야 한다.

④ 관찰자로서의 역할

교사는 늘 학습자를 잘 관찰하여 개개인이 어떤 점에 취약한지를 파악하고 적절한 기회에 학습자에게 피드백을 주어야 한다.

⑤ 참여자로서의 역할

교사가 지나치지 않은 범위 안에서 토론이나 역할극에 직접 참여하여 학습자들에게 정보를 주고 창의적인 분위기를 유지하도록 하여야 한다.

⑥ 평가자로서의 역할

학습자들의 활동이 끝났을 때는 교사가 정확한 평가를 해 준다. 문법적인 부분뿐만 아니라 전체적인 내용에 관한 평가를 해 주는 것이 좋다.

TOP-Point

☑ 의사소통 전략

　　의사소통은 화자와 청자가 상호 작용하며 의미 전달을 하는 과정이라고 정의할 수 있다. 이런 경우 학습자들은 부족한 언어 능력을 보충하는 전략을 사용해서 의미를 전달하게 된다.

　　따라서 의사소통 전략이란 효과적인 의사소통을 위해 전략으로 쓰이는 언어 또는 비언어적 수단을 말한다. 최근 들어서 의사소통 전략도 언어 능력의 한 요소로 보고 많은 학자가 효과적인 의사소통 전략에 대해 연구하였다. 대표적으로 쿡(Cook, 2008)이 설명한 의사소통 전략과 람(Lam, 2006)이 설명한 의사소통 전략을 바탕으로 다음과 같이 정리할 수 있다.

☑ 쿡(Cook, 2008)이 설명한 의사소통 전략
- 사회적 상호 작용에서의 의사소통 전략
  - 바꿔 말하기(Paraphrase): 근접 대체어 사용, 단어 만들기, 우회적 화법 사용
  - 전이(Transfer): 모국어 방식으로 번역해서 말하기
  - 회피(Avoidance): 어려운 화제나 뜻을 전달하지 못할 때 아예 회피함
- 심리적 문제 해결에 필요한 의사소통 전략
  - 협력 전략
  - 언어 전환
  - 외국어화
  - 언어 간 대치, 일반화, 기술, 예시, 단어 만들기, 재구성 등
  - 형식적 회피: 음성적, 형태적, 문법적 회피
  - 기능적 회피: 화제 전환

☑ 람(Lam, 2008)이 설명한 의사소통 전략
- 알고 있는 자원 활용하기
- 다른 말로 바꾸어 사용하기
- 스스로 반복 사용하기
- 빈말 사용하기
- 스스로 오류 수정하기
- 반복 요구하기
- 설명 요구하기
- 의미 확인하기

04 말하기 활동의 유형 (중요)

1) 문형 중심의 통제된 연습

①　의사소통 단계로 넘어가기 전 연습 단계로 반복적으로 목표문법 패턴을 연습한다.
②　청각구두식 교수법과 연관된 연습 형태로서 구조, 문장 형태 등을 익힌다.

2) 인터뷰
    ① 모든 단계에서 사용 가능한 연습이다.
    ② 인터뷰 결과를 발표하고 쓰기 등 다른 언어 기능과 연계할 수 있다.
    ③ 일종의 협동 학습으로서 말하기의 본질에 가깝다.
        ㉠ 초급 단계
            예 간단한 '네/아니요' 질문, 또는 신상정보, 가족, 취미 등 묻고 답하기
        ㉡ 중급 단계 이상
            예 자신의 견해 이야기하기, 감정 표현하기, 사적인 정보 이외의 화제에 대해 이야기해 보기(결혼, 지역 소개 등)

3) 정보 차 활동
    ① 미리 주어진 정보 결함을 말하기 활동을 통해 알아가는 활동이다.
    ② 정보를 메워 가는 과정을 통해 성취감을 줄 수 있다.
    ③ 학습자 간의 상호협력적인 학습이다.
    ④ 학습자의 관심을 형태가 아니라 내용에 두게 함으로써 유창성을 강화할 수 있다.
    예 서로 위치 묻고 지도 완성하기, 여행사에 전화 걸어 정보 알아보기

4) 역할극
    ① 가상의 역할을 주고 그 역할에 맞는 의사소통을 수행하는 활동이다.
    ② 다양한 상황을 가정할 수 있으며 학습자의 흥미, 동기를 부여한다.
    ③ 학습자가 역할에 집중할 수 있도록 교사는 분명한 성격과 특성을 가진 인물을 선정해야 한다.
    예 역할을 주고 물건 사기, 소개하기, 주문하기

5) 문제 해결하기, 토의하기
    ① 일종의 그룹 활동으로 공통적인 문제 상황에 대해 해결 방법을 찾아내는 활동이다.
    ② 중급 이상의 학습자들에게 적절한 말하기 활동이다.
    ③ 학습자들의 동기를 북돋울 수 있도록 학습자의 실생활과 가까운 문제를 제시하는 것이 좋다.
    예 교통편 결정하기, 휴가 계획 세우기 등

6) 의견 교환하기, 토론하기
    ① 토론은 찬성과 반대의 어느 한편에 서서 자신의 의견을 강하게 주장하게 되므로 보다 높은 수준의 말하기 실력이 요구된다.
    ② 찬반 양론이 팽팽하게 맞서는 주제가 적절하다.
    ③ 중급 이상의 학습자들에게 적절한 말하기 활동이다.
    ④ 학습자들의 동기를 북돋울 수 있도록 학습자의 실생활과 가까운 문제 또는 화제가 되고 있는 문제가 좋다.
    예 찬성과 반대로 그룹을 나누어 의견 제시하기 등

7) 발표하기
① 발표하기는 즉흥적인 말하기 활동이 아니라 준비 시간이 필요한 활동이다.
② 프로젝트 수업으로 진행할 수 있다.
③ 양방향이 아니라 일방향적인 활동이나 청자를 고려한다는 점에서 고난이도의 말하기 기술이 필요한 활동이다.
④ 긴 발화를 연습할 수 있는 기회가 된다.
⑤ 학문 목적의 학습자, 비즈니스 목적의 학습자들 같은 경우는 한국어로 의견을 개진하고 발표해야 하는 경우가 많기 때문에 이러한 실제적인 활동을 통해서 말하기 기술을 습득할 수 있다.
⑥ 중급 이상의 학습자들에게 적절한 말하기 활동이다.
⑦ 학습자들의 동기를 북돋울 수 있도록 학습자의 실생활과 가까운 문제 또는 화제가 되고 있는 문제를 발표할 수 있도록 준비하는 것이 좋다.
예) 인터뷰나 자료 조사하고 그 결과 발표하기, 자기 고향 소개하기

8) 촌극/연극
① 역할극보다 훨씬 더 체계적이고 소요 시간이 긴 활동이다.
② 학습자들 간의 협력 활동을 전제로 한다.
③ 역할극보다 더 많은 노력이 필요하므로 학생들에게 성취감을 줄 수 있는 활동이다.
④ 교사가 전체적인 시간 분배를 잘 해야 한다.
⑤ 추상적인 것이 아닌 이야기가 뚜렷한 것으로 준비하도록 한다.
예) 약속 취소하기, 예약하기, 상품 구입을 위해 협상하기 등

9) 게임
① 감정적 차원에서 학습자를 덜 부담스럽게 하는 활동이다.
② 긴장감을 해소하고 의사소통 능력도 증진시킬 수 있다.
③ 그룹으로 묶어 게임을 하는 것이 좋으며 학습자들 사이의 언어 능력을 잘 고려해서 분배해야 한다.
④ 학습에 대한 흥미를 유발한다.
⑤ 학습에 대한 부담을 덜어주고 학습자들 간의 친목 차원에서도 효과가 있다.
예) 스무고개, 어휘 맞추기, 숫자 맞추기 등

10) 토론수업
① 토론수업은 학습자의 생각, 신념, 감정에 대한 의견을 교환하는 활동이다.
② 주로 중·고급에서 많이 활용된다.
③ 도덕적, 종교적, 정치적인 내용의 주제가 많고 의견을 교환할 때 학습자가 자신의 의견을 표현하고 상대방을 설득하려고 함으로써 발화의 질을 높일 수 있다.

④ 학습자들의 흥미를 자연스럽게 유발할 수 있고, 우리 주변에서 흔히 볼 수 있는 문제를 선택하는 것이 좋다. 또 매우 상식적인 주제여서 의견이 많이 나올 수 없거나 지나치게 난해한 내용은 피하는 것이 좋다.

> **TOP-Point**
>
> ☑ **말하기 전략**
> - 분명히 설명해 주도록 요구하기
> - 반복해서 말해 주도록 요구하기
> - 생각할 시간을 벌기 위해 군말 사용하기
> - 대화 유지를 위한 표현 활용하기
> - 청자의 주의를 요구하기
> - 표현하기 어려운 구조를 쉽게 바꿔 말하기
> - 상대방에게 (생각이 나지 않는 단어나 구를 묻기 위해) 도움을 요청하기
> - (기본 단계에서) 정형화된 표현 사용하기
>
> ☑ **말하기 활동**
> - 정보 교류적, 사교적 목적으로 대화하는 방법
> - 대화 상황에서 때로는 길게, 때로는 짧게 말하는 방법
> - 대화를 시작하고 끝맺는 방법
> - 격식을 갖춘 표현과 일상적 표현을 사용하는 방법
> - 전화 통화, 혹은 공식적, 비공식적 모임과 같은 사회적 환경에 따른 대화법
> - 의사소통 불능 혹은 이해 불능과 같은 문제를 해결하는 방법
> - 유창하게 대화를 유지하는 방법

05 말하기 오류 수정

1) 오류의 정의

제2언어 혹은 외국어 학습에 있어서 오류란 대상언어에 대한 지식 부족으로 인하여 발생한 잘못된 언어 생산물을 의미한다. 과거 행동주의 학습이론에서는 이러한 오류가 모국어의 간섭으로 일어난다고 보아 철저히 교정해야 할 대상으로 보았다(Corder, 1967 · 1981).

그러나 1970년대 이후 이성주의 학습이론에 근거한 연구에서는 오류를 학습자의 발달 단계에서 불가피하게 나타나는 것으로 여기고 모국어와 대상언어 간의 중간적인 성격을 띠고 있는 것으로 보았다(Selinker, 1972). 이러한 이성주의 학습이론의 입장은 현재까지 이어지고 있어서 오류는 학습자의 발달 과정을 보여 주는 자료로 간주되고 있다(유석훈 · 이미영, 2001).

2) 오류의 유형과 원인

학습자의 언어적 오류는 발음 오류, 어휘 오류, 문법 오류, 담화 오류 등이 있다. 엘리스(Elis,

1997)는 오류의 원인을 생략(Omission), 과잉 일반화(Overgeneralization), 전이(Transfer) 등으로 꼽았다.

① 생략(Omission): 언어의 필수 요소를 생략하거나 지나치게 단순하게 사용해서 생기는 오류이다.
② 과잉 일반화(Overgeneralization): 목표언어의 규칙이나 유형을 학습자가 자의적으로 해석하여 (목표언어에서) 그것이 허용되지 않는 부분까지 적용하여 생기는 오류이다.
③ 전이(Transfer): 학습자가 모국어(L1)에서 허용되는 규칙이나 유형을 목표언어(L2)에 똑같이 적용시켜서 생기는 오류이다.

3) 오류의 수정 방법: 하머(Harmer, 2001)가 제시한 오류 수정 방법은 다음과 같다(허용 외, 2005).

① 반복 요구: 학습자의 오류 부분을 다시 한번 되물음으로써 오류가 있음을 암시한다.
② 모방: 학습자의 오류 부분을 그대로 따라함으로써 오류 사실을 지적한다.
③ 지적 또는 질문: 틀렸음을 말해 주거나 질문을 통해 지적한다.
④ 표정: 표정이나 몸짓으로 틀렸음을 암시한다.
⑤ 힌트: 힌트가 될 만한 단서를 제공하여 스스로 고치도록 한다.
⑥ 직접 고쳐주기: 교사가 직접 올바른 문장으로 고쳐서 말해 준다.

06 말하기 수업의 유형

말하기 수업에서는 PPP 모형과 TTT 모형을 채택할 수 있다. PPP 모형은 '제시(Presentation)-연습(Practice)-생산(Production)' 단계로 진행되며 '과제보조모형'이라 불리기도 한다. TTT 모형은 '과제1(Task1)-교수(Teach)-과제2(Task2)' 단계로 이루어져 '과제기반모형'이라 불리기도 한다.

즉 PPP 모형은 정확성을 통하여 언어 사용의 유창성을 강조한 것이고, TTT 모형은 학습자들이 언어 사용에 있어서 자신의 생각을 보다 효율적으로 전달하기 위한 과제를 수행하면서 유창성을 먼저 익히고, 그와 비슷한 과제를 수행하기 전에 교수 활동이 들어가는 것이다.

1 PPP 모형

1) 정의

① 전통적인 방식의 문법 교육 모형으로 상향식 모형이라고도 한다.
② 형태 중심의 문법 교육 접근법이다.
③ 개별 문법 항목을 분리하여 명확하게 제시한다.

2) 수업 단계

① **제시**: 교사가 하나의 문법 항목을 분리하여 명확하게 제시, 설명한다.
② **연습**: 점점 큰 단위로 이동하여 연습한다. 정확성 획득을 목표로 한다.
③ **생성**: 유창성을 목표로 하는 활동이다.

3) 특징

① 지속적인 연습 단계를 통해 기능으로 지식을 학습하게 한다.
② 언어는 점진적인 단계를 통해 가장 잘 학습된다.
③ 교사 위주의 수업이 될 수 있다.
④ 정확성이 유창성보다 우선한다.

2 TTT 모형

1) 정의

① 전체 담화나 텍스트를 이해하면서 학습자 간의 상호 작용으로 자신의 생각을 나타내고, 그 과정에서 특정 문법을 지도한다.
② 전체 텍스트 속에서 문법과 그 밖의 언어 사용을 익히도록 한다.
③ 효율적인 과제들을 구성하여 담화 과정에 필요한 기술과 전략을 익히도록 한다.

2) 수업 단계

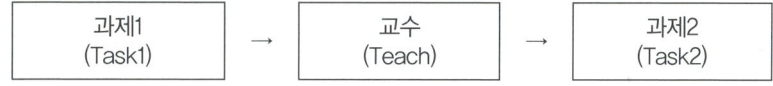

① **과제1**: 교사가 설정한 의사소통 과제를 수행한다. 학습자들의 능력 범위 안에서 실행된다.
② **교수**: 과제1의 결과를 토대로 교사가 과제1이 제대로 수행되기 위해 학습자들이 알아야 하는 언어적 지식(어휘, 문법 표현 등)을 제시, 설명하고 연습시킨다.
③ **과제2**: 학습자들이 과제1과 유사한 과제를 다시 실행한다. 한층 정확하고 질적으로 우수한 과제 수행이 이루어진다.

3) 특징

① 특정 문법에 주목하지 않고 효율적인 과제를 구성하여 담화 과정에 필요한 기술과 전략을 익히도록 한다.
② 유창성을 정확성보다 우선한다.
③ 교육과정은 실제 언어 사용과 관련된 담화 상황 중심으로 구성된다.
④ 과제의 선정, 배열, 평가에 대한 기준이 모호한 면이 있다.

한국어 쓰기 교육론

01 쓰기의 정의와 특징

1 쓰기 활동이란?

1) 정의

　　문자 언어를 통하여 글 쓰는 사람의 생각이나 느낌을 글로 정확하게 표현하는 언어 활동이다. 쓰기는 말하기와 공통적으로 표현 영역에 속하는 활동이다. 특히 외국어 학습자의 경우에는 문자 없이 온전하게 목표언어를 습득하는 것은 거의 불가능하다.

2) 글쓰기의 유형

① 모방적(Imitative)
　㉠ 글자, 단어, 문장 부호, 아주 짧은 문장 등을 쓰는 기본적인 과제를 수행하는 데 필요한 기술을 터득
　㉡ 철자를 정확하게 쓰고, 음소와 글자 사이의 관계를 인식하는 능력 포함
　㉢ 쓰기의 기계적 구조를 통달하려고 노력하는 단계
　㉣ 과제: 형태에 초점, 상황이나 의미는 부차적인 관심사에 불과

② 세부적(통제적)[Intensive (Controlled)]
　㉠ 특정한 상황에 속하는 적절한 어휘, 연어(Collocation)와 관용어, 문장 안의 정확한 문법 장치를 사용하는 기술
　㉡ 과제: 형태에 더 많은 관심을 둠, 시험 설계로 엄격하게 통제

③ 반응적(Responsive)
　㉠ 문장들을 연결하여 단락을 구성하고 논리적으로 연결된 두세 단락의 글을 구성
　㉡ 과제: 교육적 원칙, 일련의 기준, 개요 등의 지침에 따라 만들어짐
　㉢ 글쓰기 종류: 짧은 해설과 묘사, 짧은 보고서, 실험 보고서, 요약, 읽기 지문에 대한 간단한 반응, 도표나 그래프의 해석
　㉣ 글의 목적을 달성하는 데 기여하는 담화 수준의 규약에 많은 관심을 기울임
　㉤ 형태에 초점을 두는 것은 담화 수준에서 이루어지며, 상황과 의미를 강조

④ 확장적(Extensive)
　㉠ 논문, 기말 보고서, 주요 연구 프로젝트 보고서, 학위논문의 길이에 이르는 모든 목적을 망라하는 글쓰기의 과정과 전략을 모두 성공적으로 동원할 수 있음을 함축
　㉡ 과제: 글의 목적 달성, 논리적 조직, 논지 지지 및 예시의 세부사항, 다양한 문법과 어휘 구사, 많은 경우에 여러 단계를 거쳐 최종적인 산물을 만드는 과정(Process)에 참여하는 데 중점

3) 교실 활동의 쓰기 유형

① 단순하고 기계적인 쓰기

빈칸 채우기 등의 문제가 이 활동에 포함되는데 실제로 교실에서 빈번히 활용되고 있는 쓰기 활동이다. 이 연습은 쓰기 그 자체를 위한 것이기도 하지만 문법이나 어휘를 배우는 단계에서도 많이 이용된다. 초급이나 중급 단계 모두 효과적이며 작문에 대한 학습자의 부담을 덜어줄 수 있다.

예 빈칸 채우기, 간단한 질문에 단답형 대답 쓰기, 대화 채우기 등

② 논리적 구성을 갖춘 글쓰기

일정한 주제를 가진 글로서 학습자의 생각을 표현하고 글 구성을 연습하는 단계이다. 논리적인 구성을 갖추는 연습이며 본격적인 작문 단계이다. 초급 단계보다는 중급 이상의 단계에서 효과적이다.

예 설명문 쓰기, 논설문 쓰기 등

2 쓰기의 특징 중요

Brown(1994)의 교육 현장에서 쓰기는 시간이 없다는 이유 또는 말하기에 초점을 두어 가르치는 경향이 강해지면서 다른 영역에 비해 소홀하게 취급되기도 했다. 쓰기의 어려움은 문자 언어의 특성에서 기인한다. 문자 언어의 특성을 중심으로 쓰기의 특징을 정리하면 다음과 같다.

1) 영구성

일단 글을 쓴 후에는 고치거나 취소하는 것이 어렵다. 이렇게 기록으로 남는다는 특성 때문에 학습자들은 쓰기를 두렵게 생각하기도 하는데, 교사는 학습자가 최종적인 글을 제출하기 전에 자신들의 글을 수정하고 정교화할 수 있도록 도와주어야 한다.

2) 시간

쓰기를 위해서는 적절한 시간이 주어져야 한다. 쓰기 수업에서는 학습자로 하여금 주어진 시간을 효과적으로 활용할 수 있게 하는 전략을 세우는 것이 중요하다.

3) 거리

말을 하는 경우는 대화 상대가 바로 앞에 있지만 글을 쓰는 경우는 쓰는 사람과 글을 읽는 사람이 서로 다른 장소와 시점에 있다. 말을 하는 경우는 비언어적 전략을 통해 의미 이해를 도울 수 있지만 쓰기는 순전히 글만으로 메시지를 전달해야 한다. 따라서 글을 읽는 사람과 시간적, 공간적 거리가 있음에도 불구하고 공감대를 가지고 이해할 수 있도록 써야 한다.

4) 정서법

정서법 혹은 맞춤법은 쓰기의 기본이라 할 수 있다. 대화를 하는 경우 상대방의 반응을 보면서 표정이나 억양, 제스처 등 비언어적인 다양한 수단을 사용할 수 있다. 그러나 쓰기는 오로지 언어적 방식으로만 이루어진다. 따라서 쓰기의 정서법은 형식적인 면뿐 아니라 의미전달 방법으로써 매우 중요하다.

5) 복잡성

문어는 구어보다 복잡하기 때문에 글을 쓸 때는 단순히 말을 할 때보다 사고의 수준이 훨씬 높아진다. 그렇기 때문에 학습자들은 쓰기를 말하기보다 더 어렵게 느낄 수 있다.

또한 통사적 구조도 언어권마다 다르며 문화적인 차이도 무시할 수 없다. 예를 들어 문화적으로 상용화된 수사학적 문장이나 표현, 관용어구 등이 있을 수 있다. 그렇기 때문에 쓰기는 반복적인 연습과 과제 수행이 필요하다.

6) 어휘

앞서 말한 것처럼 쓰기의 문장은 말하기보다 훨씬 복잡한데 어휘 구사에 있어서도 말하기보다 쓰기가 훨씬 더 다양한 어휘를 요구한다. 또한 말하기에서는 맥락상 상대방이 잘 이해하지 못하더라도 의사소통이 진행되는 경우가 있지만, 쓰기에서는 정확한 단어와 맥락에 맞는 문장을 구사하지 않으면 이해하기 어렵다.

말하기가 발화와 동시에 흘러가는 것이라면 쓰기는 글자로 고정되어 있는 것이기 때문에 오류 문장 또는 부적절한 어휘 사용이 더욱 두드러지게 나타난다.

7) 형식

말보다 글은 훨씬 형식적이다. 특히 글은 그것이 어떤 상황에서 쓰이느냐에 따라 요구되는 관습적인 형식이 있다. 따라서 쓰기를 연습할 때는 자신이 쓰고 있는 글이 어떤 종류이며 어떤 목적을 가지고 있는 글인지를 파악한 후 그에 맞는 형식을 지켜야 한다. 이는 말하기보다 더 반복적이고 지속적인 연습을 필요로 한다.

02 쓰기 교육의 목표와 원리

쓰기 교육의 목표는 학습자가 글을 통해 자신이 말하고자 하는 의미를 정확하게 전달하는 것이다. 쓰기 역시 말하기처럼 의사소통의 도구로서 표현 능력을 신장시키는 데 목적이 있다.

1 과정 중심의 쓰기 교육

과정 중심의 교육은 다른 기능 교육에 있어서도 강조하는 부분이다. 고전적인 교수법에서는 결과물을 산출하는 것을 중요하게 생각했으나 최근에는 점차 학습자들이 쓰기 활동을 하면서 쓰기 결과물을 내는 과정, 즉 사고를 정리하고 표현하는 과정을 더욱 중요하게 생각한다. 쓰기의 과정을 단계별로 보고 각 단계에 맞는 교수 방식을 찾거나 쓰기 포트폴리오를 중시하는 것도 과정 중심 쓰기 교육의 한 단면이다.

2 실제적인 과제 중심의 쓰기 교육

실제적인 과제는 기능 교육에서도 강조되는 부분이다. 이는 학습자 중심 교수가 중요하다는 인식이 확산되면서 학습자 동기를 자극하는 것이 학습자 중심 수업의 필수 조건이 되었기 때문이다. 학습자 입장에서는 자신이 직접 활용할 만한 과제가 있어야 동기 유발이 되기 때문에 실제적 과제를 제시하는 것이 중요하다.

또한 쓰기 활동같은 경우는 의사소통 활동으로서의 효용이 적다고 생각해서 쓰기를 소홀히 여길 수 있기 때문에 다양한 글쓰기의 장르를 다루어서 쓰기가 일상생활에서 많은 부분을 차지하는 기능임을 보여 줄 수 있다.

예 한국 친구에게 보내는 이메일 쓰기, 메모하기, 강의 듣고 필기하기

3 협동 중심의 쓰기 교육

과정 중심 쓰기의 협동 학습은 교사와 학습자, 혹은 학습자 사이에서 학습자 개개인이 느끼는 학습의 부담감과 불안함이나 스트레스를 줄여 준다. 또한 협동 학습은 학습자 간에 일어나는 활동이기 때문에 교사가 도와주는 것보다 학습자 스스로가 훨씬 적극적으로 문제를 해결하려고 하며 학습자의 흥미를 유발한다.

> **TOP-Point**
>
> ☑ 글쓰기의 장르
> - 학업적 글쓰기
>   - 논문, 일반적 주제에 관한 보고서
>   - 논설, 작문
>   - 학술 저널
>   - 단답형 시험의 답안
>   - 전문 보고서 예 실험실 보고서
>   - 학위논문
> - 업무 관련 글쓰기
>   - 메시지 예 전화 용건
>   - 편지/이메일
>   - 전달 사항
>   - 보고서 예 업무 평가, 프로젝트 보고서
>   - 일정표, 상품 라벨, 팻말
>   - 광고, 공고
>   - 지침서, 설명서
> - 개인적 글쓰기
>   - 편지, 이메일, 연하장, 초대장
>   - 용건, 메모
>   - 일정표 가입, 구입할 물품 목록, 기록 쪽지
>   - 재정 관련 서류 예 수표, 세무 양식, 융자 신청서
>   - 각종 양식, 설문지, 의료 보고서, 이민 관련 서류
>   - 일지, 일기
>   - 문학 예 단편소설, 시

03 쓰기 지도의 접근법(Raimes, 1983)

1 통제 자유 작문 접근법(Controlled-to-free Approach)

1) 특징

통제된 연습 자료를 주고 주어진 지시에 따라 수행하도록 하는 방식으로 목표는 문법과 구문, 그리고 정확성 습득에 있다. 이 접근법은 통제된 자료 안에서 쓰기를 수행하기 때문에 패턴을 벗어나는 치명적인 오류를 범하지 않는다.

2) 방법

주로 문장 연습을 한다. 주어진 문장의 시제를 바꾸거나 서술문을 의문문이나 부정문으로 바꾸는 등의 연습을 한다.

2 자유 작문 접근법(Free-writing Approach)

1) 특징

시작 초기에는 다소 어렵게 느껴질 수 있지만 익숙해지면 글쓰는 부담이 줄어들게 된다. 교사는 학생의 글에 대한 문법적인 피드백은 하지 않고 그 글에 대한 간단한 평만 해 주면 된다.

2) 방법

중급 수준의 학생을 대상으로 정확성보다는 유창성을 중시하는 쓰기 접근법이다. 학생들이 자유롭게 관심 있는 주제에 대해 써 보게 하는 것이 좋다.

3 단락 문형 접근법(Paragraph-pattern Approach)

1) 특징

이 접근법은 문법이나 내용의 유창성보다는 글의 구성을 중요시한다. 글의 구성적인 특징을 알게 하는 데 초점을 둔다.

2) 방법

학생들은 모범 단락의 형태를 분석해서 모방을 한다. 주제문을 고르거나 문자 삽입 및 삭제, 문장을 알맞게 배열하기 등의 연습을 하게 된다.

4 문법 구문 구성 접근법(Grammar-syntax-organization Approach)

1) 특징

문법이나 구문을 익혀야 정확한 글쓰기가 가능하다는 전제를 둔 방식이다. 문장을 쪼개서 보는 것이 아니라 전체적인 관점에서 글의 내용을 전달하는 데 필요한 글의 형태를 알게 하는 데 주안점을 둔다.

2) 방법

활동을 준비하고 토론하면서 필요한 구문, 문법, 구성 등을 지도한다.

5 의사소통 접근법(Communicative Approach)

1) 특징

자신이 쓴 글을 다른 사람들에게 읽어 주고 그것에 대해 서로 반응하고 요약하고 평가하도록 한다. 협동 학습과 피드백으로 글을 완성한다.

2) 방법

실제적인 글쓰기 과제를 내 주어서 활발한 협동 학습과 동료 평가가 일어나도록 유도한다.

6 과정 중심 접근법(Process Approach)

1) 특징

결과물보다는 과정 자체에 관심을 둔다. 과정 자체가 하나의 학습이 되어 주어진 시간 동안 작업을 하면서 유의미한 과정을 거친다. 쓰기 전 과정과 쓰기 과정, 쓰기 후 과정으로 나누어 지도한다.

2) 방법

글쓰기 과정을 통해 학생들의 새로운 생각과 그들의 생각을 표현하기 위한 새로운 언어 형태를 발견할 수 있도록 지도해야 한다.

04 쓰기 활동의 범주 및 유형

1 쓰기 활동의 범주(Brown, 1994)

1) 받아쓰기 또는 모방해서 쓰기

쓰기 단계 중 창의성이 거의 들어가지 않는 수준의 무맥락적인 쓰기 단계이다. 학습 초기에 맞춤법이나 어휘를 익히는 것을 목적으로 한다. 맞춤법을 익히기 위한 초기 연습에 쓰인다. 단조로운 쓰기이기 때문에 다소 지루할 수 있으나 초급 단계에서 많이 사용된다.
  예 베껴 쓰기, 받아쓰기 등

2) 통제된 쓰기

문법을 배우고 난 후 의미와 기능을 익힐 때 활용된다. 이 단계 역시 통제된 쓰기이기 때문에 학습자들이 본인의 논리력을 펼쳐 쓰는 단계는 아니다. 본격적인 담화적 쓰기의 전 단계로 문법과 어휘를 익히는 데 필수적인 쓰기 단계이다.
  예 대화 완성하기, 문법적인 규칙 연습하기, 문장 완성하기, 틀린 것 고치기 등

3) 학습자 개인에 의해 이루어지는 쓰기

이는 교실 수업이나 교사의 도움 없이 이루어지는 학습자 개인의 쓰기 단계이다. 담화 구성이 있는 긴 글쓰기가 수행될 때도 있고 단순한 메모, 필기 등이 이루어지기도 한다.
  예 메모하기, 노트 필기하기, 일기 쓰기 등

4) 제출용 쓰기

교실 활동 등에서 매우 빈번하게 이루어지는 쓰기 활동이며 학습자는 문법 등 형태적 요소에 더욱 관심을 갖고 쓰게 된다.
  예 숙제, 시험, 보고서 등

5) 실제 쓰기

실제 쓰기의 경우 다른 쓰기 형태처럼 가상의 독자를 설정하는 것이 아니라 쓰고 난 후 실제 상대방에게 바로 전달된다는 점에서 학습자의 흥미 유발과 학습 동기 강화에 효과적이다.
예 신문의 독자 참여란에 글쓰기, 인터넷에 댓글 달아보기, 이메일 보내기

2 대표적인 쓰기 활동 유형 중요

1) 바꿔 쓰기

통제된 쓰기의 일종으로 맥락과 담화적 상황은 고려되지 않는다. 기계적인 쓰기 연습이다. 주로 초급 단계부터 중급 단계까지 활용된다.
예 주어진 문법 항목에 맞게 바꿔 쓰기 등

2) 문장 완성하기

전체적인 글의 논리 구조를 이해하고 빈칸에 들어갈 적절한 문장을 만들어 보는 활동으로서 본격적인 담화 완성하기의 전 단계가 된다. 본격적인 글쓰기에 비해 시간적으로도 학습상으로도 덜 부담스럽다. 초급부터 중급 단계까지 활용된다.
예 문장 채워 넣기, 문장 연결하기 등

3) 자료 해석해서 쓰기

그림, 도표, 사진 등을 보고 그것을 해석하거나 필요한 정보를 찾아 쓰는 방식이다. 듣기 자료를 듣고 그것을 바탕으로 담화적 쓰기도 이루어질 수 있다. 듣기나 읽기 등 다양한 언어 기능과 연계할 수 있다.

4) 요약하기

요약하기는 실제로 긴 분량의 글을 창작해서 써야 하는 것은 아니지만 전체 글의 논리적 구조를 이해하고 그것을 다시 자신의 문장으로 만들어야 하는 고난도의 사고 과정을 거친다. 따라서 이 과제는 보통 중급이나 고급 단계에서 수행된다.

요약하기는 전체 내용에서 가장 중요한 내용 또는 핵심적 어휘가 무엇인지 파악해야 하는 과정을 거치기 때문에 읽기 능력과 병용할 수 있다.

5) 자유 작문

자유 작문은 쓰기 활동 중에서 학습자의 창의성이 가장 잘 발휘되는 과제이다. 일정한 주제를 주고 학습자가 논리성과 일관성을 유지하면서 자신의 주장을 글로 쓸 수 있는지가 관건이다.

특히 한국어 학습자들의 경우는 성인 학습자들이 압도적으로 많다. 따라서 성인 학습자들에게 자신의 배경지식을 동원해서 글을 써 보게 하는 것은 학습자에게도 성취감을 줄 수 있는 활동이다.

6) 딕토글로스(Dictogloss)

딕토글로스는 문단 이상의 글을 들으며 간단한 메모를 하는 받아쓰기를 한 후에 자신의 노트를 토대로 팀원과 함께 원문을 재구성해 나가는 과제 중심의 교육 기법이다. 텍스트를 재구성하는 과정에서 학습자들은 자신의 중간언어 발화와 쓰기에 주목하여 내용과 언어에 대해 깊이 이해할 수 있게 될 뿐 아니라, 여러 가지 기능과 의사소통 영역을 통합적으로 학습할 수 있게 된다.

또한 딕토글로스는 상향식 과정과 하향식 과정을 모두 발전시킬 수 있는 방법으로 평가되고 있다. 듣기와 쓰기, 말하기 기술이 동원된다.

③ 수준별 쓰기 활동의 유형

강승혜(2002: 179)는 쓰기 활동을 세분화하여 목적과 학습자 수준에 따라 다음과 같이 분류하였다. 이 표에 따르면, 고급으로 갈수록 담화적 활동의 비중이 커지는 것을 알 수 있다.

쓰기 활동			활동 목적	초급	중급	고급
비담화적 활동	베껴 쓰기		한글 자모 익히기/띄어쓰기 익히기	O		
	문법 활용		불규칙 동사/형용사 활용 익히기	O	O	
	받아쓰기		듣고 쓰는 활동으로 베껴 쓰기와 유사	O		
	빈칸 채우기		조사, 어휘 등의 정확한 활용	O	O	
	틀린 것 고치기		정확한 문법 활용 익히기	O	O	
	바꿔 쓰기		문법적, 구조적 연습/통제된 쓰기 (격식체, 시제 일치, 경어법 등의 활용 연습)	O	O	
담화적 활동	담화 완성하기	문장 연결하기	접속사, 담화 표지의 활용	O	O	
		문장 완성하기	앞뒤 문장의 맥락 잇기	O	O	
		문단 완성하기	담화 텍스트의 흐름 파악하기	O	O	O
	시각 자료 활용한 활동	정보 채우기	시각적 자료(사진, 그림 등)를 활용하여 정보를 찾아 채우거나 사건 등을 묘사하는 능력 키우기	O	O	O
		설명 묘사하기		O	O	O
	의미 확장하기	이야기 구성하기	핵심 어휘들을 중심으로 이야기 구성하는 능력 키우기	O	O	O
		문장 확장하기	담화 구성 능력 확장하기 (다양한 문법 형태 활용)		O	O
		다시 쓰기	같은 내용으로 이야기 구성하는 능력 키우기	O	O	O

담화적 활동	읽기·쓰기 통합 활동	읽고 요약하기	이해 기능과 표현 기능을 연결하는 통합적 활용으로 요약하거나, 자신의 의견을 논리적으로 구성하는 능력 키우기		○	○
		모방해서 쓰기		○	○	○
		찬/반 견해 쓰기			○	○
	자유 작문		개인적인 주제를 비롯한 다양한 주제로 자유롭게 자신의 생각을 나타내기	○	○	○
	학문적/전문적 쓰기		연구 논문과 같은 전문적, 학문적 내용의 글을 써 봄으로써 전문적 어휘 능력과 논리적 사고 능력 키우기			○

05 쓰기 수업 구성 방안

외국어로서의 쓰기 교육의 목표는 모국어가 아닌 언어로 자신의 생각을 정확히 표현하고 사고하는 방법을 가르치는 것이다. 과정 중심 접근법을 활용해 쓰기를 쓰기 전 단계, 쓰기 단계, 쓰기 후 단계로 나누면 다음과 같은 과정을 거친다.

1) 쓰기 전 단계

① 글을 쓰는 목적을 정하는 단계
② 무엇을 쓸 것인지 정하는 단계
③ 자료 수집이 이루어지는 단계
④ 활동
예 자료 수집 후 목록화하기, 브레인스토밍, 정보 수집하기 등

2) 쓰기 단계

① 본격적인 글쓰기 단계로서 쓰기 전 단계에서 정한 목적과 주제에 맞추어 글을 쓰는 단계
② 활동
예 응집성 있게 개요 짜서 쓰기, 아이디어 구성해서 쓰기 등

3) 쓰기 후 단계

① 오류나 실수 수정 단계
② 다른 학습자 또는 교사와 토의하기
③ 발표하기
④ 활동
예 의견 교환하기, 수정하기, 다시 쓰기, 서로 피드백해 주기, 상의하기 등

TOP-Point

☑ 쓰기 포트폴리오 평가

　원진숙(1999)에서는 최근 들어 과정 중심 쓰기 교육을 기반으로 하는 쓰기 포트폴리오 평가가 새로운 쓰기 평가의 방법으로 제시되고 있다. 쓰기 포트폴리오는 학습자들이 쓰기 학습 과정에서 목표를 가지고 일정 기간 동안 생산해 낸 쓰기 자료를 모아 작품집을 만드는 것이다. 이를 통해 학습자는 자신의 쓰기 능력 발전을 보여 주는 과정적 산물들을 얻게 된다. 쓰기 포트폴리오 평가는 다음과 같은 장점을 갖는다.
- 충분한 시간을 두고 여러 편의 글을 수집한다.
- 다양한 글쓰기 목적과 다양한 유형의 글을 대상으로 한다.
- 과정을 중시하되 특히 고쳐 쓰기, 편집하기, 다시 쓰기 등의 과정을 강조한다.
- 시간을 두고 이루어지는 개별 학생들의 필자로서의 변화를 볼 수 있다.
- 작품을 선택하고 포트폴리오를 조직하는 과정을 통해 자기 평가적인 반성이 가능하다.

05 실전 문제

연습 문제

01
다음 밑줄 친 부분에 해당하는 말하기 전략이 무엇인지 고르시오.

> 가: 음, 그거… 아침에 일어나려고 시간 맞춰 놓는 거요….
> 나: 자명종 말이에요?

① 고쳐 말하기
② 풀어 말하기
③ 번역해서 말하기
④ 도움 요청하기

02
말하기 교육의 범주로 생각할 수 <u>없는</u> 것을 고르시오.

① 문장을 만들어 내는 문법의 반복적 연습
② 비슷한 유형의 답변을 내용어만 바꾸어서 반복하기
③ 사회적 상황과 맥락을 바탕으로 한 언어 사용
④ 의사소통을 위한 학습자 전략의 사용

03
외국어를 배울 때 초기에 익힌 잘못된 말 습관이 그대로 굳어지는 경우가 있다. 이처럼 한번 만들어진 잘못된 발화 습관이 나중까지 그대로 남아 있는 것을 뭐라고 하는지 고르시오.

① 스키마
② 화석화 현상
③ 담화 규칙
④ 전보식 문장

04
말하기 교육에 대한 설명 중 틀린 것을 고르시오.

① 과제 중심의 수업이 되어야 한다.
② 학습자 중심의 수업이 되어야 한다.
③ 짝 활동, 그룹 활동으로 과제를 수행하도록 한다.
④ 말하기의 비언어적인 변인들도 집중적으로 연습한다.

05
말하기에는 다양한 전략이 있는데, 다음에서 제시하는 것은 어떠한 전략인지 고르시오.

> 'Doubt'는 한국말로 뭐예요?

① 확인하기
② 반복해서 말하기
③ 군말 사용하기
④ 도움 요청하기

06

말하기 활동의 유형 중에 가장 기본적인 것으로 '빈칸 채워 말하기 연습'이 있다. 이런 유형의 특징이 <u>아닌</u> 것을 고르시오.

① 의사소통 전 단계의 연습
② 반복적이고 무(無)맥락적인 연습
③ 상황을 가정하고 담화를 연습하는 단계
④ 구조, 문장 형태 등을 익히는 단계

07

말하기 활동의 유형 중에서 '인터뷰'가 있다. 이런 유형의 특징이 <u>아닌</u> 것을 고르시오.

① 거의 모든 급에서 사용할 수 있는 연습
② 다른 언어 기능과 연계할 수 있는 연습
③ 학습자 간의 상호협력적 학습
④ 상호 작용이 이루어지지 않는 일방향적인 연습

08

다음 말하기 활동 중 초급에서도 할 수 있는 활동을 고르시오.

① 문제 해결하기 ② 토론하기
③ 게임하기 ④ 촌극/연극

09

말하기 활동 중 정보 차 활동(Information Gap)의 장점으로 알맞은 것을 고르시오.

① 다양한 상황을 가정할 수 있다.
② 응집성 있는 담화를 수행할 수 있다.
③ 학습자 간의 상호협력적 학습이 이루어진다.
④ 찬반 양론이 맞서서 말하기의 흥미를 더해 준다.

10

쓰기 활동의 특성에 해당하지 <u>않는</u> 것을 고르시오.

① 한번 쓰이고 나면 고치거나 취소하기 어렵다.
② 쓰기를 할 만한 적절한 시간이 주어져야 한다.
③ 작문에 대한 상대방의 즉각적인 반응을 볼 수 있다.
④ 문어는 구어보다 훨씬 복잡하기 때문에 학습의 부담이 크다.

해설

01 모르는 어휘가 있을 때 자신이 아는 말로 풀어 말하고 있다.
02 문법을 반복적으로 연습하는 것은 문법 교육에 속하는 것이다.
03 화석화 현상이란 말 그대로 잘못된 말 습관이 화석처럼 굳어진 것을 말한다. 최근 들어서는 화석화 현상이 개선 가능하다는 점을 고려해서 '안정화(Stabilization)'라고 부르기도 한다.
04 말하기의 비언어적인 변인은 제스처, 표정 등인데 이를 집중적으로 연습할 필요는 없다.
06 패턴을 정해 놓고 내용어만 바꿔 말하는 빈칸 채워 말하기 연습은 무(無)맥락적인 것으로 본격적인 담화 연습에는 포함되지 않는다.
09 정보 차 활동은 혼자서는 할 수 없는 것이므로 학습자 간의 상호협력적 학습이 이루어질 수 있다.
10 말하기와는 달리 쓰기는 상대방의 직접적 반응을 볼 수 없다.

정답 01 ② 02 ① 03 ② 04 ④ 05 ④ 06 ③ 07 ④ 08 ③ 09 ③ 10 ③

기출문제

01
다음 쓰기 수업의 순서를 바르게 나열한 것은?   기출 17회 62번

- 숙달도: 중급
- 단원 주제: 일하고 싶은 회사
- 과제: 일하고 싶은 회사에 대해 쓰기

ㄱ. '일하고 싶은 회사'라고 하면 어떤 생각이 떠오르는지 묻는 교사의 질문에 대답한다.
ㄴ. 일하고 싶은 회사에 대한 글을 쓴다.
ㄷ. 일하고 싶은 회사에 대해 쓴 글을 친구와 바꾸어 읽어 보고 글을 수정한다.
ㄹ. 대학생들의 직장 선택 기준에 관한 신문 기사를 읽고 친구들과 함께 자신이 일하고 싶은 회사에 대해 이야기해 본다.
ㅁ. 논의한 내용을 참고하여 일하고 싶은 회사의 조건과 이유를 메모한다.

① ㄱ - ㄴ - ㅁ - ㄷ - ㄹ
② ㄱ - ㄹ - ㅁ - ㄴ - ㄷ
③ ㄹ - ㄴ - ㄷ - ㄱ - ㅁ
④ ㄹ - ㅁ - ㄴ - ㄱ - ㄷ

02
말하기의 특성으로 옳지 않은 것은?   기출 18회 50번

① 개별 단어의 조합이 아닌 구나 문장 전체가 하나로 인지되는 덩어리 표현이 자주 사용된다.
② 생략과 축약이 많은 이유는 발화하는 데 드는 노력을 줄여 경제적으로 의사소통을 하기 위해서이다.
③ 말과 신체언어로 표현된 의미가 상반되는 경우 신체언어가 화자의 숨겨진 의도를 드러내기도 한다.
④ 단순한 문형을 나열하여 말하는 것보다 복잡한 문형으로 말하는 것이 원활한 의사소통에 도움이 된다.

03

다음 특징을 갖는 쓰기 이론은?

기출 18회 61번

- 교사가 학습자에게 모범적인 텍스트를 제시한다.
- 학습자에게 제시된 텍스트를 모방하여 쓰게 한다.
- 정확한 문법적 규범과 수사적 규칙 사용을 강조한다.
- 선형적(linear)인 과정에서 도출된 결과물의 완성도를 중시한다.

① 절충식 쓰기 이론
② 과정 중심 쓰기 이론
③ 형식 중심 쓰기 이론
④ 인지적 구성주의 쓰기 이론

04

다음 말하기 교육 목표와 관련된 커넬과 스웨인(Canale & Swain)의 의사소통능력으로 옳은 것은?

기출 19회 50번

발화의 응집성과 긴밀성을 유지할 수 있고, 자신의 생각을 예시, 이유 등의 방법을 활용하여 일관성이 있게 표현할 수 있는 능력을 기른다.

① 전략적 능력
② 담화적 능력
③ 문법적 능력
④ 사회언어학적 능력

05

말하기 활동에 관한 설명으로 옳지 않은 것은?

기출 19회 53번

① 발표를 할 때는 청자들에게도 활동이나 과제를 부여하는 것이 좋다.
② 역할극은 특정 상황과 맥락 안에서 주어진 역할을 수행하게 하는 활동이다.
③ 토론은 주제에 대한 사전 지식과 절차의 안내를 제공하는 것이 필요하다.
④ 정보 차 활동은 가상적 상황을 연출하여 학습자가 문제를 해결하도록 하는 활동이다.

06

쓰기 피드백에 관한 설명으로 옳지 않은 것은? 기출 19회 62번

① 서면 피드백에서는 교사가 글을 쓴 학습자의 의도와 오류의 원인을 명확하게 파악할 수 있다.
② 형태 중심 피드백에서는 문법과 어휘의 정확성을 중심으로 피드백을 한다.
③ 암시적 피드백에서는 학습자의 오류에 대한 해결 방법을 직접적으로 제공하지 않는다.
④ 동료 피드백에서는 학습자들에게 피드백의 기준과 방법을 미리 교육하는 것이 좋다.

07

과정 중심 쓰기 교육에 관한 설명으로 옳지 않은 것은? 기출 19회 63번

① 문법적으로 정확하고 오류가 없는 글을 쓰는 것을 우선시한다.
② 글을 쓰는 과정은 회귀적인 특징을 지녔다고 본다.
③ 쓰기 과정을 조절할 수 있는 전략을 교육 내용으로 삼는다.
④ 인지적 구성주의의 영향을 받은 쓰기 교육 방법이다.

정답 01 ② 02 ④ 03 ③ 04 ② 05 ④ 06 ① 07 ①

참고문헌

- 김정렬(2003), 초등영어 학습과제의 설계와 활용, 한국문화사
- 김정숙(1998), 과제 수행을 중심으로 한 한국어 교육 방법론, 한국어 교육 9, 국제한국교육학회
- 김정숙(1999), 담화 능력 배양을 위한 외국어로서의 한국어 쓰기 교육 방안, 한국어 교육 10, 국제한국어교육학회
- 박영순(2002), 21세기 한국어 교육학의 현황과 과제, 한국문화사
- 배두본(1999), 영어 교재론 개관, 한국문화사
- 원진숙(1994), 작문교육의 이론적 기초와 방법론 연구, 고려대학교 박사학위논문
- 이경은(2004), 한국어 교육에서의 조직 형태별 게임 활용 방안–초급학습자를 중심으로, 한양대학교 석사학위논문
- 이미혜(2000), 과정 중심의 쓰기 교육–작문 수업을 중심으로, 한국어 교육 11, 국제한국어교육학회
- 이수민(2001), 한국어 쓰기 교육에서 교사 피드백이 학생 수정에 미치는 영향 연구, 연세대학교 교육대학원 석사학위논문
- 이재승(1997), 국어 교육의 원리와 방법, 박이정
- 정현경(1999), 외국어로서의 한국어 쓰기 교육–과정 중심의 접근을 통하여, 고려대학교 교육대학원 석사학위논문
- 현윤호(2001), 과제 수행 중심의 말하기 지도 방안, 한국어 교육 12권 2호, 국제한국어교육학회
- 황인교(1999), 외국어로서의 한국어 교육 2, 구어 교수 이론의 정립을 위하여, 한국어 교육 10, 국제한국어교육학회
- 한재영 외(2002), 한국어 교육 총서 2『한국어교수법』개발 최종 보고서, 문화관광부 한국어세계화재단
- 고려대학교 한국어교사 양성과정 강의안(2002), 고려대학교 국제어학원
- 연세대학교 한국어교사 연수과정 강의안(2001), 한국어 교수법의 이론과 실제, 연세대학교 언어연구교육원 한국어교사연수소

06 한국어 이해 교육론(듣기, 읽기)

의사소통 기능인 말하기, 듣기, 쓰기, 읽기는 크게 이해 교육과 표현 교육의 영역으로 나눌 수 있다. 듣기와 읽기는 이해 교육, 말하기와 쓰기는 표현 교육에 속한다.

한국어 듣기 교육론

01 듣기의 정의와 특징

1 듣기 활동이란?

1) 전통적 교수법에서의 듣기
   ① 청자의 역할
      전통적 교수법에서 듣기는 청자의 역할을 소극적으로 보아 듣기를 교육할 필요가 없다고 보았다. 단순히 화자가 말하는 정보를 수신하고 수용하는 것이므로 굳이 훈련할 필요가 없다고 본 것이다.
   ② 듣기 능력
      ㉠ 듣기 능력은 교육에 의해서 증진되는 것이 아니라 시간이 해결해 주는 문제라고 생각하였다.
      ㉡ 교육을 해도 효과가 빠르게 나타나지 않는 영역으로 보았다. 교육의 효율성 면으로만 보면 다른 영역에 비해 시간 대비 성취도가 낮다.
      ㉢ 소극적 기술이기 때문에 특별히 교육할 내용이 없다.

2) 의사소통 중심 교수법에서의 듣기 중요
   ① 청자의 역할
      최근의 의사소통 중심 교수법에서 듣기는 정보를 수용하는 것이 아니라 정보를 받아들이고 판단하는 활동으로 보았고, 청자는 의사소통의 공동 참여자로서의 역할을 하는 것으로, 전통적 교수법에 비해 훨씬 적극적인 역할을 수행한다.
   ② 듣기 능력
      ㉠ 듣기 능력도 다른 언어 영역과 마찬가지로 교육의 효과가 확실하며, 특히 제2외국어에서의 듣기는 모국어 듣기와는 달리 교육의 힘을 빌어야 해결된다.

ⓒ 듣기 능력은 의사소통의 중요한 부분이다. 의사소통이란 양방향적인 것이므로 단순히 말을 만들어 내고 수행하는 것(문장 생성과 발화)에만 초점을 두어서는 안 된다. 청자가 없는 화자는 있을 수 없다.
ⓒ 적극적 의사소통 기술이다.

2 듣기의 특징 중요

듣기는 음성 언어를 매개로 한다. 듣기 활동에는 시간적인 제약이 있으며 정보가 순간적으로 지나가 버리기 때문에 높은 집중력을 요구한다. 문자 언어로 된 텍스트에 비해 비문법적이고 구어적이며 화자의 말에는 개인적인 억양이나 발화 습관 등이 첨가되기도 한다. 또 자연스러운 의사소통 환경에서는 들은 내용을 다시 반복해서 듣기 어렵기 때문에 필요한 정보를 놓치지 않고 골라 들을 수 있어야 한다.

3 듣기 교육의 중요성

언어 습득을 위해서는 충분한 양의 입력이 있어야 한다. 듣기 활동이 일어날 때 인간은 모든 정보를 다 유지하고 처리하는 것이 아니라 필요한 정보를 저장한다. 입력된 청각 메시지는 감각기억에 의해 수용된 후 해당 메시지의 중요도에 따라 단기기억으로 이동하는데, 단기기억에서는 이 메시지를 다시 판단해서 새 정보로 저장할지 또는 기존의 정보와 병합할지 등을 결정하게 된다. 이 과정을 거쳐서 우리는 메시지를 이해하게 되는 것이다. 의사소통에서 상대방이 하는 말을 이해해야 그에 맞는 발화가 가능하므로 듣기를 잘 하는 것은 의사소통의 기초이다. 듣기는 일상생활에서 다른 영역보다 사용 빈도가 훨씬 높다. 듣기가 성공적으로 이루어지면 바로 간단한 의사소통이 이루어질 수 있다는 점에서 듣기 교육은 우선적으로 이루어져야 한다.

02 듣기 교육의 목표 중요

1) 음소 식별하기
   예 [어]/[오], [으]/[우], [가]/[까]/[카], [달]/[탈]/[딸]

2) 한국어의 발음 규칙 이해하기
   예 국민[궁민], 신라[실라]

3) 담화 맥락 안에서 어휘의 의미 이해하기
   예 배가 아픈 걸 보니 아까 먹은 배가 상한 것 같다.

4) 관용표현의 의미 이해하기
   예 그 사람은 발이 넓어서 이 동네에서는 모르는 사람이 없어.

5) 담화 맥락을 통해 학습하지 않은 어휘의 의미를 유추하기

　예 대통령 후보들이 많이 나왔군요. 대통령이 되고 싶은 사람들이 많네요.

6) 운소(억양, 강세) 등을 통해서 문장의 기능 이해하기

　예 밥 먹었어?↗ (의문문)
　　응, 밥 먹었어.↘ (평서문)

7) 문맥의 의미 이해하기

　예 그는 지나치게 잘나서 오히려 탈이다.
　　잘난 네놈 하나만 바라보고 산 우리가 바보다.
　　→ 문맥에 따라 '똑똑하고 뛰어나다'는 칭찬의 의미가 될 수도 있고, 반어적으로 '변변치 못하다'의 의미가 될 수도 있다.

8) 생략이나 도치된 문장 이해하기

　예 너뿐이야, 나에게는.

9) 휴지나 억양 등의 어조 이해하기

　예 밥 먹었어?↗ (올림조)

10) 담화 상황 이해하기

11) 담화 주제 이해하기

12) 담화 기능 이해하기

03 듣기 이해 과정

1) 리처즈(Richards, 1983)의 듣기 이해 과정

　① 발화 상황을 파악하고 의사소통적인 상황에 대해 이해한다.
　② 관련 있는 스키마(배경지식)를 활성화한다.
　③ 실제 맥락과 관련지어 화자의 발화 의도를 파악한다.
　④ 발화에 포함된 단어나 문법의 문자 의미를 파악한다.
　⑤ 함축적이거나 내포된 의미가 있다면 그것을 파악한다.
　⑥ 새로운 정보를 받아들이고 이를 활용하여 대화를 이어나간다.

2) 앤더슨(Anderson, 1985)의 듣기 이해 과정

　① **지각**: 청자는 들려오는 소리에 반응하고 이 소리 안에서 정보를 선택적으로 받아들여 즉각적으로 단기기억 속에 저장한다.

② **분석**: 발화의 흐름 안에서 소리를 의미 있는 단위로 잘라 그 안의 정보를 재구성하고 단기기억 속에 저장한다.
③ **활용**: 단기기억 속의 정보를 파악하고 그것을 장기기억 속의 기존 배경지식(스키마)과 연관시켜 개념적으로 저장한다.

3) 상향식(Bottom-Up) 과정과 하향식(Top-Down) 과정 중요

① 상향식 과정의 듣기
㉠ 특징: 작은 단위인 음소에서 시작해서 점차 큰 단위인 단어, 구와 절, 그리고 문장으로 점점 큰 단위로 옮겨가며 연속적으로 처리한다.
㉡ 단점: 세부적인 단어나 내용은 알아도 전체적인 메시지의 내용이 무엇인지 파악하지 못하는 경우가 있다.

② 하향식 과정의 듣기
㉠ 특징: 담화가 일어나는 상황, 문맥, 화제에 대한 배경지식을 적극적으로 활용하여 화자가 무엇을 말하고 있는지, 의도가 무엇인지를 파악하며 정보를 처리한다. 정확한 단어를 못 듣거나 모르는 단어가 나오더라도 그것에 얽매이지 않고 전체적인 구조를 생각해야 한다. 맥락상 메시지의 의미를 청자가 예측하고 추론하여야 하는 부분이 있다.
㉡ 단점: 전체 맥락만 파악하고 세부 정보에 대해서는 놓치기 쉽다. 초급 학습자에게는 학습 부담이 큰 방식이다.

> **TOP-Point**
>
> ☑ 듣기 영역에서 정보를 처리하는 방식(Peterson, 1991; Brown, 1994)
>
> | 학습 활동 종류 | 상향식(Bottom-Up) 처리 | 하향식(Top-Down) 처리 |
> | --- | --- | --- |
> | 의미 | 소리에서 출발해서 단어, 문법 관계, 어휘의 사전적 의미를 해석하여 메시지를 처리함 | 보편적 기대감, 청자가 이전부터 가지고 있던 배경지식으로부터 출발함 |
> | 교수 기법 | 소리와 단어, 억양, 구어 문법 등에 초점을 둠 | 배경지식의 활성화와 의미 추론 내용의 전체적 이해, 텍스트의 해석 |
> | 활동 내용 | • 문장의 억양 유형 판별
• 음소 판별
• 텍스트 듣고 세부적인 내용 듣기
• 축약형 인식
• 연음되는 소리 찾기
• 말소리 크기 등을 이용하여 화자가 강조하는 정보 찾기
• 강의 담화의 조직을 보여 주는 담화 표지 찾기 | • 화자의 정서적 반응 식별하기
• 담화의 개요 파악하기
• 추론하기
• 강의 도입부 듣고 다음 내용 추측하기
• 강의 단락별 주제 찾기 |

04 듣기 전략과 활동

듣기를 잘 하기 위해서는 세부적으로 내가 듣고자 하는 음성을 정확히 구별해 내는 기술이 필요하며, 담화 전체에서는 화자가 의도하는 바가 무엇인지를 알아야 한다. 또한 의사소통 상황에서 단순히 음성적 차원의 문제만이 아니라 몸짓언어 등 비언어적 기술들을 이해해야 효과적인 듣기가 가능하다.

1) 듣기 전략
① 핵심어 찾기
② 의미해석에 도움을 주는 비언어적 단서 찾기
③ 입력 정보와 기존 인지 구조 연계하기(배경정보 활성화하기)
④ 의미 추측하기
⑤ 설명 요구하기
⑥ 전체적인 요지 찾으면서 듣기

2) 듣기 활동
① **선택하기**: 주어진 그림이나 사물 텍스트 가운데서 해당하는 것을 선택하기
② **전이하기**: 들은 내용을 그림으로 나타내기
③ **대답하기**: 메시지에 관한 질문에 답하기
④ **요약하기**: 강의를 듣고 요약하거나 글로 적기
⑤ **확장하기**: 이야기를 듣고 끝부분을 완성하기
⑥ **되풀이하기**: 들은 내용을 모국어로 번역하거나 그대로 반복하여 말하기
⑦ **모델링하기**: 예시하는 주문을 듣고 식사를 주문하기
⑧ **대화하기**: 적절한 정보 처리가 일어나는 대화에 참여하기

> **TOP-Point**
>
> ☑ 듣기에서 난이도를 결정하는 요소(Anderson & Lynch, 1988)
> - 듣는 내용
>   - 정보의 구성: 청취 정보의 난이도를 결정한다.
>   - 내용의 친밀성: 내용이 청자에게 얼마나 익숙한가?
>   - 내용의 명확성: 들은 내용에서 제공되는 정보가 얼마나 직접적으로 제공되고 명확한가?
>   - 정보의 종류: 정보의 종류와 형태로 수행하게 될 과제의 난이도를 결정한다.
>   - 자료의 실제성: 내용을 이해하는 것을 어렵게 할 수 있다.
> - 과제의 종류
>   - 상대적으로 난이도가 낮은 과제: 일치하는 그림 찾기, 지도에 표시하기, 세부 내용 듣고 빠진 정보 채우기, 순서에 맞게 배열하기
>   - 상대적으로 난이도가 높은 과제: 추론하기, 논평하기, 화자의 정서적인 태도 파악하기

05 듣기 수업의 구성 방안

듣기는 의사소통의 출발점이다. 따라서 듣기는 원활한 의사소통을 위한 응집성 있는 담화 구성에서 매우 중요한 부분을 차지한다. 과정 중심 접근법을 활용해 듣기 전 단계, 듣기 단계, 듣기 후 단계로 나누면 다음과 같은 과정을 거친다.

1) 듣기 전 단계
   ① 본 내용에 대한 예측을 할 수 있도록 돕는 단계
   ② 주제를 소개하고, 동기와 흥미를 유발하는 단계
   ③ 듣기의 목적을 알려 주고 준비하는 단계
   ④ **활동**
      ㉠ 주제와 관련된 질문을 통해 스키마(배경지식)를 활성화한다.
      ㉡ 사진, 삽화, 도표, 실물 등의 자료를 제시하여 학습자의 흥미를 이끌어 낸다.
      ㉢ 필수 어휘를 자연스럽게 제시한다.

2) 듣기 단계
   ① 설정된 듣기 과제를 수행하는 단계
   ② **활동**
      ㉠ 듣기는 모든 내용을 완벽하게 듣는 것이 아니라 목적에 따라 초점을 두고 듣는 내용이 달라진다는 것을 인지시키고 명확한 듣기 목적을 제시한다.
      ㉡ 개별 활동, 짝 활동, 소그룹 활동으로 듣기를 하도록 한다.
      ㉢ 듣기 전략과 기술을 활용하도록 유도한다.

3) 듣기 후 단계
   ① 들은 내용을 정리하거나 강화하는 단계
   ② **활동**
      ㉠ 짝 활동, 소그룹 활동을 통해 들은 내용에 대한 의견을 나눈다.
      ㉡ 텍스트를 다시 듣거나 유사한 내용(형식)의 텍스트를 듣는다.
      ㉢ 듣고 논평이나 토론을 한다.

한국어 읽기 교육론

01 읽기의 정의와 특징

1 읽기 활동이란?

읽기는 문자 언어를 통해 이루어지는 이해 활동이다. 읽기는 이해 활동이라는 점에서는 듣기와 공통적이나, 문자와 관련되어 있다는 점에서는 쓰기와 공통점을 갖는다. 읽기는 다른 학습을 도와주는 도구적 성격이 강하다.

2 읽기의 특징

1) 읽기는 분명한 목적을 가진 이해 활동이다.

실생활에서 우리가 아무런 이유 없이 읽기 활동을 하는 일은 없다. 읽기 활동을 할 때는 그것으로부터 얻고자 하는 특정 목적이 있다.

예 내일 날씨를 알기 위해 날씨 정보를 읽는 것, 배달 음식을 시키기 위해 광고지를 읽는 것

2) 읽기는 선택적 이해 활동이다.

읽기를 통해 모든 것을 다 이해할 필요는 없다. 읽기는 특정 목적이 있는 활동이기 때문에 모든 것을 이해하는 것이 아니라 본인의 목적에 맞는 것을 선택해야 한다.

예 신문을 볼 때 관심 가는 기사만 선택해서 읽는 것

3) 읽기는 다양한 방식으로 읽을 수 있다.

읽기는 정독, 다독, 속독, 낭독, 묵독 등 속도와 방식에 따라 다양한 방식으로 이루어질 수 있다. 모든 글을 정독할 필요는 없다. 실제 일상생활에서 일어나는 읽기 활동은 속독으로 이루어지는 경우가 많다.

예 전공 서적을 읽는 경우와 신문 광고를 읽는 방식은 서로 다름

02 읽기 교육의 목표

외국어로서의 한국어 읽기 교육의 목표는 한국어로 쓰인 글의 의미를 체계적으로 이해해서 글 속의 의도를 알아내는 것이다. 이해영(2004)과 강승혜 외(2006)는 수준별 읽기 교육의 목표를 숙달도 수준과 관련지어 다음과 같이 제시하고 있다.

첫째, 학습자의 숙달도 수준이 올라갈수록 텍스트가 다루는 주제의 범위가 확대된다.

둘째, 학습자의 숙달도 수준이 올라갈수록 텍스트의 종류가 다양해진다.

셋째, 학습자의 숙달도 수준이 올라갈수록 텍스트를 읽고 수행하는 기능에 차이가 있다.

TOP-Point

☑ 읽기 교육의 지향점
- 배경지식과 경험을 최대한 활용할 수 있어야 한다.
- 전후 맥락을 파악하여 의미를 유추할 수 있어야 한다.
- 실제 환경에서 접할 수 있는 다양한 유형의 자료를 읽어야 한다.
- 학습자의 인지 능력을 활용하여 의미를 이해할 수 있어야 한다.

1) 초급 읽기의 목표
    ① 일상생활과 관련이 있는 표제나 표제어를 이해할 수 있다.
    ② 일상생활에서 자주 접하는 화제, 소재, 주제, 기능을 다룬 간단한 글을 읽고 내용을 이해할 수 있다.
    ③ 생활하는 데 필요한 간단한 생활문과 광고나 안내문 등의 실용문을 읽고, 정보와 내용을 파악할 수 있다.
    ④ 단문에서 시작하여 짧은 서술문, 광고문, 안내문 등 점차 간단하면서도 다양한 담화의 내용을 이해할 수 있다.

2) 중급 읽기의 목표
    ① 친숙하고 구체적인 사회, 문화 소재를 다룬 간단한 글을 읽고 이해할 수 있다.
    ② 광고문, 안내문 등의 실용문을 읽고 중요한 정보를 파악할 수 있다.
    ③ 비교적 친숙한 사회적 주제를 다룬 논설문이나 설명문 등을 이해할 수 있다.
    ④ 가벼운 수필이나 동화, 간단한 시 등의 작품을 읽고 내용을 파악할 수 있다.
    ⑤ 사회적 관계 유지에 필요한 텍스트를 읽고 이해할 수 있다.
    ⑥ 비교적 평이한 내용을 다룬 시사적인 글을 읽고 내용을 이해할 수 있다.

3) 고급 읽기의 목표
    ① 정치, 경제, 사회, 문화 등에 걸쳐 전문적으로 다룬 글을 읽고 이해할 수 있다.
    ② 사회적이고 추상적인 내용을 다룬 논설문, 설명문 등의 글을 이해할 수 있다.
    ③ 본격적인 수필, 동화 등의 작품을 읽고 내용을 파악할 수 있다.
    ④ 한국문학의 대표적인 작품을 읽고 감상할 수 있다.
    ⑤ 다양한 종류의 글을 읽고 글을 쓴 의도를 파악할 수 있다.
    ⑥ 고유 업무 영역이나 전문 연구 분야와 관련된 글을 이해할 수 있다.

03 읽기 수업의 유형

1 상향식(Bottom-Up) 모형과 읽기 교육 방법 중요

1) 정의

주어진 텍스트에 포함된 각각의 단위를 정확하게 이해할 수 있으면 자동적으로 독해가 이루어진다고 보는 전통적인 읽기 방법이다.

2) 시기: 1960년대

3) 특징

① 작은 것에서 큰 것으로, 낮은 단계에서 높은 단계로 상향하는 방식이다.
② 독자는 한 글자 또는 한 문장씩 읽는 것으로 시작한다.
③ 자료 처리에 역점을 두는 방식이다.

4) '읽기'를 보는 관점

읽기는 언어의 작은 단위에서 문장이나 단락 같은 큰 단위의 순서로 해독한 후에 전체를 파악하는 직선적인 이해 과정이다.

5) 비판

텍스트에 포함된 어휘나 문형 등의 개념을 정확히 알고 있음에도 불구하고 전체 의미를 제대로 이해하지 못하는 경우가 있다.

2 하향식 모형(Top-Down)과 읽기 교육 방법 중요

1) 정의

독자가 주어진 글을 이해하기 위해서는 우선 독자의 스키마가 작동하고, 이 스키마에 의존해서 점차 하위 단위의 언어를 이해함으로써 텍스트 전체의 목적과 내용을 이해하게 되는 읽기 방법이다.

2) 시기

1970년대에 이르러 상향식 모형이 갖는 한계를 비판하면서 텍스트 그 자체보다 독자의 배경지식을 적극적으로 활용하는 것이 중요하다는 인식이 생겨났다.

3) 특징

① 큰 것에서 작은 것으로, 높은 단계에서 낮은 단계로 하향하는 방식이다.
② 배경지식 활용을 중요하게 생각한다.
③ 텍스트를 이해하는 과정에서 적극적인 독자의 역할이 필요하다.

④ 읽기는 단순히 글을 읽는 것이 아니라 독자가 능동적으로 의미를 구성하는 과정이다.
⑤ 텍스트를 고정되고 불변하는 것으로 보는 것이 아니라 학습자의 해석에 따라 달라질 수 있는 것으로 보았다.

4) '읽기'를 보는 관점

독자가 자신의 배경지식을 이용해 주어진 텍스트에서 의미를 구성해 가는 역동적인 과정이다.

5) 비판

배경지식 활성화가 생각보다 어려울 수 있다. 학습자의 배경지식(스키마)이 부족할 수도 있으며 배경지식 활성화에 걸리는 시간이 너무 길어지면 전체 수업의 초점이 읽기 활동의 도입 부분에 지나치게 맞춰져서 전체 수업의 균형이 깨질 수 있다. 또한 스키마가 충분하다 하더라도 단어나 문형 등 세부사항들을 정확히 모를 경우 의미를 알기 어려운 경우가 있다.

3 상호 작용 모형과 읽기 교육 방법

1) 정의

하향식 이론을 중심으로 상향식 모형의 장점을 고려한 모형으로서 읽기 자료를 해석하고 이해하기 위해서 자신의 배경지식, 내용에 대한 기대, 상황 맥락 등을 하향식 관점에서 고려하는 동시에 글자, 단어, 문장 등의 형태와 기능에서는 상향식 관점을 도입한 방식이다.

2) 시기: 1980년대

3) 특징

① 읽기 자료를 처리하고 해석하는 과정에서 하향식과 상향식의 기술이 모두 일어난다.
② 읽기의 기술을 상호 작용적으로 활용할 수 있도록 해야 한다.
③ 언어 형태나 기능, 어휘는 읽기 활동을 하면서 자동적으로 처리된다.

4) '읽기'를 보는 관점

텍스트는 독자를 자극하고 독자는 텍스트를 해석하는 데 있어 능동적인 역할을 해야 하는 과정이다. 따라서 읽기는 텍스트와 독자가 서로 영향을 끼치고 상호 작용을 일으키는 과정이다.

04 읽기 교육의 원리

1) 실생활에서 접할 수 있는 다양한 유형의 텍스트가 좋다.

교육 자료로서의 가치는 실생활 자료에 가까운 것이 학습자의 동기를 자극하고 활성화시키기 때문에 실생활의 다양한 텍스트를 읽는 것이 좋다.

2) 지나치게 꼼꼼하게 읽기보다는 유창하게 읽기를 강조한다.

텍스트 안의 불필요한 부분, 내용에 큰 지장을 주지 않는 부분은 넘어가고 중요한 부분을 인식해서 읽는 연습이 필요하다. 텍스트의 성격이나 독자가 글을 읽는 목적에 따라 읽기의 방식이 달라질 수는 있으나 실제 생활에서 일어나는 읽기는 주로 유창하고 빠르게 읽는다.

3) 낭독보다는 묵독을 연습한다.

현실적으로 우리 생활에서 낭독이 일어나는 경우는 매우 드물다. 낭독은 발음 교육을 위한 것이지 읽기 교육을 위한 것은 아니기 때문에 오히려 텍스트의 의미 파악이 더 어려워질 수도 있다. 따라서 읽기 교육의 방법도 실제적 활용에 가까운 묵독 방식으로 행해져야 한다.

4) 추측과 배경지식을 충분히 활용하도록 한다.

글의 모든 부분, 어휘나 문법적인 지식을 완벽하게 이해하면서 글을 읽는 것은 효율적인 방법이 아니다. 제2언어 학습자에게 모든 어휘와 문법을 완벽하게 알기를 기대하는 것은 사실상 불가능하기 때문이다.

어휘적 지식, 문법적 지식이 상대적으로 부족하더라도 하나의 텍스트를 전체적으로 잘 읽어 내기 위해서는 추측과 배경지식을 충분히 활용할 줄 알아야 한다. 그렇기 때문에 읽기를 '심리언어학적인 추측 게임'이라고 표현하기도 한다.

TOP-Point

☑ '심리언어학적 추측 게임(Goodman, 1967 · 1973)'으로서의 읽기의 특성
  독해는 자신이 사용할 수 있는 최소한의 실마리로도 많은 의미를 이끌어낼 수 있는 능동적인 과정이다. 즉, 단순히 텍스트를 글자 그대로 읽어 내는 것이 아니라 언어적인 공백이 있더라도 추측을 통해 의미를 파악할 수 있다.

05 읽기 전략과 활동 방식 (중요)

1 읽기 전략

1) 스키밍(Skimming)과 스캐닝(Scanning)[1]

스키밍이나 스캐닝은 글을 읽을 때 내용 이해에 필요한 정보만을 알아내어 추측해서 글을 파악해 가는 방식이다.

---

1) 두산백과사전을 참고함

① 스키밍(Skimming)
　㉠ 텍스트를 처음부터 끝까지 빠르게 읽고 대략적 정보를 찾기 위한 읽기 전략이다.
　㉡ 스키밍은 학습자가 읽어야 할 글의 대략적인 요지와 목적 등을 파악하기 위해서 전체 글을 눈으로 빠르게 훑어 읽는 것을 말하는 것이다.
② 스캐닝(Scanning)
　㉠ 텍스트를 재빨리 훑어서 특별한 정보를 찾아내기 위한 읽기 전략이다.
　㉡ 스캐닝은 글의 대략적 요지나 목적보다는 어떤 특정 정보(날짜, 이름, 특정 숫자, 중요한 개념의 정의 등)를 주어진 텍스트 안에서 빨리 찾아내는 데 쓰이는 기술로 날짜, 이름, 특정 숫자 등을 빠르게 볼 필요가 있는 스케줄이나 매뉴얼 등을 파악할 때 요구되는 활동이다.

2) 낭독과 묵독

① **낭독**: 낭독은 소리를 내서 읽음으로써 글의 이미지나 정서, 글의 내용을 전달하고자 하는 것으로 의미를 전달하는 데에는 효과적이나 의미를 파악하고 집중하기는 오히려 더 어려울 수 있다.
　예 시 낭독 → 시를 소리 내어 읽음으로써 듣는 사람에게 시의 이미지와 정서를 전달할 수 있다.
② **묵독**: 소리를 내지 않고 읽는 방식으로 독해 속도가 빠르다. 낭독보다 시간이 적게 들고 집중이 더 잘 될 수 있기 때문에 대부분의 텍스트를 묵독의 방법으로 읽는 경우가 많다.
　예 소설책 등 대부분의 종류의 텍스트를 읽을 때 해당하는 방법이다.

3) 정독과 통독

읽기의 전략 중에 꼼꼼히, 자세히 읽을 것인지 대강의 흐름만 파악하며 읽어 내려갈 것인지에 따라 정독과 통독으로 나뉜다. 이는 텍스트의 성격이나 독자의 읽기 목적에 따라 달리 선택된다.

① **정독**: 텍스트를 세부적인 내용까지 다 파악해 가면서 꼼꼼하게 읽는 방법이다. 작은 내용까지 꼼꼼히 확인해야 하거나 중요한 개념이 많이 있는 경우 정독을 택한다.
　예 계약서 읽기, 전공책 읽기
② **통독**: 글의 흐름에 유의하면서 처음부터 끝까지 쭉 읽어 내려가는 방식이다. 글의 세부적인 내용 하나하나에 치중하기보다는 전체적인 주제나 핵심 요점을 파악해 가는 읽기 방법이라 할 수 있다. 전체적인 이야기 파악이 중요하고 개념어가 적은 텍스트들은 보통 통독을 택한다.
　예 소설책 읽기 등

2 읽기 활동

1) 사실적 이해 활동

    ① 글 속에 제시된 정보의 종류나 내용 파악하기
    ② 글의 주제와 관련된 세부사항을 파악하기
    ③ 그림, 도표, 그래프 등의 시각 자료를 보고 의미를 해석하기
    ④ 글 속의 지칭어가 의미하는 것을 파악하기
    ⑤ 글 전체의 주제를 파악하기

2) 추론적 이해 활동

    ① 전체 글 속에서 문맥을 고려하여 글 속의 빈칸 메우기
    ② 단락의 전후 관계 파악하기
    ③ 단락 내 문장의 순서 파악하기
    ④ 글 속의 비논리적 요소 파악하기
    ⑤ 글의 주제 파악하기
    ⑥ 글의 제목 정하기
    ⑦ 글의 요지 파악하기
    ⑧ 글의 종류 파악하기
    ⑨ 글의 요지를 속담으로 표현하기
    ⑩ 두 글의 공통 주제 찾기
    ⑪ 글의 내용을 한 문장으로 요약하기
    ⑫ 표현의 중의성 파악하기
    ⑬ 문맥을 통한 어휘의 의미 파악하기

3) 평가적 이해 활동

    ① 글의 분위기 파악하기
    ② 필자의 심경, 태도, 느낌 파악하기
    ③ 글 속 인물의 심경이나 태도 찾기
    ④ 글 내용의 정확성이나 정당성 판단하기
    ⑤ 필자가 주장하는 바의 정당성이나 합리성 판단하기
    ⑥ 글 내용의 가치나 논점의 우열성 판단하기

06 읽기 수업의 구성 방안

읽기는 정보의 획득 수단으로서 매우 중요한 언어 능력이다. 과정 중심 접근법을 활용해 읽기를 읽기 전 단계, 읽기 단계, 읽기 후 단계로 나누면 다음과 같은 과정을 거친다.

1) 읽기 전 단계
　① 학습 동기를 유발하는 단계
　② 읽기의 목적에 대해 인지하도록 하는 단계
　③ 스키마를 활성화하는 단계
　④ 활동
　　㉠ 주요 어휘 가르치기
　　㉡ 제목 보고 내용 유추하기
　　㉢ 시청각 자료 활용하기
　　㉣ 담화 표지를 사용해서 글의 구조 파악하기

2) 읽기 단계
　① 글의 내용을 이해하고 구조를 파악하는 본단계
　② 활동
　　㉠ 스키밍: 요점을 찾기 위해 빠른 속도로 내용을 읽는 학습 활동
　　㉡ 스캐닝: 특정 정보를 찾기 위해 빠른 속도로 글을 읽는 학습 활동
　　㉢ 단어 의미 추측하기
　　㉣ 글의 내용 예측하기
　　㉤ 의도하는 바 파악하기

3) 읽기 후 단계
　① 읽은 내용을 정리하거나 강화하는 단계
　② 텍스트 내용 이해를 심화, 정리하는 단계
　③ 다른 언어 기능과 접목시키는 단계
　④ 활동
　　㉠ 읽기 목적을 달리 해서 다시 읽거나 유사 글 읽기
　　㉡ 짝 활동, 그룹 활동을 통한 토론
　　㉢ 주어진 자료와 유사한 글 쓰기

07 읽기 방식(우형식·김수정, 2010)

1) 집중형 읽기(Intensive Reading)

전통적인 교실 수업에서 주로 활용된다. 기초적인 언어 사용 능력의 기반을 제공한다. 교사가 학습자에게 읽기 자료를 선별해서 제공한다.

2) 확장형 읽기(Extensive Reading)

학습자들의 자발적 참여를 통해 많은 입력을 수용하며 유창성과 자동성을 기르고 다양한 주제에 대한 배경지식을 습득할 수 있다. 확장형 읽기는 학습자가 자신이 읽고 싶은 것을 스스로 선택하며, 가능한 한 많은 양의 자료를 읽는 것이 특징이다. 학습자가 읽기 자료를 스스로 선별, 선택한다.

TOP-Point

☑ **성공적인 확장형 읽기의 특징(Day & Bamford, 1998)**
- 되도록 많이 읽는다.
- 다양한 주제에 맞는 자료를 많이 읽는다.
- 학습자들이 읽을 자료를 선택한다.
- 읽기의 목적은 즐거움이나 정보 습득, 전반적인 내용 이해에 있다.
- 읽기 자체가 활동이다. 연습 문제 등을 풀지 않는다.
- 읽기 자료의 어휘나 문법은 학습자가 이해할 수 있는 범위의 것이다.
- 읽기는 개인적인 활동이며 묵독으로 진행한다.
- 빠른 속도로 이해 가능한 자료를 읽는다.
- 교사는 확장형 읽기의 방법을 설명하고 학습자가 읽는 것을 파악하여 지도한다.
- 교사는 학습자들에게 독자로서의 롤 모델이다.

06 | 실전 문제

연습 문제

01

듣기 능력을 바라보는 전통적 교수법의 관점이 아닌 것을 고르시오.

① 듣기 능력은 시간이 해결해 주는 것이다.
② 교육을 해도 효과가 빠르지 않다.
③ 듣기는 소극적 기술이다.
④ 모국어 듣기와 제2언어 듣기는 다르다.

02

듣기의 특징이 아닌 것을 고르시오.

① 시간적인 제약이 있다.
② 비문법적인 경우가 있다.
③ 음성 언어를 매개로 한다.
④ 교육의 효과가 없다.

03

듣기 교육이 우선적으로 이루어져야 하는 이유로 빈칸에 알맞은 말을 고르시오.

> 학습자 입장에서 감정적으로 다른 영역보다 듣기가 훨씬 부담이 적다. 또한 듣기는 다른 영역보다 일상생활에서 _____ 가 월등하게 높다.

① 스키마　　② 난이도
③ 사용 빈도　④ 교육 효과

04

한국어 운소에 해당하지 않는 것을 고르시오.

① 장단　　② 강세
③ 억양　　④ 음소

05

상향식 듣기 과정에 대한 설명으로 맞는 것을 고르시오.

① 전체 맥락만 이해하고 세부사항을 놓치기 쉽다.
② 작은 단위에서 큰 단위 순서로 처리한다.
③ 담화의 상황과 문맥을 적극적으로 활용한다.
④ 학습자의 배경지식이 크게 작용한다.

06

듣기 후 단계에서 할 수 있는 활동이 아닌 것을 고르시오.

① 들은 내용에 대한 의견을 나눈다.
② 유사한 내용(형식)의 텍스트를 듣는다.
③ 들은 내용에 대해 논평, 토론한다.
④ 필수 어휘를 자연스럽게 제시한다.

07
읽기의 특성에 대한 설명 중 <u>틀린</u> 것을 고르시오.

① 분명한 목적을 가진 이해 활동이다.
② 다양한 방식으로 읽을 수 있다.
③ 텍스트를 모두 이해해야 하는 언어 기능이다.
④ 다른 학습을 도와주는 성격이 강하다.

08
다음은 읽기 교육의 목표를 나타낸 것이다. 빈칸에 알맞은 말을 고르시오.

> 외국어로서의 한국어 읽기 교육의 목표는 한국어로 쓰인 글의 의미를 체계적으로 이해하고 유창하게 읽고 글 속의 _____ 을/를 알아내는 것이다.

① 의도 ② 문법
③ 어휘 ④ 텍스트

09
하향식 모형의 읽기에 대한 설명 중 <u>틀린</u> 것을 고르시오.

① 1970년대에 상향식 모형을 비판하면서 나타났다.
② 배경지식을 적극적으로 활용하는 것이 중요하다.
③ 독자는 능동적으로 의미를 구성하는 사람이다.
④ 텍스트는 고정적이고 불변하는 것이다.

10
읽기 교육의 원칙 또는 원리로 맞는 것을 고르시오.

① 묵독보다는 낭독을 연습한다.
② 꼼꼼하게 읽어 나가기 시작하는 것이 좋다.
③ 통독보다는 정독을 하는 것이 좋다.
④ 추측과 배경지식을 잘 이용하도록 돕는다.

해설

01 전통적 교수법에서는 모국어 듣기와 제2언어 듣기가 같기 때문에 듣기 교육이 없이도 자연스럽게 해결되는 것이라고 보았다.
03 일상생활에서 말은 하지 않아도 듣는 것은 쉬지 않고 일어난다.
04 운소는 비분절음운이라고도 하며 장단, 강세, 억양 등이 포함된다. 음소는 자음과 모음을 말한다.
05 상향식 과정은 작은 것에서 큰 것, 하향식 과정은 큰 것에서 작은 것으로 가는 방식이다.
07 읽기는 텍스트를 모두 이해해야 하는 것이 아니라 많은 부분이 추론으로 이루어진다.
09 하향식 모형은 전체 덩어리를 먼저 이해하고 세부 내용을 알아가는 것이므로 배경지식이 중요하며 독자의 역할이 증대된다. 따라서 텍스트는 독자의 배경지식에 따라 달라지는 것이지 불변하는 것이 아니다.

정답 01 ④ 02 ④ 03 ③ 04 ④ 05 ② 06 ④ 07 ③
08 ① 09 ④ 10 ④

기출문제

01

듣기 자료의 실제성을 높이기 위한 방안으로 옳지 않은 것은?   기출 17회 69번

① 구나 절 단위로 종결되는 발화도 활용한다.
② 생략, 반복, 머뭇거림 등의 구어적 특성을 반영한다.
③ 발화 맥락을 유추할 수 있는 주변 소리를 포함한다.
④ 대화 참여자 간 상호 작용이 드러나도록 발화의 양을 비슷하게 구성한다.

02

듣기 담화의 예와 설명이 모두 옳은 것은?   기출 18회 68번

화자와 청자의 역할 \ 의사소통의 목적	정보 교류	친교
상호적	ㄱ	ㄴ
비상호적	ㄷ	ㄹ

① ㄱ: 안내 방송 – 메시지를 정확하게 파악하는 것이 중요하다.
② ㄴ: 전문가 인터뷰 – 사회적 관계 유지를 목적으로 한다.
③ ㄷ: 강의 – 새로운 정보 습득에 초점을 둔다.
④ ㄹ: 독백 – 교사나 전문 상담인에게 필요한 듣기 기술이다.

03

확장적 읽기(extensive reading)에 관한 설명으로 옳지 않은 것은?   기출 18회 77번

① 텍스트의 세부적인 내용까지 자세하고 정확하게 읽는 방법이다.
② 학습자가 스스로 관심 있는 분야의 읽기 자료를 선정해 읽도록 한다.
③ 즐거움을 위한 읽기나 다량의 정보를 얻기 위한 읽기에 유용한 방식이다.
④ 교사는 학습자가 수업 이외의 시간에도 읽기를 지속할 수 있도록 독려한다.

04

다음 활동에서 의도하는 듣기 기술은?

- '외국어 학습 시기'에 대한 남녀의 토론을 듣고 여자의 관점을 말해 보게 한다.
- 뉴스에 나온 '음주운전 사고 피해자 모임' 대표의 인터뷰를 듣고 정부 대책에 대한 대표의 입장을 말해 보게 한다.

① 단어 의미 추론하기 ② 비언어적 단서 찾기
③ 세부 내용 파악하기 ④ 화자의 태도 추론하기

05

다음 듣기 자료에서 확인할 수 있는 구어의 특징이 아닌 것은?

손님: 제가 책을 하나 찾고 있는데, 《나나의 모험》 있어요?
직원: 네, 잠깐만요. 지금은 다 나가고 없네요.
손님: 그래요? 지금은 다 나가고 없어요? 그럼 언제 들어오는지 알 수 있을까요?
직원: 저희가 추가 신청을 해 놨거든요. 금요일엔 들어올 거예요.

① 잉여성(redundancy)
② 축약형(reduced form)
③ 구어체(colloquial language)
④ 수행 변인(performance variables)

06

상향식 읽기 지도 방법으로 옳지 않은 것은?

① 학습자가 글을 읽기 전에 모르는 단어를 먼저 가르친다.
② 학습자가 글을 정확하게 이해하도록 한 문장씩 설명한다.
③ 학습자가 단어, 구, 문장, 문단, 글 전체로 확장하며 의미를 파악하도록 지도한다.
④ 학습자가 글을 읽기 전에 주제와 관련된 지식을 얼마나 가지고 있는지 확인한다.

07

다음 읽기 활동과 관련된 이해 능력으로 옳은 것은? [기출 19회 78번]

> 학생들의 건강을 위해 도서관 이용을 밤 10시까지로 제한해야 합니다. 학생들은 일찍 자고 일찍 일어나야 건강하게 학교생활을 할 수 있습니다. 요즘 도서관을 이용하는 학생들 중에 적지 않은 수가 공부보다는 잡담이나 게임을 하면서 시간만 보내고 있는 것을 볼 수 있습니다. 이러한 문제점을 바로 잡기 위해서라도 학생들의 도서관 이용 시간을 10시까지로 제한해야 합니다.
>
> ※ 윗글에서 필자의 주장과 이유를 찾고, 그 의견에 대해 판단하여 말해 보세요.

① 사실적 이해 능력
② 추론적 이해 능력
③ 논리적 이해 능력
④ 감상적 이해 능력

정답 01 ④ 02 ③ 03 ① 04 ④ 05 ④ 06 ④ 07 ③

참고문헌

- 강승혜 외(2006), 한국어평가론, 태학사
- 곽지영 외(2005), 한국어 교수법의 실제, 연세대학교 출판부
- 김중섭(2002), 동남아시아 지역 학습자를 위한 한국어 읽기 교육의 실제, 언어연구 19, 경희대학교 언어연구소
- 박수정(2008), 과제 중심의 한국어 읽기 교육 연구, 한국언어문화교육학회
- 배두본(1999), 영어 교재론 개관, 한국문화사
- 심상민(2001), 외국어로서의 한국어 읽기 교수-학습 방안 연구, 우리어문연구, 외국인을 위한 한국어 교육 특집
- 우형식, 김수정(2011), 확장형 읽기 활동을 적용한 한국어 읽기 교육의 효과 연구, 외국어로서의 한국어 교육 76, 연세대학교 언어연구교육원 한국어학당
- 이연정(2009), 담화 표지어를 활용한 한국어 읽기교수 방안 연구, 어문연구 37, 어문연구학회
- 이은영(2009), 한국어 중급 학습자들을 위한 읽기 활동, 언어학연구, 한국중원언어학회
- 이해영(2004), 학문 목적 한국어 교과과정 설계 연구, 한국어 교육 15, 국제한국어교육학회
- 주옥파(2004), 고급 한국어 학습자를 위한 읽기 교육에 관한 연구: 논설문 텍스트를 중심으로, 한국어 교육 15, 국제한국어교육학회
- 최권진(2007), 한국어 읽기 교수-학습 방법의 새로운 패러다임 모색, 한국언어문화학 4, 국제한국언어문화학회
- 한채영 외(2005), 한국어 교수법, 태학사
- 고려대학교 한국어교사 양성과정 강의안(2002), 고려대학교 국제어학원
- 연세대학교 한국어교사 연수과정 강의안(2001), 한국어 교수법의 이론과 실제, 연세대학교 언어연구교육원 한국어교사연수소

07 한국어 발음 교육론

01 올바른 발음 교육을 위한 교사 자질

　발음을 잘 가르치기 위해서는 교사 스스로가 한국어 음운을 정확히 구사할 수 있어야 한다. 또한 한국어 음운 체계에 대한 음성학적, 음운론적 지식이 있어야 한다. 음성·음운론적 지식에는 한국어의 음운 체계, 한국어의 음절 특성과 구조, 음운 변동에 대한 지식이 포함된다. 또 한국어 규범에 맞는 표준 발음법과 교육학적 지식으로서 발음 교육의 원리와 방법에 대해서도 잘 알고 있어야 한다.

02 음소 교육의 순서

1) 자음과 모음 중요

① '모음 → 자음' 순서로 가르친다.
　　한국어 음소 교육을 할 때는 모음을 먼저 가르친다. 이는 한국어의 음절 구조는 모음 없이 자음만으로는 음절로써 소리를 낼 수 없기 때문이다. 그렇기 때문에 한국어는 자음군을 모두 발음하지 않고 항상 하나의 자음으로 단순화시켜서 발음한다(자음군 단순화).
　　그러나 모음은 모음만으로도 음절을 이룰 수 있기 때문에 소리와 모양을 보면서 교사의 말소리를 따라할 수 있다. 따라서 모음을 먼저 가르친 후 자음을 가르친다.
　　예 Christmas
　　　→ 영어와 달리 자음군을 모두 소리 내지 않는다. 즉, 'ㅋ리ㅅ마ㅅ'라고 표현할 수 없다. '크리스마스'라고 'ㅡ' 모음을 첨가해야 소리를 낼 수 있다.

TOP-Point

☑ **자음군 단순화**

한국어에서는 종성에 자음이 하나로 소리 난다. 자음이 두 개 연결된 자음군이 종성에 놓이게 되더라도 둘 중 하나만 남고 나머지 하나는 탈락하거나 뒤 음절의 초성 자음과 축약된다. 이처럼 자음이 탈락하는 현상을 자음군 단순화라고 한다.

예 몫[목], 값[갑], 외곬[외골]
　　읽지[익찌], 젊다[점따], 읊지[읍찌]

☑ **한국어의 음절 구조**
- 모음(V) 예 아, 우, 유
- 자음+모음(CV) 예 마, 바, 파
- 모음+자음(VC) 예 안, 융, 잉
- 자음+모음+자음(CVC) 예 간, 산, 밉
→ 음절을 구성하기 위해서는 반드시 모음이 있어야 한다.

② 단모음을 표기할 때 'ㅇ'을 같이 사용

실제 발음은 모음만 있어도 가능하지만 실제 표기에서는 'ㅇ'이 있어야 하기 때문에 초성에서 음가가 없는 'ㅇ'을 같이 사용한다.

예 'ㅏ' → 표기상 하나의 음절이 될 수 없다.
　　'아' → 표기상 하나의 음절이 된다.

③ 자음의 교육 순서는 평음 → 격음 → 경음

한국어와 영어는 자음을 구별하는 기준이 다르다. 한국어는 자음을 기(氣)의 세기에 따라 평음, 경음, 격음으로 나누지만 영어는 성대의 울림 여부에 따라 무성음과 유성음으로 구분한다. 즉, 영어권 학생들 또는 모국어의 자음 구분이 한국어와 다른 언어권의 학생들은 한국어의 삼지적 상관속이 낯설게 느껴질 수 있다.

그뿐만 아니라 무성음과 유성음으로만 구별해 왔기 때문에 한국어의 자음이 어휘 안에서 어디에 오느냐에 따라 같은 자음이라도 변별음처럼 다르게 들릴 수 있다. 또한 이 세 가지 구분은 무성음과 유성음이라는 기준에 따라서는 서로 유사하게 들릴 수 있어 자음을 구별하기가 쉽지 않다. 보통 자음을 제시할 때는 기의 세기 차이가 있는 평음과 격음을 먼저 가르친다.

2) 모음 지도

① 모음 지도 시 유의점

㉠ '모음' 또는 'Vowel' 등의 메타언어를 되도록 쓰지 않고 [아], [에] 등 발음으로 가르친다. '모음'이라고 하면 아직 자모도 모르고 있는 학생들에게 필요 없는 부담감을 줄 뿐만 아니라 모음의 개념을 이해하기도 어려울 수 있기 때문이다.

ⓛ 다양한 보조 자료를 사용할 수 있는데 발음 수업에서 사용할 수 있는 보조 자료에는 모음 사각도나 구강의 모습을 보여줄 수 있는 개구도, 자신의 입 모양을 살펴볼 수 있는 손거울 등이 있다. 하지만 실제로 모음 사각도나 개구도 같은 경우는 추상적으로 그려져 있는 경우가 많기 때문에 학습자들이 인지적으로는 그 위치를 이해할 수 있지만 그것을 실제 입 안에서 실감하기는 어려운 경우가 많다. 모음 사각도나 개구도는 우선 발음의 위치를 인지적으로 이해시키는 데 사용하면 좋을 것이다. 그 외 방법으로는 교사의 발음을 따라하면서 교사의 입 모양을 흉내 낼 수 있도록 각자 손거울을 준비하여 자신의 입 모양을 보고 실감하도록 하는 방법도 좋다.

ⓒ 고모음, 중모음, 저모음을 구별하는 기준은 혀의 높이지만 발음을 연습할 때는 구강 내에서 일어나는 혀의 높이의 차이를 인지하기가 매우 어렵다. 따라서 눈으로 바로 볼 수 있는 턱의 높낮이를 비교해보도록 한다. 고모음에서 저모음으로 갈수록 턱이 내려간다.

② **단모음** 중요

혀의 위치 입술 모양 혀의 높이	전설 모음		후설 모음	
	평순	원순	평순	원순
고모음	ㅣ[i]	ㅟ[ü]	ㅡ[ɯ]	ㅜ[u]
중모음	ㅔ[e]	ㅚ[ö]	ㅓ[ʌ]	ㅗ[o]
저모음	ㅐ[ɛ]			

㉠ 'ㅟ'와 'ㅚ'는 단모음으로 분류하나 이중 모음으로 발음할 수 있다(표준 발음법 4항).
㉡ 'ㅐ'와 'ㅔ'는 젊은 층에서는 거의 구별 없이 발음하는 경우가 많다.

③ **이중 모음**

㉠ 반모음과 모음의 결합: 반모음은 모음과 같이 발음하지만 음절을 이루지 못하는 소리이다. 'ㅑ, ㅛ, ㅠ' 등의 이중 모음에서 선행음으로 나는 '/j/, /w/' 등이다. 이중 모음은 이러한 반모음과 모음으로 이루어져 있으며 발음할 때 입술 모양이 변하면서 소리 난다.

```
반모음 /j/ + 단모음 /ㅏ, ㅓ, ㅗ, ㅜ, ㅔ, ㅐ/   →   이중 모음 /ㅑ, ㅕ, ㅛ, ㅠ, ㅖ, ㅒ/
반모음 /w/ + 단모음 /ㅏ, ㅓ, ㅔ, ㅐ/          →   이중 모음 /ㅘ, ㅝ, ㅞ, ㅙ/
단모음 /ㅡ/ + 단모음 /ㅣ/                      →   이중 모음 /ㅢ/
```

㉡ 'ㅚ, ㅙ, ㅞ'의 발음은 실제 한국어 모어 화자들의 발음에서도 구별되지 않는 경우가 많다.
㉢ 'ㅢ'는 환경에 따라 세 가지 변이음이 나타난다.
  • 초성에 자음 없이 단어의 첫소리로 나오는 경우는 [의]로 발음한다.
    예 의자[의자]

- 자음을 첫소리로 가지는 음절의 '의'는 [ㅣ]로 발음하고 둘째 음절 이하의 '의'는 [이]로 발음하는 것을 허용한다.
  예 띄어쓰기[띠어쓰기], 강의[강이], 희망[히망], 무늬[무니]
- 소유격 조사 '의'는 [에]로 발음하기도 한다.
  예 민수의 책[민수에 책]

3) 자음 지도 중요

조음 방법		조음 위치	양순음	치조음	경구개음	연구개음	성문음(후음)
안울림소리	파열음	예사소리(평음)	ㅂ[p]	ㄷ[t]		ㄱ[k]	
		된소리(경음)	ㅃ[p']	ㄸ[t']		ㄲ[k']	
		거센소리(격음)	ㅍ[pʰ]	ㅌ[tʰ]		ㅋ[kʰ]	
	파찰음	예사소리(평음)			ㅈ[tɕ]		
		된소리(경음)			ㅉ[tɕ']		
		거센소리(격음)			ㅊ[tɕʰ]		
	마찰음	예사소리(평음)		ㅅ[s]			ㅎ[h]
		된소리(경음)		ㅆ[s']			
울림소리	비음		ㅁ[m]	ㄴ[n]		ㅇ[ŋ]	
	유음			ㄹ[r]			

① 파열음
  ㉠ 폐에서 나오는 공기를 일단 막았다가 터뜨리면서 내는 소리
  ㉡ 특징: 한국어는 평음, 격음, 경음의 대립적인 음이 있는데 그중 'ㅂ' 계열, 'ㄷ' 계열, 'ㄱ' 계열이 파열음에 해당한다. 다른 언어에서는 자음을 평음, 경음, 격음으로 구별하는게 아니라 주로 무성음과 유성음으로 구별하는 경우가 많아서 발음에 혼란을 일으킬 수 있다. 즉, 평음과 격음의 차이에 익숙하지 않은 학습자들은 다 비슷하게 들린다는 이야기를 하는데 '부산'을 [푸싼]에 가깝게 발음하는 경우가 그러하다.
  예 /ㄱ/, /ㄲ/, /ㅋ/
      /ㄷ/, /ㄸ/, /ㅌ/
      /ㅂ/, /ㅃ/, /ㅍ/
  ㉢ 교육 시 주의할 점
    - 평음, 격음의 차이를 보여 줄 때 입 앞에 얇은 종이를 대고 종이가 흔들리는 정도를 가지고 시각적으로 구별시켜 줄 수 있다. 특히 파열음 중에서도 양순음인 'ㅂ, ㅍ'을 가지고 비교하는 것이 발음의 차이를 시각적으로 가장 잘 보여 줄 수 있다.

- 첫음절에서 'ㅂ, ㄷ, ㄱ'과 같은 평음이 나올 때는 유성음으로 발음하지 않도록 한다.

    ㉣ 파열음이 음절말에 폐쇄되는 경우

    영어에서 'cut'이라는 단어를 발음할 때는 마지막 자음 /t/를 발음하면서 혀를 입천장에서 뗀다. 반면 한국어에서 '밑'을 발음할 때는 마지막 자음 /ㅌ/ 발음 시 [미ㅌ]처럼 혀를 떼서 자음을 남기는 것이 아니라 혀를 입천장에 그대로 붙이고 [믿]으로 발음하는데, 이처럼 음절말 자음을 파열하지 않는 것이 바로 음절말 폐쇄(불파) 현상이다.

    이 음절말 폐쇄는 발음 교육에서 매우 중요하다. 예를 들어 '밥도 먹고' 같은 경우 '밥도'는 [밥또]로 소리 나는데, 이는 '밥'이 폐쇄음으로 끝나면 성대가 이미 긴장되어 있기 때문에 굳이 경음으로 발음하려고 하지 않아도 다음 음절인 '도'를 발음하면 자연스럽게 [도]가 아닌 [또]로 소리 나게 된다. 그런데 만약 '밥'을 개방해 버려서 [바브] 또는 [바프]가 되어 버리면 자연스럽게 [또]가 아니라 [도]로 소리가 난다.

② 마찰음

    ㉠ 입 안이나 목청 따위의 조음기관이 좁혀진 사이로 공기가 비집고 나오면서 마찰하여 나는 소리
    ㉡ 특징: 조음기관이 현저히 좁아져서 숨이 그곳을 통과할 때 나는 스치는 듯한 소리
        예 'ㅅ', 'ㅆ', 'ㅎ'
    ㉢ 교육 시 주의할 점[1]
    - 'ㅅ/ㅆ'의 대립은 영어권 학습자들에게는 매우 구별하기 어려운 발음이다. '사다/싸다', '수다/쑤다'와 같은 최소 대립어를 통해서 연습시킨다.
    - 한국어에서는 종종 유성음과 유성음 사이의 /ㅎ/이 약화되어 거의 발음이 나지 않는 일이 있다. 예를 들어 '은행'도 [으냉]처럼 발음되는 경우가 있는데, 일부러 교육할 필요는 없지만 학습자들이 의문을 가지는 경우 /ㅎ/이 약화되는 경우가 많다고 알려 준다.

TOP-Point

☑ **최소 대립어(최소 대립쌍, Minimal Pair)**

어떤 언어에 있어서 다른 음과 대조를 이루어서 뜻의 차이를 만드는 최소의 음성 단위를 말한다. 보통 한 말소리에 음운적인 차이가 있는지를 분석하기 위해 이용한다.

예 님/남
→ 다른 음운은 동일하나 모음 [ㅣ]와 [ㅏ]의 차이로 두 단어는 뜻의 차이를 보인다.
pat/bat
→ 다른 음운은 동일하나 자음 [p]와 [b]의 차이로 두 단어는 뜻의 차이를 보인다.

---

[1] 한재영 외(2003), 한국어 발음 교육, 한림출판사

③ 파찰음
  ㉠ 폐쇄를 형성해서 공기의 흐름을 막았다가 완전히 파열하지 않고 조금씩 개방해서 좁은 틈 사이로 공기를 통과시키면서 내는 소리이다.
  ㉡ 특징: 이름에서도 알 수 있듯이 파열음과 마찰음의 특징을 모두 가지고 있다.
    예 'ㅈ', 'ㅉ', 'ㅊ'
  ㉢ 교육 시 주의할 점: 파열음의 평음, 경음, 격음 구분과 마찬가지 방법으로 연습한다.
④ 비음
  ㉠ 입 안의 통로를 막고 코로 공기를 내보내면서 내는 소리이다.
  ㉡ 특징: 비음은 대부분의 외국어에도 존재하기 때문에 비교적 쉽게 발음할 수 있으나 한국어의 비음은 다른 언어의 비음보다 비음적 성질이 약한 편이어서 콧소리가 덜 난다.
    예 'ㄴ', 'ㅁ', 'ㅇ'
⑤ 유음
  ㉠ 혀끝을 잇몸에 가볍게 대었다가 떼거나, 잇몸에 댄 채 공기를 그 양옆으로 흘려보내면서 내는 소리이다.
  ㉡ 특징: /ㄹ/은 환경에 따라 [ɾ]계 탄설음으로 발음되기도 하고, [l]계 설측음으로 발음되기도 한다.
    예 'ㄹ'
  ㉢ 교육 시 주의할 점[2]
    • 탄설음 [ɾ]은 혀끝을 윗잇몸에 한 번 튕기며 발음한다. 모음과 모음 사이, 모음과 반모음 사이, 모음과 /ㅎ/ 사이에 나타난다. 영어나 중국어식으로 지나치게 혀를 말아서 발음하지 않게 해야 하며, 설측음 [l]로 발음하지 않도록 주의시키는 것이 중요하다.
      예 나라, 고래
    • 설측음 [l]은 [ɾ]이 나타나지 않는 환경, 즉 어말의 받침 발음 등으로 나타난다. 종종 받침의 발음이라고 해서 영어의 /l/ 발음처럼 생각하고 영어의 'till, full'에서 나오는 /l/을 [ɫ]로 발음하는 경우가 있는데, 주의하여야 한다.
      예 굴, 한국말

---

[2] 앞의 책(한재영 외, 2003)

03 운소(초분절 음소)의 지도

1) 강세

한국어에 강세가 없다고 말하는 경우도 있으나 이는 한국어 어휘의 강세가 비교적 규칙적이기 때문에 마치 강세의 특징이 없는 것처럼 보이는 것이다. 보통 낱말의 첫음절에 강세가 오는 경우가 많은데, 3음절 이상으로 된 낱말에서는 첫음절에 받침이 없고 모음이 짧게 발음되면 강세가 둘째 음절에 오는 경우가 많다.

영어나 유럽어는 단어를 읽거나 의미를 파악하는 데 있어 한국어보다 강세가 중요한 역할을 한다. 그렇기 때문에 서양권 학생들의 경우 특별한 강세 표시가 없으면 한국어 단어를 발음할 때 모어 단어의 강세를 생각해서 지나치게 첫음절에 강세를 두고 발음하는 경우가 있다. 따라서 한국어 3음절 이상의 단어의 경우 첫음절에 힘을 뺄 것을 인지시키거나 오히려 둘째 음절에 더 신경을 써서 발음하도록 하면 자연스럽다.

예 3음절어: 교㉤서, 자㉢차, 대㉠교

2) 억양

억양은 문법적 기능, 화용론적 기능, 화자의 감정 및 태도의 전달 기능이 있다. 즉, 음의 상대적인 높이를 변하게 해서 화자의 감정이나 문장의 성격을 보여 주기도 한다. 예를 들어 한국어는 "밥 먹어.", "밥 먹어?", "밥 먹어!"처럼 억양을 통해 문장의 종류가 달라질 수 있다.

초분절적 요소의 잘못된 발음은 오류 수정이 쉽지 않은데, 학습자들에게 여러 문장별 억양을 들려주어 그 차이점을 스스로 인식하게 하고, 다양한 억양의 문장들을 들려주고 그 뜻을 파악하는 연습을 시킨다. 다음은 영어와 한국어의 억양의 차이이다.

구분	영어	한국어
문장이 시작될 때	내림조	오름조
서술문 문미	내림조	내림조
직접의문문 문미	높음-오름조	높음-오름조
간접의문문 문미	내림조	오르내림조
감탄문 문미	오르내림조	오르내림조 (마지막 음절이 약간 올라감)

3) 장단

동음이의어를 구별하는 방법 중에서 모음 장단의 차이로 동음이의어를 구별하는 경우가 있다. 그러나 요즘 한국어 화자들에게서는 장단은 거의 사라진 것으로 보인다. 따라서 한국어 학습자들에게 이를 지나치게 강조할 필요는 없을 것으로 보인다.

① **어휘적 장음**: 어휘에 따라 실현되는 소리의 길이로 현재 젊은 층에서는 제대로 구별하지 못한다.

구분	긴소리	짧은소리	긴소리	짧은소리
1음절어 (고유어)	말:[言]	말[馬]	밤:[栗]	밤[夜]
	눈:[雪]	눈[目]	굴:[窟]	굴[蠣]
	발:[簾]	발[足]	장:[醬]	장[市場]
	벌:[蜂]	벌[罰]	손:[損]	손[手]
	배:[倍]	배[梨]	돌:[石]	돌[生日]

② **표현적 장음**: 실제 발화에서 어휘의 본래 장단과는 관계없이 화자의 심리 상태를 표현하기 위해 모음을 길게 발음하는 것이다. 중요

예 하늘에 매 한 마리가 훨훨[훨:훨] 날아간다.
　　저기[저:기] 저 사람 누구야?

04 언어권별 발음 지도 중요

학습자들은 이미 자신의 모국어의 언어 체계를 가지고 있다. 따라서 이러한 모국어 언어 체계가 새로운 언어, 즉 한국어 언어 체계를 받아들일 때 일종의 간섭을 일으킬 수 있는데, 이 때문에 발음도 모국어의 발음 체계에 맞추어 발음하는 경우가 있다. 따라서 언어권별 학습자들에게서 보편적으로 일어나는 학습자들의 발음상 특징과 학습자의 발음 오류를 교사가 인지하고 있으면 보다 효율적인 발음 교육을 할 수 있을 것이다. 한재영 외(2003)를 참고하여 언어권별 오류를 다음과 같이 나누었다.

TOP-Point

☑ **대조분석학적 입장에서 보는 모국어의 간섭 현상**
　대조분석 가설에서는 모국어와 제2언어가 연관은 있으나 서로 다를 때, 즉 차이가 있을 때 학습상의 어려움이 일어나고 모국어가 자꾸 제2언어에 영향을 끼치기 때문에 오류가 일어나는 것이라 보았다. 따라서 제2언어와 모국어의 차이를 교사가 미리 알고 있으면 학습자의 혼란과 오류를 덜 일으키게 할 수 있을 것이다.

1 일본어권

1) 모음이 한정되어 있다.

일본어의 단모음은 /ア, イ, ウ, エ, オ/의 5개로 한국어의 /ㅓ, ㅔ, ㅡ/가 나타나지 않아 후설 모음 가운데 /ㅓ/와 /ㅡ/를 발음하기 어려워한다. /ㅜ/는 일본어에 유사한 소리가 있기는 하지만 한국어 /ㅜ/의 음가와는 다른 /ㅡ/와 /ㅜ/의 중간 발음 정도이기 때문에 두 소리를 구분하여 듣거나 발음하는 것을 어려워한다. 일본어권 학습자들은 상대적으로 다양한 한국어 모음을 구별하기 어려워 비슷한 모음을 묶어 두리뭉실하게 발음하는 경향이 있다.

2) 일본어는 '자음+모음(CV)'을 기본 구조로 삼는다.

현대 일본어에서는 받침으로 /ん/만이 소리 난다. 즉 기본 구조가 '자음+모음(CV)'이기 때문에 한국어의 받침이 있는 음절을 발음할 때 받침에 자꾸 모음 [u]를 첨가해서 '자음+모음' 구조로 발음하려는 경향이 있다. 이는 마치 한국 사람들이 영어의 자음군 발음을 할 때 /ㅡ/ 발음을 더해서 하려는 것과 비슷하다.

예 했습니다 → /해쓰무니다/와 비슷하게 '자음+모음' 구조로 소리 내려는 것

2 중국어권

1) 모음을 따로 분리하려 하지 않는다.

전통적으로 중국어는 모음을 따로 구별하지 않고 마치 우리가 느끼기에는 이중 모음이나 삼중 모음 같은 음가가 존재한다. 중국어권 학습자들은 모음을 하나씩 구별하는 데 익숙하지 않기 때문에 한국어의 모음 발음을 낯설어할 수 있다.

2) 자음을 모두 약한 된소리로 발음하는 경우가 있다.

중국어권 학생들은 한국어의 평음을 약한 된소리로 발음하는 경우가 있다.

3) 유음을 중국식으로 발음하려 한다.

한국어의 유음을 중국어의 성모 /l/에 대응시키려는 경향 또는 중국어의 권설음의 영향으로 'ㄹ'을 발음할 때 혀를 안쪽으로 말아서 발음하려는 경향이 있다.

3 영어권

1) 경음을 제대로 발음하지 못한다.

영어에서는 경음이 소리상으로 비슷하게 존재하기는 하나, 영어권 학습자들은 그것을 경음이라고 분명히 인지하지는 못한다. 영어에서도 /s/ 다음에 오는 /p, t, k/는 한국어의 경음과 비슷하게 발음된다. 예를 들어 'speed', 'style', 'sky'의 /p, t, k/는 각각 경음인 [p', t', k']로 발음된다. 이를 인지시키면 경음 발음을 개념적으로는 인지하는 데 도움이 된다. 이는 /s/라는 발음을 먼저 살짝 하게 하여 미리 성대를 긴장시킴으로써 자연스럽게 평음보다 기의 세기가 더 세게 나오기 때문에 한국어의 경음과 비슷하게 소리 나는 것이다. 그러나 이것을 개별 발음으로서 기억하도록 하기는 어려우며, 다만 한국어의 경음이 어떤 것인지를 인지시키는 방법으로 사용할 수 있을 것이다.

2) 한국어의 자음이 유성음과 무성음으로 나뉘는 경우가 있는데 이를 구별하지 못한다.

한국어는 자음이 어휘 첫머리에 오는 경우는 무성음에 가깝게 소리 나지만 모음과 모음 사이인 경우 유성음으로 소리 난다. 예를 들어 '가구'에서 '가'의 /ㄱ/와 '구'의 /ㄱ/는 각각 무성음과 유성음으로 다르게 소리 난다([kagu]). 이를 표기상으로는 구별하기 어렵기 때문에 영어권 학습자들은 둘 다 유성음으로 소리 내거나 둘 다 무성음으로([gagu] 또는 [kaku]) 소리 내는 경우가 많다.

3) 자음군을 모두 발음하려고 한다.

한국어의 음절 구조는 CVC이다. 따라서 표기상으로는 자음군이 있다 하더라도 발음할 때는 하나로만 발음한다. 그러나 영어에서는 어말에서 자음군이 모두 소리 날 수 있어 영어권 학습자들은 그 습관대로 한국어를 발음할 때도 두 개의 자음 모두를 발음하려 하는 경우가 있다. 예를 들어 영어의 'dark'는 자음군이 모두 소리 난다. 그런 이유로 한국어 단어 '닭'을 [닥]이 아니라 [달ㄱ]에 가깝게 소리 내려 한다. 그러므로 한국어에서 어말 자음군이 불가능한 구조이며 어말 자음군은 항상 단순화 과정을 거쳐 발음한다는 사실을 주지시켜야 한다.

07 실전 문제

연습 문제

01
한국어 발음 체계에서는 /닭/은 [닥]이라고 발음한다. 이는 한국어 발음 체계의 어떤 점을 보여 주는지 고르시오.

① 자음군 단순화
② 기의 세기
③ 성대의 울림 여부
④ 삼지적 상관속

02
한국어의 음절 구조에 해당하지 않는 것을 고르시오.(C = 자음, V = 모음)

① V
② CV
③ CVC
④ CVCC

03
모음을 구별하는 기준이 아닌 것을 고르시오.

① 혀의 위치
② 입술 모양
③ 기의 세기
④ 혀의 높이

04
/의/는 환경에 따라 소리가 달라지는 경우가 있다. 다음 보기 중 /의/의 소리가 다르게 날 수 있는 경우를 고르시오.

① 의자
② 의사
③ 회의
④ 의지

05
자음을 구별하는 기준이 아닌 것을 고르시오.

① 조음 위치
② 조음 방법
③ 기의 세기
④ 혀의 높이

06
'밥'이라는 단어를 발음할 때 어두의 /ㅂ/은 정상적으로 개방되나 어말의 /ㅂ/은 폐쇄된다. 따라서 [바브] 또는 [바프]와 같이 음절말을 열어서 발음하지 않도록 교육 시 주의시켜야 하는데 이는 한국어 발음의 어떤 특징인지 다음 중에서 고르시오.

① 비음적 성질
② 음절말 폐쇄
③ 단모음의 이중 모음화
④ 모음 조화

07

다음 중 밑줄 친 부분의 'ㄹ'의 소리가 다른 하나를 고르시오.

① 동굴
② 한국말
③ 갈매기
④ 수염고래

08

다음 문장 중 밑줄 친 부분에 표현적 장음이 들어갈 수 있는 문장을 고르시오.

① 밥 먹었니?
② 학교 갈 거야.
③ 저기 저 사람 누구야?
④ 흰 옷이 더러워졌어.

09

다음 중 초급 영어권 화자들의 발음 오류가 아닌 것을 고르시오.

① 모음을 분리하려 하지 않는다.
② 경음을 제대로 발음하지 못한다.
③ 자음을 모두 유성음 또는 무성음으로 소리 낸다.
④ 자음군을 모두 발음하려고 한다.

10

다음 중 조음 위치에 따라 구분한 자음 분류가 아닌 것을 고르시오.

① 양순음
② 치조음
③ 마찰음
④ 연구개음

해설

01 한국어는 CVCC 구조가 아니므로 자음군이라 해도 하나의 소리로만 발음한다.
03 기의 세기는 자음 구별 기준이다.
04 /회의/는 [회이]로 발음할 수 있다.
06 미파 또는 불파라고 하는 현상으로 받침 발음을 할 때 폐쇄시켜 발음하는 것이다.
07 /ㄹ/은 어말 받침일 때는 설측음으로 소리 나나 나머지는 탄설음이다.
08 표현적 장음은 화자의 심리 상태를 표현한다. 화자가 느끼기에 멀다는 느낌으로 [저:기]라고 발화할 수 있다.
09 모음을 분리하지 않는 것은 중국어권 화자들의 특징이다.
10 마찰음은 조음 방법에 따른 구분이다.

정답 01 ① 02 ④ 03 ③ 04 ③ 05 ④ 06 ② 07 ④ 08 ③ 09 ① 10 ③

기출문제

01
수준별 발음 교육에 관한 내용으로 옳지 않은 것은? [기출 17회 43번]

① 자모 학습 단계에서부터 음운 변동에 대해 지도한다.
② 끊어 말하기는 초급 단계에서부터 중점적으로 지도하는 것이 좋다.
③ 국물[궁물]과 같은 장애음의 비음화는 초급 단계에서 지도한다.
④ 국제 통용 한국어 표준 교육과정(2017)에 의하면 휴지에 따른 문장의 의미 차이를 이해하는 것은 고급 단계에 해당된다.

02
한국어 자음의 발음 교육 내용으로 옳은 것은? [기출 18회 42번]

① 다른 언어에 비해 비음성이 매우 강하다는 점을 알게 한다.
② 파열음의 기의 세기는 격음, 경음, 평음의 순으로 강하다는 것을 가르친다.
③ 평음인 장애음은 유성음과 유성음 사이에서 무성음으로 발음하도록 지도한다.
④ 용언의 어간 말 /ㅎ/은 모음으로 시작하는 어미 앞에서 탈락됨을 이해시킨다.

03
발음 기관 단면도를 사용하여 지도할 내용으로 옳지 않은 것은? [기출 18회 48번]

① 평음과 격음의 차이
② 구강음과 비음의 차이
③ 치조음과 경구개음의 차이
④ 파열음 /ㄷ/와 마찰음 /ㅅ/의 차이

04

다음 모음의 발음 오류 및 교정에 관한 설명으로 옳지 않은 것은? 　기출 19회 34번

- 학습자 A: 어제[오제] 학교에 갔어요.
- 학습자 B: 우리[으리] 같이 갈까요?
- 학습자 C: 제 가족[가죽]은 4명이에요.
- 학습자 D: 제가 그린[기린] 거예요.

① A: '어'를 [오]로 대치하므로 비원순성을 강조하여 지도한다.
② B: '우'를 [으]로 대치하므로 입술을 돌출시키도록 지도한다.
③ C: '오'를 [우]로 대치하므로 원순성을 강조하여 가르친다.
④ D: '으'를 [이]로 대치하므로 혓몸을 뒤쪽으로 이동하여 발음하도록 가르친다.

05

발음 교육을 할 때 교육 내용의 제시 순서로 옳은 것은?　기출 19회 35번

① 이중 모음을 제시한 후 단모음을 제시한다.
② 경음을 제시한 후 평음을 제시한다.
③ 겹받침을 제시한 후 홑받침을 제시한다.
④ 개음절을 제시한 후 폐음절을 제시한다.

06

초급 학습자의 정확성을 높이기 위한 발음 교육 방안으로 옳은 것을 모두 고른 것은?

　기출 19회 38번

ㄱ. 최소대립쌍(minimal pair)을 활용하여 음소를 변별하는 활동을 한다.
ㄴ. 섀도잉(shadowing)을 통해 원어민의 발화와 동일한 속도로 따라하게 한다.
ㄷ. 거울을 보면서 단모음과 이중 모음의 발음 차이를 시각적으로 볼 수 있게 한다.

① ㄱ, ㄴ　　　　　　　　　② ㄱ, ㄷ
③ ㄴ, ㄷ　　　　　　　　　④ ㄱ, ㄴ, ㄷ

07 초분절음을 교육하는 방법으로 옳지 않은 것은?

기출 19회 39번

① 음의 장단음은 의미 변별에 중요하므로 강조하여 가르친다.
② 종결어미의 억양 실현 방식에 따라서 화자의 감정이나 태도가 다르게 전달된다.
③ 초점이나 강세를 받는 단어는 음이 높아지고, 길이가 길어져 두드러지게 들린다.
④ 휴지를 어디에 두는지에 따라서 문장의 의미가 달라질 수 있다.

정답 01 ① 02 ④ 03 ① 04 ③ 05 ④ 06 ② 07 ①

참고문헌

- 김성렬(1996), 한국어 표준 발음의 한 고찰, 한국어 교육 7, 국제한국어교육학회
- 김성숙(1989), 일본인의 한국어 학습 시 나타나는 오류 분석, 어문론집 28, 고려대학교
- 박영순(2002), 21세기 한국어 교육학의 현황과 과제, 한국문화사
- 배주채(2003), 한국어의 발음, 삼경문화사
- 오대환(1999), 한국어 발음 교수를 위한 개괄, 연세대학교출판부
- 오미라·이해영(1994), 외국어로서의 한국어 억양 교육, 한국어 교육 5, 국제한국어교육학회
- 우인혜(1998), 한일 언어 비교를 통한 발음 교수법, 이중언어학 15, 이중언어학회
- 이경희·정명숙(1999), 일본인을 위한 한국어 파열음의 발음 및 인지 교육, 한국어 교육 10, 국제한국어교육학회
- 이정희(2003), 한국어 학습자의 오류 연구, 박이정
- 이종은(1997), 한국어 발음 교수 방법과 모형, 교육한글 10, 한글학회
- 이현복(1998), 한국어의 표준 발음, 교육과학사
- 이호영(1991), 한국어의 억양체계, 언어학 13, 한국언어학회
- 장소원·김성규·김우룡(2000), 방송인 대상 언어 표현 교정 프로그램의 개발에 관한 연구, 한국방송협회 연구보고서
- 전나영(1993), 외국인을 위한 한국어 발음 지도, 외국어로서의 한국어 교육 18, 연세대학교 언어연구교육원 한국어학당
- 최길시(1994), 일본어를 모어로 하는 사람들을 위한 한국어 교육 방법 연구, 이중언어학 11, 이중언어학회
- 최길시(1998), 외국인을 위한 한국어 교육의 실제, 태학사
- 최혜원(2002), 표준 발음 실태 조사, 국립국어연구원
- 한재영 외(2003), 한국어 발음 교육, 한림출판사
- 허용 외(2006), 외국어로서의 한국어 발음 교육론, 박이정
- 허웅(1988), 국어음운학, 샘문화사

08 한국어 문법 교육론

01 언어와 문법

문법이란 언어에 내재해 있는 규칙과 질서를 말한다. 우형식(2002)은 문법을 원어민 화자의 인지 체계 안에 들어 있는 언어에 대한 개념적·절차적 지식으로 본다. 이러한 추상적 규칙과 질서를 구체적으로 기술한 것이 바로 문법이다.

외국인을 대상으로 하는 한국어 교육에서는 문법 교육이 많은 부분을 차지하고 있다. 이때 '문법'이라는 개념은 외국인을 위한 한국어 교육에서 통용되는 것으로서 국어 교육에서 이야기하는 국어 문법과는 다소 다른 의미를 가진다. 모국어 화자를 대상으로 하는 학교 문법을 그대로 외국인 학습자에게 적용할 수 없다는 점에서 학교 문법(국어 문법)과는 다른 '외국인을 위한 한국어 문법'이라는 개념이 점차 생겨나고 있다. 김재욱(2007)은 아래와 같이 관점에 따라 국어 규범 문법 교육과 한국어 규범 문법 교육으로 나누어 설명하고 있다.

구분	국어 규범 문법 교육	한국어 규범 문법 교육
습득 관점	습득된 한국어의 구조 지식을 이해	습득하려는 한국어의 구조 지식을 이해
교육 내용과 교육 목적	• 학문 문법의 지식 체계를 내국어 규범 학습 관점으로 재기술(규범 학습용 재기술) • 국어 지식으로서의 탐구와 확인 기능(지식 학습) • 학습자의 외국어 문법 학습 시 비교 기능 • 오용 예방 목적: 국어 생활의 비규범(오용) 사례 교정 능력 학습 • 교양 있는 또는 우수한 작문, 화법, 독서 교육에 기여하는 문법 교육	• 학문 문법의 지식 체계를 외국어 학습 차원으로 재기술(언어 습득용 재기술) • 국어 사용으로서의 국어 습득을 위한 참조문법 기능(습득 학습) • 학습자의 자국어 문법과의 비교 기능 • 오류 예방 목적: 국어 습득 시 발생하는 오류 교정 능력 학습 • 기본적인 쓰기, 말하기·듣기, 읽기 구사 능력의 습득, 발달에 기여하는 문법 교육

TOP-Point

☑ 규범 문법, 학교 문법, 표준 문법의 비교
- 관점과 목적에 따라 문법을 규범 문법, 학교 문법, 표준 문법 등으로 구분할 수 있다.
  - 규범 문법: 한 사회에서 약속한 문법
  - 학교 문법: 학교에서 정규 교육과정을 통해서 공식적으로 교수-학습되는 문법
  - 표준 문법: 국어를 L2(제2외국어)로 배우는 외국인을 위한 문법
- 고영근(2000: 45)은 학교 문법이 표준 문법이 되어야 한다고 했다.
- 김광해(2000: 64)는 학교 문법이 규범 문법(Prescriptive Grammar)의 기능을 일부 대신하면서 실용 측면에는 어느 정도 기여하였다고 하여 학교 문법과 규범 문법을 같은 범주에서 논의하고 있다.
- 민현식(2003: 111~112)은 학문 문법은 '있는 그대로의 현실 언어'로 기술하고 규범 문법에는 '있어야 할 이상적 국어'를 규범적 지식으로 기술하였다.
- 우형식(2002: 22)은 문법의 특성을 아래의 표로 기술하였다.

추상적 실체로서의 문법	한국어에 내재한 규칙과 질서		
구체적 기술로서의 문법	학문 문법	이론 중심	
	실용 문법	규범 문법	규범성
		교육 문법	국어 문법(학교 문법)
			한국어 문법

02 문법 교육의 개념

1) 국어 교육에서의 문법 교육

제7차 교육과정에서는 고등학교 문법 과목의 목표를 '국어에 대한 탐구 과정을 통한 통찰력과 논리적 사고력을 바탕으로 언어와 국어의 문화적 가치 및 국어에 대한 체계적인 지식을 갖추고, 국어를 올바르게 사용하여 국어의 발전에 기여하는 태도를 지니는 데 있다'고 하였다. 즉, 국어 교육에서의 문법 교육의 목적은 한국인으로서 모국어의 문법 규칙을 이해하고 바른 언어생활을 할 수 있도록 하는 것이다.

2) 외국어로서의 한국어 교육에서의 문법 교육

외국어로서의 한국어 교육에서의 문법 교육의 목적은 한국어에 대한 지식과 직관이 없는 외국인을 대상으로 한국어의 문법 구조를 이해시키고 한국어로 의사소통할 수 있도록 돕는 것이다.

03 문법 교육의 필요성

1) 문법 교육의 유용성(민현식, 2002)

① 정교하고 치밀한 규범 언어를 만드는 기준 역할을 한다.
② '문장 제조기(Sentence-Making Machine)' 역할을 한다.
③ 잘못된 언어 습관의 화석화를 막는다.
④ 문법 학습에서 강조된 것을 일상 언어생활에 적용하여 언어사용 능력을 강화한다.
⑤ 언어 학습이나 이해에는 개별 문법 항목을 교수-학습하는 것이 효율적이다.
⑥ 다양한 학습자로 구성된 언어 학습 교실에서는 문법 규칙에 따라 가르치는 것이 효율적이다.
⑦ 외국어 학습 시에는 모어 문법 지식이 유용하다.
⑧ 모어 문법에 대한 이해 여부가 인지 능력 발달에 기여한다.

2) 문법적 능력과 의사소통

① 의사소통 능력의 한 요소로서의 문법적 능력: 문법적 능력이란 어휘, 발음 규칙, 철자법, 단어 형성, 문장 구조 등의 언어학적 기호를 정확히 사용하여 문법적으로 올바른 문장을 생성해 내는 능력을 말한다. 따라서 이러한 지식이 없으면 의사소통을 제대로 할 수가 없다. 문법 교육은 문법적 능력을 키우는 데 그 목적이 있다.

② 언어 교육의 기준으로서의 문법적 능력: 언어 교육은 다양한 내용을 가지고 있어 무엇을 가르쳐야 할 것인가 하는 기준을 찾기가 쉽지 않다. 문법 범주는 이러한 문제의 기준이 될 수 있다.
  ㉠ 문법 범주나 규칙을 교수하는 것은 언어 학습에서 상당히 효율적이다.
  ㉡ 성인 학습자가 대다수를 차지하는 한국어 교육의 경우, 모국어 문법과의 대조분석은 목표어를 이해하는 유용한 방법이 될 수 있다.
  ㉢ 유창성을 저해하지 않는 범위 내에서 문법 교육은 빠른 학습 성취의 효과를 줄 수 있다.
  ㉣ 유창성과 함께 정확성을 발달시킬 수 있다는 장점이 있다.

> **TOP-Point**
>
> ☑ **한국어 교육에서 문법 교육의 필수성**
> - 한국어에 대한 직관과 배경지식이 없는 외국인
> - 첨가어적인 한국어의 특징(조사와 어미 발달)
> - 고급 수준의 한국어 구사를 기대하는 학습자 증가
> - 담화 맥락에 의해 의미가 달라지는 한국어의 특징
> - 성인 학습자
>
> → **문법 교육은 필수**

04 한국어 문법 교육의 내용 〈중요〉

한국어능력시험의 어휘·문법 영역의 등급별 평가 내용 중 문법 관련 평가 항목을 보면 다음과 같다.

1급	목표	생존에 필요한 기초적인 언어생활과 관련이 있는 기본 어휘 800단어를 알며, 한국어의 기본 문장 구조와 기초적인 문법 규칙을 이해하고 사용할 수 있다.
	문법 항목	• '주어-목적어-서술어' 순서로 된 기본적인 문장 구조 • 서술문, 의문문, 청유문, 명령문 등 문장의 종류 • '누가', '언제', '어디', '무엇', '왜' 등으로 구성된 의문문 • '그리고', '그러나' 등과 같은 자주 쓰이는 접속사 • '이/가', '은/는', '을/를', '에' 등 기본적인 조사 • '-고', '-어서', '-지만' 등 기본적인 연결 어미 • 기본적인 시제 표현 • '안'과 '-지 않다'로 이어지는 부정문 • '-으', 'ㅂ', 'ㄹ' 불규칙
2급	목표	일상적인 생활에서 자주 접하는 화제 및 매우 기본적인 공식적인 상황에서 접하는 화제와 관련된 어휘와 문법 표현을 이해하고 사용할 수 있다.
	문법 항목	• '보다', '이나', '밖에' 등 비교적 자주 쓰이는 조사 • '-(으)ㄹ까요?', '-(으)ㄹ 거예요' 등 자주 쓰이는 종결형 • '-고 있다', '-어 있다', '-어 주다', '-어 보다' 등 기본적인 보조 용언 • '-으면', '-는데', '-으면서' 등 자주 쓰이는 연결 어미 • '르', 'ㅅ', 'ㅎ', 'ㄷ' 불규칙 동사 • 관형형 • 용언의 부사형 • 높임법의 기본적인 형태
3급	목표	일상생활과 관련하여 비교적 깊이 있는 의사소통에 필요한 어휘와 비교적 복잡한 맥락에서 자주 사용하는 문법 표현을 이해하고 활용할 수 있다. 그리고 공적인 상황에서 기본적인 의사소통을 하기에 필요한 어휘와 문법 표현을 이해하고 활용할 수 있다.
	문법 항목	• '만큼', '처럼', '대로', '뿐' 등 비교적 복잡한 의미를 갖는 조사 • '-어도', '-은지', '-(으)ㄹ 테니까', '-는대로', '-느라고' 등 비교적 복잡한 의미를 갖는 연결 어미 • '-(으)ㄹ 뻔하다', '-는 척하다', '-기 위해서', '-(으)ㄹ 뿐만 아니라' 등 비교적 복잡한 의미를 갖는 문법 표현 • '-어 가다', '-어 놓다', '-어 버리다' 등 비교적 복잡한 의미를 갖는 보조 용언 • 반말 • 사동법과 피동법 • 간접화법
4급	목표	한국의 사회와 문화에 배경을 둔 어휘와 공식적 상황에서 의사소통하는 데 필요한 어휘, 특정 주제에 대하여 논리적으로 서술하고 토론하는 데 필요한 문법 표현을 이해하고 활용할 수 있다.
	문법 항목	• '치고', '치고는', '는커녕' 등 복잡한 의미를 갖는 조사 • '-더니', '-었더니', '-더라도', '-었더라면', '-길래', '-다면' 등 복잡한 의미 또는 사용상의 제약을 갖는 연결 어미 • '-고 말다', '-어 내다' 등 복잡한 의미를 갖는 보조 용언 • '-게 마련이다', '-으로 인해서', '-기에는', '-는 한' 등 복잡한 맥락을 서술하거나 사회적 맥락을 논리적으로 서술하는 데 필요한 문법 표현

5급	목표	정치, 경제, 사회, 과학, 문화, 예술 등 사회의 제 영역과 관련하여 깊이 있는 의사소통에 필요한 어휘와 문법을 이해하고 활용할 수 있다. 한국의 대표적인 시나 소설, 수필을 읽기에 필요한 수준의 어휘와 문법 표현을 이해하고 활용할 수 있다.
	문법 항목	• '-듯이', '-겠거니', '-되', '-고서라도', '-다가도', '-이니만큼' 등과 같이 복잡한 의미를 갖는 연결 어미 또는 연결 어미+조사 결합형 • 신문 기사, 논설문 등에서 자주 사용되는 문법 표현
6급	목표	정치, 경제, 사회, 과학, 문화, 예술 등 사회 제 영역과 관련하여 전문적이고 학문적으로 의사소통하는 데 필요한 어휘와 문법 표현을 이해하고 활용할 수 있다.
	문법 항목	• 신문 사설, 논설문, 학문적인 저술 등에서 주로 사용되는 문법 표현 • 계약서, 협정서 등 전문적인 영역의 실용문에서 특별하게 사용되는 문법 표현

05 문법 교육의 원리

1) 학습자 중심으로 교육한다.

규칙 자체를 설명하기 위한 문법 용어 사용을 되도록 지양한다. 학습에 도움이 되지 않는 불필요한 분류는 통합하고, 학습자의 이해를 위해 문법 범주 및 기술을 단순하고 명확하게 제시한다.

2) 문법에 대한 이해가 의사소통 능력으로 이어져야 한다.

형태적인 활용은 물론 문법적인 의미, 사회적 기능, 담화적 기능 등을 종합적으로 이해시켜야 한다. 문법을 제시할 때는 듣기, 말하기, 읽기, 쓰기 등 각각의 언어 기술들과 연계하여 배운 문법을 의사소통에 직접적으로 사용할 수 있도록 한다.

3) 학습자의 숙달도 단계에 맞게 교육해야 한다.

사용 빈도, 난이도, 일반화 가능성, 학습자의 기대 문법 등을 고려하여 문법 항목을 선정하고 배열해야 한다.

4) 문법 교육은 한 번에 하나씩 이루어지는 것이 바람직하다.

한 문법 요소가 여러 가지 의미를 가지고 있다고 해도 그 단원에서 제시된 의사소통 상황에 적절하게 활용할 수 있는 요소만을 골라 가르쳐야 한다.

5) 해당 문법을 설명하는 데 가장 쉽고 적절한 예문을 활용한다.

어휘나 문장 구조를 학습자의 숙달도에 적합하게 구성하여 다른 어휘나 문법으로 인해 목표 문법을 이해하는 데 어려움을 갖게 해서는 안 된다.

06 문법 습득 과정

교사의 입력은 다음과 같은 단계를 거쳐 산출에 이르는데 문법 학습을 촉진시키려면 각각의 단계에 있어서 다음과 같은 점을 고려하여 설계해야 한다.

> 입력(Input) → 수용(Intake) → 습득(Acquisition) → 접근(Access) → 산출(Output)

1) 입력: 입력 자료 중 목표문법 항목으로 학습자의 주의를 집중시킨다.
   ① 입력 자료, 과제 등을 단순화하여 제시
   ② 문법 의식 고양
   ③ 문법의 반복 노출

2) 형식과 의미에 대한 이해
   ① 문법 규칙 제공
   ② 문법 사용 정보 및 연습 제공

3) 의사소통 상황 경험
   ① 문법 사용 상황 제시
   ② 이전에 학습한 문법 항목과의 차이 인식 유도

4) 실제적 문맥 속에서 이해
   ① 목표문법을 사용하여 실제 생활에서 경험할 만한 상황을 과제로 제시
   ② 짝 활동, 팀 활동 등을 통해 문법 발화 상황을 경험

5) 유의미한 연습 제공

TOP-Point

☑ 입력 강화 기법
　학습자들이 성공적으로 제2언어 습득을 하기 위해서 학습자가 문법적 형태에 집중할 수 있도록 도와주는 것뿐만 아니라 동시에 습득에 필요한 이해 가능한 입력을 독자에게 제공해야 한다. 이를 입력 강화 기법이라고 한다. '입력 강화'는 학습자들이 목표문법 형태에 좀 더 집중할 수 있도록 그 형태를 좀 더 명시적으로 나타나게 하는 교수 방식이다. 이러한 입력 방식으로는 입력 홍수, 입력 강화, 순차적 제시(Garden Path, 또는 구조화된 입력 활동), 그리고 문법 의식 고양(GCR) 등이 있다.
　• 입력 홍수(Input Flood, 입력의 쇄도)
　　학습 내용이 되는 문법 구조나 어휘, 특정 발음에 대한 정보나 입력을 과도하게 제시하는 방법이다. 모든 종류의 언어 기능 수업에서 사용할 수 있으며 의도적으로 목표문법을 추가하여 제시한다. 학습자들은 정상적인 자료에서보다 훨씬 더 많이 제시된 문법 구조들에 높은 빈도로 노출되고 이를 통해 해당 문법의 특성을 익히게 된다.

- 입력 강화(Input Enhancement, 입력의 향상)
  학습자의 관심과 주의력을 목표문법 구조로 이끌기 위해 다양한 방법을 사용하여 목표문법을 제시한다. 읽기 수업의 경우에 가장 효과적으로 사용될 수 있다. 입력 강화 방식을 통해 학습자들은 배워야 하는 목표문법에 대해 명시적으로 제공받고, 쉽게 인지할 수 있다. 읽기 텍스트에서 해당 문법에 빨간색으로 밑줄을 치거나 진하게 표시해 두는 등의 방식이 있다.
- 순차적 제시(Garden Path)
  순차적 제시 방법은 필요한 문법 구조에 초점을 두고 특정 문법적 내용에 집중하도록 하여 그 문법을 익히는 데 목적이 있다. 학습자들에게 규칙을 모두 가르치는 것이 아니라 주요한 부분만을 설명한 후 학습자들이 나머지 부분을 찾아내도록 하는 방법이다. 주요한 문법 규칙만을 설명했기 때문에 학습자들은 예외적인 규칙이 적용되는 경우에 오류를 범하게 되고, 그 때 교사가 오류를 수정해 준다. 즉각적인 오류 수정을 통해 학습자들은 목표문법의 형태를 잘 기억하고 인지할 수 있다.
- 의식 고양(Consciousness-Raising)
  학습자가 의사소통을 하는 과정에서 해당 문법 형태가 사용된 유의미한 예를 통해 언어의 형태적 지식(목표문법)을 스스로 찾아내는 귀납적 학습 방법이다. 이러한 경험은 학습자의 인지적 능력을 향상시키고 학습자들을 능동적으로 만들어 자신감과 동기 부여를 일으킬 수 있다.

07 문법의 선정과 배열

문법 교육을 할 때는 사용 빈도, 난이도, 일반화 가능성, 학습자의 기대문법을 고려해서 배열하고 가르쳐야 한다. 주로 초급에서는 귀납적인 방식으로 많은 예문을 제시하여 문장을 만들어 쓸 수 있게 하는 원리를 가르치고, 고급으로 올라가면서 문법 제약을 직접 설명하는 방식으로 가르치는 것이 효과적이다.

1 교육용 문법 항목의 선정 기준

교육용 문법 항목을 선정하고 배열할 때는 학습자들의 의사소통 능력 신장에 기여할 수 있는 것을 중심으로 선정되어야 한다. 고려해야 할 사항으로는 사용 빈도, 학습 난이도, 유용성 등이 있다.

1) 사용 빈도

의사소통 상황의 관점에서 보면 의사소통 시 고빈도로 사용되는 문법이 의사소통 상황에서 가장 도움이 되는 문법일 것이다. 사용 빈도는 일상 언어의 사용 실태를 파악해야 빈도를 추출할 수 있는데, 대표적인 것이 말뭉치를 이용한 빈도 조사이다. 아직까지 구어 대상의 말뭉치 조사는 다소 부족한 편이다.

2) 학습 난이도

사용 빈도가 가장 높은 문법이라 할지라도 학습자의 입장에서 배우기 매우 어려운 것이라면 배열상 가장 앞쪽에 오기는 어렵다. 난이도는 문법의 형태적 복잡성, 의미의 다양성 등과 관계가 있다.

3) 유용성

문법을 배웠을 때 그것이 얼마나 활용될 수 있을 것인가와 관련 있는 요소로, 사용 빈도와 관련이 있다. 특히 특수 목적 학습자들을 위한 수업에서는 학습자의 요구에 맞춘 특정 분야의 어휘나 문법을 배우게 되는데, 이는 유용성의 측면에서 학습자가 기대하고 있는 문법 요소를 충족시킨다.

> **TOP-Point**
>
> ☑ **말뭉치**
>
> 말뭉치(Corpus)란 언어를 연구하는 각 분야에서 필요로 하는 연구 재료로서, 언어의 본질적인 모습을 총체적으로 드러내 보여 줄 수 있는 자료의 집합이다(서상규·한영균, 2001). 말뭉치는 실제 말이나 글로 발화되거나 표현된 언어 자료를 그대로 모아 놓아 언어 연구의 기초 자료가 된다. 말뭉치는 연구 목적에 따라 다양하게 구성될 수 있다. 국내에서도 1988년부터 구축되어 온 연세대학교의 연세 한국어 말뭉치를 비롯하여 한국과학기술원, 고려대학교, 국립국어연구원 등에서 본격적으로 말뭉치를 구축해 왔으며, 1998년부터 '21세기 세종 계획: 국어정보화 추진 중장기 사업'의 일환으로 본격적으로 국가 차원에서 말뭉치가 구축되기 시작하였다.
>
> ☑ **학습자 말뭉치**
>
> 학습자 말뭉치란 일반 말뭉치와는 달리 특정 언어를 학습하는 학습자들의 언어 자료를 기반으로 하여 구축된 말뭉치이다. 학습자 말뭉치는 학습자가 겪는 오류나 패턴, 자주 사용하는 구문이나 어휘 등이 포함된 제2언어 학습자가 생산한 언어 자료의 모음이다. 이를 통해 제2언어 학습에서 학습자가 겪는 오류나 간섭 등이 파악될 수 있다. 학습자 말뭉치 자료는 학습용 사전, 교과서, 교재, 교안과 능력 측정용 시험의 개발 등에 이용된다.
>
> ☑ **원시 말뭉치(Raw Corpus)와 분석 말뭉치(Tagged Corpus)**
> - 원시 말뭉치: 가공하지 않은 자료를 입력하여 구축한 것으로, 컴퓨터 가독이 가능하도록 데이터베이스화한 말뭉치이다.
> - 분석 말뭉치(= 주석 말뭉치): 수집된 데이터베이스를 형태소나 어휘, 품사 등으로 분석하여 주석(Tag)을 붙여 가공한 말뭉치이다.

2 교육용 문법 항목의 배열 기준

김제열(2001)은 사용 빈도와 학습 난이도, 유용성, 학습의 가능성 등을 고려하여 초급 문법 항목의 배열 기준을 아래와 같이 제시하였다.

1) 한국어 문장 구조를 단계적으로 이해할 수 있도록 배열한다.

2) 문법 항목 간의 호응을 고려한다(문장과 대화를 구성할 수 있는 문법 항목들이 같이 어울려 있어야 한다).

3) 유사한 기능을 가졌다면 학습 부담 양이 적은 것이 우선한다.

4) 쉽게 인식되는 것이 어렵게 인식되는 것보다 우선한다.

5) 선수 학습 효과가 커 다른 문법 요소를 학습에 적용할 수 있는 것을 우선한다.

08 문법 교육의 방법

1 귀납적 방법과 연역적 방법

1) **귀납적 방법(예시에서 규칙으로)**: 실제의 예들을 제시한 후, 그것에 공통적으로 적용되고 있는 규칙을 찾아내는 방법이다.
   ① 귀납적 방법의 장점
      ㉠ 학습자 스스로 규칙을 발견하는 것이기 때문에 기억에 오래 남는다.
      ㉡ 능동적인 참여를 이끌어낸다.
      ㉢ 수업에 집중하도록 할 수 있다.
      ㉣ 도전적이고 문제 해결 능력이 있는 학습자에게 적합하다.
      ㉤ 협동을 통한 문제 해결은 학습자들의 소통을 돕는다.
      ㉥ 학습자가 성공적으로 문법을 유추해 내는 경험이 쌓이면서 자율적인 학습을 이끌어 낸다.
   ② 귀납적 방법의 단점
      ㉠ 규칙을 찾아내는 데 시간과 노력이 많이 든다.
      ㉡ 규칙을 유추하는 데 시간이 걸리기 때문에 연습 시간이 줄어든다.
      ㉢ 문법을 잘못 추론할 수 있다.
      ㉣ 교사가 수업 계획을 세울 때 시간과 노력이 많이 든다.
      ㉤ 귀납적 방식으로 이해시키기 어려운 문법이 있다.
      ㉥ 분석적 학습자에게는 문법 이해 과정이 답답하게 느껴질 수 있다.

2) **연역적 방법(규칙에서 예시로)**: 규칙을 제시한 후, 그것이 적용되는 예를 보여 주는 방법이다.
   ① 연역적 방법의 장점
      ㉠ 문법 규칙을 설명하는 데 효율적이다. 바로 문법을 설명하므로 귀납적 방법에 비해 간단하고 빠르게 설명할 수 있다. 문법 설명 시간이 줄어들고 연습 시간을 확보할 수 있다.
      ㉡ 성인 학습자를 존중하는 방식이다. 언어 습득의 인지적 과정을 이해한 방식이다.
      ㉢ 분석적 학습자들에게 환영받는 방식이다.
      ㉣ 그날 배우는 문법이 무엇인지 명확하게 드러나므로 학습자는 그것에 집중할 수 있다.
      ㉤ 많은 예시를 들어 유추하는 방식이 아니기 때문에 학습자의 잘못된 추론을 초기에 막을 수 있다.
      ㉥ 동일 언어권 학습자들로 구성된 학급에서 효율적이다.

② 연역적 방법의 단점
　　㉠ 메타언어(Metalanguage)를 학습자들이 잘 알고 있어야 한다.
　　㉡ 교사 중심 수업이 되어 학생들의 참여가 줄어든다.
　　㉢ 언어 학습이 문법만 익히는 것에 불과하다는 잘못된 믿음을 조장할 수 있다.

의사소통적 접근법에서는 일반적으로 귀납적인 방법을 선호한다. 귀납적 방법은 학습자의 학습 동기를 유발하고 직접 수업에 참여하게 함으로써 장기기억과 확장에 도움을 줄 수 있다. 단점으로는 명시적인 규칙 설명이 없기 때문에 학습자의 추론에만 맡겨둘 경우 오류가 발생할 수 있고 이를 수정하지 못하면 중간언어 단계에서 오류가 고착될 수도 있다. 상황에 따라 학습자가 귀납적으로 규칙을 추론하도록 유도한 후 교사는 문법 항목의 형태, 의미, 사회적 기능, 담화적 기능에 대하여 다시 설명해 주는 절충식 방법을 사용하는 것이 좋다.

2 결과 중심의 문법 교육과 과정 중심의 문법 교육

1) 결과 중심의 문법 교육

언어의 형식과 의미에 초점을 두면서 학습자에게 문법을 인식시키고 구조화하게 하는 방법으로 정확한 문장의 생성을 목표로 한다.

2) 과정 중심의 문법 교육

학습자를 언어 사용 활동에 참여시켜 문법을 자발적으로 이용할 수 있도록 하는 방법으로 실제 상황 속에서 문법을 사용하는 것을 목표로 한다.

위 두 가지 교육 방식을 상호 보완적으로 사용하는 것이 좋다. 예를 들어 문법에 유의하면서 문법 지식을 정확하게 이해하고 형태를 익히는 연습 단계 후 유의적 맥락에서 문법 지식을 활용할 수 있는 실제 활동이나 과제 단계로 넘어간다.

3 상향식 접근 방식과 하향식 접근 방식 중요

1) 상향식 접근 방식(Bottom-Up Approach)

① 작은 단위에서 큰 단위로 확장하는 방식이다.
② 제시(Presentation), 연습(Practice), 생성(Production) 단계의 PPP 모형이 널리 사용된다.
③ 문법의 의미와 구조를 익혀서 그것을 바탕으로 큰 담화 단위를 이해한다.
④ 문법을 먼저 익힌 후 그것을 집중적으로 연습하도록 하는 방식이다.
⑤ 문법을 분리하여 제시하는 구조적 교수요목(Structural Syllabus)을 사용할 때 상향식 모형을 많이 사용한다.
⑥ 문법 교육을 기능교육과 연계·통합하는 교과과정에서는 상향식을 많이 응용하여 사용한다.

2) 하향식 접근 방식(Top-Down Approach)

① 큰 단위에서 작은 단위로 접근하는 방식이다.
② 과제1(Task1), 교수(Teach), 과제2(Task2) 단계의 TTT 모형이 널리 사용된다.
③ 전체 담화나 텍스트를 이해하면서 학습자 간의 상호 작용의 과정에서 특정 문법을 지도하는 방식이다.
④ 문법을 고립시켜 연습하는 것이 아니라 전체 텍스트 속에서 배운다.
⑤ 내용 중심 접근법(Content-Based Approach), 과제 중심 접근법(Task-Based Approach), 총체적인 언어 접근법(Whole Language Approach) 등이 하향식 접근 방식의 예이다.
⑥ 실제 하향식 모형만을 쓰는 한국어 교육 현장은 드문 편인데, 이는 한국어가 형태나 통사 제약이 복잡한 편이며 하향식 접근 방식만으로는 문법 교육이 어렵다는 인식이 있기 때문이기도 하다.

선택 기준	상향식	하향식
문법 항목의 특성	• 필수적인 문법 • 표현 문법 • 형태가 복잡한 문법	• 수의적인 문법 • 이해 문법 • 형태가 간단한 문법
문법 지도 방법	• 문법 항목의 개별 지도 • 문법 내용 중심의 지도 • 초급에서 지도	• 문법 항목들의 통합 지도 • 언어 활동 중심의 지도 • 중·고급에서 지도
기타	• 성인 • 분석적 성향의 학습자 • 대규모 수업	• 어린이 • 통합적 성향의 학습자 • 소규모 수업

3) 수업 모형

① 상향식 접근 모형의 대표적인 모형: PPP 모형(제시훈련모형, 과제보조모형)

PPP 모형은 상향식 접근 방식을 취할 때 자주 사용되는 모형으로, 문법 지식을 먼저 학습하고 문법 사용 단계로 나아갈 때 의사소통 능력이 향상된다는 것을 전제로 한다. 교사 중심적이며 직선적 수업 방식의 형태를 보인다. 연역적이며 결과지향적이다.

㉠ 장점: 문법 형태로 학습자의 주의를 집중시키기 쉬우며 문법을 단계적으로 연습하기 때문에 규칙에 대한 세밀한 이해와 반복을 통해 문법 지식을 습득할 수 있다.
㉡ 단점: 문법이 상황과 유리되어 있기 때문에 문법에 대한 이해로 이어지지 않을 수 있다. 또한 수업이 지나치게 문법에 대한 이해와 반복으로 흐를 경우 수업에 대한 흥미가 떨어질 수 있다.

제시(Presentation)	• 교사에 의한 목표문법 제시 • 의미와 형태 정보 이해 • 유사 문법 정보 제시

↓

연습(Practice)	• 문법 형태에 초점을 둔 반복 연습 • 단순 반복 연습 • 유의미적 연습

↓

생성(Production)	• 문법 의미에 초점을 둔 언어 사용 • 정보 전달에 초점을 둔 활동

② 하향식 접근 모형의 대표적인 모형: TTT 모형(과제훈련모형, 과제기반모형)

TTT 모형은 하향식 접근 방식을 취할 때 자주 사용되는 모형으로, 언어는 한꺼번에 비약적으로 습득되며 유창성이 발달한 다음에 정확성이 발달한다는 것을 전제로 한다. TTT 모형은 의미에 초점을 둔 활동 중심의 모형으로 과제기반 모형이라고도 한다. 시도, 오류, 피드백의 순환적 과정을 거친다. 기본적으로 TTT 모형은 학습자에게 언어 수행 능력이 있음을 전제로 하여 교수 활동 전에 언어적으로 불완전하더라도 학습자가 과제를 먼저 수행하도록 이끈다.

㉠ 장점: 많은 상호 작용과 상황, 문맥에 노출되어 목표문법을 자연스럽게 이해할 수 있다.
㉡ 단점: 상황에 대한 이해는 하더라도 유창성만을 강조하고 해당 문법을 정확하게 쓰는 것을 소홀하게 생각할 수 있다. 또한 성인 학습자나 분석적인 학습자처럼 문법에 대한 세밀한 이해를 요구하는 학습자에게는 적절하지 않을 수 있다. 이상적이기는 하나 현실적이지 않은 모델이라는 평가를 받기도 한다.

과제1 (Task1)	• 과제 소개와 준비 • 유사 과제 활동, 학습자가 스스로의 힘으로 시도해 보는 단계

↓

교수 (Teach)	• 오류 수정 중심의 문법 교육

↓

과제2 (Task2)	• 과제1과 유사한 과제2 수행 • 과제 발표

09 문법 연습 유형

연습 활동은 학습자들이 배운 문법 요소를 능숙하게 사용할 수 있도록 도와주는 단계이다. 또한 학습이 진행되면서 자신이 기존에 알고 있는 지식을 토대로 보다 더 복잡한 표현을 사용할 수 있도록 한다. 연습 활동을 통해 학습자는 정확성과 유창성을 증진하고, 재구조화를 경험한다.

1) 정확성
① 의미 파악 후 형태에 집중한다.
② 언어를 사용할 수 있는 시간이 많을수록 정확성이 높아진다.
③ 오류에 대해 명확한 피드백을 준다.
④ 형태적 정확성을 높이는 데 초점을 둔다.

2) 유창성
① 유창성은 학습자가 지식을 자동화함으로써 발달한다.
② 형태 중심 연습보다 의미 중심 연습을 실시한다.
③ 의미에 대한 주의 집중, 실제성, 의사소통의 목적을 상기시키는 활동이다.

3) 재구조화
① 이미 알고 있는 문법 정보에 새로운 정보를 더하여 언어조직을 복잡하고 다양하게 만든다.
② 초점화된 문법뿐만 아니라 구정보(이미 알고 있던 문법 정보)를 통합하여 사용하도록 한다.

> **TOP-Point**
>
> ☑ **연습 활동 지도**
> - 연습 활동의 순서는 의미 이해, 형태 연습, 의미 연습의 순서로 진행한다.
> - 연습은 양적, 질적으로 충분히 제공해야 한다.
> - 통제된 연습에서 개방형 연습으로 진행하며 배운 문법을 반복 연습하도록 한다.
> - 쓰기 연습을 통해 정확성과 재구조화를 돕는다.
> - 상호 작용적 연습을 통해 의미 중심, 유창성을 습득하도록 돕는다.

4) 기계적인 연습과 유의적인 연습
① 기계적인 연습
  ㉠ 숙달도가 낮은 상황에서 사용되는 경우가 많다.
  ㉡ 모방과 반복을 통해 목표문법을 자동화할 수 있을 때까지 연습한다.
  ㉢ 주로 청각구두식 교수법에서 많이 활용한다.
  ㉣ 통제된 연습이라도 학습자가 자율적으로 학습할 수 있도록 구성한다.

② 유의적인 연습
　㉠ 유의적인 맥락 속에서 연습하도록 유도하는 방식이다.
　㉡ 주로 대화쌍을 이루어서 질문과 대답의 형식을 사용한다.
　㉢ 실제로 그 문법이 쓰이는 상황을 제시한다.

5) 문법 연습 유형
　① 따라하기: 학습자가 교사의 발화를 그대로 따라하는 방식
　　예 교사: "학교에 갑니다."
　　　 학생: "학교에 갑니다."
　② 교체 연습: 교사가 단어를 교체 제시하면 학습자가 문장을 만드는 방식
　　예 교사: '가다' 단어 카드 제시
　　　 학생: "가세요."
　　　 교사: '읽다' 단어 카드 제시
　　　 학생: "읽으세요."
　③ 응답 연습: 질문을 던지면 학습자가 긍정과 부정으로 응답하는 방식
　　예 교사: "학교에 갑니까?"
　　　 학생: "네, 학교에 갑니다."
　　　 학생: "아니요, 학교에 가지 않습니다."
　④ 연결 연습: 연결 어미를 사용하여 두 문장을 연결하는 방법
　　예 교사: "도서관에 가다. 공부를 하다."
　　　 학생: "도서관에 가서 공부를 했어요."
　⑤ 완성 연습: 문장을 완성하는 방법
　　예 교사: "비가 오니까 ….
　　　 학생: "추워요."
　⑥ 확장 연습: 단문을 길게 만드는 연습 방법
　　예 교사: "친구를 만났습니다."
　　　 학생: "(친한/예쁜/같이 공부하는) 친구를 만났습니다."
　⑦ 변형 연습: 문형을 변형하는 방법
　　예 교사: "집에 갑니다."
　　　 학생: "집에 가지 않습니다."

10 문법 수업의 구성

> 도입 → 제시 → 연습 → 사용(과제, 활동) → 마무리

1) 도입 단계

   ① 당일 학습 목표를 동기화시킨다. 맥락을 이용한 유의적인 방법으로 학습자의 스키마를 자극한다.
   ② 해당 문법 항목이 사용되는 상황의 대화를 통해 제시하여 학습자가 목표문법의 의미를 유추할 수 있도록 유도한다.

2) 제시 단계

   ① 목표문법을 자세하게 제시하고 설명하는 단계이다.
   ② 먼저 상황 속에서 담화를 구성하여 목표문법의 의미를 제시한다.
   ③ 의미 제시가 끝나면 문법적 변화를 설명하는 형태 제시를 한다. 형태 제시를 할 때는 이형태와 불규칙 등을 제시하여 오류가 나타나지 않도록 한다.

3) 연습 단계

   ① 설명 단계에서 이해한 규칙을 여러 형태의 연습을 통해 내재화하는 단계이다.
   ② 제시 단계에서 이루어진 단기기억을 장기기억으로 옮겨서 실제 의사소통 상황에서 사용할 수 있도록 한다.
   ③ 형태에 초점을 맞춘 통제된 연습에서 시작하여 기계적인 연습에 이어 유의적인 연습을 함으로써 실제 언어 사용으로 이어질 수 있도록 유도한다.

4) 사용(과제, 활동) 단계

   ① 제시와 연습 단계를 통해 학습한 문법을 의미와 활용에 중점을 두고 실제 생활 속에서 의사소통하는 것처럼 과제로 제시·연습하는 단계이다.
   ② 말하기, 읽기, 쓰기, 듣기 기술을 사용하여 구성한다.

5) 마무리 단계: 교육 내용을 정리하고, 학습자들 스스로 자신들의 학습 성취 정도를 정리한다.

11 오류 교정

문법 오류 교정은 일단 교사가 학습자의 오류를 진단한 후 이루어진다. 대략적인 문법 오류의 유형은 아래와 같다.

영역	유형
어휘 (L)	• 생략(LO): 필수 어휘가 생략된 경우 • 첨가(LA): 필요 이상의 어휘가 첨가된 경우 • 대치(LL): 어휘를 잘못 선택한 경우 • 형태 오류(LF): 표기가 잘못된 경우 • 신조어(LX): 신조어를 만든 경우 • 전환(LP): 한국어 외의 언어를 그대로 사용한 경우
조사 (P)	• 생략(PO): 조사를 생략해 어색한 경우 • 첨가(PA): 필요 이상의 조사가 첨가된 경우 • 대치(PL): 조사를 잘못 선택한 경우 • 형태 오류(PF): 이형태를 잘못 쓴 경우
종결 어미 (E)	• 생략(EO): 종결 어미 없이 문장을 끝내거나 용언의 기본형으로 제시한 경우 • 첨가(EA): 필요 이상의 종결 어미가 첨가된 경우 • 대치(EL): 의미나 기능상 종결 어미를 잘못 선택한 경우 • 형태 오류(EF): 어간의 활용형이 잘못되었거나 이형태를 잘못 쓴 경우
연결 어미 (C)	• 생략(CO): 연결 어미 없이 문장을 잇거나 나열한 경우 • 첨가(CA): 필요 이상의 연결 어미가 첨가된 경우 • 대치(CL): 의미나 기능상 연결 어미를 잘못 선택한 경우 • 형태 오류(CF): 어간의 활용형이 잘못되었거나 이형태를 잘못 쓴 경우
시제 (T)	• 생략(TO): 시제표현(선어말 어미 등)이 생략된 경우 • 첨가(TA): 필요 이상의 시제표현이 첨가된 경우 • 대치(TL): 의미나 기능상 시제표현을 잘못 선택한 경우 • 형태 오류(TF): 어간의 활용형이 잘못되었거나 이형태를 잘못 쓴 경우

오류를 판정한 후에는 교정을 어느 정도 수준에서 해 줄 것인지, 시기적으로는 언제 할 것인지, 교사 교정을 할 것인지 다른 학습자를 통해 동료 교정을 할 것인지 등을 선택해야 한다. 문법 오류의 교정 방법으로는 Thornbury(1999)가 제시한 열두 가지 방법이 대표적이다.

1) **부정하기**: 틀렸다는 사실만 알려 준다. 어느 부분이 틀렸는지는 학습자가 스스로 찾게 한다.

2) **교체해서 바로 제시하기**: 틀린 부분을 교사가 직접적으로 고쳐준다. 자세한 설명보다는 틀린 부분만 바로 수정해 준다.

3) **문법 용어로 지적하기**: 문법 용어를 사용해서 알려 준다. 예를 들어 '동사'가 잘못 결합되었다고 알려 주는 방식이다. 학습자는 스스로 해당 문법 용어를 알고 있어야 한다.

4) **다른 학습자에게 교정 유도하기**: 학급의 다른 학습자에게 교정의 기회를 준다. 오류에 대해 다른 학습자와 같이 생각해볼 수 있는 기회를 제공하지만 당사자에게 창피를 줄 수도 있는 방식이다.

5) 오류 전 부분까지 반복하기: 틀린 부분 앞까지 학습자의 말을 반복한다. 예를 들어 내일의 계획을 묻는 질문에 "내일 극장에 갔어요."라는 오류 문장을 생산했다면, "내일 극장에……"까지만 반복함으로써 학습자가 스스로 오류를 발견하고 교정하도록 이끈다.

6) 오류 발화를 반문하기: 틀린 문장을 의문 억양으로 반복해서 오류를 깨닫게 하는 방법이다. "내일 극장에 갔어요."라는 오류 문장을 "내일 극장에 갔어요?"처럼 이상하다는 듯 반문한다.

7) 다시 말하도록 요구하기: 잘 못 들은 것처럼 학습자에게 다시 말해 달라고 해서 학습자가 그 문장을 반복하면서 오류가 있음을 알도록 암시한다.

8) 오류 문장을 적용해 보기: 잘못된 문장을 액면 그대로 받아들였을 때 문제점을 지적하는 방법이다. "내일 극장에 갔어요."를 듣고 "내일 갔다고요?"처럼 말해 준다.

9) 즉시 교정: 문법 오류에 대해 교사가 바로 교정하고 해당 부분의 내용을 설명해 준다. 예를 들어, "내일 극장에 갔어요."를 듣고 "내일 극장에 갈 거예요." 또는 "어제 극장에 갔어요."라고 해야 한다고 말해 준다.

10) 고쳐서 말해 주기: 문법 오류에 대해 오류를 교정한 바른 문장을 들려주고 반문하는 방법이다. "'내일 극장에 갈 거예요?'라고 해야 맞지요?"처럼 말해 준다.

11) 일단 수긍하기: 일단 오류를 무시하고 발화가 이어지게 하며 의사소통이 일어나게 한다.

12) 판서한 후 나중에 교정하기: 판서한 후 나중에 오류를 교정해 준다. 일단 의사소통 상황을 끊지 않고 계속한다.

08 실전 문제

연습 문제

01
커넬 & 스웨인(1980)이 정의한 의사소통 능력의 범주 네 가지에 속하지 않는 것을 고르시오.

① 담화적 능력
② 전략적 능력
③ 문법적 능력
④ 관계적 능력

02
문법 교육의 필요성에 대하여 알맞지 않은 것을 고르시오.

① 비언어적 의사소통 전략을 활성화시킨다.
② 문법 능력은 의사소통 능력의 일부이다.
③ 문법 교육은 중간언어 단계에서 고착화를 막는다.
④ 정제되고 계열화된 지식 영역으로 학습 내용을 제공한다.

03
한국어능력시험 등급별 평가 내용을 기준으로 각 등급과 문법 항목이 적절하지 않은 것을 고르시오.

① 1급: 서술문, 의문문, 청유문, 명령문 등 문장의 종류
② 2급: '-고 있다', '-어 있다' 등 기본적인 보조용언
③ 3급: 사동법과 피동법
④ 4급: 신문기사, 논설문 등에서 자주 사용되는 문법 표현

04
문법 교육의 원리로 타당하지 않은 것을 고르시오.

① 학습자 중심으로 교육한다.
② 학습자의 숙달도 단계에 맞게 교육해야 한다.
③ 문법 교육은 의미가 비슷한 것끼리 묶어 교육한다.
④ 문법적 의미와 사회·담화적 기능까지 이해시킨다.

05

다음 중 문법과 그 활동으로 바르게 연결되지 <u>않은</u> 것을 고르시오.

번호	문법	활동
①	-겠-	약속 시간에 늦은 친구의 늦은 이유 추측하기
②	-(으)로	여행 계획을 세우면서 이동 방법 이야기하기
③	-아/어 주다	짐을 들고 가다가 옆 사람에게 도움 요청하기
④	-(으)ㄹ까요?	사무실에 온 손님에게 커피 권하기

해설

03 신문기사, 논설문 등은 고급(5, 6급)에서 사용되는 평가 항목이다.

05 '-겠-'은 미래 또는 확실한 추측, 의도(1인칭), 의지 등을 나타내는 선어말 어미이다. 친구가 늦은 이유를 추측하는 것은 '-겠-'보다는 '-나 보다/(으)ㄴ가 보다' 등의 문법이 어울린다.

정답 01 ④ 02 ① 03 ④ 04 ③ 05 ①

기출문제

01

다음 연습 유형에 따른 설명으로 옳지 않은 것은?

기출 17회 86번

①	___에 ___이/가 있습니다. (교실/텔레비전, 교실/창문) → 교실에 텔레비전이 있습니다. → _____	교체 연습으로 대표 예문을 보여 주고 학습자가 따라하게 한다.
②	___아서/어서 ___. (길을 건너다/왼쪽으로 가세요) → 길을 건너서 왼쪽으로 가세요.	연결 연습으로 학습자는 나열, 순서, 대조 등 선행절과 후행절의 관계에 대해 이해할 수 있다.
③	가: 사진을 찍으려고 합니까? 나: _____	응답 연습으로 문형을 이용하여 학습자의 생각을 표현하는 연습이다.
④	가: 만약에 상품으로 자동차를 받는다면 뭘 하고 싶어요? 나: _____	변형 연습으로 교사의 정보에 학습자의 생각을 더해 완전한 문장으로 표현하게 한다.

02

문법 항목과 과제의 연결이 옳은 것은?

기출 18회 84번

	문법 항목	과제
①	-아/어 주세요	정보 채우기 - 짝과 함께 그림 속 물건의 위치를 묻고 대답한다.
②	-(으)면 안 돼요	의견 표현하기 - 제시된 장소에서 허용되지 않는 행동에 대해 말한다.
③	-(으)려고 해요	행동 지시하기 - 상대방에게 행동을 지시하고 상대방은 지시대로 동작을 수행한다.
④	-아/어 있어요	의견 묻기 - 주말 활동 계획을 친구와 함께 이야기한다.

03

'이유'의 의미를 가진 '-아서/어서'와 '-(으)니까'를 변별해서 설명할 때 주의할 점으로 옳지 않은 것은?

기출 18회 87번

① 후행절에 사용할 수 있는 문장의 형태를 설명한다.
② 연결 어미와 시제의 결합 가능성에 대해서 설명한다.
③ 선행절과 후행절의 주어가 동일함을 설명한다.
④ 사용 맥락의 차이에 따른 의미 차이를 설명한다.

04

문법 교육에서 예문 제시 및 활용 방법으로 옳지 않은 것은?

① 문법의 의미와 기능이 잘 드러나는 대표적인 예문을 사용한다.
② 학습자 수준보다 높은 어휘가 포함된 예문으로 어휘 확장의 효과를 더한다.
③ 학습자의 이해를 점진적으로 높이기 위해 쉬운 예문부터 어려운 예문으로 배열한다.
④ '-ㄴ가요/은가요/인가요?'처럼 활용 형태가 다른 경우는 형태에 따라 예문을 제시해 이해를 돕는다.

05

과제 활동과 목표문법 항목의 연결로 옳지 않은 것은?

① 한국에 온 목적 말하기: -기 위해서
② 좋아하는 음식의 요리법 설명하기: -고 나서
③ 한국에 와서 달라진 생활 이야기하기: -게 되다
④ 뉴스에서 들은 사건을 친구에게 전하기: -기로 하다

06

한국어 문법 교육에 관한 설명으로 옳지 않은 것은?

① 한국어의 특징적인 요소로서 조사 교육을 중시한다.
② 문장 구성과 문법의 기본 형태로서 어미 교육이 다루어진다.
③ 문법에 대한 이해뿐 아니라 자유로운 의사소통까지를 목표로 한다.
④ 문법의 의미와 기능을 제외한 문법 체계 중심으로 교육이 이루어진다.

07

문법 교육에서 연역적 설명 방법의 단점을 모두 고른 것은?

기출 19회 89번

> ㄱ. 문법 용어를 알고 있지 않으면 설명을 이해하기 어렵다.
> ㄴ. 스스로 문법 규칙을 찾는 데 많은 시간과 노력이 필요하다.
> ㄷ. 언어 학습은 곧 문법 학습이라는 잘못된 믿음을 줄 수 있다.
> ㄹ. 제시된 자료에 대한 해석 오류로 잘못된 문법 규칙을 세울 수 있다.

① ㄱ, ㄷ ② ㄴ, ㄹ ③ ㄱ, ㄴ, ㄷ ④ ㄴ, ㄷ, ㄹ

정답 01 ④ 02 ② 03 ③ 04 ② 05 ④ 06 ④ 07 ①

참고문헌

- 김유미(2000), 외국어로서의 한국어 학습자 말뭉치를 이용한 오류분석, 연세대학교 교육대학원 석사학위논문
- 김유정(1997), 외국어로서의 한국어 문법 교육: 문법 교육의 위치 교육 원리에 관하여, 한국어학회
- 김유정(1998), 외국어로서의 한국어 문법 교육, 문법 항목 선정과 단계화를 중심으로, 한국어 교육 9, 국제한국어교육학회
- 김재욱(2002), 외국어로서의 한국어 문법 교육, 제3차 한국어세계화 국제학술대회 발표 요지집
- 김정숙(2002), 한국어 문법 교육의 체계와 방법론 토론문, 국제한국어교육학회 제18차 학술대회 발표 요지집
- 김제열(2001), 한국어 교육에서 기초 문법 항목의 선정과 배열 연구, 한국어 교육 12, 국제한국어교육학회
- 김진호(2008), 외국어로서의 한국어학개론, 박이정
- 민현식(2003), 국어 문법과 한국어 문법의 상관성, 한국어 교육 14, 국제한국어교육학회
- 이미혜(2005), 한국어 문법 항목 교육 연구, 박이정
- 이해영(1998), 문법 교수의 원리와 실제, 이중언어학 15, 이중언어학회
- 조항록 외(2003), 예비교사·현직교사 교육용 교재 개발 최종보고서, 한국어세계화재단
- 최윤곤(2005), 한국어 교육을 위한 구문표현 연구, 동국대학교 박사학위논문
- Scott Thornbury·이관규 역(2004), 문법을 어떻게 가르칠 것인가?, 한국문화사

09 한국어 어휘 교육론

01 어휘 교육의 필요성

　언어를 구사하는 데 있어서 어휘는 가장 기초적인 것이다. 마치 벽돌이 없으면 집을 짓는 것 자체가 불가능한 것처럼 하고 싶은 말이 있어도 그에 해당하는 어휘를 모르면 의사소통 자체가 불가능하다. 어휘 교육을 문법 교육과 비교해보면, 문법 교육은 초급이나 중급, 고급 등 언어적 수준에 따라 교육 내용이 나뉘고 언어를 배울 때 알아야 하는 문법이나 구문이 어느 정도 한정적이다. 하지만 어휘 교육은 언어 학습의 거의 처음부터 끝까지 동일하게 이루어진다. 즉, 초급 학습자나 고급 학습자나 한국어 수준에 맞춘 어휘 교육은 계속 이루어져야 한다는 것이다. 따라서 한국어 어휘의 특징을 알고 그것을 어떻게 효과적으로 외국인 학습자에게 교육할 것인가에 대한 연구는 필수적이다.

02 한국어 어휘의 특징

1 한국어 어휘의 기본적 특징 (중요)

　언어의 형태적 분류에 따르면 한국어는 교착어(첨가어)에 속한다. 조현용(1999)을 바탕으로 한 한국어 어휘의 기본적인 특징은 다음과 같다.

1) 유의어와 동음이의어가 많다.

　　예 유아/아기/아가, 장단음으로 구별되는 밤, 배, 차 등

2) 존칭어, 친족어가 발달하였다.

　　예 어르신, 숙부, 제부, 큰아주버님 등

3) 의성어, 의태어 등 어감의 차이를 나타내는 말이 많다.

　　예 의성어: 꼬끼오, 멍멍, 야옹
　　　　의태어: 엉금엉금, 뒤뚱뒤뚱, 아장아장, 성큼성큼

4) 색채어가 발달하였다.

　　예 푸르다, 푸르죽죽하다, 검붉다, 노리끼리하다, 누리끼리하다

5) 2·3·4음절어가 대부분이고 4음절어를 넘는 경우가 드물다.

　　예 학교, 교실, 학생, 대학교, 중학생, 고등학생, 고속도로

2 형태소의 결합에 의한 단어 형성

형태소는 뜻을 가진 가장 작은 말의 단위로 예를 들어 '이야기책'의 '이야기', '책' 따위이다. 형태소는 자립 여부, 허실 여부에 따라 자립 형태소와 의존 형태소, 실질 형태소와 형식 형태소 등으로 하위 분류 된다.

1) 자립 여부에 따른 분류

① 자립 형태소(Free Morpheme)
  다른 말에 의존하지 않고 혼자 쓸 수 있는 형태소이다. 명사, 대명사, 수사, 관형사, 부사, 감탄사처럼 자립해서 쓰일 수 있는 형태소이다.
  예 의자, 물, 통, 책, 다리, 꼭, 어서

② 의존 형태소(Bound Morpheme)
  혼자 쓸 수 없고 다른 말에 의존해서 쓰는 형태소이다. 조사, 용언 어간, 어미, 접사처럼 의존해서 쓰는 형태소이다.
  예 이, 가, 을, 를, 의, 먹-, 가-, 자-, 읽-, -다, -고, -니

2) 허실 여부에 따른 분류

① 실질 형태소(Full Morpheme) = 어휘 형태소
  구체적인 대상이나 동작, 상태를 표시하는 형태소이다. 어휘적 의미를 표시한다. 개념어 또는 어휘 형태소라고도 한다.
  예 별, 달, 집, 아이, 가-, 먹-

② 형식 형태소(Empty Morpheme) = 문법 형태소
  실질 형태소에 붙어 주로 말과 말 사이의 형식적 관계(문법적 관계)를 나타내는 형태소이다. 조사, 접사, 어미, 선어말 어미 등이 있다. 허사 또는 문법 형태소라고도 한다.
  예 이, 가, 을, 를, -다, -었-, -아/어서

TOP-Point

☑ 형태소 분류 체계
- 자립 여부
  - 자립 형태소
  - 의존 형태소
- 허실 여부
  - 실질 형태소(어휘 형태소)
  - 형식 형태소(문법 형태소)

☑ 교착어(첨가어)
어근에 어미, 접사가 결합되어 문장 내에서의 각 단어의 기능을 나타낸다. 예를 들어 '가다'는 '가고, 가니, 가서' 등으로 활용하며 문장 내에서 의미와 기능이 달라진다. 교착어는 굴절어와는 달리 어간에서의 어형 교체가 전혀 일어나지 않는다. 한국어 · 튀르키예어 · 일본어 등이 교착어에 속한다.

03 어휘 분류에 따른 교육 방법[1]

1 어휘 결합 여부와 결합 요소에 따른 분류

1) 단일어와 복합어: 어휘의 결합 여부

① 단일어: 하나의 형태소로 구성된 단어이다.
   예) 집, 전화, 책 등
② 복합어: 둘 이상의 어근(실질 형태소)이 결합되거나 어근과 접사가 결합되어 이루어진 단어로서 합성어와 파생어가 복합어에 속한다.
   예) 눈사람, 욕심쟁이, 미닫이 등

TOP-Point

☑ 어근과 접사
- 어근: 단어를 분석할 때 실질적 의미를 나타내는 중심 부분으로서 더 이상 분해될 수 없는 최소 의미 단위이다.
  예) 눈사람=눈(어근)+사람(어근)
  사람은 더 이상 나누어지지 않는 실질적 의미를 가진 최소 단위이므로 '사+람'으로 나누지 않는 하나의 어근이다.
- 접사: 단독으로 쓰이지 않고 항상 다른 어근이나 단어에 붙어 새로운 단어를 구성하는 부분으로 단어의 앞에 붙으면 접두사, 뒤에 붙으면 접미사이다.
  예) 맏-(접두사)+아들=맏아들
  잠+-꾸러기(접미사)=잠꾸러기

2) 합성어와 파생어

합성어는 모든 구성 요소가 실질 형태소끼리의 결합으로 이루어져 있으나 파생어는 실질 형태소와 접사의 결합으로 이루어져 있다. 합성어는 어휘 의미를 띤 요소끼리 결합한 것이고, 파생어는 어휘 의미를 띤 요소의 앞이나 뒤에 형식 의미를 띤 요소가 결합한 단어이다.

예) '드높다'의 '드'는 유의미한 실질 형태소가 아니기 때문에 자립성이 없다. 따라서 '드높다'는 파생어이다. '눈사람'은 '눈'과 '사람'이라는 실질 어근의 결합으로 이루어져 있다. 즉, 자립성이 있으므로 '눈사람'은 합성어이다.

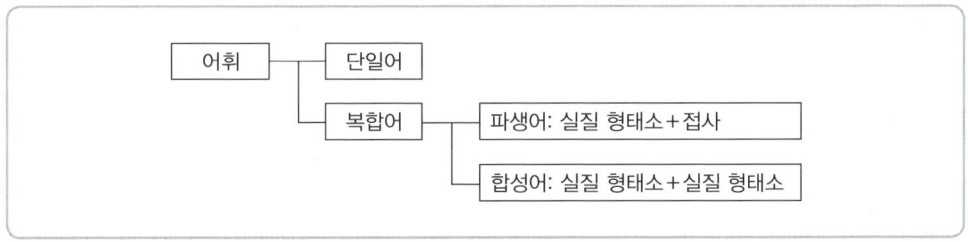

---
1) 조현용(1999), 〈한국어 어휘의 특징과 어휘 교육〉의 분류를 기준으로 하였다.

① 파생어
  ㉠ 구성 방법: 실질 형태소+접사 / 접사+실질 형태소
    예 접두사와의 결합: 맏아들, 치밀다, 개떡, 군소리, 대낮, 날고기 등
       접미사와의 결합: 사냥꾼, 잠꾸러기, 먹보, 솜씨, 강아지, 밀치다 등
       ※ 접두사와 접미사의 결합 → 풋내기
  ㉡ 특징: 접두사와 접미사는 접사가 결합하는 위치에 따라 나눈 것인데, 기능적인 측면에서 약간의 차이가 있다. 접미사는 품사 전성의 기능을 하는 경우가 있다. 품사 전성이란 접미사가 붙음으로써 단어의 품사가 바뀌는 것을 말하는데, 예를 들어 '읽기', '먹보' 등이 있다.
    예 읽다(동사)+-기(접미사) → 읽기(파생 명사)
       먹다(동사)+-보(접미사) → 먹보(파생 명사)
  ㉢ 파생어 교육 시 주의할 점
    • 어떤 특정한 뜻을 가지고 있는 접사라도 모든 단어에 결합할 수 있는 것이 아니다. 오히려 제한적으로 결합하는 경우가 많다.
      예 잠꾸러기, 욕심꾸러기 (O)
         밥꾸러기, 졸음꾸러기 (×)
    • 외국인을 대상으로 하는 한국어 교육에서 접사의 의미를 국어학적인 관점에서 적용하면 학습자에게 부담을 줄 수 있으니 지나친 활용이나 어휘 확장을 유도해서는 안 된다.

② 합성어
  ㉠ 구성 방법: 실질 형태소+실질 형태소
    예 집안, 앞뒤, 손발, 새아기, 제각기, 하루바삐, 돌아오다 등
  ㉡ 특징: 합성어는 실질 형태소 간의 결합이지만 반드시 대등한 위치를 가지고 결합하는 것은 아니다. 결합 후 어휘의 의미에 따라 다음과 같이 나눌 수 있다.
    • 병렬(대등) 합성어: 두 개 이상의 실질 형태소가 각각 뜻을 지니고 있으면서 서로 어울려 하나의 단어로 된 말이다. 서로 대등한 위치로 결합된다.
      예 마소(말+소), 여기저기(여기+저기) 등
    • 수식(종속) 합성어: 두 개 이상의 실질 형태소가 결합했으나 한 쪽이 더 주된 의미를 유지하고 있는 대등하지 않은 관계의 합성어이다.
      예 돌다리(돌로 만들어진 다리: '다리'가 더 주된 의미를 부여함)
         꽃집(꽃을 파는 가게: '집'이 더 주된 의미를 부여함) 등
    • 융합 합성어: 두 개 이상의 실질 형태소가 결합했으나 그 각각이 원래의 뜻을 벗어나 한 덩어리의 새 뜻을 나타내는 합성어이다.
      예 밤낮('밤과 낮'이 아니라 '늘, 항상, 종일'이라는 뜻)
         춘추('봄과 가을'이 아니라 '연세'라는 뜻)

ⓒ 합성어 교육 시 주의할 점: 합성어는 학습자들이 비교적 이해하기 쉬운 단어 형성법이나 수식 합성어나 융합 합성어처럼 어휘의 의미가 달라지거나 새로워지는 경우가 있으므로 주의해야 한다.

3) 관용표현

① 관용표현 또는 관용구란 두 개 이상의 단어로 이루어져 있으면서 그 단어들의 의미만으로는 전체의 의미를 알 수 없는 특수한 의미를 나타내는 어구를 말한다. 예를 들어 '발이 넓다'는 '발이 크다'라는 뜻이 아니라 '사교적이어서 아는 사람이 많다'를 뜻한다.

② 관용표현에는 그 언어를 쓰는 사회의 가치관이나 생활, 문화가 반영되어 있기 때문에 문화적 배경지식을 갖고 있어야 자연스럽게 구사할 수 있는 표현이다. 따라서 한국어를 배우는 외국 학생들의 경우 초급 학생들의 어휘 또는 문화적 이해의 수준을 고려해보면 관용표현을 알기란 쉽지 않다. 외국어로서의 한국어 교육에서도 관용표현은 중급 이상의 학생들을 대상으로 가르친다.

예 발이 넓다: 아는 사람이 많다
미역국 먹다: 시험에서 떨어지다
바가지 긁다: 잔소리를 하다

4) 의성어와 의태어 중요★

① 특징

㉠ 의성어와 의태어가 발달했다는 것은 국어의 대표적인 특성 중의 하나이다. 그중 의성어는 음과 의미 사이에 필연성이 있는 항목이라고 생각되어 자의성의 예외 항목처럼 생각되지만 실제로는 소리를 흉내 낸 의성어도 언어별로 상이한 점이 많다.

예 똑같은 강아지 소리라도 한국에서는 '멍멍', 영어권에서는 '바우와우(bowwow)'라고 표현한다.

㉡ 의태어는 모양을 흉내 낸 말이기 때문에 의성어보다도 더욱 언어 간 유사성이 없다. 한국어는 유달리 의태어가 발달한 언어이다.

예 걷는 모습을 표현한 의태어: 뒤뚱뒤뚱, 아장아장, 성큼성큼 등

TOP-Point

☑ 언어의 자의성
언어는 기호이다. 이 기호를 표시하는 형식과 의미가 존재하는데 형식과 의미 사이에는 필연적인 연관성이 없다. 그렇기 때문에 같은 사물이라도 언어마다 다 다른 명칭을 가진다.

② 의성어, 의태어 교육 시 주의할 점

㉠ 의성어와 의태어가 각각 소리와 모양을 흉내 낸 말이라는 것을 알려 준다. 의성어는 다른 언어에도 있기 때문에 서로 비교해가면서 어휘에 대한 부담을 느끼지 않을 정도로만 접근한다. 의태어는 다른 언어에는 없는 경우가 많으므로 의태어의 개념을 전달해주고 이것이 말의 느낌과도 관계가 있다는 것을 알려 준다.

ⓒ 문맥을 통한 교육 방법을 사용한다. 대부분의 의성어나 의태어는 문맥을 통해 짐작할 수 있으며 의성어나 의태어가 뜻하는 바를 모르더라도 전체 의사소통에 유의미한 차이를 주지는 않으므로 학습자에게 지나치게 의미를 강조하지 않는다. 또한 어휘의 활용 빈도도 일반적인 개념어에 비해 낮은 편이므로 문맥에 따른 유추가 가능할 정도로 교육하는 것이 좋다.

ⓒ 같은 문장 안에서 의태어만 바꿔서 어떤 차이를 나타내는지 알려 준다.

예 다음 문장들의 기본적인 뜻은 '걷는다'이고 의태어는 그것을 꾸며 준다.
- 오리가 뒤뚱뒤뚱 걷는다.
- 아기가 아장아장 걷는다.
- 민수가 성큼성큼 걷는다.

2 의미 체계에 따른 어휘 분류

1) 유의어

① 정의: 형태는 다르나 뜻이 서로 비슷한 말

예 생각, 사고, 사색, 명상, 회상 등

② 유의어 교육 시 주의할 점

㉠ 유의어를 동의어라고 소개하지 않는다.

어떤 단어라도 완벽하게 같은 뜻을 가지는 경우는 없기 때문에 동의어라는 말을 쓰지 않는다. 이는 곧 비슷한 의미를 가진 단어라 할지라도 맥락이나 상황에 따라 쓰임이 다르다는 것을 의미한다. 따라서 유의어 간의 차이점도 명확히 제시하여야 할 것이다. 특히 고유어와 한자어 사이의 유의 관계에 대해서도 주의해야 한다.

예 유아/아기
→ 한자어와 고유어 사이에서 유의 관계를 가지지만 동의어라고는 볼 수 없다.

㉡ 학습자의 수준을 고려한다.

학습자 수준에 따라 유의어 어휘 범위를 한정해야 한다. 어휘 확장이 지나치게 이루어질 경우 학습자에게 부담을 줄 수 있다.

2) 반의어

① 정의: 서로 상반되는 의미를 가지는 단어

보통 두 말 사이에 서로 공통되는 의미 요소가 있고 한 가지 의미 요소만 서로 상반되는 경우를 일컫는다. 일반적으로 '여자'의 반의어는 '남자'라고 생각한다. 이는 남자나 여자나 모두 [+사람], [+성인]이라는 같은 의미 자질을 가지고 있는 반면, 성별이라는 한 가지 의미 요소만 상반되는 것이다. 예를 들어 '여자'의 반대가 '소년'이라고는 하지 않는 것은 '소년'은 [-성인], [-여성]이라는 두 개의 의미 요소가 상반되기 때문이다.

② 반의어는 다음과 같이 세 가지로 나눌 수 있다. 중요
  ㉠ 정도(등급) 반의어: 대립적인 자질 사이에 중간 단계가 있고 정도에 따라 분류된다.
    예 크다-작다
      → 크지도 않고 작지도 않은 중간 단계가 존재한다.
  ㉡ 상보(양분) 반의어: 대립적인 자질 사이에 중간 단계가 없고 양 극단의 대립이다.
    예 죽다-살다
      → 죽지도 않고 살지도 않은 경우는 없다.
  ㉢ 방향(상관) 반의어: 관계나 이동의 측면에서 대립을 이루는 경우를 말한다.
    예1 위-아래, 오른쪽-왼쪽
      → 방향이라는 측면에서 대립적 자질을 갖는다.
    예2 교사-학생
      → 관계라는 측면에서 대립적 자질을 갖는다.
③ 반의어 교육 시 주의할 점
  ㉠ 의미 차이를 알려 준다.
    어휘에 따라 여러 종류의 반의어가 존재하는 경우도 있으므로 복수의 반의어인 경우 그 의미 차이를 분명히 교육해야 한다.
  ㉡ 연상해서 어휘를 외울 수 있도록 유도한다.
    반의어를 이용하면 연상이 쉽기 때문에 어휘 암기에 도움을 줄 수 있다. 반의어 하나만 암기하는 것이 아니라 짝을 이루어서 공부할 수 있도록 유도한다.

3) 다의어
  ① 정의: 두 가지 이상의 뜻을 가진 단어
    예 '다리'는 원래 사람 신체의 일부를 가리키기도 하나 '책상 다리'처럼 물건의 아래에 붙어 공간을 두도록 받치는 부분을 뜻하기도 한다.
  ② 다의어 교육 시 주의할 점
    ㉠ 중심 의미부터 시작한다.
      초급에서 배우는 빈도수가 높은 기본 어휘들이 다의적인 경우가 많기 때문에 학습자의 수준에 맞춰 중심 의미에서 주변 의미로 확대하며 가르치는 것이 필요하다. 예를 들어 '가다'는 초급에서 배우는 기본 어휘이지만 고급으로 갈수록 맥락과 상황에 따라 다의적인 의미를 가진다.
      예 '가다'의 중심 의미와 주변 의미
        • 중심 의미
          1. 한곳에서 다른 곳으로 장소를 이동한다.
            예 산에 가다.
        • 주변 의미
          1. 외부의 충격이나 영향으로 정신을 제대로 차리지 못하는 혼미한 상태가 된다.
            예 그는 상대 선수의 주먹을 한 방 맞고 완전히 갔다.

2. (완곡하게) 사람이 죽다.
   예 젊은 나이에 간 친구
3. ('물', '맛' 따위의 말과 함께 쓰여) 원래의 상태를 잃고 상하거나 변질되다.
   예 생선이 물이 갔다.
4. 어떤 현상이나 상태가 유지되다.
   예 작심삼일이라고 며칠이나 가겠니? 담배를 끊겠다는 결심이 결국 사흘도 못 갔다.

ⓒ 학생의 수준을 고려해서 가르친다.

다의어는 어휘 확장이 잘 이루어지기 때문에 학습자에게 부담을 줄 수 있으므로 학생의 수준을 고려해서 제시한다.

4) 상위어와 하위어

① 정의
   ㉠ 상위어: 일반적이고 포괄적인 의미를 가진다. 하위어에 비해 외연은 넓고 내포는 적다.
   ㉡ 하위어: 구체적이고 자세한 의미를 가진다. 상위어에 비해 외연은 작고 내포는 많다.
      예 꽃(상위어)-장미꽃, 할미꽃, 호박꽃, 튤립(하위어)

② 상위어와 하위어 교육 시 주의할 점
   ㉠ 의미를 연상하는 방법을 사용한다.

   상위어와 하위어는 서로 계층적 구조를 이루는 어휘이다. 보통 하나의 의미장을 구성하므로 이를 이용하면 학습자들에게 쉽게 어휘를 연상할 수 있게 할 것이다. 예를 들어 '가구'(상위어)를 제시하고 '침대, 책상, 의자'(하위어)를 같이 제시하는 방법으로 포함 관계를 나타내는 그림으로 제시하기도 한다.

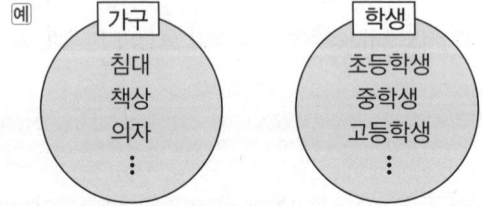

   ㉡ 학습자 수준을 고려한다.

   초급의 경우 어휘가 제한되어 있기 때문에 지나치게 어휘를 확대하는 것은 학습자의 부담을 가중시킬 수 있다.

TOP-Point

☑ **의미장**
의미상 서로 관련이 있는 단어들의 집합을 말한다.

5) 동음이의어
   ① 정의: 소리는 같으나 뜻이 다른 단어
   [예] 배
      ㉠ 신체의 한 부분: 배가 고파서 김밥이라도 먹어야겠다.
      ㉡ 이동 수단: 제주도까지 배를 타고 갔다.
      ㉢ 과일 종류: 가을에는 배가 제철이다.
      ㉣ 갑절 또는 곱절: 1년 사이에 가격이 두 배가 되었다.
   ② 동음이의어 교육 시 주의할 점
      동음이의어는 소리가 똑같이 나기 때문에 맥락을 고려해서 의미를 변별한다. 따라서 동음이의어를 가르칠 때는 학습자에게 문맥을 통해 의미를 변별할 수 있는 다양한 연습을 마련하는 것이 중요하다.

3 사회언어학적 특징에 따른 교육

1) 경어 중요
   ① 정의: 상대를 공경하는 뜻의 말(높임말, 존댓말)
      [예] 밥-진지, 가다-가시다, 자다-주무시다 등
   ② 경어 교육 시 주의할 점
      ㉠ 문화적인 차이를 알려 준다.
         문화적으로 경어와 평어가 뚜렷이 구별되어 있지 않은 경우라면 한국의 경어법이 매우 어렵게 느껴질 수 있다. 문화적인 차이를 인식시키는 것이 중요하다.
      ㉡ 되도록 일찍 교육한다.
         한국 사회에서 경어법을 모르면 사회생활을 하기 어려울 수 있다. 따라서 경어를 가능한 한 일찍부터 교육하는 것이 바람직하다.

2) 완곡어 · 비속어
   ① 완곡어
      ㉠ 정의: 상대방의 기분이 나쁘지 않도록 직설적으로 말하지 않고 돌려 말하는 어휘이다.
         [예] 죽다-돌아가시다, 세상을 떠나다
      ㉡ 완곡어 교육 시 주의할 점
         • 맥락을 중시해서 교육한다. 외국인 학습자 입장에서 완곡어는 일종의 '돌려 말하기'로서 의미에 혼동을 줄 수 있다. 즉, '죽다'라는 단어 대신 '돌아가시다'라는 말을 쓰면 의미 그대로 '돌아가다'에 초점을 두어 의미상 혼동이 올 수 있다.
         • 문화 교육과 함께 이루어지는 것이 좋다. 완곡어는 사회 문화적인 배경을 담고 있는 어휘이므로 문화 교육과 함께 이루어지면 더욱 효과적이다.

② 비속어
　㉠ 정의: 통속적으로 쓰는 저속한 말이다.
　　예 쪼개다: 웃다
　　　 꺼지다: (다른 곳으로) 가다
　㉡ 비속어는 굳이 교육과정에서 가르칠 필요는 없다. 드라마나 영화 등을 통해 뜻을 유추하는 정도의 방법이 있다.

3) 외래어
① 정의: 외국에서 들어온 말로 국어처럼 쓰이는 단어
　　한자 차용어도 외래어의 범주에 속하나 국어로 동화된 경우가 많다. 국어처럼 쓰이는 단어이기 때문에 특별히 고유어 중에서 대용어를 찾을 수 없는 경우가 많고, 어떤 외래어의 경우는 완전히 국어로 동화되어 외래어라는 인식이 거의 없는 경우도 있다.
　　예 냄비, 붓 등(외래어라는 인식이 거의 없음)
　　　 버스, 빵, 택시 등
② 외래어 교육 시 주의할 점
　㉠ 과잉 일반화를 주의한다. 외래어 어휘 교육은 영어단어의 한국어식 발음을 그대로 옮겨 놓은 것이 많기 때문에 단기간에 많은 어휘의 양을 증대시키는 효과를 가질 수 있다. 그러나 이를 지나치게 과잉 일반화하여 외래어가 아닌 외국어까지 지나치게 사용하지 않도록 주의한다.
　㉡ 한국어 음운 체계에 맞는 발음으로 가르친다. 외래어는 국어처럼 쓰이는 단어이기 때문에 한국어 음운 체계에 맞게 발음해야 한다. 외래어를 사용한다 해도 한국어로서 의사소통하는 것이기 때문이다.

TOP-Point

☑ 외래어와 외국어
　외래어는 고유어에 상대되는 말로 다른 언어에서 들어와 국어에 동화되어 국어로 사용하는 어휘이고 외국어는 그 뜻을 충분히 전달할 수 있는 우리말이 있는데 다른 언어에서 온 말을 사용하는 경우를 일컫는다. '텔레비전'은 국어에 거의 동화되어 대체할 단어가 없는 외래어이나 '하우스'는 '집'이라는 국어로 충분히 전달 가능한 외국어이다.

04 어휘 교육의 원리

1) 맥락을 중시해서 어휘 교육을 해야 한다.

　　외국어를 배운다는 것은 결국 의사소통을 위한 것이다. 따라서 의사소통 상황에서 유의적으로 쓰이는 언어를 가르쳐야 한다.

2) 학습자의 수준에 맞춘 어휘 교육을 해야 한다.

　　다의어나 반의어, 상위어나 하위어를 교육하다보면 지나치게 의미 확장이 되는 경우가 있는데 이는 학습자에게 부담을 줘서 오히려 학습에 부정적인 영향을 준다.

3) 한국어의 특징을 고려한 어휘 교육을 해야 한다.

　　형태소를 중심으로 한 교착어라는 특성을 고려하여 파생어와 합성어 등을 교육할 수 있다.

05 어휘 교육 방법 중요

1 어휘 제시 방법

1) 설명하기

　　어휘에 대한 정의가 아니라 다양한 예문을 통해 학습자의 이해를 돕는다.

2) 의미 관계를 이용한 어휘 제시

　　유의어나 반의어, 상위어나 하위어 등을 통해 교육할 수 있다.

3) 문맥을 통한 어휘 제시

　　어휘 자체를 모르더라도 문맥을 통해 유추할 수 있게 한다. 의성어나 의태어 등도 문맥을 통해 이해하도록 하는 것이 좋다.

4) 의미장 구성하기

　　하나의 상황을 제시하고 그에 연관된 어휘들을 의미장으로 제시하면 연상하기도 좋다. 예를 들어 '병원'이라는 상황을 제시하고 그에 맞는 어휘들을 다양하게 제시할 수 있다.

5) 게임을 통해 단어 외우기

　　단어 게임을 통해 학습자가 어휘 암기에 느끼는 부담을 줄이고 효율적으로 어휘를 익힐 수 있는 방법이다.

6) 격자형 비교표(Grids)

격자형 틀에 단어들을 나열해 서로 비교해 주는 방법으로 고급 학습자들에게 단어 간의 의미 차이를 확실하게 인식할 수 있게 해 준다. 아래는 격자형 비교표의 예이다(허용, 2005). 이러한 방식을 통해 유의어 간 의미의 차이를 명확히 할 수 있다.

단어 \ 기준	날씨	음식물의 온도	사람의 태도	장소명사	주관적 감각
선선하다	○		○	○	
시원하다	○	○	○	○	
서늘하다	○			○	
싸늘하다	○		○		
쌀쌀하다	○		○		
차다/차갑다	○	○	○		
춥다	○			○	

7) 정도차이 비교선(Clines)

이 방법은 말 그대로 어휘군 사이 정도의 차이를 명시적인 선으로 비교해서 의미를 이해할 수 있도록 돕는 방법이다. 예를 들어 시간빈도부사 '항상, 자주, 가끔'을 가지고 이러한 경사선을 활용한 수업을 한다면 다음과 같다.

```
─────────────────────────── 항상
──────────────────── 자주
─────────────── 가끔
```

8) 군집(Clusters)

중심이 되는 단어의 주변에 그룹화된 단어들을 무리지어 제시하는 방식이다. 군집의 방식으로 어휘 교육을 할 때는 우선 학습자들에게 친숙한 사용 빈도수가 높은 단어들을 사용하면서 중심 단어의 주변으로(중심 단어보다 빈도수가 떨어지는) 의미를 확장할 수 있다.

09 | 실전 문제

연습 문제

01
한국어 고유어휘의 기본적인 특징에 해당하지 <u>않는</u> 것을 고르시오.

① 유의어가 많다.
② 개념어가 발달하였다.
③ 색채어가 발달하였다.
④ 의성어와 의태어가 많다.

02
다음 중 단어의 분류가 나머지와 <u>다른</u> 하나를 고르시오.

① 전화　　　② 눈발
③ 욕심쟁이　④ 미닫이

03
다음 중 합성어에 대한 설명으로 바른 것을 고르시오.

① 어휘 분류로는 단일어에 속한다.
② 조사나 어미가 결합하는 경우가 많다.
③ 실질 형태소끼리의 결합으로 이루어진다.
④ 두 개의 형태소가 항상 대등한 위치로 결합된다.

04
다음 중 파생어에 해당하는 것을 고르시오.

① 눈사람　　② 종이컵
③ 대장장이　④ 자동차

05
다음 중 합성어에 해당하는 것을 고르시오.

① 잠꾸러기　② 먹보
③ 밀치다　　④ 집안

06
다음 중 수식(종속) 합성어에 해당하는 것을 고르시오.

① 마소　　② 진지
③ 춘추　　④ 꽃집

07

유의어나 반의어 등 의미 체계에 따른 어휘를 한국어 학습자에게 교육할 때 특별히 주의할 점이 아닌 것을 고르시오.

① 항상 사전을 통해 단어의 의미를 파악하도록 한다.
② 학습자 수준에 맞게 어휘의 범위를 조절한다.
③ 유의어라도 맥락에 따라 쓰임이 다르다는 것을 알려 준다.
④ 연상해서 어휘를 외울 수 있도록 유도한다.

08

다음 중 반의어 분류 방법이 나머지와 다른 하나를 고르시오.

① 부모-자식   ② 교사-학생
③ 남자-여자   ④ 위-아래

09

다음과 같은 교육 방법이 효과적인 어휘는 무엇인지 고르시오.

> 이런 종류의 단어들은 보통 하나의 의미장을 구성하므로 이를 이용하면 학습자들에게 쉽게 어휘를 연상할 수 있게 할 것이다. 예를 들어 '가구'를 제시하고 '침대', '책상', '의자'를 같이 제시하는 방법이다.

① 경어
② 동음이의어
③ 상위어와 하위어
④ 유의어와 반의어

10

다음 단어의 관계가 나머지와 다른 하나는 무엇인지 고르시오.

① 밥-진지
② 가다-가시다
③ 자다-주무시다
④ 데리고 가다-가지고 가다

해설

01 고유어보다는 한자어를 사용한 개념어가 많다.
02 '전화'는 단일어이고 나머지는 파생어, 합성어 등의 복합어이다.
03 합성어는 실질 형태소끼리의 결합이고 파생어는 실질 형태소와 접사의 결합이다.
06 '꽃집'은 꽃을 파는 가게, 즉 '집'에 더 주된 의미를 부여한다.
07 사전을 통해 의미를 파악하는 것보다는 다른 단어와의 관계를 통해 인식하는 것이 효율적이다.
08 '남자-여자'는 중간 단계가 없는 상보 대립어이지만 나머지는 모두 방향(상관) 대립어이다.
10 '데리고 가다-가지고 가다'는 존대어 관계가 아니다.

정답 01 ② 02 ① 03 ③ 04 ③ 05 ④ 06 ④ 07 ①
08 ③ 09 ③ 10 ④

기출문제

01

다음과 같은 어휘 평가 유형에 관한 설명으로 옳은 것은? 〔기출〕 17회 92번

※ 다음과 관계있는 것을 고르십시오.

생활 하수	일회용품	쓰레기
공장 매연	농약	분리배출

㉠ 수질 오염　　㉡ 경제 발전　　㉢ 소음 공해　　㉣ 환경 오염

① 어휘의 사전적인 의미를 제시하고 해당 어휘를 찾는 유형이다.
② 대응 쌍을 이루는 단어를 제시하고 짝을 찾는 유형이다.
③ 단어가 쓰이는 문맥에서의 의미 파악 능력을 측정하는 유형이다.
④ 여러 개의 단어를 제시하고 의미적으로 관계가 있는 것을 찾는 유형이다.

02

반의어를 활용한 어휘 교육에 관한 설명으로 옳지 않은 것은? 〔기출〕 18회 93번

① 반의어는 대상을 대립되는 개념으로 이해하는 인간의 의식 구조를 반영하기 때문에 어휘 학습에 효과적이다.
② 반의어는 의미가 반대되는 개념이므로 두 단어는 공통성이 있는 의미적 요소가 없다는 점을 강조한다.
③ 동일 어휘 범주에서 품사가 같아야 반의어가 되므로 '검은색'의 반의어로 '희다'를 제시하지 않는다.
④ 다의어의 경우 각각의 의미에 대한 반의어가 존재하므로 문맥에 맞는 반의어를 교수한다.

03

한국어 복합어의 교수 방법으로 옳지 않은 것은? 〔기출〕 19회 91번

① '집'과 '웅'을 분석하여 '지붕'이 형성되는 원리를 알려 준다.
② '먹방, 라볶이'의 구성을 분석해서 합성 전과 후의 의미를 유추하게 한다.
③ '큰'과 '집'을 붙여 쓸 때와 띄어 쓸 때 의미의 차이가 있다는 것을 알려 준다.
④ '선생님, 사장님'의 어휘 의미와 용법을 활용해서 접사 '-님'의 의미를 이해하게 한다.

04

다음 유형의 어휘 연습에 관한 설명으로 옳은 것은?

기출 19회 92번

- 빈칸에 알맞은 단어를 써 보세요.

  아버지, 어머니, 딸, 아들 → (가족)

  ㄱ. 사과, 바나나, 포도, 딸기 → ( )
  ㄴ. 한국, 중국, 일본, 베트남 → ( )

① 핵심 의미를 통해 주변 의미를 연상하게 하는 연습이다.
② 의미장 구성 요소들의 공통점을 찾아 어휘를 확장하는 연습이다.
③ 비슷한 의미를 가진 단어들의 미묘한 용법 차이를 확인하는 연습이다.
④ 공통된 의미 자질을 가진 단어들에서 서로 다른 대립적인 속성을 찾는 연습이다.

05

다음 어휘 평가 문항에서 측정하고자 하는 능력은?

기출 19회 95번

- 빈칸에 알맞은 단어를 고르세요.

  지난 주말에 친구와 부산에 다녀왔어요. 일요일까지 여행을 해서 어제가 (ㄱ)이었는데도 피곤해서 도서관에 못 갔어요. 목요일에 시험이 있으니까 오늘부터 수요일까지 이틀 동안 열심히 공부해야 해요.

  ✓ ㄱ. 월요일   ㄴ. 화요일
  ㄷ. 수요일   ㄹ. 목요일

① 담화 표지 이해 능력
② 문맥 의미 파악 능력
③ 유의 관계 추론 능력
④ 상위어 · 하위어 연결 능력

06

다음 표현을 가르치는 방법으로 옳지 않은 것은?

기출 19회 96번

> ㄱ. 밥을 먹다
> ㄴ. 나이를 먹다
> ㄷ. 물을 먹다
> ㄹ. 미역국을 먹다

① ㄱ과 ㄴ은 일상생활에서 자주 사용되므로 함께 제시한다.
② ㄴ은 '설날과 떡국'이라는 문맥을 통해 해당 표현의 사용 상황을 보여준다.
③ ㄷ을 관용표현으로 가르칠 때는 축자적 의미와 관용적 의미의 차이를 비교해 준다.
④ ㄹ을 관용표현으로 다룰 때는 글자 그대로의 의미뿐만 아니라 관련된 문화적 배경도 설명한다.

정답 01 ④ 02 ② 03 ① 04 ② 05 ② 06 ①

참고문헌

- 고영근 · 구본관(2008), 우리말 문법론, 집문당
- 곽지영(1997), 외국인을 위한 한국어 어휘 교육, 말 22집, 연세대학교 언어연구교육원 한국어학당
- 김광해(1993), 국어 어휘론 개설, 집문당
- 김재욱(2007), 국어 문법과 한국어 문법의 체계 분석, 한민족어문학 51, 한민족어문학회
- 김중섭(1997), 외국인을 위한 한자 교육 연구, 어문연구 93, 한국어문교육연구회
- 남기심 · 이상억 · 홍재성 외(1998), 외국인을 위한 한국어 교육의 방법과 실제, 한국방송통신대학교출판부
- 문금현(1998), 외국어로서의 한국어 관용표현의 교육, 이중언어학 15, 이중언어학회
- 문금현(2000), 구어 텍스트를 활용한 한국어 어휘 교육, 한국어 교육 11, 국제한국어교육학회
- 박경수(1995), 외국어 교육론, 형설출판사
- 박동호(1998), 대상 부류에 의한 한국어 어휘 기술과 한국어 교육, 한국어 교육 9, 국제한국어교육학회
- 박영순(1998), 한국어 문법 교육론, 박이정
- 신현숙(1998), 한국어 어휘 교육과 의미사전, 한국어 교육 9, 국제한국어교육학회
- 우형식(2002), '한국어 문법 교육의 체계와 방법론' 토론문, 국제한국어교육학회 2002년도 추계학술대회 논문집, 국제한국어교육학회
- 이충우(1990), 어휘교육의 기본 과제, 국어 교육 71 · 72, 한국국어교육연구회
- 이충우(1994), 한국어 어휘 교육을 위한 대표어휘 설정, 국어 교육 85 · 86, 한국국어교육연구회
- 조현용(1999), 한국어 어휘의 특징과 어휘 교육, 한국어 교육 10, 국제한국어교육학회
- 조현용(2003), 비언어적 행위 관련 한국어 관용표현 교육 연구, 한국어 교육 14, 국제한국어교육학회
- 최길시(1998), 외국인을 위한 한국어 교육의 실제, 태학사
- 한재영 외(2005), 한국어 교수법, 태학사
- 허용 외(2005), 외국어로서의 한국어 교육학개론, 박이정

10 한국어 교재론

01 교재의 정의

흔히 교육 현장의 3대 요소를 교사, 학습자, 교재라고 한다. 이 말은 수업 현장에서 교재가 얼마나 중요한 것인지를 단편적으로 보여 준다. 교재는 교육 목표와 교육과정에 근거하여 선정·조직된 것이고, 교육과정과 교수요목에 근거하여 프로그램의 실천을 위해 필요한 것이며 실제로 사용되는 자료라고 할 수 있다.

- 교육의 구성 요소: 교사, 학습자, 교재
- 교재: 교수-학습의 도구이며 교재를 통해 교육 목표와 교육 철학, 교육기관의 교육 정책 등을 알 수 있다.

TOP-Point

☑ 교재의 특징
- 교육 목표를 구현하고 가르치고자 하는 내용을 담는다.
- 수업 내용을 효율적으로 전달하는 교육적 도구이다.
- 수업 진행에 쓰이는 교육 매체이다.
- 학습자의 요구에 맞게 조직되어 있다.

☑ 교재의 정의(민현식, 2003)
- 광의의 교재: 교육과정에서 동원되는 모든 입력물
  예 교과서류, 부교재류, 학습자를 둘러싸고 있는 교사의 언어, 가정과 이웃의 언어, 광고 등
- 협의의 교재: 학생들이 교육 목표에 도달하도록 교육과정에 따라 교육 내용을 미리 선정하여 가시적으로 제시한 것
  예 주교재: 대개의 한국어 교육기관에서 쓰는 교과서
  　부교재(보조교재): 연습서(Work Book), 참고서, 사전, 시청각 자료, 프로그램, 과제, 활동 등

02 교재의 기능

1) 교수 목표 제시

교재의 가장 핵심적인 기능으로서 교재는 학습자의 요구가 고려된 교수 목표를 설정하고 제시한다.

2) 교육과정 구현

교육과정이란 교육 목표를 달성하기 위해 그 목표에 따라 내용을 체계적으로 조직한 교육의 전체 계획이다. 교수요목을 통해 교육과정의 핵심사항을 구체화하여 교재에 반영한다. 김정숙(2002)은 교수요목은 '학습자 요구조사 → 교육 목적 및 교육 목표 설정 → 교육 내용의 범주 결정 → 교육 내용 선정 및 방법 결정 → 교육 내용의 배열 및 조직 → 평가 방법의 설계'의 순서를 따른다고 하였다.

3) 학습 동기 유발

교재는 교육 목표 및 학습자의 요구가 고려된 것이다. 교재를 통해서 학습자의 동기를 유발하고 학습의욕을 고취시킬 수 있다. 또한 학습자로부터 수업 후 목표치에 대해 기대한다.

4) 교수 내용 제공

교재의 기본적인 기능으로 가르치려는 내용을 전달한다.

5) 교수법 제공

교재는 교육 목표와 교육과정에 따라 내용을 선정한 것이며, 가르칠 순서와 제시 방법이 고려되어 있는 것이기 때문에 이 과정에서 교수법도 고려된다. 교육 현장에서 교재와 교수법 그리고 교사는 서로 유기적인 관계로 상호 보완적인 것이며 특정 교수법을 적용하기 위해서는 교재의 설명 방식이나 연습 유형 등이 의도하는 교수법 이론을 따르게 된다.

6) 교수 자료 제공

시청각 자료나 수업 중 활동 자료로서 사용된다.

7) 교사와 학습자의 매개

교사와 학습자는 교재를 공유한다. 교재는 교육 전문가의 교육적 의도를 담은 자료이며 교재 편찬의 과정에서 교육정책과 철학이 교재에 반영된다.

8) 교수 평가의 근거 제공

학습자를 평가할 때 평가의 영역, 내용, 대상, 기준의 근거를 제시한다.

9) 교수 내용의 일관성 확보

교재는 매우 다양한 환경과 다양한 교사에 의해 쓰일 수 있다. 이렇게 교육 환경이 확장되더라도 교재를 충실히 따르면 교수 내용은 일관적으로 유지될 수 있다.

10) 수업 수준의 일정성 확보

교재를 통해 교수 내용이 일관적으로 유지될 수 있기 때문에 교재는 교사의 개인적 능력에 따라 생길 수 있는 질적 차이를 줄일 수 있다.

> **TOP-Point**
>
> ☑ 교재의 필요성
> - 학습의 다양성과 능률화를 이끈다.
> - 사고와 판단력을 기를 수 있는 소재를 제공한다.
> - 직접적인 연상이나 간접 경험을 통해 현실적 경험을 하게 되므로 학습에 도움이 된다.
> - 학생 스스로 문제점을 발견하여 해결하는 기능을 배울 수 있다.
> - 학습 내용을 이해시키는 데 시간을 절약할 수 있다.
> - 단시간 내에 목표언어 사용권의 문화와 사회에 대한 이해를 돕는다.
> - 많은 학생이 동일한 학습 내용을 경험할 수 있다.
> - 학생들의 개인차를 최소화한다.

03 최근 한국어 교재의 현황

대학 부설 한국어 교육기관이나 사설 한국어 교육기관에서 범용 교재가 활발히 개발되고 있다. 학습자가 다양해지면서 외국인 근로자, 결혼이주여성, 특정 언어권의 학습자 등 특정 대상을 위한 교재 개발과 연구도 많아지고 있다. 교실 수업용 교재뿐만 아니라 한국어 어미·조사 사전, 외국인 대상의 문법 또는 어휘 사전, 읽기나 듣기 등 기능별 교재, 과제 자료집 등 특수 목적의 교재도 다양하게 출간되었다. 최근 들어서는 멀티미디어를 활용한 교재 프로그램으로 동영상 프로그램, 앱 개발 등도 이루어지고 있다.

04 분류 기준

학습자의 변인에 따라 수업의 교육 목표와 교육과정, 교수요목도 달라지기 마련이다. 학습자 변인으로는 거주 기간, 학습 목적, 교포와 외국인 등으로 나눌 수 있다. 이에 따라 교재 제작의 방향도 달라져야 한다.

또한 외국어 교육이 발달해 가면서 나타난 다양한 교수요목은 교육 내용의 배열에 영향을 주었고 이는 교재의 구성에도 많은 변화를 주었다.

> **TOP-Point**
>
> ☑ 교수요목
> 배두본(2000)에서 교수요목은 어떤 교과의 전 과정에 대한 학습 항목을 배열하여 구체화시켜 놓은 계획이다. 목표에 도달하기 위해 교과의 기본 정신과 철학을 단계에 따라 계획으로 전환하는 교수-학습 요소에 대한 상세한 진술을 의미한다.

1) 거주 기간에 따른 분류 중요

학습 목적은 넓은 관점에서 봤을 때 한국 내 거주 기간과 관련이 있다. 유학이나 직업, 이민과 같은 목적으로 한국에 오랜 시간 거주하는 경우와 단기 연수 등 한국에 단기간 거주하는 목적으로 온 경우 등으로 나눌 수 있는데, 거주 기간에 따라 교육의 목표가 달라지기 때문에 거주 기간은 교재 제작의 변인으로 작용하게 된다.

예를 들어 한국인과 결혼한 이주여성, 한국으로 이민을 온 외국인이나 역이민을 하게 된 교포, 외국인 근로자나 한국 내 대학교의 유학생과 같이 어느 정도 오랜 기간 한국에 거주하게 되는 경우, 고급으로 올라가면서 각각의 학습자의 필요에 맞는 주제와 활동을 포함하여야 하겠지만 기본적으로 한국 내 전반적인 생활을 주제로 교재를 구성하여야 한다.

이에 반해 한국 기업체와 관련된 일을 하기 위해 한국어를 공부하는 학습자들이나 또는 한류로 인해 한국에 관심을 갖게 되어 한국어를 배우고자 단기간 체류하는 경우 한국 생활에 관한 주제보다는 학습 목적에 맞는 내용, 한국 문화, 또는 기본적인 언어 내적 요소를 중심으로 교재를 구성하여야 한다.

TOP-Point

☑ **언어 내적 요소**
언어 내적 요소란 학습 내용을 구성하는 요소 중 하나로 주제나 과제 또는 문화 요소 등과 달리 언어 그 자체에 대한 직접적인 내용으로서 발음, 어휘, 문법, 문형과 같은 것을 말한다.

2) 학습 목적에 따른 분류

최근 들어 학습자의 학습 목적에 따라 어휘, 표현, 주제를 특성화하여 구성한 교재들이 나오고 있다. 한국 내 장기간 거주하는 이민자, 외국인 근로자, 유학생과 같은 고급 과정 학습자가 증가하면서 각 집단의 학습 목표가 서로 이질적인 경우가 많아졌기 때문이다.

특히 외국인 유학생의 경우 대학생활에서 필요한 리포트, 논문, 발표수업과 같은 고급 과정의 활동뿐만 아니라 전공에 대한 전문적 어휘와 표현을 학습하여야 하기 때문에 이를 위한 학문 목적의 전공 한국어 교재들이 다각도로 만들어지고 있다.

예 외국인 유학생을 위한 '인문 한국어' 및 '경영 한국어' 등의 교재, 여성결혼이민자를 위한 교재 등

3) 교포와 외국인에 따른 분류

또 다른 변인으로 학습자가 교포인가 외국인인가 하는 점을 들 수 있다. 이 기준에 따라 말하기, 듣기, 쓰기, 읽기의 네 가지 기능 교육에서 무엇을 더 중시해야 하는지, 교재 내용에 있어 한국 민족으로서의 정서를 얼마나 강조해야 하는지가 달라진다.

한국어 학습자가 교포일 경우 말하기, 듣기 능력에 비하여 쓰기와 읽기 능력이 떨어지는 경우가 많다. 이런 경우 의미 이해나 유창성보다는 표현과 정확성을 위한 교육이 중심이 되어야 한다. 또 한국인으로서의 자긍심과 정체성을 심어 주는 문화 요소가 추가되어야 한다.

TOP-Point

☑ 네 가지 기능 교육

　외국어 교육에서 네 가지 기능 교육이란 의사소통을 위한 인간의 기본적인 활동을 말한다. 말하기, 듣기, 읽기, 쓰기로 구별되며, 말하기와 쓰기는 표현기능, 듣기와 읽기는 이해기능으로 분류한다. 네 가지 기능은 하나하나 구별되기는 하나 교육 현장에서는 듣기-말하기, 읽기-쓰기 등과 같이 둘 이상의 기능을 통합하여 교육하는 것이 효과적이다.

4) 교수요목에 따른 분류

　교재는 교수요목에 따라 각기 다른 특성과 장단점을 갖는다. 조항록(2003)은 교수요목의 기본 개념과 한국어 교재와의 관련성에 대해 다음과 같이 제시하였다.

교수요목	기본 개념	한국어 교재와의 관련성
구조 교수요목	• 음운, 문법과 같은 언어 구조를 중심으로 작성한 교수요목 • 배열 기준은 난이도가 낮은 것에서 높은 것으로, 빈도수가 많은 것으로부터 적은 것으로, 의미 기능이 간단한 것으로부터 복잡한 것으로 배열	1990년대 중반까지의 교재가 채택한 주된 교수요목
상황 교수요목	• 언어 활동이 이루어지는 장소나 상황을 중심으로 작성한 교수요목 • 식당에서, 길에서, 지하철역에서, 시장에서와 같이 발화 장면을 중시	최근에 일부 교재에서 중심적인 교수요목으로 채택하고 있음
주제 교수요목	• 각 등급에 맞춰 채택된 주제를 일정 기준에 따라 배열한 교수요목 • 대체로 상황 교수요목과의 혼합 형태 • 가족, 날씨, 음식, 전화 등	최근에 개발되는 교재에서 때때로 채택되었음
개념 교수요목	• 물건, 시간, 거리, 관계, 감정, 용모 등과 같이 실생활 관련 주요 개념을 중심으로 작성한 교수요목 • 유용성이나 친숙도에 따라 배열	때때로 주제 교수요목의 일부가 포함되기도 하였음
기능기반 교수요목	• 대의 파악, 주제 파악, 화자 의도 파악하기, 추론하기 등과 언어 기능 중 특정 기능을 중심으로 배열한 교수요목	주로 이해 기능으로 이 분야 교재가 매우 적음
과제기반 교수요목	• 지시에 따르기, 편지쓰기, 면접하기, 신청서 작성하기 등과 같이 실생활 과제 중심으로 배열한 교수요목	주제 교수요목 등과 함께 때때로 채택되고 있음
혼합 교수요목	• 둘 이상의 교수요목을 함께 활용하여 작성한 교수요목 • 엄밀한 의미에서 최근 대부분의 교수요목이 이에 속함	최근에 개발되는 교재들이 주로 채택하고 있음

05 교재 내용의 범주 중요

교재 내용은 소재와 주제, 언어 내적 요소(발음, 어휘, 문법, 문형), 기능과 과제, 담화 유형, 문화 등으로 나눌 수 있다. 김왕규(2002)는 한국어 교재를 분석하여 각각의 요소들을 다음과 같이 분석하였다.

1) 소재와 주제

소재와 주제는 각 단원 내용의 기준이 된다. 학습자가 실생활 중에 자주 대하는 주제로부터 전문적이고 공적인 주제로 배열하는 것이 효과적이다.

등급	소재와 주제
초급	소개, 물건, 활동, 동작, 가족, 취미, 주말, 인사, 일과, 일상생활, 물건 사기, 가격, 장소, 위치, 시간, 날짜, 요일, 계절, 식당, 음식, 전화, 신체, 병, 운동, 약속, 계획, 감정, 거리, 고향, 공부, 교통, 규칙, 모양, 방학, 색, 생일, 여행, 영화, 우체국, 은행, 병원, 학교, 집, 직업, 가구, 초대, 친구
중급	운동, 습관, 예절, 버릇, 전통, 언어, 국가, 문화, 가족제도, 환경, 공해, 인구, 속담, 관용어, 교통, 사건, 사고, 실수, 인물, 모양, 외모, 성격, 태도, 규약, 생활, 조리법, 기계, 결혼, 우정, 육아, 직업, 직장, 업무, 취업, 꿈, 병원, 여행, 공공장소, 유행, 영향, 생산과 소비, 인간, 노인, 행사, 미신
고급	역사, 제도, 가치, 전통, 문화, 국가, 환경, 지구, 우주, 생명과학, 경제, 정책, 정치, 교육, 국제관계, 속담, 관용어, 현상, 사건, 태도, 규약, 인생, 인간의 능력, 과학, 철학, 권리와 의무, 업무, 공공장소, 통일, 미래사회, 관혼상제, 명절

2) 기능과 과제

기능은 실제 상황 속에서 달성하고자 하는 언어 목표(기능)와 의사소통 활동에서 해결해야 하는 일(과제)을 말한다. 같은 소재와 주제 안에 여러 가지 기능과 과제가 있을 수 있다.

등급	기능과 과제
초급	질문하기, 대답하기, 거절하기, 교통편 이용하기, 길 묻기, 명령하기, 묘사하기, 제안하기, 물건사기, 병원 이용하기, 부탁하기, 설명하기, 소개하기, 약속하기, 요청하기, 우체국 이용하기, 은행 이용하기, 전화하기, 주문하기, 간단한 광고·안내문 이해하기
중급	설명하기, 비교하기, 묘사하기, 기술하기, 비유하기, 거절하기, 후회하기, 제안하기, 충고하기, 일기예보 읽기, 신문기사 읽기, 함축적 의미 이해하기
고급	설명하기, 묘사하기, 추론하기, 논증하기, 논술하기, 토론하기, 요약하기, 공식적 자리에서 발표하기, 업무 관련 서류 작성하기, 보고서·논문 작성하기, 함축적 의미 표현하기

3) 담화유형

일반적으로 의사소통 활동을 수행하는 단위이다. 하나의 문장이라기보다 의미적 응집성과 형태적 응결성을 갖는 두 개 이상의 문장 또는 대화를 중심으로 한다. 기존의 교재가 담고 있는 담화유형을 등급별로 정리하면 다음과 같다.

등급	담화 유형
초급	문장, 대화문, 실용문, 생활문, 설명문, 메모, 초대장, 안내장, 표지, 광고, 일기예보, 편지
중급	문장, 대화문, 실용문, 생활문, 설명문, 메모, 광고, 안내문, 일기예보, 신문기사, 방송 자료, 수필, 옛날 이야기, 동화, 우화, 편지, 서식, 설문지
고급	문장, 대화문, 실용문, 설명문, 논설문, 안내문, 신문기사, 방송 자료, 수필, 옛날 이야기, 동화, 시, 소설, 비평, 담화문

TOP-Point

☑ 응집성과 응결성
- 응집성: 하나의 담화가 통일된 주제를 가지고 있는 경우
- 응결성: 내용의 연결을 위해 형식면에서 일정한 구조를 가지는 경우
  (지시어, 접속 부사, 의미 관계 부사어, 동일 어구 반복)

4) 언어 내적 요소

① 발음, 어휘, 문법 등
② 최근까지 한국어 교재가 가장 치중했던 영역으로서 빈도, 난이도, 학습자의 요구 등에 의해 선정·배열해 왔다.

등급	언어 내적 요소
초급	일상생활에서 자주 접하는 기본적인 어휘, 주변의 사물, 위치 관련 어휘, 기본적인 동사와 형용사, 자주 사용되는 빈도 부사, 공공시설 이용 시 자주 사용하는 기본적인 어휘, 자주 접하는 고유명사, 문장의 종류, 어순, 시제, 관형사형, 기본 조사, 종결형 어미, 기본 연결 어미, 빈도 높은 표현, 부사형, 격식체와 비격식체, 구어체와 문어체, 불규칙 활용, 자주 쓰이는 표현, 사동법과 피동법, 간접화법
중급	일상생활과 관련한 일반적인 어휘·추상적인 어휘, 업무나 사회 현상과 관련한 어휘, 감정 표현 어휘, 기본적인 한자어, 신문에 자주 등장하는 전문 어휘, 빈도가 높은 관용어와 속담, 일반적인 사회 현상과 관련한 핵심적인 개념어, 사동법과 피동법, 간접화법, 복잡한 의미를 나타내는 조사·어미 중 사용 빈도가 높은 것, 사용 빈도가 높은 문법적·구조적 표현
고급	사회 현상을 표현하는 데 필요한 추상적인 어휘, 사회의 전문적 영역과 관련한 어휘, 복잡한 의미를 갖는 속담이나 관용어, 사용 빈도가 낮은 문법적·구조적 표현, 특정 영역에서 나타나는 문법적 표현

5) 문화 요소

① 최근에 개발되는 한국어 교재들은 대부분 문화 요소를 포함하고 있다. 일반적으로 문화 요소가 반영된 교재는 자료의 실제성을 높일 수 있으며 과제 수행 중심으로 구성된다. 또한 학습자의 호기심을 자극하고 문화차이를 이해하는 데 도움이 된다.

> **TOP-Point**
>
> ☑ **문화의 의미**
> 브룩스(Brooks, 1975)는 문화의 의미를 'Big C(Culture)'와 'little c(culture)' 두 가지로 구분하였다.
> - Big C: 고전 음악, 무용, 문학, 예술, 건축, 정치 제도, 경제 제도 등 문화적 관례를 일컫는 것
> - little c: 일상생활에서 나타나는 행동 양식, 태도, 신념, 가치 체계 등 집단이 공유하는 인간 생활의 모든 면을 포함하는 개념

② 조항록(2001)은 초급 과정 학습자의 문화 학습 목표를 충족시키기 위해 다음의 요소들을 교재, 교수 활동에 포함하여야 한다고 하였다.

대분류	소분류
한국의 문자, 어휘	한글의 창제자와 창제 시기, 한국어의 문자 체계와 형태론적 특징, 가족, 친척 호칭의 발달, 고유어와 한자어의 병존
언어생활 규범	한국어의 겸양법, 경어법에 나타난 한국인의 대인 관계 규범, 호칭의 적절한 사용, 격식체와 비격식체의 적절한 사용
한국인의 의식주	한국 음식의 종류, 맛, 한국 음식을 먹는 방법, 한국인의 주거 형태(아파트, 단독 주택, 연립 주택 등), 한국 가정의 구조, 식당에서의 음식 주문 방법 및 음식 배달 방법, 청소년의 음식 문화(햄버거, 피자 등의 선호), 한복
현대 한국인의 생활 속에 남아 있는 전통문화적 요소	한국인의 통과의례 중 돌과 결혼
한국의 공공시설과 제도	교육 제도(공교육기관의 종류와 학제), 관공서 업무 시간, 도서관, 체육관 이용 방법, 은행 이용 방법, 약국과 병원 이용하기, 주소와 우편번호 표기 방법, 전화번호 표기 방법
한국의 계절과 날씨	사계절의 구분, 계절별 날씨, 현대 한국인의 계절 즐기기
한국인의 사고방식	상대방에 대한 관심의 표현과 '우리' 의식, 음식값 지불과 한국인의 의식
한국인의 취미생활과 여가생활	한국인의 취미 활동, 한국인의 주말 생활, 여가 생활의 변천
한국인의 경제활동	한국의 재래시장과 백화점, 물건값 깎기, 신문의 대형 광고, 광고 전단지 읽기
한국인의 학교생활과 직장생활	학교 내 시설 이용하기, 출퇴근 시간, 월급제(최근 늘어나는 연봉제와 함께), 직장인의 취미 활동(동호인)과 회식
한국 사회의 예절	물건 주고받기, 웃어른에 대한 예절, 식사 예절, 초대와 방문 예절
한국의 교통	대중교통수단의 종류와 이용하기, 서울의 교통 체증
숙박시설물 소개와 이용방법	하숙, 여관 소개, 호텔 이용하기
한국의 자연, 지리, 관광지	한국의 지리적 특징(위치, 크기, 인구 등), 유명한 관광지 소개(민속촌, 설악산, 경주, 제주도 등)

06 교재 개발

1 교재 개발의 원리 중요

1) 교육 목적, 교육과정, 교수요목이 구현돼야 한다.

2) 주교재와 함께 워크북을 만들 것인지, 통합 교재인지 기능별 교재인지, 몇 단계·몇 권으로 제작할지 결정해야 한다.

3) 교육 내용, 즉 어휘·문법·발음 등의 언어 내적 요소가 기준에 적합해야 한다.

4) 학습자 요구 조사를 선행해서 학습자의 요구를 반영해야 하며, 학습자의 언어나 문화의 배경 지식이 활용되고 호기심을 자극할 수 있는 교재로 만들어야 한다.

5) 실생활에서 실제적으로 사용할 수 있는 내용으로 구성하고, 수업 시간에 목표언어를 충분히 사용할 수 있도록 구성하여야 한다.

6) 학습자의 자가진단과 교사의 학습자 수준 평가가 가능하도록 구성해야 한다.

2 교재 개발의 단계

> 교육 목표 수립 → 교육과정 설정 → 교수요목 설계 → 단원 구성 → 교재 내용 구성 → 시험 사용 → 수정·보완 → 평가

1) 교육 목표, 교육과정, 교수요목을 설정한다.

교육 목표와 교육과정의 설정이 먼저 이루어져야 한다. 이를 토대로 교수요목을 개발한다. 최근에 중심이 되고 있는 의사소통 중심의 교수요목이라면 주제, 과제와 기능, 언어 내적 요소, 문화 요소, 맥락 등이 구성돼야 한다.

2) 교수요목이 세워지면 각 단원을 구성한다.

교수요목에 맞게 단원을 구성한다. 예를 들어 만약 청각구두교수법의 경우라면 단원 구성은 '대화문 → 어휘 → 문법/문형 → 연습'의 순서를 따른다. 또는 의사소통 중심의 교수법의 경우 단원 구성은 '도입 → 제시·설명 → 연습 → 사용(과제) → 마무리' 단계로 구성한다.

3) 교재 내용을 배열하고 편집한다.

다른 단원과의 연계성을 고려해 교육 내용을 배열하고 그림, 사진과 같은 시각적 자료를 배치하는 편집 작업과정이다.

4) 시험 사용과 수정, 보완 단계를 거친다.

　　시험 사용은 교재가 직접 사용될 환경 속에서 이루어지도록 한다. 이후 시험 단계에서 나타난 문제점은 수정, 보완하여 출판하게 된다.

07 교재 평가의 기준

교재 평가를 위한 사전 조사 항목에 대한 기존 논의는 다음과 같다.

1) 네빌 그랜트(Neville Grant, 1987)의 교재 평가를 위한 사전 조사 항목
   ① 의사소통성(Communication): 교재가 의사소통 능력을 향상시킬 수 있게 고안되었는가?
   ② 목표성(Aims): 교재가 프로그램의 목표 및 목적에 부합하는가?
   ③ 교수성(Teachability): 실제 이 교재로 가르칠 때 어려움이 없고, 각 교수 방법론과 밀접하게 연관되는가?
   ④ 부교재(Available add-ons): 교재에 뒤따르는 지침서나 테이프, 워크북 등이 존재하는가?
   ⑤ 등급성(Level): 학습자의 숙달도에 따라 적합하게 구성되었는가?
   ⑥ 매력성(Your impression): 교재 전체 과정에 대한 인상이 어떠한가?
   ⑦ 흥미성(Student interest): 학습자가 교재에서 어떤 흥미를 찾아낼 수 있는가?
   ⑧ 검증(Tried and tested): 실제 교육 현장에서 검증된 적이 있는가? 있다면 어떤 상황에서 누구에 의해 검증되었으며 그 결과는 어떠한가?

2) 배두본(1999)이 제시한 교재 평가 기준
   ① 교육과정
   　　교육과정과의 일치, 학습자 수준, 학습 동기 유발, 학습 목표 제시, 자료의 타당성, 소재와 활동의 다양성, 연습 문제의 적정성의 측면에서 평가한다.
   ② 구성
   　　단원 길이와 학습량, 차례의 배열과 소재의 다양성, 학습 목표 제시 여부, 자료의 타당성, 소재와 활동의 다양성, 연습 문제의 적절성 등을 평가한다.
   ③ 교수 적합성
   　　자료 배열의 일관성, 자료 내용의 유용성, 통합 지도 가능성, 보조교구 사용, 학습자 중심 수업 등 네 가지 측면에서 어느 정도 적절한지를 평가한다.
   ④ 언어적 적절성
   　　자료의 신빙성, 제시 상황과 주제의 적합성, 구문의 균등 분포, 자료의 재미와 유용성 등이 어떠한지를 평가한다.

⑤ 교수-학습 활동 유형

　　다양한 활동을 포함하고 있는지, 학습자 활동을 극대화하고 있는지를 평가한다.

⑥ 실용성

　　그림, 예제, 지도, 도표, 색인표, 활자와 인쇄, 오탈자 여부 등과 같은 형식과 실용도를 평가한다.

3) 김왕규(2002)가 제시한 교재 평가 기준

① 전체 과정과 각 과의 길이와 학습량은 적당한가? 배당된 시간에 제시된 학습과 활동이 가능하도록 구성되었는가?

② 차례에 나타난 제목과 소재, 내용은 다양하며 적당한가? 학습 의욕을 자극하는가?

③ 차례에 나타난 제목과 자료는 잘 배열되었는가? 자료의 배열이 시간적, 공간적으로 타당한가?

④ 각 과의 학습 목표는 (언어적, 사회 문화적, 기능적으로) 분명히 제시되는가?

⑤ 각 기능을 기를 수 있는 다양한 상황과 활동이 포함되어 있는가?

⑥ 자료들은 상황과 주제가 다양하며 타당성이 있는가? 상황과 주제의 분포는 적절한가?

⑦ 어휘와 구문은 균등하게 분포되었는가?

⑧ 복습과 단원 정리는 학습 목표에 일치하는가?

⑨ 연습 문제는 학습 목표에 일치하는가? 연습 문제는 부분적 언어 항목과 통합적 연습이 가능하도록 구성되었는가? 탐구 학습이 가능하도록 조직화되어 있는가?

⑩ 그림과 도표 등은 신빙성이 있고 내용과 일치하는가? 그림과 도표들은 듣기와 말하기, 읽기, 쓰기 등의 상황을 이해하는 데 도움이 되는가?

10 | 실전 문제

연습 문제

01
교재 개발의 기본 원리에 대한 내용으로 적절하지 않은 것을 고르시오.

① 교육 목적, 교육과정, 교수요목을 구현하는 교재가 되어야 한다.
② 언어 내적 구성에 있어 표준화된 내용이 반영되어야 한다.
③ 실생활에서 활용할 수 있는 내용으로 구성하여야 한다.
④ 학습자의 배경지식은 학습에 방해가 되기 때문에 배제되어야 한다.

02
교재의 기능에 대한 알맞지 않은 것을 고르시오.

① 교육과정의 기초가 된다.
② 평가의 기준이 된다.
③ 학습자에게 학습에 대한 동기를 부여한다.
④ 교사와 학습자에게 교수-학습 내용을 제공한다.

03
'식당, 음식, 전화, 신체, 병, 운동'과 같은 요소들은 교재 구성의 어떤 기준에 의해 선정된 것인지 알맞은 것을 고르시오.

① 소재와 주제　② 언어 내적 요소
③ 기능과 과제　④ 관용표현과 문화

04
언어 내적 요소를 선정, 배열할 때 그 기준이 될 수 없는 것을 고르시오.

① 난이도　　　② 사용 빈도
③ 학습자의 요구　④ 문화와의 관련성

05
교재를 평가하는 기준으로 적절하지 않은 것을 고르시오.

① 자료의 신빙성　② 문법의 수
③ 학습자 흥미 제공　④ 교육과정의 적합성

해설

02 교육과정이 정해지면 그에 맞추어서 교재도 결정된다.

04 언어 내적 요소란 언어 지식에 가까운 부분이므로 문화나 사회적 맥락과는 관련성이 적다.

정답 01 ④　02 ①　03 ①　04 ④　05 ②

기출문제

01

목적별 한국어 교재를 개발할 때 고려할 내용으로 옳지 않은 것은? 『기출』 17회 101번

① 이주 노동자용 한국어 교재는 초급 단계에서 문어 중심으로 개발한다.
② 재외 동포용 한국어 교재는 학습자 거주 지역의 문화와 언어를 고려하여 구성한다.
③ 다문화 가정 자녀용 한국어 교재는 국어 교재의 성격을 포함하고 문식 능력 향상에 중점을 둔다.
④ 중도 입국 자녀용 한국어 교재는 의사소통 능력 향상과 학업 능력 향상을 모두 고려한다.

02

한국어 교재 개발의 일반적 원리로 옳지 않은 것은? 『기출』 18회 101번

① 한국어 교수-학습 목적을 충실히 반영한 교재를 개발한다.
② 학습자 및 교육 환경 등의 다양한 변인을 고려한 교재를 개발한다.
③ 한국어와 함께 한국 문화를 교육할 수 있는 교재를 개발한다.
④ 제작의 효율성을 고려하여 교재 개발자 중심의 교재를 개발한다.

03

수업 단계별로 교재의 기능을 분류할 때 '수업 후 단계'의 기능은? 『기출』 19회 98번

① 교사와 학습자를 매개하는 기능
② 학습자의 학습 동기를 유발하는 기능
③ 교사에게 교수 내용을 제공하는 기능
④ 학습자에게 평가 대비 자료를 제공하는 기능

04

교재 개발의 절차를 순서대로 올바르게 나열한 것은? 『기출』 19회 99번

> ㄱ. 시범 사용을 통해 단점을 보완한다.
> ㄴ. 단원 구성의 원리에 따라 단원을 구성한다.
> ㄷ. 학습자 요구사항 및 교수 환경을 파악한다.
> ㄹ. 교수요목을 작성하고 교재 구성을 설계한다.

① ㄴ-ㄱ-ㄷ-ㄹ
② ㄴ-ㄷ-ㄹ-ㄱ
③ ㄷ-ㄴ-ㄱ-ㄹ
④ ㄷ-ㄹ-ㄴ-ㄱ

05

교재 평가 기준 중 교재의 내적 구성에 관한 평가 항목으로 옳지 않은 것은? 기출 19회 100번

① 주제가 학습자의 흥미를 유발할 만한가?
② 교재의 저자와 출판 기관이 신뢰할 만한가?
③ 각 단원에 제시된 어휘가 학습자의 숙달도에 적절한가?
④ 새로운 문법 항목이 이미 배운 문법 항목과 관련이 있는가?

06

교재는 교수요목에 따라 편찬된다. '식당에서, 길에서, 시장에서'와 같이 발화의 장면을 중시하는 교수요목 교재는? 기출 19회 101번

① 상황 중심 교수요목 교재
② 과제 중심 교수요목 교재
③ 개념 중심 교수요목 교재
④ 기능 중심 교수요목 교재

정답 01 ① 02 ④ 03 ④ 04 ④ 05 ② 06 ①

참고문헌

- 강승혜(2003), 한국어 교재 개발을 위한 학습자 요구분석, 한국어 교육 28, 국제한국어교육학회
- 곽지영·김미옥·김제열·손성희·전나영(2007), 한국어 교수법의 실제, 연세대학교출판부
- 김영기(1991), 외국어로서의 한국어 교육: 이론적 배경, 효과적인 교수법과 교재 개발, 한글학회
- 김영만(1999), 외국어로서의 한국어 교재 개발 연구, 한국외국어대학교 박사학위논문
- 김왕규 외(2002), 한국어능력시험 평가 기준 개발 연구, 한국교육과정평가원
- 김진호(2008), 외국어로서의 한국어학개론, 박이정
- 노명완(2001), 한국어 교육을 위한 교재론, 외국인을 위한 한국어 교재, 한국어세계화추진위원회 제2차 한국어세계화 국제학술대회 발표논문집
- 민현식(2000), 한국어 교재의 실태, 한국어 교재의 현황과 개발 방향, 서울대학교 교육종합연구원 국어교육연구소 제2회 한국어교육 국제학술회의 발표 논문집
- 민현식(2003), 국어 교육과 한국어 교육에서의 문화 교육, Foreign language education, 한국외국어교육학회
- 박영순(2001), 외국어로서의 한국어 교육론, 월인
- 배두본(2000), 외국어 교육과정론, 한국문화사
- 배두본(2008), 영어 교재론 개관(이론과 개발), 한국문화사
- 서종학·이미향(2007), 한국어 교재론, 태학사
- 원진숙(1999), 외국어로서의 한국어 교육을 위한 교재 개발 방향, 국어 교육 99, 한국국어교육연구회
- 조항록(2001), 한국어 교재에서의 문화, 한국어 교재 개발의 원리와 실제, 연세대학교 언어연구교육원 한국어학당 제1회 한국어교육 학술대회 발표 논문집
- 조항록(2003), 한국어 교재 개발을 위한 기초적 논의, 한국어 교육 14, 국제한국어교육학회
- 조항록 외(2003), 예비교사·현직교사 교육용 교재 개발 최종보고서, 한국어세계화재단
- 조항록·강승혜(2001), 초급 단계 한국어 학습자를 위한 문화 교수요목의 개발(1), 한국어 교육 12, 국제한국어교육학회
- 최정순(1997), 개발자로서의 교사-교재 개발 및 교과 과정 개발에서의 교사의 역할, 한국어 교육 8, 국제한국어교육학회

11 한국 문화 교육론

01 문화의 정의

언어 교육의 목표는 언어의 사용, 즉 의사소통 능력의 습득으로 목표언어를 사용하는 사회, 그리고 그 사회가 생산해내는 문화를 이해하는 데 있다. 사회는 언어 체계 및 생산이 이루어지고 사용되는 장이며, 문화는 언어 생산 방식 및 사용 양상의 당대성과 역사성을 모두 포괄하는 한 공동체의 삶의 방식이다(H. D. Brown, 1995). 그런 점에서 학습자가 목표언어의 사회, 문화적 맥락 속에서 오해와 편견 없이 성공적인 의사소통을 수행하기 위해서는 언어 사용뿐 아니라 목표언어를 둘러싼 문화를 이해할 수 있어야 한다.

권오현(2003: 255~256)은 문화 능력이란 '언어를 통해 문화를 이해하는 안목이 아니라 문화 속에 스며든 언어를 구사하는 자질'이라고 정의하고, '목표어 국가의 지역적 사실에서 출발하여 여기에 필요한 언어를 상황 맥락에 맞게 구사할 수 있는 상태'라고 하였다. 한국어 교육에서 한국어 능력이란 언어 능력과 문화 능력을 모두 포함하는 것이며 문화 교육은 곧 문화 능력의 함양을 목표로 한다.

문화의 의미는 다양한 관점으로 분류되는데 대표적으로 브룩스(Brooks, 1975)와 해멀리(Hammerly, 1986)의 분류가 있다. 브룩스는 문화의 의미를 'Big C(Culture)'와 'little c(culture)' 두 가지로 구분하였고, 해멀리는 언어 교육에서 다룰 수 있는 문화의 유형을 정보 문화, 행동 문화, 성취 문화로 나누었다.

1) 브룩스(Brooks, 1975)의 문화 분류
   ① Big C: 한 사회의 구성원들이 역사적으로 삶을 영위하면서 성취해온 문학, 예술, 무용, 전통음악, 건축, 제도와 같은 문물을 의미한다.
      예 사물놀이, 판소리, 경복궁
   ② little c: 한 사회의 구성원들의 일상생활에서 나타나는 행동 양식, 태도, 가치관 등 집단이 공유하는 인간 생활의 모든 면을 포함하는 개념을 의미한다.
      예 한국인의 겸양 표현("뭐 이런 걸 다……", "차린 건 없지만……")

2) 해멀리(Hammerly, 1986)의 문화 분류

① **정보 문화**: 일반적인 교육 수준을 지닌 모국어 화자들이 사회, 지리, 역사 등에 대해서 알고 있는 정보와 사실을 말한다.

② **행동 문화**: 한 사회 속에서 한 민족이 행동하는 양식으로서 일상생활의 총체이다. 기본적인 인간의 욕구, 환경과 전통의 상호 작용 등을 말한다.

③ **성취 문화**: 사회 구성원들이 살아오면서 성취한 문물, 목표어 문화에서 성취된 업적 등을 말한다.

3) 권오경(2009)의 문화 분류

① **성취 문화**

인간이 이룩한 유, 무형의 모든 업적물과 인위성이 가미된 자연, 생태 문화이다. 자연물이 인위적으로 상징화되면 성취 문화에 포함된다고 본다. 예를 들어 국화인 무궁화는 민족의 상징으로 선정되었으며 남북의 비극을 상징하는 비무장지대, 벽사신앙을 상징하는 도깨비나 금줄 등도 모두 성취 문화에 해당한다.

② **행동 문화**

인간의 의사소통 행위 그 자체, 의사소통상의 행동, 보편적 생활양식, 일상적 행동 유형, 일을 처리하는 방법 등이 행동 문화에 해당한다. 행위 자체가 상징화되어 문화적 의미를 가지면 문화 교육의 대상이 된다고 본다. 행동 문화의 하위 갈래로는 언어적, 준언어적, 비언어적 문화가 포함된다.

③ **관념 문화**

민족성, 가치관, 세계관, 정서, 믿음, 사상 등의 집단 무의식 혹은 집단의식이 전승 체계를 따라 대중화 현상으로 나타나면 관념 문화가 된다. 관념 문화는 문화권간의 의사소통에서 목표어의 발화를 가능케 하는 행동양식이나 가치 체계의 바탕이 된다.

02 문화 교육의 시작

의사소통 중심의 교수법이 등장하기 전에는 언어학적 능력을 중요하게 생각하였지만 1970년대 이후 의사소통 능력(Communicative Competence) 중심의 교수법이 나타나면서 효과적이고 원활한 의사소통을 하기 위해서 그 언어에 대한 문화의 이해가 필수적이라는 주장이 나오게 되었다.

브라운(Brown)은 제2언어 학습에서의 중요한 요소로서 문화를 언급하며 언어와 문화의 불가분성에 대해 언어는 문화의 일부인 동시에 문화는 언어의 일부이며 이 둘은 서로 복잡하게 엉켜 있어서 이들을 분리시키면 언어나 문화 중 어느 하나의 중요성이 사라지게 마련이라고 주장했다.

TOP-Point

☑ 고맥락 문화권과 저맥락 문화권

인류학자인 에드워드 홀(Edward Hall)은 다음과 같이 고맥락 문화권과 저맥락 문화권을 구분하였다. 에드워드 홀의 구분은 객관적 구분이라기보다는 일종의 경향성을 보여주는 것으로 이해할 필요가 있다.

- 고맥락 문화권

    개인과 집단의 조화를 중시한다. 고맥락 사회인 동양에서는 인간이란 서로 긴밀하게 연결되어 있는 존재이기 때문에 집단적 가치, 조직과 질서를 중요하게 생각한다. 개인은 집단 속에서의 맥락 관계 속에서 파악된다. 따라서 개인의 자유를 주장하는 것보다는 관계 속에서의 책임, 인간 관계와 집단을 중시한다.

- 저맥락 문화권

    개인과 집단을 분리해서 본다. 개인의 능력이 조직 내 인간 관계보다 중요하게 생각되며 개인의 독립적 성향이 긍정적인 가치를 가진다. 개인은 맥락에 속박되지 않는 독립적이고 자유로운 행위자이며 개인의 행복을 추구한다.

03 문화 교육의 필요성 〈중요〉

의사소통의 목적은 대화 참여자들이 자신의 의사를 자유롭게 전달하여 나타내고자 하는 바를 상대방에게 정확히 전달하는 데 있다. 만일 화자와 청자 사이에서 의사소통의 내용을 다르게 생각하거나, 언어 표현에 녹아 있는 뉘앙스의 차이를 이해하지 못한다면 그 의사소통은 실패하게 될 것이다. 그러므로 학습자는 목표언어의 문화 속에 녹아 있는 사회적·심리적 의미들을 알아야 하고, 이를 위해 목표언어 사회의 문화적 특성과 요소들을 올바로 파악해야 할 것이다.

1) 문화적 지식은 언어의 네 가지 기능, 즉 말하기, 읽기, 쓰기, 듣기 활동을 보다 효과적으로 배우고 사용할 수 있도록 돕는다.

    언어 내적 요소, 즉 문법이나 어휘, 발음 등 언어적 기능을 올바르게 이해하였다 하여도 그 요소가 어떤 상황에 어떤 방법으로 표현되어야 하는지, 어떤 전략을 가지고 상대방과 의사소통을 해야 하는지와 같은 목표언어 사회의 문화적 요소들에 대한 이해 없이는 실제 상황 속에서 의사소통에 실패하게 될 것이다.

2) 문화에 대한 이해는 학습자의 학습 동기를 유발시켜 교육 목표에 효과적으로 접근하게 한다.

    흥미롭고 다양한 한국 문화를 학습자의 학습 동기에 맞게 적절히 선별하여 교육함으로써 학습자의 학습 동기를 유발할 수 있다.

3) 문화 차이에서 오는 오해를 방지한다.

문화충격을 경험한 학습자는 종종 자기 문화와 다른 문화를 '잘못된 것'으로 간주하는 경향이 있다. 교사는 문화 교육을 통해 학습자가 한국 문화를 바르게 이해하도록 도울 수 있으며, 문화에 대한 오해가 의사소통 능력을 저해하는 것을 막을 수 있다.

TOP-Point

☑ **외국어 학습자의 타문화 이해 단계(Omaggio Hadley, 1993)**

교사는 학습자가 목표문화에 대한 편견이나 고정 관념을 가지지 않은 채 세 번째 단계에 이르게 하여 목표문화를 성숙되고 객관적으로 이해할 수 있도록 체계적으로 지도해야 한다. 또한 목표문화에 대한 지나친 동경과 우월 의식을 갖는 것도 지양해야 할 것이다.

- 첫 번째 단계: 피상적 고정관념을 갖는 단계
  관광에서 얻은 지식과 같이 목표문화에 대한 피상적 고정 관념을 갖는 단계로서 학습자는 목표문화에 대해 이국적이고 경이적이며 신비롭다는 인식을 하게 된다.
- 두 번째 단계: 문화 간 차이점 인지 단계
  자국문화와 새롭게 경험하게 된 목표문화 사이의 차이점을 인지하는 단계로서 목표문화를 잘못된 것이나 이상한 것으로 인식하게 된다.
- 세 번째 단계: 지적인 분석이 이루어지는 단계
  목표문화에 대하여 지적인 분석을 할 수 있는 단계로서 목표문화를 믿을 수 있는 것으로 인식하고 목표문화권 사람들의 시각에서 이해할 수 있게 된다.
- 네 번째 단계: 문화적 몰입 단계
  문화적 몰입(immersion)을 하는 단계로서 목표문화를 목표문화권 사람들의 시각에서 감정 이입을 하여 누릴 수 있게 된다.

04 문화 교육에서 고려해야 할 요소들

1) 문화적 정형(Cultural Stereotypes)

개인이 속해 있는 집단이 일반적으로 갖고 있는 특징을 그 집단 구성원 각각의 특징으로 과잉하여 일반화하는 것을 의미한다.

예 "한국인들은 모두 일 처리를 빨리 하려고 한다."라는 선입견 때문에 한국사람 개개인이 모두 성격이 급하고 일 처리를 빨리할 것이라고 생각한다.

2) 태도

학습자가 학습하고 있는 외국어와 그 문화에 긍정적인 태도를 가질 수 있도록 도와야 한다. 이러한 태도는 학습에 대한 동기를 제공하여 효과적이고 지속적으로 학습할 수 있도록 돕는다.

3) 사회적 거리

두 문화 간의 사회적 거리가 멀면 멀수록 학습자는 목표언어에 어려움을 느끼게 된다. 문화 간의 거리는 양국 문화의 유사성, 관계, 영향, 정치제도 등 다양한 요소로부터 영향을 받게 된다.

4) 자기 민족 중심주의

지나친 자기 민족 중심적 사고는 학습자의 목표언어 학습과 문화 수용에 대해 저해 요인이 된다. 이러한 경우, 교사는 문화다원주의적 관점에서 문화 간의 차이를 알려 주고 감정과 인지적 차원에서 인간은 동일하다는 사실을 일깨워 줄 필요가 있다.

05 문화 교육의 목표

한국어 교육에서 요구되는 문화 교육의 목표에 대한 대표적인 논의는 다음과 같다.

논의	문화 교육의 목표
Seelye (1993)	① 다양한 문화의 사람들이 음식이나 주거 등과 같은 기본적인 인간적 요구에 대해 다르게 반응할 수 있다는 것을 인식하고 이러한 행동을 자신의 기준에서 판단하는 것이 아니라 자연스럽고 당연한 것으로 받아들일 수 있도록 지도한다. ② 각 문화에서 나이, 성별, 사회계층, 거주 장소 등 다양한 사회적 변인에 따라 말과 행동이 달라지는 것을 이해할 수 있다. ③ 일상생활에서 목표문화의 사람들이 보편적으로 어떻게 행동하는가를 이해할 수 있다. ④ 학생들이 특정 단어나 표현을 학습할 때 그것과 관련된 문화적 의미를 이해할 수 있다. ⑤ 학생들이 목표문화와 관련된 행위들을 지나치게 정형화하거나 과잉일반화하지 않고 문화 내 다양성을 인정할 수 있다. ⑥ 목표문화에 대한 정보를 정리하는 데 필요한 기술을 발전시킬 수 있다. ⑦ 목표문화에 대한 지적 호기심과 공감대를 형성시킬 수 있다.
성기철 (2001)	〈상위 목표〉 문화 이해를 통해 효율적인 한국어 의사소통 능력의 신장에 기여한다. 〈하위 목표〉 ① 문화의 다원성 이해: 다른 문화의 존재와 가치를 이해하게 한다. ② 일상적 생활방식 이해: 대다수의 보편적 일상생활, 행동 및 활동방식을 이해하게 한다. ③ 보편적 사고방식 이해: 대다수의 일상생활에 구현되는 생각의 방식을 이해하게 한다. ④ 보편적 문화지식 이해: 일상생활에 필요한 상식적 문화지식을 이해하게 한다. ⑤ 언어와 문화의 관계 이해: 언어와 문화가 상호 반영되는 현상을 이해하게 한다. ⑥ 인위적·자연적 산물 이해: 인간의 활동과 결과물 그리고 자연적 산물을 이해하게 한다. ⑦ 문화 이해와 실천의 태도: 문화를 이해하고, 실천해 보고자 하는 능동적 자세를 갖게 한다. ⑧ 일상생활 적응력: 문화 이해를 통해 일상생활에서의 적응력을 길러 준다.
박영순 (2003)	① 목표언어가 속해 있는 문화의 대략적인 특징을 이해한다. ② 모(母)문화와 목표문화의 공통점과 차이점을 이해한다. ③ 문화적으로 조건화된 행동과 언어 표현에 대해 이해하고, 그에 알맞은 행동과 언어적 대응을 적절하게 할 수 있다. ④ 자신의 문화와 언어에 대한 객관적인 분석과 평가를 할 수 있고, 다른 언어와 문화를 비교·대조할 수 있다. ⑤ 목표언어가 속해 있는 문화적 관습이나 가치관에 따라 목표언어를 적절하게 수행할 수 있다. ⑥ 학습자 자신의 모국어 문화와 목표언어 문화와의 공통점과 차이점의 이해를 통하여 두 언어 문화에 대한 더 정확한 이해와 사용 능력을 향상시킨다.

민현식 (2004)	① 문화 교육으로 한국어의 문화적 표현을 익힌다. ② 문화 교육으로 한국어 습득과 사용 능력 향상에 기여한다. ③ 목표문화와 모어문화를 비교하면서 문화적 편견을 버리고 객관적으로 바르게 이해, 공감하는 능력을 기른다. ④ 목표문화에 대한 정보를 바르게 얻고 정리하며 평가하는 능력을 기른다. ⑤ 목표문화와 모어문화의 교류 발전에 기여하도록 한다.

위의 연구들을 정리하면 다음과 같은 공통점을 지니고 있다.

1) 문화 교육을 통해 한국 문화에 따른 의사소통 방식을 이해하며, 한국어 사용 능력을 신장시킬 수 있어야 한다.

2) 문화 교육을 통해 상황, 목적, 대상에 맞는 문화적 행동과 문화적 표현을 사용할 수 있어야 한다.

3) 문화 교육을 통해 한국 문화를 학습자 자신의 문화와 비교, 평가할 수 있으며 이를 통해 한국과 한국 문화에 대한 편견과 오해를 버리고 한국 문화를 객관적으로 판단할 수 있다. 또한 목표어의 문화와 모국어의 문화 교류 역할을 할 수 있어야 한다.

4) 한국어와 한국 문화에 대한 지적인 호기심을 충족시키고 더 나아가 호기심을 증대시킬 수 있어야 한다.

06 문화 교육의 내용

1) 문화 교육의 주제

문화는 통시적으로나 공시적으로 일정한 패턴이 있다. 문화를 구성하는 일상의 행위, 유무형의 인간 행위의 산물, 그리고 거기에 내재되어 있는 관념 등은 언어 행위, 의식주 행위, 가치관, 제도, 문학, 민속, 예술 등으로 구성된다. 따라서 관념, 성취 문화로서의 산물과 거기에 내재된 관념을 상위 주제 범주로 하고, 각각에 해당하는 행위와 산물, 관념을 하위 주제 범주로 삼는다.

2) 문화 교육의 범주

① 한국어 교육에서의 문화 교육 범주화(김정숙, 1997)

㉠ 인사하기, 물건 사기, 감사 표현하기, 사과하기 등의 일상생활과 관련된 문화 요소 교육

㉡ 속담, 관용표현 등 문화적 특질을 가지고 있는 언어적 요소 교육

㉢ 담화 범주와 상황에 적절한 언어 형식을 갖추어 표현할 수 있는 화법, 경어법 교육

㉣ 한국의 정치, 경제, 역사, 사회, 문화 전반을 이해하는 데 필요한 주요 역사적 사건 및 기관, 지리학적 기념물 등의 정치 경제적 요소 교육

㉤ 한국을 대표하는 문학과 예술에 대한 교육

② 한국어 속의 문화적 요소들(박영순, 2003)
　㉠ 정신 문화: 가치관, 민족성, 세계관, 정서, 상징 체계, 사상 및 종교 등
　㉡ 언어 문화: 음운, 형태, 통사, 의미, 경어법, 속담과 관용어 등과 같은 언어적 요소와 시, 소설, 수필, 희곡 등과 같은 장르
　㉢ 예술 문화: 대중예술과 고급예술로 나눔. 음악, 미술, 무용, 영화, 연극 등
　㉣ 생활 문화: 의식주 생활과 여가생활 등
　㉤ 제도 문화: 법, 정치, 경제, 사회, 교육, 언론, 제도 등
　㉥ 과학·기술 문화

3) 단계별 세부 목표와 교육 내용 〔중요〕
① 초급 단계
　㉠ 낯선 한국 문화에 대한 충격을 경험하면서 신비로움으로 인해 강한 호기심이 작용하는 시기이다.
　㉡ 기본적인 의사표현을 배우는 시기이기 때문에 문화 내용보다는 언어예절이나 경어법 체계, 해요체가 어떤 상황에서 어떻게 쓰이는지에 대한 설명이 필요하다.
　㉢ 역할극 등을 통해 물건을 두 손으로 주고받는 등의 비언어적 의사소통을 익히도록 한다.
　㉣ 문화 차이로 인해 오는 문화 거부감을 줄이고 자연스럽게 목표문화에 노출될 수 있도록 하는 데에 초점을 맞추기 위해 놀이와 그림, 사진, 영상물 등을 이용하는 것이 효과적이다.
　㉤ 교육 내용: 한글의 제자 원리, 한국의 인사법, 한국식 이름 쓰기, 신체 언어의 공통점과 차이점, 가족 관계·호칭, 언어 예절, 한국의 음식과 식사예절, 식당에서의 예절, 한국의 명절·공휴일, 전화예절, 초대하기, 서울의 교통 체제, 계절, 화폐 단위, 한국의 지리 등

② 중급 단계
　㉠ 문화 이질감에서 오는 문화충격을 경험하면서 문화 차이에 관심을 갖는 단계이다.
　㉡ 문화 비교를 통해 문화 차이를 이해하고 집단별, 개인별 갈등 양식을 통해 감정이입을 시도한다.
　㉢ 교육 내용: 문화 오해에서 비롯된 갈등, 예의범절, 속담·관용어, 한국의 대표적인 문학 작품 소개, 한국 도시들의 특징, 한국의 대표적 유적지 소개, 한국의 대표적 영화, 만화, 신문·잡지·광고, 한국의 명절 풍습, 여가생활·오락 문화, 세대별 갈등, 생일문화 등

③ 고급 단계
　㉠ 문화충격에서 회복되어 목표문법에 적응하여 새 문화를 자신 있게 받아들이는 단계이다.
　㉡ 정치, 경제, 사회 문제 등의 까다로운 주제를 심도 있게 다룸으로써 한국 문화에 대한 깊이 있는 이해를 돕는다.
　㉢ 가치관과 세계관의 차이를 통해 그 현상의 의미를 이해하고 이를 통해 한국 문화를 이해하도록 한다.

ㄹ) 교육 내용: 전통예술, 문화유산, 관혼상제, 풍자, 속담, 광고, 한국어의 변화, 방언의 차이, 한국의 음식 문화, 한국의 가정, 충효사상, 가치관의 변화, 한국의 종교, 한국 현대사, 한국의 역사와 위인, 한국의 대표적 희곡 작품, 한국의 대표적인 시, 단군신화와 그리스신화의 비교 등

07 문화의 교수-학습 방법

1) 문화의 교수-학습 방법(박영순, 2002)

① 문화를 문화의 유형에 맞게 교수-학습한다. 예를 들어, 한국의 음식을 이해시키기 위해서는 실제로 한국음식을 먹어 보게 한다.
② 문화를 이해할 수 있는 기회를 많이 제공한다.
③ 학습자의 고유 문화와 한국 문화를 대조하여 발표하는 과제를 많이 준다.
④ 문화를 알아야만 말이나 글의 진정한 의미를 해석할 수 있는 자료를 많이 제공하여, 의미를 발표하도록 한다. 관용어, 은유, 유머, 농담 등은 특히 이러한 자료의 보고(寶庫)이다.
⑤ 한국 문화를 체득할 수 있는 소그룹 활동을 많이 시킨다.
⑥ 최신 문화 이론도 다루고, 이 이론에 따른 문화 분석이나 평가를 하는 활동을 한다.
⑦ 가능한 한 그룹 여행이나 한국의 판소리 공연, 국악 연주, 한국화 전시회 같은 것을 많이 관람하도록 권유한다.
⑧ 한국의 명절 행사나 문화 행사에도 가능한 한 많이 참여할 것을 권장한다.
⑨ 되도록 한국의 유형·무형 문화재에 대한 기본적인 안내와 더불어 실제로 감상할 수 있는 시간을 갖게 한다.
⑩ 한국의 독특한 문화재를 몇 가지 골라 그것에 대하여 조사하여 그 문화재의 성격과 가치에 대하여 발표하도록 한다.
⑪ 한국어에 있는 문화어 목록을 만들어 쉬운 것부터 체계적으로 가르칠 수 있는 방안을 모색한다.

2) 효과적인 문화 수업 방법들 〔중요〕

① **문화설명(Culture Aides)**
   간단하게 문화적 내용을 언급할 필요가 있을 때마다 교사가 수시로 설명하는 방법이다. 소개되는 목표문화의 항목들은 학습자의 자국문화와 비교 가능한 것으로서 왜 문화적 충격을 일으키는가에 대한 설명을 해 준다.

② 문화 동화자(Culture Assimilators)

문화의 차이에서 오는 오해를 해소하고 타문화에 적응할 수 있도록 하는 방법이다. 먼저 학습자에게 오해하기 쉬운 문화 요소를 제시하고, 왜 이런 문제가 발생했는지, 적절한 언어적·비언어적 행동은 무엇인지 문제를 내어 답을 고르게 한다. 이를 통해 외국문화와 자국문화의 차이점을 이해하고 문화의 다양성을 인식하게 한다.

③ 문화 캡슐(Culture Capsule)

문화 캡슐은 양 문화 간에 현저한 차이를 나타내는 내용을 간단하게 기술한 다음, 차이를 알 수 있도록 시각자료나 행동으로 제시하여 나타내는 방법이다. 아울러 간단한 이해 질문을 던진 뒤에 학습자들 간에 토론을 하도록 한다. 문화적 차이를 비교함으로써 학습자는 목표문화가 자국문화와 어떻게 다른가를 알게 될 뿐만 아니라 목표문화를 통하여 자국문화를 깊이 이해할 수 있는 장점이 있다.

예를 들면, 자국문화와 목표문화의 관습 중 대조적인 것을 골라 짤막하게 이야기를 만든다. 학생들로 하여금 전체적으로 자국문화와 목표문화의 차이점을 아는 대로 말하게 한 후 그룹별로 차이점 중 한 가지씩을 골라 관련된 사진, 실물, 그림 등을 가지고 와서 문화적 차이점에 대한 설명을 쓰도록 한 후 발표해 보도록 할 수 있다(심유경, 2007).

④ 직감적 반응소(Audio-Motor Unit)

교사가 구두로 명령을 하면 학습자가 바로 행동하지 않고 교사의 몸짓이나 팬터마임 또는 얼굴 표정 등의 명령을 보고 관찰한 뒤 행동에 옮긴다. 학습자가 듣고, 보고 행동하는 것으로 학습하는 방법이다.

⑤ 문화 섬 만들기(Culture Island Formation)

문화 섬 만들기는 학생들에게 문화적 통찰력을 길러 주기 위한 수단으로 문화 교육을 위한 특별 교실을 만드는 것이다. 그림, 포스터, 게시판 등을 활용하여 학생들의 관심을 끌고, 질문이나 설명을 유도하는 목적으로 사용하는데 이러한 환경을 갖춘 장소는 문화의 섬이 된다(심유경, 2007).

⑥ 문화감지도구(ICS)

문화감지도구(ICS; Intercultural Sensitizer)는 Fiedler, Osgood, Stolurow, Triandis에 의해 1962년 최초로 개발되었는데, 이는 이문화 집단에서의 효과적인 의사소통을 위한 방안의 하나로 개발되었다. 현장과 유리된 교실 상황에서는 학습자를 충분히 자극하기 어려운데, 그러한 어려움을 극복하고 피훈련자들을 문화간 상호 작용 공간으로 효율적으로 노출시킬 수 있도록 고안된 방안이다.

이문화 상황의 구체적인 사례를 제시한 후 학습자가 이에 반응을 하면 그에 대한 피드백이 주어지며 학습자가 답안을 맞출 때까지 이를 반복하면서 문화학습을 하게 한다(손은경, 2003).

⑦ 역할극(Role Play)

　　이 방법은 학생들에게 실제 상황에 직접 참여하도록 함으로써 상호문화소통(Intercultural Communication)이 가능하게 하는 방법이다.

⑧ 사진과 시청각자료

　　영화, 사진 같은 것을 이용하는 것으로 학습자에게 다른 문화 또는 그들의 사고나 생활 방식에 대한 비교적 정확한 개념을 생생하게 심어 줄 수 있는 방법이다. 자료를 선정할 때 보편성을 고려해야 하고 오래된 자료는 지양하는 것이 좋다.

⑨ 노래와 춤

　　Taylor(1980)는 학습자의 어학 실력의 향상을 위해서 뿐만 아니라 문화 이해 증진을 위하여 노래를 이용할 것을 추천하였다.

⑩ 동영상

　　한국 문화에 대한 동영상을 보여주고 문화적인 요소를 관찰하도록 한 후, 소그룹으로 관찰 내용을 비교, 토론해 보도록 한다.

⑪ 게시판

　　한국의 그림, 작품, 만화 또는 의식주에 관한 광고나 속담 같은 것을 교실의 게시판에 전시하는 방법이다.

08 문화평가

　실제 교육 현장에서 문화평가는 별로 사용되지 않고 있는데, 이는 문화 교육의 달성 목표와 수준, 평가 방식이 명시적이지 않기 때문이다. 학습자는 대상 문화에 대한 호기심과 공감, 비판적 능력을 키우면서 목표언어 능력을 향상시킬 수 있다. 따라서 문화 교육의 목표와 평가 유형을 먼저 설정하는 것이 매우 중요하다.

11 실전 문제

연습 문제

01
다음 중 브룩스(Brooks)가 분류한 'Big C'에 포함되지 않는 것을 고르시오.

① 판소리
② 남대문
③ 민주주의
④ 빨리빨리 문화

02
다음 중 비언어적 의사소통 능력은 어디에 속하는지 고르시오.

① 문법적 능력
② 전략적 능력
③ 담화적 능력
④ 사회언어학적 능력

03
에드워드 홀(Edward Hall)이 말한 고맥락·저맥락 사회에 대한 내용으로 바르지 않은 것을 고르시오.

① 서양권 나라들은 일반적으로 저맥락 사회에 속한다.
② 동양권 나라들은 일반적으로 고맥락 사회에 속한다.
③ 저맥락 사회에서는 맥락 또는 상황이 덜 중요하다.
④ 고맥락 사회에서는 문화적 요소가 덜 중요하다.

04
집단이 가지고 있는 요소를 개인에게 과잉 일반화하는 것을 무엇이라 하는지 고르시오.

① 몰입
② 문화충격
③ 문화적 정형
④ 자기 민족 중심주의

05

한국어 속의 문화적 요소들의 분류로 알맞지 않은 것을 고르시오.

① 제도 문화-의식주 생활과 여가생활
② 예술 문화-음악, 미술, 무용, 영화, 연극
③ 언어 문화-경어법, 속담, 관용어, 시, 소설
④ 정신 문화-가치관, 민족성, 세계관, 정서, 상징 체계

06

한국어 교육에서 요구되는 문화 교육의 목표로 적절하지 않은 것을 고르시오.

① 한국 문화의 우수성을 이해시키고 수용하게 한다.
② 문화 교육을 통하여 한국어의 문화적 표현들을 익힌다.
③ 일상생활 속에서 일어나는 문화적 행동들에 대처할 수 있는 능력을 키워준다.
④ 학습자 자국의 문화와 한국 문화를 비교함으로써 객관적 이해 능력을 키워준다.

07

한국어 초급 단계 학습자들에게 가르쳐야 할 문화 교육 내용과 방법으로 알맞지 않은 것을 고르시오.

① 비언어적 의사소통을 알려 준다.
② 놀이와 그림, 사진, 영상물 등을 이용한다.
③ 언어예절, 경어법 체계, 해요체가 쓰이는 상황을 알려 준다.
④ 한국의 명절 풍습, 오락문화, 세대별 갈등 등을 알려 준다.

08

다음의 단계를 사용한 문화 수업의 방법을 고르시오.

> 1. 학습자와 목표언어의 문화 차이에 대한 글 제시
> 2. 학습자와 목표문화의 문화 차이에 대하여 토의
> 3. 자료 수집 후 발표

① 문화 설명
② 문화 캡슐
③ 문화 동화자
④ 직감적 반응소

해설

01 'Big C'는 문학, 예술, 전통음악, 제도 같은 문물이며 'little c'는 행동 양식이나 가치관 등이 포함된다.
03 고맥락 사회는 말보다는 말을 하는 맥락과 상황을 중시하므로 문화적 요소가 매우 중요하다.
04 한국인들은 모두 성격이 급하다고 생각하는 것 등이 문화적 정형의 예이다.
05 제도 문화는 법, 정치 등이 포함되고 생활 문화에는 의식주와 여가 등이 포함된다.
06 한국 문화를 무조건적으로 수용하게 하는 것은 올바른 문화 교육이 아니다.
07 초급 단계에서 명절 풍습, 세대별 갈등 등을 다루는 것은 학습자에게 학습 부담을 지나치게 안겨준다.
08 문화 캡슐은 문화 차이에 대해 이야기하고 사진, 그림 등을 통해 발표하도록 하는 것이고 문화 동화자는 오해하기 쉬운 문화요소와 그 이유에 대해 이야기하고 이해하게 한다.

정답 01 ④ 02 ② 03 ④ 04 ③ 05 ① 06 ① 07 ④ 08 ②

기출문제

01
국제 통용 한국어 표준 교육과정(2017)에서 다음 내용이 해당하는 문화 범주는?   기출 17회 106번

- 한국인의 가치관과 사고방식을 이해한다.
- 한국의 지리와 지역적 특성을 이해한다.
- 한국 사회와 한국인의 사회적 활동을 이해한다.

① 문화 관점 ② 문화 지식
③ 문화 실행 ④ 문화 목표

02
문화 동화 지도법(culture assimilator method)에 관한 설명으로 옳은 것은?   기출 18회 106번

① 개별 문화 현상에 관한 시각 자료나 실물 자료를 제시하고 개방형 질문을 통해 학습자가 목표 문화를 이해하게 하는 방식이다.
② 교실 안팎의 문화와 관련된 다양한 행위를 학습자가 직접 수행하는 활동을 통해 문화를 학습하게 하는 방식이다.
③ 학습자가 목표문화를 오해할 수 있는 상황을 제시한 후 토론과 피드백을 거쳐 문화 차이를 인식하게 하는 방식이다.
④ 학습자들의 관심을 유도하기 위해 교실을 목표문화의 전형적인 공간으로 만들어 유지하는 방식이다.

03
상호문화교육의 단계별 수업 방법으로 옳지 않은 것은?   기출 19회 103번

① 타문화 이해: 사진, 동영상, 텍스트 등 다양한 자료를 통해 목표문화에 대해 이해하도록 한다.
② 문화 비교: 목표문화와 유사한 자문화를 소개하고 공통점과 차이점을 발견하도록 한다.
③ 문화 상대성 이해: 다양한 상호 작용 활동을 통해 우수한 문화를 고르도록 한다.
④ 타문화 존중: 낯선 문화를 이해하고 존중하며 개방적인 태도로 타문화를 받아들이도록 한다.

04

다음의 문화 요소 중 성취 문화에 해당하는 것을 모두 고른 것은? 기출 19회 104번

ㄱ. 경복궁 ㄴ. 판소리
ㄷ. 허균의 《홍길동전》 ㄹ. 흥과 신명

① ㄱ, ㄹ　　② ㄱ, ㄴ, ㄷ　　③ ㄴ, ㄷ, ㄹ　　④ ㄱ, ㄴ, ㄷ, ㄹ

05

문화 체험 수업에 관한 설명으로 옳지 않은 것은? 기출 19회 105번

① 학습자들이 주체가 되어야 교육 효과가 높아진다.
② 교실 내 문화 체험과 교실 밖 문화 체험으로 구분된다.
③ 관심과 흥미 유지를 위해 체험 목적이나 내용, 장소 등이 노출되지 않도록 한다.
④ 체험 활동 후에는 감상문 쓰기, 보고서 작성하기 등의 활동을 진행하는 것이 효과적이다.

06

한국어 교육에서 활용할 수 있는 문화 교육의 방법 중 다음에 해당하는 것은? 기출 19회 106번

- 학습자들의 관심을 끌고 질문과 발표를 유도하기 위한 방법이다.
- 교사가 교실 안팎의 포스터, 사진, 그림 등을 부착하여 목표문화의 전형적인 측면을 보여줄 수 있는 공간으로 만들어 유지한다.

① 문화 섬(culture island)
② 문화 캡슐(culture capsule)
③ 문화 클러스터(culture cluster)
④ 문화 동화 장치(culture assimilator)

정답 01 ② 02 ③ 03 ③ 04 ② 05 ③ 06 ①

참고문헌

- 권순희(1996), 언어 문화적 특성을 고려한 한국어 교육의 교재 편성 방안, 국어 교육 연구 3, 서울사대국어교육연구소
- 권오경(2009), 한국어 교육에서 문화 교육 내용 구축 방안, 언어와 문화 5, 한국언어문화교육학회
- 김영순(1999), 다중 문화 교육을 위한 동작 분석 방안, 이중언어학 16, 이중언어학회
- 김정숙(1997), 한국어 숙달도 배양을 위한 한국 문화 교육 방안, 교육한글 10, 한글학회
- 김진호(2008), 외국어로서의 한국어학개론, 박이정
- 남기심·이상억·홍재성 외(1999), 외국인을 위한 한국어 교육의 방법과 실제, 한국방송통신대학교출판부
- 박영순(2002), 외국인을 위한 한국문화론, 한국문화사
- 손은경(2003), 문화감지도구 개발연구: 일본인 학습자를 대상으로, 연세대학교 교육대학원 석사학위논문
- 심유경(2007), 영미 문화 교육을 통한 의사소통능력 향상에 관한 연구, 한남대학교 교육대학원 석사학위논문
- 신경철(1996), 외국인을 위한 한글 교육 방법, 한국어 교육 7, 국제한국어교육학회
- 장연희(1988), 외국어 교육에 있어서의 문화 교육, 이화여자대학교 교육대학원 석사학위논문
- 조영미(2000), 외국어로서의 한국어 학습자들의 문화 학습 연구-한국어 화자와의 문화 간 의사소통 양상을 중심으로, 연세대학교 석사학위논문
- 조옥경(1987), 외국어 교육에 있어서 문화 교육의 중요성, 연세대학교 교육대학원 석사학위논문
- 조창환(1996), 한국어 교육과 연계된 한국 문화 소개 방안, 한국어 교육 7, 국제한국어교육학회
- 조항록(1998), 한국어 고급 과정 학습자를 위한 한국 문화 교육 방안, 한국어 교육 9, 국제한국어교육학회
- 조항록 외(2003), 예비교사·현직교사 교육용 교재 개발 최종보고서, 한국어세계화재단
- 최길시(1998), 외국인을 위한 한국어 교육의 실제, 태학사
- 최창렬(1983), 문화충돌과 의미전달, 이중언어학회 1, 이중언어학회
- 한상미(1999), 한국어 교육에서 언어와 문화의 통합적인 교육 방안, 한국어 교육 10, 국제한국어교육학회

12. 교안 작성법과 실제

한국어 교안 작성법

01 교안 작성의 목적

수업 전에 교사는 실제적이고 구체적인 학습 활동 계획을 세워야 한다. 수업은 교사의 지도 경험과 상관없이 그날 교사의 상황이나 학습자의 상황, 교실 환경 등 여러 가지 변수로 교사가 계획한 대로 흘러가지 않는 경우가 있기 때문에 효과적이고 응집성 있는 수업을 위해서는 구체적인 학습 지도안이 반드시 필요하다.

02 교안 작성의 다섯 가지 요소

1) 구체성

교사가 수업의 과정과 내용을 숙지하고 있다고 해도 반드시 모두 교안에 기입되어 있어야 한다. 중요한 교사 말은 모두 직접 기록하고, 그 외 설명을 요하는 부분은 요약된 문장으로 기입하면 된다.

2) 명확성

교사가 수업을 진행시키는 과정에서 교안을 명확하게 알아보고 참고할 수 있도록 교안은 깨끗하고 명확하게 작성해야 한다.

3) 실효성

교안은 평가의 대상이 아니다. 강의를 전제로 하여 작성하여야 한다.

4) 평이성

교안은 쉽게 작성되어야 한다. 학습자의 수준을 고려하여 이미 선수된 어휘와 문법으로 설명되어야 한다.

5) 논리성

교안의 내용은 강의와 직결된다. 그렇기 때문에 객관적이며 보편타당성이 있어야 한다. 또한 체계적이고 규칙적이어야 한다.

03 교안의 단계

도입 → 제시 → 연습 → 활동(과제) → 마무리

1) 도입
도입 단계는 학습자에게 학습 목표를 자연스럽게 이해시키며, 스키마를 활성화시켜 학습 동기를 이끌어 내는 단계이다.

2) 제시
제시 단계는 각 과의 주제에 맞는 문법과 표현을 제시하거나 내용 이해에 대한 설명이 이루어진다. 상황을 통한 귀납적 제시 방법을 주로 사용하여 학습자가 그 해당 문법을 이해하도록 돕는다. 제시 단계는 의미 제시와 형태 제시로 나눌 수 있다.
① 내용은 실제 상황에 맞게 논리적이고 구체적이어야 한다.
② 부차적인 점을 강조해서 중요한 점을 놓치지 말아야 한다.
③ 내용 설명은 학습자에게 맞는 비유를 통해 친근하게 접근할 수 있어야 한다.
④ 질문을 자주 하여 학습자를 수업에 적극적으로 참여시킨다.
⑤ 판서나 보조 자료에 대한 사용 계획도 구체적으로 해야 한다.

3) 연습
이해된 규칙을 반복 연습을 통해 내재화한다. 기계적 연습과 유의적 연습 단계를 거친다. 여기서 기계적 연습이란 형태(문법)에, 유의적 연습이란 뜻(의미)에 초점을 두는 것을 의미한다.

4) 활동(과제)
의사소통의 네 가지 기능인 말하기, 듣기, 읽기, 쓰기가 실제적으로 나타날 수 있도록 과제를 구성하여 학습자에게 학습된 내용을 내재화시키는 과정이다. 학습자가 자주 경험하게 되는 실제적인 내용으로 구성해야만 한다. 네 가지 기능은 독립적으로 운영되는 것이 아니라 두세 개씩 통합적으로 운영되는 것이 효과적이다.

5) 마무리
앞에서 이루어진 설명과 활동을 요약하는 단계이다. 또한 다음 수업에 대한 제시를 간략하게 해주고 숙제를 부과한다.

04 교안의 실제 사례(도입과 제시)

- 숙달도: 초급 중반
- 목표문법: 형용사의 관형형 '-(으)ㄴ'
- 수업 시간: 60분
- 수업 목표
  1. 형용사의 관형형을 이용하여 명사를 수식할 수 있다.
  2. 사람의 외양을 묘사할 수 있다.
  3. 사물을 묘사해서 설명할 수 있다.
- 선수학습
  형용사 어휘, 'ㅂ' 불규칙

단계	교수-학습 활동	학습 자료	시간	지도상의 유의점
도입	• 간단한 인사로 수업을 시작한다. • 선수 학습한 내용(형용사)을 확인하면서 오늘의 목표문법인 형용사의 관형형을 넌지시 제시한다. T: 요즘 날씨가 어때요? S: 더워요. T: 네, 지금은 여름이에요. 그래서 날씨가 더워요. 더운 날씨예요. 선생님은 더워서 짧은 옷을 입어요.		5분	• 학생들이 수업을 준비할 수 있도록 도와주면서 흥미를 유발한다. • 형용사와 그것의 관형형을 의식적으로 사용한다.
제시	1. 의미 제시 • 방 그림이나 사진을 이용해서 방 묘사하기 • 교사는 형용사의 관형형을 사용해서 방에 있는 물건들을 묘사한다. T: 여러분, 이 사진을 보세요. 이게 선생님 방이에요. (큰 텔레비전을 가리키며) 여기 텔레비전이 있어요. 텔레비전이 어때요? 텔레비전이 커요. 어떤 텔레비전이에요? 큰 텔레비전이에요. (벽에 걸린 그림을 가리키며) 여기 그림이 있어요. 그림이 어때요? 예뻐요. 어떤 그림이에요? 예쁜 그림이에요. 2. 형태 제시 • 형용사, 명사 문형카드를 칠판에 붙이고 사물의 속성을 설명할 때 사용되는 'N이/가 어떻다'를 '어떤 N'으로 바꾸어 나타낼 수 있음을 설명해준다.	여러 가지 물건이 있는 방 그림이나 사진 형용사, 명사 문형 카드	20분	이미 알고 있는 쉬운 어휘부터 시작해서 'ㅂ' 불규칙이나 'ㄹ' 불규칙의 순서로 형용사를 제시한다.

제시	크다 가방 → 큰 가방 예쁘다 여자 → 예쁜 여자 높다 산 → 높은 산 덥다 날씨 → 더운 날씨 멋있다 사람 → 멋있는 사람 길다 연필 → 긴 연필 • 이때 받침이 있는 경우에는 '-은', 받침이 없는 경우에는 '-ㄴ'이 온다는 것을 가르친다. '있다, 없다'의 경우는 예외적으로 '-는'과 결합한다는 것을 주지시킨다.			

부교재 1

예 저는 ＿＿＿＿＿＿＿＿＿＿ 이/가 있어요.
→ 저는 큰 자동차가 있어요.

크다	싸다	복잡하다	친구	친절하다	바지
많다	방	책	바쁘다	좋다	짧다
가방	길다	예쁘다	적다	신발	작다
높다	춥다	재미있다	치마	뚱뚱하다	자동차
가볍다	나쁘다	낮다	날씬하다	숙제	어렵다
동생	컴퓨터	귀엽다	비싸다	맛있다	과자

부교재 2

다음 글을 읽고 문장에 맞게 상태 동사를 바꿔 보십시오.

1.

제니퍼는 제 친구예요. 호주에서 왔어요. 제니퍼는 예뻐요. 제니퍼의 남자 친구도 멋있어요.	→	제니퍼는 제 친구예요. 호주에서 왔어요. 제니퍼는 ＿＿＿＿ 여자예요. 그리고 ＿＿＿＿ 남자 친구가 있어요.

2.

히라이 씨는 저하고 같이 일해요. 히라이 씨는 조금 뚱뚱해요. 그리고 아주 재미있어요. 그래서 회사 사람들이 모두 히라이 씨를 좋아해요. 히라이 씨 딸은 아주 귀여워요.	→	히라이 씨는 저하고 같이 일해요. 히라이 씨는 조금 ＿＿＿＿ 사람이에요. 그리고 아주 ＿＿＿＿ 사람이에요. 그래서 회사 사람들이 모두 히라이 씨를 좋아해요. 히라이 씨는 ＿＿＿＿ 딸이 있어요.

3.

| 리리 씨는 오늘 백화점에서 친구를 만났어요. 날씨가 더워서 콜라를 마셨어요. 콜라는 아주 시원했어요. 친구는 커피를 마셨어요. 커피는 뜨거웠어요. 친구와 이야기를 많이 했어요. 재미있었어요. 그 다음에 리리 씨는 치마를 사러 갔어요. 치마는 길었어요. 친구는 신발을 샀는데 아주 예뻤어요. | → | 리리 씨는 오늘 백화점에서 친구를 만났어요. 날씨가 더워서 아주 ____ 콜라를 마셨어요. 친구는 ____ 커피를 마셨어요. 리리 씨는 친구와 ____ 이야기를 많이 했어요. 그 다음에 리리 씨는 ____ 치마를 샀고, 친구는 ____ 신발을 샀어요. |

부교재 3

여러분은 어느 것을 좋아합니까? 큰 차를 좋아합니까, 작은 차를 좋아합니까?

A: 요코 씨는 큰 차를 좋아해요, 작은 차를 좋아해요?
B: 저는 작은 차를 좋아해요.
A: 왜 작은 차를 좋아해요?
B: 저는 혼자 살아요. 그래서 작은 차도 괜찮아요. 그리고 큰 차는 너무 비싸요.

종류	무엇을 좋아해요?
자동차	작다/크다
음식	맵다/달다/짜다
구두	높다/낮다
머리	길다/짧다
음료수	뜨겁다/차갑다
남자친구/여자친구	착하다/예쁘다/멋있다/재미있다
도시	크다/작다/조용하다/편리하다
날씨(계절)	덥다/따뜻하다/시원하다/춥다

교안 작성법의 실제

01 한국어교육능력검정시험에서의 교안 작성

1) 외국어로서의 한국어 교육 분야에서 활동하는 교사는 이론에 대한 준비가 철저해야 한다. 하지만 이론적 준비가 교실 현장에서 수업을 운영하는 능력을 말해주는 것은 아니다. 실제 교실 현장에서는 한 단원을 구성하는 여러 가지 요소들을 효과적으로, 그리고 학습자가 쉽고 재미있게 이해할 수 있도록 이끌어 가는 능력이 중요하다. 이러한 능력을 평가하기 위해서는 직접 수업을 운영하는 모의 수업을 하도록 하는 것이 가장 좋은 방법이나, 현재 시행되고 있는 한국어교육능력검정시험에서는 사실상 평가 참여자들 한 사람 한 사람에게 기회를 주는 것은 현실적으로 불가능하다.

2) 1회를 제외하고, 한국어교육능력검정시험 2교시 외국어로서의 한국어 교육론의 마지막 문제에서 매번 교안 작성 문제가 출제되고 있다. 2회와 3회는 10점을 배당하였고, 4회부터는 12점으로 배점이 늘어났다. 그만큼 교안 작성 문제도 소홀히 할 수 없기 때문에 철저한 준비가 필요하다.

3) 교안 작성은 교사가 교수 현장에서 꼭 지녀야 할 능력이다. 앞서 평가된 국어학, 언어학, 외국어로서의 한국어 교육론, 한국 문화에 걸친 모든 영역에 대한 집합체로 그것 자체가 중요한 평가의 대상이라고 할 수 있다.

02 문제 구성과 분석

2회부터 12회까지의 기출문제를 보며 교안 작성 문제를 파악해 보도록 하자.

2회

'여행'을 주제로 한 단원에서 '-(으)ㄴ 적이 있다/없다'를 지도하려고 한다. 다음 내용을 참조하여 교수안을 작성하시오. (10점)

- 숙달도: 초급 후반
- 단원 주제: 여행
- 수업 내용(목표문법): -(으)ㄴ 적이 있다/없다
- 수업 목표: '-(으)ㄴ 적이 있다/없다'를 익혀 사용할 수 있다.
- 수업 일시: 2007년 12월 16일
- 수업 시간: 50분

3회

'병(病)'을 주제로 한 단원에서 '-지 말다'를 지도하려고 한다. 다음 내용을 참조하여 교수안을 작성하시오. (10점)

- 숙달도: 초급 후반
- 단원 주제: 병
- 목표문법: -지 말다
- 교육 내용: '-지 말다'의 제시와 연습
- 수업 시간: 20분

4회

'주말 계획'을 주제로 한 단원에서 '-(으)러'를 지도하려고 한다. 다음 내용을 참조하여 교수안을 작성하시오. (12점)

- 숙달도: 초급 중반
- 단원 주제: 주말 계획
- 목표문법: -(으)러
- 교육 내용: '-(으)러'의 제시와 연습
- 수업 시간: 20분

5회

'여행 계획'을 주제로 한 단원에서 '-(으)ㄹ 거예요'를 지도하려고 한다. 다음 내용을 참조하여 교수안을 작성하시오. (12점)

- 숙달도: 초급
- 단원 주제: 여행 계획
- 목표문법: -(으)ㄹ 거예요(미래 시제) ※ 현재 시제, 과거 시제는 선수 학습됨
- 교육 내용: '-(으)ㄹ 거예요'의 제시와 연습
- 수업 시간: 20분

6회

'약속'을 주제로 한 단원에서 '-(으)ㄹ까요'를 지도하려고 한다. 다음 내용을 참조하여 '-(으)ㄹ까요'의 설명과 연습 단계의 교수안을 작성하시오. (12점)

- 숙달도: 초급
- 단원 주제: 약속
- 목표문법: -(으)ㄹ까요
- 수업 시간: 20분

7회

'계절과 날씨'를 주제로 한 단원에서 '-아지다/어지다/여지다'를 지도하려고 한다. 다음 내용을 참조하여 '-아지다/어지다/여지다'의 설명과 연습 단계의 교수안을 작성하시오. (12점)

- 숙달도: 초급 후반
- 단원 주제: 계절과 날씨
- 목표문법: -아지다/어지다/여지다
- 수업 시간: 20분

8회

'공공장소 예절'을 주제로 한 단원에서 '-아/어/여도 되다'를 지도하려고 한다. 다음 내용을 참조하여 '-아/어/여도 되다'의 제시와 연습 단계의 교수안을 작성하시오. (12점)

- 숙달도: 초급 중반
- 단원 주제: 공공장소 예절
- 목표문법: -아/어/여도 되다
- 수업 시간: 20분

9회

'한국 생활'을 주제로 한 단원에서 '-(으)ㄴ 지'를 지도하려고 한다. 다음 내용을 참조하여 '-(으)ㄴ 지'의 제시와 연습 단계의 교수안을 작성하시오. (12점) (※ 제시와 연습 단계 이외의 단계를 포함할 경우 감점됨)

- 숙달도: 초급 후반
- 단원 주제: 한국 생활
- 목표문법: -(으)ㄴ 지 예 한국에 온 지 일 년이 되었어요.
- 수업 시간: 20분

10회

'일상생활'을 주제로 한 단원에서 '-고 나서'를 지도하려고 한다. 다음 내용을 참조하여 '-고 나서'의 제시와 연습 단계의 교수안을 작성하시오. (※ 제시와 연습 단계 이외의 단계를 포함할 경우 감점됨)

- 숙달도: 중급
- 단원 주제: 일상생활
- 목표문법: -고 나서
- 수업 시간: 20분

11회

'일상생활'을 주제로 한 단원에서 '-(으)면서'를 지도하려고 한다. 다음 내용을 참조하여 '-(으)면서'의 제시와 연습 단계의 교수안을 작성하시오. (※ 제시와 연습 단계 이외의 단계를 포함할 경우 감점됨)

- 숙달도: 초급
- 단원 주제: 일상생활
- 목표문법: -(으)면서 예 일기를 쓰면서 음악을 들어요.
- 수업 시간: 20분

12회

'일상생활'을 주제로 한 단원에서 '-고 싶다'를 지도하려고 한다. 다음 내용을 참조하여 '-고 싶다'의 제시와 연습 단계의 교수안을 작성하시오.

- 숙달도: 초급
- 단원 주제: 일상생활
- 목표문법: -고 싶다
- 수업 시간: 20분

1) 숙달도
   ① 문법 항목
   　　2회 · 3회 · 7회 · 9회는 초급 후반, 4회 · 5회 · 8회는 초급 중반으로 대부분의 문제가 초급에 집중되어 있다. 일반적으로 한국어 교육의 문법 항목은 사용 빈도, 난이도, 일반화 가능성, 학습자의 기대문법을 고려하여 등급이 결정된다. 그래서 초급에서 다루어지는 문법은 중 · 고급에서 다루어지는 문법들보다 제약이 많지 않으며, 일상생활에서 자주 사용되는 것들이다.
   　　또한 학습자의 모국어가 아닌 한국어를 통해 문법 체계를 설명하기 때문에 초급에서 다루어지는 문법을 제시할 때는 귀납적 방법으로 많은 예문을 제시하여야 하고 초급 학습자에 맞는 적절한 교사 말을 사용할 줄 알아야 한다.
   ② 교수법
   　　현재 외국어로서의 한국어 교육 현장에서 주로 사용되는 교수법은 의사소통 교수법으로서 귀납적 방법을 통해 실현된다. 이에 교수안 작성에 대한 문제에서도 평가 참여자가 주제와 목표문법을 적절하게 연결하여 학습자들에게 귀납적인 방법을 통해 효과적으로 제시하고 있는지를 평가한다.

2) 목표문법에 대한 문법지식
　　다음으로 고려해야 할 점은 목표문법이다. 숙달도에 대한 분석에서도 말했듯이 평가 항목이 될 수 있는 문법 항목들은 초급에서 주로 나오게 될 것이다. 대표적으로 2회에서 9회까지 살펴보면, 2회에서는 '-(으)ㄴ 적이 있다/없다', 3회에서는 '-지 말다', 4회에서는 '-(으)러', 5회에서는 '-(으)ㄹ 거예요', 6회에서는 '-(으)ㄹ까요', 7회에서는 '-아/어/여지다', 8회에서는 '-아/어/여도 되다', 9회에서는 '-(으)ㄴ지'가 목표문법으로 제시되었다. 이 문법 항목들의 특징을 살펴보면 다음과 같다.
① 문법 항목들은 모두 활용 제약을 가지고 있다.
　　'-(으)ㄴ 적이 있다/없다, -지 말다, -(으)러, -(으)ㄹ까요' 모두 동사와만 활용되고, '-아/어/여지다'는 단원 주제를 보아 변화의 의미를 나타내야 하므로 형용사와만 활용된다. 이렇듯 어떤 문법 항목이 나오면 그 문법 항목이 동사 또는 형용사 중 어떤 것과 활용이 가능한지를 먼저 고려해야 한다.
　　문법의 제약에는 이 외에도 '-았/었-, -겠-' 등과 같은 선어말 어미와 결합이 되는지에 대한 것들도 있다. 예를 들어 '-아/어서'의 경우가 그렇다. 선행되는 문장이 과거 표현일지라도 '-아/어서'와 결합될 때는 "어제 늦게까지 공부를 했어서 피곤하다."처럼 과거 표지를 사용할 수 없다. 또 '-아/어서'의 경우는 후행하는 문장이 "비가 와서 우산을 가지고 가세요."처럼 청유문이나 명령문이 올 수 없다는 제약도 있다.

② 각각의 문법 항목은 함께 사용해야만 하는 어휘나 문법 요소가 있다.

'-(으)ㄴ 적이 있다/없다'의 경우, '난 아직 제주도에 가본 적이 없다.'에서 볼 수 있는 것처럼 '-아/어 보다'라는 다른 문법 항목과 자주 사용된다. '-지 말다'의 경우는, 홀로 사용되지 않고 '앉지 마십시오, 여기서 담배를 피우지 말고 밖으로 나갑시다.'처럼 청유나 명령의 의미를 갖는 문장으로 표현된다. '-(으)러'의 경우는, 뒤에 후행하는 동사를 '우유를 사러 편의점에 가요.'처럼 '가다, 오다, 다니다'만 취한다는 특징이 있다. 다른 동사들이 올 때는 '-(으)러'를 사용하지 않고 '-(으)려고'를 사용한다. '-(으)ㄹ까요'의 경우는 '-(으)ㅂ시다'와 사용되어 대화 쌍을 이룬다. 이처럼 다른 문법 항목과 연어적 차원에서 덩어리째 함께 쓰이거나 대화 쌍으로 쓰이는 어휘와 문법이 있는지 고려해야 한다.

③ 용언의 활용에 형태적 제약이 있는지 고려해야 한다.

'-(으)ㄴ 적이 있다/없다'나 '-(으)러'의 경우 용언의 불규칙의 환경이 된다. '살다, 듣다, 젓다, 돕다' 등과 같은 모음과 함께 활용될 때 불규칙 현상이 일어나게 된다. 이처럼 불규칙 활용으로 인한 형태적인 제약이 있는지 살펴보아야 한다.

④ 제시된 문법 항목과 주제의 관련성을 고려해야 한다.

문법 항목과 주제는 서로 밀접한 관계가 있다. 예를 들어 2회에서 제시된 '-(으)ㄴ 적이 있다/없다'는 자신의 경험을 표현할 때 사용하는 문법 항목으로 '여행'이라는 주제와 함께 제시되었는데, 이 경우는 그 관련성이 크다고 할 수 있다. 하지만 3회 시험에서 제시된 어떤 행위의 금지를 나타내는 문법 항목인 '-지 말다'의 경우는 함께 제시된 '병'이라는 주제와도 어울리지만 '도서관 사용하기'나 '교실에서 하면 안 되는 일'과 같은 기능을 담은 '학교생활'과 같은 주제와도 어울리는 항목이다.

교안 평가는 각 문법 항목들이 어떤 주제 속에서 다루어지는지, 그리고 그 주제에 적절한 상황과 담화를 구성할 수 있는지를 평가하기 때문에 문법에 대한 설명이 잘 이루어져도 실제 활용 상황을 제시하지 않으면 좋은 평가를 받기 어렵다.

⑤ 한 문법 항목이 여러 의미를 가지고 있는 경우가 있을 수 있다.

한 문법 항목이 여러 가지 의미를 가지고 있다고 해서 한꺼번에 제시해서는 안 된다. 제시된 문법 항목의 여러 의미 중 주제와 관련된 내용만을 다루어야 한다. 예를 들어 '-아/어서'의 경우, 원인이나 이유를 나타내기도 하지만 시간의 순서를 따라 문장을 나열할 때도 사용할 수 있다. 만일 주제가 '요리'라면 원인이나 이유를 나타내는 의미가 아니라 시간의 순서를 나타내는 의미를 다루어야 한다. '-아/어/여지다'의 경우에도 동사와 활용되면 어떤 행위를 하게 되거나 어떤 동작이 저절로 일어나 그러한 상태로 됨을 나타내지만, 주제와 관련지어 생각해 보면 변화의 의미를 표현하고 있기 때문에 형용사와만 활용되어야 한다.

3) 교육 내용과 시간

교육 내용이란 수업의 진행 순서를 의미한다. 현재 외국어로서의 한국어 교육에서 주로 사용하고 있는 수업의 진행은 '도입-제시-연습-사용(과제, 활동)-마무리' 단계로 구성되어 있다. 2회 시험은 5개의 단계를 모두 서술하게 하면서 수업 시간을 50분으로 설정하였으나, 그 이후의 시험에 와서는 '제시와 연습' 단계만을 서술하게 하였다. 이는 한국어교육능력검정시험의 시간 제약 때문이라고 생각된다. 50분이라는 시간을 활용하여 5단계의 과정을 모두 서술하게 하는 것이 평가의 차원에서 더 이상적이라고 하겠지만, 이를 모두 기록한다는 것은 꽤 많은 시간을 요구할 것이다. 이에 3회 시험부터는 가장 중요한 제시 단계를 중심으로 하여 연습 단계를 더한 것으로 보인다. 앞으로의 시험에서도 제시를 중심으로 연습이나 사용 단계, 또는 제시 단계를 중심으로 앞선 도입 단계 정도의 두 단계를 출제할 가능성이 높다.

03 모범답안 분석

모범답안을 토대로 교안 작성에 있어 평가 참여자가 고려해야 할 점들을 정리할 수 있을 것이다. 먼저 3회 주관식 문제의 모범답안을 살펴보면 다음과 같다.

제3회 한국어교육능력검정시험 2교시 외국어로서의 한국어 교육론 · 한국 문화

〈주관식〉

'병(病)'을 주제로 한 단원에서 '-지 말다'를 지도하려고 한다. 다음 내용을 참조하여 교수안을 작성하시오. (10점)

- 숙달도: 초급 후반
- 단원 주제: 병
- 목표문법: -지 말다
- 교육 내용: '-지 말다'의 제시와 연습
- 수업 시간: 20분

모범답안

단계	교수-학습 활동	학습 자료	시간	지도상의 유의점

제시	1. 의미 제시
	• 상황을 이용해 목표문법의 의미를 이해시킨다.
	
	  예1 T: 친구가 배가 아파요. 그런데 아이스크림을 먹으려고 해요. 괜찮아요?
	     S: 아니요, 안 돼요.
	     T: 배가 아파요. 아이스크림은 안 돼요. 친구에게 말해요. "아이스크림을 먹지 마세요."
	  예2 T: 친구가 감기에 심하게 걸렸어요. 밖에 나가려고 해요. 괜찮아요?
	     S: 아니요, 안 돼요.
	     T: 네, 안 돼요. 친구에게 말해요. "밖에 나가지 마세요."
	
	• 위의 예문을 통해 학습자가 이해한 것을 바탕으로 '-지 마세요'가 '-(으)세요'와는 반대로 금지 의미를 나타낸다는 것을 설명한다.
	
	2. 형태 제시
	• 동사 어간 뒤에 사용된다는 것을 설명하고, 다양한 예를 칠판에 판서해 보여 준다.
	  〈판서〉 -지 마세요 / -지 마십시오
	       먹다/마시다/일하다/무리하다/나가다 등
			5~7분	'-지 마세요', 또는 '-지 마십시오'를 덩어리째 제시하여 바로 사용할 수 있게 한다.

연습	1. 기계적 연습
	• 단어 카드를 이용하여 '-지 마세요'를 이용해 말하도록 한다.
	• 아픈 사람의 그림(머리가 아프다, 배가 아프다, 감기에 걸렸다, 몸살이 났다, 다리를 다쳤다 등)을 보여주고 '-지 마세요'를 이용해 이야기하도록 한다.
	
	2. 유의적 연습
	• 교사가 구체적인 상황을 제시하여 학생들이 목표문법을 사용한 대답을 하도록 유도한다.
	
	  예 T: 배가 아파요. 그런데 아이스크림을 먹어도 돼요?
	     S: 아니요. 아이스크림을 먹지 마세요.
	
	• (2~3인 소그룹 활동) 그룹원 중 1인이 어디가 아프다고 하면 다른 친구들이 '-지 마세요'를 이용해 상황에 맞는 조언을 해 주도록 한다.
		아픈 사람을 나타내는 그림 카드	13~15분	전체 학급을 대상으로 연습을 한 후 개별 학습자를 대상으로 확인한다.

– '제시'와 '연습' 이외의 교수의 전체 단계를 답안에 포함시킨 경우, '제시', '연습' 단계에 대해서만 채점합니다.
– 형태 제시와 기계적 연습에서는 '병(病)' 이외의 내용으로 확장시킨 경우도 인정하지만, 전체적으로 '병'에 대한 내용이어야 합니다.

1) 표의 구성

가로의 항목을 보면 '단계, 교수-학습 활동, 학습 자료, 시간, 지도상의 유의점'으로 구성되어 있다. '단계'는 수업의 기본적인 5단계를 의미하는 것이고, '교수-학습 활동'은 교사가 수업 중에 발화하는 교사 말과 행해야 하는 지침을 꼼꼼히 적는 곳이다. '학습 자료'란에는 교수-학습 활동에 사용되는 모든 자료들을 제시해야 하는 때에 맞게 기록하여 교수-학습 활동 중 적절하게 제시할 수 있도록 돕는다. '시간'란에는 예상되는 소요 시간을 적으며, 마지막으로 '지도상의 유의점'에는 교사가 수업을 진행해 나가면서 학습 내용 중 중요한 요소들이나 팁(tip)을 적으면 된다.

2) 의미 제시 단계

앞에서도 밝혔듯이 시간의 여건상 교안의 전체 구성은 제시와 연습으로 만들어져 있다. 먼저 제시 단계를 살펴보면 크게 두 단계로 구성되어 있는 것을 알 수 있다. '의미 제시'와 '형태 제시'가 그것이다.

의미 제시를 살펴보기 전에 우리가 위 교수안에서 주목해야 할 점은 지도상의 유의점에 처음으로 적혀있는 '-지 마세요', 또는 '-지 마십시오'를 덩어리째 제시하여 바로 사용할 수 있게 하는 것이다. 이미 언급했듯이 제시된 목표문법은 단독으로 쓰이지 않고 청유문이나 명령문을 만드는 종결 어미와 같이 사용된다.

의미 제시는 목표문법의 의미에 대한 설명을 하는 부분으로서 화용적, 사회적 요소들도 함께 전달하여야 한다. 이러한 뜻을 밝히기 위해서 '1. 의미 제시'라는 제목을 달고 그 다음에 '상황을 이용해 목표문법의 의미를 이해시킨다.'라고 적고 있다.

이곳에는 제시된 목표문법 '-지 말다'와 주제 '병'을 활용한 교사 말이 들어간다. 교사 말이란 수업 시간에 교사가 발화하는 말이다.

> T: 친구가 배가 아파요. 그런데 아이스크림을 먹으려고 해요. 괜찮아요?
> S: 아니요, 안 돼요.
> T: 배가 아파요. 아이스크림은 안 돼요. 친구에게 말해요. "아이스크림을 먹지 마세요."
> T: 친구가 감기에 심하게 걸렸어요. 밖에 나가려고 해요. 괜찮아요?
> S: 아니요, 안 돼요.
> T: 네, 안 돼요. 친구에게 말해요. "밖에 나가지 마세요."

교사의 발화는 'T'로, 그에 예상되는 학습자들의 발화는 'S'로 표시하였다. 내용을 살펴보면 친구가 배가 아프다는 상황과 감기에 걸린 상황을 들어 이야기를 이끌어 가고 있다. 친구가 배가 아프다는 상황에 교사는 학습자들에게 이미 선수된 문법이나 어휘를 사용해서 질문을 던지고 있다. 이때 교사의 질문은 학습자의 대답이 교사가 의도한 대로 나올 수 있도록 상식적인 내용이 되어야 한다. '배가 아프다' 그러니까 '아이스크림은 안 된다'라는 목표문법을 제시할 수 있는 상황을 만들고 목표문법을 사용하여 "아이스크림을 먹지 마세요."라는 완성된 문장을 발화하고 있다. 이러한 과정에서 목표문법 '–지 말다'가 어떤 상황에서 사용되는지, 또 그 의미가 무엇인지 충분히 제시되고 있다.

두 번째 상황도 같은 과정을 통해 목표문법의 의미를 전달하고 있다. 목표문법의 의미를 제시하는 교사 말 이후에 위의 예문을 통해 학습자가 이해한 것을 바탕으로 "'–지 마세요'가 '–(으)세요'와는 반대로 금지 의미를 나타낸다는 것을 설명한다."라고 문법의 의미를 상황 속에서 일어나는 담화가 아닌 직접적인 설명으로 밝힘으로써 목표문법의 의미 제시를 마무리 짓고 있다.

이러한 방법은 귀납적 방법으로 먼저 예문을 통해 학습자들이 직접 그 의미를 유추하게 하고 어느 정도 학습자들이 이해하였다 생각되면 사전적 설명 방법을 통해 확인하는 과정을 보여주고 있다. 이때 사전적 설명은 교사 말로 나타나지 않는데, 교실현장에서는 교사의 발화로 나타나게 될 것이며 이때도 학습자들이 이해할 수 있는 쉽고 선수된 어휘를 이용해서 이루어질 것이다.

3) 형태 제시 단계

의미 제시가 끝나면 두 번째로 형태 제시를 한다. 형태 제시는 목표문법이 활용되는 형태적 제약을 설명하는 과정으로 '2. 형태 제시'라는 제목을 붙여 명시적으로 나타내고 있다. '동사 어간 뒤에 사용된다는 것을 설명하고 다양한 예를 칠판에 판서해 보여 준다.'라는 설명은 목표문법의 형태적 제약에 대한 설명이다. '–지 말다'는 형용사와 결합하지 않기 때문에 활용의 예를 보여주는 어휘를 찾을 때 형용사는 밝힐 필요가 없다. 그래서 '먹다/마시다/일하다/무리하다/나가다' 등과 같이 동사만을 적어 놓았다. 동사의 선택에 있어서도 주제와 관련되고 교사 말을 통해 의미가 제시된 것을 중심으로 기술하고 있다.

이때 또 다른 기준으로 받침의 유무나 모음 조화에 따른 선택의 차이, 불규칙과 같은 다양한 활용의 변화를 보일 수 있는 단어를 선택해야 한다. 하지만 '–지 말다'의 경우는 이러한 현상들이 나타나지 않는 문법이다. 그렇다 할지라도 다른 문법 항목과의 비교를 위해 비슷한 틀을 가지고 단어를 선택해야 한다.

형태 제시를 할 때 칠판에 판서를 하거나 낱말카드와 같은 자료를 사용하게 되는데, 이에 대한 내용도 함께 적어 교실현장에서 바로 적용할 수 있도록 하는 것이 좋다.

4) 기계적 연습 단계

　연습 단계에서는 기계적 연습과 유의적 연습으로 진행하고 있다. 기계적 연습이란 형태에 초점을 맞춘 통제된 연습을 말하고, 유의적 연습이란 의미에 초점을 맞춘 대화식 연습이라고 생각할 수 있다.

　기계적 연습도 명시적으로 알 수 있도록 '1. 기계적 연습'이라고 써 두었다. 여기에서는 교사 말 형태로 적지 않고 수업 중 어떤 활동을 하는지 적어 밝히고 있다. 즉, 교사가 학습자와 함께 연습을 이끌어 가는 과정을 자세히 명시하는 것이다. 기계적 연습은 형태적 제약을 고려해 다양한 어휘를 선택한다. 다만 이때도 '병'이라는 주제와 관련된 어휘를 선택함으로써 전체적인 구성에서 벗어나지 않는다.

5) 유의적 연습 단계

　다음으로 진행되는 유의적 연습도 기계적 연습과 같은 방법을 통해 진행되고 있다. 유의적 연습은 목표문법에 대한 의미를 익히기 위해 짧은 Q&A 방식을 들어 단순하게 반복함으로써 학습자가 발화할 수 있는 단계까지만 이끈다. 실제 상황에서 일어날 만한 일들을 말하기, 듣기, 읽기, 쓰기 네 가지 기능으로 제시하는 것은 연습이 아니라 과제(활용) 단계이다. 따라서 연습 단계에서는 간단한 대화연습과 상황을 제시하는 수준에서 마친다.

12 실전 문제

기출문제

01

'여행 상품 알아보기'를 주제로, '-았/었으면 좋겠다'를 지도하려고 한다. 다음 내용을 참조하여 '-았/었으면 좋겠다'의 제시와 연습 단계의 교수안을 작성하시오.

기출 13회 113번

- 숙달도: 중급 초반(3급)
- 단원 주제: (여행사에서) 여행 상품 알아보기
- 목표문법: -았/었으면 좋겠다
- 교육 내용: '-았/었으면 좋겠다'의 제시와 연습
- 수업 시간: 20분

02

'주말 계획'을 주제로 한 단원에서 '-(으)ㄹ래요?'를 지도하려고 한다. 다음 내용을 참조하여 '-(으)ㄹ래요?'의 제시와 연습 단계의 교수안을 작성하시오.

기출 14회 113번

- 숙달도: 초급
- 단원 주제: 주말 계획
- 목표문법: '-(으)ㄹ래요?' 예 주말에 영화를 볼래요?
- 수업 시간: 20분

03

'성격'을 주제로 한 단원에서 '-아/어 보이다'를 지도하려고 한다. 다음 내용을 참조하여 '-아/어 보이다'의 제시와 연습 단계의 교수안을 작성하시오. [기출] 15회 113번

- 숙달도: 중급
- 단원 주제: 성격
- 목표문법: -아/어 보이다 예) 꼼꼼해 보여요.
- 수업 시간: 20분

04

'미래 계획'을 주제로 한 단원에서 '-(으)려고 하다'를 지도하고자 한다. 다음 내용을 참조하여 '-(으)려고 하다'의 제시와 연습 단계의 교수안을 작성하시오. [기출] 16회 113번

- 숙달도: 초급
- 단원 주제: 미래 계획
- 목표문법: -(으)려고 하다
- 수업 시간: 20분

05

'하루 일과'를 주제로 한 단원에서 '-(으)ㄴ 후(에)'를 지도하려고 한다. 다음 내용을 참조하여 '-(으)ㄴ 후(에)'의 제시와 연습 단계의 교수안을 작성하시오. [기출] 17회 113번

- 숙달도: 초급
- 단원 주제: 하루 일과
- 목표문법: -(으)ㄴ 후(에) 예) 아침을 먹은 후에 운동을 해요.
- 수업 시간: 20분

06

'경험'을 주제로 한 단원에서 '-(으)ㄴ 적이 있다/없다'를 지도하려고 한다. 다음 내용을 참조하여 '-(으)ㄴ 적이 있다/없다'의 제시 단계와 연습 단계의 교수안을 작성하시오.

기출 18회 113번

- 숙달도: 초급
- 단원 주제: 경험
- 목표문법: -(으)ㄴ 적이 있다/없다
- 수업 시간: 20분

07

'취미'을 주제로 한 단원에서 '-(으)ㄹ 수 있다/없다'를 지도하려고 한다. 다음 내용을 참조하여 '-(으)ㄹ 수 있다/없다'의 제시 단계와 연습 단계의 교수안을 작성하시오.

기출 19회 113번

- 숙달도: 초급
- 단원 주제: 취미
- 목표문법: -(으)ㄹ 수 있다/없다
- 수업 시간: 20분

참고문헌

- 곽지영·김미옥·김제열·손성희·전나영(2007), 한국어 교수법의 실제, 연세대학교출판부
- 조항록 외(2003), 예비교사·현직교사 교육용 교재 개발 최종보고서, 한국어세계화재단
- 허용 외(2005), 외국어로서의 한국어학개론, 박이정

인생이란 결코 공평하지 않다. 이 사실에 익숙해져라.

- 빌 게이츠 -

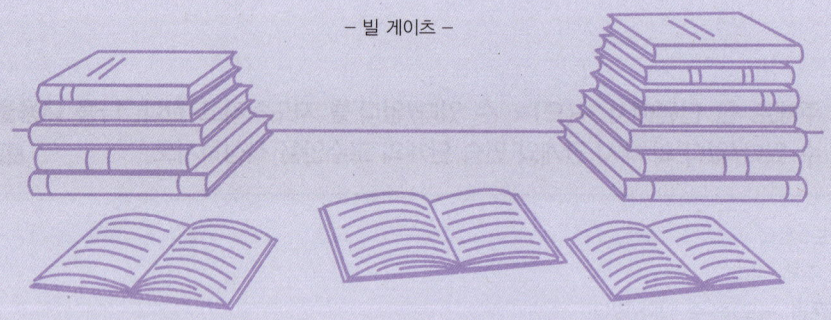

넷째 마당

한국 문화

01 한국의 전통 문화와 민속 문화
02 한국의 현대 사회와 문화
03 한국문학개론

한국 문화

한국 문화는 한국어교육능력검정시험에서 가장 출제 예상이 어려운 영역입니다.

이 분야는 한국의 대표적인 전통 문화와 민속 문화, 현대 사회의 모습과 현대 문화에 대해 다루고 있으며 그 범위가 워낙 방대하기 때문에 시험에서는 교재 내용 외 문제가 반드시 출제되는 부분입니다. 따라서 본서에서 다루고 있는 문화 요소들은 기본적으로 숙지하면서 평소에 신문이나 뉴스 등을 통해 기본 상식을 보충해 나가는 것이 좋습니다. 예를 들어 최근 대표적인 한류의 예, 권위 있는 영화제에서 한국 영화가 거둔 성과, 유네스코에 새롭게 등재된 한국의 문화유산 등 새로운 소식에 귀를 기울이시기 바랍니다.

01 | 한국의 전통 문화와 민속 문화

01 시대별 문화의 특징

1) 고조선
   ① 단군신화는 한민족의 경천사상과 홍익인간의 관념을 담고 있다.
   ② 철기문화 보급으로 무력이 강화되고 농업과 수공업이 더욱 발전하였으며 대외교역도 확대되었다.
   ③ 강한 중앙집권적 사회였다.

2) 삼국시대
   ① 삼국 문화의 특징
      ㉠ 고구려: 힘이 넘치고 패기 있는 문화적 특징이 있고, 씩씩하고 정열적인 모습을 보인다.
         예 광개토대왕릉비, 무용총, 장군총, 평양성터 등
      ㉡ 백제: 섬세하고 우아한 멋을 가진 문화적 특징이 있고, 세련된 멋이 있고, 불교 중심의 탑, 불상, 절 등이 많다.
         예 백제 무령왕릉, 정림사지석탑, 금동대향로 등
      ㉢ 신라 중요★
         • 신라시대에는 소박하고 조화로운 아름다움을 보이고 통일 신라 이후에는 화려하고 정교한 멋을 가진 문화적 특징을 갖는다.
         • 통일 신라 이후에는 강한 중앙집권적 사회 아래에서 화려하고 풍부한 문화가 발달하였다.
         • 불교 중심의 절, 불상 등이 많고 금관, 장신구 등도 발달하였다.
            예 천마총, 분황사석탑, 석굴암, 첨성대, 불국사 등
   ② 삼국 문화의 비교: 삼국 문화의 대표적인 고분미술과 탑, 불상을 간단히 비교해보면 다음과 같다.

구분	고구려	백제	신라
고분미술	• (초기) 돌무덤: 장군총, 벽화가 없음 • (후기) 굴식 돌방 무덤: 쌍영총, 무용총	• 돌무지 무덤 • 벽돌무덤(무령왕릉)	• 거대한 돌무지 덧널 무덤 (천마총, 금관총)
탑	고구려의 탑 문화는 지금 전해지는 것이 거의 없음	• 미륵사지석탑 • 정림사지5층석탑	• 분황사모전석탑 • 황룡사9층탑
불상	연가7년명금동여래입상	서산마애삼존불상	금동미륵보살반가사유상

3) 고려시대
  ① 고려시대의 불교
    ㉠ 국가 불교적인 성격, 정신적인 지도 이념
    ㉡ 현세 구복적, 호국적
  ② 고려의 문화유산 중요
    ㉠ 팔만대장경
      • 불교의 힘으로 거란의 침입을 막고 불교의 교리를 정리하려는 목적이 있다.
      • 팔만대장경판은 규모와 기술에 있어 일찍부터 발달한 고려의 목판 인쇄술을 잘 보여주고 있다.
    ㉡ 고려청자
      • 독창적인 비색을 가진 청자
      • 상감법을 이용한 독특한 무늬

TOP-Point

☑ 상감법
   금속·목재 등의 표면에 여러 무늬를 새겨서 그 속에 같은 모양의 금·은·보석·뼈·자개 따위의 다른 재료를 박아 넣는 공예기법

    ㉢ 금속 활자
      • 고려는 세계 최초로 금속 활자를 만들어 책을 인쇄하였다.
      • 직지심체요절: 직지심경이라고도 하며, 고려 공민왕 21년(1372)에 백운 화상이 석가모니의 직지인심견성성불의 뜻에서 그 중요한 대목만 뽑아 해설한 책으로 우왕 3년(1377)에 인쇄되었다. 1972년 유네스코 주최 '세계 도서의 해'에 출품되어 세계 최초의 금속 활자본으로 공인되었으며, 현재 프랑스 국립 도서관에 소장되어 있다. 2001년에 유네스코 세계기록유산으로 지정되었다.[1]

4) 조선시대
  ① 숭유억불 정책의 시행으로 유교문화를 중심으로 발전
  ② 태종
    ㉠ 전국의 많은 사찰을 폐쇄: 사찰에 소속되었던 토지·노비를 몰수하였으며, 미신 타파에 힘썼다.
    ㉡ 호패법: 양반·관리에서 농민에 이르기까지 호패를 가지도록 하였으며 개가(改嫁)한 사람의 자손은 등용을 할 수 없도록 하는 등 적서차별을 하였다.

---

[1] 표준국어대사전을 참고함

③ 세종 중요
  ㉠ 집현전을 통해 학문의 진흥을 꾀하고 젊은 학자들을 등용해 이상적 유교정치를 구현하였다.
  ㉡ 집현전은 강력한 중앙집권체제를 유지할 수 있도록 도와주었다.
  ㉢ 훈민정음을 창제하여 '용비어천가', '석보상절', '월인천강지곡' 등을 간행하였다.
  ㉣ 부분적 억불 정책을 썼다.
  ㉤ 권농정책: 농사직설, 천문대, 측우기, 시계 등을 제작하였다.
  ㉥ 전세제도: 전분 6등법과 연분 9등법을 시행하였다.

TOP-Point

☑ **전분 6등법**
조선시대 전세 징수의 편의를 위해 토지를 비옥도 기준으로 하여 6등급으로 나눈 수취제도

☑ **연분 9등법**
조선시대 농사의 풍흉을 9등급으로 나눠 전세를 부과한 수취제도

④ 조선 후기: 실학을 중심으로 점차 천주교 문화도 보급되었다.

02 민속 문화[2]

1) 5대 명절(국가무형문화재) 중요

① 설날과 정월 대보름
  ㉠ 설날: 음력 1월 1일
    • 설날에 가족들은 설빔으로 갈아입고 먼저 조상들에게 차례를 지낸다. 차례가 끝나면 웃어른께 순서대로 세배를 드리고 떡국을 먹는다. 차례가 끝나면 차례상에 올렸던 음식들을 나누어 먹는데 이것을 '음복(飮福)'이라 한다. 이는 조상신이 드셨던 음식을 나누어 먹음으로써 그 덕을 받는다는 뜻이다.
    • 대표적 음식: 떡국은 설날에 먹는 대표적인 음식인데 장수를 기원하는 뜻에서 흰쌀을 쪄서 길게 뽑은 떡을 납작하게 썰어서 끓인다.
    • 민속놀이: 윷놀이, 칠교놀이, 연날리기, 제기차기 등

---

2) 두산백과사전을 참고함

ⓛ 정월 대보름: 음력 1월 15일
　　　• 한 해의 첫 보름달이 뜨는 음력 1월 15일에 한 해의 풍년과 건강을 기원하면서 다양한 전통 음식과 전통 놀이를 즐긴다. 대보름날 아침에는 날밤, 호두, 은행, 잣 등을 깨물면서 일 년 동안 아무 탈 없이 평안하고 부스럼이 나지 않게 해달라고 빌며 부럼을 깨문다.
　　　• 대표적 음식: 약밥과 오곡밥, 귀밝이술 등을 먹는다.
　　　• 민속놀이: 줄다리기, 지신밟기, 쥐불놀이, 고싸움 등

② 한식
　　㉠ 청명 당일이나 다음날이 되는데 음력으로는 대개 2월이 되고 간혹 3월에 드는 수도 있다. 양력으로는 4월 5~6일 경이다.
　　ⓛ 예로부터 설날·단오·추석과 함께 4대 명절로 일컫는다.
　　㉢ 명칭의 유래: 한식이라는 명칭은 불을 피우지 않고 찬 음식을 먹는다는 옛 습관에서 비롯된 것이다. 종교적 의미로 매년 봄에 나라에서 새 불을 만들어 주는데 이에 앞서 일정 기간 예전에 쓰던 불을 쓰지 않았던 풍속에서 유래하였다. 한식날은 보통 차례를 지내고 성묘를 한다.

③ 단오
　　㉠ 음력 5월 5일로 수릿날이라고도 한다.
　　ⓛ 단오 행사의 시초: 부족국가 마한에서 씨뿌리기가 끝난 5월에 사람들이 모여 신에게 제사를 드리고 노래하고 춤추었다는 기록이 있는데, 이것을 단오 행사의 시초로 본다. 이날은 창포를 삶은 물로 머리를 감는 풍습이 있다. 옛날부터 5월은 비가 많이 오는 계절로 접어드는 달로 나쁜 병이 유행하기 쉽고, 여러 가지 액(厄)을 제거해야 하는 나쁜 달로 보았다.
　　㉢ 대표적 음식: 수리취떡, 쑥떡, 약초떡 등을 먹는다.
　　㉣ 민속놀이: 그네뛰기, 씨름, 탈춤 등

④ 추석
　　㉠ 음력 8월 15일로 한 해의 농사를 끝내고 추수를 할 무렵에 조상들께 감사를 드리는 날이다. 중추절(仲秋節)·가배(嘉俳)·가위·한가위라고도 부른다.
　　ⓛ 추석에는 조상에게 햇곡식과 햇과일로 차례를 지낸다. 또한 조상의 무덤을 찾아가서 성묘를 한다.
　　㉢ 민속놀이: 줄다리기, 씨름, 강강술래 등

⑤ 동지
　　㉠ 24절기 중 22째 절기로, 1년 중 밤이 가장 길고 낮이 가장 짧은 날이다.
　　ⓛ 대표적 음식: 동지 팥죽을 먹는다.

ⓒ 명칭의 유래: 동지는 태양의 부활이라는 의미를 지니고 있어서 작은설이라고 하며, '동지를 지나야 한 살 더 먹는다'라는 말처럼 동지첨치의 풍속으로 전하고 있다. 또 음(陰)이 극에 달해 귀신이 성하는 날로 주술적 의미로 양(陽)의 기운을 상징하는 붉은 팥죽을 쑤게 되었다. 동짓날 팥죽을 담아 대문, 담벼락, 마당 등에 뿌린 다음 사당에 올리고 대청, 부엌, 장독 등에도 내어 놓았다.

2) 삼복

① 하지 뒤의 초복, 중복, 말복의 총칭으로 날씨가 굉장히 더운 한여름을 의미한다. 삼복은 보통 열흘 간격으로 온다.
② **풍습**: 복날 더위를 피하기 위해 술과 음식을 마련하여 계곡이나 산정을 찾아가 노는 풍습이 있다. 옛날 궁중에서는 높은 벼슬아치들에게 빙과를 주고, 궁 안에 있는 장빙고에서 얼음을 나누어주었다고 한다.
③ **대표적 음식**: 민간에서는 복날 더위를 막고 몸보신을 위해 계삼탕(삼계탕)과 구탕(狗湯: 보신탕)을 먹는다.
④ **종류**
  ㉠ 초복: 삼복의 첫째 복으로 여름의 시초를 말한다. 하지 이후 제3경일을 초복이라 하는데, 대략 7월 11일부터 7월 19일 사이에 온다. 이 시기는 24절기로 봤을 때 소서(小暑)와 대서(大暑) 사이가 되므로 더위가 본격적으로 오는 시기이다.
  ㉡ 중복: 하지 후 제4경일을 말한다. '복' 또는 '경'은 더운 시기를 나타내는 말이다. 이에 대하여 하지 후 제3경일을 초복, 입추 후 제1경일을 말복이라고 한다.
  ㉢ 말복: 삼복에서 마지막 복으로, 입추가 지난 뒤의 첫 번째 경일(庚日)을 이른다. 복날은 열흘 간격으로 오기 때문에 초복과 말복 사이는 대략 20일이 걸린다. 그러나 해에 따라서는 중복과 말복 사이가 20일 간격이 되기도 하는데, 이 경우는 '월복'이라고 한다.

3) 24절기

① **2월 입춘(立春): 봄의 시작**
  ㉠ 입춘은 24절기 가운데 첫 절기로, 이날부터 봄이 시작된다고 보았다.
  ㉡ 풍습: 종이에 입춘을 송축하는 글(보통 '입춘대길(立春大吉)'을 적는다)을 써서 대문에 붙이고 새로운 한 해가 다복하기를 바라는 마음에서 굿을 하기도 하는데 이를 입춘굿이라고 한다.
② **2월 우수(雨水): 봄비가 내리고 싹이 틈**
  입춘 15일 후이다. 추운 날씨가 거의 풀리고 봄비가 내리고 새싹이 나는 시기이다.
③ **3월 경칩(驚蟄): 개구리가 겨울잠에서 깸**
  날씨가 따뜻해서 식물의 싹이 트고 개구리 등 동면하던 동물이 겨울잠에서 깨기 시작하는 시기이다.

④ 3월 춘분(春分): 낮이 길어지기 시작

춥지도 덥지도 않아서 1년 중 농사일을 하기에 가장 좋은 때이다. 기온이 올라가기 시작하고 농사일로 바빠지는 시기이다. 이때 한 해의 농사가 시작된다고 보았다.

⑤ 4월 청명(淸明): 봄 농사 준비

㉠ 이때부터 날이 풀려 화창해지기 시작한다. 가래질, 채소 파종 등 본격적인 농사 준비로 바쁜 시기이다.

㉡ 1년 동안 먹을 술을 빚거나 장을 담근다.

⑥ 4월 곡우(穀雨): 농사비가 내림

㉠ 봄의 마지막 절기로 봄비가 내려 온갖 곡식이 윤택해진다고 생각하였다.

㉡ 조기잡이가 성하고 나무에 물이 오르는 시기로, 한 해 풍년을 기원했다고 한다. 농사를 위한 못자리를 위해 볍씨를 담그는 때이다. 이때 내리는 비는 농사비라고 해서 매우 중요하게 생각하였다.

⑦ 5월 입하(立夏): 여름의 시작

㉠ 여름이 시작되는 절기로 농작물이 자라기 시작하면서 병충해 예방 등 농사일로 바쁜 시기이다.

㉡ 세시풍속: 쌀가루와 쑥을 한데 버무려 시루에 쪄서 만든 떡인 쑥버무리를 먹기도 하였다.

⑧ 5월 소만(小滿): 본격적인 농사의 시작

지난해 가을에 심은 보리를 베고, 밭매기와 모내기가 시작되어 농사일로 바쁜 시기이다.

⑨ 6월 망종(芒種): 씨뿌리기

㉠ 씨를 뿌리기 좋은 시기라는 뜻으로 모내기와 보리 베기 등이 이루어진다. 농촌에서는 가장 바쁜 시기이다.

㉡ 각 지역별로 다양한 망종 풍속을 갖는데, 농사의 한 해 운을 보거나 농사가 잘 되기를 빌었다.

⑩ 6월 하지(夏至): 낮이 가장 긴 시기

태양이 가장 높이 뜨고 낮이 가장 긴 시기로 모내기가 끝나는 시기이며 장마가 시작되는 때이다.

⑪ 7월 소서(小暑): 여름 더위의 시작

㉠ 장마철이 시작되며 김을 매거나 퇴비를 장만하기도 한다.

㉡ 가을 보리를 베어내고 콩, 조, 팥을 심어 이모작이 시작되기도 한다.

⑫ 7월 대서(大暑): 더위가 가장 심한 시기

장마가 끝나고 더위가 가장 심해지는 때이다.

⑬ 8월 입추(立秋): 가을의 시작
  ㉠ 여름이 끝나고 가을로 접어들었다는 뜻으로, 서서히 가을 준비를 시작한다. 태풍과 장마가 자주 발생하는 시기이기도 하다. 이 무렵부터 논의 물을 빼기 시작하는 중요한 시기로 아직 남아 있는 늦여름의 따가운 햇살을 받아 벼가 누렇게 익어야 하는 시기이다.
  ㉡ 세시풍속: 하늘이 맑기를 바라는 제사인 '기청제'를 지낸다.

⑭ 8월 처서(處暑): 더위가 식고, 일교차가 커짐
  더위가 꺾이는 시기이다. 1년 농사가 늦가을의 햇빛을 받아 익어가는 시기이다.

⑮ 9월 백로(白露): 이슬이 내리기 시작
  밤 동안 기온이 크게 떨어지며, 풀잎에 이슬이 맺히기 시작한다. 완연한 가을로 접어들어 선선하고 차가운 기운이 돌며, 특히 추석 무렵으로 곡식이 익어간다.

⑯ 9월 추분(秋分): 밤이 길어지는 시기
  이 시기부터 낮의 길이가 점점 짧아지며, 밤의 길이가 길어진다.

⑰ 10월 한로(寒露): 찬 이슬이 내리기 시작
  ㉠ 수확의 시기이다. 또한 단풍이 짙어지고, 철새가 이동하기 시작한다.
  ㉡ 세시풍속: 추어탕을 즐겼다.

⑱ 10월 상강(霜降): 서리가 내리기 시작
  ㉠ 서리가 내리기 시작하는 때이며, 농촌의 가을걷이가 한창으로, 수확의 계절이다. 한 해의 농사를 마무리하는 때이다.
  ㉡ 세시풍속: 국화전과 국화술을 빚는다.

⑲ 11월 입동(立冬): 겨울의 시작
  ㉠ 겨울이 시작된다고 하여 입동이라고 한다. 늦가을이 지나 낙엽이 쌓이고 찬바람이 분다.
  ㉡ 입동을 전후로 김장을 담근다.

⑳ 11월 소설(小雪): 얼음이 얼기 시작
  ㉠ 입동이 지나면 첫눈이 내린다고 해서 소설이라 하였다.
  ㉡ 겨울이 차츰 시작되는 시기이다. 이 시기쯤에 모든 농사일을 끝내고 김장을 담근다.

㉑ 12월 대설(大雪): 큰 눈이 옴
  큰 눈이 내리는 시기라고 해서 대설이라 하였다.

㉒ 12월 동지(冬至): 밤이 가장 긴 시기
  ㉠ 동지는 밤이 가장 긴 시기로서 '작은 설'이라고도 하였다. 음력 11월은 동짓달이라고도 한다.
  ㉡ 세시풍속: 붉은 팥으로 죽을 쑤는데 죽 속에 찹쌀로 새알심을 만들어 넣는다. 팥죽 국물은 역귀(疫鬼)를 쫓는다 하여 벽이나 문짝에 뿌리기도 하였다. 이는 붉은 색이 귀신을 몰아내는 데 효력이 있다고 생각한 오랜 풍습에서 비롯된 것이다.

㉓ 1월 소한(小寒): 겨울 중 가장 추운 때
  1년 중 가장 추운 시기이다.
㉔ 1월 대한(大寒): 겨울의 큰 추위
  ㉠ 겨울이 끝나는 시기이다.
  ㉡ 세시풍속: 이날 밤을 해넘이라 하여, 방이나 마루에 콩을 뿌려 악귀를 쫓고 새해를 맞는 풍습이 있다. 가장 추운 때라는 뜻이지만 실제로는 소한이 더 추우며, 대한을 겨울이 끝나는 날로 보았다.

03 토속신앙과 문화[3]

1) 풍수지리
① **풍수지리설**: 땅의 모양이나 방향, 물길의 방향 등을 따라 길하고 흉한 것이 있는데 그것이 분묘나 건물을 지을 때 영향을 끼친다는 믿음이다.
② 풍수지리설의 기본적인 논리는 지형이나 방위의 흉한 것을 피해 복을 얻고 화를 피하자는 것이다.
③ **방위**: 청룡(靑龍, 동), 주작(朱雀, 남), 백호(白虎, 서), 현무(玄武, 북)의 네 가지로 나눈다.

2) 사주
① 사주는 사람이 태어난 연, 월, 일, 시를 간지로 적은 것이다.
② 사람이 태어난 연, 월, 일, 시에는 각기 그때에 해당하는 간지가 있다. 바로 이 네 가지의 간지가 그 사람의 운명을 받치는 네 기둥이라고 하여 사주(四柱)라고 하였다.
③ **사주의 의미**: 사람과 자연과 우주가 서로에게 영향을 주고 있으며 자연과 우주의 대원칙과 섭리에 순응하는 자세를 가르쳐준다. 그러나 무조건적으로 정해진 대로 순응하며 살 것을 강요하는 것이 아니라 사주를 통해 자신의 특성을 알고 위험한 일에는 미리 대비하고 삶을 준비해 나가야 함을 알려 준다.

> **TOP-Point**
>
> ☑ **간지**
> 간지는 중국에서 처음 만들어진 것으로 천간과 지지를 합한 것이다. 천간이란 육십갑자의 위 단위를 이루는 요소로 갑(甲), 을(乙), 병(丙), 정(丁), 무(戊), 기(己), 경(庚), 신(辛), 임(壬), 계(癸)이다. 지지란 육십갑자의 아래 단위를 이루는 요소로 자(子), 축(丑), 인(寅), 묘(卯), 진(辰), 사(巳), 오(午), 미(未), 신(申), 유(酉), 술(戌), 해(亥)이다. 결국 간지란 하늘을 뜻하는 열 가지의 한자와 땅을 뜻하는 열두 가지의 한자를 짜 맞추어서 만들어낸 육십 가지의 조합이다.

3) 두산백과사전을 참고함

3) 서낭당, 삼신할머니
    ① **서낭당**: 서낭당은 마을 입구에 돌탑, 당집 등의 모습으로 세워져 있는 일종의 사당으로서 마을 안으로 질병이나 액운, 재해가 들어오지 않도록 하는 역할을 한다.
    ② **서낭 신앙**: 서낭은 마을 입구 등에 돌무더기를 쌓아놓은 것을 말하는데 서낭 신앙은 인간적 소망을 기원하는 민간 기복 신앙의 하나이다. 지방에 따라서는 서낭굿을 하는 경우도 있다.
        예 동해안의 별신굿, 강릉 단오제 등
    ③ **삼신할머니**: 출산 및 보육과 관련된 민간 신앙으로, 할머니의 모습을 한 세 신령이다.

4) 기타 민속신앙
    ① **장승**: 주로 마을이나 절의 입구에 세워놓는 것으로 마을을 지켜주는 수호신 역할을 하며, 마을 앞에 있기 때문에 일종의 이정표 역할도 하였다. 주로 나무를 깎아 만들며 남녀 한쌍의 모양으로 천하대장군과 지하여장군이라고 한다.
    ② **가신신앙**
        ㉠ **성주신**: 집 전체를 수호하고 가장을 보호하는 신이다. 성주단지로 모시거나 한지로 성주 신체를 접어서 대들보에 걸어 모시기도 한다. 가내 평안을 빌기 위해 모신다.
        ㉡ **삼신**: 삼신바가지 안에 쌀과 실 등을 넣고 안방 시렁(선반) 위나 장롱 위에 모시고, 아이가 태어날 때나 아플 때 삼신상을 차린다.
        ㉢ **조상신**: 안방에 쌀을 담은 작은 단지로 모셔 두는데 4대조 이상의 어른이 죽어서 된 가택신이다. 가내 평안과 집안의 화목을 빌기 위해 모신다.
        ㉣ **조왕신**: 불의 신으로 부엌을 관장한다. 종지에 담긴 물로 부뚜막 위에 모신다. 불은 모든 부정한 것을 정화하는 의미가 있다.
        ㉤ **터주신**: 집터를 관장하는 신으로 토지신 또는 터주신이라고 한다.

5) 강릉 단오제 중요
    ① 강릉 단오제는 1967년에 중요무형문화재 13호로 지정되었고, 2005년 11월 25일에 '유네스코 세계인류구전 및 무형문화유산걸작'에 등록되었다.
    ② 음력 5월 5일에 마을을 지켜주는 산신에게 제사하고, 마을의 평안과 농사의 번영, 집안의 태평을 기원하는 고유의 향토축제이다.
    ③ 단오는 설, 추석과 더불어 우리나라 3대 명절로 음력 5월 5일이다. 이날은 1년 중 가장 양기가 왕성한 날이라 해서 큰 명절로 여겨왔고 여러 가지 행사가 전국적으로 행해지고 있다.

04 전통의례[4] 중요

1) 기자

아들을 낳기 위해 정성을 들여 비는 행위를 기자라고 한다. 아들 낳기를 기원하거나 또는 그런 풍속을 말한다. 아들을 원하는 부인이 산천이나 신에게 빌거나 아들을 낳은 산모의 옷을 얻어 입는 일 따위이다.

2) 백일

아이가 태어난 지 100일째 되는 날이다. 아기가 무사히 100일을 보낸 것을 가족들이 모두 모여 축하하고 아이에게 백일 상을 차려준다. 또한 백일에 삼신할머니에게 감사하는 의미로 삼신상을 차리고 아이가 앞으로도 건강히 자라기를 기원한다.

3) 돌

아이가 태어난 지 1년이 되는 날이다. 돌날 아침에도 먼저 삼신할머니에게 감사하는 의미로 삼신상을 차리고 아이의 복을 기원한다. 이날은 100일보다 더 크게 잔치를 하는데, 돌상을 차리고 돌잡이를 하며 가족들이 모여 아이의 미래를 점쳐 본다. 돌상에는 보통 쌀, 돈, 부채, 책, 활, 실 등을 올려놓는다.

4) 관례, 계례

관례는 남자에게 상투를 틀고 갓(冠)을 쓰게 하는 의례이고, 계례는 여자에게 비녀를 찌르게 하는 의례이다. 이는 성장한 소년소녀에게 가족과 사회의 구성원이자 성인으로서의 의무와 책임을 일깨워주는 성년의례이다.

5) 초행

남녀가 혼인할 나이가 되면 혼담이 오가고 상대방을 고르기 위해 중매인을 통해 양가 의사를 알아본다. 실제 혼인 당일 식을 올리는 것을 대례라 하고, 초행은 신랑이 대례를 올리기 위해 신붓집에 가는 것을 말한다. 초행길에는 신랑집을 대표하는 상객과 혼수함을 진 함진아비가 동행하며, 신붓집이 가까워지면 함 팔기를 한다.

6) 혼례

혼례는 관례와 계례를 통해 성인이 된 남녀가 부부로 결합하는 의례로, 개인의 통과의례인 동시에 신랑 신부 당사자의 결합을 성취하는 결합의례의 성격을 띠기 때문에 다른 의례보다 성대하고 화려하게 베풀어지는 것이 특징이다.

---

[4] 두산백과사전과 표준국어대사전을 참고함

7) 대례

실제 식을 올리는 것을 말한다. 신랑이 대례상 앞에 놓인 전안청에 목기러기를 받아 신부 측 혼주에게 전하고 고사당을 하는 전안례와 신랑 신부가 서로 맞절을 하는 교배례, 술잔을 주고받는 합근례를 치른다.

8) 환갑

환갑은 어른의 60주년 생신에 오래 사시기를 기원하는 의식을 말한다. 환갑은 태어난 간지(干支)의 해가 다시 돌아왔음을 말한다. 사람이 세상에 태어난 지 60년이 되어 61세가 되는 해의 생일을 회갑 또는 환갑이라 한다. 예로부터 이 환갑은 집안의 경사로 생각되었다. 그 밖에 70세는 고희(古稀), 77세는 희수(喜壽), 88세는 미수(米壽), 99세는 백수(白壽)라고 한다.

05 한국의 국가무형문화재(중요무형문화재)[5] 중요

1) 양주별산대놀이

1964년 12월 7일 국가무형문화재(중요무형문화재) 제2호로 지정되었다. 경기도 양주시 양주동 일대에 전승되는 탈놀음을 별산대라고 부른다. 초파일·단오·추석에 주로 연희되었고, 그 밖에 명절이나 기우제(祈雨祭) 때에도 연출되었다.

2) 남사당놀이

1964년 12월 7일 국가무형문화재(중요무형문화재) 제3호로 지정되었고, 2009년 9월 30일 유네스코 세계무형문화유산으로 등재되었다. 대개 농어촌이나 성곽 밖의 서민층 마을을 대상으로 모 심는 계절부터 추수가 끝나는 늦은 가을까지를 공연 시기로 하였다. 남사당은 서민들로부터는 환영을 받았지만 양반에게는 심한 혐시(嫌猜)와 모멸의 대상이었기 때문에 아무 마을에서나 자유로이 공연할 수가 없었다. 풍물(일종의 농악), 버나(쳇바퀴나 대접 등을 앵두나무 막대기로 돌리는 묘기), 살판(재담을 주고받으며 재주부리는 것), 어름(줄타기 곡예)과 덧뵈기(탈놀음), 덜미(민속인형 꼭두각시놀음)의 6종류로 이루어져 있다.

3) 통영오광대

1964년 12월 24일 국가무형문화재(중요무형문화재) 제6호로 지정되었다. 약 1세기 전 가면극 연희자들의 일정한 조직체로 시작되어 오늘에 이른다. 정월 14일과 3월 15일 및 9월 15일, 그리고 4월 초의 '사또놀이'에 곁들여 각각 연희되었다. 다른 가면극과 마찬가지로 춤이 주가 되고 몸짓·대사·노래 등이 따르는 연극이다.

---

[5] 두산백과사전과 표준국어대사전을 참고함

4) 강강술래

　1966년 2월 15일 국가무형문화재(중요무형문화재) 제8호로 지정되었고, 2009년 9월 30일 유네스코 세계무형문화유산으로 등재되었다. 해마다 음력 8월 한가윗날 밤에, 곱게 단장한 부녀자들 수십 명이 일정한 장소에 모여 손에 손을 잡고 원형으로 늘어서서 '강강술래'라는 후렴이 붙은 노래를 부르며 빙글빙글 돌면서 뛰노는 놀이다. 강강술래를 할 때는 목청이 좋은 한 사람이 가운데 서서 앞소리(先唱)를 부르면, 놀이를 하는 일동은 뒷소리(合唱)로 후렴을 부르며 춤을 춘다.

5) 북청사자놀음

　1967년 3월 31일 국가무형문화재(중요무형문화재) 제15호로 지정되었다. 놀이의 목적은 벽사진경(辟邪進慶)에 있는데, 벽사할 능력을 가진 백수(百獸)의 왕 사자로 잡귀를 몰아내어 마을의 평안을 유지한다는 것이다. 놀이의 비용은 집집마다 돌아다니면서 벽사를 해준 후에 받는 돈과 곡식으로 충당하였다.

6) 봉산탈춤

　1967년 6월 17일 국가무형문화재(중요무형문화재) 제17호로 지정되었다. 해서(海西: 황해도 일대) 지방의 탈춤인데 예부터 해서의 각 지방에는 5일장이 서는 거의 모든 장터에서 1년에 한 번씩은 탈춤놀이가 벌어졌다. 그중에서도 봉산은 남북을 잇는 유리한 지역적 조건 때문에 나라의 각종 사신을 영접하는 행사가 잦았고 또 지방의 농산물이 모여드는 중심지였기에 더욱 성행하였다.

7) 가야금 산조 및 병창

　1968년 12월 23일 국가무형문화재(중요무형문화재) 제23호로 지정되었다. 가야금산조란 가야금으로 연주하는 기악독주곡이다. 판소리에서 보이는 남도향토가락이 4~6개의 장단으로 구분되는 악장으로 짜인 것인데, 느린 장단에서 빠른 장단 순으로 구성된다. 곡은 느린 진양조, 보통 빠른 중모리, 좀 빠른 중중모리, 빠른 자진모리, 매우 빠른 휘모리장단으로 짠다. 그리고 우람한 느낌의 우조 등 급하거나 유장한 리듬 등의 맺고 푸는 변화를 주어서 죄었다 풀기를 반복하여 희로애락의 감정을 표출한다. 이때 반드시 장구 반주가 따른다.

8) 영산 줄다리기

　1969년 2월 11일 국가무형문화재(중요무형문화재) 제26호로 지정되었다. '동국세시기(東國歲時記)'에 의하면, 줄다리기는 한국에서는 오래 전부터 중부 이남 지방에서 널리 하였다고 하며, 오늘날에도 가장 많이 하는 민속놀이다. 놀이의 준비는 줄 만들기부터 시작한다. 마을에서 모은 짚으로 세 가닥 줄을 꼬아 두었다가 경기 하루 전날 줄을 길게 펴놓고 한 가닥씩 우차(牛車) 바퀴에 감고 돌려서 줄이 단단히 꼬이도록 한다. 줄 엮기가 끝나면 줄말기를 한다. 전체적으로 완성된 줄의 모양은 두 마리의 지네가 머리를 마주대고 서 있는 모습이다.

싸움이 시작되면 수많은 남녀노소가 줄을 잡는다. 심판의 신호에 따라 경기와 휴식이 번갈아 진행된다. 줄은 암줄과 수줄로 나뉘는데, 암줄이 이겨야 풍년이 든다고 한다. 이긴 편의 밧줄과 꽁지줄을 풀어 짚을 한 움큼씩 떼어다가 자기 집 지붕 위에 올려놓으면 좋은 일이 생긴다고 하며, 또 그 짚을 소에게 먹이면 소가 튼튼하게 잘 크며 거름으로 쓰면 풍년이 든다고 한다.

06 전통 사회의 시대상(효와 열)

1) 효자문

조선조 윤리의 근본은 '효(孝)'로서, 부모를 지극정성으로 봉양한 효자의 뜻을 기리기 위해 나라에서 붉은 정문을 세운 것을 효자문이라 한다.

조선말 효자 이덕규(李德圭, 1850~1900)의 이야기가 있는데, 효자 이덕규는 일찍이 아버지를 여의고 홀어머니를 모시고 살았는데, 어느 날 홀어머니가 병들어 자리에 눕게 되자 이덕규는 어머니를 위해 한겨울에 얼음을 깨고 잉어를 잡고, 자신의 허벅지 살점을 도려내어 어머니를 살렸다고 한다. 이 사실이 나라에 알려져 그의 갸륵한 효심을 기리기 위해 백원문이라는 문을 세웠다고 한다.

2) 열녀문

효와 더불어 조선조 윤리 덕목 중의 하나였던, '열(烈)'은 아내가 남편을 잘 섬기는 것을 의미했다. 조선시대에는 남편이 죽으면 재혼할 수 없도록 법제화하였는데, 남편이 죽으면 3년 동안 상복을 입고 평생 수절하는 것을 미덕으로 삼았다. 정절을 충실히 지키고 행실이 뛰어난 사람에게는 나라에서 열행(烈行)을 기리기 위해 열녀문이라는 문을 세워 후세에 교훈으로 삼고자 하였다.

07 전통 문화를 되살리려는 노력 - 한(韓) 스타일[6]

1) 한(韓) 스타일이란?

　　우리 문화의 원류로서 대표성과 상징성을 띠며 생활화, 산업화, 세계화가 가능한 한글, 한식, 한복, 한지, 한옥, 한국 음악(국악) 등의 전통 문화를 브랜드화하는 것을 말한다.

2) 목적: 전통 문화 콘텐츠의 생활화, 산업화, 세계화를 통하여 고용 및 부가가치를 창출하고 국가 이미지를 고양한다.

　① 분야 선정: 전통 문화의 핵심이면서도 자생력이 부족하여 정부 정책화가 필요한 분야[한글, 한식, 한복, 한옥, 한지, 한국 음악(국악)]

　② 선정 기준

　　㉠ 일상성: 우리 삶의 근간이 되는 의·식·주 분야

　　㉡ 상징성: 우리 고유의 전통 문화를 대표하는 분야

　　㉢ 산업화 가능성: 세계무대에서 소비될 수 있는 상품가치를 지닌 분야

　　㉣ 정책화 필요성: 미지원 분야로 시장 기능에 의존이 어려운 분야

3) 기대 효과

　① 전통 문화 대표브랜드로 국가 이미지 제고, '코리아 프리미엄' 향상

　② '세계무대에서 통할 가장 대표적인 전통 문화'의 상품화로 경제적 부가가치 및 고용 창출

　③ 우리문화의 원천인 전통 문화에 대한 관심과 저변 확대로 대중문화 위주인 한류의 지속 확산에 기여

4) 주요 사업

　① 한글: 한국어 해외 보급 확대, 한글 디자인 문화상품 개발

　② 한식: 한식 조리법 표준화, 국제행사를 통해 한식 홍보 강화

　③ 한복: 현대 한복 디자인 및 상품화 모델 개발 지원, 세계 4대 패션쇼 참가

　④ 한옥: 한옥 설계 디자인전 개최, 한옥 및 고택의 관광자원화

　⑤ 한지: 한지 활용 기능성 상품 개발, 한지상품 수출 지원

　⑥ 한국 음악: 국악기 표준화, 한류지역 국악 공연 확대

---

[6] 전통문화포털 http://www.kculture.or.kr

01 실전 문제

연습 문제

01
다음 중 한국 전통 문화의 특색으로 보기 어려운 것을 고르시오.

① 널뛰기 ② 제기차기
③ 온돌 ④ 가위바위보

02
봄의 절기로 알맞지 않은 것을 고르시오.

① 입춘(立春) ② 춘분(春分)
③ 청명(淸明) ④ 소서(小暑)

03
한국의 대표적인 4대 전통 통과의례인 관혼상제(冠婚喪祭)의 설명으로 틀린 것을 고르시오.

① 혼례: 납폐, 친영, 폐백 등이 포함된 혼인의 의례
② 상례: 사람이 죽은 후 염습, 발인, 치장 등을 하는 예법
③ 관례: 관직에 입문하여 상투를 틀고 갓을 쓰는 의례
④ 제례: 사당제, 기일제, 묘제 등의 제사를 지내는 예법

04
고조선의 특징이 아닌 것을 고르시오.

① 단군신화는 홍익인간의 관념을 담고 있다.
② 철기 문화 보급으로 무력이 강화되었다.
③ 분명한 지역 분권이 이루어진 사회였다.
④ 수공업이 발전하고 대외교역도 활발하였다.

05
고려는 세계 최초로 금속 활자를 만들어 책을 인쇄하였는데 이 책의 이름이 무엇인지 고르시오.

① 팔만대장경
② 다라니경
③ 직지심체요절
④ 월인천강지곡

06
조선시대의 정책으로 알맞은 것을 고르시오.

① 불교를 국가적으로 장려하였다.
② 사찰을 장려하고 전답을 주었다.
③ 호패법을 실시하였다.
④ 지방 분권제를 실시하였다.

07
세종 때 간행된 책이 <u>아닌</u> 것을 고르시오.

① 용비어천가
② 석보상절
③ 월인천강지곡
④ 다라니경

08
24절기 중 '개구리가 겨울잠에서 깬다'는 뜻으로 봄이 오고 있음을 알리는 절기는 무엇인지 고르시오.

① 입춘 ② 우수
③ 경칩 ④ 곡우

09
24절기 중 '이슬이 내리기 시작한다'는 뜻으로 완연한 가을로 들어섬을 알리는 절기는 무엇인지 고르시오.

① 대서 ② 입추
③ 백로 ④ 입동

10
동지는 밤이 가장 긴 시기로서 '작은 설'이라고도 하였다. 이때의 세시풍속으로 알맞은 것을 고르시오.

① 붉은 팥죽
② 해넘이
③ 국화전과 국화술
④ 쑥버무리

해설

01 가위바위보는 손을 내밀어 승부 또는 순서를 결정하는 방법으로 중국, 일본뿐만 아니라 서양에도 있다.
02 소서는 본격적인 무더위가 시작되는 시기의 절기로서 7월 7일 또는 8일 경이다.
03 관례는 성년이 되어 어른이 된다는 의미의 예식이다. 관직 입문 여부와는 관계가 없다.
04 고조선은 강력한 중앙집권 사회였다.
05 직지심체요절은 고려 우왕 3년에 만든 세계최초의 금속 활자본 불경이다.
06 조선은 숭유억불, 중앙집권 정책을 썼으며 신분을 나타내는 호패법을 실시하였다.
07 다리니경(무구정광대다라니경)은 불국사에서 발견된 세계 최고(最古)의 목판 인쇄물이다.
08 경칩은 양력 3월 5일 경으로 겨울잠을 자던 개구리 등이 깨어나기 시작한다는 시기이다.
09 백로는 9월 8일 경으로 이슬이 내리기 시작한다는 뜻으로 '이슬 로(露)'를 쓴다.
10 동지에는 액을 막고 잡귀를 쫓는다는 뜻으로 붉은 팥죽을 먹는다.

정답 01 ④ 02 ④ 03 ③ 04 ③ 05 ③ 06 ③ 07 ④ 08 ③ 09 ③ 10 ①

기출문제

01
한국 전통 혼례 절차 중 신부가 신랑을 따라 시집으로 가서 처음 시부모님을 뵙고 인사를 드리는 절차는? **기출** 17회 2번

① 의혼
② 납폐
③ 교배례
④ 현구고례

02
무당의 전통적인 기능이 아닌 것은? **기출** 18회 3번

① 예언(預言)
② 오락(娛樂)
③ 치병(治病)
④ 사법(司法)

03
정월대보름의 풍속에 관한 설명으로 옳지 않은 것은? **기출** 19회 1번

① 다섯 가지 곡식으로 지은 오곡밥을 먹는다.
② 익모초 끓인 물을 마시며 건강을 기원한다.
③ 귀밝이술을 마시며 귀가 밝아지고 좋은 소식이 오길 기대한다.
④ 상대방을 불러 대답하면 '내 더위 사 가라' 하며 더위팔이를 한다.

04
한국의 가신신앙에 관한 설명으로 옳지 않은 것은? 기출 19회 3번

① 업신-안방에 작은 단지로 모셔지며 가족을 보호하고 가업을 도와준다.
② 터주-뒤꼍이나 장독대에 쌀이 든 단지로 모셔지며 집터를 관장한다.
③ 성주신-대들보나 대청마루, 안방에 모셔지며 집안을 수호한다.
④ 조왕신-부엌에 모셔지며 불을 관장하고 집안의 부정을 없앤다.

05
전통 의상 중 남자들이 일할 때 입던 옷으로 바지가랑이가 짧고 통이 좁은 옷의 이름은? 기출 19회 5번

① 말군
② 쾌자
③ 남바위
④ 잠뱅이

06
한옥의 마루에 관한 설명으로 옳지 않은 것은? 기출 19회 6번

① 대청-한옥의 중앙에 자리 잡은 큰 마루
② 누마루-사랑채에 이어져 높게 만든 마루
③ 용마루-마당 한 켠에 두고 쓰는 이동식 마루
④ 툇마루-건물 둘레를 따라 폭이 좁게 만든 마루

정답 01 ④ 02 ④ 03 ② 04 ① 05 ④ 06 ③

참고문헌
- 김태길(2001), 유교적 전통과 현대 한국, 철학과 현실사
- 국립국어원 표준국어대사전 https://stdict.korean.go.kr

02 한국의 현대 사회와 문화

01 인구지리학적 특성

1) 지리적 특성
   ① 남북한의 전체 넓이: 223,404km²이고 북한을 제외한 남한은 100,266km²이다.
   ② 전 국토의 약 80%가 산이기 때문에 주거공간이 부족하고, 강과 해안가를 중심으로 촌락이 형성되어 인구 밀집도가 높다.
   ③ 지리적 경계를 중심으로 언어나 문화 등에 있어 고유의 지역색이 생겨났다.

2) 1960년대 이후 고도의 경제성장
   ① 한강의 기적: 한국은 1960년대에 들어서면서 과감한 경제개발계획을 추진하였다. 이러한 경제성장이 가능했던 것은 다음과 같은 이유 때문이었다. **중요**
      ㉠ 경제개발계획 추진세력의 출현(정치적 리더십의 확립)
      ㉡ 국민의 강인한 생활의지
      ㉢ 저렴한 노동력
      ㉣ 국제정세의 호전 등
   ② 급격한 경제성장의 부작용
      ㉠ 빈부의 격차
      ㉡ 물질 만능주의 사상 팽배
      ㉢ 도시의 과밀화
      ㉣ 환경오염

TOP-Point

☑ 새마을운동

근면·자조·협동의 기본 정신을 바탕으로 경제적·사회적·문화적 생활환경을 개선하고 발전해 나가려는 목적으로 진행된 사회혁신 운동이다. 새마을운동은 1970년 지방장관회의에서 박정희 대통령이 농촌의 자립과 자조를 위한 방안의 하나로 구상한 것이다.

새마을운동은 국민 각자를 개별적 존재가 아니라 지역 사회 공동체의 구성원으로 인식하고 공동 발전을 위한 협동을 고취하였다. 초반에는 지역사회 주민이 주체가 되는 지역사회개발운동이었으나 점차 나아가 의식개혁운동으로 확대되었다. 또한 지역적으로 초반에는 농촌 개발을 목표로 시작되었으나 이후 도시지역으로도 확대되었다.

3) 도시화와 산업화, 정보화 중요
   ① 전 국민의 80% 이상이 도시지역에 살고 있다.
   ② **서울의 도시화**: 서울을 중심으로 한 수도권 지역의 경우 전체 인구의 절반이 넘는 2천 만 이상이 거주하는 거대 도시로 성장하였다.
   ③ **정보화 사회, 지식기반 사회로의 진입**: 1990년대 후반부터 한국에는 정보통신 관련 산업과 기술이 발전하면서 지식기반 사회로 변화하고 있으며 빠른 정보의 교류로 정보 접근이 쉬워지고 가상공간을 통한 수업, 회의 등 가상공간을 적극적으로 이용하고 있다.
   ④ **새로운 직업군의 등장**: 정보통신 발달과 더불어 프로게이머, 게임 시나리오 작가, 매너강사, 네일 아티스트, 쇼핑호스트 등의 직업이 등장하였다.

02 한국의 가족

1) **한국의 전통적 가족주의**: 농경 사회의 특징을 배경으로 '효'는 가족 공동체를 유지시키는 기능을 담당하였고 사회 체제를 유지시키는 가치였다.

2) **현대 사회에서의 가족의 의미**: 현대 사회는 많은 부분에서 전통적 가족주의와 차이를 보이는데, 가장 기본적으로 가족 공동체에 대한 결속력 자체가 약화되었다고 볼 수 있다.
   ① 전통적인 부계 혈연가족 중심의 가치관은 점차 약화
   ② 개인중심적인 가족주의 등장
   ③ 남녀 간의 가사 분담과 맞벌이 부부의 증가
   ④ 독신 또는 자녀가 없는 부부의 증가
   ⑤ 혼인 시기가 점차 늦어짐

03 한국의 교육과 교육제도

1) 초등학교 6년, 중학교 3년, 고등학교 3년, 대학교 4년으로 이루어져 있다.

   1948년 대한민국 정부가 수립되고 헌법이 공포된 뒤, 1949년 12월 31일 교육법을 제정하고 미국의 단선형 학제 중에서 가장 널리 활용되던 6·3·3·4 학제를 도입하였는데, 이것이 오늘날의 교육제도가 되었다. 이에 따라 현행 교육제도는 초등학교 6년, 중학교 3년, 고등학교 3년, 대학교 4년을 기간으로 하여, 먼저 초등학교 6년을 의무교육으로 한 뒤 2002년부터는 중학교 신입생부터 무상 의무교육을 시작해 2004년에는 중학교 전 학년을 대상으로 의무교육을 실시하기로 하였다.

그 밖에 교육대학(4년)·사범대학(4년) 등의 교원 양성기관과 전문대학·산업대학·한국방송통신대학교 등의 대학, 기술학교(3년)·고등기술학교(3년)·공민학교(2~3년)·고등공민학교(2~3년) 등의 비정규학교가 있다.

2) 한국의 높은 교육열은 산업화 과정에서 고급 인력을 양성해 제공하는 역할을 하였다.

04 유교 문화

한국의 유학사상은 사회 전 부문에 걸쳐 영향을 끼쳐 왔고 지금까지도 그 흐름은 지속되고 있다. 유교문화는 중국의 춘추전국시대의 공자(孔子, 기원전 551~479)에 의해서 본격화되었다. 한국인들에게 유교는 관혼상제와 독서, 일상생활을 지배하며 한국적 특성을 살리며 발전해왔다. 특히 유교는 조선시대에 큰 발전을 이루었다. 한국 유교의 특징인 성리학은 고려 말에 성장한 신흥 사대부에 의해서 새로운 왕조 국가의 지도 이념으로 받아들여지기도 하였다.

05 불교 문화

불교가 처음으로 한국에 들어온 것은 삼국시대 고구려를 통해서였다. 조선시대에 들어와서는 왕의 신앙에 따라 불교를 장려하기도 하고 탄압하기도 했다. 불교의 기본적인 가르침은 인간의 생로병사가 모두 괴로움(苦)이라는 것이다. 불교에서는 인간이 이러한 괴로움에서 벗어나지 못하는 까닭을 인간의 욕망과 집착에서 찾는다.

06 실학과 동학

1) 실학

실학은 성리학의 연장선상에 있으면서도 조선 후기에 학문의 현실성과 과학성을 강조하면서 발생하였다. 실학이 발생할 당시의 사회·경제는 봉건제가 붕괴되고 있으면서 근대 사회 성립의 역사적 전제가 마련되고 있는 복합적인 성격을 띠고 있었다.

① **실사구시**: 사실을 중심으로 하여 진리를 탐구하려는 학문 태도
② **경세치용**: 민생의 안정과 사회발전 등 현실적 문제의 해결을 목적으로 등장한 실학
③ **이용후생**: 본래 '서경(書經)'에 있는 말로 '이용'은 현대적 시각에서 경제성장을 뜻하며, '후생'은 오늘날의 사회복지와 같은 의미로 빈부의 격차를 줄이기 위한 방법으로 복지의 개념

을 사용한다는 의미이며, 백성의 일상적 생활에 이롭게 쓰이고 삶을 풍요롭게 하는 것이 실천적 학문이라고 주장한 실학 이론

2) 동학

동학은 1860년대에 경주의 최제우에 의해 창도된 한국의 민족 종교이다. 19세기 후반 서양 세력의 침투와 조선 사회의 내재적 위기 속에서 등장했다. 당시의 유교는 성리학적 명분주의에 빠져 변화하는 사회에 적극적으로 대처하지 못했고, 불교 역시 조선시대 500여 년간 정책적으로 탄압 받아와 새로운 사회를 주도할 자체적 역량이 부족했다. 또한 서양의 천주교가 서학이라는 이름으로 조선 사회에 들어와 많은 사람을 끌어들이기 시작했다. 동학은 이러한 서학의 침투에 대항하는 한편, 새로운 이상세계의 건설을 목표로 등장하였다. 동학사상은 1894년 전봉준 등이 중심이 되어 동학혁명으로 나타났다. 그리고 동학혁명을 통해 왕조적 질서 회복을 통한 민족국가의 건설을 주장했다.

TOP-Point

☑ 동학혁명

1894년에 전라도 고부군에서 동학교도들이 중심이 되어 일으킨 민중 운동이다. 갑오농민전쟁 또는 동학혁명이라고도 한다. 동학이 농촌 사회에 급속도로 퍼져 나가자 정부에서 교조인 최제우를 잡아들여 처형하였다. 또 그 무렵 고부 군수 조병갑이 부정과 나쁜 짓을 일삼자, 농민들은 이에 대한 시정을 요구했지만 조정에서는 오히려 동학교도와 농민들을 탄압하기 시작하였다. 이에 전라도 전 지역의 농민들이 들고 일어나 정부와 맞서게 되었다. 그러나 청일 양국의 출병과 전봉준 등 지도자들이 체포되면서 동학운동은 실패로 끝났다. 동학운동은 외국 세력에 대한 저항과 부패한 지배 계급에게 정치 개혁을 주장하였다는 데 큰 의의가 있다.

07 기독교 문화

한국의 기독교 문화는 18세기에 가톨릭교가 처음으로 전해지고 19세기에 개신교가 들어오면서 시작되었다. 이후 한국의 기독교는 꾸준히 교세를 확장하였다. 현재 우리나라에는 많은 교파가 퍼져 있으며, 신자 수도 약 1,000만 명에 이른다.

기독교는 예수를 구세주로 고백하는, 그리스도를 믿는 종교의 교파를 모두 일컫는 통칭이다. 기독교인들은 예수가 구약성경에 예언된 구세주, 곧 온 인류의 죄를 대속한 메시아로서 하느님의 독생자이자 이스라엘의 하느님이라고 믿는다. 기독교의 교리를 담은 대표적으로 공인되는 고대의 경전으로는 성경(성서)이 있다.

08 무속신앙

기독교, 천주교, 불교, 유교 등의 외래신앙이 아닌 전통신앙을 뜻하는 말로서 무속이라고도 부른다. 무(巫)는 무당으로 불리는 자가 신령과 인간을 중재하는 종교이다. 한국 무속신앙의 기원은 멀리 단군신화까지 거슬러 올라가기도 한다. 무속신앙에서는 단군의 존재를 샤먼적(Sharman)인 군장(君長)으로 이해하며, 부족국가 시대에 부여의 영고, 고구려의 동맹, 동예의 무천 등의 의식 행사를 당시 통치권을 행사하였던 군장으로 보고 이 행사가 무(巫)에 의해 치러졌을 것이라고 본다. 무속은 현세에 대한 유교적 긍정과 내생에 대한 불교적 극락의 세계가 동시에 인정되는 신앙이다.

09 한국인의 생활과 예절 (중요)

1) **관례**: 일정한 연령에 이른 남녀가 성인으로서 대접을 받게 되는 일종의 성인식이다.
   ① 현대의 성인식으로서 성인이 되었음을 상징하기 위해 갓을 쓰게 하는 의식이다.
   ② 여자의 경우는 계례(笄禮)라고 부른다. 관례를 치르기 전에는 청소년이었으나 일단 관례를 치른 후에는 사회의 일원으로서 성인 사회에 참여할 수 있는 자격을 갖는다. 관례는 보통 15~20세 전후에 행해지는데, 이때는 관례를 받는 자의 정신과 육체가 성숙된 시기이다.
   ③ 관례는 갑오경장 이후 신문화가 들어오면서 거의 사라졌다.

2) **혼례**: 성인이 된 남녀가 결합하여 한 가정을 이루는 결혼 의식이다.
   ① 전통혼례는 다양하고 복잡하지만 현대에 들어와 전통혼례를 치르는 경우는 매우 적다.
   ② 폐백과 함을 보내는 풍습은 여전히 남아 있다. 함은 남자가 여자 측에 결혼하기 10일 전에 보내며 사주, 혼서서식, 예물인 옷감 등이 들어간다.
   ③ 한국은 예로부터 혼인을 가족의 결합으로써 중요시해왔기 때문에 혼인의 의례가 매우 신중하고도 복잡하다. '국조오례의' 등의 기록을 보면 지금의 혼례 풍습이 맨 처음 행해진 때는 조선 초기로, 초기에는 양반 사대부들만 행했으며 서민들에게까지 전래된 것은 조선 후기일 것으로 짐작된다.
   ④ 현대의 결혼식에는 축의금을 내는 것이 관례화되어 있다.

> **참고**
>
> ☑ **전통 혼례 절차**
>
> 『예기』에서는 혼인 육례라고 하여 납채(納采)·문명(問名)·납길(納吉)·납징(納徵), 청기(請期)·친영(親迎)의 여섯 단계로 설명하지만 『주자가례』에는 의혼(議婚)·납채(納采), 납폐(納幣)·친영(親迎)의 네 단계로 본다.
>
> 『예기』에서의 혼인 육례는 다음과 같다. 납채는 신랑 집에서 신부 집에 혼인을 구하는 것이다. 납채서를 작성한 다음 신부 측에 보내 혼담을 시작한다. 문명은 납채와 동시에 이루어지는 것으로, 신부의 이름을 묻거나 신부 어머니의 성씨를 묻는 절차이다. 보통 신부 어머니의 성씨를 묻는데 이는 통해 신부 집안과 가계를 파악하였다. 납길은 문명 후 혼인의 길흉을 점쳐 길함을 얻어 그 결과를 알리는 것이다. 납징은 사주단자의 교환이 끝난 후 정혼이 이루어진 증거로 신랑 집에서 신부 집으로 예물을 보내는 것이다. 보통 푸른 비단과 붉은 비단을 혼서와 함께 넣어 보낸다. 청기는 신랑 집에서 혼인날을 택하여 그 가부를 묻는 편지를 신부 집에 보내는 것이다. 마지막으로 친영은 신랑이 신부 집에 가서 신부를 맞이하는 의식이다.
>
> 『주자가례』에서의 혼인 사례는 다음과 같다. 의혼은 혼례를 앞두고 혼인을 의논하는 것으로 상대의 의중이나 조건 등을 알아본다. 납채는 의혼 후 서로 뜻이 맞아 신랑 집에서 신부 집에 혼인을 구하는 것이다. 납폐는 혼인할 때 사주단자의 교환이 끝난 후 신랑 집에서 신부 집으로 예물을 보내는 것이다. 친영은 신랑이 신부 집에 가서 신부를 맞이하는 의식이다. 지금의 혼인 의식으로 볼 수 있다. 친영 때 교배례는 초례상 앞에서 신랑과 신부가 절을 주고받는 예를 말한다. 예식 후 현구고례(見舅姑禮)는 신부가 폐백을 가지고 처음으로 시부모를 뵙는 예를 말하는 것으로 흔히 '폐백을 드리다'는 말은 여기에서 기원하였다.

3) **상례**: 세상을 떠난 사람을 보내는 절차로 장례식에 해당한다.
   ① 육신을 떠난 영혼이 무사히 영(靈)의 세계로 귀환하는 데 필요한 의식절차를 갖추어 영혼을 잘 떠나보내는 것이다.
   ② 장례식에는 상주를 세우는데 상주는 죽은 사람의 직계 큰아들, 큰아들이 없으면 큰손자가 된다. 아내의 상에는 남편이 되고, 큰아들의 상에서는 아버지가 되며, 아버지가 없는 큰손자가 죽으면 할아버지가 된다. 만약 직계 가족이 없으면 가까운 친척 중에 연장자가 된다.
   ③ 다른 예(禮)에 비해서 그 변화의 폭이 적어 장기간 지속되고 가장 정중하고 엄숙하게 진행되며 사회마다 개념과 내용을 달리하고 있다.
   ④ 장례식에는 부의금을 내는 것이 관례화되어 있다. 모셔진 영정에 두 번 반 절하고 상주에게는 한 번 절한다.
   ⑤ 한국에서도 사회·계층에 따라 유교식·불교식·그리스도교식·무속이 혼합된 상례절차가 관행이 되어왔으며, 이는 서로 섞여 나타나기도 한다. 그중 오늘날에도 가장 보편적 관행으로 인식되고 있는 것이 유교식 상례이다. 요즘은 일반적으로 3일장을 치르고 있다.

4) 제례: 신명을 받들어 복을 빌고자 하는 의례로서 계절에 따라 지내는 시제(時祭)와 조상이 돌아가신 날을 회고하는 기제(忌祭) 등이 있다.

① 조상을 소중히 여기는 마음과 문화가 남아있는 의식이다.
② 예부터 동양에서는 전국의 이름난 산천에는 해마다 국가에서 직접 제사를 올렸으며, 풍수설이 강해진 이후로는 더욱 산천을 중시하여 제를 올렸다. 지금은 제사라 하면 단지 선조에 대한 의례를 가리키는 것으로 인식되고 있다.
③ 최근의 제례는 주로 설날, 추석, 그리고 돌아가신 날(기일)에 많이 지낸다.
④ 제사는 사람이 죽어도 혼백은 남아있으므로 살아있을 때처럼 조상을 모셔야 한다는 조상숭배사상의 유교적 가치관에서 발전해 왔다.
⑤ 현재 한국에서 시행되고 있는 제례는 음력 매월 초하루나 조상의 생일 등에 간단히 지냈으며, 명절에만 지내는 것으로 바뀐 차례(茶禮)는 성묘의 형태로 바뀌고 있다.

10 한국의 정치[1]

1) 한국 정치의 특징
① 제1공화국의 수립 이후 현재에 이르기까지 민주 공화 정치를 실시해 왔으나 권력의 변동이 매우 심했다.
② 한국은 정부 수립 이후 권력 구조로서 대통령 중심제를 주로 채택해 왔다.
③ 국가의 주요 목표는 정부 수립 이후에 현재에 이르기까지 시대적 상황에 따라 커다란 변화를 보여 왔다.
④ 통일 정책은 일종의 국가 목표로서, 평화적인 방법을 통한 통일을 추구하였음을 알 수 있다.

2) 한국의 정치제도와 행정제도
① **조선왕조 시대**: 중앙집권적 양반 관료제
② **식민지 이후**: 근대 입헌민주제, 대통령 중심제
   ㉠ 1948년 대한민국 정부가 수립된 이후 약 3년(제2공화국 시기: 1960~1963년)을 제외하고 언제나 대통령 중심제였다.
   ㉡ 대통령은 국민이 직접 선거를 통해 뽑으며, 대통령의 임기는 5년이고 연임할 수 없다.
   ㉢ 대통령은 국무총리를 비롯하여 장관을 임명함으로써 행정부를 구성한다.
   ㉣ 한국의 헌법은 1948년 7월 12일 개정된 이래 9차례 개헌되었다.
   ㉤ 1987년 10월 29일 9차 개헌은 여야 합의에 의해 대통령 직선제 개헌이 이루어졌다.

---

[1] '한국의 정치'는 표준국어대사전과 두산백과사전에서 인용 · 참고함

③ **헌법 제정**: 대통령제(국회 간선, 1차 중임, 임기 4년)

　　1948년 7월 20일 제헌국회가 이승만을 초대 대통령으로 선출함으로써, 국가 대표기관으로서 국가원수인 동시에 행정부의 수반이라는 서구적 의미의 대통령 제도가 첫 출발을 하였다.

㉠ 제1차 개헌(1952): 대통령 직선제

　　1952년 이승만 대통령은 재선을 노려 야당이 우위에 있던 국회에서의 간접선거를 지양, 직선제 개헌안을 통과시켰다.

㉡ 제2차 개헌(1954): 대통령 중임 제한 철폐

　　1954년 이승만 대통령은 3선을 겨냥하여 초대 대통령의 연임제한을 철폐하는 이른바 4사5입(四捨五入: 203의 2/3가 135라는 반올림 이론) 개헌안을 통과시키는 등 무리한 정권 유지를 강행하였다.

㉢ 제3차 개헌(1960): 의원내각제, 국회 양원제

　　4·19혁명으로 이승만이 하야하고 내각책임제 개헌안이 통과되어 제2공화국에서 의원내각제가 도입되었다.

㉣ 제4차 개헌(1960): 특별법 제정

　　1960년 4월 26일 이전에 반민주행위를 한 자, 또는 지위나 권력을 이용해 부정한 방법으로 재산을 축적한 자에 대한 행정·형사상의 처리를 위한 특별법을 제정할 수 있다는 내용을 추가하였다.

㉤ 제5차 개헌(1962): 대통령제 환원(직선제, 4년 중임), 국민투표제 도입

　　5·16으로 제2공화국이 무너지고 제3공화국 시기에는 대통령제로 환원되었고, 대통령의 지위가 강화되었다. 그러나 박정희 대통령은 국민의 저항에 부딪혔고, 1969년에는 정부와 대통령에 대한 신임을 묻는 국민투표가 실시되기도 했다.

㉥ 제6차 개헌(1969): 대통령의 재임을 3번까지 허용

　　박정희 대통령은 국가안보와 계속되는 경제발전이 이어져야 한다는 명분을 내세워 대통령 연임을 3기로 연장하는 개헌을 실시하였다.

㉦ 제7차 개헌(1972): 유신헌법, 대통령 간선제(통일주체국민회의), 대통령 임기 6년

　　1971년 다시 대통령에 선출된 박정희는 '통일주체국민회의'에서 대통령을 선출하는 유신헌법을 제정, 사상 유례없이 강력한 대통령제를 시행하였다.

　　이로써 정치체제가 대폭 정비되고 통제 기제가 강화되어 집권 세력은 막강한 사회통제력을 보유하게 되었다. 유신헌법의 경우 이후의 박정희 1인 독재를 확고히 만드는 기반이 되었다. 또한 대통령 1인에게 3권을 집중시켜 국회 의결도 없이 위헌적인 개헌 절차에 의하여 개정되었다.

TOP-Point

☑ 유신헌법
한국 헌정사상 7차로 개정된 제4공화국의 헌법이다. 개헌작업은 1972년 5월 초부터 구체적으로 추진되기 시작하여 같은 해 10월 17일 비상계엄령의 선포, 국회해산, 정당 및 정치활동의 금지, 헌법의 일부 효력정지, 새 헌법개정안의 공고 등을 내용으로 하는 '대통령 특별선언'이 발표되었으며, 10월 27일 평화적 통일지향, 한국적 민주주의의 토착화를 표방한 개헌안이 비상국무회의에서 의결·공고되었다.

ⓒ 제8차 개헌(1980): 대통령 간선제(7년 단임)

12·12 사태로 정권을 장악한 전두환과 신군부는 1980년 10월 대통령 임기 7년 단임과 간선제에 의한 대통령 선출을 골자로 하는 헌법개정안을 공포하였다. 그러나 국민의 민주화 열망은 1987년 6월 항쟁으로 일어나, 정부로부터 대통령 직선제와 민주화 개혁을 골자로 하는 6·29 선언을 이끌어냈다.

TOP-Point

☑ 6월 항쟁
1987년 6월 전국적으로 일어났던 민주화 시위이다. 6월 민주화 운동, 6·10 민주 항쟁이라고도 한다. 그 해 전두환 정권은 국민의 민주화 열망을 억압하고 장기 집권을 획책하였다. 한편 5월 18일 천주교정의 구현전국사제단은 '박종철고문 치사 사건'이 은폐되었다는 성명을 발표하였고 이는 6월 항쟁의 기폭제가 되었다. 같은 날 민주정의당 대표위원 노태우가 대통령 후보로 선출되자 전두환 정권의 간선제 호헌에 대한 국민의 저항이 급격히 확산되었다. 이렇게 되자 전두환 정권은 국민의 민주화 요구를 받아들이지 않을 수 없게 되어 민주정의당 대통령 후보 노태우가 직선제 개헌과 평화적 정부 이양, 대통령선거법 개정, 김대중의 사면 복권 등을 주요 내용으로 하는 6·29 선언을 발표하였다. 6월 항쟁은 전두환 정권의 권위주의적 권력 유지를 민주세력과 시민의 역량으로 저지시켰다는 점에서 그 의의가 크다.

ⓓ 제9차 개헌(1987): 대통령 직선제(5년 단임)

여야 합의에 의해 최초로 개정된 헌법으로, 15년 만에 대통령직선제를 부활하였으며 임기 5년의 단임제로 하였다.

3) 선거 제도
① 한국에서 대통령과 국회의원, 기초단체장 및 지방의회 의원은 모두 선거로 뽑는다.
② 대통령 선거는 5년마다 한 번씩, 국민 직접투표 방식으로 치러진다. 대통령 선거권은 19세 이상의 대한민국 국민이면 가질 수 있고, 대통령 피선거권은 선거일 현재 5년 이상 국내에 거주하고 있는 40세 이상의 대한민국 국민이면 가질 수 있다.
③ 국회의원 선거는 4년마다 한 번씩 실시되며 한 선거구에 한 의원을 뽑는 소선거구제이다.
④ 18세 이상의 국민은 국회의원 선거권과 피선거권이 있다. 다만 지역구 국회의원의 선거권은 해당 선거구 안에 주민등록이 되어 있어야 한다.

11 한국의 학생운동

1) 정치운동의 성격

1960년의 4·19 학생운동, 1960년대에 한일굴욕외교 반대 시위, 3선 개헌 반대, 1970년대에 유신 반대 등 주로 민주화와 자주화 운동을 전개하였다.

TOP-Point

☑ 4·19 학생운동
1960년 4월 19일에 절정을 이룬 한국 학생의 일련의 반부정·반정부 항쟁이다. 정부수립 이후, 영구집권을 꾀했던 이승만과 자유당 정권의 12년에 걸친 장기 집권을 종식시키고, 제2공화국의 출범을 보게 한 역사적 전환점이 되었다.

2) 노동운동의 성격

1980년대 이후 학생운동은 시민운동과 결합하여 훨씬 진전된 민주화를 달성하는 데 일조하였다.

12 한국전쟁과 이후 한국의 통일정책[2]

1) 한국전쟁 (중요)

① 1950년 6월 25일 새벽에 북한 공산군이 남북군사분계선이던 38선 전역에 걸쳐 불법 남침함으로써 일어난 전쟁이다.
② 6·25 전쟁은 민족 간의 전쟁으로 수많은 사상자와 이산가족을 낳고 전 국토를 초토화했으며, 이후 분단이 더욱 고착화되었다. 미국, 중국, 소련 등 강대국들이 참전했을 뿐만 아니라 당시 국제적 세력 판도에 큰 영향을 끼쳤다.

---

2) 한국전쟁과 이후 한국의 통일정책의 내용은 표준국어대사전과 두산백과사전에서 인용·참고함

2) 전쟁 발발과 휴전

① 1950년 6월 25일에 발발하여 7월에 남한 대부분을 북한 인민군이 장악함
② 9월 16일 인천상륙작전이 시작되어 남한군이 북진함
③ 10월 19일 북진이 계속되어 압록강 부근까지 올라갔으나 중공군의 참전으로 남한군과 미군은 다시 후퇴함
④ 1951년 6월에 휴전회담이 열림
⑤ 1953년 7월 27일에 휴전협정이 이루어짐

3) 한국의 통일정책의 역사적 흐름

① 1950년대: 무력통일론/북진통일론
② 1960년대: 선건설후통일론
③ 1970년대: 적극적인 평화통일정책(자주, 평화, 민족대단결)
④ 1980년대: 적극적인 평화통일정책(민족화합민주통일방안 등)
⑤ 1990년대: 대북화해협력정책(햇볕정책 등)

햇볕정책은 북한을 인도적인 차원에서 지원하고 남한과 북한의 교류와 협력을 증진하고자 하였다. 또한 북한에 대한 지원을 늘려 북한이 개방의 길로 나올 수 있도록 유도하고자 하였다.

⑥ 2000년대: 평화번영정책(햇볕정책의 정신을 계승, 발전)

한반도 평화와 남북한의 공동번영을 추구하고자 한 정책으로 1990년대의 햇볕정책을 계승하였다. 대화, 상호 신뢰와 호혜주의, 남북 당사자 원칙에 따른 국제협력, 초당적 협력과 국민과 함께 하는 정책 등의 원칙을 가진다.

02 실전 문제

연습 문제

01
한국 사회의 지리적 특성과 이와 연관된 인구 지리학적 특성으로 맞는 것을 고르시오.

① 전 국토의 50%가 산이다.
② 전 국민의 80% 이상이 도시 지역에 살고 있다.
③ 촌락이 산을 중심으로 형성되었다.
④ 지리적 경계가 뚜렷하지 못하여 문화의 지역색이 약하다.

02
한국이 1960년대 이후 '한강의 기적'이라고 불릴 만큼 빠른 경제성장을 할 수 있었던 이유가 아닌 것을 고르시오.

① 강인한 생활의지
② 저렴한 노동력
③ 정치적 리더십의 출현
④ 빈부의 격차

03
급격한 경제성장의 부작용이라 할 수 없는 것을 고르시오.

① 물질 만능주의 사상
② 도시의 과밀화
③ 환경오염과 자연 환경 파괴
④ 핵가족 또는 독신가족의 증가

04
한국은 정보통신 관련 산업이 크게 발달하였다. 이와 관련된 것이라 볼 수 없는 것을 고르시오.

① 정보기반 사회로의 진입
② 정보통신 기술의 발전
③ 초고속 인터넷의 보급
④ 지방 도시의 공동화 현상

05

사회가 다양한 모습으로 변화되어 가면서 예전에는 없었던 새로운 직업군이 등장하기도 하였다. 새로운 직업군의 예로 적절하지 않은 것을 고르시오.

① 프로게이머
② 환경 미화원
③ 네일 아티스트
④ 매너 강사

06

현대 사회에서의 가족의 모습은 가족으로서의 결속력 자체가 다소 약화된 것이라 볼 수 있다. 그러한 모습을 잘 반영하고 있는 현상을 고르시오.

① 혈연 중심의 가치관이 유지되고 있다.
② 맞벌이 부부가 감소하고 있다.
③ 독신 또는 자녀 없는 부부가 증가한다.
④ 아들이 대를 잇는다는 사고가 남아 있다.

07

조선 후기로 가면 실학이 학문의 현실성과 과학성을 강조하면서 나타나기 시작한다. 실학에서 내세우는 가치관이 아닌 것을 고르시오.

① 실사구시
② 이용후생
③ 경세치용
④ 생로병사

08

동학이 등장하게 된 배경이 아닌 것을 고르시오.

① 19세기 후반 서양 세력의 침투
② 조선 사회의 내재적 위기
③ 성리학적 명분주의로 무기력한 사회
④ 현세에 대한 유교적 긍정

09

신명을 받들어 복을 빌고자 하는 의례로서 계절에 따라 지내는 시제와 조상이 돌아가신 날을 회고하는 기제 등이 있다. 이를 무엇이라 하는지 고르시오.

① 관례　　② 혼례
③ 상례　　④ 제례

10

한국 정치의 특징이 아닌 것을 고르시오.

① 권력의 변동이 심했다.
② 주로 대통령 중심제를 취해왔다.
③ 대통령의 임기는 5년이며 연임할 수 없다.
④ 한국의 헌법은 지금까지 5차례 고쳐졌다.

> **해설**

01 한국은 고도의 경제성장을 이루면서 급격한 도시화가 진행되면서 인구의 80% 이상이 도시로 집중되었다.
02 한국의 빠른 경제성장이 진행된 이후 빈부격차라는 부작용이 나타났다.
03 핵가족이나 독신가족은 전통적 가족주의가 약화되면서 나타난 현상이다.
04 지방 도시 공동화는 서울과 수도권으로 정치, 경제, 사회가 집중되면서 나타난 현상이다.
05 환경 미화원은 예전부터 존재하던 직업이다.
06 독신 또는 자녀가 없어도 된다는 사고는 전통적 가족주의가 약화되면서 나타난 현상이다.
07 불교에서 말하는 생로병사는 사람이 나고, 늙고, 병들고, 죽는 네 가지 고통을 의미한다.
08 동학은 인내천 사상을 기본 교리로 삼아 민중으로부터 환영을 받았다. 유교적 사고와는 거리가 멀다.
09 제례는 제사를 지내는 예법을 말하며 시제와 기제 등이 속한다. 상례는 상중의 예절을 말한다.
10 한국의 헌법은 9차 개헌이 이루어졌다.

정답 01 ② 02 ④ 03 ④ 04 ④ 05 ② 06 ③ 07 ④ 08 ④ 09 ④ 10 ④

기출문제

01

2021년 영국 옥스퍼드 영어사전(OED)에 등재된 우리말 어휘가 아닌 것은? [기출 17회 4번]

① oppa(오빠)
② chimaek(치맥)
③ bivouac(비박)
④ mukbang(먹방)

02

남한과 북한의 정치적 대립을 소재로 한 영화와 감독의 연결이 옳지 않은 것은? [기출 18회 11번]

① 〈공동경비구역JSA〉-박찬욱
② 〈쉬리〉-강제규
③ 〈강철비〉-양우석
④ 〈부당거래〉-류승완

03

한국인의 응원 문화에 관한 설명으로 옳지 않은 것은?

① 응원은 하나의 문화로서 옛날부터 지금까지 이어져 오고 있다.
② 개인 또는 집단의 목적을 위해 모두가 화합해서 힘을 북돋아주는 일이다.
③ 한일 월드컵을 계기로 서양에서 시작된 길거리 응원 문화가 본격적으로 수입되었다.
④ 인터넷 매체의 발달로 각종 서포터즈의 활동 등 응원 문화가 더욱 조직화되었다.

04

한국의 온라인 게임에 관한 설명으로 옳지 않은 것은?

① 3D온라인 게임이 대세를 이루며 확대되고 있다.
② 온라인 게임은 콘텐츠로서 높은 경쟁력을 가지고 있다.
③ 게임과 소셜미디어의 융합으로 '게임의 메타버스화'가 실현되고 있다.
④ 청소년의 심야시간 인터넷게임 이용을 제한하기 위한 셧다운제도가 시행되고 있다.

05

다음 사건들을 시기 순서대로 올바르게 나열한 것은?

| ㄱ. 7·4남북공동성명 | ㄴ. IMF구제금융시기 금모으기운동 |
| ㄷ. 5·18민주화운동 | ㄹ. 한일피파월드컵 |

① ㄱ - ㄴ - ㄷ - ㄹ
② ㄱ - ㄷ - ㄴ - ㄹ
③ ㄷ - ㄱ - ㄹ - ㄴ
④ ㄷ - ㄴ - ㄹ - ㄱ

06

한국의 국제개발협력에 관한 설명으로 옳지 않은 것은?

① 한국국제협력단(KOICA)은 1991년에 설립된 국제개발협력의 대표기관이다.
② 2009년에 경제협력개발기구(OECD) 개발원조위원회(DAC) 회원국이 되었다.
③ 대외경제협력기금(EDCF)은 개발도상국의 산업화와 경제발전을 지원하는 정책기금이다.
④ 2023년 국민총소득(GNI) 대비 공적개발원조(ODA)의 비율에서 한국은 개발원조위원회(DAC) 회원국 전체의 평균을 넘어섰다.

07

한국 사회의 세대와 특징에 관한 설명으로 옳지 않은 것은? 　기출 19회 16번

① 베이비 붐 세대-1955년부터 1963년 사이에 태어나 한국 경제의 고속 성장을 주도한 세대
② 386세대-1965년부터 1980년대에 태어나 이념이나 정치에 관심이 적고 개인주의 성향을 보인 세대
③ G세대-1988년 서울올림픽을 전후한 시기에 태어나 글로벌마인드를 갖추며 자란 세대
④ Z세대-1990년대 중반부터 2000년대 초반 태어나 최신 트렌드와 디지털 환경에 익숙한 세대

정답 01 ③ 02 ④ 03 ③ 04 ④ 05 ② 06 ④ 07 ②

참고문헌

- 강현두·원용진·전규찬(1998), 현대 대중문화의 형성, 서울대학교출판부
- 강현두(1987), 한국의 대중문화, 나남
- 김신일(2009), 교육사회학, 교육과학사
- 김창남(2010), 대중문화의 이해, 한울 아카데미
- 오만석 외(2000), 교육열의 사회문화적 구조, 한국정신문화연구원
- 이삼성(2004), 동아시아의 20세기와 미국, 그리고 한국민주주의, 민주주의와 인권 4호, 전남대학교 5·18연구소
- 이종각(2003), 교육열 올바로 보기-그 정체는 무엇이며 어떻게 다루어야 하나?, 원미사
- 이종각(2005), 한국의 교육열 세계의 교육열-해부와 대책, 하우
- 이종각(2008), 새로운 교육사회학총론, 동문사
- 정일준(1991), 해방이후 문화제국주의와 미국유학생, 역사비평 4호
- 정재형(1996), 문화제국주의시대의 한국영화, 동국대학교 영상학보 6호, 동국대학교 연극영상학부
- 국토교통부 국토지리정보원 https://www.ngii.go.kr/

03 | 한국문학개론

문학개론

01 문학 교육

1) 언어 교육 측면에서의 문학 교육 중요

한때 언어 교육과 문학 교육은 서로 별개의 목표를 가진 교육인 것처럼 간주되기도 했었다. 문학 교육이 문학 작품 안에서 즐거움을 얻고 작품 안의 다양한 세계에 대한 간접체험을 하면서 다양한 유형의 사람들과 문화를 이해하는 것, 그리고 문학 작품을 통해 정서적인 고양과 순화를 이끌어내는 것이 목표였다면 언어 교육은 어디까지나 의사소통 능력을 증진시키는 것이었기 때문에 이 두 가지 사이에서 공통점을 찾기가 어렵다고 보았던 것이다.

그러나 언어 교육의 목표인 의사소통 능력 증진은 단순히 언어표현을 외우고 익혀 쓰는 것만이 아니라 그 언어를 쓰는 사회와 문화를 이해하는 데에서도 이루어진다. 이를 고려한다면, 언어 교육과 문학 교육의 관계는 별개가 아니라 오히려 상보적인 관계로 발전할 수 있다. 한 사회의 문화와 가치관을 이해하는 문학 교육의 가치를 바탕으로 언어와 문화를 이해하는 데 문학 교육이 도움을 줄 수 있다. 또한 문학 텍스트를 읽으면서 언어적 능력의 신장도 꾀할 수 있다. 문학 텍스트는 언어 능력 증진에 다음과 같은 도움을 준다.

① 네 가지 언어기능(읽기, 쓰기, 말하기, 듣기)뿐만 아니라 상황에 맞는 다양한 어휘와 문법을 보여 준다.
② 학습자들은 문학을 통해 흥미와 지적인 욕구를 충족시킬 수 있다.
③ 학습자가 배우고자 하는 언어를 사용하는 사회에 대한 다양하고도 풍부한 사회 양상들을 보여줌으로써 문화적 배경을 바탕으로 언어를 더욱 잘 이해할 수 있도록 한다.

2) 문화 교육 측면에서의 문학 교육

외국어에 대한 학습은 결국 목표언어가 내포하고 있는 타 문화에 대한 이해로 귀결된다. 언어라는 것 역시 일종의 사회적 산물이라는 점에서 봤을 때, 원활한 의사소통을 위해서는 언어 능력뿐만이 아니라 문화 능력의 함양이 필수적이라는 점에서 한국문학은 한국인의 정서를 이해할 수 있는 하나의 텍스트로 기능할 수 있다.

3) 교육 자료로서 문학의 이점

① 흥미롭고 풍부한 맥락이 있는 자료이다.
② 상상력과 창의력을 길러주어 언어 사용의 동기를 북돋아준다.

③ 흥미와 지적 욕구를 자극시키고 다양한 언어기능을 사용하도록 해 준다.
④ 문화에 대한 통찰력을 제공하고 특정 맥락에서 일어나는 언어의 상호 작용을 인지하도록 도와준다.

02 언어 교육을 위한 문학 텍스트 제시 방법과 활동

1) 문학 작품의 선정
① 언어적 난이도를 고려한다.
　㉠ 문장의 호응이나 적절한 어휘가 쓰여 있는지 검토하고 작품의 전체적인 이야기에서 벗어난 부분은 없는지 검토한다.
　㉡ 읽기 교육에서는 학습자들이 가장 부담스러워 하는 부분이 어휘이기 때문에 이야기가 단순하더라도 어휘의 난도가 높은 작품을 고르면 안 된다.
② 텍스트의 길이와 난이도는 관련이 없다.
　예) 시: 추상적이고 담화 내적 의미가 많아서 길이는 짧지만 읽기가 쉽지 않다.
③ 긴 이야기에서 텍스트를 일부 발췌할 때는 전체 이야기와 호응이 되는 부분을 고르는 것이 좋다.
④ 발췌할 때 지나치게 암시적이거나 서사성이 떨어지는 부분을 고르면 안 된다.

2) 문학 교육을 통한 언어 활동
① 읽기 전 활동 **중요**
　㉠ 교사는 해당 언어와 문화에 대해 이미 풍부한 문화적 배경을 가지고 있으나 학습자들에게는 이방의 문화일 수 있다. 따라서 교사가 학습자들의 스키마를 활성화시키면서 도움을 줘야 한다.
　㉡ 교사가 미리 뽑아 둔 중요 단어, 또는 난도가 높은 단어를 제시하고 설명한다. 이는 본과정에서 학습자의 읽기 속도 증진에 도움을 준다.
　㉢ 이야기의 제목이나 전체 텍스트의 제목, 또는 학습을 도울 만한 그림, 주인공의 이름 등을 제시하면서 어떤 이야기일지 브레인스토밍 형식으로 자유롭게 이야기해 본다.

> **TOP-Point**
>
> ✔ 브레인스토밍
> 　자유로운 토론으로 창조적인 아이디어를 끌어내는 일로서 아이디어 개발 방식의 하나로 사용한다. 언어 교육에서는 학습자들의 부담을 덜어주고 자유로운 분위기에서 아이디어를 표현할 수 있도록 사용하는 방법이다. 주로 과제활동 시 본 활동 전에 사용한다.

② 읽기 중 활동
  ㉠ 먼저 텍스트를 빠른 속도로 읽고 대강의 이야기 이해하기: 이야기를 읽고 난 후 세부적인 내용보다는 플롯을 이해하고 있는지 이해도를 확인하고 짧게 요약해 보도록 한다.
  ㉡ 인물에 대해 이야기해보기: 등장하는 인물을 중심으로 인물의 성격, 행동, 특징 등 기억나는 것을 말해보도록 한다. 개인 활동보다는 짝 활동, 그룹 활동으로 하도록 한다.
  ㉢ 어려운 표현을 문맥을 통해 유추해보기: 문학 텍스트는 언어 교육만을 위해서 만들어진 텍스트가 아니기 때문에 학습자의 난이도를 고려하지 않은 표현이나 문장, 어휘가 나오기 마련이다. 그룹 활동을 통해서 어려운 표현이나 단어에 대해 설명하고 문맥을 통해 추측해보도록 한다.

③ 읽기 후 활동
  ㉠ 역할극 하기: 텍스트 속 인물에 대해 이해하고 역할극을 통해 표현해본다.
  ㉡ 이야기 속의 문화, 가치관에 대해 글쓰기: 이야기 속 중심사건에 대해 이야기하고 그 속에 담겨진 문화적 요소를 이해한다.
  ㉢ 토의/토론 활동: 이야기의 갈등 구조를 중심으로 이야기 속의 문제와 해결책을 제시하고 찬반양론이 가능한 문제라면 토론 활동으로 이어서 진행한다.

3) 문학 작품의 제시 기준 중요

① 학습자들의 수준에 맞는 작품을 선정한다. 특히 한국어 교육의 경우 한국어 의사소통 능력은 높지 않더라도 성인 학습자인 경우가 많다. 따라서 학생들의 언어적 능력과 지적 수준을 모두 고려하여 작품을 선정해야 한다.
② 과제나 연습활동을 할 때는 문학 텍스트 속의 상황과 학습자 개인의 경험을 연관시킬 수 있는 것이면 더욱 좋다. 지나치게 비현실적인 내용은 공감을 얻기 어려우며, 읽기 활동의 동기도 불러일으키지 못한다.

TOP-Point

☑ 언어 학습자 문학(Language Learner Literature)
데이와 뱀포드(Day & Bamford, 1988)가 제2언어 학습자를 위한 읽기 자료로 제안한 것으로, 문학의 가치와 교육적 효용을 최대한 이용하여 학습자에게 제공하기 위해 원작 그대로 또는 그것을 언어 학습용으로 개작한 텍스트를 총칭하는 용어이다. 원전을 그대로 가르치는 것에 대한 어려움을 극복하고 목표 문화를 잘 이해하고 교육적 효과를 최대한으로 넓히고자 적용한 교육 방안이다. 언어 학습자 문학은 실제 원전과 비교했을 때 개작되었다는 인식 때문에 부정적으로 생각되기도 하나 데이와 뱀포드(Day & Bamford)는 원전을 단순화했다고 해서 그것이 원전의 진정성을 파괴하는 것은 아니며 언어 학습자를 염두에 쓴 의도가 있다는 점에서 진정한 글의 특성이 있다고 보았다.

한국 고전문학

01 한국 고전문학의 분류

1) **구비문학 시대**: 구비문학은 기록문학에 선행하여 나온 입에서 입으로 전해졌던 문학을 말한다. 한문이 전래되기 전의 국문학은 모두 구비문학이었다.

> **TOP-Point**
>
> ☑ **구비문학**[1]
> 구비문학은 기록 문학이 생기기 이전부터 있었던, 입에서 입으로 전해졌던 문학이다. 구비문학에는 설화·민요·무가·판소리·민속극·속담·수수께끼 등이 있다. 구비문학은 특정인이 어느 때 창작하여 글로 정착시킨 문학은 아니므로 공동 저작의 특성을 갖는다. 또한 구비문학은 구연되는 현장에서 존재하는 문학이기 때문에 현장성을 바탕으로 한다.

2) **신라시대**: 한자 전래 이후 → 구비문학의 정착, 차자 문학 등장, 한문문학 형성 시작

> **TOP-Point**
>
> ☑ **차자문학**[2]
> '차자(借字)'란 자기 나라 말을 적는 데 남의 나라 글자를 빌려 쓰는 것, 또는 그 글자를 말한다. 신라시대의 차자문학은 한자를 빌려서 쓴 문학 작품을 말한다.

3) **고려시대**: 한자 사용의 보편화 → 상층의 한문문학과 하층의 구비문학이 모두 있던 시대

4) **조선시대**: 한글 창제(1446년 반포) 이후 → 한문문학, 국문문학, 구비문학이 모두 있던 시대 <중요>

5) **개화기 이후**: 개화기(1900년 전후) 이후 → 한문문학, 구비문학이 약화되고 한글로 된 국문문학이 확대된 시대 <중요>

---

1) 두산백과사전을 참고함
2) 표준국어대사전을 참고함

02 구비문학, 한문문학, 국문문학

1) 구비문학
   ① 개념: 문자로 정착되지 않고 입에서 입으로 전승되는 문학
   ② 특징
      ㉠ 말로 된 문학
      ㉡ 작가가 없는 문학
      ㉢ 단순하고 보편적인 문학
      ㉣ 민중적이고 민족적인 문학
   ③ 종류
      ㉠ 말: 속담, 수수께끼 등
      ㉡ 이야기: 신화, 전설, 민담 등
      ㉢ 노래: 민요, 서사 무가, 판소리 등
      ㉣ 놀이: 무당굿 놀이, 꼭두각시 놀음, 탈춤 등

2) 한문문학
   ① 개념: 기원전 2세기경 한자가 전해진 이후 조선 후기까지 한자로 창작한 문학
   ② 한문문학이 국문학에 속할 수 있는 근거
      ㉠ 한문은 한글이 창제되기 이전 공용문자로서의 성격을 가지고 있음
      ㉡ 비록 한글이 아닌 한문으로 표현되었으나 그 안의 문학적 원류와 사상은 우리 민족 고유의 것이라 할 수 있음

3) 국문문학
   ① 개념: 한글로 표현된 문학
   ② 특징
      ㉠ 한글 창제 이후 본격적으로 발달했으며, 구비문학과 한문문학 모두로부터 영향을 받음
      ㉡ 개화기 이후 국문문학이 한국문학의 주류가 됨

03 대표 갈래 및 작품

1) 고려시대 문학
    ① 시대적 배경: 고려의 삼국 통일로 단일 민족과 단일 국가의 전통이 세워짐
    ② 문학의 특징
        ㉠ 불교 문화를 계승하였으며, 과거제도와 귀족 문화의 발달로 한문학이 융성했다.
        ㉡ 설화에서 발전한 패관 문학과 가전체 작품이 소설로 점차 발전하고 있었다.
        ㉢ 평민층에서 고려가요가 발달하였다.
        ㉣ 경기체가가 발달했고, 시조가 발생했다.
    ③ 대표 갈래 및 작품
        ㉠ 향가: 고려 초기까지 존속됨
        ㉡ 속요: 평민 문학, 구비문학적 성격을 보여줌. 〈가시리〉, 〈청산별곡〉, 〈동동〉 등
        ㉢ 경기체가: 귀족적, 향락적, 퇴폐적인 풍류 문학임. 〈한림별곡〉, 〈관동별곡〉 등
        ㉣ 패관문학: 기록자의 창의성이 들어가서 소설의 시초처럼 보이기도 하며 수필적 성격을 보이기도 함. 《파한집》 등
        ㉤ 가전체: 설화와 소설의 중간 역할을 함. 〈국순전〉, 〈국선생전〉, 〈죽부인전〉 등
        ㉥ 한문학: 과거제와 불교문화의 발달로 한문학이 성행함. 김부식, 정지상 등
        ㉦ 시조: 3장 6구의 45자 내외의 4음보 정형시가 발생함

> **TOP-Point**
>
> ☑ **패관문학**[3]
> '패관(稗官)'이란 중국 한나라 이후 민간에 떠도는 이야기를 모아 기록하는 일을 맡아 하던 임시 벼슬로, 민간의 풍속과 정사를 살피기 위하여 거리의 소문을 모아 기록하던 사람이다. 후에 이 뜻이 발전하여 이야기를 짓는 사람도 패관이라 일컫게 되었다. 길거리나 세상 사람들 사이에 떠도는 이야기 등을 모아 엮은 설화문학을 패관문학이라 하는데 패관들이 이야기를 엮고 모으면서 패관 자신의 창의성이 더해졌다.
>
> ☑ **가전체**[4]
> 가전체란 사물을 의인화하여 전기 형식으로 서술하는 문학 양식을 이르는 말로서 세상 사람들에게 경계할 것과 징벌을 알려 주는 것을 목표로 하는 문학 양식이다. 고려 후기에 발달한 설화와 소설의 과도기적 형태이다. 임춘의 〈국순전〉, 〈공방전〉이나 이규보의 〈국선생전〉 등이 있다.

---

3) 표준국어대사전을 참고함
4) 표준국어대사전을 참고함

2) 조선 전기 문학

① 시대적 배경
- ㉠ 조선 건국부터 17세기 초
- ㉡ 1446년 훈민정음의 반포: 본격적인 국문학 전개의 기초가 되었다. 즉, 전대의 구비문학이 정착되고, 새로운 문학이 창작되면서 본격적인 국문학이 시작되었다.

② 문학의 특징
- ㉠ 훈민정음의 창제로 고려시대의 구비문학이 문자로 정착되고, 경서와 문학서의 언해 사업이 활발했다.
- ㉡ 설화문학의 발전과 중국 소설의 영향으로 한문 소설이 발생하기 시작하였다.

> **TOP-Point**
>
> ☑ **언해 사업**
> 언해 사업이란 훈민정음 창제로 인해 한문으로만 전해오던 수많은 한문 문헌을 우리말로 번역하고자 한 것을 말한다.

③ 대표 갈래 및 작품
- ㉠ 악장: 조선왕조의 체제 확립과 유지라는 목적성을 띤 문학임. 《용비어천가》 등
- ㉡ 언해 문학: 불경과 경서, 한시 번역
- ㉢ 경기체가: 고려 때 발생하여 조선 초기까지 이어짐
- ㉣ 가사: 운문과 산문의 중간적 성격을 띰. 〈상춘곡〉, 〈면앙정가〉, 〈관동별곡〉 등
- ㉤ 시조: 사대부들을 중심으로 창작되었으며 연시조 형태가 많음. 〈강호사시가〉, 〈도산십이곡〉 등
- ㉥ 한문학: 유교를 국교로 정한 시대적 상황에서 괄목할 만한 발달을 보임. 《동문선》, 《용재총화》, 《정암집》 등
- ㉦ 패관문학: 설화, 수필, 시화 등을 엮어서 만든 문집
- ㉧ 소설: 설화, 패관 문학, 가전체, 중국의 전기 등의 영향을 받아 생겨난 산문 문학임. 《금오신화》 등

3) 조선 후기 문학

① 시대적 배경
- ㉠ 17세기 중엽부터 19세기 말
- ㉡ 근대로의 이행기
- ㉢ 임진왜란과 병자호란을 겪으면서 지배 질서가 흔들리고 평민들의 의식 성장

② 문학의 특징 중요
  ㉠ 양란 이후 흔들리는 지배 질서와 높아진 평민 의식이 서로 갈등을 겪음
  ㉡ 비현실적·소극적인 유교 문학에서 현실적이고 구체적인 실학 문학으로 발전됨
  ㉢ 작품의 제재 및 주제, 작가 및 독자의 범위가 확대됨
  ㉣ 운문 중심에서 산문 중심의 문학으로 이행
  ㉤ 여류 문학이 나타나기 시작(내간체 수필, 내방 가사)

TOP-Point

✓ 내방 가사와 내간체
- 내방 가사·규방 가사: 조선시대에 부녀자가 짓거나 읊은 가사 작품을 통틀어 이르는 말이다. 영남 지방에서 널리 유행하였으며 주로 시집에서 지켜야 할 몸가짐과 예절 따위를 내용으로 한 것으로 〈계녀가〉, 〈춘유가〉 등이 있으나 작자와 연대를 알 수 없다.
- 내간체[5]: 조선시대에 부녀자들이 쓰던 산문 문체이다. 일상어를 바탕으로 말하듯이 써 내려간 것으로 〈한중록〉, 〈계축일기〉, 〈의유당일기〉, 〈조침문〉, 〈인현왕후전〉 등이 이에 속한다.

4) 개화기 문학
 ① 시대적 배경
  ㉠ 1900년대를 전후한 역사적 격동기
  ㉡ 사회적 변혁의 분위기가 달아오르면서 지식인들의 계몽의식이 확산됨
  ㉢ 개화 계몽사상, 애국 독립 사상, 자주의식 등이 나타남
 ② 문학의 특징 중요
  ㉠ 구어체에 가까운 문장으로 변화됨
  ㉡ 계몽의식, 이념을 강조하는 문학이 많아짐
  ㉢ 창가, 신체시, 신소설 등 새로운 장르가 모색됨
 ③ 대표 갈래 및 작품
  ㉠ 개화가사: 애국 계몽을 노래함
  ㉡ 창가: 갑오개혁 이후 서양 악곡의 형식을 따라 지은 간단한 형식의 노래로 신교육 예찬, 새 시대의 의욕 고취 등 계몽적 내용을 담고 있음. 〈독립가〉, 〈경부 철도 노래〉 등
  ㉢ 신체시: 우리나라 신문학 운동 초창기에 나타난 새로운 시 형식. 〈해에게서 소년에게〉 등
  ㉣ 신소설: 갑오개혁 이후부터 현대소설이 창작되기 전까지 이루어진 소설로서 봉건 질서의 타파, 개화, 계몽, 자주 독립 사상 고취 따위가 주제가 됨. 《혈의 누》, 《금수회의록》 등

---

5) 표준국어대사전을 참고함

ⓜ 창극: 전통적인 판소리나 그 형식을 빌려 만든 가극으로 여러 사람들이 배역을 맡아 창을 중심으로 극을 전개하는 것으로 20세기 초 협률사에서 판소리를 무대화하고 판소리에 등장하는 각 인물에 전담 배역을 붙여 노래와 연기를 하게 한 것을 계기로 발달함
ⓑ 신파극: 1910년대부터 1940년대까지 우리나라에서 유행하였던 연극 형태로서 우리 정서에 맞지 않는 일본의 신파극을 모방하기도 하였으나 점차 고유한 대중적 정서를 위주로 등장

04 주요 작가와 작품

1) 김시습의 《금오신화》 중요

《금오신화》는 김시습이 지은 우리나라 최초의 전기적 한문 단편 소설로 현재 전하는 것은 〈만복사저포기〉, 〈이생규장전〉, 〈취유부벽정기〉, 〈용궁부연록〉, 〈남염부주지〉 5편이다. 《금오신화》의 단편소설들이 갖는 공통적 특징은 다음과 같다.
① 주인공이 아름다운 남녀이며 사람과 귀신과의 이야기가 그려진다.
② 한문 문어체로 쓰였으며 초현실적인 내용을 그린다.
③ 권선징악의 교훈을 가진다.

2) 박지원의 한문 소설

풍자적 성격과 사실주의가 특징이며 《호질》, 《허생전》, 《양반전》, 《광문자전》, 《예덕선생전》 등이 있다. 중요
① **호질**: 유학을 공부하는 학자들의 위선을 폭로, 풍자하였다.
② **허생전**: 허약한 국가 경제를 비판하고 양반의 무능함과 허위의식을 고발하였다.
③ **양반전**: 양반 생활의 허식과 부패상을 폭로하고 실학사상을 고취하였다.

3) 허균의 《홍길동전》 중요

광해군 때 허균이 지은 《홍길동전》은 한글 소설의 효시라고 할 수 있다. 당시 임진왜란 후 어지러운 사회 분위기 속에서 조선은 평민 계층의 자각과 문화적 참여 등 사회 변혁의 물결이 일고 있었다. 이러한 시대적인 요구를 반영한 《홍길동전》 역시 적서차별로 대표되는 불합리한 사회 제도와 부패 정치 개혁이라는 주제를 가지고 있다. 한글 소설로서 독자층이 넓어져 여성 독자들도 생겨났다.

한국 근대문학

01 개화기부터 광복 이전까지 사회의 특징

1) 개화기의 시기

　　한국 고전 문학과 근대 문학은 일반적으로 개화기를 기점으로 나뉜다. 개화기는 1876년 강화도조약 이후부터 우리나라가 서양 문물의 영향을 받아 종래의 봉건적인 사회 질서를 타파하고 근대적 사회로 개혁되어 가던 시기이다.

2) 개화기의 특징

　① 서구 문물의 유입
　② 교육기관의 설립
　③ 근대적 신문, 잡지, 책 출판과 발행
　④ 기독교 사상의 전래

3) 광복 이전까지 일제의 한반도 식민 통치 수단

　　개화기 이후부터 광복 이전까지 사회의 특징은 무엇보다도 일제의 통치 방식과 관계가 있다. 과거 일제의 한반도 식민통치 수단은 크게 세 가지로 시대에 따라 나뉘었다.

　① **무단통치(1910~1919)**: 행정, 입법, 사법, 군사 등 모든 것에 조선총독부가 그 권한을 독점하면서 헌병과 경찰, 군의 힘으로 통치하였다.

　② **문화통치(1919~1931)**: 1919년 3·1운동 이후 식민통치 수단이 문화통치로 바뀌게 된다. 한글신문의 발행을 허가하고 조선 재래문화를 허용하고 헌병제를 폐지하였다.

　③ **민족말살통치**[6](1931~1945)

　　　일본은 동양을 비롯한 아시아를 일본의 패권 아래 두려고 했는데, 이는 '대동아공영권'이라는 말로 잘 표현된다. '대동아공영권'이란 일본을 중심으로 함께 번영할 동아시아의 여러 민족과 그 거주 범위를 나타내는 말로서 태평양 전쟁 당시 일본이 아시아 대륙에 대한 침략을 합리화하기 위하여 내건 정치 표어이다. 그러기 위해서 한반도를 전쟁을 위한 병참 기지로 생각하고 조선인들의 정체성을 없애 일본인과 조선인을 하나의 사상, 문화 등으로 묶어 단일된 국민으로 만들려 하였다.

　　　이 시기는 강력한 민족말살정책이 시작된 시기로 조선어를 금하고, 각종 전통 민족 문화, 한글, 창씨개명 등 조선인의 정체성이 드러나는 것이 있다면 모두 없애려 하였으며, 소위 '내선일체'를 강조하면서 일본 천황에게 충성을 강요하였다.

---

6) 표준국어대사전을 참고함

02 광복 이전과 이후의 문학

1) 광복 이전 문학(~1945년)
조국의 독립과 근대화를 기원했다.

2) 광복 이후의 문학(1945년~)
광복 이후 일어난 한국 현대사의 큰 사건들로부터 영향을 받았다. 전쟁, 분단, 독재 정치, 민주화운동, 빠른 경제 성장 등 당시 사회의 분위기를 문학 속에서도 발견할 수 있다.

03 한국 근대문학의 기점 중요

한국의 근대문학의 기점은 학자마다 서로 차이가 있다. 크게 보아 세 가지 정도로 나뉘는데, 이러한 논의는 우리의 근대문학이 단순히 서구 문학을 본뜬 것인지, 아니면 자연스러운 근대화 과정에서 주체적으로 근대성을 획득한 것인지에 따라 달라진다.[7] 다음의 세 가지 중 일반적으로 첫 번째와 두 번째 견해 사이에서 근대문학의 기점에 대한 논란이 있다.

1) 17~18세기 기점론
우리 문학의 연속성과 정체성에 초점을 두었다. 즉, 근대는 모두 서구화라는 관점에서 벗어나서 우리 문학의 주체적 발전을 고려하였다.

2) 개화기 기점론
한국 근대문학은 서구문학이 이식된 후 발달했다고 보는 견해이다.

3) 아직도 근대 문학이 성립되지 않았다.
근대를 역사적 개념으로 받아들이지 않고 가치 개념으로 생각할 때 아직도 근대성을 갖지 못했다고 보는 견해이다.

---

[7] 김윤식·김현(1996), 한국문학사, 민음사

04 시의 흐름

1) 개화기

개화기는 고전 시가 양식과 근대시 양식이 혼합되어 나타나는 시기라고 할 수 있다.

① 고전 시가 양식
  ㉠ 내용: 애국, 개화사상, 현실비판
  ㉡ 예시: 시조, 가사, 한시

② 근대시 양식
  ㉠ 내용: 충군, 애국, 진보사상, 대동단결
  ㉡ 예시: 창가, 신체시

TOP-Point

☑ 창가

갑오개혁 이후 근대적인 각성과 조국의 자주 독립에 대한 열망을 서양식 창가 악곡에 맞춰 읊은 시가 형식을 말한다. 창가는 1910년 국권피탈 이후 민족혼을 고취하고 광복을 바라는 민중의 열망을 담은 내용이 대부분을 차지하였다.

☑ 신체시

한국의 신문학 초창기에 쓰인 새로운 형태의 시가이다. 고전시가가 현실 비판과 애국을 주요 내용으로 한 데 반해 신체시는 계몽사상을 담았다.
예 최남선 〈해에게서 소년에게〉: 새 시대와 문명을 향한 포부를 담고 있다.

2) 1920년대

1919년 3·1운동 이후 여러 신문과 문예지가 발간되었으며, 이 시기는 일본의 식민지 정책이 문화통치 단계로 넘어간 시기이다.

① 자유시
  ㉠ 동인지 《백조》, 《폐허》 창간
  ㉡ 최초의 자유시로 주요한의 〈불놀이〉 등장
  ㉢ 퇴폐적·감상적 낭만주의
  ㉣ 주요한 〈불놀이〉: 최초의 자유시로 1919년 《창조》에 발표되었다. 어두운 현실에서 느끼는 괴로움과 그것을 극복하려는 의지를 상징적으로 노래한 산문시이다. 우리 시의 전통적인 기본 율조에서 벗어나 자유시의 형식을 취하였고 당대에 우리 문학에 널리 퍼져 있던 계몽성으로부터 벗어나 주관적 정서를 읊었다는 점에서 주목된다.

② 저항시
- ㉠ 나라 잃은 슬픔을 적극적인 저항 정신으로 표현한 시 등장
- ㉡ 이상화 〈빼앗긴 들에도 봄은 오는가〉: 1926년 《개벽》에 발표되었다. 조국을 빼앗긴 민족의 울분을 노래하였다.

③ 서사시
- ㉠ 최초의 근대 장편 서사시로 김동환의 〈국경의 밤〉 등장
- ㉡ 김동환 〈국경의 밤〉: 두만강 근처의 한 마을을 배경으로 당시 우리 민족의 고통스러운 삶의 현실과 나라를 잃고 헤매는 유랑민의 삶을 노래하였다.

④ 시조 부흥 운동
- ㉠ 최남선, 이은상, 이병기 등
- ㉡ 우리 민족 고유의 언어와 사상을 지키고자 함

⑤ 사상시
- ㉠ 님(조국, 절대자, 사랑하는 사람)을 상실한 슬픔을 기다림의 의지로 승화한 한용운의 〈님의 침묵〉
- ㉡ 한용운 《님의 침묵》: 한용운의 시집. 대표시 〈님의 침묵〉을 비롯하여 〈최초의 임〉, 〈잠 없는 꿈〉, 〈당신을 보았습니다〉 등 90편의 시가 실려 있다. 대부분 불교적 비유와 고도의 상징적 수법으로 쓴 서정시로 일제에 대한 저항 의식과 애족의 정신이 짙게 나타나있다. 1926년에 간행되었다.

⑥ 서정시
- ㉠ 민요적 율격(3음보, 7·5조)
- ㉡ 우리 민족 고유의 서정성을 계승
- ㉢ 김소월 《진달래꽃》: 김소월의 시집. 대표작 〈진달래꽃〉을 비롯하여 100여 편을 수록하였다. 1925년에 간행되었다.

⑦ 경향시
- ㉠ 적극적인 정치 투쟁을 시로 표현
- ㉡ 시의 영역을 개인에서 사회로 확대

3) 1930년대 중요

① 순수시
- ㉠ 프롤레타리아 문학을 반대하고 어디까지나 시는 언어예술임을 강조함
- ㉡ 순수시를 지향하는 잡지 《시문학》 창간
- ㉢ 김영랑 〈모란이 피기까지는〉: 희망과 소망, 절망과 시련을 극복하게 하는 힘을 상징하는 모란에 대한 집착과 애정이 아름다운 시어와 여성적인 섬세함, 부드러움을 통하여 절묘하게 묘사된 작품이다. 1934년에 《문학》에 발표되었다.

② 모더니즘
  ㉠ 대상을 주로 시각적 이미지로 표현(이미지즘)
  ㉡ 초현실주의 기법을 사용하여 내면세계 표현(대표적 작가: 이상)
  ㉢ 정지용 〈유리창〉·〈향수〉, 김광균 〈와사등〉, 이상 〈오감도〉 등
  ㉣ 김광균 〈와사등〉: 아무것도 믿고 의지할 수 없는 어두운 현실 속에서 어디론가 떠나야만 하는 현대인의 고독과 불안 의식을 가스등을 통하여 형상화한 작품이다.
  ㉤ 이상 〈오감도〉: 현실의 부조리, 모순, 혼란 따위를 표현한 연작시로 초현실주의 작품으로 평가받는다. 1934년 《조선중앙일보》에 연재되었다.
③ 생명시
  ㉠ 생명파: 인간과 생명을 노래, 인간의 의지와 사유를 다룸
  ㉡ 순수시와 모더니즘의 기교주의에 반발함
  ㉢ 서정주 〈화사〉·〈자화상〉, 유치환 〈깃발〉·〈생명의 서〉
  ㉣ 서정주 〈자화상〉: 지은이가 살아온 삶의 과정을 대담한 언어 구사를 통하여 표현함으로써 생명에 대한 강렬함을 노래한 서정주의 초기 작품이다.
  ㉤ 유치환 〈깃발〉, 〈생명의 서〉: 허무한 현실의 상황을 이겨내려는 생명의 강한 의지를 깃발이라는 사물을 통하여 형상화한 작품이다.

참고

☑ 구인회
1933년 서울에서 조직되었던 문학단체로 이종명, 김유영, 이효석, 이무영, 유치진, 이태준, 조용만, 김기림, 정지용 9인이 결성하였다. 이후 초기 멤버들이 일부 탈퇴하고 박태원, 이상, 박팔양, 김유정, 김환태 등이 가입하였다. 순수 예술을 추구한다는 취지를 가지고 《시와 소설》을 발간하기도 하였다. 활발히 활동하지는 않았으나 순수문학의 흐름을 계승하고 발전시켰다는 평가를 받는다.

4) 1940년대 초(광복 이전)
① 민족말살정책이 점차 심해지면서 많은 문인이 절필
② 저항시
  ㉠ 많은 문인의 절필에도 불구하고 지식인으로서의 양심을 보여주는 시들이 등장함
  ㉡ 식민지 지식인으로서의 정체성과 자기성찰에 대한 노력을 보여줌
  ㉢ 조국 광복에의 강한 의지로 끝까지 저항할 것을 노래함
  ㉣ 시를 통해 현실의 모습을 보여주려 함
  ㉤ 윤동주 〈서시〉·〈쉽게 씌어진 시〉, 이육사 〈광야〉·〈절정〉, 이용악 〈분수령〉

5) 광복 후
   ① 청록파의 등장
      ㉠ 자연 속에 인간의 모습과 성정을 담은 시를 써서 자연파라고도 불림
      ㉡ 박목월, 박두진, 조지훈을 함께 이르는 말. 1940년 전후에 《문장》을 통하여 문단에 등장한 세 사람이 1946년에 공동 시집인 《청록집》을 간행한 데서 붙여진 이름으로 주로 동양적 자연관과 관조적 세계관을 표현함
   ② 윤동주 《하늘과 바람과 별과 시》: 윤동주의 유고시집으로 조국의 광복을 바라는 마음을 노래한 〈참회록〉을 비롯하여 31편의 시가 수록되어 있으며 1948년에 간행됨

6) 1950년대(6·25전쟁)
   ① 시대적 모습을 반영하는 전쟁시, 애국시가 등장함
   ② 후기 모더니즘이 나타나는데 이미지즘보다는 전쟁 이후의 허무함과 황폐함을 보여줌
   ③ 박인환 〈목마와 숙녀〉: 6·25전쟁 직후의 상실감과 허무 의식을 드러낸 시로 부서지고 퇴색하며 떠나가는 모든 것에 대한 절망감과 애상을 노래함

7) 1960~1970년대
   ① 1960년대: 현실 참여시
      ㉠ 부조리한 현실을 비판·고발
      ㉡ 김수영 〈풀〉, 김지하 〈타는 목마름으로〉, 신동엽 〈껍데기는 가라〉 등
      ㉢ 신동엽 〈껍데기는 가라〉: 우리의 역사 속에서 일어났던 여러 의미 있는 사건들 가운데서 허위적인 것이나 겉치레는 사라지고 순수한 마음과 순결함만이 남기를 바라는 마음을 직설적으로 노래한 작품
   ② 1970년대: 민중시 → 정치 상황에 더 적극적으로 저항

05 소설의 흐름

1) 개화기

개화기에 신소설이라는 장르가 나타나기 시작하는데 신소설[8]이란 갑오개혁 이후부터 현대소설이 창작되기 전까지 이루어진 소설을 말한다. 봉건 질서의 타파, 개화, 계몽, 자주 독립 사상고취 따위를 주제로 다루었으며, 이인직의 《혈의 누》가 여기에 속한다. 고전 소설과 현대소설의 징검다리 역할을 했다. 국권 상실 이후에는 일제의 무단통치가 시작되고 신소설의 내용도 흥미 위주로 변질되었다.

---

[8] 표준국어대사전을 참고함

① 개화사상과 교육의 중요성 강조
② 이인직《혈의 누》: 우리나라 최초의 신소설이다. 1894년에 청일전쟁 속에서 가족과 이별한 옥련이 일본 군인의 도움으로 일본에 가서 학교를 다니다가 구완서라는 청년을 만나 미국에 유학을 가고 그곳에서 부모도 만나고 약혼도 한다는 내용으로 문명사회에 대한 동경과 신교육, 여권 신장과 같은 새 시대의 기준을 제시하고 있다.
③ 이해조《자유종》: 1910년 발표된 이해조의 신소설이다. 이내경이라는 부인의 생일잔치에 초대받은 몇몇 여성들이 민족, 국가, 사회, 교육, 종교, 학문 따위에 대하여 토론하는 형식을 빌려 부녀의 해방, 한자 폐지, 계급 철폐, 적서 차별 타파, 자국 정신과 자주교육 완성 등의 개화사상을 드러내고 있는 정치소설이다.

2) 개화기~1920년
① 이광수《무정》: 1917년《매일신보》에 연재된 장편소설로 우리나라 최초의 현대소설이며, 민족주의적 이상과 계몽주의적 정열이 잘 나타난 작품이다.
② 계몽·개화사상의 고취

3) 1920년대
① 사실주의(리얼리즘) 소설
　㉠ 1920년대는 소설에 리얼리즘이 주류를 이루었기 때문에 가난을 소재로 하는 작품들도 많았다. 일제 강점 아래 한국인들이 처한 암울한 시대 상황을 사실적으로 그렸다.
　㉡ 현진건《운수 좋은 날》·《술 권하는 사회》, 염상섭《만세전》 등
　㉢ 나도향《벙어리 삼룡이》·《뽕》: 백조파적인 감상을 극복하고 사실적인 경향으로 전환했다.
　㉣ 현진건《술 권하는 사회》: 현진건은 염상섭과 함께 한국 근대 사실주의 문학의 기초를 확립한 선구자로서 투철한 역사의식의 소유자이기도 했다. 특히《술 권하는 사회》는 암담한 식민지 사회에서 지식인은 주정꾼 노릇밖에 할 일이 없으니 결국 조선 사회가 술을 권한다는 풍자적인 내용으로 3·1운동 직후의 시대 상황과 사회 현실을 단적으로 드러냈다.
② 경향소설
　㉠ 급진적 태도로 억압적 현실로부터 벗어나고자 하였다.
　㉡ 노동자가 주인공인 소설과 농민이 주인공인 소설을 포괄했다.
　㉢ 최서해《탈출기》: 최서해는 극빈자의 고통과 반항을 주제로 많은 작품을 썼다.《탈출기》는 최서해의 단편소설로 주인공이 일제 강점기의 간도에서 비참한 삶을 살아가는 모습을 그렸다. 최서해의《탈출기》는 신경향파의 선구적 작품으로 평가받는다. 1925년에 발표되었다.

4) 1930년대 중요
   ① 리얼리즘 소설: 비참한 현실을 있는 그대로 그려내고자 하였다.
   ② 모더니즘 소설
      ㉠ 이상 《날개》: 자의식의 세계를 탐색한 우리나라 최초의 심리주의 소설이다. 1936년 《조광》에 발표하였다. 초현실주의적인 사고가 나타난다.
      ㉡ 박태원 《소설가 구보 씨의 일일》: 직업이 없는 단편소설 작가 구보가 경성 시내를 떠돌며 보낸 하루를 객관적인 입장에서 재현한 모더니즘 계열의 작품이다. 1934년에 《조선중앙일보》에 발표하였다.
   ③ 역사·가족사 소설
      ㉠ 우리 민족의 역사가 압축되어 나타났다.
      ㉡ 염상섭 《삼대》: 장편소설로 주인공 덕기와 아버지, 조부의 삼대의 이야기를 다루면서 3·1 운동을 전후한 우리나라의 혼란하고 암담한 시대상을 사실적으로 묘사한 작품이다. 1931년에 《조선일보》에 연재되었다.
      ㉢ 채만식 《태평천하》: 장편소설로 일제 강점기의 현실을 태평세월이라 믿는 주인공 윤직원을 통하여 당시의 현실을 풍자적으로 그린 작품이다. 1938년에 발표하였다.
   ④ 농촌 소설
      ㉠ 심훈 《상록수》: 장편소설로 《동아일보》 창간 15주년 기념 문예 당선작이다. 여주인공 채영신은 헌신적인 농촌 계몽 운동을 하다가 과로로 숨을 거두고 그녀를 사랑하던 박동혁은 자신이 죽을 때까지 그녀가 못다 한 일을 하겠다고 다짐하는 내용으로 일제하의 민족의식과 저항 사상을 잘 드러내고 있다. 1935년에 발표하였다. 일제 강점기 농촌의 비참한 현실을 보여주었고 현실 타개책으로 야학, 문맹 퇴치, 이상촌 건설 등을 제시하였다.

5) 광복 직후 소설
   ① 일제의 포악함과 당시 한국인의 참혹한 삶의 실상을 다루었다.
      ㉠ 채만식 《민족의 죄인》: 자전적 소설로 광복 이후의 시점에서 일제 강점기의 친일 행위 문제를 정면으로 다루면서 과거의 친일 행위에 대한 자기반성과 민족 앞에서의 참회를 시도하였다.

6) 1950년대 소설(전쟁 이후)
   ① 가난, 부조리, 병, 불신 등이 주된 내용
      ㉠ 황순원 《학》: 6·25전쟁으로 인한 민족적 상처를 치유할 방법으로써 민족적 동질성과 동족애의 회복을 상징적으로 제시하였다.
      ㉡ 이범선 《오발탄》: 월남한 한 가족의 비참한 처지를 통하여 분단의 비극성을 증언하고 황폐화된 전후의 남한 현실을 날카롭게 비판하였다.

② 전쟁 이후, 절망적 상황에 빠져 병적인 심리 상태와 행동을 보이는 한국인의 모습을 그림
- ㉠ 손창섭 《잉여인간》: 6·25전쟁 후의 상황에서 존재할 수 있는 세 가지의 인간형을 제시하고 이를 통하여 무기력하고 절망적인 상황에서도 인간적인 모습을 지켜 나갈 수 있는 가능성을 모색하였다.

7) 1960~1970년대
① 전후 소설의 상처, 죄의식, 허무감을 계속 표현하였다.
② 휴머니즘, 윤리의식으로 사회의 회복을 꾀하였다.
③ 전쟁이 한국인에게 준 상처, 공포, 죄의식을 깊이 다루고 소설의 수준까지 끌어 올렸다.
- ㉠ 최인훈 《광장》: 장편소설로 주인공 이명준을 통하여 남북 간 이데올로기의 대립 속에서 고통 받고 갈등하는 지식인상을 보여 준 작품으로 우리나라 현대소설에서 금기시되어 온 이데올로기와 남북 분단의 비극을 정면으로 다루었다는 점에서 의의가 있다. 남북 갈등, 이념 대립을 날카롭게 그렸고 양쪽 모두에 비판적 태도를 취했다.

03 실전 문제

연습 문제

01
고려시대와 고려시대 문학의 특징으로 적절하지 **않은** 것을 고르시오.

① 불교 문화를 계승하였다.
② 귀족 문화가 발달하였다.
③ 언해 사업이 활발하였다.
④ 4음보의 시조가 발생했다.

02
다음 중 고려시대의 가전체 작품에 해당하지 **않는** 것을 고르시오.

① 국순전   ② 공방전
③ 홍길동전 ④ 국선생전

03
다음 설명에 해당하는 작품을 고르시오.

> 김시습이 지은 최초의 전기적 한문 단편소설로서 현재 전해지는 것은 5편이다.
> 한문 문어체로 쓰였으며 초현실적인 내용을 그렸다.

① 허생전   ② 양반전
③ 금오신화 ④ 금수회의록

04
조선 후기의 특징에 해당하는 것을 고르시오.

① 비현실적이고 소극적인 유교 문학이 지배적이었다.
② 산문 중심에서 운문 중심의 문학으로 이동하였다.
③ 지배 질서가 견고해지면서 사회 갈등의 조짐을 보였다.
④ 양란 이후 평민 의식이 성장하였다.

05
조선 후기는 여류문학이 나타난 시기이기도 하다. 대표적인 여류문학에 해당하는 것을 고르시오.

① 창가   ② 패관 문학
③ 악장   ④ 내방 가사

06
개화기 문학의 특징이 **아닌** 것을 고르시오.

① 구어체에 가까운 문장으로 변화되었다.
② 계몽의식, 이념을 강조하는 문학이 많아졌다.
③ 창가, 신체시, 신소설 등 새로운 장르가 모색되었다.
④ 암울한 시대 상황에 대한 절망감을 그려냈다.

07
1950년대 문학의 특징에 해당하는 것을 고르시오.

① 자연 속의 인간의 모습을 담았다.
② 자주 교육, 계몽 정신을 강조하였다.
③ 전쟁 직후의 허무함과 상실감을 드러냈다.
④ 극빈자의 고통과 반항을 그려내었다.

08
1960~1970년대 문학의 특징에 해당하는 것을 고르시오.

① 부조리한 현실을 비판하고 고발하였다.
② 동양적이고 관조적인 세계관을 보여주었다.
③ 퇴폐적이고 향락적인 모습을 그려내었다.
④ 가난을 소재로 하는 작품이 대다수였다.

09
경향소설의 특징에 해당하지 않는 것을 고르시오.

① 사회에 대해 급진적 태도를 보였다.
② 억압적 현실에서 벗어나고자 하였다.
③ 당시의 현실을 풍자적으로 그려내었다.
④ 주인공이 노동자이거나 농민인 경우가 많다.

10
1930년대 사회에 대해 심훈의 《상록수》에서 제시하고 있는 개혁 방법은 어떤 것인지 고르시오.

① 자기반성과 참회
② 급진적인 사회 변혁 추구
③ 문맹 퇴치와 이상촌 건설
④ 적극적인 정치 투쟁

해설

01 언해 사업은 일종의 번역 사업으로서 조선시대에 활발하였다.
02 《홍길동전》은 조선시대 허균이 쓴 한글소설이다.
04 조선 후기에는 지배 질서가 흔들렸고 실학 사상이 나타났으며 산문문학이 발달하였다.
06 개화기 문학에는 절망감이 아니라 새로운 문물에 대한 기대와 계몽이 나타난다.
07 1950년대는 한국전쟁 이후 허무함과 상실감을 나타낸 문학이 주를 이루었다.
08 1960~1970년대에는 부조리한 현실을 비판하는 현실 참여 문학이 주를 이루었다.
09 경향 소설은 극빈자의 고통과 반항 등을 주제로 하였고 풍자나 위트를 보이지는 않는다.
10 심훈의 《상록수》는 대표적인 농촌 계몽 소설이다.

정답 01 ③ 02 ③ 03 ③ 04 ④ 05 ④ 06 ④ 07 ③ 08 ① 09 ③ 10 ③

기출문제

01

소설 《파친코》에 관한 설명으로 옳은 것은? 기출 17회 18번

① 주요 사건들은 미국의 동부 지방을 배경으로 하고 있다.
② 재미동포의 인생유전이 서사의 핵심을 구성하고 있다.
③ 이 작품의 주요 시대적인 배경은 18세기이다.
④ 한국계 미국 작가인 이민진의 장편소설이다.

02

한국의 근대 문인단체인 '구인회'에 관한 설명으로 옳은 것은? 기출 17회 20번

① 1960년대 한국 문단의 지형에서 중요한 역할을 담당했다.
② 이상, 박태원, 이태준 등이 구성원으로 활동했다.
③ 카프와 더불어 계급주의 문학 운동을 주도했다.
④ 구성원들은 최초의 결성 이후 교체되는 일이 없이 해체될 때까지 그대로 유지되었다.

03

일제강점기에 창간된 잡지 《백조》에 관한 설명으로 옳지 않은 것은? 기출 18회 18번

① 3.1 운동 이후에 창간된 문학잡지이다.
② 홍사용, 박종화, 박영희 등이 동인이다.
③ 이상화의 〈빼앗긴 들에도 봄은 오는가〉가 게재되었다.
④ 시뿐만 아니라 소설도 실려 있다.

04

향가 작품에 관한 설명으로 옳지 않은 것은? 기출 19회 17번

① 〈서동요〉-서동이 선화 공주와 결혼하기 위해 부른 4구체 향가
② 〈헌화가〉-한 노인이 수로부인에게 꽃을 꺾어주며 노래한 4구체 향가
③ 〈원왕생가〉-임금과 신하가 역할에 충실할 것을 다짐한 8구체 향가
④ 〈제망매가〉-월명이 죽은 누이의 극락왕생을 염원한 10구체 향가

05

1920년대 한국 시의 특징이 아닌 것은? 기출 19회 18번

① 김억의 번역시집 《오뇌의 무도》가 출간되었다.
② 최남선과 이병기는 시조 부흥 운동에 앞장섰다.
③ 카프 동인들은 당대 현실에서 도피하고자 하였다.
④ 김소월과 한용운은 '임'의 상실로 자기 시대를 바라보았다.

06

임진왜란에 종군한 무관으로서 자기 체험과 생각을 노래한 가사 작품과 작가의 연결이 옳은 것은? 기출 19회 19번

① 《상춘곡》-정극인
② 《출새곡》-조우인
③ 《태평사》-박인로
④ 《만분가》-조위

07

산업화 과정에서 도시빈민의 생활과 소외된 계층의 비극을 묘사한 1970년대에 출간된 작품은? 기출 19회 20번

① 최인훈의 《광장》
② 이문구의 《관촌수필》
③ 양귀자의 《원미동 사람들》
④ 조세희의 《난장이가 쏘아올린 작은 공》

정답 01 ④ 02 ② 03 ③ 04 ③ 05 ③ 06 ③ 07 ④

참고문헌

- 강등학 외(2005), 한국 구비 문학의 이해, 월인
- 권영민(2002), 한국현대문학사 1, 민음사
- 김영철(2004), 한국개화기시가연구, 새문사
- 김윤식·김우종 외(2005), 한국 현대 문학사, 현대문학
- 김윤식·김현(1996), 한국문학사, 민음사
- 김철수 외(2004), 고등학교 문학 자습서 High Top, 두산동아
- 민현식(2003), 국어 교육과 한국어 교육에서의 문화 교육, 외국어 교육학회 발표자료집
- 성기철(2001), 한국어 교육과 문화 교육, 한국어 교육 12, 국제한국어교육학회
- 우한용(2001), 외국인을 위한 한국어 교육에서의 문학의 효용, 외국인을 위한 한국어 교육 연구 3, 서울대학교 사범대학 외국인을 위한 한국어교육 지도자 과정
- 윤병로(1999), 한국 근현대 문학사, 명문당
- 이정재(2004), 구비 문학과 민속, 경희대학교출판부
- 이지훈 외(2004), 고등학교 문학 자습서 하이라이트, 지학사
- 임경순(2004), 한국어 문화 교육의 방안 연구, 한중인문학연구 14, 한중인문학회
- 임경순(2006), 문화 중심 언어와 문화의 통합 교수-학습 방법 연구, 한중인문학연구 19, 한중인문학회
- 장덕순·조동일·서대석·조희웅(2006), 구비문학개설, 일조각
- 조동일(1992), 한국문학통사, 지식산업사
- 조동일·서동문 공저(1999), 국문학사, 한국방송대학교출판부
- 최래옥(1981), 한국구비전설 연구, 일조각
- 최운식(2002), 한국서사의 전통과 설화문학, 민속원
- 현길언(1981), 제주도의 장수 설화, 홍성사
- 홍태한(2000), 인물 전설의 현실인식, 민속원
- 홍순석·이인영(1985), 내 고장 옛 이야기, 용인문화원
- 황인교(2001), 문학 교육의 연구사와 변천사, 한국어 교육, 국제한국어교육학회
- 황인교·김성숙·박연경(2004), 집중적인 한국어 교육과정의 문학 교육, 외국어로서의 한국어 교육 29, 연세대학교 언어교육연구원 한국어학당
- 한국구비문학회(2005), 현대사회와 구비 문학, 박이정
- 한국학중앙연구원 http://www.aks.ac.kr
- 한국학중앙연구원 장서각 디지털아카이브 http://www.yoksa.aks.ac.kr

많이 보고 많이 겪고 많이 공부하는 것은 배움의 세 기둥이다.

− 벤자민 디즈라엘리 −

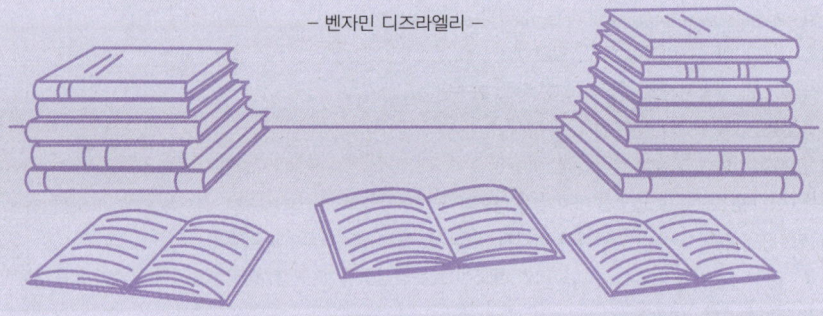

좋은 책을 만드는 길, 독자님과 함께 하겠습니다.

2025 시대에듀 한국어교육능력검정시험 30일 안에 다잡기

개정16판1쇄 발행	2025년 03월 05일 (인쇄 2025년 01월 24일)
초 판 발 행	2010년 08월 10일 (인쇄 2010년 06월 24일)
발 행 인	박영일
책 임 편 집	이해욱
편 저	김훈 · 이수정
편 집 진 행	구설희 · 김지수
표지디자인	김지수
편집디자인	신지연 · 김휘주
발 행 처	(주)시대고시기획
출 판 등 록	제10-1521호
주 소	서울시 마포구 큰우물로 75 [도화동 538 성지 B/D] 9F
전 화	1600-3600
팩 스	02-701-8823
홈 페 이 지	www.sdedu.co.kr
I S B N	979-11-383-8659-3 (13710)
정 가	31,000원

※ 이 책은 저작권법의 보호를 받는 저작물이므로 동영상 제작 및 무단전재와 배포를 금합니다.
※ 잘못된 책은 구입하신 서점에서 바꾸어 드립니다.

시대에듀

합격프로젝트
한국어교육능력검정시험

STEP 3 · **공략법**

1차 필기시험
2차 면접시험

1단계
2단계
3단계

면접시험 대비하기
실전 감각 키우기
기본 개념 꽉 잡기

※ 도서의 이미지 및 구성은 변경될 수 있습니다.

수험생 여러분의 합격을 기원합니다!

시대에듀 한국어교육능력검정시험 합격프로젝트는 한국어 교육 전문가로 거듭나기 위한 최적의 학습 가이드를 제공합니다.

시대에듀 합격프로젝트

초보 한국어 선생님과 한국어 선생님을 준비하는 분들께 추천하는
한국어교육능력검정시험 시리즈

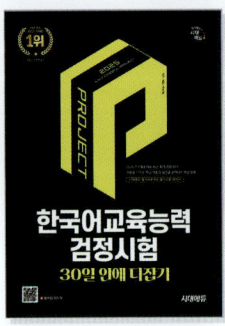

이론의 기본기를 다지는
30일 안에 다잡기
- ▶ 시험 출제 경향에 맞춘 문제 구성
- ▶ 실제 기출문제 영역별 복원 수록
- ▶ 전문·학술 용어에 대한 자세한 설명 제공

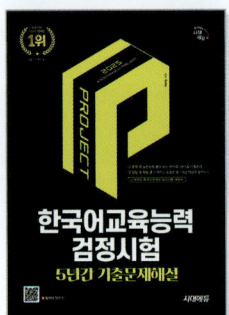

기출문제 분석으로 종정리하는
5년간 기출문제해설
- ▶ 자세한 문제 해설 수록
- ▶ 개별 회차 e-book 출시
- ▶ 문제와 관련된 참고문헌 수록

46개의 초·중급 문법이 수록된
교안작성연습
- ▶ 교안작성의 기본 개념 수록
- ▶ 한국어 교육 과정을 바탕으로 한 모범 교안
- ▶ 출제 가능성이 높은 문법 항목으로 문제 구성

실제 면접 현장의 경험을 녹인
2차 면접시험
- ▶ 합격생들의 생생한 면접 후기
- ▶ 면접 기출문제 전 회차 복원 수록
- ▶ 기출 중심의 예시문제와 답변 TIP 수록

시험의 완벽 대비를 위한
용어해설
- ▶ 편리한 사전식 구성
- ▶ 영역별 핵심 용어 완벽 정리
- ▶ 이해도를 높이는 그림과 도표 수록

※ 도서의 이미지 및 구성은 변경될 수 있습니다.

시대에듀 합격프로젝트

외국인과 재외동포를 위한 한국어능력시험(TOPIK)의 지침서

기초부터 차근차근 공부하고 싶어요.

짧은 시간 동안 핵심만 볼래요.

실전 연습을 하고 싶어요.

문제풀이 연습을 하고 싶어요.

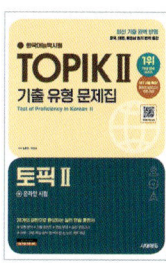

영역별로 꼼꼼하게 공부하고 싶어요.

한국어 어휘 공부를 하고 싶어요.

한국어 문법 공부를 하고 싶어요.

※ 도서의 이미지 및 구성은 변경될 수 있습니다.

대한민국 모든 시험 일정 및 최신 출제 경향·신유형 문제

꼭 필요한 자격증·시험 일정과 최신 출제 경향·신유형 문제를 확인하세요!

출제 경향·신유형 문제

◀ 시험 일정 안내 / 최신 출제 경향·신유형 문제 ▲

- 한국산업인력공단 국가기술자격 검정 일정
- 자격증 시험 일정
- 공무원·공기업·대기업 시험 일정

시험 일정 안내

합격의 공식
시대에듀